金久保 茂

企業買収と労働者保護法理

——日・EU 独・米における事業譲渡法制の比較法的考察——

信 山 社

はしがき

　EU・ドイツでは，事業が移転される際の労働契約の自動承継規定が整備されており，事業取得型のM&Aを行うにあたって，その規定の適用の検討が避けては通れない問題となっている。使用者の解雇権を制限している日本の労働法に関する諸問題を考えるにあたっては，同じように厳格な解雇法制を有するEU・ドイツの諸制度から学ぶべき点が少なくない。他方で，わが国のM&Aに関連する会社法，再建型倒産法の分野は，アメリカ法の影響も大きく受けているが，アメリカでは労働法規制がはるかに緩やかで，EU・ドイツのような労働契約の自動承継規定もない。そこで，労働法と会社法・倒産法の分野が交錯する事業譲渡と労働関係の承継問題について，日本ではどのように考えるべきであろうか。事業譲渡の際の労働者保護と企業側の事業譲渡の有用性は，どのように調整されるべきなのだろうか。本書は，EU・ドイツとアメリカの事業取得型M&A，とりわけ事業譲渡法制に関する労働法の視点からの比較法的考察を踏まえつつ，この問題に関する日本法における解釈論と立法措置の要否を検討したものであり，私が2010年11月に東京大学に提出した博士論文を加筆・修正したものである。

　東京大学では，恩師である荒木尚志先生から丁寧かつ温かなご指導を頂戴した。荒木先生からドイツ労働法の基礎的な部分を学ぶとともに，日本の労働法の諸問題についても日頃から多くのご示唆を頂いた。荒木先生のご指導と細やかなご配慮がなければ本書の出版にこぎ着けることもできなかった。また，一橋大学の修士課程では，アメリカ労働法の大家であられる中窪裕也先生にお世話になり，私が東京大学の博士課程に進んだ後も中窪先生が東京大学でゼミをもたれたことから，継続してご指導を頂いた。私は，日本の労働法学界を代表する2人の偉大な研究者からご指導を受けるという幸運に恵まれた。この機会に両先生から受けたこれまでの学恩に対して心から御礼を申し上げたい。

　さらに，東京大学では，荒木先生と岩村正彦先生をはじめとする多くの優れた諸先生方が集い，議論し合う東京大学労働法研究会に参加する機会を頂いた。また，フランス労働法では水町勇一郎先生，会社法では神田秀樹先生，神作裕之先生，倒産法では松下淳一先生の各ゼミに参加することを許していただいた。そこでの諸先生方から受けたご指導も本研究のベースとなっている。お世話になった先生方に対して心から謝意を表したい。

　なお，弁護士業務を継続しながら大学院に通い，なおかつ博士論文を完成さ

せることは，私が所属する法律事務所の代表パートナー弁護士である腰原誠先生の心有るご理解と，事務所スタッフの献身的なサポートなくしては到底不可能であった。ここであらためて御礼を申し上げたい。

　最後に，信山社出版の渡辺左近氏と木村太紀氏には，本書の出版と校正作業にあたり多くの労を執っていただいた。この場を借りて厚く御礼を申し上げる。

　2012年9月
　　　木洩れ日と穏やかな風に包まれた，ふるさとの町に佇む図書館にて

金久保　茂

大 目 次

第1章　問題の所在……………………………………………………1
　第1節　M&Aのストラクチャーと事業譲渡の機能………………3
　第2節　事業取得型M&Aにおける労働関係に関する法規制と立法措置
　　　　　の検討状況………………………………………………9
　第3節　本書の問題設定………………………………………20
第2章　日本における事業譲渡と労働関係……………………23
　第1節　事業譲渡と個別的労働関係の承継…………………25
　第2節　事業譲渡と集団的労使関係の承継…………………42
　第3節　買収時の労働条件の不利益変更……………………51
第3章　ドイツにおける事業譲渡と労働関係…………………61
　序説——考察の視点……………………………………………63
　第1節　M&Aの手法と事業譲渡の機能………………………64
　第2節　解雇規制と労働条件変更法理………………………91
　第3節　事業譲渡における労働者保護規制…………………112
　第4節　ドイツ倒産法における事業譲渡と平常時規制の変容…217
　第5節　ドイツ法の総括………………………………………251
第4章　アメリカにおける事業譲渡と労働関係………………255
　序説——考察の視点……………………………………………257
　第1節　M&Aの手法と事業譲渡の機能………………………258
　第2節　解雇規制と労働条件変更規制………………………277
　第3節　事業譲渡における労働者保護規制…………………296
　第4節　連邦倒産法における事業譲渡と平常時規制の変容…377
　第5節　アメリカ法の総括……………………………………404
第5章　日本における事業譲渡と労働関係に関する考察……407
　第1節　日・EU独・米における事業譲渡法制の比較法的考察…409
　第2節　事業譲渡と労働関係の承継に関する学説・裁判例の分析および

　　　　検討……………………………………………………………… 431
第3節　労働契約の不承継特約の効力と法律行為の解釈…………… 438
第4節　労働契約承継立法の導入の是非………………………………… 447
第5節　結びに代えて…………………………………………………… 451

細目次

第1章　問題の所在……………………………………………………… 1

　第1節　M&Aのストラクチャーと事業譲渡の機能……………… 3
　　I　M&Aを取り巻く状況と労働者保護問題…………………… 3
　　II　M&Aの手法と事業譲渡の機能……………………………… 4
　　　1　M&Aのストラクチャーの異同…………………………… 4
　　　2　倒産時の事業譲渡と労働者保護規定…………………… 5
　　　3　事業譲渡の機能…………………………………………… 6
　第2節　事業取得型M&Aにおける労働関係に関する法規制と立法措置の検討状況……………………………………………………… 9
　　I　合併の規制……………………………………………………… 9
　　　1　合併の法的性格…………………………………………… 9
　　　2　合併における労働者の不利益…………………………… 10
　　II　会社分割の規制……………………………………………… 10
　　　1　会社分割の法的性格と問題点…………………………… 10
　　　2　承継法の規制内容………………………………………… 11
　　　3　会社分割における労働者の不利益……………………… 13
　　III　事業譲渡の規制……………………………………………… 14
　　　1　事業譲渡における「承継される不利益」……………… 14
　　　2　事業譲渡における「承継されない不利益」…………… 15
　　IV　研究会報告の内容…………………………………………… 16
　　　1　平成12年研究会報告……………………………………… 16
　　　2　平成14年研究会報告……………………………………… 18
　第3節　本書の問題設定…………………………………………… 20
　　　1　M&Aにおける労働関係の承継論と労使紛争の背景…… 20
　　　2　分析の手法………………………………………………… 21

第2章　日本における事業譲渡と労働関係…………………………… 23

　第1節　事業譲渡と個別的労働関係の承継……………………… 25
　　I　学　説………………………………………………………… 25

			1	当然承継説……………………………………………………25
			2	原則承継説……………………………………………………26
			3	営業の同一性当然承継説……………………………………26
			4	原則非承継説…………………………………………………27
			5	解雇法理適用説………………………………………………28
			6	事実上の合併説………………………………………………29
	Ⅱ	裁判例の状況…………………………………………………………30
			1	当然承継説を採用した裁判例………………………………30
			2	原則承継説を採用した裁判例………………………………31
			3	原則非承継説を採用した裁判例……………………………32
			4	解雇法理適用説を採用した裁判例…………………………37
			5	裁判例の総括…………………………………………………39
第2節	事業譲渡と集団的労使関係の承継……………………………………42
	Ⅰ	労働協約の承継………………………………………………………42
	Ⅱ	譲受会社の不当労働行為責任………………………………………42
			1	労組法7条の使用者性………………………………………42
			2	団体交渉応諾義務……………………………………………43
			3	解雇・不採用の不当労働行為性……………………………45
			4	労働委員会の命令および裁判例の総括……………………49
第3節	買収時の労働条件の不利益変更………………………………………51
	Ⅰ	労働条件の不利益変更の方法………………………………………51
			1	就業規則による不利益変更…………………………………51
			2	労働協約による不利益変更…………………………………53
			3	変更解約告知…………………………………………………53
	Ⅱ	労働条件不利益変更法理の具体的判断……………………………55
			1	合併・会社分割における具体的な適用……………………55
			2	事業譲渡における具体的な適用……………………………57

第3章　ドイツにおける事業譲渡と労働関係……………………………61

序説——考察の視点………………………………………………………………63

第1節	M&Aの手法と事業譲渡の機能…………………………………………64
	Ⅰ	M&Aのストラクチャー……………………………………………64
			1	合併（Verschmelzung）……………………………………65

		2	分割（Spaltung）………………………………………… 71
		3	事 業 譲 渡 ………………………………………………… 79
	Ⅱ	事業譲渡の意義……………………………………………………… 85	
		1	税法上の問題………………………………………………… 85
		2	義務・責任等の承継の有無………………………………… 86
		3	契約関係の移転の有無……………………………………… 86
		4	手続の異同…………………………………………………… 87
		5	労働者に対する情報提供義務……………………………… 88
		6	倒産会社の買収（譲渡による再建）……………………… 88
		7	小　　括……………………………………………………… 89

第 2 節　解雇規制と労働条件変更法理………………………………………… 91

	Ⅰ	経営上の理由による解雇の規制…………………………………… 91	
		1	民法典による解雇規制……………………………………… 91
		2	経営上の理由による解雇の実体的要件…………………… 92
		3	大量解雇に関する手続的要件……………………………… 95
		4	事業所組織法による解雇の手続規制……………………… 96
		5	違法解雇の効果………………………………………………100
	Ⅱ	個別的労働関係上の労働条件変更法理……………………………101	
		1	労務指揮権（指揮命令権）の行使…………………………101
		2	撤回留保の合意………………………………………………102
		3	変 更 契 約……………………………………………………102
		4	変更解約告知…………………………………………………102
	Ⅲ	集団的労使関係上の労働条件変更法理……………………………105	
		1	労働協約の労働条件変更……………………………………105
		2	事業所協定の労働条件変更…………………………………107
		3	事業所委員会の参加権による制約…………………………109
	Ⅳ	小　　括………………………………………………………………110	

第 3 節　事業譲渡における労働者保護規制……………………………………112

	Ⅰ	企業移転指令制定前のヨーロッパの状況…………………………112	
		1	1928 年フランス労働法典における労働契約の自動承継規定の導入の経緯……………………………………………………112
		2	フランス労働法典 L.1224-1 条の概要………………………114
		3	EU におけるリストラ関連 3 指令の制定……………………118

Ⅱ 企業移転指令の概要 … 120
1 企業移転指令の趣旨・目的 … 120
2 指令の最低限度の要請 … 122
3 指令の要件・適用範囲 … 123
4 指令の手続規制 … 125
5 指令の個別的労働関係上の効果 … 126
6 指令の集団的労使関係上の効果 … 129
7 解雇規制 … 131
8 倒産等の場合の適用除外と規制緩和 … 133
9 小 括 … 136

Ⅲ ドイツ民法典613a条による労働者保護 … 136
1 民法典613a条の制定前の議論状況 … 136
2 民法典613a条の制定経過とその後の追加・修正 … 140
3 民法典613a条の趣旨・目的 … 143
4 民法典613a条の要件・適用範囲 … 143
5 民法典613a条の手続規制Ⅰ（使用者の情報通知義務） … 144
6 民法典613a条の手続規制Ⅱ（労働者の異議権） … 147
7 民法典613a条の個別的労働関係上の効果 … 149
8 民法典613a条の集団的労使関係上の効果 … 153
9 事業移転の際の解雇の効力 … 155
10 民法典613a条の強行法規性と脱法行為 … 160
11 再雇用請求権と継続請求権 … 162
12 小 括 … 164

Ⅳ 企業移転指令の「法的移転」と民法典613a条の「法律行為」の意義 … 165
1 企業移転指令と民法典613a条の要件論の枠組み … 165
2 指令1条1(c)項の「法的移転」の意義 … 166
3 民法典613a条の「法律行為」の意義 … 169
4 小 括 … 171

Ⅴ 指令の「企業」「事業」と民法典613a条の「事業」の意義 … 171
1 指令の「企業」「事業」の意義 … 171
2 経済的統一体の同一性保持に関する判断要素 … 172
3 指令改正前の欧州司法裁判所の判断の変遷 … 173
4 連邦労働裁判所による民法典613a条の「事業」概念の解釈の変更

|　　　　　　　　　　　　　　　　　　　　　　　　　　　　　　　　179
|　　　5　小　　括……………………………………………………………182
|　Ⅵ　経済的統一体の同一性保持に関する具体的判断………………………184
|　　　1　企業の性質……………………………………………………………184
|　　　2　有形資産の移転……………………………………………………185
|　　　3　無形資産の移転……………………………………………………192
|　　　4　労働者の多数（従業員集団）の移転……………………………193
|　　　5　顧客の移転…………………………………………………………200
|　　　6　活動の類似性………………………………………………………202
|　　　7　中断期間……………………………………………………………204
|　　　8　新使用者による事業継続（事業所有者の交替）……………205
|　　　9　新使用者の下での経済的統一体の同一性保持の要否………206
|　　　10　裁判例の分析と考察………………………………………………212
|　Ⅶ　事業移転に関する事業所組織法による手続規制………………………214
|　　　1　事業所変更における事業所委員会の参加権……………………214
|　　　2　経済委員会との協議・情報提供義務……………………………215
|第4節　ドイツ倒産法における事業譲渡と平常時規制の変容………………217
|　Ⅰ　1994年倒産法改正前の議論状況…………………………………………217
|　　　1　倒産法改正委員会の報告書とその後の政府草案の公表………217
|　　　2　譲渡による再建に関する改正議論………………………………219
|　　　3　倒産法制と労働者保護立法の調整………………………………221
|　Ⅱ　1994年倒産法の概要………………………………………………………222
|　　　1　手続の概要…………………………………………………………222
|　　　2　倒産手続における事業譲渡のタイミングと手続規制…………227
|　Ⅲ　倒産手続における民法典613a条の適用………………………………230
|　　　1　旧破産法下における従前の学説の状況…………………………230
|　　　2　1980年1月17日の連邦労働裁判所の判断………………………231
|　　　3　倒産法における民法典613a条の取扱い…………………………232
|　Ⅳ　倒産手続における解雇規制の修正………………………………………235
|　　　1　解雇制限法の適用維持……………………………………………235
|　　　2　解約告知期間の短縮等（倒産法113条）………………………236
|　Ⅴ　倒産手続における手続規制の修正………………………………………238
|　　　1　倒産管財人の事業所委員会に対する通知・意見聴取義務……238

　　　　2　倒産手続における事業所変更規制……………………………239
　Ⅵ　倒産手続における民法典613a条4項の解釈・適用の修正………245
　　　　1　事業譲受人の構想に基づく旧使用者による解雇……………245
　　　　2　雇用契約の合意解約と民法典613a条の脱法の可否…………247
　　　　3　倒産手続における再雇用請求権・継続請求権の有無………248
　Ⅶ　倒産時の労働条件変更規制………………………………………248
　　　　1　倒産手続における変更解約告知………………………………248
　　　　2　倒産時の事業所協定に関する協議および解約………………249
　　　　3　倒産時の労働協約の即時解約…………………………………250

第5節　ドイツ法の総括……………………………………………………251

第4章　アメリカにおける事業譲渡と労働関係……………………255

序説——考察の視点…………………………………………………………257

第1節　M&Aの手法と事業譲渡の機能…………………………………258
　Ⅰ　M&Aのストラクチャー…………………………………………258
　　　　1　合　　併…………………………………………………………259
　　　　2　事　業　譲　渡…………………………………………………264
　Ⅱ　事業譲渡の機能……………………………………………………272
　　　　1　合併と事業譲渡の差異…………………………………………272
　　　　2　事業譲渡の活用場面……………………………………………274

第2節　解雇規制と労働条件変更規制……………………………………277
　Ⅰ　経済的理由による解雇規制………………………………………277
　　　　1　随意的雇用原則…………………………………………………277
　　　　2　随意的雇用原則の修正…………………………………………278
　　　　3　制定法による随意的雇用原則の制限…………………………279
　　　　4　労働協約による随意的雇用原則の制限………………………283
　Ⅱ　個別的労働関係上の労働条件変更法理…………………………284
　Ⅲ　集団的労使関係上の労働条件変更規制…………………………284
　　　　1　NLRAの特徴……………………………………………………284
　　　　2　労働協約成立前の労働条件の変更……………………………289
　　　　3　労働協約成立後の労働条件の変更……………………………290
　　　　4　労働協約上の権利義務のエンフォースメント………………291

	Ⅳ 小　　括……………………………………………………………… 293
第3節	事業譲渡における労働者保護規制………………………………… 296
	Ⅰ 承継者法理による労働者保護……………………………………… 296
	1 承継者法理の歴史的展開──1964年のWiley事件最高裁判決までの状況……………………………………………………………… 296
	2 承継者法理に関する5つの最高裁判決の概要………………… 298
	3 承継者法理の要件論の枠組み…………………………………… 321
	4 労働力の継続性…………………………………………………… 325
	5 新旧使用者の実質的継続性……………………………………… 333
	6 承継者の労働条件変更の可否…………………………………… 345
	7 不当労働行為責任の承継者（Golden State Successor）……… 351
	8 仲裁付託義務の承継者（Wiley successor）…………………… 354
	9 小　　括…………………………………………………………… 355
	Ⅱ 分身法理による労働者保護………………………………………… 357
	1 分身法理の概要…………………………………………………… 357
	2 連邦最高裁による分身法理の承認──Southport Petroleum Co. 事件………………………………………………………………… 358
	3 分身法理の判断枠組み（一般的判断要素）…………………… 360
	4 所有者または支配の実質的同一性……………………………… 362
	5 同一家族所有と独立当事者間取引……………………………… 365
	6 使用者の不法な動機・意図……………………………………… 365
	7 小　　括…………………………………………………………… 372
	Ⅲ 各州の企業買収に関する労働者保護立法………………………… 373
	1 労働協約保護法…………………………………………………… 373
	2 失業労働者保護法………………………………………………… 374
	3 ティン・パラシュート法……………………………………… 374
	4 信認義務修正法（Constituency Statutes）…………………… 375
第4節	連邦倒産法における事業譲渡と平常時規制の変容……………… 377
	Ⅰ 連邦倒産法第11章再建手続の概要………………………………… 377
	1 第11章再建手続の導入の経緯…………………………………… 377
	2 第11章再建手続の概要…………………………………………… 378
	3 プレ・パッケージ型再建手続…………………………………… 381
	4 連邦倒産法363条に基づく事業譲渡…………………………… 382

Ⅱ　倒産時の解雇・労働条件変更規制──平常時規制との相違点 ········ 385
　　　1　個別的労働関係 ··· 385
　　　2　集団的労使関係 ··· 385
　　Ⅲ　倒産手続と承継者法理の適用 ··· 387
　　　1　倒産法の目的と承継者法理の衝突 ·· 387
　　　2　使用者の倒産と承継者法理の適用の可否 ······························· 388
　　　3　承継者法理に対する 363 条(f)の適用の可否 ·························· 390
　　　4　363 条 sale の許可基準と労働者保護 ···································· 397
　　Ⅳ　倒産手続と分身法理の適用 ·· 401
　　　1　分身法理の原則適用 ··· 401
　　　2　「事業目的」と倒産時の買収の特殊性 ··································· 403
　第 5 節　アメリカ法の総括 ··· 404

第 5 章　日本における事業譲渡と労働関係に関する考察 ············ 407
　第 1 節　日・EU 独・米における事業譲渡法制の比較法的考察 ········· 409
　　Ⅰ　事業譲渡法制と個別的労働関係 ·· 409
　　　1　日独米の解雇・個別的労働条件変更規制 ······························· 409
　　　2　事業譲渡による個別的労働契約に対する影響 ························ 410
　　　3　倒産時の事業譲渡と個別法への影響 ···································· 415
　　Ⅱ　事業譲渡法制と集団的労使関係 ·· 417
　　　1　日独米の集団的労使関係制度 ·· 417
　　　2　事業譲渡による集団的労使関係に対する影響 ······················· 418
　　　3　倒産時の事業譲渡と集団法への影響 ···································· 421
　　Ⅲ　日独米の法的状況の背景 ··· 422
　　　1　EU・ドイツにおける雇用関係の特性 ··································· 423
　　　2　コーポレート・ガバナンスと労働者の位置づけ ···················· 425
　第 2 節　事業譲渡と労働関係の承継に関する学説・裁判例の分析および
　　　　　検討 ··· 431
　　Ⅰ　当然承継説および営業の同一性当然承継説の問題点 ················ 431
　　Ⅱ　原則承継説および原則非承継説の問題点 ································ 432
　　　1　両説の評価 ·· 432
　　　2　原則非承継説の結論の妥当性 ·· 433

	Ⅲ	解雇法理適用説の問題点………………………………………………	436
	Ⅳ	事実上の合併説の問題点…………………………………………………	436
	Ⅴ	小　括………………………………………………………………………	437

第3節　労働契約の不承継特約の効力と法律行為の解釈………………… 438
　Ⅰ　労働契約の不承継特約の効力………………………………………… 438
　　1　譲渡会社の解雇・不承継特約と解雇法理の脱法……………… 438
　　2　破産手続における事業譲渡……………………………………… 441
　　3　民事再生・会社更生手続における事業譲渡…………………… 442
　　4　平時における事業譲渡…………………………………………… 444
　Ⅱ　解雇・不承継特約の無効と法律行為の解釈………………………… 445
第4節　労働契約承継立法の導入の是非……………………………………… 447
第5節　結びに代えて…………………………………………………………… 451

事項索引

文献略語一覧

<日本語文献>

荒木：荒木尚志『労働法』（有斐閣，2009）

荒木 1998：荒木尚志「EU における企業の合併・譲渡と労働法上の諸問題——企業譲渡指令にみる EC 労働法の一側面」北村一郎編『現代ヨーロッパ法の展望』81 頁（東京大学出版会，1998）

荒木 2000a：荒木尚志「日米独のコーポレート・ガバナンスと雇用・労使関係——比較法的視点から」稲上毅＝連合総合生活開発研究所編著『現代日本のコーポレート・ガバナンス』209 頁（東洋経済新報社，2000）

荒木 2000b：荒木尚志「合併・営業譲渡・会社分割と労働関係——労働契約承継法の成立経緯と内容」ジュリスト 1182 号 16 頁（2000）

荒木 2003：荒木尚志『雇用システムと労働条件変更法理』（有斐閣，2003）

荒木 2004：荒木尚志「企業組織の変動と使用者の契約責任」角田邦重ほか編『労働法の争点』181 頁（有斐閣，2004）

荒木ほか編：荒木尚志＝山川隆一＝労働政策研究・研修機構編『諸外国の労働契約法制』（労働政策研究・研修機構，2006）

石井・基本問題：石井照久「営業の譲渡と労働契約」『商法における基本問題』157 頁（勁草書房，1960）

石井：石井照久『新版労働法』（弘文堂，1972）

伊藤：伊藤眞『破産法・民事再生法〔第 2 版〕』（有斐閣，2009）

上原 1987(上)(下)：上原敏夫「西ドイツの倒産手続における労働者の処遇(上)(下)——現行法及び改正要綱」判例タイムズ 642 号 4 頁・644 号 16 頁（1987）

上原 1989(上)(下)：上原敏夫「西ドイツ倒産法改正草案について(上)(下)」判例タイムズ 693 号 23 頁，694 号 32 頁（1989）

江頭：江頭憲治郎『株式会社法〔第 4 版〕』（有斐閣，2011）

M＆A 研究会：内閣府経済社会総合研究所 M＆A 研究会「本格的な展開期を迎えたわが国のM＆A活動」（2006 年 10 月），http://www.esri.go.jp/jp/mer/houkoku/0610houkoku.html（accessed 2012-07-21）

神作：神作裕之「株式交換・編入・会社分割」岩原紳作＝神田秀樹編著『商事法の展望』269 頁（商事法務研究会，1998）

神田：神田秀樹『会社法〔第 14 版〕』（弘文堂，2012）

今野：今野順夫「営業譲渡と解雇——西ドイツにおける法理の展開」行政社会論集 2 巻 1 号 1 頁（1989）

四宮ほか編：福永有利監修・四宮章夫ほか編『詳解民事再生法〔第 2 版〕』——理論と実務の交錯』（民事法研究会，2009）

シュワップ：S. J. シュワップ（奥野寿訳）「企業再編におけるアメリカ労働法の役割」日本労働研究雑誌 507 号 65 頁（2002）

菅野：菅野和夫『労働法〔第 9 版〕』（弘文堂，2010）

菅野 2009：菅野和夫「会社解散をめぐる不当労働行為事件と使用者──4 つの類型とその判断基準」山口浩一郎ほか編『安西愈先生古稀記念論文集 経営と労働法務の理論と実務』511 頁（中央経済社，2009）

田代(上)(中)(下)：田代雅彦「ドイツ連邦共和国における倒産実務の研究(上)(中)(下)」法曹時報 52 巻 1 号 1 頁，52 巻 2 号 329 頁，52 巻 3 号 647 頁（2000）

塚田：塚田奈保「企業組織の変動と労働関係──ドイツ法における労働関係の強行的移転の検討」本郷法政紀要 9 号 39 頁（2000）

土田：土田道夫『労働契約法』（有斐閣，2008）

藤内：藤内和公『ドイツの従業員代表制と法』（法律文化社，2009）

中窪：中窪裕也『アメリカ労働法〔第 2 版〕』（弘文堂，2010）

中窪・団体交渉法(1)〜(4)：中窪裕也「アメリカの団体交渉法の構造(1)〜(4・完)──排他的交渉代表制度とそれを支える 2 つの義務」法学協会雑誌 100 巻 8 号 1454 頁，10 号 1823 頁，11 号 2062 頁（1983），101 巻 1 号 1 頁（1984）

西谷：西谷敏『労働組合法〔第 2 版〕』（有斐閣，2006）

樋口：樋口範雄『アメリカ契約法〔第 2 版〕』（弘文堂，2010）

水町：水町勇一郎『労働法〔第 4 版〕』（有斐閣，2012）

村田(1)(2)：村田典子「再建型倒産処理手続の機能(1)(2・完)──アメリカ合衆国における再建型倒産処理手続の発展過程」民商法雑誌 129 巻 3 号 346 頁（2003），129 巻 4・5 号 646 頁（2004）

村中 1984(1)(2)：村中孝史「西ドイツにおける解雇制限規制の史的展開(1)(2・完)」法学論叢 114 巻 6 号 55 頁（1984），115 巻 2 号 80 頁（1984）

山本 1991：山本弘「ドイツ連邦共和国における倒産法改正の試み──Übertragende Sanierung の位置付けを中心として」中野貞一郎ほか編『民事手続法学の革新 下巻』529 頁（有斐閣，1991）

山本 1993：山本弘「ドイツ連邦共和国における企業再建手続導入論の動向」民事訴訟雑誌 39 号 157 頁（1993）

ライポルド：ディーター・ライポルド（山本弘訳）「ドイツとヨーロッパの新しい倒産法──1999 年・2000 年における発展」日独法学 20 号 164 頁（2002）

＜フランス法＞

DH：Recueil hebdomadaire de jurisprudence

Dr. soc.：Droit social

Gaudu：François Gaudu, France, in Corporate Restructuring and The Role of Labour Law（R. Blanpain et al. eds., 2003），p.61

Pélissier/Auzero/Dockès：Pélissier(J.), Auzero(G.) et Dockès(E.), *Drois de travail*, 26ᵉ édition (2011)

＜ＥＵ法＞
Barnard：Catherine Barnard, EC Employment Law (3d ed. 2006)
Blanpain：Roger Blanpain, European Labour Law (12th ed. 2010)
Davies：P. L. Davies, Acquired Rights, Credior's Rights, Freedom of Contract, and Industrial Democracy, in Yearbook of European Law 1989 Vol. 9 (A. Barav & D. A. Wyatt eds., 1990)
ECR：European Court Reports
More：Gillian More, The Concept of "undertaking" in the Acquired Rights Directive: the Court of Justice under pressure (again), in Yearbook of European Law 1995 Vol. 15 (A. Barav & D. A. Wyatt eds., 1996)
OJ：Official Journal of the European Union

＜ドイツ法＞
［雑誌略語］
BB：Betriebs-Berater
DB：Der Betrieb
DStR：Deutsches Steuerrecht
MDR：Monatsschrift für Deutsches Recht
NJW：Neue Juristische Wochenschift
NZA：Neue Zeitschrift für Arbeitsrecht
NZI：Neue Zeitschrift für das Recht der Insolvenz und Sanierung
ZIP：Zeitschrift für Wirtschaftsrecht

［書籍略語］
Andres et al.：Dirk Andres/Rolf Leithaus/Michael Dahl, Insolvenzordnung Kommentar, 2. Aufl. (2011)
AP：Alfred Hueck/Hans Carl Nipperdey/Rolf Dietz, Nachschlagewerk des Bundesarbeitsgerichts — Arbeitsrechtliche Praxis, Loseblatt
Beinert et al.：Dieter Beinert/Frank Burmeister/Herman-Josef Tries, Mergers and Acquisitions in Germany (2009)
Beisel/Klumpp：Wilhelm Beisel/Hans-Hermann klumpp (Bearbeitet von Daniel Beisel et al.), Der Unternehmenskauf, 6. Aufl. (2009)
Berscheid：Ernst-Dieter Berscheid, Arbeitsverhältnisse in Krise und Insolvenz − Insolvenzarbeitsrecht, Arbeitskreis für Insolvenzwesen Köln e. V. (Hersg.), Kölner

Schrift zur Insolvenzordnung, 3. Aufl. (2009), S. 1081

Blanpain/Jacobs : Roger Blanpain/A. T. J. M. Jacobs (eds.), Employee Rights in Bankruptcy (2002)

Buth/Hermanns : Andrea K. Buth/Michael Hermanns, Restrukturierung, Sanierung, Insolvenz, 3. Aufl. (2009)

Dauner-Lieb/Simon : Barbara Dauner-Lieb/Stefan Simon, Kölner Kommentar zum UmwG (2009)

Dütz/Thüsing : Wilhelm Dütz/Gregor Thüsing, Arbeitsrecht, 16. Aufl. (2011)

Düwell : Franz Josef Düwell, Änderungs-und Beendigungskündigung nach der InsO, in Arbeitskreis für Insolvenzwesen Köln e. V. (Hrsg.), Kölner Schrift zur Insolvenzordnung, 3. Aufl. (2009), S. 1193

ErfK : Rudi Müller-Glöge/Ulrich Preis/Ingrid Schmidt (Hrsg.), Erfurter Kommentar zum Arbeitsrecht, 12. Aufl. (2012)

Foerste : Ulrich Foerste, Insolvenzrecht, 5. Aufl. (2010)

Haritz/Menner : Detlef Haritz/Stefan Menner, Umwandlungssteuergesetz, 3. Aufl. (2010)

Henssler et al. : Martin Henssler/Heinz Josef Willemsen/Heinz-Jürgen Kalb (Hrsg.), Arbeitsrecht Kommentar, 4. Aufl. (2010)

Holzapfel/Pöllath : Hans-Joachim Holzapfel/Reinhard Pöllath, Unternehmenskauf in Recht und Praxis, 14. Aufl. (2010)

Hueck/Windbichler : Götz Hueck/Christine Windbichler, Gesellschaftsrecht, 21. Aufl. (2008)

Hüffer : Uwe Hüffer, Aktiengesetz, 9. Aufl. (2010)

Jauering/Berger : Othmar Jauering/Christian Berger, Zwangsvollstreckungs- und Insolvenzrecht, 23. Aufl. (2010)

Junker : Abbo Junker, Grundkurs Arbeitsrecht, 10. Aufl. (2011)

Limmer : Peter Limmer, Unternehmensumstrukturierungen vor und in der Insolvenz unter Einsatz des Umwandlungsrechts, Arbeitskreis für Insolvenzwesen Köln e. V. (Hrsg.), Kölner Schrift zur Insolvenzordnung, 3. Aufl. (2009), S. 859

Löwisch : Manfred Löwisch, Arbeitsrecht, 8. Aufl. (2007)

MünchK : Martin Henssler(Redakteur)/Müller-Glöge, Münchener Kommentar zum Bürgerlichen Gesetzbuch, Band 4 Schuldrecht・Besonderer Teil Ⅱ, 5. Aufl. (2009)

Palandt : Otto Palandt Bürgerliches Gesetzbuch, 71. Aufl. (2012)

Rödder et al. : Thomas Rödder/Oliver Hötzel/Thomas Mueller-Thuns, Unternehmenskauf Unternehmensverkauf (2003)

Schaub : Günter Schaub (Bearbeitet von Ulrich Koch et al.), Arbeitsrechts-Handbuch, 14. Aufl. (2011)

Schmidt/Uhlenbruck：Karsten Schmidt/Wilhelm Uhlenbruck (Hrsg.), Die GmbH in Krise, Sanierung und Insolvenz, 4. Aufl. (2009)

Seibt：Christoph H. Seibt, Beck'sches Formularbuch Mergers & Acquisitions (2008)

Semler/Stengel：Johannes Semler/Arndt Stengel, Umwandlungsgesetz mit Spruchverfahrensgesetz, 3. Aufl. (2012)

Waas：Bernd Waas, Germany, in Corporate Restructuring and The Role of Labour Law (R. Blanpain et al. eds., 2003), p. 79

Willemsen et al.：Heinz Josef Willemsen/Klaus-Stefan Hohenstatt/Ulrike Schweibert/Christoph H. Seibt, Umstrukturierung and Übertragung von Unternehmen ― Arbeitsrechtliches Handbuch ―, 4. Aufl. (2011)

Wlotzke et al.：Wlotzke/Preis/Kreft, Betriebsverfassungsgesetz Kommentar, 4. Aufl. (2009)

Zwanziger：Bertram Zwanziger, Kommentar zum Arbeitsrecht der Insolvenzordung, 4. Aufl. (2010)

＜アメリカ法＞

［雑誌略語］

AM. BANKR. L. J.：American Bankruptcy Law Journal

AM. J. COMP. L.：American Journal of Comparative Law

BANKR. DEV. J.：Bankruptcy Developments Journal

BUS. LAW.：Business Lawyer

CAL. L. REV.：California Law Review

CARDOZO L. REV.：Cardozo Law Review

DEPAUL BUS. & COM. L. J.：DePaul Business & Commercial Law Journal

HARV. INT'L L. J.：Harvard International Law Journal

HARV. LAW. REV.：Harvard Law Review

J. CORP. L.：Journal of Corporation Law

L. REV. M. S. U. -D. C. L.：Law Review of Michigan State University - Detroit College of Law

MICH. L. REV.：Michigan Law Review

NOTRE DAME L. REV.：Notre Dame Law Review

OKLA. CITY. U. L. REV.：Oklahoma City University Law Review

SETON HALL CIR. REV.：Seton Hall Circuit Review

STAN. L. REV.：Stanford Law Review

U. MIAMI INTER-AM. L. REV.：University of Miami Inter-American Law Review

VA. L. REV.：Virginia Law Review

W. VA. L. REV.：West Virginia Law Review

[書籍略語]

ALLEN ET AL. : WILLIAM T. ALLEN, REINIER KRAKKMAN & GUHAN SUBRAMANIAN, COMMENTARIES AND CASES ON THE LAW OF BUSINESS ORGANIZATION (3d ed. 2009)

BAINBRIDGE CORPORATE : STEPHEN M. BAINBRIDGE, CORPORATE LAW (2d ed. 2009)

BAINBRIDGE M&A : STEPHEN M. BAINBRIDGE, MERGERS AND ACQUISITIONS (2d ed. 2009)

BAIRD : DOUGLAS G. BAIRD, ELEMENTS OF BANKRUPTCY (5th ed. 2010)

BALOTTI & FINKELSTEIN : R. FRANKLIN BALOTTI & JESSE A. FINKELSTEIN, THE DELAWARE LAW OF CORPORATIONS & BUSINESS ORGANIZATIONS (2011)

BASIC PATTERNS : THE EDITORS OF COLLECTIVE BARGAINING NEGOTIAITONS & CONTRACTS, BASIC PATTERNS IN UNION CONTRACTS (14th ed. 1995)

BLOCK : CHERYL D. BLOCK, COPORATE TAXATION (4th ed. 2010)

CARNEY : WILLIAM J. CARNEY, MERGERS AND ACQUISITIONS CASES AND MATERIALS (3d ed. 2011)

CLARK : ROBERT CHARLES CLARK, CORPORATE LAW (1986)

COLLIER : WILLIAM M. COLLIER, 3 AND 8 COLLIER ON BANKRUPTCY (Alan N. Resnick & Henry J. Sommer eds., 16th ed. 2011).

COX ET AL. : ARCHIBALD COX, DEREK CURTIS BOK, ROBERT A. GORMAN & MATTHEW W. FINKIN, LABOR LAW CASES AND MATERIALS (15th ed. 2011)

COX & HAZEN : JAMES D. COX & THOMAS LEE HAZEN, THE LAW OF CORPORATIONS, Vol. 4 (3d ed. 2010)

EISENBERG : MELVIN ARON EISENBERG, THE STRUCTURE OF THE CORPORATION (1976)

EISENBERG & COX : MELVIN ARON EISENBERG & JAMES D. COX, CORPORATIONS AND OTHER BUSINESS ORGANIZATIONS (10th ed. unabridged 2011)

ESTREICHER : Samuel Estreicher, *Successorship Obligations, in* LABOR LAW AND BUSINESS CHANGE THEORETICAL AND TRANSACTIONAL PERSPECTIVES (Samuel Estreicher & Daniel G. Collins eds., 1988)

FLETCHER ET AL. : WILLIAM MEADE FLETCHER ET AL., FLETCHER CYCLOPEDEA OF THE LAW OF CORPORATIONS Vol. 15 (perm. ed., rev. 2008)

FRAZIER ET AL. : KELLY K. FRAZIER ET AL., A COMPARISON SHOPPING GUIDE FOR 363 SALES (2009)

GOLE & HILGER : WILLIAM J. GOLE & PAUL. J. HILGER, CORPORATE DIVESTITURES: A MERGERS AND ACQUISITIONS BEST PRACTICES GUIDE (2008)

GORMAN & FINKIN : ROBERT A. GORMAN & MATTHER W. FINKIN, BASIC TEXT OF LABOR LAW : UNIONIZATION AND COLLECTIVE BARGAINING (2004)

HIGGINS : COMMITTEE ON THE DEVELOPMENT OF THE LAW UNDER THE NATIONAL LABOR RELATIONS ACT, SECTION OF LABOR & EMPLOYMENT LAW, AMERICAN BAR ASSOCIATION,

The Developing Labor Law Vol. I (John E. Higgins, Jr. et al. eds., 5th ed. 2006)

Oesterle 2005 : Dale Arthur Oesterle, The Law of Mergers and Acquisitions (3d ed. 2005)

Oesterle 2006 : Dale Arthur Oesterle, Mergers and Acquisitions (2d ed. 2006)

Rothstein et al. : Mark A. Rothstein, Charles B. Craver, Elinor P. Schroeder & Elaine W. Shoben, Employment Law (4th ed. 2010)

Rothstein & Liebman : Mark A. Rothstein & Lance Liebman, Case and Materials Employment Law (7th ed. 2011)

Tabb : Charles Jordan Tabb, The Law of Bankruptcy (2d ed. 2009)

Welch et al. : Edward P. Welch, Andrew J. Turezyn & Robert S. Saunders, Folk on The Delaware General Corporation Law (5th ed. 2009)

第1章
問題の所在

第 1 節　M&A のストラクチャーと事業譲渡の機能

I　M&A を取り巻く状況と労働者保護問題

　わが国では，M&A に関連する法整備が急速に進められ，M&A が企業の事業戦略として位置づけられている。平成 9 年の合併手続の簡素化と独禁法の改正による純粋持株会社の解禁に始まり，平成 11 年の持株会社の設立を容易にするための株式交換・株式移転制度の導入，産業活力再生特別措置法の制定，平成 12 年の会社分割法制，簡易な営業全部の譲受け制度の導入，さらには民事再生法の制定など，M&A に関連する会計制度や税制を含め，異例のスピードで法整備がなされてきた。また，平成 17 年に会社法が制定され，企業にとってより柔軟な組織再編が可能となっている[1]。

　こうした M&A の手法には，買収の対象会社から買収会社に対して何が移転・取得されるかによって，対象会社の株式が取得される場合（株式取得型）と，対象会社の事業や資産等が取得される場合（事業取得型）とに分類でき，個々の事案のニーズに応じて使い分けられる。具体的には，株式取得型の場合，①株式譲渡，②第三者割当増資等の新株発行・自己株式処分，③株式交換（会社法 2 条 31 号），④株式移転（同法 2 条 32 号）がある。株式譲渡や新株発行は，手続が比較的簡便であり，一般的な手法である[2]。株式取得型買収の場合，通常，労働者にとっては株主が交替すること以上の意味はなく，対象会社自身の資産や権利義務が買収会社に移転しないため，それに伴って労働関係の移転・承継が生じるか否かという問題も生じない[3]。

　一方，事業取得型には，①合併（会社法 2 条 27 号等），②会社分割（同法 2 条 29 号・30 号），③事業譲渡（同法 467 条以下）がある。事業取得型買収の場合，

---

[1]　例えば，合併等対価の柔軟化（会社法 749 条 1 項 2 号・751 条 1 項 3 号・758 条 4 号・760 条 5 号など）や事業譲渡における株主総会の特別決議の省略（略式事業譲渡）（同法 468 条 1 項）などが定められた。

[2]　M&A 研究会 41 頁。

[3]　ただし，特にこの場合の労働法上の問題として，投資ファンドが株式を保有し取締役等を派遣することにより被買収企業に対して一定の影響力を有することから，投資ファンド等の使用者性が問題とされ，厚生労働省は，平成 18 年 5 月 26 日，「投資ファンド等により買収された企業の労使関係に関する研究会報告書」を取りまとめた。

対象会社から買収会社に事業や資産が移転することに伴い，労働関係の移転・承継の問題が生じうる。よって，労働者の意に反する労働契約の承継または排除（解雇）という形態をとって労働者の不利益が多かれ少なかれ想定されるため，M&A に際して起こりうる労働契約上の諸問題は，主として事業取得型において懸念され，従来から立法措置の検討の必要性が指摘されてきた。とりわけ，わが国の M&A は，バブル経済崩壊後の長期の不況を反映して，企業の破綻や再生に M&A 手法を活用する事例が非常に増加し[4]，M&A に付随して人員整理や労働条件の切り下げ等が行われることも少なくない。本書は，この事業取得型，なかでも事業譲渡における労働者保護問題を検討するものである。

II　M&A の手法と事業譲渡の機能

1　M&A のストラクチャーの異同

　合併，会社分割および事業譲渡の各手続は，原則として株主総会の特別決議が必要であり（会社法 783 条 1 項・795 条 1 項・804 条 1 項・309 条 2 項 12 号，同法 467 条 1 項・309 条 2 項 11 号），また，反対株主に株式買取請求権が認められる（同法 785 条・797 条・806 条，同法 469 条）等，いくつか共通点を有するが（ただし，譲受会社では事業全部の譲受けの場合のみ），概略，以下のような差異がある。

	合併	会社分割	事業譲渡
移転対象の選別	自由度なし（包括承継）	自由度あり[5]	自由に選別可能
契約相手方や債権者の個別同意の要否	同意不要	同左	原則として個別同意必要（ただし，産活法 22 条）。
債権者保護手続	規定あり（会社法 789 条・799 条・810 条）	同左	規定なし

---

[4]　M&A 研究会 4 頁。
[5]　会社法の下での承継対象は，「営業ノ全部又ハ一部」から「事業に関して有する権利義務の全部又は一部」に変更され（会社法 2 条 29 号 30 号），財産の有機的一体性等は必要でないと解する見解が多数説である。江頭 825 頁注 2。

買収資金の要否	不要	同左	通常は必要
債務超過会社を対象とする場合	会社法上許容（会社法795条2項）[6]。	争いあり[7]。	可
税務上の取扱い	組織再編税制により課税の繰延可（法人税法62条の2以下）。	同左	原則として時価ベースによる取引（譲渡損益が発生）[8]。
資産移転コスト	不動産取得税および消費税は非課税。登録免許税に優遇措置あり。	一定の場合に不動産取得税が非課税。消費税および登録免許税は同左。	不動産取得税，登録免許税，消費税が課税される。
倒産時の規定	なし	なし[9]	あり（後述）

2　倒産時の事業譲渡と労働者保護規定

　倒産手続においては事業譲渡に関する特別な規定があり，一定の労働者保護規定も設けられている。

　まず，破産手続における事業譲渡を行う場合は，破産管財人が，破産法36条に基づく事業継続の裁判所の許可を得て，企業価値を維持しておくことが必要である。その上で，「営業又は事業の譲渡」について裁判所の許可が必要となる（破産法78条2項3号）。営業等の譲渡は，通常，雇用契約の全部または

---

[6]　消滅会社が実質債務超過である場合も合併が可能とする見解が有力である。神田331頁，相澤哲ほか編著『論点解説 新・会社法』673頁（商事法務，2006）。

[7]　債務の履行の見込みがないというときは，事前備置書面にその旨を記載すれば足り，そのために会社分割が無効となることはないとする見解が有力に唱えられている。相澤哲・細川充「組織再編行為」商事法務1769号19頁（2006），神田352-353頁注4。

[8]　ただし，平成22年度税制改正によるグループ法人税制の特例がある（法人税法61条の13）。また，倒産・破綻企業の場合は，事業の価値自体が低下していることから，ゲインよりロスが出ることが多く，この譲渡損や欠損金の損金算入により債務免除益と相殺し，倒産・破綻企業における課税負担額を圧縮することが可能となる。会社・事業再建型M&Aで資本注入型スキームよりも事業譲渡型スキームを用いたM&Aが比較的多く用いられるのも，一つにはかかる要因が存在することにある（西村総合法律事務所編『M&A法大全』433頁〔商事法務研究会，2001〕参照）。一方，譲受会社においては，いわゆる正の差額のれん（資産調整勘定）が5年間均等償却となり（法人税法62条の8第4項・5項），損金に算入できるため，譲受資産の含み益の5分の1相当額についてのみタックスメリットを享受できる。

[9]　ただし，事業譲渡に関する民事再生法42条を類推適用すべきであるとの見解が有力である。伊藤757頁注45参照。

一部の承継を伴い，破産会社の労働者は多大な利害関係を有する。また，破産会社の労働者は，一般に破産会社の内部事情に通じ，重要な情報を有している。そこで，裁判所が事業譲渡の許否について判断する場合は，労働者の利益を代表する立場にある労働組合等の意見を聴かなければならない（同条4項）[10]。

また，民事再生の場合も，再生債務者等が再生計画外で再生債務者の「営業又は事業の全部又は重要な一部の譲渡」をするには，裁判所の許可を得なければならない。この場合，裁判所は，当該再生債務者の事業の再生のために必要であると認める場合に限り，許可をすることができる（民再法42条1項）[11]。事業の再生は，再生手続本来の目的であるところ，再生債務者の人格と切り離して事業の再生を図ることは，再生のあり方そのものに関わることから，必要的許可事項とされたものである[12]。この「営業」または「事業」とは，いずれも同じ内容であり，一定目的のために組織化された有機的一体として機能する財産であって，得意先関係等の経済的価値のある事実関係を含むものを意味する[13]。裁判所は，許可をする場合，知れている再生債権者の意見またはこれに代わる債権者委員会の意見のほか，労働組合等の意見を聴かなければならない（民再法42条2項・3項）。営業等の継続には現在の労働者の協力が必要である場合が多いと考えられるところ，その協力を得るために労働者に手続関与の機会を保障する必要があり，また，裁判所も協力を得られる見込みについて知る機会を設けるのが望ましいとの趣旨である[14]。会社更生法にも同様の規定がある（会更法46条2項・3項3号）。

3　事業譲渡の機能

事業譲渡は，合併や会社分割と異なり，契約上の相手方から契約の移転に関して逐一同意を得ることが必要であり，手続が煩雑であるとともに，その同意

---

[10] なお，会社法上，株主総会決議を要する事業譲渡であっても，財産の管理処分権が破産管財人に専属しているため，株主総会決議は不要と解されている。伊藤眞ほか『条解破産法』591-592頁（弘文堂，2010）。

[11] なお，再生債務者が債務超過の場合，裁判所は，株主総会の特別決議（会社法467条1項1号2号・309条2項11号）に代わる許可（代替許可）を与えることができる（民再法43条1項）。会社更生手続では，会社法467条の規定は適用されない（会更法46条10項）。

[12] 伊藤619頁。

[13] 園尾隆司＝小林秀之『条解民事再生法〔第2版〕』189頁（弘文堂，2007）〔松下淳一〕。

[14] 園尾＝小林・前掲注(13)192頁〔松下淳一〕。

を得られるかは不確実であるため、手続が不安定になるという大きなデメリットがある。また、売却益が生じれば課税が発生し、原則として合併や会社分割に認められている組織再編税制のようなメリットがない。

　それにもかかわらず、M&Aにおいて事業譲渡のスキームが選択される大きな理由は、移転の範囲・対象を任意に選択できるというメリットがあるからである[15]。とりわけ、対象事業の経営が落ち込み、場合によっては対象会社自身が債務超過に陥っている場合、経営の再生のためには対象会社が負担している金銭債務を買収会社が承継できないという事情があるところ、事業譲渡であれば移転の対象を選別し、金銭債務を引き継がないという選択が可能となる。すなわち、事業譲渡は、買収側である譲受会社の立場から見れば、いわば責任を限定する機能を有している。かかる責任限定機能から、企業の再建の場面でその有用性が大きく発揮される。また、法制度上も、平成17年改正前商法の下では、債務超過会社を対象会社とする合併および会社分割が認められていなかった[16]反面で、事業譲渡はそれが可能であった。

　そのような事情の下で事業譲渡が利用されてきたことは、事業譲渡の件数の推移からも推察できる。すなわち、M&Aにおいて事業譲渡が利用された件数は、1998年では全体の20％半ばまで上昇し、その後、20％台を維持していたが、2005年には1997年以来8年ぶりに10％台に落ち込んだ[17]。一方、1998年の企業の年間倒産件数は、1万9000件以上にのぼり、2000年から2002年にかけては3年連続で1万9000件を超える厳しい状況が続いていたが、2004年には1万3837件と10年ぶりに1万4000件を下回った[18]。一般に、不況が続き企業がリストラを行う時には事業譲渡が増加し、株式取得等による買収が減少する傾向にあるのに対し、企業業績が上向くと株式取得等が多くなる傾向がある[19]が、事業譲渡の件数の推移は、かかる景気の動向と合致している。

　そして、究極的には、企業の倒産時において事業譲渡が活用され、そのための規定が整備されていることは先述のとおりである。再建型の倒産処理では、100％の無償減資をした上で、第三者割当増資をスポンサーに引き受けてもらう方法が一般的であるが、この方法による場合、会社再建を目的とした手続と

15　西村総合法律事務所編・前掲注(8)121頁参照。
16　合併については、鈴木竹雄＝竹内昭夫『会社法〔第3版〕』495頁（有斐閣、1994）、今井宏ほか『〔新訂第3版〕会社の合併ハンドブック』20頁（商事法務研究会、2000）。
17　M&A研究会41頁、124頁図表Ⅰ-5。
18　件数については㈱帝国データバンクHP参照。
19　M&A研究会41頁。

はいえ、一般に倒産のイメージが生じてしまうことは避けられず、事業価値が急速に劣化し始め、信用の回復にも時間がかかる。また、債務免除益課税の問題も生ずる[20]。そこで、事業譲渡により従前の事業主体（法人格）から切り離し、スポンサー企業等の新たな事業主体の下で事業を継続することにより事業価値の劣化を可及的に遮断する必要があること等から、再生会社または更生会社が全部または一部の事業を売却し、その余の事業はそのまま清算するというスキームがしばしば用いられている[21]。民事再生法第1条は「当該債務者の事業……の再生を図ること」、会社更生法第1条も「当該株式会社の事業の維持更生を図ること」を目的としており、再生・更生の対象は債務者の「事業」にほかならず、人的・物的要素の有機的複合体としての事業そのものの収益力を回復することが再生（更生）の内容となる[22]。近時では、手続開始前に、スポンサーや事業譲渡先候補者を選定した上で手続開始申立てを行う、いわゆるプレ・パッケージ型の事業再生も行われている。

---

[20] 詳細は、高木新二郎＝園尾隆司監修『民事再生法と金融実務』227頁以下〔津田昌宏〕（金融財政事情研究会、2002）参照。

[21] ㈱帝国データバンクの「民事再生法施行9年間の申請動向、08年の弁済率動向調査」（2009年4月8日）によると、2008年の平均弁済率は12.4％（2001年調査時24.2％）、平均弁済期間は1年以内の一括弁済比率が39.2％（2001年調査時8.1％）であり、"清算型"民事再生の定着が影響したとみられている。http://www.tdb.co.jp/report/watching/press/pdf/p090403.pdf（accessed 2012-07-21）

[22] 伊藤眞ほか編『注釈民事再生法〔新版〕(上)』3頁（金融財政事情研究会、2002）〔伊藤眞〕。

第2節　事業取得型 M&A における労働関係に関する法規制と立法措置の検討状況

　本節では，合併，会社分割および事業譲渡における労働関係の承継に関するわが国の法規制の現状と立法措置の検討状況について概観し，事業譲渡の問題点を明らかにする。

I　合併の規制

1　合併の法的性格

　まず，合併は，包括承継（一般承継）であるから，消滅会社（解散会社）の権利義務の全部が存続会社（吸収合併）または新設会社（新設合併）（以下，「存続会社等」という）に法律上当然に承継され（会社法2条27号28号・750条1項・754条1項・756条1項），それに伴い消滅会社の労働契約も何らの手続を経ることなく存続会社等に移転する[23]。この場合，合併当事者間の特約のみによって労働契約の全部または一部の承継を排除することは許されず[24]，労働者に対する関係では，合併前に別途労働契約の終了等のために必要な手続を採らなければならない。一方，「使用者は，労働者の承諾を得なければ，その権利を第三者に譲り渡すことができない」と定める民法625条1項は，譲渡に関する規定であるから包括承継である合併には適用されないと解されている[25]。よって，合併に際する労働契約の承継には労働者の同意も不要である。
　また，消滅会社の就業規則や労働協約は，その内容を維持したまま存続会社等に承継され[26]，その後の労働条件の統一問題は，労働協約・就業規則の不利益変更の問題として処理される。また，合併に際して，余剰人員の整理の問題

---

[23]　同和火災海上保険事件・大阪地決昭24・5・17労裁集4号44頁，日本合同トラック事件・松江地判昭39・6・4労民集15巻3号610頁。
[24]　石井217頁，上柳克郎ほか編『新版注釈会社法(13)』203頁〔今井宏〕（有斐閣，1992）。
[25]　幾代通＝広中俊雄編『新版注釈民法(16)債権(7)』66頁〔幾代通〕（有斐閣，1999），荒木373頁。
[26]　この場合，労働組合が合併しない限り，存続会社等において2つの労働協約が併存することになる。

が生じた場合は，労働契約が包括承継された後の配転・出向や整理解雇[27]の問題として処理されることになる。

2　合併における労働者の不利益

このように合併の場合は，消滅会社との従前の労働契約等がそのまま存続会社等に承継されることから，労働契約等の承継を望む労働者が承継されないという不利益（以下，「承継されない不利益」という）が生じることは想定されない。

一方，労働契約は，労働者の同意なくして存続会社等に承継されるが，合併においては，元の会社が消滅し，存続会社等に対して雇用を求めるしかないのであるから，会社の意思のみによって承継を望まない労働者の労働契約が承継されるという不利益（以下，これを「承継される不利益」という）は，実際上，想定され得ない[28]。しかも，この場合，労働者は，これまで従事していた職務に継続して従事することが十分可能であるため，従前の職務と切り離されてしまうという問題もほとんど想定されない。

したがって，合併においては，労働者に不利益が生じることがほとんど想定されないため，合併に伴う労働契約等の承継に関する立法措置は採られていない。

II　会社分割の規制

1　会社分割の法的性格と問題点

会社分割の場合は，承継される事業を構成するものとして吸収分割契約（会社法757条参照。吸収分割の場合）または新設分割計画書（同法762条1項参照。新設分割の場合）に記載された権利義務（契約上の地位を含む）が当然に吸収分割承継会社（吸収分割）または新設分割設立会社（新設分割）（以下，「承継会社等」という）に承継される。

この場合，部分的包括承継（一般承継）であるため，承継される労働者の同意（民法625条1項）が不要となる一方で，承継される事業の範囲内においては，分割会社および承継会社間の合意（吸収分割）または分割会社の意思（新

---

[27] 余剰人員の整理に際する解雇については整理解雇の法理が確立している。東洋酸素事件・東京高判昭54・10・29労民集30巻5号1002頁参照。

[28] なお，承継を望まない労働者は解約の自由を有する。土田536-537頁参照。

設分割）のみによって，あらかじめ分割契約等に記載する権利義務を選択できることになる。したがって，分割会社等が承継される労働者の範囲を労働者の意思とは無関係に定めうることになるため，労働者には承継される不利益と承継されない不利益が生じることが想定される。例えば，承継される事業に主として従事していた労働者が，分割契約等の記載から除外されることにより，承継されない不利益を受けたり，また，その反対に，承継される事業以外に主として従事していた労働者が，分割契約等に記載されることにより，承継される不利益を受けることが考えられる。しかも，そのいずれの場合においても，労働者は，会社分割時点の職務とは切り離されて分割会社に残留する，または承継会社等に承継させられてしまうという問題も生じうる。

そこで，会社分割における労働契約等については立法的措置を講ずることが適当であるとの提言がなされ，会社分割に伴う労働契約の承継等に関する法律（以下，「承継法」という）が制定されている。

2 承継法の規制内容

(1) 労働者等に対する通知

会社は，会社分割を行うときは，当該会社が雇用する労働者であって，承継会社等に承継される事業に主として従事する者（以下，「主従事労働者」という）および分割契約等にその者の労働契約が承継会社等に承継される旨の定めがある者に対し，通知期限日までに，労働契約が承継される旨の分割契約または新設分割計画における定めの有無，異議申出期限日等を書面により通知しなければならない（承継法2条1項）。また，分割会社が労働協約を締結している場合は，当該労働組合に対し，労働協約が承継会社等に承継される旨の分割契約等の定めの有無等を通知しなければならない（同条2項）。

(2) 労働契約の承継

主従事労働者が分割会社との間で締結している労働契約であって，分割契約等に承継会社等が承継する旨の定めがあるものは，承継会社等に承継される（承継法3条）。そして，主従事労働者であるにもかかわらず，分割契約等に承継の定めがない場合，当該労働者は，労働契約が承継されないことにつき異議を申し出ることができ（同法4条1項），異議を申し出たときは，当該労働者の労働契約が承継会社等に承継される（同条4項）。

他方，主従事労働者以外の労働者（非主従事労働者）であって，分割契約等にその者が当該会社との間で締結している労働契約を承継会社等が承継する旨の定めがある場合は，当該労働者は，労働契約が承継会社等に承継されること

につき異議を申し出ることができ（同法5条1項），当該労働者が異議を申し出たときは，当該労働契約が承継されない（同条3項）。

(3) 労働協約の承継

　分割会社と労働組合との間で締結されている労働協約は，規範的部分（労働条件その他の労働者の待遇に関する基準。労組法16条）については，当該労働組合の組合員である労働者と分割会社との間で締結されている労働契約が承継会社等に承継される場合は，当該分割会社が効力発生日以後もなお当該労働協約の当事者たる地位を有するとともに，承継会社等と労働組合との間では当該労働協約と同一内容の労働協約が締結されたものとみなされる（承継法6条3項）。

　一方，債務的部分（規範的部分以外で，例えばショップ条項，団体交渉および労使協議のルールの条項等）は，分割会社と当該労働組合との間で分割契約等の定めに従い承継会社等に承継させる旨の合意があった場合は，当該合意に係る部分が当該承継会社等に承継される（同法6条2項）。かかる合意がない場合は，債務的部分についても，組合員が承継される限りは当該組合と承継会社等間に同一内容の協約が締結されたものとみなされる（同法6条3項）。

(4) 厚生労働大臣の指針

　厚生労働大臣は，分割会社および承継会社等が講ずべき当該分割会社が締結している労働契約および労働協約の承継に関する措置に関して，その適切な実施を図るために必要な指針を定めることができる（承継法8条）。

　当該指針[29]によれば，分割会社および承継会社等の「労働契約の承継に関して講ずべき措置等」として，「会社法の規定に基づき承継会社等に承継された労働契約は，分割会社から承継会社等に包括的に承継されるため，その内容である労働条件は，そのまま維持されるものであること。この場合において，労働協約，就業規則又は労働契約に規定されている労働条件のほか，確立された労働慣行であって分割会社と労働者との間で黙示の合意が成立したもの又は民法第92条の慣習が成立していると認められるもののうち労働者の待遇に関する部分についても，労働契約の内容である労働条件として維持されるものであること」，「会社分割の際には，会社は会社分割を理由とする一方的な労働条件の不利益変更を行ってはならず，また，会社分割の前後において労働条件の変更を行う場合には，法令及び判例に従い，労使間の合意が基本となるものであること」と規定されており，従前の労働条件の維持が強調されている（指針第

29　分割会社及び承継会社等が講ずべき当該分割会社が締結している労働契約及び労働協約の承継に関する措置の適切な実施を図るための指針（平成12年労働省告示第127号）。

2,2(4)イ(イ)(ロ))。

　また，分割会社は，商法等改正法附則5条の規定により，通知期限日までに[30]，承継事業に従事している労働者に対し，当該分割の効力発生日以後，当該労働者が勤務することとなる会社の概要，当該労働者が承継法2条1項1号に掲げる労働者に該当するか否かの考え方等を十分説明し，本人の希望を聴取した上で，当該労働者に係る労働契約の承継の有無，承継するとした場合または承継しないとした場合の当該労働者が従事することとなる業務の内容，就業場所その他就業形態等について協議をするものとされている（指針第2，4(1)イ）。

　さらに，分割会社は，承継法7条の規定に基づき，会社分割にあたり，そのすべての事業場において，労働者の過半数で組織する労働組合がある場合はその労働組合，それがない場合は労働者の過半数を代表する者との協議その他これに準ずる方法によって，その雇用する労働者の理解と協力を得るように努めるものとされている（指針第2，4(2))[31]。

3　会社分割における労働者の不利益

　このように会社分割の場合，主従事労働者については，仮に分割契約等に記載がなかったとしても，異議を申し出ることにより承継されない不利益が想定されないよう立法の手当てがなされている。他方で，非主従事労働者は，承継される不利益がなく，仮に分割契約等に記載されたとしても，異議を申し出ることにより承継される不利益が想定されないよう立法的な解決が図られている[32]。

---

[30] 従前，分割計画（契約）書の本店備置きの日までに労働者と個別協議をしなければならないとされていたが，平成17年会社法制定時に，承継法2条1項の規定による分割契約等の通知期限日までにしなければならない旨に改められた（整備法による改正後の商法等の一部を改正する法律〔平成12年法律90号〕附則5条1項）。この改正の趣旨は，承継法による労働者に対する通知と労働者との協議の先後関係を明確にすることにある。相澤哲編著『一問一答　新・会社法〔改訂版〕』224頁以下（商事法務，2009）参照。

[31] 商法等改正法附則5条1項の労働者との協議義務や承継法7条の労働者の理解と協力を得るための措置義務違反の効果が争われた事案として，日本アイ・ビー・エム（会社分割）事件・最二小判平22・7・12民集64巻5号1333頁がある。

[32] ただし，主従事労働者には承継拒否権がないため，労働契約が分割契約等に記載がある場合，主従事労働者の意思にかかわらず必ず承継されることになる。前掲注(31)の日本アイ・ビー・エム（会社分割）事件の第一審（横浜地判平19・5・29労判942号5頁）および原審（東京高判平20・6・26労判963号16頁）参照。最高裁は，承継拒否

もっとも，平成17年の商法改正により新たな問題も生じている。すなわち，平成17年改正前商法の下では，分割の対象を「営業」に限定することによって，分割により営業を解体することなく，他の会社に承継させることができ，そこで働く労働者の雇用の場を確保できるという利点も考慮されていた[33]。ところが，会社法の下では有機的一体性等が不要と解されているため，解釈によっては，営業としてまとまりのない権利義務の分割に伴い，労働者の承継が強制される可能性がある。また，債務の履行の見込みのあることが会社分割の効力要件と解さない場合は，不採算部門を切り離す際に，同部門に従事していた労働者の保護が問題となる[34]。

III 事業譲渡の規制

事業譲渡は，個別承継（特定承継）である。この法的性格の違いから，以下に見るように合併，会社分割とは異なった法規制となっている。

1 事業譲渡における「承継される不利益」

まず，「承継される不利益」に関連して，事業譲渡における労働契約の移転に労働者の同意を要するか否かは争いがある。

この点，「現代の企業においては，一定の物的施設とそこに配置される労務とは相結合して一の有機的組織体を構成する。従って，その労働契約関係は，使用者（企業主）が変更しても労務の内容に変更を生ずることなく，使用者の義務についても——その履行は企業そのものによって保障され，雇傭に伴う使用者の労務者との間の人的関係は，使用者の個人的要素には影響されず，いわば企業と労務者との関係と化しているから——何等特別の変化を生じない」[35]として，労働者の同意を要しないとする立場もかつては有力であった。

しかし，事業譲渡において，民法625条1項の適用をあえて排除する特別の規定（例えば船員法43条）はない。また，同意は黙示でもよく，事業譲渡後に労働者が労務提供を継続すれば同意があったものとみることができるため，同

権に関する上告受理申立てを受理しなかった。
33 原田晃治「会社分割法制の創設について(上)——平成12年改正商法の解説」商事法務1563号12頁（2000）。
34 詳細については，金久保茂「会社分割に伴う労働契約の承継と事前協議・措置義務違反の効果」法学協会雑誌129巻2号420頁以下（2012）参照。
35 我妻栄『債権各論中巻二』568頁（岩波書店，1962）。

意を要求することによって特段の支障も生じない。

　したがって，現在では，事業譲渡にも民法625条1項が適用され，労働契約の移転には労働者の同意を要するとの見解が通説的な立場[36]となっている。よって，労働者は，事業譲渡に際して，労働契約の承継（転籍）を拒否することができるため，労働者に承継される不利益は生じない。

2　事業譲渡における「承継されない不利益」

　事業譲渡に伴い一定数の労働者を譲受会社に移動させる方法としては，出向・転籍という人事異動の方法による場合と，解雇・希望退職など労働契約の終了を通じて行う場合があり，後者はさらに，(a)譲受企業が希望者全員を一旦承継・採用し，その上で一定の労働者を剰員として解雇等の人員整理をする方法，(b)譲渡会社において整理解雇を行って人員を削減し，解雇の対象とならなかった従業員をそのまま承継・採用する方法，または(c)譲渡会社が譲渡される事業に属する労働者全員を一旦全員解雇し，譲受会社がそれらの労働者の一部を採用する方法（以下，これを「全員解雇・一部採用型」という）が考えられる。このうち，(a)および(b)の方法は，解雇権濫用法理（労契法16条）による厳しい制約が及ぶため，実際上採られない。

　問題は，(c)全員解雇・一部採用型である。実際の裁判例[37]においては，譲渡当事者間の約定で「譲受会社は労働契約を一切承継しない」等の条項（以下，これを「労働契約の不承継特約」という）を定めた上で，譲渡会社が従業員全員を解雇し，譲受会社が譲渡会社の従業員から新規採用の形式をとって採用する例がみられている。よって，事業譲渡の場合は，労働者に承継されない不利益が想定される。

　この点，事業の一部譲渡であれば，承継されなかった労働者は，譲渡会社における配置転換により勤務を継続する余地があり，仮に使用者が余剰人員であるとして当該労働者を解雇しようとすれば解雇権濫用法理による制約を受ける。しかし，全部譲渡の場合は，譲渡会社の清算・消滅を予定していることから，労働者の承継されない不利益は，早晩，職を失うことを意味し，問題は深刻となる。労働者の承継されない不利益を巡っては，昭和20年代から労使紛争が生じており，これまでの裁判例における争点もこの問題に集中している。

---

[36]　荒木375頁。裁判例では，本位田建築事務所事件・東京地判平9・1・31労判712号17頁。

[37]　例えば，東京日新学園事件・東京高判平17・7・13労判899号19頁。

Ⅳ 研究会報告の内容

厚生労働省は，2度にわたり企業の組織再編に伴う労働関係法制の研究会を開催し，平成12年2月10日には「企業組織変更に係る労働関係法制等研究会報告[38]」（座長菅野和夫東京大学教授〔当時〕）（以下，これを「平成12年研究会報告」という）が，平成14年8月22日には「企業組織再編に伴う労働関係上の諸問題に関する研究会報告[39]」（座長西村健一郎京都大学教授〔当時〕）（以下，これを「平成14年研究会報告」という）がそれぞれ取りまとめられている。

1 平成12年研究会報告

平成12年研究会報告は，産業活力再生特別措置法案および民事再生法案における国会審議において，企業組織の再編に伴う労働関係上の問題に対する対応について法的措置を含めた検討を行う旨の附帯決議がなされ，さらに，会社分割制度が導入される運びとなったことから，平成11年12月から労働法，商法および経済学の学識経験者によって構成される同研究会が開催され，平成12年2月に取りまとめられた。

まず，同報告においては，「営業譲渡においては，労働契約の承継の法的性格も他の権利義務と同様に特定承継である。したがって，労働契約の承継については，譲渡会社と譲受会社間の個別の合意が必要とされるとともに，労務者の権利義務の一身専属性を定めた民法625条第1項が適用され，承継には労働者の個別の同意が必要である」とされ，「裁判例においては，労働契約の承継について，譲渡会社と譲受会社間の合意や労働者の同意を必要としつつも，営業譲渡に際して特定の労働者の労働契約が承継の対象に含まれていなかった事案においては，明示の合意はなくとも，事業の同一性がある等個々の事案の解決の妥当性を図る観点から労働契約の承継を認めるべきと考えられる場合については，黙示の合意の推認や法人格の否認の法理等を用いることにより，おおむね具体的妥当な解決が図られている」と指摘されている。すなわち，同報告は，原則非承継説（同説の内容については，本書27頁を参照）を全面的に支持し，この立場を前提に立法措置の要否につき検討を加えている。

また，労働協約の承継についても，事業譲渡の法的性格が特定承継であるこ

---

[38] 商事法務1552号36頁（2000），労働法律旬報1476号36頁（2000）。
[39] 労働法律旬報1550号57頁（2003）。

とを根拠として,「労働協約の譲渡には,譲渡会社と譲受会社間の合意とともに,譲渡会社と労働組合間の契約として当該労働組合の同意を要すると解される」とし,「なお,労働契約が承継されるときは契約内容も承継されると解されるため,労働協約の規範的部分に係る内容は,労働契約内容に入り込むかこれを外部から規律するかという法律構成を問わず,労働協約が承継されない場合であっても実質的な労働契約内容として当然に承継されると解される」と述べ,その点から「労働協約が承継されないことによる不利益は小さい」と指摘している。

さらに,同報告は,立法措置の要否について,会社分割については立法措置を必要としながら,事業譲渡については,「裁判例を見れば,営業譲渡が多様な内容と紛争形態で争われているため,その判旨は,一見,複雑多様であるが,これを仔細に検討すれば,近年においては,特定承継の基本ルールに則りつつ,譲渡会社と譲受会社間の黙示の合意の推認や法人格の否認の法理等を用いることにより,個別的な事案に即して具体的に妥当な解決を図っていると見ることができる。したがって,労働関係における基本的ルールの明確化や個別事案の柔軟な解決という観点からは,現時点において立法の必要性は認めがたい」としている。

そして,同報告は,現時点において立法措置を講ずることについて,以下に述べる3つの疑問を提示している。

「① 営業譲渡における権利義務の承継の法的性格が特定承継であることと相反するものであり,また,当然承継としつつ労働者に拒否権を付与するとすれば,他の権利義務との均衡を失するばかりでなく,労働関係の取扱いにおいても一貫性を欠くことになること。一方,営業譲渡がなされた場合は単に当然承継とされ,拒否権を認めないこととすれば,譲受企業の状況によって,「承継される不利益」が生ずる可能性があり,このような法制は労働者側にとって必ずしも有利とはいえないこと。

② 営業譲渡が資本・株式の面でつながりのない会社へ譲渡されることが相当あることを考慮すると,営業譲渡契約の成立に重大な支障を及ぼすこととなる。また,労働契約を当然に承継することを義務づけることは,譲受会社の採用の自由を制約し,営業譲渡を行う目的の大きな一つである企業の再編成を制約しすぎることとなる可能性があり,営業譲渡後の企業活動に重大な制約を加えることとなること。

③ 商法上の営業譲渡に限定してこのような立法措置を設けることとした場合にも,立法の趣旨・目的からして,例えばノウハウ等を含まない生産設備等

の売買や商法上の営業以外の事業の譲渡や新規の業務委託等についても準用ないし類推適用される可能性も否定できない。そのような場合，各種事業活動や労働関係に大きな影響を与えるとともに，相当の法的不安定を招来するおそれが大きいこと。」

2 平成14年研究会報告

　平成14年研究会報告は，平成13年2月から，学識経験者からなる同研究会が開催され，合併，営業譲渡をはじめ企業組織の再編に伴う労働関係上の諸問題について，労使団体や事業譲渡当事者からのヒアリング，海外調査など実態把握を行いつつ，専門的見地から検討が進められた後，平成14年8月に取りまとめられた。

　まず，同報告は，「商法の営業譲渡やそれに該当しない事業や施設の譲渡は，いずれも，個々の権利義務関係の承継は特定承継であり，譲渡会社と譲受会社との合意と権利義務の相手方の同意があれば承継されることになる。営業譲渡等における労働契約の承継について検討する場合には，このように合併，会社分割と営業譲渡等とで，権利義務関係の承継について異なる仕組みとなっていることを念頭に置かなければならない」とする。また，「営業譲渡時における労働協約の承継の法的性格は，特定承継であることから，労働協約の譲渡には，譲渡会社及び譲受会社間の合意とともに，譲渡会社と当該協約の一方の締結者たる労働組合の同意を要する」としている。すなわち，同報告も平成12年研究会報告と同様，原則非承継説を前提としている。

　また，同報告は，「営業譲渡の経済的意義を考えると，譲渡会社は当該営業譲渡により売却益を得ることにより，新規分野や中核部門に投資を行うなど，企業経営全体の戦略の下で譲渡を行うという面があり，企業は，こうした営業譲渡の経済的役割を踏まえつつ対応している。この場合，譲渡会社においては，営業譲渡によって譲渡部門の雇用は減少するが，新たな投資によって別の部門で雇用が増えることも想定される」ことを指摘している。

　さらに，「会社分割の場合は分割後の分割会社及び設立会社等のいずれも債務超過にないことが求められ，また合併の場合には，債務超過企業を吸収することは不可能である一方で，営業譲渡の場合にはこうした規制がなく，債務超過部門を譲渡することが可能であり，その面から不採算部門の整理や倒産法制を活用した経営破綻事例において活用される面がある。この場合，営業譲渡が行われることによって，企業の再生が可能になったり，不採算部門の引き受けなどによって，雇用の確保につながることも想定される。企業戦略に基づく営

業譲渡の場合であっても，経営破綻等の際の営業譲渡の場合であっても，譲渡会社と譲受会社との営業譲渡を巡る交渉は，経済的には，その譲渡部門の経済的価値と譲渡価格の交渉であり，営業譲渡に伴って転籍する労働者が増えることによって譲渡部門の経済的価値が下がれば，譲渡価格が低下し，更に経済的価値がなくなれば，営業譲渡が成立しないことも想定される。営業譲渡が成立しないために，不採算部門を閉鎖せざるを得なくなったり，企業が倒産に至ったりして，雇用が失われることもあることを考えれば，労働契約の承継について，営業譲渡に向けた交渉を阻害するような規定を設けることには，慎重にならざるを得ない」とする。

また，同報告は，EU既得権指令について触れ，「我が国は，会社に就職するという意識が強く，会社内でのローテーション，配置転換の慣行があり，特定の営業施設と労働者との結びつき方は，極めて多様であるため，我が国の企業の現実からは，営業施設と労働者との間に有機的一体性があるものとして固定的に捉えることは適切ではなく，そのような整理をすることには疑問がある。裁判例にも，本人の意に反して譲受会社に移るように言われて，争いになっているケースが多い」としている。

その上で同報告は，「営業譲渡の法的性格，その経済的意義，我が国の雇用慣行，営業譲渡やそれに類する事業・施設の譲渡の多様性を考慮すれば，一律のルール設定は困難である。また，解雇規制に関して判例による権利濫用法理でしか対応がなされていない中で，営業譲渡に伴う労働契約の承継のルールのみを法律で定めることはバランスを失する面がある。これらのことを総合的に勘案すれば，営業譲渡の際の労働契約関係の承継について，法的措置を講ずることは適当ではな」いと結論づけている。

第3節　本書の問題設定

1　M&Aにおける労働関係の承継論と労使紛争の背景

　本来，M&Aの目的は，対象会社と買収会社双方の企業価値を向上させることにあり，優秀な人材確保もその主要な目的の一つである。よって，企業における人材の流出は，むしろ有害ともなりうるが，事業譲渡に際しては，対象会社による解雇や買収会社による不採用によって労働者の引継ぎが排除され，労使の紛争が生ずる。それは何故か。

　この点は，M&Aが企業の破綻処理や再生に多く活用されてきたことと密接な関係がある。すなわち，事業譲渡スキームによるM&Aは，企業の選択と集中による不採算部門の整理や経営に瀕した企業が存続するためのリストラクチャリングの重要な手段として利用されるため[40]，人員削減の必要性が否定できない場面で問題となることが多い。したがって，事業譲渡における労働者保護を検討するにあたっては，このような事業譲渡に期待される機能や役割を無視できない。これは特に，迅速性が要求される経営破綻に陥った企業の救済にM&Aが利用される場合に顕著である。

　しかし，他方で，常に企業の意向だけが優先されるとすれば，企業の重要なステーク・ホルダーである労働者の保護に欠ける場合もある。企業がM&Aに伴うリストラクチャリングに乗じて安易に人員の削減や組合差別を行った事例も見られ，実際にはリストラクチャリングの必要性と組合差別等による労働者の恣意的選別が混在している場合も多い。前述のように，合併については労働者の不利益がほとんど想定されず，会社分割についても労働者の不利益の多くは承継法により立法的手当てがなされている。ところが，事業譲渡においては，「承継されない不利益」が常に存する。事業譲渡が合併および会社分割と同様の利益状況で利用される場合は，この点の結論の違いを包括承継か，個別承継かの違いのみで説明することは，バランスを欠くことになろう。

　このように事業譲渡における労働関係の承継論は，事業譲渡・M&Aという

---

[40]　商事法務研究会編『営業譲渡・譲受ハンドブック〔新訂第2版〕』2頁以下（商事法務研究会，1999年）。

会社法が規律する制度と労働法が規律する労働者保護規範が交錯する場面に関わる。さらに，事業譲渡が倒産の場面で利用されれば，倒産法上の要請も考慮する必要がある。

また，対象会社の労働者の労働条件が変更されないまま労働契約が買収会社へ承継されるとすると，買収会社における労働条件の統一や労務コストの削減等の要請から，労働条件の不利益変更が必要となる場合がある。そこで，実務上は，一定数の労働者を引き続き雇用する計画を有する場合であっても，解雇規制・労働条件変更規制を回避するために，事業譲渡契約書に労働契約の不承継特約を明確に定めて労働契約を一旦切断し，新規採用の形式をとることにより，最初から買収会社の労働条件で雇用するという方法が行われている。したがって，事業譲渡の際の労働関係の承継の是非は，労働条件の不利益変更法理とも関連している。

このように多様な利益が関係してくるが，大まかな視点で言えば，問題の中心は，事業再生および迅速・機動的な M&A と労働者保護とのバランスをいかに図るかにある。

2 分析の手法

以上の問題状況を踏まえて，事業譲渡の場面における労働者保護はどのように図られるべきであろうか。本書では，この問題の解答のヒントを得るために，EU・ドイツおよびアメリカの事業譲渡法制を取り上げる。EU では，企業移転指令により事業譲渡の場面で労働契約の自動承継規定が定められており，ドイツでは，当該指令を国内法化している。また，ドイツは，日本と同様に，一般に労働者保護規制が厚いと言われ，共同決定制度に見られるように労働者の経営参加制度まで整備されている。これに対して，アメリカは，世界で最も M&A が盛んに行われている先進国の一つであり，その判例・実務の蓄積が豊富にあるが，一般に労働者保護規制は弱いと言われる。アメリカの州会社法の伝統的な考え方によれば，常に株主の利益が重視され，労働者保護は重視されない。このように労働者保護の観点から見れば，いわば対極にある 2 つの国で，事業譲渡と労働者保護の問題は，いかなる場面で，どのように調整が図られているのだろうか。そして，その両国の帰結は，いかなる事情の下で認められるのだろうか。

先述したように日本の事業譲渡スキームは，移転の対象を取捨選択でき，債務の承継をする必要がないこと等から，企業の経営が悪化した場面や倒産手続で利用されることが多い。そのため，労働者保護との調整も難しい問題を孕ん

でいる。そこで，諸外国の分析にあたっても，まずはM&Aにおいて，事業譲渡がどのような場面で，使用者側のいかなる要請から利用されているのか，M&Aにおける事業譲渡の機能を確認しておく必要がある。

　また，EU・ドイツおよびアメリカでは，一般の労働者保護規制（解雇規制・労働条件変更規制）が事業譲渡の場面でどのように機能しているのだろうか。さらに，EU・ドイツにおける事業譲渡独自の労働者保護規範と，一般の労働者保護規制とはどのような関係に立つのであろうか。その分析のためには，前提として，事業譲渡が実施されていない通常の場面において，いかなる労働者保護規制が整備されているかも検討する必要がある。

　その上で，事業譲渡の場面における労働者保護規範について具体的に検討する。EU・ドイツのような労働契約の自動承継規定は，いかなる場面で労働者を保護し，その適用が企業やM&Aを取り巻くステーク・ホルダーの利益にどのような影響をもたらしているのだろうか。事業譲渡の場面のための労働者保護規範は，迅速なM&Aや事業再生を阻害する等の問題は生じていないのだろうか。他方で，アメリカのように雇用保障の弱い国では，どのような労働者保護が用意されているのだろうか。

　さらに，倒産の場面で事業譲渡が利用される場合，平時の労働者保護規制がどのような変容を遂げているのだろうか。破綻した企業においても労働者保護が図られているのだろうか。

　以上のような問題関心の下で，本書では，まず，日本の学説および判例等の状況を確認した上で（第2章），EU・ドイツ法とアメリカ法の事業譲渡法制を労働法の視点から比較・検討し，迅速なM&A・事業再生の利益と労働者保護の要請が，諸外国においてどのように調整されているかについて考察する（第3章・第4章）。その上で，日本の事業譲渡法制と労働者保護に関する解釈論を展開し，最後に立法論を検討する（第5章）。

第 2 章

日本における事業譲渡と労働関係

第1節　事業譲渡と個別的労働関係の承継

I　学　説

1　当然承継説

　まず,「当然承継説」[1]と呼ばれる見解がある。すなわち, 事業譲渡の場合に, 労働契約が当然に譲受企業に移転し, 事業譲渡当事者間の合意により従業員の引継ぎを排除できないとする立場である[2]。

　この見解によれば, 事業譲渡は,「単なる固定資産の譲渡ではなく, 活動する企業 (going concern) の承継」であり,「従来と同質の労働力の補充が一朝一夕に行なわれがたい常態のもとでは, 労働契約の存続が事業譲渡の基本的内容である『経営の導入』のために欠くことができない」ことから, 労働契約の承継は, 得意先や営業秘訣と同様またはそれ以上に企業の統一性のために必要であり, 労働契約の承継である以上は, それが一体として行われなければならないとする[3]。また, 企業とは,「構造的にみると, 物的要素である資本と人的要素である経営責任者及び経営補助者とにより構成され, それが有機的・統一的に組織されて独立の生活体を形成したもの」であって, 労働者を切り離しては一体としての営業＝企業の譲渡はありえないとし, 労働関係は特定の経営者に対するというよりも, 企業そのものに結合したものというべきであるから, たとえ営業譲渡によって経営主体の変更があったとしても, 人的・物的構成の上で企業としての実質的同一性が存続する限り労働契約関係は承継されるとする[4]。これらの見解は,「営業譲渡にいう営業とは, たんに個々の有形無

---

[1]　当然承継説の「当然」とは, ①譲渡の対象となっている事業に使用されている労働者の引継ぎを譲渡当事者間の合意をもって排除しえないという意味と, ②労働者の同意を要しないという2つの意味がありうるが, 本書では前者の意味で使用している。

[2]　正田彬「会社解散と不当労働行為」季刊労働法46号43頁 (1962), 西原寛一「会社の解散と不当労働行為」石井照久＝有泉亨編『労働法大系4 不当労働行為』79頁 (有斐閣, 1963), 沼田稲次郎ほか編『労働法辞典』286頁〔伊藤博義〕(労働旬報社, 1979), 本多淳亮『労働契約・就業規則論』139頁 (一粒社, 1981), 外尾健一『外尾健一著作集第3巻労働権保障の法理I』303頁 (信山社, 1999)。

[3]　西原・前掲注 (2) 82頁以下。

形の財産をさすのではなく，労働者の労働力と結びついた有機的組織体をさすと解される。その意味で労働力は，営業の主たる構成部分をなし，これと切りはなすことのできないものである」と指摘しているように[5]，労働契約が「事業」または「営業」の不可欠の構成要素であるとの理解を前提としている。

さらに，この見解の中には，合併も営業譲渡も社会経済的な実体としては同じものであり，いずれも経営主体の変更にほかならないことを根拠として，営業活動の実質的同一性が保たれているかぎり労働契約関係は当然に承継されると解するものもある[6]。

これらの見解によれば，事業譲渡に伴う余剰人員の整理は，合併と同様，整理解雇一般の法理に委ねられるべきことになる。

2　原則承継説

事業譲渡に伴い原則として労働契約が譲受会社に移転するが，事業譲渡当事者が別段の定めをした場合は，その合意に拠るとの立場がある。いわば「原則承継説」と称すべき立場である[7]。

この見解によれば，現代の企業においては，一定の物的施設とそこに配置される労務とは相結合して一つの有機的組織体を構成し，したがって，その労働契約関係は，使用者（企業主）が変更しても労務の内容に変更を生ずることなく，使用者の義務についても何等特別の変更がないこと等から，事業譲渡は，原則としてその企業内にある労務者に対する使用者の権利を包括的に譲渡する内容を含むのが常態となっており，反対の特約がない限り譲渡契約の当事者間では労働関係もそのまま移転するという合意を含むとする。

したがって，この見解では，労働契約の不承継特約によって労働契約の引継ぎを除外しうることになる。

3　営業の同一性当然承継説

この見解は，事業譲渡が，対象となる事業がその同一性を維持しながら移転されることを要し，移転されるべき財産の範囲について契約に別段の定めがな

---

[4]　稲田ほか編・前掲注（2）285頁，本多・前掲注（2）138頁以下。
[5]　本多・前掲注（2）138頁。
[6]　外尾・前掲注（2）303頁。
[7]　我妻栄『債権各論中巻二』568頁（岩波書店，1962），有泉亨『労働基準法』126頁（有斐閣，1963），上柳克郎ほか編『新版注釈会社法(13)』202頁〔今井宏〕（有斐閣，1992）。

い場合は，営業に属する一切の財産を移転することを要するものと推定すべきであり，「譲渡契約に別段の定なき限り，雇用関係も当然承継せられる」と指摘しつつ，「営業の同一性を決すべき営業の要素については合意を以てしてもこれを排除し得ないが，同一性に関連なき要素は排除してもよい」ことから，「営業の同一性のために不可欠の特殊技能を身に付けている労務者……の雇用関係は承継されねばならないが，代替性のある一般労務者の雇用関係の承継はこの契約においても排除し得る」と解するものである[8]。いわば「営業の同一性当然承継説」と称すべき立場である。

この見解は，営業の同一性のために不可欠な労働関係についてのみ，事業譲渡に伴って当然に譲受人に移転し，労働契約の不承継特約をもってしても排除できないという点で当然承継説と類似し，当然承継説と原則承継説の中間的な見解といえる。

4　原則非承継説

この見解は，事業譲渡が法的には「事業」を構成する権利義務の個別的な（1個1個の）承継（特定承継）によって行われることから，当該事業に従事する労働者の労働契約の承継は，譲渡当事者たる2つの企業間で労働契約譲渡の合意がなされ，かつ，労働者の同意（民法625条1項）を得て初めて成就するとし，事業譲渡の当事者間で労働契約上の権利を移転するかどうかについて自由に決定できるとする立場である[9]。事業譲渡当事者間の合意がない限り雇用契約が承継されないことになるため，「原則非承継説」と称することができる。この見解が現在の通説的立場である。

この見解は，当然承継説の論者が労働者の関係を営業と不可分一体と見ることに反対し，「企業における使用人は企業代理人としてのみ商業使用人として商法の規整の対象となり，しかもそれすら前述のように，その関係の移転を除外しても商法の営業譲渡は成立しうるとする現在の基本的な考え方のもとに，むしろ代理権なき労働者の関係が営業の不可分的構成分子であるとすることは

---

[8] 玉置保「営業の自由と不当労働行為――営業の廃止移転と雇傭関係の問題の判例を中心として」民商法雑誌33巻2号180頁以下，192頁（1956），岩垂肇「企業廃止と不当労働行為」菊池勇夫教授60年祝賀記念『労働法と経済法の理論』160頁（有斐閣，1960）。

[9] 荒木375頁，菅野467頁以下，水町164頁など。なお，原則非承継説を前提としつつ，近時の裁判例を検討した論稿として，菅野和夫「会社解散と雇用関係――事業廃止解散と事業譲渡解散」菅野和夫ほか編『友愛と法――山口浩一郎先生古稀記念論集』129頁（信山社，2007）がある。

無理」であると指摘している[10]。この立場によれば，事業譲渡の当事者間の合意によって従業員の引継ぎを排除しうることになり，労働契約の不承継特約がある場合の労働者の救済は，法人格否認の法理や不当労働行為救済手続等によることになる。

5　解雇法理適用説

　この見解は，原則非承継説または原則承継説を前提としつつ，常に当事者の意思をそのまま貫くのではなく，労働契約の不当な引継ぎ排除の合意に対して，解雇権濫用法理を適用して対処しようとする立場である[11]。したがって，「解雇法理適用説」と称することができる。

　ただし，解雇法理の適用によって解決を試みようとする見解も，具体的な適用の仕方は論者によって様々である。例えば，解雇権濫用法理の潜脱防止の観点から全部譲渡の場合には原則として労働契約の一体的承継の合意があったものと推定し，「この合意の推定（それは労働法秩序から要請される客観的なものである）をくつがえすためには，明示的なものであるにせよ……承継拒否の形式的合意では足りず，客観的に合理的な理由が必要」であり，その合理的な理由とは整理解雇の基準に準じて考えるとする見解[12]や，労働関係の不承継特約を解雇権濫用法理との関係で制約することが必要であるとして，「譲渡される事業において実質的同一性が存続する場合には，譲渡企業による労働者の解雇→譲受企業における労働者の不採用という一連の過程について解雇権濫用法理を類推適用」し，それが不当労働行為目的によるなど「客観的に合理的な理由を欠き，社会通念上相当であると認められない場合」は，譲受企業による労働者の採用拒否は許されず，当該労働者と事業譲受人との間に，労働力承継の実態に照らし合理的と認められる内容の雇用契約が締結されたのと同様の法律関係が生ずると主張する見解[13]などがある。

10　石井・基本問題 157 頁以下。
11　萩澤清彦「合併・営業譲渡の場合における従業員の引継ぎ」北沢正啓＝浜田道代編『商法の争点 I』209 頁（有斐閣，1993），和田肇「企業の組織変更と労働関係」ジュリスト 1104 号 112 頁以下（1997），島田陽一「営業譲渡で雇用はどうなる――雇用関係の継承」道幸哲也ほか『リストラ時代雇用をめぐる法律問題』113 頁以下（旬報社，1998），武井寛「営業譲渡と労働関係――労働法の視角から」日本労働法学会誌 94 号 122 頁（1999），西谷 175 頁。
12　武井・前掲注(11)122 頁。
13　西谷 175 頁。

6　事実上の合併説

　この見解は，原則非承継説または原則承継説を前提とするものではあるが，労働者の不当な引継ぎの排除に対応するべく，事業譲渡のうちでも「全部譲渡」の場合には，合併と同様の扱いをする見解である[14]。その点から，事実上の合併説と称することができる。

　「事実上の合併」とは，会社がその財産のすべてを事業譲渡や現物出資の手法を用いて他の会社に移転し，その後，解散あるいは清算によって最終的には消滅する場合である。この見解によれば，事実上の合併の場合，当事会社は，合併に関する法的手続を経ることなく合併と同一の経済的目的を達成できる一方で，財産移転会社の労働者の全部または一部を財産譲受会社が引き継がない旨を譲渡当事会社間で取り決めることは，合併とは異なり，直ちに法的に非難されることにはならないが，かかる特約が存在することは，営業（＝会社設立・廃止）の自由に名を借りて両当事会社が解雇権濫用（または整理解雇）法理を潜脱したとの疑いを払拭できないとする。そして，財産移転会社から放逐される労働者は，承継の効果を有する法的な「合併」が行われていないために，当該会社消滅とともに自らの解雇の是非を問う相手方を失う反面，移転会社の労働契約関係以外の財産をすべて引き受けるという経済的効果を享受する財産譲受会社は，当該解雇という結果の招来に上記特約の締結という形で積極的に加担しているにもかかわらず，やはり法的な「合併」ではないゆえに，被解雇労働者からの責任追及に晒される危険を完全に回避できることが極めて不当であると指摘し，結論として，「労働者は，当事会社である財産譲受会社により上記特約に関する合理的根拠が示されない限り，当該特約が解雇権濫用（または整理解雇）法理を潜脱するものとして公序良俗あるいは信義則に違反して違法・無効であることを理由に，移転された他の財産関係と同様，労働契約関係についても合併と同効果，すなわち承継されたものと捉えて，当該譲受会社との労働契約関係の存在を求めうると解すべきである」と主張している[15]。

---

[14]　中内哲「企業結合と労働契約関係」日本労働法学会編『講座 21 世紀の労働法第 4 巻・労働契約』272 頁以下（有斐閣，2000），萬井隆令「企業組織の変動と労働契約関係」西谷敏ほか編『転換期労働法の課題——変容する企業社会と労働法』208 頁以下（旬報社，2003）。

[15]　中内・前掲注(14) 287 頁。

II　裁判例の状況

1　当然承継説を採用した裁判例

　裁判例においても，事実上の合併説を除いて，先に挙げた学説に対応する見解がそれぞれ採用されているが，古い裁判例では当然承継説を採用するものが多かった。

　例えば，済生会事件は，済生会病院および済生会産院・乳児院を経営していた済生会が，両病院の建物，設備，器具，什器一切および全職員（ただし，申請人については争いがある）を現職，現給のまま東京支部（権利能力なき社団）の管理に移し，かつ，両病院を統合して東京都済生会中央病院と称するに至ったが，その前日付けで申請人を依願により免職する旨の意思表示をした事案において労働契約の承継が争われた。同事件決定[16]は，次のように判示して申請人の東京支部の職員たる地位を認めた。すなわち，「有体，無体の財産（物的要素）及び労働者（人的要素）の有機的統一体たる経営組織は解体されることなくその同一性を維持しつつ存続し，単にその経営を指揮，管理する経営主体が交替したにとどまると解すべきである。かかる場合の法律関係を考えると，経済的には経営組織が包括的に新経営主体に承継されるのであるから，法律的にも，旧使用者との労働関係がそのまま新使用者に包括的に当然承継されたとみるのが相当である。（なお，この法理は船舶所有者が交替した場合に旧所有者とのあいだの労働契約は終了するが，その終了の時から新所有者とのあいだに従前と同一の条件の労働契約が成立したものとみなすという船員法の規定〔同法43条〕からもうかがえる。）」。

　また，当然承継説と同様の判旨を述べながら，結論に一定の留保を付すものもある。例えば，播磨鉄鋼事件は，昭和34年の港湾運送事業法の改正により港湾運送事業が登録制から免許制に改められたことに伴い，運輸部門を分離独立させた事案であるが，同事件の高裁判決[17]は，次のように述べている。すなわち，「労働契約の組織法的性格を基底において労働問題の円満な解決という企業への社会的要請，船員法にみられる一つの前駆的法解決，包括承継の場合における商法の規定等を彼此考察すると，企業の経営組織の変更を伴わないと

---

[16]　東京地決昭25・7・6労民集1巻4号646頁。
[17]　大阪高判昭38・3・26判時341号37頁。

ころの企業主体の交替を意味するがごとき企業譲渡の場合においては，その際に付随的措置として労働者の他の企業部内への配置転換がなされるとか，その他新主体に承継せしめない合理的な措置が採られる等特段の事情のないかぎり，従前の労働契約関係は当然新企業主体に承継されたものと解するのが相当である」と判示し，労働契約の承継に配置転換等の特段の事情がないことを要求している。

このように当然承継説の裁判例は，新旧両会社の経営主体が交替するだけで，その他の点では実質的同一性が存する事業譲渡が前提とされている。

2　原則承継説を採用した裁判例

原則承継説を採用した裁判例としては，松山市民病院事件がある。同事件は，活発な組合活動をしていた准看護師が懲戒解雇され，当該解雇を不当労働行為であるとして係争中であったところ，病院が事業を廃止し，別に設立された法人（永頼会）がその事業を引き継いだため，労働契約関係も引き継がれたか否かが争点となった事案である。同事件控訴審判決[18]は，次のように判示した。すなわち，「永頼会は……生協が経営していた松山市民病院の施設一切……を引継ぐとともに……患者も引継ぎ，また医師，看護婦その他の病院従業員も生協当時の者らを使用して，松山市民病院の経営を開始したことは明らかであり……経営主体は……生協より永頼会に変わったものの，医療機関としての松山市民病院は，その同一性を維持していたものであって，永頼会は生協より松山市民病院経営事業を同日現在の状態においてそっくりそのまま無償で譲受けたものと見るのが相当である。そうだとすれば……従業員全員を解雇し，永頼会が従業員を新規採用したような過程が履まれていたとしても，それは経営主体の交替に伴いそのような形式を採ったに過ぎず，生協と永瀬会との間においては，労働契約関係を包括的に承継する暗黙の合意がなされていたものと推認するのが相当である」として，労働契約の承継を認めた。

また，平成以降の裁判例としては，よみうり事件[19]がある。同事件は，原告に対する配転命令後に事業の全部譲渡を受け，訴訟引受けを求められた被告が，配転命令の有効性とともに，労働契約の承継等を争った事案である。同事件において，判旨は，「営業譲渡においては，有機的組織体である営業そのものの同一性を維持しつつ経営主体が交替するのであるから，特段の事情のない限り，

---

[18]　高松高裁昭42・9・6労民集18巻5号890頁（判時501号98頁）。
[19]　名古屋地裁平4・9・9・労判614号21頁。

営業譲渡の当事者間には，営業の主要な構成要素である労働者との雇用契約上の雇主たる地位を営業譲受人に包括的に移転させる旨の合意が存するものと推認すべきものであり，右合意は民法625条1項の定めにかかわらず労働者の個別の承諾がなくとも当然に移転の効力を生ずると解するのが相当である」とした。その上で，脱退被告の従業員が原告を含め一旦退職し，被告会社に新規採用されたという手続が採られたことについては，「全体の経過からみると，右手続がとられたからといって，必ずしも全従業員が真実脱退被告を退職したうえ新規に被告会社に雇用されたとみなければならないものではなく，それは単に使用者に変更を生じたことを明瞭ならしめるためにされた手続にすぎないとみることもできるものであるから，右手続を履践した事実をもって前記推認を覆すべき特段の事情ということはできず，その他右推認を覆すに足りる特段の事情も窺えない」と述べ，雇用契約上の雇主たる地位が被告に包括的に移転する合意があると認めた。

このように原則承継説を採用する裁判例は，合意を推認する前提として，当然承継説の裁判例と同様に，新旧両法人の経営主体が交替するだけで，その余の点で実質的同一性が認められることを前提としている[20]。

3 原則非承継説を採用した裁判例

(1) 原則どおりの判断をした例

近時の裁判例は，そのほとんどが原則非承継説に立つことを明示しているが，古いものでも原則非承継説に立つ裁判例はあった。

その最初のケースが両備バス事件である。同事件では，岡山バスが経営不振であったことから，被申請人に対して包括的に事業譲渡を行って解散したが，被申請人は，被申請人と両備組合との労働協約にはユニオン・ショップ協定があったことから，私鉄中国組合を脱退するのでなければ岡山バス従業員を引継ぎ雇用することはできないと主張し，岡山バスが従業員を一応解雇し，被申請人ができる限り原則としてその従業員を優先雇用するという契約がなされた。岡山バスは従業員を全員解雇し，被申請人は採用試験を実施して新規に採用したが，申請人らは，右試験に応募せず，被申請人に対して従業員であることの確認と賃金仮払いを求めた。この事件において，第一審判決[21]は，「営業譲渡

---

[20] 近時のパナホーム事件・東京地判平19・12・17労判970号40頁は，事業譲渡による包括承継と捉えた上で，転籍時に承継会社が労働関係を承継しない合意や勤続期間を通算しない合意をむしろ被告会社が主張・立証すべきとしており，原則承継説を採用しているものと思われる。

の場合には，営業組織体即ち営業財産，得意先，営業の秘訣などが一個の債権契約で移転し得るも営業財産を構成する各債権債務については個別的に権利の移転又は債務の引受を要するものと考えられるから，ひとり雇用関係についてのみ当然に承継すると解することはできない」と述べて労働契約の承継を否定した。

　また，旧国鉄の分割・民営化に伴い，新会社のJRに採用されなかった旧国鉄の組合員らがJRに対して雇用関係を求めた事案であるJR東日本（千葉鉄道管理局）事件において，裁判所は以下のように判示した。すなわち，同事件の第一審判決[22]は，「たとえ国鉄から新事業体への国鉄の事業等の移転等の実態に営業譲渡などの要素があるとしても，国鉄から新事業体への国鉄の事業等の種類及び範囲とそれを構成する資産，債務並びにその他の権利及び義務の移転の内容ないし態様，方法ないし手続及び効果や職員の処遇の内容ないし態様，方法ないし手続及び効果については改革法をはじめとする国鉄改革関連法令が詳細に規定するところであって，それが法定されている以上，それに対して企業主体の変更ないし営業譲渡などの一般的な法理論が適用される余地はない」と述べて各法令の規定を理由に労働契約の承継を否定し，事業譲渡と労働契約の関係に関する直接の判断は避けていた[23]。ところが，同事件の控訴審判決[24]は，次のように明確に原則非承継説を打ち出した。すなわち，「労働者が有機体としての企業組織の構成部分としてこれに包括されて取り扱われるべき性質を有するものと解すべき実定法上の根拠はないから，個々の労働契約関係が営業譲渡に伴って当然に包括的に移転していくものということはできない。そもそも，営業譲渡は必ずしも全部の権利義務を譲渡しなければならないものではないのであって，契約により営業が譲渡される場合においても，どのような権利関係を移転するかは譲渡契約当事者間で自由に決められるべきものであり，現実の営業譲渡契約において労働契約関係移転に関する合意があったかどうかこそが問題となる」とした上で，「権利義務の承継については国鉄改革関連法令によって決定されているから……右法の趣旨が，従来の国鉄職員との労働契約関係についても各新会社にこれを承継させるものであったか否かを検討しなければならないこととなる」と述べ，法令の諸規定は労働契約関係を新会社に承継させるものではないとした[25]。

21　岡山地判昭30・1・29労民集6巻1号30頁。
22　千葉地判平4・6・25労判622号35頁。
23　千葉地判平6・3・28判夕853号227頁。
24　東京高判平7・5・23労判681号37頁。

(2) 合意内容の意思解釈を通じて労働契約の承継を認めた例

例えば，タジマヤ事件[26]は，経営不振を理由に訴外会社の解散決議の前後に2度にわたり解雇の意思表示を受けた原告が，同社から資産等を買い受け事業の一部を継続している被告に対して，雇用契約も引き継いだと主張して地位確認等を求めた事案である。同事件の判決は，2度の解雇を整理解雇の要件を満たしていないとして無効と判断した上で，法人格否認の法理の適用を否定した。そして，事業譲渡については，「営業譲渡がなされたからといって，譲渡人とその従業員との雇用契約が当然に譲受人に承継されるというものではない。従って，被告と訴外会社間において，原告との雇用契約を含む営業譲渡がなされたと認めることができるか否かが問われなければならない」として原則非承継説を示した上で，「被告が訴外会社に在籍した従業員全員を雇用していることからすると，譲渡の対象となる営業にはこれら従業員との雇用契約をも含むものとして営業譲渡がなされたことを推認することができる」とし，「前記のとおり，訴外会社が原告に対してした本件各解雇はいずれも無効であり，右営業譲渡がなされた当時，原告はなお訴外会社に在籍していたものと扱われるべきであるから，右営業譲渡によって，原告と訴外会社との間の雇用契約も被告に承継されたものと解される」と判示して，原告も含めた雇用契約の承継に関する合意を推認することにより労働契約の承継を認めた。

(3) 合意内容に一定の制約を付した例

譲渡当事者間の合意内容の制限に言及した裁判例としては，東京日新学園事件控訴審判決[27]がある。同事件の事案の概要は，以下のとおりである。すなわち，学校法人（法商学園）が経営破綻して解散すると同時に，新法人（東京日新学園）が設立され，新法人は旧法人のほとんどの財産や学生との契約および非常勤講師との契約をそのまま引き継いだ。一方，旧法人の常勤の教職員は全員解雇され，新法人は採用を希望する183名の中から面接によって154名を採用したが，組合員3名を含む29名が不採用となった。新旧両法人が交わした覚書第5条(1)項には，「法商学園は，法商学園の雇用する教職員全員を平成10年9月末日をもって退職させる」，同条(3)項には「東京日新学園は，(1)項の退職者のうち，本件専門学校の運営に必要な教職員を……認可……の日から雇用

25　この事件の上告審である最二小判平11・12・17労判772号7頁は，「労働契約関係が存在するとすべき理由はなく」と理由を簡単に述べて，上告を棄却した。

26　大阪地判平11・12・8労判777号25頁。

27　東京高判平17・7・13労判899号19頁。なお，労働者側が上告したが，平成18年12月22日，上告棄却（上告受理申立ての不受理）決定された。

するとし，法商学園はこれに協力する」と定められていた。また，採用の過程では，旧法人の管理職によって構成された業務遂行委員会が採用者をリストアップしたという経緯があった。そこで，組合が，新法人を相手方として労働委員会に不当労働行為救済命令申立てをしたことから，新法人が組合の委員長であった被告に対し，雇用関係の不存在確認請求訴訟を提起した。

同事件の東京高裁判決は，「営業の譲渡人と従業員との間の雇用契約関係を譲受人が承継するかどうかは，譲渡契約当事者の合意により自由に定められるべきものであり，営業譲渡の性質として雇用契約関係が当然に譲受人に承継されることになるものと解することはできない」とした上で，上記覚書の記載内容から労働契約承継の合意を否定した。そして，合意内容について，「労働組合を壊滅させる目的でされたり，一定の労働者につきその組合活動を嫌悪してこれを排除する目的でされたものと認められる場合には，そのような合意は，公序（憲法28条，労働組合法7条）に反し，無効というべきである」としたが，全証拠によっても不当労働行為は認められず，無効事由がないと判断し，労働契約の承継を認めなかった。

また，合意内容の一部を無効としつつ，積極的に譲渡当事者の意思解釈を行って労働契約の承継を認めた裁判例として，勝英自動車（大船自動車興業）事件第一審判決[28]がある。同事件の概要は以下のとおりである。すなわち，訴外会社は，経営状態が悪化していることを理由として被告会社に対して事業の全部譲渡を行うとともに，臨時総会を開催して解散を決議した。事業譲渡契約書第4条には，従業員の取扱いとして，「乙（被告会社）は，営業譲渡日以降は，甲（訴外会社）の従業員の雇用を引き継がない。ただし，乙は，甲の従業員のうち平成12年11月30日までに乙に対し再就職を希望した者で，かつ同日までに甲が乙に通知した者については，新たに雇用する」との規定があった。訴外会社の新経営陣は，再雇用後の労働条件が相当程度下回ることを告知して，再雇用するので退職届を提出するよう要求し，その求めに従った者らを再雇用したが，退職届を提出しなかった原告らに対しては，会社解散を理由に解雇した。そこで，原告らが被告会社に対して労働契約上の権利を有することの確認等を求めた。

同事件の第一審判決は，まず，次のように述べて譲渡当事者間の合意の内容を特定した。すなわち，「大船自動車興業及び被告会社は，大船自動車興業と従業員との労働契約を，本件営業譲渡に伴い当然必要となる湘南センチュリー

---

[28] 横浜地判平15・12・16労判871号108頁。

モータースクールの事業にこれら従業員をそのまま従事させるため，被告会社との関係で移行させることを原則とする，ただし，賃金等の労働条件が大船自動車興業を相当程度下回る水準に改訂されることに異議のある同会社の従業員については上記移行を個別に排除する，この目的を達成する手段として大船自動車興業の従業員全員に退職届を提出させ，退職届を提出した者を被告会社が再雇用するという形式を採るものとし，退職届を提出しない従業員に対しては，大船自動車興業において会社解散を理由とする解雇に付する，との合意を，遅くとも本件譲渡契約の締結時までに形成したものと認めることができる」。その上で，判旨は，「本件解雇は，一応会社解散を理由としているが，実際には，被告会社の賃金等の労働条件が大船自動車興業を相当程度下回る水準に改訂されることに異議のある従業員を個別に排除する目的で行われたものということができるが，このような目的で行われた解雇は，客観的に合理的な理由を欠き社会通念上相当して是認することができないことが明らかであるから，解雇権の濫用として無効になるというべきである。なお……合意そのものについて見てみると，賃金等の労働条件が大船自動車興業を相当程度下回る水準に改訂されることに異議のある同会社の従業員については上記移行を個別に排除する，この目的を達成する手段として大船自動車興業の従業員全員に退職届を提出させ，退職届を提出した者を被告会社が再雇用するという形式を採るものとし，退職届を提出しない従業員に対しては，大船自動車興業において会社解散を理由とする解雇に付する，との合意部分は，民法90条に違反するものとして無効になることが明らかである。また，本件営業譲渡契約4条の前記条項も，上記の目的に沿うように，これと符節を合わせたものであることからすると，同様に，民法90条に違反して無効になるというべきである」と述べた。そして，事業譲渡に伴う労働契約の承継については，「営業譲渡に伴い譲渡人がその従業員と締結していた労働契約が当然に譲受人に承継されるものではないから，本件労働契約が営業譲渡に伴い大船自動車興業から被告会社に承継されるか否かは，本件営業譲渡に当たり，被告会社と大船自動車興業とのその旨の特別の合意が成立しているか否かによるものといえる。」として原則非承継説に立った上で，前記合意部分が民法90条に違反して無効となることから，「結局，上記合意は，大船自動車興業と従業員との労働契約を，本件営業譲渡に伴い当然必要となる湘南センチュリーモータースクールの事業にこれら従業員をそのまま従事させるため，被告会社との関係で移行させるとの原則部分のみが有効なものとして残存することとなる」として，この合意の原則部分に従って労働契約が承継されることを認めた。

4　解雇法理適用説を採用した裁判例

　解雇法理適用説そのものではないが，解雇法理（整理解雇法理）を強調して労働者保護を図った裁判例としては，宝塚映像事件[29]がある。同事件は，経営の行き詰まりに伴って旧会社が解散となり，従業員を退職させて新会社がその従業員の一部を再雇用することになったが，従業員である債権者らが任意退職しなかったことから解雇したという事案である。同事件の決定は，当該解雇が整理解雇の要件を満たさないとして無効であるとした上で，新旧両法人の同一性を検討し，「旧会社の労働関係は新会社に承継されるものと解すべく，したがって，債務者は債権者らに対し，条理上，法人格の異なることを主張しえないものといわざるを得ない（けだし……承継されないと解すると，旧会社の従業員は，新会社の設立によって企業としての存続が全く不能になった旧会社に対してのみ雇用関係を継続し得るにすぎないから，新会社の設立なかりせば継続し得た雇用関係を失う結果……を強いられることになるが，旧会社の企業としての存続・建直しを，旧会社の整理合理化の方法により図るか，新会社設立の方法により図るかにより，旧会社の従業員の雇用関係に，理由なき不利益を生ぜしめることになるからである）」と述べて，新会社に対する従業員たる地位を認めた。もっとも，この判旨からすると，労働契約の承継は，法人格否認の法理を適用した結果，導いたとみることができる。

　また，同様の裁判例として，新関西通信システムズ事件[30]がある。同事件は，訴外会社が，経営悪化により事業の存続が難しいとの判断から，同社を解散し，Ｙ社を設立して資産ならびに債務等を承継させ，また，解散に際して従業員全員を解雇し，その大半をＹ社が採用したが，債権者を不採用とした事案である。同事件の決定は，「労働契約が債務者に承継されることを期待する合理的な理由があり，実態としても日本通信システムと債務者に高度の実質的同一性が認められるのであり，債務者が日本通信システムとの法人格の別異性，事業廃止の自由，新規契約締結の自由を全面的に主張して，全く自由な契約交渉の結果としての不採用であるという観点から債権者との雇用関係を否定することは，労働契約の関係においては，実質的には解雇法理の適用を回避するための法人格の濫用であると評価せざるをえない。したがって，日本通信システムにおける解雇及び債権者の不採用は，日本通信システムから債務者への営業等

29　神戸地伊丹支決昭 59・10・3 労判 441 号 27 頁。

30　大阪地決平 6・8・5 労判 668 号 48 頁。

の承継の中でされた実質において解雇に相当するものであり，解雇に関する法理を類推すべきものと解する」と述べた上で，解雇（不採用）は整理解雇の実質を有するが，その要件を満たさないとして，労働契約上の権利を有する地位にあることを認めた。この決定も，その判旨からすると，法人格否認の法理が適用されたものと考えられる。

　以上に対して，法人格否認の法理が適用できない事案において解雇法理で処理した裁判例として，先に挙げた東京日新学園事件の第一審判決[31]がある。同判決は，以下のように述べて雇用契約の承継を認めた。すなわち，「営業譲渡の場合，譲渡人と従業員との間の雇用関係を譲受人が承継するかどうかは，原則として当事者の合意により自由に定めるべきものと解されるので，雇用関係を承継しないとの合意もまた可能」として原則非承継説を示した上で，新法人が旧法人の経営をそのまま引き継いでいたという実態等から，「原告においても，法商学園教職員を譲受対象である専門学校における教育という事業の有機的一部をなすものとして扱っていると認められる」とし，「これらの事実関係によれば，原告による教職員の採用は，真正な新規採用とは到底評価することができず，法商学園と教職員との雇用関係を，賃金等の雇用契約の内容を変更しつつ，事業と有機的一体をなすものとして承継したに等しい」と認定した。そして，「事業の全部譲渡に伴い，雇用関係が事業と一体として承継されていると評価できる場合には，事業に現に従事する労働者が事業の譲受人に採用されないということは，事業に従事する当該労働者にとっては，実質的に解雇と同視すべきことであり（逆に，譲受人に採用された労働者にとっては，単なる労働条件の変更に過ぎない。），事業譲受人の採用の自由を理由に，事業譲渡の当事者間の合意のみ，あるいは譲受人の意思のみによって，いかようにもその処遇が決められること，すなわち事業の譲受人による事業に従事する労働者に対する完全に自由な採否を容認するのは，雇用関係の承継を含む事業譲渡において，恣意的な解雇を許すのと同様の結果を招き，労働者保護に欠けると言わざるを得ない。他方，譲受人は，事業をその労働力とともに譲り受け，それを使用した運営によって利益を享受することになるのであるから，労働力を使用する立場をも承継した者として，労働者保護法理に基づく一定の責任は当然負担すべきであり，新規採用との法形式を採用したとの一事をもってかかる負担を免れることは，それらの法理の不当な潜脱として許されないと言うべきである。したがって，労働力と一体として行われたと認められる事業全部の譲渡において，

31　さいたま地判平 16・12・22 労判 888 号 13 頁。

事業の譲受人が、当該事業譲渡時点において譲渡人と雇用関係にあり、かつ、譲受人との雇用関係のもとに引き続き当該事業に労働力を提供することを希望する労働者を、当該事業における労働力から排除しようとする場合には、解雇権濫用法理に準じ、当該排除行為が新規採用における採用拒否、あるいは雇用契約承継における承継拒否等、いかなる法形式でされたかを問わず、それについて客観的に合理的な理由を要し、かかる理由のない場合には、解雇が無効である場合と同様、当該労働者と事業譲受人との間に、労働力承継の実態に照らし合理的と認められる内容の雇用契約が締結されたのと同様の法律関係が生じるものと解するのが相当である（これに反する当事者間の合意は、その限りで効果を制限される。船員法43条参照。）」とした。そして、不採用の合理的理由の有無ついては、整理解雇の実質を有するものとして同法理を参照して判断し、合理的理由がないどころか、かえって不当労働行為意思があると認定し、譲受会社の就業規則を内容とする雇用関係が、同社の設立認可の日から成立していると判示した。

5　裁判例の総括

　以上のように、従来は当然承継説が主流であり、「有体、無体の財産（物的要素）及び労働者（人的要素）の有機的統一体たる経営組織」が解体されることなくその同一性を維持しつつ移転すること等を主要な論拠とし、その適用場面を譲渡当事者間の実質的同一性がある場合に限定しつつ、労働関係の承継を認めていた。

　しかし、その後、次第に、譲渡当事者間の労働契約の承継に関する合意の有無が重視されるようになり、原則非承継説の流れが主流となった。そこで、労働者の保護は、(ｱ)新関西通信システムズ事件決定のように、譲渡会社と譲受会社との実質的同一性を要求し、両社の法人格を否認した結果、解雇権濫用法理で処理するものと、(ｲ)タジマヤ事件判決のように、法人格否認の法理の適用はできないが、意思解釈を通じて労働契約の承継の合意があると推認して労働契約の承継を認めるものに分かれていた。

　ただし、裁判例は、法人格否認の法理の要件を厳格に適用する態度を採っており、しかも、事業譲渡が経営悪化を起因として行われ、その多くは経営主体の変更を伴うことから、法人格否認の法理を適用できる事案は少ない。

　そこで、多くの裁判例が労働契約の承継に関する合意を重視するようになると、譲渡当事者が労働契約の不承継特約を明確に定めた場合には、タジマヤ事件判決のように当事者の意思を直ちに推認することができず、労働契約の承継

を認めるためには更なる論拠が求められていた。

それでも不当労働行為が問題となる事案であれば，後述する青山会事件のように不当労働行為救済手続を通じて従業員の原職復帰が図られた。しかも，同事件の控訴審判決が「契約自由の原則とはいえ，当該契約の内容が我が国の法秩序に照らして許容されないことがありうるのは当然である」とした上で，「新規採用というよりも，雇用関係の承継に等しいもの」と捉えて労働組合法7条1号の適用を是認するとともに，労働契約の不承継特約についても「労働組合法の規定の適用を免れるための脱法の手段」として無効を示唆したことから，その射程は同事案を超えて及ぶとの見方があり[32]，不当労働行為を認定できない事案，とりわけ不採用が解雇の脱法と言い得る事案における判断が注目されていた。

東京日新学園事件第一審判決は，そのような裁判例の経過の中での判断であり，不当労働行為の認定を直接介さずに，不採用を解雇と同視することによって労働契約の承継の結論を導いたことから注目を浴びた。ところが，同事件の控訴審判決は，これを簡単に覆した。同事件の第一審判決は，補足的ながら理由中で不当労働行為意思を認定していたが，控訴審判決は，その認定をも否定した[33]。しかも，第一審判決が解雇権濫用法理の潜脱となる合意を「（これに反する当事者間の合意は，その限りで効果を制限される。船員法43条参照。）」と判示したのに対し，控訴審判決は，合意無効の根拠として「公序（憲法28条，労働組合法7条）」を挙げるのみであった。すなわち，第一審判決と控訴審判決の差異は，詰まるところ，労働契約の不承継特約の有効性に帰着し，不当労働行為以外に合意の無効原因が認められるか否かという点にある。したがって，控訴審判決が一審判決を覆したことにより，裁判所は，不当労働行為が認められない事案においては労働契約の承継を認めないという判断をしたものと思われた。

そのような状況下で勝英自動車事件第一審判決が，不当労働行為を介在させずに合意の一部を民法90条により無効とし，労働契約の承継の合意を積極的に認定したことは画期的な判断であり，その後の同判決に対する控訴棄却，上告不受理決定により第一審判決の判断が維持されている[34]。

---

32 武井寛「判批」ジュリスト1224号238頁（2002）。

33 なお，労働委員会における不当労働行為救済命令申立事件においても，不当労働行為は認定されなかった（東京地労委平15・7・1別冊中時1295号51頁，中労委平18・12・20命令（平成19年1月19日交付）労判929号90頁）。

34 控訴棄却につき，東京高判平17・5・31労判898号16頁，上告不受理決定につき，

このように原則非承継説に立ちつつ[35]，不当労働行為であればもちろん，不当労働行為の認定を経由せずとも，不当な事案においては公序良俗違反によって労働契約の不承継特約を無効とし，譲渡当事者の意思解釈を通じて労働者の救済を図っているというのが現在の裁判例の到達点である。そして，このように公序良俗によって合意を無効した判断の射程がどこまで及ぶのか（東京日新学園事件のように，旧会社の労働者全員を解雇し，その後，採用の自由によって労働者の採否を自由に決するという合意には及ばないのか）が，慎重に検討されるべき課題となっている。

最三小決平 18・5・16 労判 934 号 98 頁。
[35] 近時の原則非承継説に立つ裁判例として，C 病院（地位確認等）事件・盛岡地判平成 20・3・28 労判 965 号 30 頁，パナホーム事件・東京高判平 20・6・26 労判 970 号 32 頁，南海大阪ゴルフクラブほか事件・大阪地判平 21・1・15 労判 985 号 72 頁がある。

第2節　事業譲渡と集団的労使関係の承継

I　労働協約の承継

　労働協約は協約当事者間の契約であるため，事業譲渡の場合，労働契約と同様，譲受人に対して当然には承継されず，譲渡会社と譲受会社間の承継に関する合意と組合の同意が必要であると解されている[36]。したがって，譲受会社は，合意していない限り協約所定の労働条件を遵守する義務はない。

II　譲受会社の不当労働行為責任

1　労組法7条の使用者性

　労組法7条は，不当労働行為として禁止される使用者の行為を列挙している。同条の「使用者」の意義については争いがあるが[37]，不当労働行為制度は使用者の契約責任を追及するものではないため，労働契約の一方当事者である雇用主に限られず，使用者概念が拡張されている。具体的には，近い過去における労働関係の存在や近い将来における労働契約関係の存在が不当労働行為の「使用者」性を基礎づけうる[38]。

---

[36] 石井446頁，菅野617頁。また，事業譲渡に伴い労働協約に定める解雇協議条項の承継が争点となった事例において，譲受会社が労働協約の承継を拒否していたこと等を理由に否定したものとして，インチケープマーケティングジャパン事件・大阪地判平10・8・31労判751号23頁がある。

[37] 大別すると，「労働者の労働関係（個別的・集団的労働関係を含む）上の諸利益に影響力ないし支配力を及ぼしうる地位にある一切の者」として広く解する見解（支配力説。片岡曻〔村中孝史補訂〕『労働法(1)〔第4版〕総論・労働団体法』274頁〔有斐閣，2007〕）と，「労働契約上の雇用主を基本として「労働契約関係ないしはそれに近接ないし近似する関係を基礎として成立する団体的労使関係上の一方当事者」を意味する（菅野668頁）または「労働契約関係またはこれと近接ないし同視し得る関係」という枠付けが必要とする見解（荒木570頁）（労働契約基本説）がある。

[38] 荒木570頁，菅野669頁。

2　団体交渉応諾義務

　憲法 28 条は，労働者の団結体である労働組合に団体交渉をする権利を保障し，これを受けて労組法 7 条 2 号は，「使用者が雇用する労働者の代表者と団体交渉をすることを正当な理由がなくて拒むこと」を不当労働行為の一つとして挙げている。すなわち，労働組合の団体交渉権は，使用者の団交拒否にあたる行為を不当労働行為とするという形で保護されており，通常このことを指して使用者には団交応諾義務があるという[39]。

　事業譲渡の場面でいえば，譲受会社が譲渡会社における労働組合の組合員を雇用した場合は，当該労働組合と誠実に団体交渉を行う義務があることに争いはない。また，合併の事案であるが，事前に公表された合併計画の中で被合併会社の従業員を引き継ぐ旨を明示している状況であれば，現実に合併が行われる以前であっても労組法上の「使用者」として同法上の規制に服せしめるのが相当と判断されたことから[40]，事業譲渡でも譲受会社が従業員全員の雇用を表明している状況があれば団体交渉義務が生じうる。そこで，問題は，かかる事情がない場合，いかなる事情の下で事業譲受人との間に近い将来における労働契約関係が存在するといえるかである。

　この点，事業譲渡に伴い譲渡会社が解散し，解散会社の従業員を構成員とする労働組合が譲受会社に対して組合員の雇用引受けを議題とする団交を要求する場合においては，命令例において，解散会社と譲受会社との実質的同一性の要件のみで（解散会社の組合排除意図を問題とせず）譲受会社の使用者性を認め，同社に団交義務を負わせる法理が認められている[41]。例えば，新関西通信システムズ事件[42]では，①旧会社の過半数の株式を所有していた 3 名が会社の全株式を所有していること，②事業譲渡により，旧会社の営業，資産および負債のほとんどが会社に承継されていること，③代表者が同一であること，④本店所在地，営業内容，主要取引先が同一またはほぼ同一であること，⑤従業員の大半が引き継がれているという各事実を挙げた上で，「これらのことからすると，会社と旧会社は，人的・物的関係において企業そのものの実態が変わることなく，実質上同一性を失っていないものと考えられ，本件の場合においては，旧会社の労働関係も会社に承継されていると解するのが相当である」として，労

39　山口浩一郎『労働組合法〔第 2 版〕』143 頁（有斐閣，1996）。
40　日産自動車事件・東京地労委昭 41・7・26 命令集 34＝35 集 365 頁。
41　菅野 2009・520 頁以下，566 頁。
42　大阪地労委平 7・11・27 命令集 103 集 237 頁。

組法7条2号に該当すると判断された。

　また，団交拒否が不当労働行為と認められた近時の事案として，盛岡観山荘病院事件[43]がある。この事件は，院長の急逝に伴い旧病院が廃止となり，別の医師Y（再審査申立人）が新規開設の形式により病院の経営を中断なく継続することとなり，組合が団交を要求した事案である。Yに採用された89名のうち65名は組合員であったが，組合の当時の幹部等が不採用となった。中労委は，Y医師が，「団交申入れから15日後の平成17年7月1日には新病院の労働契約上の使用者（雇用主）となることが予定されており，組合員を含む旧病院の従業員は新病院において引き続き雇用される蓋然性が大きかった」として，事業承継前の段階で，労働契約上の使用者と同視できる者であると認定した。また，「応募した希望者全員を採用すること」等の団交事項については，Yが形式的には事業譲渡契約がなく，病院の土地建物を競売により取得していたが，裁判所の評価額より非常に高額だったことから，実質的には相続人から病院事業を承継する対価であり，実質は旧病院の事業の承継であると評価した上で，Y医師主導の下に行われた採用方針の決定から具体的な採否の決定に至る一連の行為の実態を見て，「本件不採用は，労組法第7条第2号の適用に当たっては，新病院の開設に伴う従業員の新規採用の場合の不採用と同視することは相当ではなく，実質的にはYによる解雇と同視すべきものである」と判断し，団交拒否について不当労働行為であるとした初審の判断を支持している。この事件は，所有者や経営者の全く異なる者への事業承継であるところ，中労委は，解雇と同視する前提として，実質的同一性がある事業の承継（事業譲渡）を肯定する事情を指摘している。

　一方，大阪地労委（大阪ローリー運輸労組・双辰商会）事件は，旧会社が破産申立てを行い，破産管財人により労働者全員が解雇されたが，貨物運送事業が別会社（双辰商会）によって継続された事案であり，初審[44]は，「経営不振が続き自己破産申立てに至った状況に乗じて，会社と対立関係にあった組合を一挙に消滅させ，組合の影響力の及ばない双辰商会において実質的な会社再建・継続を図ろうとしたとみることが相当である」と判断し，不当労働行為責任を認め，別会社に対して団交義務を命じた。しかし，救済命令取消請求訴訟[45]では，破産会社の組合を消滅させる意図が否定されるとともに，従業員が雇用されていないこと，別会社の全株式はその代表者が所有していること，破産会社の代

43　盛岡観山荘病院事件・中労委平20・2・20別冊中時1365号1頁。
44　大阪ローリー運輸/双辰商会事件・大阪地労委平14・12・9命令集124集458頁。
45　大阪地判平15・11・26労判868号49頁。

表者が取締役等に就任していないとして、実質的同一性が否定され、命令が取り消されている。

また、日立精機事件[46]では、民事再生手続中での別資本の会社への事業譲渡の事案において労組法 7 条の使用者性が否定されている。同事件において組合は、譲渡会社の元従業員の中から約 450 人が譲受会社に採用されることがもともと予定されており、現に 422 名の採用となったと主張した。しかし、初審は、そのような予定をうかがい知ることができる事実が認められないこと（むしろ、雇用契約上の地位を承継しないとの合意を認定）や、組合員が採用募集に応募せず、採用試験を受けなかった事実を摘示した上で、譲受会社は、組合員との間に「雇用契約はなく、また、雇用関係の成立する可能性が現実かつ具体的に存するとも認められないことから、労働組合法第 7 条第 2 号の使用者に該当しない」と判断している。

3　解雇・不採用の不当労働行為性

(1)　実質的同一性の法理（偽装解散の法理）[47]

譲渡会社が事業譲渡の際に労働者全員を解雇して解散し、譲受会社が組合員以外の労働者を雇用した場合に、組合が譲受会社に対して、労組法 7 条の「使用者」として、不当労働行為責任（具体的には、採用されなかった組合員に関する従業員としての取扱い、およびバックペイ）を追及できるか否かである。

この点、古くから労働委員会命令およびその行政訴訟裁判例において、譲渡会社の解散とその従業員の解雇、そしてその事業の譲受会社への承継という諸措置が、解散会社の労働組合を排除する意図に出ており、かつ、解散会社と事業承継企業の実質的同一性が認められる場合は、解散[48]・解雇・事業承継・組

46　千葉地労委平 15・10・29 命令集 127 集 138 頁。
47　実質的同一性の法理（理論）とは、「(1)新旧両会社の間に……同一性ないし類似性が認められ、かつ、(2)旧会社の解散と新会社設立に至る諸事情……に照らし、旧会社の解散と新会社の設立が組合壊滅を目的とした一連の行為であると認められる場合に、新会社を名宛人として救済命令を発することを肯定するための理論として、労働委員会を中心に採用されてきたもの」と指摘されているように（JR 東日本事件・東京高判平 7・5・23 労判 681 号 37 頁参照）、特に救済命令の内容に着目することなく、偽装解散の場合の救済法理一般を指して用いられてきたものである。橋詰洋三「会社解散と不当労働行為」日本労働法学会編『新労働法講座第 6 巻』162 頁（有斐閣、1968）、外尾健一『労働団体法』261 頁（筑摩書房、1975）参照。ただし、菅野教授は、この法理を「偽装解散の法理」と呼び、実質的同一性のみで団交義務を負わせる法理を「実質的同一性の法理」と呼んで区別されている。
48　かつては不当労働行為（組合潰し）目的の解散決議を無効とする見解もあったが、裁

合員の不採用全体が「偽装解散」[49]と称される一連の不当労働行為となり、譲受会社に対して組合員の原職相当職への復帰とバックペイが命じられるという「実質的同一性の法理」（偽装解散の法理）が樹立されている[50]。例えば、緑運送事件[51]では、旧会社の解散と新会社の設立の事案（事業譲渡の認定はない）において、新会社の株式を旧会社の代表者とその親族が所有し、役員の重複や旧会社代表者の親類でその影響力を及ぼしうる者が役員となっていたこと等から、「営業譲渡等の包括的な移転はみられないが、法人格を別にしながらも、業務、従業員、施設、車両及び取引先については、人的、物的にも主要なものがそれぞれ東西物流に意図的に移管され、引き継がれたものである」、「岡田社長は……息子……には緑運送を継がせるのではなく、負債や組合及び組合員の存在などの重荷になる部分を取り除くことができる東西物流という新会社を興して引き継がせる手段を選択した」として、「その実質において同一性を有するとの初審の判断が是認できる」と判断された。

また、近時の偽装解散の事案として、吾妻自動車交通事件[52]がある。同事件では、旧会社（吾妻自動車）が解散し、その100％子会社Y（飯坂吾妻）へ事業が承継されるとともに、Y社の株式が新たにY社の代表者に就任したZ（旧会社の代表者Aの知人）に譲渡された。初審は、新旧会社が実質的には同一の企

判例・学説の大勢は、事業廃止の自由から解散自体の効力は有効と解している。荒木390頁、菅野694頁。

[49] 「偽装解散」とは、ある企業が自企業に存在する労働組合を嫌悪し、それを壊滅させるために解散・全員解雇を行いつつ、同一事業を資本・経営者などにおいて実質的に同一の企業によって継続することをいう。ただし、「組合潰し」という主張がなされない会社解散において、真に事業を解散してしまう「真実解散」と対比して、実質上の同一企業によって実質上の同一事業を継続する解散を指して用いられることもある。菅野2009・515頁、516頁注3。

[50] 菅野2009・515頁以下、566頁。この法理を採用した命令例としては、北見第一印刷事件・北海道地労委昭48・1・12命令集49集23頁、峡東生コンクリート事件・山梨地労委昭51・1・14命令集58集91頁、九州産業通信社事件・福岡地労委昭52・12・23命令集62集632頁、飯田橋教育センター事件・東京地労委昭53・12・19労判314号71頁などがある。ただし、秋商産業事件・秋田地労委昭和58・3・7労判407号70頁では、「旧社が組合あるいは組合活動を嫌悪していたと認めるに足る疎明もない」として旧会社の解散および全従業員の解散については不当労働行為を否定し、新旧会社が実質的同一性を有する場合に、新会社が組合を雇用しなかったことが不当労働行為であると判断されている。以上のうち、北見第一印刷事件以外は、所有または支配（影響力）の点で実質的同一性が認められる事案である。

[51] 中労委平17・10・19命令集133集1576頁。

[52] 福島地労委平20・5・27労判960号94頁、中労委平21・9・16労判991号180頁。

業であると指摘して偽装解散であると認定した。そして中労委も,「両社は,本件解散前より長らくA社長の強力な支配力・影響力の下で,実質的に一つの経営体として運営されてきた」と認定し,「本件解散後の両社の事業は,飯坂吾妻が吾妻自動車の事業の一部を引き継ぐ方法で飯塚吾妻に集約されて継続されているとみられるところ,かねてからA社長は組合ないし組合員の存在に対し嫌悪の念を有していたのであるから,吾妻自動車が従業員全員を解雇し,飯塚吾妻が組合員以外の者を雇い入れる一方で,組合員である者のみを雇い入れなかったこと(本件雇入れ拒否)は,一つの経営体としての両社がA社長の組合嫌悪の念に基づき,吾妻自動車の事業の一部を飯坂吾妻に事実上引き継ぎ両社の事業を事実上飯坂吾妻に集約する施策を利用して,組合及び組合員の排除を行ったものとみざるを得ない」として,労組法7条1号および3号違反を認めている。

(2) 実質的解雇の法理

譲受会社が従業員の雇用を原則的に引き受ける事業譲渡において,採用拒否が実質的にみれば解雇に類似するので,組合員排除の意図に出た不採用は「解雇その他の不利益取扱い」(労組法7条1号)に該当すると考え,譲受会社を使用者と認めて救済を与える,「事業承継における採用拒否=実質的解雇の法理」も認められている[53]。これを認めたものが青山会事件である。同事件の概略は,以下のとおりである。

医療法人青山会は,仁和会が経営していた越川記念病院が行政処分により保険請求収入が見込めないことなどから,同病院の施設,業務等を引き継いで青山会みくるべ病院を開設した。越川記念病院の職員は全員解雇されたが,青山会は,採用希望者に対して面接を行い,看護科では33名の職員のうち,組合員2名と採用を希望しなかった者3名の計5名を除く28名について採用面接を行い,条件面で折り合いがつかなかった者を除き,21名を採用した。なお,仁和会と青山会との覚書には,「甲(仁和会)の従業員を乙(青山会)において雇用するか否かは乙の専権事項であって,甲は一切関与しないものとする」との合意があった。

初審の神奈川地労委[54]は,原職復帰命令および採用されるまでのバックペイ

---

[53] 菅野 2009・522頁以下,566頁。本文中の青山会事件のほか,組合嫌悪による事業譲渡と譲渡会社の事業廃止の事案において,実質的解雇の法理によって原職復帰が命じられた事案として,サン物流事件がある(兵庫地労委平14・3・5命令集122集392頁,中労委平16・1・21命令集128集1298頁)。譲渡先企業は,譲渡会社の代表者の親族が経営者となって事業を譲り受けるため,その受け皿会社として設立された。

について，被申立人における基準に従い，採用されていたならば支給されるはずの賃金に相当する額に年率5分相当額を加算した金額の支払を命じた。中労委[55]も，事業の継続性および採用の実態等から，「不採用は純然たる新規採用の場合ではなく，解雇に等しい実体を有する」と判断し，再審査申立てを棄却した。そこで，青山会が取消請求訴訟を提起した。

同事件の第一審判決[56]は，「営業譲渡の場合に，譲渡人と被用者との間の雇用関係を譲受人が承継するかどうかは，譲渡にあたり，当事者の合意により決すべき事柄であると解されるところ……譲渡当事者間において，仁和会の従業員の雇用契約上の地位を原告が承継することはしないとの合意があったものといわざるを得ず，原告がした仁和会従業員の原告への採用は，原告による新たな従業員の採用の一環としてされたものと認めるのが相当である」とした上で，雇入れについても労組法7条1号本文前段を適用すべきであると解して不当労働行為を認めた。すなわち，労働契約の不承継特約を有効とし，新規採用の問題として処理した。これに対して，控訴審判決[57]は，次のように述べて新規採用の問題とは扱わなかった。すなわち，「営業譲渡の場合，譲渡人と被用者との間の雇用関係を譲受人が承継するかどかは，原則として，当事者の合意により自由に定め得るものと解される」が，「契約自由の原則とはいえ，当該契約の内容が我が国の法秩序に照らして許容されないことがありうるのは当然である。そこで，控訴人によるみくるべ病院の職員の採用の実態をみると，本件譲渡では，前記のように，越川記念病院に入院中の患者については従前受けていたのと同一の治療行為を引き続きみくるべ病院において行うこととしていたことから，本件契約においては，前記のとおり，控訴人は越川記念病院における職員の雇用契約上の地位を承継しないとしていたにもかかわらず，控訴人は，同病院の職員，特に数も多数を占め，実際に患者の看護に当たっていた看護科の職員については，山本及び高橋の両名を除いて，採用を希望する者全員について採用面接をし，採用を希望し，賃金等の条件面の折り合いが付いた者全員を採用しているのであって，実質的には雇用者と被用者との雇用関係も承継したに等しいものとなっている」と指摘し，結論としては「採用の実態は，新規採用というよりも，雇用関係の承継に等しいものであり，労働組合法7条1号本文前段が雇入れについて適用があるか否かについて論じるまでもなく，本件

---

54 神奈川地労委平8・7・31命令集105集267頁。
55 中労委平11・4・21命令集113集691頁。
56 東京地判平13・4・12労判805号51頁。
57 東京高判平14・2・27労旬1525号54頁。

不採用については同規定の適用があるものと解すべきである」と判示した。そして，労働契約の不承継特約について言及し，「本件契約においては，控訴人は越川記念病院の職員の雇用契約上の地位を承継せず，同病院の職員を控訴人が雇用するか否かは控訴人の専権事項とする旨が合意されているが，上記採用の実態にかんがみれば，この合意は，仁和会と控訴人とが被控訴人補助参加人並びにこれに属する山本及び高橋を嫌悪した結果これを排除することを主たる目的としていたものと推認されるのであり，かかる目的をもってされた合意は，上記労働組合法の規定の適用を免れるための脱法の手段としてされたものと認めるのが相当である。したがって，控訴人は，上記のような合意があることをもって同法7条1号本文前段の適用を免れることはできず，山本及び高橋に対して本件不採用に及んだのは，前記認定のようなみくるべ病院の職員の採用の実態に照らすと，同人らをその従来からの組合活動を嫌悪して解雇したに等しい」と評価し，青山会の控訴を棄却した。

(3) 不採用と労組法7条1号との関係

なお，最高裁は，JR北海道・日本貨物事件〔国労〕事件[58]において，「雇入れの拒否は，それが従前の雇用契約関係における不利益取扱いにほかならないとして不当労働行為の成立を肯定することができる場合に当たるなどの特段の事情がない限り，労働組合法7条1号本文にいう不利益な取扱いに当たらない」と判示した。しかし，上述の実質的同一性の法理や実質的解雇の法理は，この例外の「特段の事情」に当たると解されている[59]。

4　労働委員会の命令および裁判例の総括

このように労働委員会では，解散・事業譲渡のケース，特に偽装解散の場合が争われ，実質的同一性の法理（偽装解散の法理）等が形成されている。実質的同一性の法理は，厳密には新旧両社の所有者（株主）が同一でなくとも適用されていたものの，新旧両社の所有者ないし経営者レベルの同一性または旧会社オーナーの支配力（影響力）が重視されていた。

しかし，近時の盛岡観山荘病院事件では，旧会社の事業を承継した新使用者が旧使用者とは全くの別資本で，旧使用者の支配も及んでいなかったにもかかわらず使用者性が肯定され，しかも，不採用問題に関する団交事項について，実質的には解雇と構成して団交拒否の不当労働行為性（労組法7条2号）が認

---

[58]　最一小判平15・12・22判時1847号8頁。
[59]　菅野2009・524-526頁。

められている。また，青山会事件では，譲受企業の組合排除意図と事業の継続性はあるものの，新旧法人としての所有・支配の同一性が全く認められない事案であり（事業の実質的同一性のみが認められるにすぎない。），実質的同一性の法理（偽装解散の法理）では救済が容易でない事案であったが，適用の要件を所有または支配の同一性ではなく，事業自体の同一性に緩和し，実質的には解雇と構成することによって，解雇・不採用に関する不利益取扱い・支配介入（労組法7条1号・3号）が認められている。その意味で，従来の実質的同一性の法理をさらに一歩も二歩も進めたとの評価が可能である。

　ただし，使用者が倒産手続にあり，別資本の会社に事業が譲渡される場合は，新旧企業の実質的同一性，または端的に労組法7条の「使用者」性が否定されることがある。

第3節　買収時の労働条件の不利益変更

次に，事業譲渡等による買収の際に，買収企業が対象企業の労働者の労働条件を不利益に変更する方法およびその具体的な適用について概観し，事業譲渡の特殊性について検討する。

I　労働条件の不利益変更の方法

1　就業規則による不利益変更

(1)　労働契約法制定前の実務の現状

労働条件の不利益変更のためには，原則として労働者の個別の同意が必要であるが，それは容易でないことから，一般に就業規則の変更によって労働条件を不利益に変更することが行われている。

この点に関して最高裁が最初に判示したケースが，秋北バス事件判決[60]である。同事件において，最高裁は，「新たな就業規則の作成又は変更によって，既得の権利を奪い，労働者に不利益な労働条件を一方的に課することは，原則として，許されないと解すべきであるが，労働条件の集合的処理，特にその統一的かつ画一的な決定を建前とする就業規則の性質からいって，当該規則条項が合理的なものであるかぎり，個々の労働者において，これに同意しないことを理由として，その適用を拒否することは許されない」と判示した。その後の最高裁判例は，上記の秋北バス事件の判旨を踏襲し，就業規則の不利益変更の拘束力を変更の合理性の有無によって判断するという枠組みを確立した。

そして，最高裁としてこれまでの判断を集大成したものが第四銀行事件判決[61]である。同判例は，上記の秋北バス事件判決と同旨の判断を述べた上で，「就業規則条項が合理的なものであるとは，当該就業規則の作成又は変更が，その必要性及び内容の両面からみて，それによって労働者が被ることになる不利益の程度を考慮しても，なお当該労使関係における当該条項の法的規範性を

---

[60]　最大判昭 43・12・25 民集 22 巻 13 号 3459 頁（判時 542 号 14 頁）。
[61]　最二小判平 9・2・28 民集 51 巻 2 号 705 頁（労判 710 号 12 頁）。

是認することができるだけの合理性を有するものであることをいい，特に，賃金，退職金など労働者によって重要な権利，労働条件に関し実質的な不利益を及ぼす就業規則の作成又は変更については，当該条項が，そのような不利益を労働者に法的に受忍させることを許容することができるだけの高度の必要性に基づいた合理的な内容のものである場合において，その効力を生ずるものというべきである。右の合理性の有無は，具体的には，就業規則の変更によって労働者が被る不利益の程度，使用者側の変更の必要性の内容・程度，変更後の就業規則の内容自体の相当性，代償措置その他関連する他の労働条件の改善状況，労働組合等との交渉の経緯，他の労働組合又は他の従業員の対応，同種事項に関する我が国社会に於ける一般的状況等を総合考慮して判断すべきである」と述べた。

学説の多くは，かかる判例の「就業規則の合理的変更」法理を，経営事情による労働条件変更の必要性を正面から認めつつ，労働者の利益に配慮してその行き過ぎをチェックする法理（労働条件変更法理）に発展していると肯定的に評価していた[62]。

(2) 労働契約法の制定

平成19年11月28日に成立した労働契約法9条は，「使用者は，労働者と合意することなく，就業規則を変更することにより，労働者の不利益に労働契約の内容である労働条件を変更することはできない。ただし，次条の場合は，この限りでない」とした上で，同法10条は，「使用者が就業規則の変更により労働条件を変更する場合において，変更後の就業規則を労働者に周知させ，かつ，就業規則の変更が，労働者の受ける不利益の程度，労働条件の変更の必要性，変更後の就業規則の内容の相当性，労働組合等との交渉の状況その他の就業規則の変更に係る事情に照らして合理的なものであるときは，労働契約の内容である労働条件は，当該変更後の就業規則に定めるところによるものとする。ただし，労働契約において，労働者及び使用者が就業規則の変更によっては変更されない労働条件として合意していた部分については，第12条に該当する場合を除き，この限りではない」と定めている。この労契法10条本文は，従前からの判例法理を変更することなく，そのまま追認するものである[63]。

---

[62] 菅野和夫『労働法〔第7版補正版〕』107頁（弘文堂，2006）。

[63] 菅野128頁。また，労契法10条但書は，労働条件変更問題を集団的統一的労働条件変更法理である就業規則の合理的変更法理に全面的に委ねるのではなく，就業規則によっては変更し得ない個別特約の効力を正面から認め，契約法理の発展領域を確保したという意義がある。荒木326頁参照。

2 労働協約による不利益変更

　労働組合と労働協約が締結されている場合，就業規則の作成が義務づけられている事業場（労基法89条）では，まず労働協約を改訂し，それにあわせて就業規則を作成・変更することによって，労働協約の内容を非組合員にも及ぼすのが通例である。従前の労働協約が存続すると，就業規則の不利益変更によって労働条件の改定を行っても，協約の適用を受ける労働者に関する限りで当該就業規則部分が無効となってしまうからである（同法92条1項，労契法13条）。では，旧協約によって規律されていた労働契約の内容を新協約によって引き下げることができるであろうか。

　この点，ドイツのような産業別協約においては，産業全体に共通の労働条件の最低基準が定められているため，労働契約の内容が労働協約の基準を下回る場合には強行的効力により無効となるが，労働協約基準を上回る労働契約基準は許容される（有利原則）。しかし，わが国の企業別協約においては，通常は企業内での標準的・定型的な労働条件基準が定められ，そのことによって組合員に対する統制力を強化するという要請が働く。そこで，個々の労働協約の解釈に委ねられるが，協約当事者の意思が不明な場合は，有利原則はないと解されている（規範的効力の両面性）[64]。

　したがって，新たな労働協約によって既存の労働条件を不利益に変更した場合はそのまま規範的効力が生じうる。最高裁[65]も，「協約が締結されるに至った以上の経緯，当時の被上告会社の経営状態，同協約に定められた基準の全体としての合理性に照らせば，同協約が特定の又は一部の組合員を殊更不利益に取り扱うことを目的として締結されたなど労働組合の目的を逸脱して締結されたものとはいえず，その規範的効力を否定すべき理由はない。……本件労働協約に定める基準が上告人の労働条件を不利益に変更するものであることの一事をもってその規範的効力を否定することはできない」と判示している。

3 変更解約告知

　以上のような集団的な労働条件変更法理に依らず，使用者が個々の労働者に

---

[64] 荒木515頁。
[65] 朝日火災海上保険（石堂・本訴）事件・最一小判平9・3・27労判713号27頁。ただし，労働協約の不利益変更が，組合員の意見を十分に聴取・尊重せずに一部の組合員に対してのみ行われた場合に協約規定の規範的効力が否定された事例として，中根製作所事件・東京高判平12・7・26労判789号6頁がある。

対して，労働条件を変更するために解雇すること，言い換えると，解雇を通じて労働条件を変更することができるだろうか。労働条件の変更または新たな労働条件での新契約締結の申込みを伴った従来の労働関係の解約告知（解雇の意思表示）[66]，すなわち変更解約告知の有効性が問題となる。

　この点，スカンジナビア航空事件決定[67]は，変更解約告知の定義と要件を示して有効と判断した初めての裁判例であり，「雇用契約で特定された職種等の労働条件を変更するための解約，換言すれば新契約締結の申込みをともなった従来の雇用契約の解約」を「変更解約告知」と把握した上で，「労働者の職務，勤務場所，賃金及び労働時間等の労働条件の変更が会社業務の運営にとって必要不可欠であり，その必要性が労働条件の変更によって労働者が受ける不利益を上回っていて，労働条件の変更をともなう新契約締結の申込みがそれに応じない場合の解雇を正当化するに足るやむを得ないものと認められ，かつ，解雇を回避するための努力が十分に尽くされているときは，会社は新契約締結の申込みに応じない労働者を解雇することができるものと解するのが相当である」と判示した。

　その後の裁判例では，「ドイツ法と異なって明文のない我国においては，労働条件の変更ないし解雇に変更解約告知という独立の類型を設けることは相当でな」く，「その実質は整理解雇にほかならないのであるから，整理解雇と同様の厳格な要件が必要」として既存の解雇の類型として位置づけたもの[68]，「変更解約告知とは，新たな労働条件での新雇用契約の締結（再雇用）の申込みを伴った従来の雇用契約の解約（解雇）であり，それを受け入れるか否かのイニシアティブは，労働者の側にあることから，解雇とは異なった扱いがされるもの」と判示したもの[69]など，多様な裁判例があり，いまだ定まらない状況にある。

　学説は，概ね変更解約告知に対して一定の肯定的評価を与えている[70]。変更解約告知を認める見解を大別すれば，解雇法理（整理解雇法理）を変更解約告知に適合的に修正することで対処しようとする立場と，ドイツのような「変更

66　荒木340頁。
67　東京地決平7・4・13労判675号13頁。
68　大阪労働衛生センター第一病院事件・大阪地判平10・8・31労判751号38頁。
69　関西金属工業事件・大阪高判平19・5・17労判943号5頁。
70　スカンジナビア航空事件は，就業規則の不利益変更によって対処できない事案であったと指摘されている。荒木2003・232頁，林豊「勤務条件変更拒否を理由とする解雇」林豊＝山川隆一編『新・裁判実務大系第16巻労働関係訴訟Ⅰ』124頁（青林書院，2005）。

法理型」の変更解約告知制度を志向する立場に整理できる。後者の見解によると，使用者は変更された労働条件での雇用継続を認めていることから，変更解約告知を解雇法理の一環としてではなく，就業規則の不利益変更法理とパラレルに考えて個別的労働条件変更法理として位置づけ，労働者の留保付き承諾を認めた上で[71]，変更の必要性と変更内容の相当性の相補的判断によって，その変更の合理性を判断すべきことが提唱されている[72]。

II 労働条件不利益変更法理の具体的判断

1 合併・会社分割における具体的な適用

(1) 就業規則による不利益変更

弱者救済型の吸収合併では，存続会社の労働条件に統一するのが通例であるが，対等合併などの場合は，両者間で合併準備委員会を設けるなどして，労働条件の平準化について協議がなされる。その結果をふまえて，労働組合がない場合は，通常，就業規則の不利益変更の手法により労働条件の統一が行われる。合併に関連する労働条件の不利益変更に関しては，以下の 2 つの最高裁判例があり，これが参考となる。

その一つが，大曲市農協事件最高裁判決[73]である。同事件は，7 つの農業共同組合が合併して新設された農業共同組合において，新しい退職給与規程（就業規則としての性質を有する）を作成したが，そこに定められていた退職金支給倍率が旧農協のそれより低かったため，そのような就業規則の変更が効力を有するかが問題となった。最高裁は，先の秋北バス事件判決および第四銀行事件判決の一般論を引用した上で，次のような利益衡量を示した。すなわち，「被上告人らの給与額は，本件合併に伴う給与調整等により，合併の際延長された定年退職時までに通常の昇給分を超えて相当程度増額されているのであるから，実際の退職時の基本月俸額に所定の支給倍率を乗じて算定される退職金額とし

---

71 この点，民法 528 条は，条件付き承諾を申込みの拒絶と新たな申込みとみなすとしており，日本ヒルトンホテル（本訴）事件・東京高判平 14・11・26 労判 843 号 20 頁も，異議留保付き承諾を申込の拒絶と捉えて否定している。しかし，民法 528 条は，継続的契約関係たる労働契約の変更申込みには適用されないと解する見解が有力である。荒木 347 頁，土田 533 頁，水町 191 頁。

72 荒木 346 頁以下。

73 最三小判昭 63・2・16 民集 42 巻 2 号 60 頁。

ては，支給倍率の低減によるみかけほど低下しておらず……新規程への変更によって被上告人らが被った実質的な不利益は，仮にあるとしても，決して原判決がいうほど大きなものではないのである。他方，一般に，従業員の労働条件が異なる複数の農協，会社等が合併した場合に，労働条件の統一的画一的処理の要請から，旧組織から引き継いだ従業員相互間の格差を是正し，単一の就業規則を作成，適用しなければならない必要性が高いことはいうまでもないところ，本件合併に際しても，右のような労働条件の格差是正措置をとることが不可欠の急務となり，その調整について折衝を重ねてきたにもかかわらず，合併期日までにそれを実現することができなかったことは前示したとおりであり……本件合併に際してその格差を是正しないまま放置するならば，合併後の上告組合の人事管理等の面で著しい支障が生ずることは見やすい道理である」と述べて，合理性を認めている。

　もう一つは，朝日火災海上保険（高田）事件判決[74]である。同事件は，被上告人が大手損保会社の中に設立された鉄道保険部に勤務していたが，昭和40年に，合体に関する覚書により，鉄道保険部と上告人会社とが「合体」することとなり（形式上は法人格がないので，合併ではなく，合体という用語が使用された），同部の業務が上告人会社に引き継がれるに伴い同社の社員となった。そして，給与，退職金基準および定年年齢の統一について組合と会社間に折衝が続いた後，定年を57歳に引き下げ，退職金の基準支給率を引き下げること等を内容とする新労働協約が締結されるとともに，就業規則の定年に関する部分および退職手当規程が改定された事案である。判旨は，退職金支給率を引き下げたこと自体の高度の必要性を肯定しながら，労働者の経済的不利益の大きさから就業規則の合理性を否定した（その前提として，労働協約の効力も一部否定している）。

　このように判例は，合併に伴う労働条件の統一について，高度の必要性を認めた上で，全体としての労働者の不利益の程度を検討し，合理性を判断している。

(2) 労働協約による不利益変更

　労働協約がある場合，使用者は，まずは労働組合と交渉し，労働協約の不利益変更のための合意を得る必要がある。組合との交渉が難航する場合，場合によっては，同意を取り付けることを断念し，従来の労働協約の解約を検討せざるを得ないが，期間の定めのない労働協約の解約を行う場合，予告期間として

---

[74] 最三小判平8・3・26民集50巻4号1008頁。

90日を要することから（労組法15条4項），合併や会社分割後，直ちに平準化した労働条件でスタートするのはスケジュール的に無理な場合が多い[75]。したがって，労働協約がある場合は，労働条件の統一のために組合との真摯な交渉の努力が必要である。

ただし，交渉の結果，新しく労働協約が締結されたとしても，それによる労働者の不利益が著しい場合等には，協約の規範的効力が否定されうる。この点,「当該労働協約を特定の未組織労働者に適用することが著しく不合理であると認められる特段の事情があるときは，労働協約の規範的効力を当該労働者に及ぼすことはできない」と判示し，退職金の減額により大きな不利益を受けること等を理由に協約の一部の拡張適用（一般的拘束力。労組法17条）を否定した裁判例として，先に挙げた朝日火災海上保険（高田）事件最高裁判決がある。

(3) 変更解約告知による不利益変更

合併や会社分割によって買収を行う企業は，通常，一定規模の従業員数を擁しており，全体の労働条件の統一のために個々の労働者全員に対して変更解約告知を行うことは煩雑であるため，そのような方法は普通は想定されない。ただし，例えば，ある特定の労働者との間で就業規則に記載のない待遇に関する個別の合意があり，就業規則の不利益変更によって対処できない場合には，これを変更解約告知の方法によって是正することはありうる。

2 事業譲渡における具体的な適用

(1) 事業譲渡当事者間において労働条件を承継する旨の合意がある場合

事業譲渡に伴って使用者としての地位がそのまま譲渡されるなどして，労働契約も承継される場合，譲受会社と労働者間に特段の合意が成立しない限り，譲渡会社における労働条件が承継される[76]。この場合の労働条件不利益変更法理の合理性判断の枠組みは，合併や会社分割と同様である。すなわち，就業規則の不利益変更であれば，不利益変更の必要性と労働者全体の不利益性などを吟味して変更の合理性が判断される。

例えば，事業譲渡の直後に賃金体系を変更したケースにおいて，労働者が旧賃金体系に基づき賃金仮払いの仮処分を求めたものとして広島第一交通事件[77]がある。同事件は，旧会社のタクシー部門が赤字経営を続け，人件費の負担が

---

[75] 中町誠「合併・営業譲渡と労働関係（使用者側の立場から）」季刊労働法206号80頁（2004）。

[76] 菅野468頁。

[77] 広島地決平10・5・22労判751号79頁。

80数％に達していたため,平成8年4月頃から旧賃金体系の見直しについて3つの労働組合と交渉を続けてきたが,抜本的な賃金体系の見直しについては妥結に至らなかったところ,平成9年11月になり,旧会社が組合に対して事業譲渡の件を通知するに際し,併せて,従業員は事業譲渡の日をもって新会社に転籍して雇用する,労働条件は現行制度を適用する旨通知した。事業譲渡後,会社側は,タクシー部門の従業員を一旦退職した扱いとして新賃金体系等の労働条件で再雇用する新方針を伝え,一つの組合とは合意に達したが,本件債権者らが所属する組合は団体交渉に応じなかった。裁判所は,「旧賃金体系から新賃金体系への変更は,就業規則,労働協約等に定められた賃金体系の不利益変更であり……賃金体系という労働者にとって重要かつ核心的な権利に関する変更に際しては,平成8年度までの協定等の内容は相当程度尊重されるべきであるし,就業規則及び労働協約の変更については,高度の必要性に基づく合理性が要求されるべきである」とした上で,旧会社および債務者の「全体としての経営努力の内容,程度等は必ずしも明らかでないこと,新賃金体系と旧賃金体系とは平均約4割の大きな格差があること……営業譲渡後,新賃金体系の導入に至る期間が1か月余りに過ぎないこと」等に照らせば,「債権者らが旧賃金体系に基づく賃金を請求することが信義則に反するとは言い難い」として不利益変更の合理性を否定した。

　一方,会社更生手続開始の申立て後,譲渡前の譲渡会社における就業規則の不利益変更事案ではあるが,変更の合理性が認められたものとして,更生会社新潟鐵工所(退職金第1)事件[78]がある。同事件は,事業譲渡が計画されたが,譲渡の対価が低くなり,退職手当の額を減額することなく更生手続を進めたのでは更生担保権に対する支払とは別に,退職手当をはじめとする共益債権の支払ができず,破産手続に移行するなどして会社を清算することになり,その場合,退職手当の支払原資や従業員の雇用の確保もできないことが想定されたため,退職金規則を変更したものである。裁判所は,「本件変更は,危機的な状況下の企業として,雇用喪失と退職金の不払いという最悪の事態を回避するため,高度の必要性に迫られた結果行われたもの」であり,「原告らは,現時点までに,旧規則に基づく退職手当の金額の74％～77％の支払を受けている上……再就職支援金及び雇用開発室,人材派遣会社等の再就職支援策も……退職に伴う生活上の不利益を緩和するためのものとしては生活保障的要素を支える本件退職金と共通する面があり……本件変更の合理性を補強する事情である」

---

[78] 東京地判平16・3・9労判875号33頁。

こと，そして，「本件変更の手続は，営業譲渡の実施日が迫る中，組合及び非組合員に対し，可能な範囲で十分な説明を尽くし，また，全従業員の70％を超える従業員が組織する組合との交渉，合意を経て，労働協約を締結した上で行われたものであるから，手続として相当なものであった」と指摘して，変更の合理性を認めている。

(2) 新規採用の場合

以上に対して，譲渡会社における退職・解雇と譲受会社による新規採用の方法により行われる場合，特段の合意がなければ，譲受会社と労働者間に譲受会社における労働条件に従うとの合意が成立したことになる[79]。同様に，労働協約も当然には承継されない。したがって，原則として，労働条件不利益変更法理の適用も問題とならない。事業譲渡では，かかる方法が認められる点が合併，会社分割と大きく異なる。

ただし，事業譲渡に際して，賃金等の労働条件が相当程度下回る水準に改訂されることに異議のある従業員については個別に排除し，その目的を達成する手段として従業員全員に退職届を提出させ，退職届を提出した者を会社が再雇用するという形式を採るものとし，退職届を提出しない従業員に対しては，会社解散を理由とする解雇とした事案において，当該合意を民法90条に違反するものとして無効とし，全員の労働契約の承継と解雇日以降の原告主張の賃金請求を認容した裁判例として，前述の勝英自動車（大船自動車興業）事件第一審判決がある。

---

[79] 菅野468頁。譲渡会社の従業員が，事業譲渡に伴う旧会社から新会社への地位の変更は使用者を変更する更改契約であり，旧会社の賃金が維持されると主張したのに対し，被告会社が旧会社の従業員の労働契約を承継しないことを明定していたこと等から，労働契約の地位の承継ではなく，新人事制度の遵守を誓約した誓約書を提出したことによる新規契約であるとし，新会社の新人事制度の適用を認めた裁判例として，エーシーニールセン・コーポレーション事件・東京地判平16・3・31労判873号33頁がある。

第 3 章

ドイツにおける事業譲渡と労働関係

序　説——考察の視点

　ドイツでは，事業譲渡によって労働関係はいかなる影響を受けるのであろうか。また，労働者が保護されるとすれば，それはどのような場面であり，そして，労働者保護を図った結果，使用者側の経営の柔軟性とはどのようにバランスが図られているのだろうか。

　かかる検討の前提として，まず，ドイツの事業譲渡がいかなる場面で利用されているかを把握する必要がある。これを把握しなければ，事業譲渡を必要とする会社側のニーズやどのような状況で労働者保護が問題とされているかを把握し得ないからである。そこで，まずは事業譲渡を含む M&A のストラクチャーとそこでの事業譲渡の機能について概観する（第1節）。

　次に，ドイツでは，厳格な解雇規制と労働条件変更規制があるところ，かかる通常時の解雇・労働条件変更規制は，事業譲渡の場面でどのように機能しているのであろうか。そこで，その前提として，一般の解雇規制（経営上の理由による解雇）と労働条件変更法理を簡単に概観する（第2節）。

　その上で，事業譲渡に関する保護規制（EU 企業移転指令，ドイツ民法典613a条および事業所組織法による手続規制）を論ずる。特に，企業移転指令およびドイツ民法典613a条による実体規制において，いかなる要件の下で労働者保護が図られているかについて検討を加え，併せて解雇・労働条件変更規制との関係を論ずる（第3節）。

　さらに，そのような平時の規制が，企業の倒産の場面でどのように変容するかについても分析を加える（第4節）。

第1節　M&Aの手法と事業譲渡の機能

I　M&Aのストラクチャー

M&Aのストラクチャー[1]には，大別すると，①対象企業の株主から株式を取得する株式譲渡（Share Deal），②対象企業からその資産や権利等を個別に取得する事業譲渡（Asset Deal）[2]，および③組織変更法[3]上の手段により対象会社の資産等を包括承継する方法がある[4]。

このうち，最も一般的な方法は株式譲渡である。株式譲渡が好まれる理由は，他のスキームよりも契約がシンプルであることのほか，譲渡益課税の大きな優遇にある。すなわち，法人の持分譲渡の場合，その95％が非課税となる（法人税法8b条2項3項）[5]。ただし，対象会社が公開会社である場合は，株式公開買付けが問題となる[6]。ドイツでは，2001年に株式公開買付けを初めて規制する有価証券取得および買収に関する法律[7]が制定され（2002年1月1日施行），その後，EUでも2004年に公開買付けに関する指令（TOB指令）[8]が採択され

---

[1] ドイツの企業形態の多くは，有限会社（Gesellschaft mit beschränkter Haftung: GmbH）であるが，大企業のほとんどは株式会社である。Beinert et al., 2. 本書では，日本で一般的な企業形態である株式会社（Aktiengesellshaft:AG）を念頭に扱う。

[2] "Asset Deal"は，対象企業の全体の資産を譲受会社へ移転することによって対象企業を譲渡する場合であり，企業の全部またはその部分の譲渡を指して用いられる。ここでは，対象企業の資産・負債，権利・義務その他のあらゆる財産が取引の対象となる。日本の事業譲渡に相当する。

[3] Umwandlungsgesetz vom 28. Oktober 1994 (BGBl. I S. 3210), zuletzt geändert durch Art. 1 des Dritten Gesetzes zur Änderung des Umwandlungsgesetzes vom 11. 7. 2011 (BGBl. I S. 1338).

[4] Beinert et al., 49, 54, 60; Seibt, S. 5; Beisel/Klumpp, S. 90, 107 ff. なお，会社法上のストラクチャーとして，増資（資本参加）（Kapitalerhöhung）も挙げられるが，ここでは割愛する。

[5] Beisel/Klumpp, S. 344; Holzapfel/Pöllath, Rn. 278.

[6] Beinert et al., 49.

[7] Gesetz zur Regelung von öffentlichen Angeboten zum Erwerb von Wertpapieren und von Unternehmensübernahmen, BGBl. I S. 3822.

[8] Directive 2004/25/EC of the European Parliament and of the Council of 21 April 2004 on Takeover bids, OJ. L142, 30. 4. 2004, p. 12.

た。株式取引の場合，使用者に変動がないことから，直ちに雇用関係に影響することはない[9]。

一方，資産を譲渡する場合は，使用者の同一性に変更がありうる。このうち，事業譲渡が通常の契約締結に基づいて事業資産の処分がなされるのに対して，組織変更法上のストラクチャーでは，財産等の移転が法の作用によって生じる[10]。1994年組織変更法は，それまでこの分野の規制が1969年旧組織変更法，株式法（Aktiengesetz），増資法（Kapitalerhöhungsgesetz），共同組合法（Genossenschaftsgesetz）および保険監督法（Versicherungsaufsichtsgesetz）の5つの異なる制定法によって分散されて扱われていたものを包括的に法典化し，従前の規定の首尾一貫しない点から生じていた問題点を手当てするとともに，不十分な規定を補ったものである[11]。同法が定める組織変更の態様には，合併（Verschmelzung），分割（Spaltung），財産移転（Vermögensübertragung）および法形式の変更（Formwechsel）の4つがある（組織変更法1条）。このうち，財産移転（同法175-189条）は，特定の公的組織（連邦，州，地方公共団体等）を譲受人とするか，または保険会社に関する特殊な組織変更である（同法175条）。また，法形式の変更（同法190-304条）は，資産および負債の移転を伴わない[12]。そこで，以下では，事業取得型のストラクチャーとして，事業譲渡のほか，組織変更法上の合併・分割を取り上げる。

1 合併 (Verschmelzung)

(1) 合併の意義・種類

EU[13]では，1978年に合併に関する第3指令[14]が採択された。同指令は，株

---

9 Waas, 88.
10 *Ibid.*, 79.
11 Semler/Stengel, S. 3 Rn. 11. ff.; Waas, 79-80.
12 Semler/Stengel, § 190 Rn. 1 und 4; Buth/Hermanns, § 17 Rn. 33. 例えば，株式会社から有限会社への変更のように別の法形式となる場合であり，その前後を通じて法的統一体は同一のままである。なお，法律上の組織の形態が変わるだけであるから，事業移転（Betriebsübergang）の際の労働契約の承継に関する民法典613a条の適用の問題も生じない。Dauner-Lieb/Simon, § 324 Rn. 4.
13 本書では，欧州連合（EU）創設以前の欧州共同体（EC）当時のことも含めて，便宜上，"EU"と統一して表記する。
14 Third Council Directive 78/855/EEC of 9 October 1978 based on Article 54(3)(g) of the Treaty concerning mergers of public limited liability companies, OJ. L 295, 20. 10. 1978, p. 36（近時の合併に関する第3指令・第10指令，分割に関する第6指令を含めた改正として，Directive 2009/109/EC of the European Parliament and of the Council of

式会社の合併に関する加盟国会社法の調整を目的とし，吸収合併（3条1項）と新設合併（4条1項）の2種類の合併方法を規定するとともに，合併の法的効果（19条1項）を定め，加盟国に対して，指令が定める合併規制を設けることを義務づけた。また，2005年には，資本会社（物的会社）の異なる加盟国間の合併に関する第10指令[15]が採択され，国際的企業再編法制が進められた。

一方，ドイツの合併規制は，かつては株式法の中に規定されていたが，1994年の組織変更法の制定に伴って合併の規定が同法に移され，第3指令と同様，吸収合併と新設合併を規定している。すなわち，組織変更法2条は，一または複数の権利主体の財産を，全体として，別の既存の法主体へ（吸収合併，Verschmelzung durch Aufname），または新設の法主体へ移転する方法によって（新設合併，Verschmelzung durch Neugründung），消滅会社の持分所有者（社員，株主など）に対して存続会社の持分または社員たる地位を付与し，権利主体が清算することなく解散して合併できる旨を規定している。

(2) 合併の手続

(a) 合併契約書の締結または合併契約草案の作成

合併当事会社の代表機関が合併契約を締結するか（組織変更法4条1項1文・36条1項），または株主総会決議に基づいて合併契約が締結される場合，決議前に書面による合併契約草案を作成しなければならない（同法4条2項・36条）。合併契約書またはその草案の必要的記載事項は法定されており，「労働者ならびにその代表に対する合併の効果およびその点において定められた措置」についても記載される（同法5条1項9号・36条1項）。合併契約は要式行為であり，公証人の認証を受けなければならない（同法6条・36条1項）。

合併契約書またはその草案は，原則として専門検査役（合併検査役）の検査を要し（同法9条1項・36条1項），合併検査役が代表機関の申立てに基づき裁判所によって選任・指名される（同法10条1項1文・36条1項）。また，合併契約書またはその草案は，株主総会の会日の遅くとも1か月前に，権限のある事業所委員会（Betriebsrat）に送付される必要がある（同法5条3項・36条1項）。

(b) 株主総会の承認

合併契約は，株主総会の決議により承認があった場合にかぎり効力を生ずる（組織変更法13条1項・36条1項）。新設合併では，合併契約中に新会社の定款

---

16 September 2009, OJ. L259, 2. 10. 2009, p. 14).

15　Directive 2005/56/EC of European Parliament and of the Council of 26 October 2005 on cross-border mergers of limited liability companies, OJ. L310, 25. 11. 2005, p. 1.

が定められることから（同法37条），合併契約の承認は，同時に新会社の定款に対する承認となる。株主総会の合併決議は，投票数の単純過半数（株式法133条1項）に加えて[16]，決議に参加した基礎資本金（Grundkapital）[17]の少なくとも4分の3以上の多数が必要である（同法65条1項・73条）。ただし，承継会社が消滅会社の資本金の90％以上を有する場合は，承継会社の株主総会決議は不要となる（同法62条1項・73条）[18]。

(c) **債権者保護規定**

合併のような一般承継（Universalsukzession）に基づく権利義務の自動的移転は，第三者の利益に関わる。そこで，債権者保護の見地から，原則として合併登記が組織変更法19条に基づいて公示された日から6か月以内に債権者が請求権の理由と金額を示して書面により届け出た場合は，債権者が弁済を求め得ない範囲で，債権者に対して担保が提供されなければならない（組織変更法22条1項1文・36条1項）[19]。

(3) 合併の効果

合併当事会社の代表機関は，所在地の登記所（Register）に合併登記を申請しなければならない（組織変更法16条1項）。この合併登記により，組織変更法20条1項は，次の効果が生ずると定めている。すなわち，①消滅会社の財産が債務を含めて承継会社（übernehmenden Rechtsträger）に移転するとともに（1号），②消滅会社が，特別な抹消行為なくして消滅し（2号），③原則として消滅会社の株主が承継会社の株主となる（3号）。さらに，④合併契約および場合によって必要な個々の株主の同意または放棄の意思表示に関する公正証書の瑕疵が治癒される（4号）。上記の①が包括承継であり，すべての積極・消極の財産が消滅会社から承継会社に自動的に移転することを意味する[20]。

16　Semler/Stengel, § 65 Rn. 11.

17　基礎資本金とは，株式会社または株式合資会社の設立の場合に会社に払い込まなければならない資本をいう。山田晟『ドイツ法律用語辞典〔改訂増補版〕』294頁（大学書林，1993）。

18　株式会社が対象会社（資本会社）の100％の基礎資本金を有する場合は，当該子会社の合併承認決議も不要である（組織変更法62条4項1文）。

19　ただし，この権利は債権者が合併により債権の履行が危機に晒されているということを疎明した場合にのみ認められる（組織変更法22条1項2文）。再建目的の合併の場合は，ほとんどこれに該当しない。なぜなら，合併によってではなく，消滅会社の財政困難により既に請求権の履行が危うくなっているからである。Limmer, Rn. 47.

20　Semler/Stengel, § 20 Rn. 12.

(a) 個別的労働契約に対する効果

合併登記による包括承継により,労働関係についても承継会社へ移転する。合併と民法典613a条に基づく事業移転（Betriebsübergang：事業または事業の一部の法律行為による移転の場合に労働契約も移転する）が重なる場合,その限りでは,組織変更法20条1項1号が民法典613a条1項1文の特別規定ということになる[21]。例外的に事業移転（民法典613a条）の要件が満たされない場合であっても,全体の労働関係が移転する[22]。

かかる包括承継により,承継会社は,現在の雇用関係のみならず,終了した雇用関係から生ずる全体の権利義務関係の当事者となる。例えば,労働契約終了後の競業禁止から生ずる権利義務,個別契約により認められた退職金請求権,失権しえない企業年金期待権[23]（unverfallbaren Anwartschaften der betrieblichen Altersversorgung）から生ずる請求権などがこれに該当する[24]。

(b) 労働協約に対する効果

ドイツでは,労働組合が産業別組合であることに対応して,労働協約も産業別協約（使用者団体と労働組合との間で締結される団体協約：Verbandstarifvertrag）が一般的である。その協約拘束性（Tarifbindung）は,使用者団体の構成員たる地位に基づくものであって,協約の当事者としての立場に基づくものではない。しかも,その構成員たる地位は,専属的（höchstpersönlich）なものであり,原則として移転可能な権利ではないことから,合併においても移転しない。したがって,団体協約の継続適用は,承継会社が,消滅会社に適用されていた労働協約を締結した使用者団体に所属もしくは加入する場合,または,当該協約の一般的拘束力が宣言され,かつ,合併当事会社がその適用範囲に入ることが必要である[25]。

一方,消滅会社と産別組合との間で締結されていた企業協約（Firmentarif-

---

[21] *Ibid.*, § 20 Rn. 35.

[22] *Ibid.*, § 20 Rn. 37.

[23] 企業年金改善法（Gesetz zur Verbesserung der betrieblichen Altersversorgung (Betriebsrentengesetz-BetrAVG) vom 19. Dezember 1974 (BGBl. I S. 3610), zuletzt geändert durch Gesetz vom 21. Dezember 2008 (BGBl. I S. 2940)）1b条1項1文は,企業年金の給付を約束された労働者が,満25歳後,扶助の段階（Versorgungsfalls）に入る前に労働関係が終了し,かつ,この時点で年金約束が少なくとも5年間存続していた場合,企業年金に対する期待権を引き続き保持すると規定している。これが失権しえない年金期待権である。

[24] Semler/Stengel, § 20 Rn. 36.

[25] *Ibid.*, § 20 Rn. 41 und 42.

vertrag)[26]は，集団法上，継続して適用される。承継会社は，組織変更法20条1項1号によって消滅会社の承継人となり，協約当事者として企業協約から生ずる権利義務関係の当事者となる[27]。

(c) 事業所協定に対する効果

事業所協定とは，事業所組織法[28]によって設置される事業所委員会（Betriebsrat）と使用者との間で締結される書面による合意である（事業所組織法77条2項1文）。事業所委員会は，常時少なくとも5人の選挙権を有する常用労働者が存し，そのうち3人が被選挙権を有する事業所において選出されうる（同法1条1項1文）[29]。

事業所協定の成立と終了は，従業員代表（Arbeitnehmervertretung）や事業所の統一体の存続と関連づけられていることから，組織変更法20条1項1号に基づいて事業所協定の集団法上の継続適用が一般的に導かれることはない。この点は，消滅会社の事業所が本質的に同一性を保持している場合に，事業所委員会が存続し，事業所協定も継続して適用され，新使用者が旧使用者と事業所委員会との間で締結された事業所協定の当事者になると解されている[30]。

そして，合併の場合は，通常，法律上の合併規定が移転する事業所の同一性に影響を及ぼさないことから，事業所協定が継続適用される。ただし，移転される消滅会社の事業所またはその一部が例外的に完全に解体され，新しい事業組織に組み入れられる場合は，事業所の同一性が失われるため，事業所協定は継続適用されない。その結果，民法典613a条1項2文ないし4文が適用されることになる（事業所協定が個別契約の内容に転換され，原則として1年間は維持

---

[26] 企業協約は，使用者が産別レベルの使用者団体に加盟していないことから，産別組合が産別協約を及ぼすために個別企業と締結するのが通例である。日本において一般的な企業別組合と使用者との間の協約とは異なる。荒木2003・124頁注94。

[27] Semler/Stengel, § 20 Rn. 40.

[28] Betriebsverfassungsgesetz vom 25. September 2001 (BGBl. I S. 2518), zuletzt geändert durch Gesetz vom 29. Juli 2009 (BGBl. I S. 2424).

[29] 事業所委員会は，労働組合と異なり，争議行為を行うことが明文で禁止されている（事業所組織法77条2項）。しかし，事業所組織法により，事業所委員会には共同決定権をはじめとして，労働条件に関わる事項につき様々な関与を行う権利が保障されている。労働組合のように争議行為によって使用者と対抗する当事者ではなく，平和義務を負い，事業所共同体における共同の利益を増進させるパートナーとして位置づけられている。ただし，企業が事業所委員会の設置要件を満たす場合であっても，設置は強制ではなく，当該事業所の労働者の意思に委ねられており，中小規模の事業所には事業所委員会が存在しない場合が少なくない。荒木2003・125-128頁。

[30] Semler/Stengel, § 20 Rn. 49 and 50; ErfK, § 613a BGB Rn. 114.

(4) 合併の税務

EUでは，長年の議論の末，1990年に異なる加盟国の会社に関する合併・分割等に適用可能な共通の税制に関する指令[32]が採択され，合併等の取引の際に移転される資産のキャピタル・ゲインに対する課税の繰延べ等が規定された。

また，ドイツでは，組織変更税法（Umwandlungssteuergesetz）において組織再編に関する税制がまとめて規定されている。1994年の組織変更法の全面改正に伴い旧組織変更税法も改正され，さらに，その後，2006年の欧州会社の導入に対する租税上の付随措置および更なる税法上の諸規定の変更に関する法（SEStEG）[33]により大きく改正された[34]。

合併の場合，移転する資産について，消滅会社の税務終結貸借対照表（steuerlichen Schlussbilanz）において時価（gemeinen Wert）で評価しなければならないのが原則である（組織変更税法11条1項1文）。ただし，組織変更税法11条2項1文各号の要件を充足する場合は，被合併会社における譲渡益には課税されない。すなわち，①後に承継会社の下で，移転された財産の含み益（stillen Reserven）に対して法人税を課すことが確保されていること（1号），②移転された資産の譲渡益に関するドイツの課税権が存続会社の下で除外または制限されていないこと（2号），③対価が授受されない，または社員権（Gesellschaftsrechten）であること（3号）の各要件を満たした場合は，移転される資産の含み益は考慮せず，簿価による評価が可能となる（同条2項1文）。

一方，承継会社は，上述の消滅会社の税務終結貸借対照表に記載された価額で資産を引き継がなければならず（同法12条1項1文），新たな評価のための選択権はない。組織変更税法は，強行的な価額引継（Wertverknüpfung）を予定しており，消滅会社の下での評価が承継会社を拘束する[35]。そして，組織変更税法上，消滅会社の株式の簿価と移転される資産の引き継がれるべき価額と

---

31 Semler/Stengel, § 20 Rn. 50. なお，民法典613a条1項2文ないし4文の詳細は，本書154頁以下参照。

32 Council Directive 90/434/EEC of 23 July 1990 on the common system of taxation applicable to mergers, divisions, transfers of assets and exchanges of shares concerning companies of different Member States, OJ. L225, 20. 8. 1990, p. 1. その後，数度の改正を経て，再度，指令としてまとめられた（Council Directive 2009/133/EC of 19 October 2009, OJ. L310, 25. 11. 2009, p. 34）。

33 Gesetz vom 7. 12. 2006, BGBl. I S. 2782.

34 Semler/Stengel, S. 19-20, Rn. 3. 近時も一部改正がなされている。

35 *Ibid.*, S. 2366-2367, Rn. 84.

の差額に相当する利益または損失は，承継会社の下では考慮されないとされているが（同条2項1文），SEStEGによれば，承継利益（Übernahmegewinn）の5％は必要経費として控除されず，結果として承継利益の95％が非課税となる（組織変更税法12条2項2文，法人税法8b条3項1文）[36]。なお，近時の改正により，繰越欠損金（Vorlustvortrag）の承継は認められない（組織変更税法12条3項・4条2項2文）[37]。

2　分割 (Spaltung)

(1)　分割の意義

EUでは，1982年に株式会社の分割に関する第6指令[38]が採択され，①合併分割（存続分割）(division of acquisition：1条1項，2条1項)，②新設分割 (division by the formation of new companies：1条2項，21条)，および③両者の組み合わせ（1条3項）に関して規制している。

一方，ドイツにおける会社の分割は，従来，事業部門の合理化・専門化または有限責任の享受を目的として，特定部門を独立させ，または既存会社に出資するなどして，現物出資による会社の設立または新株発行に関する規定に従って行われていた[39]。持株会社化に最も良く利用されていたのは，分離（Ausgliederung）と呼ばれる手法で，通常は事業会社からその子会社に対して財産を移転し，子会社から株式の発行を受けるというものである。しかし，かかる手法は，会社財産および債務を民法の一般規定に基づき個別に移転しなければならないため，コストがかなり高くなるという問題があった[40]。

そこで，ドイツでは，1994年組織変更法によって会社分割が制度化され，第6指令の内容も同法により整備された[41]。これにより財産の一部が包括承継

36　*Ibid.*, S. 2367, Rn. 88; Haritz/Menner, §12 Rn. 57.

37　もっとも，買収会社を消滅会社として損失会社（対象会社）に合併させる等の方策はある。Vgl. Limmer, Rn. 22.

38　Sixth Council Directive 82/891/EEC of 17 December 1982 based on Article 54 (3)(g) of the Treaty, concerning the division of public limited companies, OJ. L378, 31. 12. 1982, p. 47. 第6指令は，会社分割を認めている加盟国に対して，株主・債権者保護基準を明らかにし，合併とパラレルな規制を求めるものである。

39　山田純子「会社分割の規制(1)」民商法雑誌99巻6号847頁（1989）参照。

40　神作273頁以下。

41　ドイツの会社分割の規制の内容については，早川勝「ドイツにおける会社分割規制――株式会社の分割手続を中心として」同志社法学48巻5号94頁以下（1997）で詳細な検討がなされている。

に基づき移転できることになったため，債権債務ごとの移転手続が不要となり，とりわけ契約の相手方の同意なく契約関係を移転できるというメリットを享受することになった。かかる分割制度の整備により，持株会社グループの形成・再編に関して，組織変更法に基づく分割が中心的な役割を果たすようになっている[42]。この点，立法者は，分割制度の創設について，多くの異なる事業経済上の目的を明確に認識していたとされ，例えば，子会社設立により，協力パートナーとして合弁会社の形成に関与すること，または別会社との部分的な統合の前段階としての利用のほか，再建企業の一部譲渡の準備にも利用されうる。さらに，分割制度は，責任リスク（例えば，新製品の展開の場合）の分離，持株会社における事業会社の組織再編，持分所有者の遺産分割，瑕疵あるもしくは成果のない合併の解除または類似の解体措置にも利用されうる[43]。

(2) 分割の種類

組織変更法の定める分割には，①消滅分割（Aufspaltung），②存続分割（Abspaltung）および③分離分割（Ausgliederung）の3類型がある。

第1の消滅分割とは，移転する法主体（Rechtsträger）が清算することなく解散し，移転する法主体の株主（持分所有者：Anteilsinhaber）に対する，移転を受ける法主体の持分または社員たる地位の付与と引換えに，その財産の一部を，少なくとも2個以上の別の既存または新設の法主体に対して移転する場合である（組織変更法123条1項）。

第2の存続分割とは，移転する権利主体が存続し，移転する権利主体の株主（持分所有者）に対する，移転を受ける権利主体の持分または社員たる地位の付与と引換えに，一または複数の財産の一部を，一または複数の既存または新設の企業に移転する場合である（同法123条2項）。

第3の分離分割とは，存続分割と同様に権利主体の一または複数の財産を移転するが，対価として付与される持分（株式）が移転する権利主体に帰属する場合である（同法123条3項）。消滅分割および存続分割は，分割を受ける会社の株式が分割会社の株主に与えられる人的分割であるのに対して，分離分割は分割を受ける会社の株式が分割会社に与えられる物的分割である。

(3) 分割の手続

既存の法主体へ分割する場合，分割当事会社の取締役が分割契約・引受契約を締結するか，または書面による契約草案を作成する（組織変更法125条1文・

---

[42] 神作275頁。
[43] Semler/Stengel, § 123 Rn. 7.

第1節　M&Aの手法と事業譲渡の機能

4条1項1文・同条2項)。一方，新設の法主体へ分割する場合，移転する法主体の代表機関が分割計画書を作成することを要し，これが分割・引受契約に代わるものとなる(同法136条)。

　分割契約および引受契約またはその草案には必要的記載事項が法定されている。その一つとして，承継会社に移転される「積極・消極の財産」および「事業ならびに事業の一部(Betriebsteil)」の正確な表示と割当が記載されなければならない(同法126条1項9号・135条1項)[44]。この配分は，相当程度，当事会社の自由であるが，物権法上の確定性の原則(Bestimmtheitsgrundsatz)[45]から，どの財産が移転されるかが少なくとも確定可能でなければならない[46]。この点，労働関係の移転に関する記載は，民法典613a条1項1文[47]があるため，原則として宣言的な意味しか有しないが，事業移転なしに労働関係を移転する場合やその活動領域に基づいて個々の事業の一部に分類しえない労働関係の場合は不可欠となる[48]。

　また，分割・引受契約または草案には，「労働者並びにその代表にとっての分割の帰結およびその点について定められた措置」も定めなければならない(同法126条1項11号・135条1項)[49]。

　その上で，契約書またはその草案は，株主総会の会日の遅くとも1か月前に，事業所委員会に送付される必要がある(同法126条3項・135条1項)。

　その他，分割契約の公証人による認証(同法6条・125条)，検査役の選任(同法9条ないし12条・125条)，株主総会の特別決議(同法65条1項・125条)，承継会社が分割会社の基礎資本金の90％以上を保有する場合の株主総会決議

---

[44] 労働関係が民法典613a条に基づいて移転するか，どの労働関係が移転するか，また，事業所委員会や事業所協定が存続するか，どれが存続するかという問題があることを考慮して，労働法上の概念を念頭に置いて規定されている。*Ibid.*, § 126 Rn. 57.

[45] 確定性の原則は，明文にない物権法上の原則の一つである。この原則に基づき，物権的権利の取得等に際して，どの物が誰に帰属するかが正確に確定されなければならない。Manfred Wolf & Marina Wellenhofer, Sachenrecht, 25. Aufl. (2010), § 2 Rn 1 und 8 ff.

[46] Semler/Stengel, § 126 Rn. 55.

[47] 民法典613a条1項1文については，本書143頁以下参照。

[48] Semler/Stengel, § 126 Rn. 73. ただし，これらの場合，分割後に職務範囲が変更となるときは，当該労働者の同意が必要であると指摘されている。

[49] 分割は，当事会社の労働者とその代表の利害に関わるため，分割によって生ずる個別的・集団的な労働法上の変更を記載する。これにより，労働者の利益が適切に考慮され，分割の実行の前段階で雇用契約問題の解決が容易となることが期待されている。早川・前掲注(41)108-109頁参照。

の省略（簡易分割）（同法62条・125条），債権者保護のための担保提供（同法125条・22条1項1文）など，組織変更法第2編の合併の規定が分割に多数準用されている。

(4) 分割の効果
(a) 部分的包括承継

組織変更法131条1項は，分割会社の所在地の登記所（Register）に分割登記をすることにより，以下の分割の効力が発生すると規定している。すなわち，①存続分割および分離分割の場合は，債務を含む分割された財産の一部が，分割契約等で定められた配分に従って一体として承継会社へ移転し（1号），②消滅分割の場合は，分割会社が特別な抹消手続を要せずに消滅し（2号），③消滅分割および存続分割の場合は，原則として，財産を移転する分割会社の株主が分割契約等において定められた配分に従って承継会社の株主となる（3号）。さらに，④分割契約等の瑕疵は治癒される（4号）。上記①が包括承継（一般承継）を意味し，合併に関する組織変更法20条1項1号とは部分的という点でのみ区別される[50]。

そして，資産および負債の移転は，必ずしも事業の全部または一部の移転を伴う必要はないと解釈されており[51]，移転会社のいかなる資産と負債を，どの承継会社にどれだけ移転するかは，原則として分割当事会社が自由に決定できる（分割自由の原則）[52]。ただし，労働関係と集団的合意に対する組織変更法131条1項1号の適用については，以下に見るように同法324条と関連した民法典613a条により制限を受ける[53]。

　(ア)　個別的労働契約に対する効果

組織変更法131条1項1号は，民法典613a条1項1文の補充規定であり，労働関係から生ずる権利義務の移転は，民法典613a条1項1文に従うことになる。このことは，とりわけ移転の対象となる個々の事業または事業の一部に対する労働者の帰属（Zuordnung）に妥当し，この帰属自体は強行的なもので

50　Semler/Stengel, § 131 Rn. 7.
51　移転すべき財産の一部について，明文上は，"総体として（als Gesamtheit）"移転することが規定されているのみで，その範囲や価値の有無は規定されていないが，1個の対象物，例えば一筆の土地でも分割できる。また，原則として，分割すべき財産がプラスの価値を有する必要もなく，1個の債務の移転も可能である。ただし，その場合，反対給付として持分が保有されない場合は別として，財産を承継する者が資本会社であってはならない。Ibid., § 123 Rn. 6.
52　Ibid., § 133 Rn. 1.
53　Ibid., § 131 Rn. 45.

ある[54]。そして，分割の場合は，移転されるべき雇用関係をどのように判断するかという問題が生ずる。原則的には，使用者には別の企業に移転を欲する，または欲しない雇用関係を選別する広範な自由があるが，民法典613a条の要件を充足するケースでは，特定の労働関係がある事業の一部に"属する"かどうかは，客観的基準に従って決せられなければならない。したがって，使用者が単純に分割計画書または分割契約書に規定することによって，ある統一体から雇用関係を分離することは許されない[55]。

ただし，組織変更法323条2項によれば，合併，分割または財産移転の場合において，組織変更後に一定の事業または事業の一部に割り当てられる労働者を指名する利益調整（事業所組織法111条1文）[56]が成立したときは，当該労働者の帰属は，労働裁判所によって重大な瑕疵についてのみ審査されうると規定されている。この規定は，事業所委員会が存する企業において，利益調整によって事業に対する労働者の帰属が確定されることを前提としており，労働者がいくつかの事業に所属するなど，移転する事業または事業の一部への帰属が客観的に明確でない場合に，使用者と事業所委員会との協議・交渉を通じた利益調整により，事業帰属問題を処理する途が開かれている。具体的には，使用者と事業所委員会が，新たな法主体へ移転させる労働者のリストを作成し，それに従って労働関係の承継が行われうる[57]。

以上に対して，終了した労働関係に基づく権利義務（労働契約終了後の競業禁止など）は，民法典613a条によって移転しないため，組織変更法131条1項1号の部分的包括承継によって規制され，分割計画書等により自由に配分可能である[58]。

---

[54] *Ibid.*, § 131 Rn. 46.

[55] Waas, 91-92. 分割契約書等の法定記載事項を定める組織変更法126条1項9号（承継会社に移転される「積極・消極の財産」および「事業ならびに事業の一部（Betriebsteil）」の正確な表示と割当を記載しなければならない）によって労働関係の帰属は生じない。労働関係の配分に関しては，民法典613a条が組織変更法における分割自由の原則に対して優先する。Schaub, § 116 Rn. 27; Semler/Stengel, § 133 Rn. 22.

[56] 利益調整については，本書97頁以下参照。

[57] 詳細については，成田史子「企業組織再編と労働関係の帰趨——ドイツ組織再編法における手続き規制の検討を中心に」季刊労働法229号252頁以下（2010）参照。もっとも，立法者は，事業帰属に事業所代表者の関与がある場合に，それによる十分な考慮が労働者保護になると考えたようであるが，その場合でも民法典613a条による個別労働者保護は排除されない。労働者は，組織変更法323条2項に基づく利益調整が成立した場合でも，労働関係の移転に対して異議申立てが可能である。Schaub, § 116 Rn. 27.

[58] Semler/Stengel, § 131 Rn. 46.

なお，組織変更法323条1項によれば，分割の効力発生前の労働者の解雇法上の地位は，その効力発生時から2年間は，これを理由として悪化しない。しかし，この規定は，分割の直接の結果として生じる悪化のみを指し，その後の進展による不利益は含まれないと解されている[59]。

　(イ)　労働協約に対する効果

　合併と同様，団体協約については，承継会社が使用者団体に所属もしくは加入するか，または協約の一般的拘束力の適用範囲にある場合に，集団法上，継続して適用される[60]。

　一方，企業協約については，分割契約等において記載されている場合は，組織変更法131条1項1号の部分的包括承継により，承継会社に対して，集団法上，継続適用される。そして，存続分割または分離分割において，企業協約の当事者たる地位が承継会社に割り当てられた場合，分割会社に対する労働協約法3条1項，4条1項に基づく協約拘束性[61]は，もはや問題とならない。ただし，包括承継の結果として協約拘束性が終了した場合でも，協約の法規範は，別の取決めによって代替されるまで効力を有する（労働協約法4条5項。いわゆる余後効）[62]。

　(ウ)　事業所協定に対する効果

　合併と同様，事業所協定の継続適用は，事業所の同一性保持が基準となる。事業所が全体として移転した場合は，事業所の同一性が保持され，事業所協定も集団法上，継続適用される。これに対して，事業所の一部だけが移転する場合は，分割会社において事業所協定がそのまま継続適用される。移転する事業所の一部が承継会社の事業の中に組み入れられてしまえば，同一性も認められない。ただし，事業所委員会の適格のある事業所の一部が固有の事業所として継続し，かつ，事業所組織法21a条に基づく事業所委員会の過渡的委任（Übergangsmandat）[63]が存する場合は，過渡的委任を理由として，承継会社においても事業所協定が集団法上，継続適用される[64]。

---

[59]　Schaub, §116 Rn. 25. したがって，分割された事業が，新しい法主体によって閉鎖される場合，当該閉鎖に基づく解雇は可能である。

[60]　Semler/Stengel, §131 Rn. 50.

[61]　労働協約法3条1項によると，労働協約が拘束力を有するのは，協約当事者の構成員および自ら協約を締結した使用者である。また，同法4条1項は，協約の法規範は，協約の拘束を受ける者に対して，直接かつ強行的に適用される旨を定めている。

[62]　Semler/Stengel, §131 Rn. 51 und 53.

[63]　過渡的委任については，本書153頁および同頁の注(189)参照。

[64]　Semler/Stengel, §131 Rn. 55.

(b) 旧債務に関する連帯債務関係

　分割自由の原則の下で自由な分割が許されると，分割によって債権者の利益が害されるおそれが生ずる。そこで，組織変更法133条1項1文は，分割の効力発生前に生じた分割会社の債務について，分割に関与する法主体は連帯債務者として責任を負うと定めている。ただし，分割・引受契約において割り当てられなかった法主体の責任は，当該債務が分割後5年を経過する前に当該債務の弁済期が到来し，かつ，民法典197条第1項3号ないし5号で示された方法（例えば，既判力をもって確定された請求権〔同条項3号[65]〕）で確定されるか，または，裁判上もしくは官庁による執行行為が行われる，もしくは申し立てられた場合に限定される（組織変更法133条3項1文・135条1項）。

　事業移転となる場合の旧使用者の責任については，民法典613a条2項1文が，事業移転時前に成立し，かつ，移転時から1年が経過する前に履行期が到来する場合に限り，かかる義務に対して新所有者とともに連帯債務者として責任を負うと規定している。そこで，事業移転の場合，かかる民法典613a条2項と組織変更法133条1項の連帯債務の責任のいずれが適用されるかが問題となるが，民法典613a条2項が何ら留保を付していない以上，同条が適用されるとする見解が有力である。ただし，存続分割において，移転の対象とならずに分割会社に残された労働関係から生じる債務については民法典613a条が適用されないため，組織変更法133条に基づく連帯責任が適用される[66]。

　また，社会計画や利益調整から生じた請求権は，使用者と事業所委員会との合意または法律によって直接生じるものであり，労働関係から生じた請求権ではない。したがって，民法典613a条は適用されず，効力発生前に社会計画を合意していたか，または社会計画策定の義務がある事業所変更が開始されていた場合は，それにより生じた請求権に関して組織変更法133条が適用される[67]。

(c) 共同決定権の維持

　まず，組織変更法325条1項は，企業レベルの共同決定権に関して規定している。すなわち，同条項1文によれば，存続分割または分離分割により，移転する法主体において労働者が監査役会に参加するための法律上の要件が消滅す

---

[65] 民法典197条1項4号は執行力のある和解に基づく請求権または執行力のある証書，5号は倒産処理手続の確定により執行可能となった請求権である。この197条1項3号ないし5号の確定は，組織変更法133条3項に規定された法主体が書面で当該請求権を認めた場合は不要である（民法典133条5項）。

[66] Semler/Stengel, § 133 Rn. 22.

[67] *Ibid.*, § 133 Rn. 23.

る場合，分割前に適用されていた諸規定は，存続分割または分離分割の効力発生後5年間は，原則としてなお適用される[68]。ドイツでは，従業員500人超の企業では三分の一参加法により監査役会構成員の3分の1を，従業員2000人超の企業では共同決定法（ただし，石炭・鉄鋼企業では，石炭鉄鋼共同決定法により従業員規模1000人超の企業）によりその半数を，労働者代表とすることが義務づけられている[69]。分割後の会社が上記従業員数を充足しなくなり労働者の権利が損なわれないようにするため，組織変更法325条1項の要件を満たす場合は，5年間に限り，分割前に適用されていた共同決定法に関する規定[70]が引き続き適用されることになる。これにより，労働者の代表者が分割前の会社の監査役会と同じ構成数でとどまることになる。

　一方，組織変更法325条2項は，事業所レベルの共同決定権に関する規定である。すなわち，同条項1文によれば，分割により事業所が分割され，かつ，分割により設置された事業所が事業所委員会の権利または参加権を失う場合は，事業所協定または労働協約によって当該権利または参加権の継続適用を合意することができる。

(5) **分割の税務**

　移転資産のキャピタル・ゲインに対して課税されるのが原則であるが，組織変更税法15条1項1文は，消滅分割または存続分割により法人の財産が別法人に移転される場合，同法11条から13条までの規定が，同法15条1項2文および16条を条件として準用される旨を規定している。よって，分割の場合も合併と同じ要件の下で簿価引継による課税の繰り延べが認められうる。ただし，その根拠規定である組織変更法11条2項および13条2項の規定が適用されるためには，独立事業単位[71]（Teilbertrieb）が移転され，かつ，存続分割に

---

[68] ただし，当該規定が労働者の最低数を要件としており，かつ，移転される法主体の従業員数がその4分の1を下回る場合は，この限りではない（組織変更法325条1項2文）。

[69] 共同決定制度の概要については，荒木2000a・234頁以下，田端公美「ドイツ・フランスにおける労働者の経営参画制度とその実態」商事法務1900号24頁（2010），クリストフ・H・サイプト（齊藤真紀訳）「ドイツのコーポレート・ガバナンスおよび共同決定──弁護士，監査役員，研究者としての視点から」商事法務1936号34頁（2011）参照。

[70] 規定の文言から，監査役会への労働者参加に関係する規定のみが妥当する。Dauner-Lieb/Simon, § 325 Rn. 22.

[71] "Teilbertrieb"の日本語訳は，日本公認会計士協会「企業組織再編税制の課題と方向」租税調査会研究報告第2号14頁（2001）に従った。

おいては，財産を移転する法人の下にも独立事業単位が残っていなければならない（組織変更税法15条1項2文）。ここで言う独立事業単位は，法律上，定義されていないが，税務裁判所が繰り返し述べている判例によると，ある一定の独立性を備えた，組織的にまとまりのある，それ自体で事業活動が可能な(lebensfähig) 事業の一部をいう[72]。この要件を課すことにより，個々の目的物の譲渡のために分割が濫用されることが防止されることになる[73]。つまり，個々の財産を分割しても，税法上は，簿価引継による課税の繰り延べがなされないことから，実務上は，独立事業単位が移転されるよう努力がなされている[74]。

なお，合併と同様，繰越欠損金は承継されない[75]。しかも，存続分割の場合は，全体の資産に対する移転した資産の割合に応じて分割会社の欠損金が減じられる（組織変更税法15条3項）。

3　事業譲渡

(1)　民法典上の規制
(a)　譲渡契約の要素

事業譲渡（Asset Deal）は，対象企業の資産を個別に移転する個別承継(Singularsukzession)である。その契約の性質は，民法典433条1項1文に言う物（Sache）の売買と考えられている[76]。同条の物の売買の規定は，権利およびその他の目的物の売買にも準用されるため（民法典453条1項），例えば企業，無形の資産価値を有する物，物および権利の総体などの売買にも適用され

---

[72] Haritz/Menner, § 15 Rn. 58; Semler/Stengel, § 126 Rn. 57 und Anhang UmwStG Rn. 452 ff. この基準は，判例および行政により所得税法におけるTeilbetriebの概念のために展開されてきたものを，独立事業単位の基準としても用いるようになったものである。財務行政もこの基準に拠っている。この基準により独立事業単位を構成するかどうかの判断はしばしば困難を伴うが，地域的な分離，別個の経営資源（特に，固定資産）の利用，異なる従業員の投入，独自の価格形成，異なる事業活動，別個の帳簿作成，費用計算，独自の顧客層といったメルクマールが重要となる。

[73] Buth/Hermanns, § 17 Rn. 55.

[74] Semler/Stengel, § 126 Rn. 57.

[75] Haritz/Menner, § 15 Rn. 234.

[76] Ralf Beck & Michael Klar, Asset Deal versus Share Deal-Eine Gesamtbetrachtung unter expliziter Berücksichtigung des Risikoaspekts, DB 2007, 2819, 2821. 民法典433条1項1文は，「物の売主は，売買契約により，買主に対して物を引き渡し，かつ，その物の所有権を移転する義務を負う」と規定している。

る[77]。よって，事業譲渡契約を締結した譲渡会社は，民法典433条1項に基づき，譲受会社に対して対象資産（事業）を引き渡し，かつ，その所有権を移転する義務を負うことになる。

ただし，ドイツ民法典上，このような債務法上の債務負担行為（Verpflichtungsgeschäft）と当該債務を実現する（物権その他の権利の得喪変更を生ずる）処分行為（Verfügngsgeschäft）とは厳格に区別され，異なる規律に服することから，両者を充足する必要がある[78]。例えば，動産所有権の移転のためには物権的合意（Einigung）[79]と引渡し（民法典929条1文）が，土地所有権の移転のためには不動産譲渡の合意（Auflassung）[80]と登記簿への登記（同法873条・925条）がそれぞれ必要となる。

(b) 確定性の原則

売買契約書では，物権法上の確定性の原則[81]から，移転すべき資産，債務，契約等が明確に指定されなければならない[82]。この点，土地の譲渡契約の場合は，登記簿の表示に基づいて確定されるため，通常，確定性は問題とならない[83]。

問題は，動産の譲渡であり，確定性の原則を充足するためには，所有権移転時期において契約の専門家が，移転されるべき物を容易に他と区別できる必要があり，単なる確定可能性では足りない。集合物（Sachgesamtheit）についても，企業の固定資産や流動資産と同様に，質的な基準によってのみ確定性が充足され，量的な基準のみでは通常は十分とはいえない。その質的確定性の基準は，物の性質や場所的・時間的関係と関連づけることでもよい[84]。

---

[77] Palandt，§ 433 Rn. 4.

[78] Beinert et al., 50; Wolf/Wellenhofer, a.a.O. (Fn. 45), § 3 Rn. 2 ff. もっとも，債務負担行為と処分行為は，一般には単一の契約書で行われる。

[79] ただし，所有権移転に関する物権的合意は，明示的に表明される必要はない。関係者の相応する意思が，取引上の慣行を考慮して四囲の状況から認識できれば十分である。ディーター・ライポルト（円谷峻訳）『ドイツ民法総論――設例・設問を通じて学ぶ』71頁（成文堂，2008）。

[80] 不動産譲渡の合意は，その重要性から，両当事者が同席して公証人のもとで意思表示を行う必要がある。

[81] 確定性の原則の内容については，本書73頁の注(45)参照。

[82] Beck/Klar, a.a.O. (Fn. 76), S. 2819.

[83] Beisel/Klumpp, S. 90-91. なお，建物は，土地の本質的な構成要素に属することから（民法典94条1項1文），一時的な目的で建築されたものを除き（民法典95条1項1文），土地の譲渡に伴って建物も移転する。

[84] Dirk Stiller, Unternehmenskauf im Wage des Asset-Deal, BB 2002, 2623;

一方，債権の譲渡の場合は，単なる確定可能性をもって確定性の原則が充足される。債権の一群（Forderungsgruppen）が譲渡される場合，確定可能性を満たすためには，債権の一群ごとに個別に表示する必要がある[85]。

(c) 形式（方式）自由の原則に対する例外

　事業譲渡契約が有効であるために，一定の形式（方式）は不要であるのが原則である[86]。しかし，その例外として，民法典311b条1項1文は，当事者の一方が土地（Grundstück）の所有権を移転または取得する契約は，公正証書を必要とする旨を規定している。この規定は，土地の移転・取得義務だけではなく，契約全体に及ぶ。すなわち，この形式が必要とされるのは，契約当事者の意思を基準として債権法上の譲渡行為を構成するすべての合意である[87]。したがって，事業譲渡の内容として土地所有権が含まれる場合の譲渡契約は，その全部を公正証書とする必要がある。これを怠ると，土地の譲渡がなくても残りの契約を締結したと推定されない限り（民法典139条），譲渡契約全体が無効となる（同法125条1項）[88]。ただし，所有権移転の物権的合意（Auflassung）および不動産登記簿への登記を行っている場合は，方式の瑕疵が治癒され，その全内容について有効となる（同法311b条1項2文）[89]。

　なお，民法典311b条3項によれば，当事者の一方が，現在の財産またはその部分を譲渡する義務を負う契約についても公正証書の作成が必要となる。しかし，この規定の趣旨は，特別に危険な義務の性急な引受けから譲渡人を保護することにあり[90]，事業譲渡契約のように，確定性の原則に基づき目的物が個別に契約書に記載される場合は同条項の適用がないと解されている[91]。

Beisel/Klumpp, S. 91. 例えば，買収契約書中において，特定のカテゴリーごとに資産を分類してリスト化し，一般には買収契約時と実行時との間にタイムラグがあるため，リスト化された資産が実行時までに通常の事業の過程で生ずる変動に服する旨を規定する。See Beinert et al., 50.

[85] Beisel/Klumpp, S. 93; Stiller, a.a.O. (Fn. 84), S. 2624.
[86] Rödder et al., S. 100, Rn. 1.
[87] Palandt, § 311b Rn. 25.
[88] Holzapfel/Pöllath, Rn. 1003; Beisel/Klumpp, S. 28. 民法典125条1文は，「法律により定められた形式を欠く法律行為は無効である。」と規定している。また，民法典139条は，「法律行為の一部が無効である場合，無効な部分がなくとも法律行為が行われるであろうことが推定されないときは，法律行為の全部が無効である。」と規定している。
[89] Vgl. Beisel/Klumpp, S. 28.
[90] Palandt, § 311b Rn. 63.
[91] Beisel/Klumpp, S. 31 Rn. 92. もっとも，実務上は，公正証書によることも薦められ

(d) 契約相手方の同意

事業譲渡において，契約の移転のためには原則として契約当事者の相手方の同意が必要である[92]。事業移転の場合の労働契約の移転に関する民法典613a条はこの例外となる。

債務の移転については，民法典414条以下の一般的な規定が適用され，債務者と第三者（引受人）のみとの契約による場合は，債権者の同意が必要である（民法典415条1項）。これに対して，債権者と第三者（引受人）との契約による場合は，当該引受人が従前の債務者の立場となることにより債務を移転することが可能である（同法414条）。

(2) 会社法上の手続

(a) 全財産の譲渡に関する株式法179a条

会社財産の全部の移転を行う場合，株式法179a条により株主総会決議が必要となる。株主総会決議には，少なくとも決議に参加した基礎資本金の4分の3以上の多数（株式法179条2項1文）および株式法133条1項に基づく投票数の単純過半数が必要である[93]。この承認決議は，移転の有効要件であり，これを欠く場合は無効となる[94]。

ただし，株式法179a条の要件は，「会社財産の全部」という字句どおりには解されておらず，重要でない資産が残る場合にも適用される。何が重要かは，残された資産によって定款記載の従前の企業目的（Unternehmensgegenstand）を引き続き追及できるか否かによって判断される。これが追及できない場合は，たとえ土地のような重要な資産が譲渡会社に残っていたとしても，株式法179a条が適用される[95]。

(b) 不文の総会権限（Holzmüller 判決）

株式法119条によれば，株主総会は，法または定款によって明確に規定された場合に決議を要し，業務執行に関する問題は，取締役が要求した場合にのみ決議されるにすぎない。すなわち，株主総会は，法律または定款所定の場合以外は，業務執行の問題に関する権限を有せず，取締役が同条2項に基づいて総

ている。Rödder et al., S. 102 ff., Rn. 9. 民法典311b条3項違反の場合，同条1項2文のような履行による瑕疵の治癒が規定されていないことも考慮される。

92　Beck/Klar, a.a.O. (Fn. 76), S. 2820.
93　Hüffer, § 179 a Rn. 11.
94　*Ibid.*, § 179 a Rn. 13; Beisel/Klumpp, S. 176 Rn. 73.
95　Hüffer, § 179 a Rn. 5; Heiner Feldhaus, Der Verkauf von Unternehmensteilen einer Aktiengesellschaft und die Notwendigkeit einer außerordentlichen Hauptversammlung, BB 2009, 563.

会の招集権限を有するのみのはずである。しかし，連邦通常裁判所のHolzmüller判決[96]により，一定の場合，取締役には総会の招集義務が課されている。すなわち，形式的には取締役の権限内に属する事項の決定であっても，その決定が株主の社員権および持分所有権に化体された株主の財産的利益に深く影響するため，取締役が株主総会の関与なしに専ら自らの責任で行ってよいとは合理的に受け入れ得ない基本的決定については，株式法119条2項により株主総会決議を求めることが要求される。いわゆる不文の総会事項（ungeschriebene Hauptversammlungskompetenz）と言われるものである[97]。

ただし，Holzmüller判決は，株主の影響力の剥奪効果に至る，コンツェルン内部のリストラクチャリング措置に関わるものであり，あくまでドイツのコンツェルンの形成および指揮における上位会社の株主保護を前提としたものである[98]。よって，それと関わりのない，資本関係のない第三者に対する事業譲渡の場合は，同判決の射程に入らない。

(3) 事業譲渡の効果

事業譲渡の場合，譲受会社は，原則として，合意した資産・債務のみを個別に承継し，移転されるべき資産および負債を自由に選択できる。譲渡会社の義務や責任については，明示の引受けの合意をしたか，または義務・責任の移転に関する特別な法律上の規定がある場合にのみ譲受会社に移転する[99]。後者の責任の引継ぎに関する法律上の規定としては，例えば，譲渡会社の商号を続用した場合の商法典25条1項に基づく営業譲受人の責任[100]，企業または分離さ

---

[96] BGH 25. 2. 1982 = NJW 1982, 1703.

[97] このHolzmüller判決は，簿価による会社財産の約80％にあたる港湾事業を子会社に分離することにつき株主総会決議を要するとしたものであったが，いかなる場合に株主総会の特別決議を要するかにつき明確な基準を示さなかったため，実務から問題視された（Hueck/Windbichler, S. 356）。その基準について判例・学説が一致せず，しかも下級審裁判所が会社財産の10％でも株主総会決議を要するとしたことから，著しく法的安定性を欠くことになり，疑いのあるケースでは会社資産の10％以上を占める譲渡であれば株主総会決議を得ておくことが勧められていた（*See* Gerhard Picot, Mergers & Acquisitions 70 (2d ed. 2000))。しかし，その後，2004年のGelatine判決（BGH 26. 4. 2004, BGHZ 159, 30）により，Holzmüller判決の射程は，例外的な場面に限定された。学説の多くはこの判決に同調し，実務的にも70ないし80％が基準として考えられ（Feldaus, a.a.O. (Fn. 95), S. 569），Holzmüller判決に対する実務的な不明確さはある程度払拭された。

[98] 神作283頁，299頁注90参照。

[99] Vgl. Volker Arends und Sebastian Hofert-von Weiss, Distressed M&A-Unternehmenskauf aus der Insolvenz, BB 2009, 1541.

れた事業の事業主の営業税（Betriebssteuer）に関する公課法75条に基づく責任，さらには事業移転の場合の労働契約の承継に関する民法典613a条に基づく責任などがある。

　ただし，倒産手続における倒産管財人による事業譲渡に関しては，商法典25条1項の責任は適用されない。その理由は，同条項の適用によって倒産企業の売却ができなくなるとの実務上の考慮に基づく[101]。近時の連邦労働裁判所[102]も，倒産手続における債権者の平等取扱原則に基づいて，この点をあらためて確認している。また，公課法75条に基づく営業税の責任についても，同条2項により「倒産財団からの取得」については排除されている。しかも，判例は，同条2項の例外規定が，倒産手続開始後のみならず，倒産申立時から手続開始時までの間にも適用されるとしている[103]。さらに，民法典613a条に基づく責任に関しても，倒産手続開始後の事業移転の場合には一定の制限が付される（詳細は，本書230頁以下参照）。

　その他，産別協約，事業所協定に対する効果は，合併・分割で述べたところと同様である。

(4) 事業譲渡の税務

　まず，譲渡会社からすると，原則として譲渡益に対して課税される[104]。とりわけ経営が悪化した企業が事業を譲渡する場合は，これが譲受会社の経済的負担とされうることから，その意味で事業譲渡は，税制上，株式取得に比して有利とはいえない。もっとも，その場合，対象資産が帳簿価格を下回る金額で譲渡され，譲渡益が生じないこともありうる[105]。また，再建企業による事業譲渡の場合は，仮に資産の含み益により譲渡益が生じたとしても，当期損失との差引勘定や繰越欠損金により当該利益を吸収できる可能性もある[106]。

100　ただし，商法典25条2項は，「反対の合意は，商業登記簿に登録かつ公示したか，または譲受人もしくは譲渡人から第三者へ通知された場合にのみ，第三者に対して有効である」と規定しており，これにより譲受人は同条1項の責任を免れることが可能である。

101　Beisel/Klumpp, S. 100 Rn. 14. ただし，保全処分命令に基づく企業譲渡や保全処分後に倒産手続が開始されない場合，さらには財団不足により倒産手続が不開始となる場合には，商法典25条1項の適用がある。Beisel/Klumpp, S. 101 Rn. 16.

102　BAG 20. 9. 2006 = BB 2007, 401.

103　Arends/Weiss, a.a.O. (Fn. 99), S. 1542.

104　Rödder et al., S. 522, Rn. 13.

105　Vgl. Adalbert Rödding und Franziska Bühring, Neue Transaktionsformen als Folge der Finanzmarktkrise — Überblick über die steuerlichen Aspekte, DStR 2009, 1939.

106　Ralph Dautel, Steuerliche Gestaltungsmöglichkeiten bei der Sanierung von Unterneh-

一方，譲受会社にとっては，事業譲渡が税制上有利な面もある。すなわち，譲渡に要したコストは獲得した各資産に振り分けられ，それにより課税標準が引き上げられることから，より大きな減価償却額がもたらされる可能性がある。それは譲受会社の将来の課税負担を減らし，キャッシュ・フローを増加させることになる[107]。ただし，事業譲渡の場合，譲渡会社が取引後も存続することから，譲受会社が譲渡会社の譲渡損失や繰越欠損金を利用できないというデメリットがある[108]。

II　事業譲渡の意義

　では，ドイツにおける事業譲渡は，どのような意義を有するのであろうか。M&Aのストラクチャーの選択は，税法上の問題，責任の承継，契約の移転，労働問題，内部手続，取引コストなど，様々な要素が考慮された上で決定される[109]ため，ベストの選択は個々のケースによらざるを得ないが，以上に述べてきた合併，分割および事業譲渡の概要から，概略，以下の異同が指摘できる。

1　税法上の問題

　株式譲渡に大きな税制の優遇措置があることは前述のとおりである。また，合併および分割の場合は，組織変更税法上，課税の繰延べが可能である。これに対して，個別承継である事業譲渡では譲渡益に対して課税される。

　ただし，経済的な苦境に陥った企業の買収の場面では，急場や差し迫る倒産を回避し，支払能力を確保するために価値のある企業の一部を譲渡せざるを得ない場合が生じ，そのことが多くの買収者に対して有利な価格で買収する可能性を提供する。そのような取引では，企業または企業の一部が株式市場における低い評価に直面し，あからさまに少額の，場合によっては帳簿価額を下回る金額で買収されることもある。したがって，経済的に苦境にある企業のM&A取引では，譲渡益に対する課税を考える必要がない可能性もある[110]。

　一方，経済状況が芳しくない企業の再建・リストラクチャリングのためにも組織変更法上の手段（特に合併）が利用され，重要な役割を果たす[111]。とりわ

---

　　　men, BB 2002, 1126.
107　Beinert et al., 108-09; Dautel, a.a.O. (Fn. 106), S. 1126.
108　Röding/Bühring, a.a.O. (Fn. 105), S. 1939; Buth/Hermanns, §17 Rn. 76.
109　Seibt, S. 5-7.
110　Röding/Bühring, a.a.O. (Fn. 105), S. 1938-39.

け，従前は組織変更税法上，損失の承継が可能であったことから，合併・分割によって損失を出している企業の損失控除可能性を買収企業に移転し，買収企業の収益と当期損失または繰越欠損金と差引勘定することが可能であった[112]。しかし，近時の改正により，繰越欠損金は承継されない。

2 義務・責任等の承継の有無

買収会社の立場からは，物や権利全体の承継から生ずる潜在的なリスクを限定することが，ストラクチャーの選択の重要な基準となる[113]。この点，合併の場合は，包括承継によって偶発債務の引受けのリスクが生じる。また，分割の場合は，分割契約書等に記載した義務のみを承継するのが原則であり，選択的移転が可能であるが，分割当事会社間に連帯責任が生ずる点は，特に企業再建のための分割では大きなデメリットであり，責任回避のための手段としては利用できない[114]。

これに対して，事業譲渡の場合は，合意をしたか，または特別な法律上の規定がある場合にのみ，譲受会社に義務・責任が移転する。そこで，とりわけ対象会社が経営困難に陥っている場合，事業譲渡は，譲受会社が債務を承継せず，交渉力の強みを利用して，関心のある部門だけを買収できるというメリットがある（これは"Cherry-picking"などと称される[115]）。したがって，対象企業の責任や義務のリスクが指摘されたり，会社が財政危機の段階にあると判断された場合は，責任を限定するために事業譲渡が選択されることも珍しくない[116]。また，譲渡会社の企業構造上，対象事業またはその一部が他の事業部門と切り分けられない場合などにも，選択的な移転が可能な事業譲渡は適当な手段である[117]。

3 契約関係の移転の有無

合併や分割による包括承継の場合は，契約関係も含めて承継され，契約の相手方（債権者）の同意は不要である[118]。これに対して，事業譲渡の場合は，個

111　Daniel Eickhorst, Auswirkungen der Unternehmensteuerreform 2008 auf Kriseunternehmen und ihre Sanierung, BB 2007, 1710.
112　Dautel, a.a.O. (Fn. 106), S. 1129 ff.
113　Stiller, a.a.O. (Fn. 84), S. 2622.
114　Limmer, Rn. 66; 神作276頁。
115　Rödding/Bühring, a.a.O. (Fn. 105), S. 1939.
116　Vgl. Seibt, S. 6.
117　Stiller, a.a.O. (Fn. 84), S. 2623.

別承継であるから承継したい契約のみを選択できる反面，当該契約当事者の個別の同意が必要となり，この点が大きなデメリットとなる。したがって，多数の第三者との契約関係の移転が必要であるが，その同意が得られないときは，組織変更法上の手段（例えば，分割）によってリストラクチャリングを実行し，独立した企業に対象事業を移転した上で，株式を譲渡する場合もありうる[119]。

ただし，労働契約の移転については，合併，分割，事業譲渡のいずれにおいても，当該取引が民法典 613a 条の事業移転となる場合（すなわち，事業または事業の一部が同一性を保持しつつ移転される場合）は，同条により労働関係が承継される。退職労働者の企業年金に基づく請求権については同条の適用がないため，事業譲渡では当該権利は当然には移転しないが，合併・分割の場合は包括承継により移転するという違いはある。しかし，その他の点では，協約および事業所協定の承継を含めて結論にほぼ変わりはない。

4　手続の異同

合併・分割と事業譲渡（そのうち，全財産またはほぼ全部の財産の譲渡）は，いずれも原則として株主総会の特別決議が必要となる点で異ならない。ただし，合併および分割においては，買収会社が対象会社の基礎資本金の 90％以上を保有する場合は，株主総会決議が不要となる（組織変更法 62 条 1 項）。これに対して，事業譲渡においては，全財産またはほぼ全部の財産の譲渡に至らない部分譲渡であれば，株主総会の承認が不要である（グループ企業外の第三者への譲渡であれば，Holzmüller 判決に基づく株主総会決議も要求されない）。

また，合併・分割の場合は，その他の点でも前述した組織変更法上の手続規定に従わなければならない。とりわけ，合併や分割はその登記によって効果が生ずるところ（組織変更法 20 条 1 項，131 条 1 項），合併決議や分割決議の効力を争う訴えが提起されると，原則として登記ができないという問題があり（同法 16 条 2 項）[120]，手続が早期に完了しないリスクがある。事業譲渡ではかかる問題は生じない。

118　Vgl. Seibt, S. 6. 契約中のチェンジ・オブ・コントロール条項（資本拘束条項。例えば，対象会社の支配権を有する者の変更が解除事由となる条項）も適用されない。
119　Vgl. Stiller, a.a.O. (Fn. 84), S. 2623.
120　組織変更法 16 条 2 項によれば，代表機関は，登記申請の際に，合併決議の効力を争う訴えが提起されていないか，もしくは期限内に提起されていない，またはそのような訴えが確定的に棄却されたか，もしくは取り下げられたことを表明しなければならない。この表明がなされない場合は，原則として合併登記ができない。

しかし，一方で，事業譲渡の場合は，各資産・責任ごとに移転の手続をとる必要上，煩雑で，事案によっては取引コストが高くつく可能性がある。

5 労働者に対する情報提供義務

事業所組織法106条3項に基づく経済委員会（対象企業，買収企業）に対する情報提供義務は，合併・分割，事業譲渡のいずれにおいても同様に適用がある（事業所組織法106条3項8号，10号）。また，事業所組織法上の事業所変更に該当する場合は，同法111条に基づく事業所委員会に対する情報提供義務が生ずる点でも異ならない。

ただし，合併・分割の場合は，組織変更法に基づき，事業所委員会（対象企業，買収企業）に対する契約書または草案の送付義務があるが（組織変更法5条1項9号・3項，126条1項11号・3項），事業譲渡の場合はかかる規定がない。

6 倒産会社の買収（譲渡による再建）

譲渡による再建（übertragende Sanierung）[121]とは，倒産した企業主体のすべてまたは少なくとも重要な積極財産を買収すること（Asset Deal）である。最近ではin-court saleとも呼ばれ[122]，実務上好んで利用される再建手段である。上述した事業譲渡のメリットから，倒産企業の買収においては，通常，事業譲渡が利用される[123]。先述のように商法典25条や公課法75条に基づく責任も適用されない[124]。

再建されるのは企業主ではなく，企業主によって営まれている企業（事業）である。再建の方法は，この企業（の資産）を別の健全な法主体へ譲渡するこ

---

[121] この概念は，Karsten Schmidtによって提唱されたものである。Karsten Schmidt, Organverantwortlichkeit und Sanierung im Insolvenzrecht der Unternehmen, ZIP 1980, 328, 336 ff.

[122] Arends/Weiss, a.a.O. (Fn. 99), S. 1538.

[123] Beinert et al., 53, 58; Arends/Weiss, a.a.O. (Fn. 99), S. 1538. なお，そもそも倒産手続において合併や分割が可能かという問題があり，破産法当時の支配的見解は，破産手続の目的が合併の目的を妨げることから破産手続の開始により合併は許容されないと考えられていた。現行倒産法上も，倒産手続中は合併や分割ができないと解されている。そのため，合併契約等の締結前に，企業の継続を規定した倒産計画を成立させ，倒産手続を終結させなければならない。Limmer, Rn. 79 ff; Semler/Stengel, §3 Rn. 44.

[124] なお，倒産手続開始申立前の事業譲渡については，倒産法129条以下の倒産管財人による否認の問題や，先に述べた商法典25条，民法典613a条および公課法75条に基づく，制限のない責任のリスクがあるため，実務上は，入念なデュー・デリジェンスを行った後でしか薦められていない。Arends/Weiss, a.a.O. (Fn. 99), S. 1538, 1540.

とであり，通常は債務の移転を伴わない。売却代金は債権者に弁済するために使われ，譲渡後，旧事業主体が清算される[125]。

7 小　括

　以上に述べたように，組織変更法上の合併・分割と，個別承継である事業譲渡は，税務上の問題をはじめとして，偶発債務の承継リスク，労働契約以外の契約関係の移転，および株主総会決議等の手続負担の大小等，様々な違いがある。

　ただし，ストラクチャーの選択は，特に税務の問題が重要であるところ，ドイツでは，株式譲渡によれば，譲渡益課税の95％が非課税となる。この点から，対象企業に問題がなければ，実務上，株式（持分）譲渡がかなり一般的に利用されている。

　そして，合併については，消滅会社の負債のリスクが自動的に存続会社に移転される等の問題があるため，一般の企業買収目的ではあまり利用されず，既に対象会社の買収が完了した後に，第2のステップとして，当事会社の統合や財政支援の問題を克服するために利用されることが多い[126]。すなわち，企業による株式取引に税法上，大きな優遇措置が認められていることと相まって，合併の多くは株式譲渡と併用して利用されている（基礎資本金の90％以上を有する存続会社は，株主総会決議も不要である）[127]。

　一方，分割については，事業譲渡と同様に，原則として分割契約書等に記載した資産・債務のみが移転するという柔軟性を享受しつつ，独立事業単位要件を充足すれば合併と同じ要件で課税の繰り延べも認められる。よって，一定の独立性を備えた，組織的にまとまりのある事業の，特にグループ企業内におけ

125　*Ibid.*, S. 1538; Buth/Hermanns, § 27 Rn. 74.
126　Beinert et al., 60.
127　なお，合併の対価が原則として存続会社の株式に限られるため（組織変更法5条1項3号・20条1項3号参照），消滅会社の少数株主をキャッシュ・アウトするために合併が利用されることはない。Andreas Cahn & David C. Donald, Comparative Company Law: Text and Cases on The Laws Governing Corporations in Germany, The UK and The USA 633 (2010). ドイツでは，合併に拠らず，基礎資本金の95％以上の株式を有する株主が他の株主の株式を取得し，少数派を締め出す制度が用意されている（株式法327a条1項，有価証券取得買収法39a条1項）。もっとも，2011年改正により，対象会社の90％以上の資本金を有する場合の合併の場合に，合併契約後3か月以内に株式法327a条1項に基づく少数株主の締め出しを決議しうることが新設された（組織変更法62条5項1文）。この場合，決議のための持株要件が95％から90％に緩和される。

る移転については、分割が活用されると考えられる。

　これに対して、個別承継である事業譲渡は、全部譲渡でなければ原則として株主総会決議が不要である等のメリットがあり、企業の一事業部門または当該事業の一部の買収のために利用されている[128]。加えて、偶発債務の承継リスクがある場合や、対象企業の経営が悪化し多額の債務を抱えている場合などには、移転の対象を選択できることから、特にその重要性が発揮される。倒産企業の事業譲渡は、まさに後者の場面に関わるものであり、事業譲渡の手法に拠ることになる。この点、対象企業中の健全な事業部門のみの分割も考えられるが、連帯債務のリスクを考慮すると、対象会社に多額の債務がある場合は、分割は利用しにくい。

　なお、民法典613a条があることにより、ストラクチャーの選択によって労働法上の主要な帰結に大きさ差異が生じないため、労務コストの負担を考慮して包括承継ではなく個別承継を選択するという発想は基本的にない（EU・ドイツでは、基本的に、使用者のリストラクチャリングが労働者に不利に作用すべきではないと考えられている。詳細については、本書120頁以下を参照）[129]。

　したがって、買収の際のストラクチャーの選択は、個別のケース毎の事情と当事会社の優先事項に拠るため一概には言えないが、一部門の買収のほか、少なくとも企業の再建や倒産の場面で第三者へ企業・事業を譲渡する場合には、通常は事業譲渡が利用され、特にその有用性が認められる。よって、このような場面で利用される事業譲渡の機能を前提とした上で、労働者保護を検討すべきことになる。

---

[128] Beinert et al., 58.
[129] なお、株式譲渡の場合は、企業主の権利関係に直接の影響がなく、そもそも民法典613a条が適用されない。Schaub, § 118 Rn. 10.

第2節　解雇規制と労働条件変更法理

　ドイツでは，事業譲渡の際に通常の労働者保護規制はどのように機能するのだろうか。アメリカのように解雇が原則自由で，かつ，事業譲渡の際に特別な保護規定がなければ，事業譲渡の際にも解雇される可能性があり，労働者保護は集団的労使関係法等の別の手段に頼らざるを得なくなろう。しかし，ドイツでは厳格な解雇規制や労働条件変更規制があると言われている。そのような労働者保護規制は，特に経営悪化時に利用される事業譲渡の場面においても適用され，機能しているのだろうか。また，機能しているとすれば，それは事業譲渡独自の労働者保護規制とはいかなる関係に立つのだろうか。
　そこで，本節では，一般の労働者保護規制として重要となる解雇規制（その中でも事業譲渡の場面で問題となる経済的理由による解雇規制）および労働条件変更規制について概観する。

I　経営上の理由による解雇の規制[1]

1　民法典による解雇規制

(1)　通常解雇における解約告知期間

　期間の定めのない雇用契約を契約当事者の一方による解約告知によって終了させる場合，通常解雇（ordentliche Kündigung）[2]であれば，民法典622条所定の解約告知期間[3]が必要である。すなわち，現業労働者または職員の労働関係

---

[1] ドイツの解雇法制については，これまでにも多数の先行研究がある。例えば，村中1984(1)(2)のほか，村中孝史「西ドイツにおける解雇制限規制の現代的展開（上・下）」季刊労働法135号145頁，136号181頁（1985），藤原稔弘「ドイツ解雇制限法における社会的選択の法理――最近の学説・判例の検討を中心として」季刊労働法179号121頁（1996），根本到「ドイツにおける整理解雇法理の判断枠組」季刊労働法196号82頁（2001）などがある。

[2] これに対して，非常解雇（außerordentliche Kündigung）の場合は，雇用関係の継続が期待しえない場合に，重大な事由に基づき解約告知期間なくして解約可能である（民法典626条1項）。しかし，経営に起因する理由は，原則として重大な事由とはならず，例外的な場合にのみ正当化されるにすぎない。Junker, Rn. 403.

は，使用者側・労働者側のいずれからでも，原則として15日または月末を終了日として4週間の解約告知期間が必要である（民法典622条1項）。ただし，使用者による解約告知は，事業所または企業における労働関係が継続した年数に応じて解約告知期間が延長される（同条2項1文）。以上の規制と異なる規制は，労働協約によって合意することが可能である（同条4項1文）。

解約告知期間を遵守しない解約告知は無効であるが，解約自体が絶対的に無効となるわけではなく，所定の期間が到来すれば解約の効果が認められる[4]。

(2) 形式要件（書面性）

解約告知または合意解約による労働関係の終了は，書面の形式で行う必要がある（民法典623条）。この趣旨は，契約当事者間の法的安定性と権利紛争における立証負担の軽減にある[5]。書面性の要件を満たさない解約告知は，原則として無効となる（同法125条1文)[6]。

2 経営上の理由による解雇の実体的要件

(1) 解雇制限法の適用範囲と要件

雇用関係の終了に対する一般的な法的保護は，解雇制限法[7]によって規定されている。同法は，個別的雇用関係法の分野において最も重要な制定法の一つである。ただし，労働関係が同一の事業所または企業において6か月を超えて中断なく存続した労働者でなければ保護を受けられない（解雇制限法1条1項）。また，同法1節の一般規定（同法1条ないし14条。4条ないし7条および13条1項1文2文を除く）は，原則として常時5人以下（2004年1月以降開始された労働関係については10人以下）の労働者を雇用する事業所には適用されない（同法23条1項2文3文)[8]。

---

3 解約告知期間とは，解雇通告の到達時から労働関係終了時までの間に最低限必要な期間をいう。*Ibid.*, Rn. 383.

4 荒木2003・92頁。

5 Palandt, § 623 Rn. 2.

6 *Ibid.*, § 623 Rn. 8.

7 Kündigungsschutzgesetz (KSchG) vom 25 August 1969 (BGBl. I S. 1317), zuletzt geändert durch Verordnung vom März 2008 (BGBl. I S. 444).「雇用保護法」と訳される場合もあるが，本書では，従来からの一般的な訳に従い，「解雇制限法」と表記する。

8 もっとも，解雇制限法の適用のない小規模事業所や同法1条1項の待機期間経過前の労働者に対する解雇も，使用者の全くの自由裁量というわけではなく，一般条項である民法典242条に基づき，使用者の濫用的な解雇から保護され得る。Vgl. Junker, Rn. 341 ff.

経営上の理由による解雇は、主として解雇制限法によって規制されており、解雇が有効となるための要件としては、以下に述べる①経営上の必要性、②予測原則（Prognoseprinzip）、③最終手段原則（Ultima-Ratio-Prinzip）、④社会的選択（soziale Auswahl）の4つが必要である[9]。

(2) 経営上の必要性

解雇制限法1条1項は、解雇が社会的に不当である場合は、法的に無効であると規定するとともに、同条2項1文は、労働者の個人的事由[10]、行動に存する事由[11]、または当該事業所における労働者の継続就労を妨げる緊急の経営上の必要性に基づかない場合は、解雇が社会的に不当であると規定している。したがって、経営上の理由による解雇には、かかる経営上の必要性が要件となる。この必要性は、合理化措置や事業所閉鎖等の事業所内の事情、または販売市場の問題、受注不足、原料不足といった事業所外の事情から生じる[12]。使用者は、これらの解雇の原因となる事実を立証しなければならない（解雇制限法1条2項4文）。

そして、経営上の理由による解雇のためには、かかる事業所内外の諸事情から、使用者が経営者［企業主］としての判断（Unternehmerentscheidung）を下す必要がある。裁判所は、企業の広範な裁量権を尊重し、使用者が経営者として行う様々な経済的・組織的・技術的判断（具体的には、新技術の導入、合理化措置等）の必要性および合目的性を審査することはできないとの立場を採用しており（経営者判断自由の原則［企業主決定自由原則］：Grundsatz der freien Unternehmerentscheidung）、経営者判断が明らかに事実に即さない、無分別または恣意的である場合のみ、例外的に裁量権の濫用として審査する（濫用規制：Mißbrauchskontrolle）[13]。このような濫用事例は、ほとんど認められていない[14]。

---

9 *Ibid.*, Rn. 371 ff.; Eileen Schott, Das Entsheidungsmodell der Änderungskündigung, BB 2009, 1526. ただし、最終手段原則と予測原則それ自体は、他の理由による解雇でも問題となる一般原則であるため、論者によっては、経営上の理由による解雇の固有の要件として列挙されていない。Vgl. Schaub, § 134 Rn. 2.

10 これは、労働者が労働給付を提供するために必要な資格や能力を有しない場合である（例えば、労働者の疾病による就労不能）。Junker, Rn. 365 ff.

11 典型的には労働者の契約違反が問題となる（例えば、頻繁な無断欠勤等）。*Ibid.*, Rn. 368.

12 *Ibid.*, Rn. 371.

13 *Ibid.*, Rn. 371; Löwisch, Rn. 1353.

14 なお、民法典613a条の事業移転のための判断は、経営上の理由による解雇を行う権利を有しうる経営者判断には該当しない。これは、使用者が事業を閉鎖する決心をいまだ固めておらず、経営上の理由による解雇となりうる経営者判断を下さない限りは、事

(3) 予測原則

　経営上の理由による有効な解雇は，就労可能性の喪失が将来においても継続するという解雇通告到達時点における予測を前提としている。予測原則によれば，その解雇通告の到達時点で，解約告知期間終了時に就労可能性がもはや存しないという予測が客観的に正当化される必要がある[15]。

(4) 最終手段原則

　解雇制限法1条2項1文の緊急性の要件は，最終手段原則の現れであり，解雇の手段以外に経営者判断を実現することが不可能な場合は，その経営上の必要性は緊急といえる。より穏当な手段には，変更解約告知も含まれ得る[16]。

　したがって，労働者が同一事業所または当該企業の他の事業所における他の労働ポストにおいて継続雇用が可能である場合，解雇は社会的に不当となる[17]。この継続雇用可能性の要件は，要求可能な再教育・継続訓練措置の後で可能な場合，または，変更された労働条件の下で継続雇用が可能で，かつ，労働者がこれに同意を表明している場合にも当てはまる（解雇制限法1条2項3文）[18]。

(5) 社会的選択

　緊急の経営上の必要があり，かつ，同一事業所または企業において労働者を継続雇用し得ないとしても，使用者が労働者の選択にあたり，労働者の勤続年数，年齢，扶養義務および重度身体障害を考慮しないか，または十分に考慮しなかった場合は，当該解雇は社会的に不当となる（解雇制限法1条3項1文）[19]。この社会的観点を考慮した選択が「社会的選択」と言われるものである。これは，緊急の経営上の必要性に基づき解雇がやむを得ないとしても，解雇により受ける不利益が最も小さい者を被解雇者として選定することを目的とする[20]。

　この社会的選択の審査は，次のような3段階で行われる。すなわち，まず，

　業移転の交渉中に解雇を通告してはならないということを意味する。Zwanziger, § 125 InsO Rn. 35.

15　Junker, Rn. 363 und 372.

16　*Ibid*., Rn. 373.

17　*Ibid*., Rn. 373. なお，解雇制限法1条2項2文1号は，解雇が社会的に不当となるために事業所委員会等による書面による異議申立てを要件としているが，連邦労働裁判所は，この要件を無視し，事業所委員会の存否やその異議申立てに関わらないと解釈している。

18　ただし，コンツェルン企業の別の事業所への配置転換までは原則として要求されない。ErfK, § 1 KSchG Rn. 246 und 380.

19　なお，労働者は，当該解雇が解雇制限法1条3項1文にいう社会的不当性を表す事実を立証しなければならない（解雇制限法1条3項3文）。

20　藤原・前掲注(1)121頁。

①社会的選択が行われる労働者集団の範囲を画定し[21]，次いで，②その中から特定の労働者を被解雇者から除外できるかが審査される。その際，特にその知識，能力および成績または事業所の均衡のとれた人員構成確保のために，その継続雇用に正当な経営上の利益が存する労働者については，社会的選択の対象としなくともよい（同法1条3項2文）。よって，使用者は，事業所に不可欠となった成績優秀者を，他の労働者よりも社会的に保護する必要性が乏しい場合であっても解雇する必要はない。

そして，最後に，③誰が最も解雇の打撃が少ないかの選択判断が行われる。解雇制限法1条3項1文は，その選択基準として勤続年数，年齢，扶養義務という3つの基本データを列挙し，これに重度身体障害という4つ目の基準を付け加えている。かかる選択基準の制約により，社会的選択の予測可能性がもたらされる[22]。

3　大量解雇に関する手続的要件

EC理事会は，1975年2月17日，集団的解雇に関する加盟国の法制の接近に関する理事会指令[23]を採択した（その後，98年に改正）。大量解雇の場合の解雇制限法所定の保護規定（17条ないし22条）は，同指令に基づくものであり，通常の要件のほかに，概略，以下のような特別の制限を課している。

(1) 届出義務

使用者は，30日以内に，①常時労働者を20人超60人未満雇用する事業所においては5人超，②60人以上500名未満の事業所においては常時雇用されている労働者の10％または25人超，①500人以上の事業所においては30人以上の労働者について解雇（Entlassung）を行う場合，事前に労働局（Agentur für Arbeit）へ届出をしなければならない（解雇制限法17条1項1文）。

(2) 事業所委員会への通知・協議

使用者が届出義務のある解雇を意図している場合は，事業所委員会[24]に対し

21　人選の対象となるのは，同一事業所に所属し，かつ，相互に代替可能な（austauschbar）労働者である。Junker, Rn. 374.

22　*Ibid.*, Rn. 374-376.

23　Council Directive 75/129/EEC of 17 February 1975 on the approximation of the laws of the member states relating to collective redundancies, OJ. L48, 22. 2. 1975, p. 29（指令改正後は，Council Directive 98/59/EC of 20 July 1998, OJ. L225, 12. 8. 1998, p. 16）。本指令は，集団的解雇を計画している使用者に対して，労働者代表との事前協議義務・情報提供義務（2条），管轄機関に対する書面による通知義務（3条），解雇の効力発生停止（4条）等を定めている。

て，適時に目的にかなった情報を提供し，かつ，とりわけ一定の情報（計画された解雇の理由，被解雇労働者の数および職業等級など）については，書面で通知しなければならない（解雇制限法17条2項1文）。また，使用者および事業所委員会は，特に解雇の回避または制限および解雇の結果を緩和する可能性について協議する必要がある（同2文）。

(3) 解雇の効力発生の停止

大量解雇の届出がなされた解雇は，原則として労働局への届出の到達から1か月が経過する前は，労働局の同意があって初めて有効となる（解雇制限法18条1項）。ただし，労働局は，法的な形式審査とは別に，当該解雇の認可・不認可を決する権限を有しない[25]。

4 事業所組織法による解雇の手続規制

事業所委員会が存する事業所[26]においては，事業所組織法上，以下のような手続規制が定められている。ドイツにおける経営に対する労働者参加の概念は，事業所レベルと企業レベル（監査役会レベルにおける共同決定）で実施され，前者の事業所単位での労働者代表の経営参加は事業所組織法によって規定されている。その主要な活動機関が事業所委員会である。

(1) 事業所委員会に対する通知・意見聴取義務

使用者は，解雇前に事業所委員会の意見を聴取しなければならない（事業所組織法102条1項1文）。この場合，使用者は，事業所組織法102条1項2文の規定上，「解雇理由」の通知を義務づけられている。しかし，それ以外にも，解雇しようとする労働者の氏名，生年月日等のほか，解雇の種類，遵守されるべき解約告知期間，解雇期日なども通知する必要がある[27]。この意見聴取なしに行われた解雇は無効となる（同3文）[28]。

(a) 事業所委員会の採り得る対応

解雇に先立ち，使用者から解雇理由を通知された事業所委員会が採る対応と

24　事業所委員会については，本書69頁および同頁の注(29)を参照。

25　Waas, 96.

26　事業所委員会の設置率は，事業所規模と相関している。2006年当時の資料によると，事業所全体でみた場合の設置率は10％，事業所委員会が設置されている事業所に雇用されている労働者比率は西地域で46％，東地域で38％である。藤内222, 223頁表10-1。

27　Junker, Rn. 770.

28　この点，意見聴取が不足している場合，とりわけ事業所組織法102条1項2文に基づく通知が不十分な場合も無効となるとする見解が有力である。*Ibid.*, Rn. 770.

しては，㋐同意，㋑沈黙，㋒疑義表明，および㋓異議申立てがある。事業所委員会は，解雇に疑義がある場合，理由を付した書面によって，通常解雇においては1週間以内に，非常解雇においては3日以内に使用者に対して通知しなければならない（事業所組織法102条2項1文・同3文）。事業所委員会が通常解雇に対して上記期間内に意見表明をしなかった場合は，解雇に同意したものとみなされる（同条2項2文）。

(b) **通常解雇に対する異議申立権**

事業所委員会は，被解雇者選定に社会的観点が考慮されていない，または十分に考慮されていないなど，一定の場合には，通常解雇に対して1週間以内に異議申立てができる（事業所組織法102条3項）。

異議自体で解雇が無効となるわけではないが，労働者は，解雇制限訴訟において事業所委員会の異議に依拠することができる。その場合，上記の異議申立てとほぼ同様の規定によって解雇が社会的不当となる旨を解雇制限法1条2項2文および3文が定めている。すなわち，異議申立事由があり，かつ，そのために事業所委員会が異議申立てを行うと，それだけで（すなわち，さらなる利益衡量を要せず），解雇の社会的正当性が否定される[29]（いわゆる絶対的社会的障害事由：absolute Sozialwidrigkeit）。

また，事業所委員会の異議申立てがなされ，かつ，労働者が解雇制限訴訟を提起した場合，労働者は，使用者に対して，当該法的紛争が既判力をもって終結するまで，労働条件を変更しないまま継続就労することを求めることができる（事業所組織法102条5項1文。継続雇用請求権）[30]。その時点まで手当を含めた賃金請求権が保持されるだけでなく，職場との接触が失われないよう現実に就労させる義務も含まれる[31]。

(2) **事業所変更に伴う人員削減**

(a) **利 益 調 整**

常時20名を超える選挙権を有する労働者を雇用する企業において，使用者が従業員集団またはその大部分に重大な不利益をもたらす可能性のある事業所変更（Betriebsänderung）[32]を計画する場合，事業所委員会に対して，適時かつ

---

[29] Löwisch, Rn. 709.
[30] ただし，労働裁判所は，①訴えに勝訴の十分な見込みがないか，軽率であると思われる場合，②労働者の継続雇用が使用者にとって期待し得ないほどの経済的負担をもたらす場合，または③明らかに事業所委員会の異議に理由がない場合は，使用者の継続就労義務を免除することができる（事業所組織法102条5項2文）。
[31] Löwisch, Rn. 710.

包括的に情報を通知するとともに，計画された事業所変更に関して協議を行わなければならない（事業所組織法111条1文）。利益調整（Interessenausgleich）とは，この事業所変更計画に関する協議により企業の利益と従業員集団の利益を調整することをいう[33]。

　事業所変更に関する定義は法律上なされていないが，事業所組織法111条3文が5つの場面を同条1文に言う事業所変更に該当する旨規定している。そのうち「事業所全体または主要な事業所部門の縮小・閉鎖」（1号）が事業所変更の中心的措置である[34]。これには事業所全体だけではなく，事業所の主要部分を含み，また，事業所施設の変更を伴わない単純な人員削減（解雇）も該当する（事業所組織法112a条1項参照）[35]。

　もっとも，利益調整が成立したとしても，その合意に規範的効力（事業所組織法77条4項）はなく，事業所委員会はその遵守を強制できない[36]。ただし，使用者が利益調整の内容からやむをえない理由なく逸脱し，そのために解雇されることになる労働者は，補償金の支払を求めて労働裁判所に訴え提起が可能となる（同法113条1項）[37]。これを不利益調整という。

　なお，利益調整において解雇されるべき労働者の名前が挙げられた場合は，当該解雇は差し迫った経営上の必要性を理由とするものであることが推定され，

---

[32] 事業所組織法上の事業所変更に関する近時の研究として，成田史子「ドイツにおけるリストラクチャリングの際の従業員代表の役割」季刊労働法225号215頁（2008）がある。

[33] 協議の対象は，計画された事業所変更それ自体であり，事業所組織法112条2項3項で予定された手続において，事業所変更が現実に実施されなければならないか，場合によってはどのように実施されるべきかを協議する。とりわけ，どの労働者が事業所変更の影響を受け入れなければならないか，および関係する労働者の利益を考慮するにはいかなる修正が可能かが検討される必要がある。Löwisch, Rn. 743.

[34] Löwisch, Rn. 733. その他に，事業所組織法111条3文は，事業所全体または主要な事業所部門の移転（2号），③他の事業所との統合または事業所の分割（3号），④事業所の組織，目的，施設の根本的変更（4号），⑤根本的に新しい作業方法および生産方法の導入（5号）を挙げている。

[35] Ibid., Rn. 735 und 736; Junker, Rn. 782. この場合の主要な事業所部門の該当性は，解雇制限法17条1項（大量解雇）所定の数に従って判断される（ただし，600人以上の事業所においては，全従業員の5％が必要である）。

[36] Junker, Rn. 786.

[37] この場合の補償金の額は，原則として12か月分までの賃金相当額が定められ得る（解雇制限法10条の準用）。仮に使用者が利益調整の機会を事業所委員会に与えずに事業所変更を実施し，その措置のために労働者が解雇された場合も，労働者は補償金の支払を請求できる（事業所組織法113条3項）。

労働者の社会的選択は重大な誤りについてのみ審査される（解雇制限法1条5項）。

一方，利益調整が成立しない場合，事業主または事業所委員会は，連邦労働局長官（Vorstand der Bundesagentur für Arbeit）に調停を申請できる（事業所組織法112条2項1文）。また，申請がされなかったか，または調停の試みが功を奏しなかった場合は，仲裁委員会（Einigungsstelle）[38] を召集することもできる（同条2項2文）。事業主がかかる手続を利用し尽くしてもなお利益調整の成立に至らないという場合にのみ，不利益調整義務のない事業所変更の実施が可能となる[39]。

(b) 社会計画

社会計画（Sozialplan）とは，計画された事業所変更のために労働者に生ずる経済的不利益の補償またはその軽減のためになされる使用者と事業所委員会との間の合意をいう（事業所組織法112条1項2文）。その内容は，使用者の財政的給付，とりわけ解雇の場合の補償金の支払である[40]。社会計画は，事業所協定としての効力を有し，事業所組織法77条3項（協約による遮断効）[41]も適用されない（同法112条1項3文・4文）。

社会計画に関する合意が成立しなかった場合，これは強行的共同決定事項であるため，場合によっては仲裁委員会が召集され，社会計画の策定を決定し，その裁定が使用者と事業所委員会との合意に代わる（事業所組織法112条4項）[42]。仲裁委員会は，その決定にあたり当該労働者の社会的利害を考慮するとともに，企業にとっての決定の経済的妥当性，すなわち企業の負担能力にも配慮しなければならない（同条5項）。

このように使用者は，原則として解雇が有効であっても補償金の支払等につ

---

[38] 仲裁委員会とは，強行的共同決定事項について使用者と事業所委員会との合意が成立しない場合に，その合意に代わる決定を行う機関である。使用者側と事業所委員会側同数からなる仲裁委員と，その両者が合意して選任する中立の議長から構成される。荒木2003・158-159頁参照。

[39] Junker, Rn. 786.

[40] Löwisch, Rn. 748.

[41] 事業所組織法77条3項本文は，「労働協約で規制されている，または通常規制されている賃金およびその他の労働条件を事業所協定の対象とすることはできない。」と規定している。

[42] ただし，この仲裁委員会による合意の代替は，一定数以下の解雇（事業所組織法111条3文1号の場合）や設立後最初の4年以内の企業の事業所については適用されない（同法112a条1項・2項）。

いて事業所委員会との間で共同決定することが義務づけられている。つまり，経済的理由による有効な解雇に対する金銭補償が制度化されている[43]。社会計画自体は，解雇制限法1条に言う解雇を正当化する事由とは認められないとするのが通説であるが，社会計画は実務上有用で，労働者を拘束しない利益調整について労働者の受容可能性を高めている[44]。

5　違法解雇の効果

(1)　解雇無効とその主張方法

かつてのドイツの解雇制限立法である1920年事業所委員会法や1934年国民労働秩序法（Gesetz zur Ordnung der nationalen Arbeit）においては，違法解雇の効果について解雇無効を前提とせず（再雇用は解雇の撤回によるものであった），使用者の補償金の支払を許容するだけであった。しかし，1951年解雇制限法は，解雇が反社会的な場合にその無効を定め，労働関係の存続保護（Bestandschutz）を承認した。支配的学説は，この立法によって労働者の職場保持権（Recht auf Beibehaltung des Arbeitsplatzes）が承認されたと述べている[45]。

労働者が解雇無効を主張しようとする場合は，書面による解雇通告の到達時から3週間以内に，労働関係が解雇によって解消していないことの確認訴訟を労働裁判所に提起しなければならない（解雇制限法4条1文）。これを怠ると，解雇は初めから法的に有効であったとみなされる（同法7条）。

(2)　経営上の理由による解雇における補償金請求権

労働者が3週間以内に提訴しなかった場合でも，経営上の理由による解雇については，以下の要件の下で補償金請求権による救済が2003年改正により導入された[46]。すなわち，①使用者が解雇制限法1条2項1文に基づく緊急の経営上の必要性を理由に解雇を行い，②使用者が，解雇の意思表示の際に，当該解雇が緊急の経営上の必要性によるもので，かつ，提訴期間の経過によって労働者が補償金を請求しうることを摘示し，③労働者が提訴期間内に確認訴訟を提起しない場合である（解雇制限法1a条1項）。

43　荒木2003・108頁。

44　ロルフ・ヴァンク（橋本陽子訳）「ドイツ法における労働条件の変更——日本法との比較」季刊労働法214号153頁（2006）。

45　村中1984(1)65-66頁および1984(2)81-82頁，90頁，94頁。

46　補償金の額は，労働関係が存続した年数につき0.5か月分の給与である（解雇制限法1a条2項1文）。

(3) 解雇無効の救済方法と解消判決

　労働裁判所が解雇を無効と判断した場合，労働者は，雇用の継続とバックペイを求めることができる。すなわち，救済方法は，原職復帰が原則である。

　もっとも，解雇が無効と判断される場合であっても，労働者に労働関係の継続を期待し得ないときには，裁判所は，労働者の申立てに基づき，労働関係を解消し，かつ，使用者に対して相当の補償金の支払を命じなければならない（解雇制限法9条1項1文）。また，裁判所は，使用者と労働者の間において事業所の目的に資するような協働が今後期待されない事由が存するときにも，使用者の申立てにより，同様の決定を行わなければならない（同条1項2文）[47]。

II　個別的労働関係上の労働条件変更法理

　ドイツでは，労働条件を規律する規範として，法律，労働協約，事業所協定，および労働契約があり，この順序で上位規範が下位規範に優先する[48]。そして，個別的労働契約に関する主な労働条件変更手段としては，以下に述べるように，(ア)労務指揮権の行使，(イ)撤回留保の合意，(ウ)変更契約，(エ)変更解約告知の4つがある。

1　労務指揮権（指揮命令権）の行使

　労務指揮権（Directionrecht/Weisungsrecht）とは，労働の場所，時間等をより詳細に決定する使用者の権利である。労働者が具体的にいかなる労務給付を行うべきかは，雇用契約の締結時に詳細に特定し得ないことから，その労働義務の不特定部分を事後的に特定ないし具体化する必要がある。この使用者が具体化する権利が労務指揮権である[49]。

　ただし，労務指揮権は，労働契約をその法的根拠とすることから，それが労務指揮権の重要な限界を画する。すなわち，労働契約上で規整されている場合

---

[47] 補償金の金額は，原則として12か月分までの賃金相当額である（解雇制限法10条1項）。もっとも，解雇制限法9条による解消判決が実際に利用されるケースは少ない。ドイツの解雇制限訴訟の多くが金銭解決されているのは，解雇制限法9条によるものではなく，裁判所での和解によるものである。荒木2003・110頁。

[48] Junker, Rn. 85. この序列で下位の規範に対して強行性が認められることから，労働協約や事業所協定がある事業所においては，その基準を下回らないという制約の下で個別的労働契約の締結と変更がなされる。

[49] 土田道夫『労務指揮権の現代的展開──労働契約における一方的決定と合意決定との相克』50頁以下（信山社，1999）。

は，もはやそれを使用者が労務指揮権によって一方的に変更することはできない[50]。具体的には契約の解釈問題となるが，例えば，賃金額は労務指揮権によって変更できないと解されている[51]。

2 撤回留保の合意

労務指揮権の行使により一方的に変更できない賃金等に関しても，使用者と労働者との間で，使用者が後日，一方的に撤回することを留保する合意（Widerrufsvorbehalt）も可能である。ただし，撤回留保の合意は，適法かつ内容規制（特に，民法典134条〔法律上の禁止〕，138条〔公序良俗違反の法律行為〕，いわゆる一般的労働条件において撤回留保されている場合は，民法典307条〔内容規制〕，308条4号〔変更留保規制〕）に耐えうるものでなければならない。また，撤回の権利行使は，公正な裁量（民法典315条）の枠内でのみ許容される[52]。

3 変 更 契 約

労働条件の変更は，労働者の同意があれば，他の上位規範に反しない限りで可能である。労働条件の変更を目的とする合意を変更契約（Änderungsvertrag）といい，明示または黙示の合意により行われる。

ただし，労働者の黙示の同意が認められるためには，契約変更または契約の不利益変更の申込みを知って異議なく継続就労しているのみでは十分ではない。それは契約変更が労働関係に直接作用し，それゆえ，労働者が即座に当該変更が権利・義務にいかなる影響を持つかを確知しうる場合にのみ可能である[53]。

4 変更解約告知

(1) 意　義

変更解約告知（Änderungskündigung）[54]とは，使用者が労働契約の解約を告

50　Junker, Rn. 207. 労働契約以外にも，事業所協定，労働協約または法律による制約があるほか，その権利行使は，民法典315条1項・3項1文（公正な裁量による規制）等による制約を受ける。

51　Schaub, §45 Rn. 13b.

52　Dütz/Thüsing, Rn. 64 und 281a. BAGによれば，賃金全体の25％まで設定可能で，かつ，協約賃金を下回ることができない。

53　荒木2003・136頁。

54　ドイツの変更解約告知については，すでに多くの研究がなされている。例えば，根本到「ドイツにおける変更解約告知制度の構造(1)(2)」季刊労働法185号128頁，187号81頁（1998），金井幸子「ドイツにおける変更解約告知の法理(1)〜（4・完）」法政論集

知し，かつ，当該解約告知に関連して変更された労働条件の下での労働関係の継続を労働者に対して申し込むことである（解雇制限法2条1文参照）。この主要な目的は，労働関係の終了ではなく，変更された労働条件での継続にある。これは変更契約を達成するための強制手段ともなる[55]。

変更解約告知は，①労働者がその申出を拒否する場合に雇用関係を終了させる意思の告知と，②変更された労働条件の下で雇用関係を継続する旨の使用者の申込み[56]という2つの要素を含んでいる。①の点から変更解約告知は解雇に関する法的保護に服し[57]，雇用契約の安定性（存続保護）とともに，実際の労働条件に対する保護（内容保護）ともなっている[58]。

また，変更解約告知の対象となる事項は，比例原則の観点からの制約を除けば制限はなく，前述した労務指揮権など他の穏健な変更手段によって変更できない事項が対象となりうる[59]。

(2) **労働者が採りうる対応**

労働者には，(ｱ)留保なしの承諾，(ｲ)変更申込みの拒否，(ｳ)労働条件の変更が社会的に正当ではないという留保付き承諾の3つの対応がありうる。それぞれ，以下のような処理となる。

第1に，労働者が無条件で変更の申出を承諾する場合，変更契約が成立し，契約内容は合意に従って変更される[60]。

第2に，労働者が変更申込みを無制限に拒否した場合，通常の終了解約告知となり，解雇が有効であるとき，または，労働者が何もしないことによって有

209号41頁（2005），214号205頁（2006），215号343頁（2006），219号183頁（2007）がある。

[55] Junker, Rn. 417.
[56] この変更申込みは，異なる2つの方法で，差し迫った労働関係の終了と結び付けられうる。すなわち，①変更されるべき条件での労働関係継続の申込みとともになされる無条件の労働契約の解約告知と，②労働者が労働条件変更申込みを拒否したことを条件とする労働契約の解約告知である。*Ibid.*, Rn. 419.
[57] 例えば，書面性の要件（民法典623条）や事業所委員会に対する意見聴取義務（事業所組織法102条）などが問題となる。Junker, Rn. 418. その他に，変更解約告知が事業所組織法95条3項にいう配置転換や同法99条1項の格付け変更を伴う場合は，同法99条1項1文に基づく事業所委員会の同意も必要となりうる。Düwell, Rn. 66.
[58] Waas, 100.
[59] 荒木2003・139頁。例えば，事業の一部譲渡の場合において，残りの事業の基本的な組織変更が不可欠であるときに，別の事業に配置転換する目的で変更解約告知が問題となりうる。Vgl. Berscheid, Rn. 108.
[60] Junker, Rn. 420.

効となるときは、労働関係が終了する[61]。

第3に、留保付き承諾の場合、労働者は、この留保を解約告知期間内（ただし、遅くとも解約告知到達後3週間以内）に使用者に対して表示しなければならない（解雇制限法2条2文）。その上で、労働者は、労働裁判所に対し、労働条件の変更が社会的に不当であるか、またはその他の理由に基づき法的に無効であることの確認を求める訴訟（変更制限訴訟）を提起できる（同法4条2文）。この場合、労働裁判所は、労働条件変更の社会的不当性を審査する。それが社会的に正当であれば労働契約は変更された契約条件で継続するが、社会的に不当であれば労働条件変更は当初から法的に無効とみなされ（同法8条）、労働関係は当初の契約内容で継続する。

(3) 変更解約告知の有効性

経営上の理由による変更解約告知の社会的正当性は2段階で審査され、①提案された労働条件の変更が緊急の経営上の必要性に基づくもので、かつ、②その変更が労働者に要求可能である場合にのみ、社会的に正当化される[62]。変更解約告知も解雇の一形態であることから、より緩やかな手段で労働条件の変更が可能であれば、変更解約告知に正当性はないものと判断される[63]。

とりわけ、賃金減額のための変更解約告知は、より厳格な基準が用いられ、人件費の削減によって事業所閉鎖または人員削減が回避され、かつ、当該コストが他の措置によって削減し得ない場合に、変更が許容される。そして、相当な賃金減額を達成するための変更解約告知のように賃金構造に深く関わる場合の緊急性は、従前の人件費構造を維持すると経営上もはや受け入れられない損失が発生する場合に基礎づけられ、したがって、通常、意図された変更解約告知に比べてより穏当な手段がすべて利用し尽くされた包括的な再建計画の作成が要求される。その上、使用者には、事業の財政状況、人件費の割合、追求されるコスト削減が事業および労働者に及ぼす影響、さらに、その他の措置が問題とならない理由を説明することが求められる[64]。

また、連邦労働裁判所[65]によれば、事業全体の収益状況からみてやむをえな

---

61 *Ibid.*, Rn. 420. 労働者は、通常の解雇制限訴訟において解雇の効力を争うことができる。

62 Dütz/Thüsing, Rn. 497.

63 Junker, Rn. 423. 例えば、労務指揮権の行使による労働条件の調整もその一つである。

64 BAG 16. 5. 2002 AP Nr. 69 zu § 2 KSchG 1969 = NZA 2003, 147; BAG 12. 1. 2006 AP Nr. 82 zu § 2 KSchG 1969 = NZA 2006, 587; BAG 10. 9. 2009 = NZA 2010, 1161.

65 BAG 11. 10. 1989 AP Nr. 47 zu § 1 KSchG 1969 Betriebsbedingte Kündigung.

い場合は，再建目的のために，ある事業部門の労働者の協約外手当を引き下げることも社会的に正当化されうる。つまり，個々の独立していない事業部門のみの不採算は，緊急の経営上の必要性とは認められず，あくまで事業全体の経済状況の評価が重要となる[66]。

したがって，賃金減額のための変更解約告知が認められることは極めて難しい。実務上，給与の減額の合意ができないが，人員削減の手段は採りたくないという場合に，しばしば大量変更解約告知（Massenänderungskündigung）がなされるが，上述のような連邦労働裁判所の高い要求から，この手段は有効な手段でないとされている[67]。

III 集団的労使関係上の労働条件変更法理

ドイツの集団的労使関係は，産別レベルの労働協約と企業レベルの事業所協定が並存するという二元的構造に特徴がある。かかる集団的合意による労働条件を不利益に変更することはできるだろうか。

1 労働協約の労働条件変更

(1) 労働協約の意義

労働協約は，協約当事者の権利義務を規制し，労働関係の内容，締結ならびに終了，および事業所ならびに事業所組織法上の問題を規律する法規範について定めることができる（労働協約法1条1項）。労働協約のほとんどが労働組合と使用者団体が締結する産業別の労働協約であるため，労働協約で定められる労働条件，とりわけ賃金は，一般に最低労働条件として機能している[68]。

労働協約は，その拘束を受ける者に対して，直律的かつ強行的に適用される（同法4条1項。労働協約の規範的効力）[69]。もっとも，労働協約と異なる定めは，

---

66 BAG 12. 11. 1998 = DB 1999, 536; Düwell, Rn. 68.
67 Achim Lindemann und Oliver Simon, Arbeitsrechtliche Instrumente in der Finaz-und Wirtschaftskrise, BB 2009, 2801. また，変更解約告知は，個別的労働条件の変更手段（典型的には配置転換のための手段）であり，大量変更解約告知が統一的労働条件の変更手段として実際的でないと考えられていることにつき，荒木2003・139頁，大内伸哉『労働条件変更法理の再構成』215-216頁（有斐閣，1999）。
68 村中孝史「労働契約と労働条件(1)――西ドイツ一般的労働条件論序説」民商法雑誌97巻6号795頁（1988）。したがって，各企業ごとにその業績に応じて上積みすることが予定されている（賃金ドリフト）。
69 規範的効力は，直律的効力（unmittelbare Wirkung）と強行的効力（zwingende Wir-

当該協約がそれを認める場合，または労働者の有利に規制を変更する場合には許容される（同法4条3項。有利原則）。

労働協約の拘束を受ける労働者は，当該協約を締結した組合所属の組合員である（同法3条1項）。しかし，実際には，使用者が組合員にのみプレミアムを提供することを望まないため，非組合員に対しても個別契約上で協約上の労働条件を援用する条項を設けることにより（いわゆる Bezugnahmeklausel），または労働協約法5条（一般的拘束力宣言）[70]に基づき協約が拡張適用されることにより，産業別の労働協約が当該分野の労働者（非組合員）に対しても幅広く適用されている[71]。

(2) 労働協約自体の変更

一般に，労働協約によって定められた労働条件を新しい協約によって変更することは，「後法は前法を廃す」という法の一般原則に従い，可能と解されている。これは代替原則（Ablösungsprinzip）と呼ばれ，新しい規範が労働者にとって不利であっても古い規制を解消して置き換わる[72]。

もっとも，労働協約は，協約当事者の合意によって成立するものである以上，使用者が労働協約を一方的に変更することはできない。90年代後半以降，労働協約で定める労働条件を負担することが困難な中小企業の使用者が使用者団体から脱退するという現象が生じたが，使用者は，使用者団体から脱退することによって既存の請求権から直接解放されるわけではなく，労働協約が終了するまで協約拘束性が存する（労働協約法3条3項）。したがって，労働協約法4条1項に基づき労働協約が直律的かつ強行的に適用される限り，使用者にとって集団法レベルにおける変更可能性は原則として閉ざされている[73]。

また，労働協約の終了は，協約に期間の定めがあればその期間満了により，期間の定めがなければ通常の解約が可能であり，後者の場合，約定がなければ解約告知期間は3か月が基準となる（事業所組織法77条5項の準用）[74]。しかし，

---

kung）とに分けられる。直律的効力は，協約規範が何ら問題なく労働関係を規律し，置き換える手続を要しない。強行的効力は，労働契約の当事者が協約規範から逸脱できないことを意味する。Junker, Rn. 523 f.

70　労働協約法5条1項は，一定の場合に，連邦労働社会省が，使用者および労働者の中央組織の各3名の代表者からなる委員会の同意の下，当該協約当事者の申出により，協約の一般的拘束力を宣言できると定めている。

71　Waas, 83-84.

72　Junker, Rn. 87. 解消原則，事後法優先の原則とも言われる。

73　ヴァンク・前掲注(44)153頁。

74　Löwisch, Rn. 252.

労働協約の法規範は，期間満了後においても，別の取決めがなされるまでは効力を有し（労働協約法4条5項。余後効），この規制は使用者団体を脱退した使用者に対しても適用される。その場合，協約は規範的効力を有しないが，協約内容は労働関係の内容として存続するため，使用者は，労働者の個別の同意または変更解約告知によらなければ従前の労働条件から脱することができない[75]。

(3) 開放条項（事業所協定または労働契約上の合意による変更）

産別レベルで労働者に有利な労働条件が設定されている場合，事業所レベルで当該事業所の実情に合わせた規制が必要となり，労働協約の規制を事業所協定または労働契約上の取決めによって不利益に変更できないかが問題となる。

この点，もとより労働協約の強行的効力（労働協約法4条1項）や遮断効（事業所組織法77条3項1文）により，協約の規範を下回る基準を事業所協定等によって設定し得ない。そこで，労働協約法4条3項，事業所組織法77条3項2文に基づき，協約自体が協約規範を下回る事業所協定等を許容している場合，すなわち，労働協約の開放条項（Öffnungsklauseln）[76]がある場合に，協約規範から逸脱することが可能と解されている[77]。

2 事業所協定の労働条件変更

(1) 事業所協定の意義

事業所協定も労働関係を直律的・強行的に規律する効力，すなわち規範的効力を有し（事業所組織法77条4項1文），事業所組織法の適用が除外されている管理的職員（leitende Angestellte. 同法5条3項1文）を除き，当該事業所に所属する全労働者にその効力が及ぶ[78]。ただし，労働協約法のような明文の規定はないが，判例・通説は，有利原則を肯定しており，事業所協定より労働者に有利な労働契約は有効である[79]。

一方，労働協約との関係では，労働協約の効力が事業所協定に優位する（協

---

[75] 荒木2003・165頁。

[76] 労働協約の開放条項とは，柔軟な規制を可能とするために，労働協約それ自体に挿入されるもので，労働協約の法規範を補充または逸脱した規制を許容する条項をいう。これには事業所協定当事者に対するものと，労働契約当事者に対するものがありうる。頻繁にみられるのは，労働時間に関するものである。また，一定の企業に対する開放，例えば，特別な協約において，再建が必要な企業が一定期間協約の賃金を下回ることを許容するという場合もある。Löwisch, Rn. 297.

[77] Junker, Rn. 525.

[78] Ibid., Rn. 717.

[79] Ibid., Rn. 86 und 730.

約優位の原則)[80]。しかも，事業所組織法77条3項によれば，労働協約で規制されている，または規制されるのが通常である賃金その他の労働条件は，事業所協定の対象とすることができず（遮断効）[81]，ただし，労働協約が明示的に補完的事業所協定の締結を許している場合は，この限りではないとされている[82]。

(2) 事業所協定自体の変更

事業所協定についても代替原則が妥当し，事業所協定による従前の労働条件を新たな事業所協定によって不利益に変更することは可能である[83]。しかし，合意が前提となることから，使用者が一方的に変更することはできない。

また，事業所協定は，期間の定めがある場合は，当該期間の満了により失効し，期間の定めがない場合でも3か月間の解約告知期間をもって解約できる（事業所組織法77条5項）。しかし，事業所協定が終了した後も，合意が成立しない場合に仲裁委員会の裁定が代替する事項に関する定めは，別の取決めがなされるまでの間は余後効が生ずる（同条6項）。

(3) 事業所協定による個別契約上の労働条件の不利益変更

賃金については，通常，事業所協定の規制対象となし得ないという規制権限の制約も影響し，協約を上回る労働条件が，事業所協定によらずに，労働契約上の合意や使用者による一方的付加給付として，しかも事業所全体について導入されることが多い。このように事業所全体または労働者全体に対して一般的に適用される労働条件を一般的労働条件または普通労働約款（allgemeine Arbeitsbedingung）という。そこで，企業の経営が悪化した場合に，これらを事業所協定によって不利益に変更できるかが，一般的労働条件の法的性質や有利原則の適用と関連して問題となる[84]。

---

80 *Ibid.*, Rn. 85.
81 労働協約より有利な事業所協定も許容されない。*Ibid.*, Rn. 725.
82 ただし，事業所組織法87条1項は，法律または労働協約上の規制がすでにある場合に，社会的事項について事業所委員会の共同決定権を排除している。判例は，事業所組織法87条1項の共同決定が排除されるのは，同条の文言どおり実際に労働協約で規制されている事項に限られ，労働協約による規制は存しないが，通常は協約によって規制されている事項（＝「協約通常性」（Tarifüblichkeit）のある事項）については，事業所協定の締結が可能と解している（87条1項優位説）。Löwisch, Rn. 616.
83 Junker, Rn. 87.
84 この問題に関するドイツの判例の変遷や議論の状況については，村中孝史「労働契約と労働条件の変更——西ドイツ一般的労働条件論をめぐって」法学論叢124巻5・6号135頁（1989）で詳細な検討がなされている。一般的労働条件の具体例としては，賞与，協約賃金を超える経営別の賃金上積み，永年勤続手当，企業年金等がある。

この点，連邦労働裁判所の 1986 年 9 月 16 日大法廷決定[85]は，一般的労働条件に基づく労働者の請求権を契約上の請求権と理解した上で，契約上の合意と事業所協定の間においても有利原則が妥当すると解した。そうすると，有利原則により，一般的労働条件を事業所協定によって不利益に変更できないはずであるが，上記決定は，統一的規制または従業員集団に対する約束に基づく労働者の社会的給付を事業所協定により変更しようとする場合，契約的統一規制が有する集団的性格から，個々の労働者は自らに不利益な変更であっても，該当する全労働者にとっては事業所協定による新規制が従前の労働契約上の統一的規制の内容よりも不利でない限り (kollektiver Günstigkeitsvergleich：集団的な有利性の比較)，そうした変更を受け入れなければならないと判断した。有利原則を堅持しながら，事業所協定による不利益変更の途を開くために，集団的有利原則という苦肉の策をとったものと評されている[86]。

3　事業所委員会の参加権による制約

(1)　参加権の内容

事業所委員会による労働条件規制は，事業所組織法によって付与された参加権 (Beteiligungsrecht)[87]の行使として現れる。参加権を行使できる事項は，㋐社会的事項（事業所組織法 87 条 1 項の強制的共同決定事項と同法 88 条の任意的事項），㋑人事的事項（採用，格付け，格付け変更，配置転換，解雇など），および㋒経済的事項（事業所変更など）がある。このうち通常の労働条件変更に関わるのは，社会的事項および人事的事項である。

(2)　社会的事項に関する同意権

事業所組織法 87 条 1 項は，法律および労働協約による定めがない限りで，一定の社会的事項について共同決定を行わなければならない旨を規定し，例えば，所定労働時間の一時的な短縮・延長（3 号）や賃金支払の時期，場所，方法（4 号）など，多くの事項を列挙している。

これらの社会的事項に関して使用者と事業所委員会との間で合意が成立しな

---

[85] BAG 16. 9. 1986 AP Nr. 17 zu § 77 BetrVG 1972. Vgl. Junker, Rn. 733; Löwisch, Rn. 568.

[86] 大内・前掲注(67)229 頁。

[87] 参加権は，使用者の決定にあたり事業所委員会の同意を必要とする共同決定権と，最終的決定権を使用者に留保したまま意思形成過程に事業所委員会を関与させる関与権に大別される。共同決定権は，さらに同意権および同意拒否権に分類される。一方，関与権は，協議権，意見聴取権および情報権に分類される。その中間に，提案権および異議申立権などがある。藤内 84 頁参照。

い場合は，仲裁委員会が裁定を行い，この裁定が両者の合意に代替する（事業所組織法87条2項）。かかる事業所委員会の強行的な共同決定により，事業所委員会が設置された事業所における労働条件の変更は，事業所委員会のない事業所よりも，使用者にとってはるかに困難なものとなる[88]。

(3) 人事的事項に関する同意拒否権

常時20人を超える選挙権を持つ労働者を擁する企業においては，使用者が，個々の採用，格付け（Eingruppierung）[89]，格付け変更（Umgruppierung）および配置転換（Versetzung）[90]に先立ち，事業所委員会に対して，関係する従業員や計画した措置の影響に関する情報等を提供し，その同意を得なければならない（事業所組織法99条1項）。ただし，事業所委員会が同意を拒否できるのは，人事上の措置が法律，命令，災害防止規程，労働協約または事業所協定の定めに違反する場合など，一定の場合に限られる（同条2項）[91]。

Ⅳ 小　括

ドイツでは，経済的理由による解雇に対して解雇制限法による制限があり，その規制は一般に厳格である。しかし，経営上の必要性については，経営者判断自由の原則が認められ，裁判所の介入は消極的である。また，人選の社会的選択は，厳格な解雇規制の一環ではあるが，知識，能力および成績または事業所の均衡のとれた人員構成確保のために社会的選択の対象としなくともよい労働者が認められている。さらに，事業所委員会が存する事業所における利益調整，社会計画といった手続規制は，確かに企業にとっては煩雑な面もあるが，その見返りとして，利益調整において被解雇者の名前が挙げられた場合は，後日の司法審査では，労働者の社会的選択は重大な誤りについてのみ審査される（解雇制限法1条5項2文）等のメリットを享受できる。不利益を金銭で補償する社会計画と相まって，労働者が解雇を受け入れやすい環境が整えられている[92]。

---

[88] ヴァンク・前掲注(44)152頁。

[89] 格付けとは，労働協約等に基づき，契約上予定された職務範囲に対応する労働者の賃金等級を最初に決定することをいう。Junker, Rn. 763.

[90] 配置転換とは，「1か月の期間を超えることが予想されるか，または，労務を提供する環境に著しい変更をもたらす他の労働領域への割当て」をいう（事業所組織法95条3項）。

[91] 事業所委員会がその同意を拒否した場合，使用者は，労働裁判所に同意に代わる決定を申し立てることができる（事業所組織法99条4項）。

次に、労働条件変更については、変更解約告知制度が整備されているものの、賃金減額のための変更解約告知はその要件の厳しさから利用が容易でなく、しかも、労働条件の統一的変更という集団的な要請に応えられるものとはなっていない。よって、賃金等の重要な労働条件の変更は、基本的には、協約等の上位規範や法律の規制の範囲内で、撤回留保の合意をあらかじめしておくか、変更契約の締結に依らざるを得ない。

他方で、集団的労使関係においては、産別レベルの労働協約により現場の実情を反映しない規制が行われがちで、労働条件を相当高く設定してきたため、事業所レベルでは、社会経済情勢の変化に迅速に対応できないという問題がある。そのため、協約の開放条項が増え、具体的な取扱いを企業（事業所）レベルに委ねる傾向が強くなっているが、開放条項も無制限には認められていない。かかる協約制度の硬直さ故に、多くの使用者はすでに使用者団体を去り、そうでなくとも現在の（完全な）構成員資格を、労働協約の適用を受けない（不完全な）構成員資格に変更し、また、事業所委員会と労働協約に反する違法な合意をしているとの指摘もなされている[93]。このように、ドイツでは、原則として産別協約を前提とし、かつ、日本の就業規則不利益変更法理のような柔軟な労働条件変更制度がないため、業績が悪化した企業は、開放条項等の工夫をあらかじめしていない限り、柔軟に集団的統一的な労働条件変更を行えないという問題がある[94]。その上、社会的事項や人事的事項については、事業所委員会の共同決定権による制約もある。

このように、経済的理由による解雇に関する柔軟な規制も導入され、解雇が認められやすくなってきているものの、労働条件の不利益変更については、いまだに硬直的というのがドイツの現状と思われる。

---

[92] ドイツの解雇制度を総合的に考慮すると、経済的解雇については日本よりもドイツの方が緩やかに認める傾向にあるのではないかという印象を抱いているとの指摘につき、荒木2003・119-120頁参照。

[93] ベルント・ヴァース（桑村裕美子訳）「ドイツにおける労使関係の分権化と労働組合および従業員代表の役割」日本労働研究雑誌555号21頁、24頁（2006）。

[94] 荒木2003・186-193頁参照。

第3節　事業譲渡における労働者保護規制

　本節では，EU・ドイツの事業譲渡の場面における労働者保護制度について検討する。EU では，1928 年にフランスで初めて事業譲渡の際の雇用契約の自動承継規定が導入され，ドイツでも 1972 年に同様の規定が定められた。その後，1977 年に企業移転指令[1]が制定されている。このような規定は，どのような理由から定められ，事業譲渡の中でもいかなる場面で労働者保護を図っているのだろうか。第 1 節で検討したようにドイツの事業譲渡は，企業の経営悪化時や倒産時に頻繁に利用されているが，その場合の労働者保護と苦境にある企業の事業再生とは，どのような調整が図られているのだろうか。また，第 2 節で見た通常の解雇規制・労働条件変更規制は，事業譲渡の場面でどのように機能するのだろうか。

I　企業移転指令制定前のヨーロッパの状況

1　1928 年フランス労働法典における労働契約の自動承継規定の導入の経緯

　フランスでは，企業移転指令やドイツ民法典 613a 条の制定に先立ち，1928 年 7 月 19 日，労働契約の承継に関する規定が旧労働法典 23 条 7 項として制定され，企業移転指令の内容に影響を及ぼした。それ以前，フランスでは，営業財産の概念には，労働契約も含め債権債務関係は含まれないというのが通説・判例であり[2]，事業譲渡に伴って労働契約が承継されるとは解されていなかっ

---

[1] 従来，「企業譲渡指令」と訳されることが多かったが，指令に言う "transfer" は，「譲渡」や実際の契約関係の存否に関わらない広い概念であるため，本書では「企業移転指令」と訳す。この関係で，従来，「譲渡人」，「譲受人」と訳されていた指令の "transferor" や "transferee" も，「旧使用者」，「新使用者」との用語を使用する。指令 2 条 1（a）(b) 項によれば，"transferor" は，1 条(1)の意味における移転のため，企業，事業またはそれらの一部に関して使用者でなくなるすべての自然人または法人を，その反対に "transferee" は，移転のために企業等に関して使用者となるすべての自然人または法人を指すことからしても，「旧使用者」「新使用者」との用語のほうが適切である。

[2] 吉田克己「フランスにおける商事賃貸借法制の形成と展開(1)」社会科学研究 29 巻 6

たが，これを変更し，解雇規制の一環として労働契約の承継に関する規定が制定された[3]。

かかる1928年法は，使用者側の要請によって導入されたものである。すなわち，移転の日における事業資産だけでなく，労働力の移転も受けることにより，新使用者がその設備の運営に必要な熟練労働者を獲得しようという趣旨に基づく[4]。

そして，1928年法の労働契約の自動承継規定は，フランスが起源であるとは言われるものの，実際にはドイツ民法典，商法典および有限会社法に含まれるいくつかの規定から影響を受けたものである。すなわち，1918年にドイツの占領下にあったフランス領土が返還されたが，その時まで占領下のフランスに適用されていたドイツ法とフランス法との調整の過程で，多くの者（組合だけでなく，鉄鋼産業の経営者側も）が事業移転に関するドイツ法の継続を望んだ[5]。当時のドイツでは，使用者の全体としての財産が別の使用者に移転される場合に，労働契約の自動承継を認める規定があった（例えば，株式会社の合併〔旧商法典306条〕，公的団体による株式会社の財産承継〔旧商法典304条〕など）。これらの場合，全体としての事業が取得者に移転するところ，他の財産とともに労務給付から生じた権利・義務も移転し，財産を承継した者が完全に労働契約に参入することになっていた。しかも，この移転は，法律に基づいて生じるもので，労働者の特別の同意は必要とされていなかった[6]。

かかるドイツの合併に関する包括承継の規定や上述の趣旨からすると，1928年法は，基本的に合併や分割といった組織再編またはそれと同様の取引を念頭に置いて新設されたものと考えられる。

号25頁以下（1978）。
[3] 本久洋一「フランスにおける企業移転と労働契約」日本労働法学会誌94号98頁（1999）。
[4] Barnard, 620.
[5] Gaudu, 67. それでは何故にフランス1928年法より前に，ドイツでこれらの法律が導入されたかであるが，Gaudu教授の仮説によると，ドイツ経済が有名・巨大なホールディングス（コンツェルン）により集中していたところ，資本と経済の集中は，コンツェルンが工場を売り買いする市場を生み，この種の事業譲渡市場におけるオペレーションを単純化するために，事業を譲渡する際に生ずる労働問題を解決する規制が必要となったと指摘されている。See Gaudu, 68.
[6] Alfred Hueck & H. C. Nipperdey, Lehrbuch des Arbeitsrechts 290 ff, 295-96 (1931).

2 フランス労働法典 L. 1224-1 条の概要[7]

現在の労働法典 L. 1224-1 条（旧 122-12 条 2 項）は，「特に相続，売買，合併，営業財産の移転，会社設立によって使用者の法的地位に変更が生じた場合，その変更のなされた日に効力を有するすべての労働契約は，その企業の新使用者と従業員との間で存続する」と定めている。この規定は，制定当初からほとんど修正を加えられることなく従前の規定内容を引き継いだものである。このルールは，労働契約の人的な性質と相容れないが，企業の移転が生ずる場合は常に労働者のために雇用の喪失を回避することが必要であり，明白な社会的正当性を有すると説明されている[8]。すなわち，本条の趣旨は，労働者に対してより安定した雇用を保障することにある（1934 年の破毀院判決）[9]。以下，労働法典 L. 1224-1 条の規定を簡単に概観する。

(1) 労働法典 L. 1224-1 条の要件

労働法典 L. 1224-1 条の「相続，売買，合併，営業財産の移転，会社設立」は例示列挙と解されており，それらと異なる形態を含み，広く解釈されている。例えば，企業の一部譲渡はもちろん，無償の移転行為，単純な経営権の移転行為（例えば，営業財産賃貸借），所有権の移転行為，サービスの外部化（アウトソーシング）などにも適用される[10]。

もっとも，この規定の文言が抽象的であったため，制定当初から適用範囲をめぐり争いが生じ，判例も変遷してきた。すなわち，1934 年の破毀院判決[11]が，たとえ新旧使用者間に法律関係が存しなくとも，同じ企業が新たな指揮の

---

[7] 旧フランス労働法典 L. 122-12 第 2 項は，近時の改正により条文の番号が L. 1224-1 条へ変更されたが，内容に変更はない。フランス労働法典 L. 1224-1 条（旧 L. 122-12 第 2 項）については，多くの先行研究がある。例えば，山口俊夫「フランスにおける企業合併と労働者の権利保護」日本労働法学会誌 29 号 112 頁（1967），野田進「合併，営業譲渡等と解雇」季刊労働法 165 号 17 頁，24 頁以下（1992），本久洋一「フランスにおける企業移転と労働契約」日本労働法学会誌 94 号 95 頁（1999），小早川真理「会社間組織再編と労働契約――フランス労働法典 L. 122-12 条第 2 項からの示唆」九大法学 86 号 458 頁以下（2003），水野圭子「フランス・EU 法における企業組織変動と労働契約の承継――経済的一体とは何か」日本労働法学会誌 108 号 169 頁（2006）などがある。

[8] Pélissier/Auzero/Dockès, p. 333.

[9] Cass. civ. 27 févr. 1934, DH 1934. 252.

[10] Pélissier/Auzero/Dockès, p. 335, 337, 339. なお，従来は，使用者が労働法典 L. 1224-1 条の適用を争っていたが，近時は，アウトソーシングの被害者となるために，労働者側が同条の不適用を主張するようになっている（Ibid., p. 334-335）。

[11] Cass. civ., op. cit. (note 9).

下で機能し続けているすべての場合に適用されなければならない旨判示して以降，適用範囲は拡張の一途を辿り，学説から様々な批判を浴びた。

その後，1986年の破毀院大法廷判決によりこの解釈は一旦変更されたが，欧州司法裁判所の影響を受けて1990年3月16日[12]に再度判例変更がなされ，それ以降，破毀院は，欧州司法裁判所の判例と同一の判断枠組みを採用している。すなわち，破毀院の判決によれば，労働法典L. 1224-1条は，同一性を保持する経済的統一体のすべての移転で，かつ，その活動が追求（継続）または再開される場合に適用され，新旧使用者間の法律関係の存否は問わない[13]。

なお，倒産手続における適用除外規定は存しない。したがって，労働法典L. 1224-1条は，事業救済手続（sauvegarde des entreprises）[14]のほか，裁判上の更生手続（redressement judiciaire）[15]または裁判上の清算手続（liquidation judiciaire）[16]の場合にも適用される。しかも，裁判所によって譲渡が許可されたか否かも問わない[17]。

(2) **労働契約の自動承継等**

労働法典L. 1224-1条の効果については長期に渡る判例法の積み重ねがあり，使用者の交替（労働契約の移転）が関係当事者の同意や事前の形式なく法律上当然に生じ，しかも，その強行的性格から，適用を免れようとする新旧使用者の合意によって反対できないと解されている[18]。

そして，労働契約が維持されることから，新使用者と労働者はその内容に拘束され，移転時に新たな労働条件を要求することが禁じられる[19]。したがって，労働者は，職業上の地位，賃金，勤続年数と結び付けられたすべての利益を維持しながら勤務を継続することになる。

他方で，新使用者は，原則として，使用者の法的地位の変更の日に旧使用者

12　Cass. Ass. plén. 16 mars 1990, *Dr. soc.* 1990, 399.
13　Pélissier/Auzero/Dockès, p. 336, 339-340.
14　事業救済手続は，2005年改正で導入されたもので，支払停止に至っていないが，克服しえない窮状にある債務者に利用される。経済活動の継続，雇用維持および債務の履行を可能とするために，企業の再建を容易にすることを目的とする（商法典L. 620-1条）。
15　裁判上の更生手続は，弁済期にある債務を支払うことが不可能な支払停止の状態にある債務者が利用可能な手続である（商法典L. 631-1条参照）。
16　裁判上の清算手続は，支払停止状態で，かつ，更生が明らかに不可能な債務者に利用される手続である（商法典L. 640-1条）。
17　Pélissier/Auzero/Dockès, p. 346 fn. 3.
18　*Ibid.*, p. 347-348.
19　*Ibid.*, p. 349, 350.

が負っていた，労働者に対する全ての債務（例えば，未払賃金の支払など）を負担する（労働法典L. 1224-2条前段）。ただし，法は，この債務負担の原則に対して2つの例外を認めている。すなわち，①事業救済手続，裁判上の更生手続または裁判上の清算手続の場合（同条前段1号），および②新旧使用者間の合意なく使用者の交替が生じる場合である（同条前段2号）。

なお，労働契約の移転に関する労働者の拒否権は認められていない。したがって，労働者が新企業での労働を拒否した場合，労働者は辞職したものとみなされる[20]。

(3) 解雇規制

企業移転前に労働者が辞職していた場合のほか，移転と無関係の理由で労働者が解雇されていた場合は，労働法典L. 1224-1条の適用は及ばない。しかし，直接の明文規定はないが，企業移転のみを理由とする解雇は認められない。

かつては，すべての解雇が禁止されるわけではなく，真実かつ重大な事由等がある場合には経済的理由による解雇[21]が許容されると解されていたため，使用者が労働法典L. 1224-1条に違反して労働者の雇用を拒否したのか，それとも企業移転とは直接の関係なく通常の解雇権を行使したのかの区別が重要となっていた[22]。この点，現在の破毀院は，L. 1224-1条の適用を回避するために移転前に解雇が言い渡された場合，当該解雇は無効となり，新使用者の下で有効であり続けるとの立場を採用している[23]。

もっとも，フランスの解雇の一般法理においては，解雇が違法であっても，労働者は損害賠償等を請求できるにとどまり，復職は限定された場合にしか認められていない[24]。そこで，移転前の違法解雇（無効）の具体的効果がさらに問題となるが，破毀院は，新使用者が違法に解雇された労働者に対してすべての契約条件を尊重しつつ契約を継続することを提案しない場合は，労働者の選択に従って，新使用者に対する労働契約の継続を求めるか，または解雇実施者に対する損害賠償請求権を認めている。そして，労働者が新使用者に対して労働契約の継続を求めたにもかかわらず拒絶された場合は，新旧両使用者に対して連帯して損害賠償の支払を命ずる裁判（condamnation in solidum）を得ることが可能となる[25]。他方で，新使用者が，解約告知期間の満了前に，違法に解雇

20　*Ibid*., p. 348 et fn. 3.
21　経済的理由による解雇の要件等については，荒木ほか編262頁〔奥田香子〕参照。
22　野田・前掲注（7）26頁以下参照。
23　Pélissier/Auzero/Dockès, p. 345.
24　違法解雇の効果については，荒木ほか編268頁以下〔奥田香子〕参照。

された労働者に対して労働契約の修正なく継続する意図を通知した場合，労働者は違法解雇の主張ができなくなり，新使用者の要請に応えなければ辞職したものとみなされる[26]。

なお，判例は，少なくとも倒産手続における観察期間 (période d'observation)[27] 中に受命裁判官によって，または譲渡計画もしくは継続計画の中で商事裁判所によって，経済的理由による解雇が許可されない限り，原則として譲渡企業が支払不能状態 (insolvabilité) にあるか否かによって違法解雇の効果を区別していない。そのような倒産手続中での解雇のケースを除き，譲渡を容易にするための解雇は常に無効である[28]。

(4) 企業移転後の労働条件変更規制

新使用者が労働者を一旦引き継いだ後，経済事情により旧使用者の下での労働条件を保障できないことがしばしばあり，労働条件の引下げを実施せざるを得ない場合がある。一般に，使用者は，労働者に対して労働契約の修正を提案でき，場合によっては，その提案を拒否した労働者を解雇することも可能である[29]。しかし，使用者は，労働法典 L. 1224-1 条の適用を回避するために企業譲渡の直後に修正提案をすることはできない。したがって，労働者には当該変更を拒否する権利があり，その拒否は，解雇を正当化する真実かつ重大な事由とはならない[30]。

(5) 労働協約の承継

労働法典 L. 1224-1 条の自動承継は，あくまで個別の労働契約の移転に関するものであり，労働協約には適用されない。

もっとも，労働者の職務に変更がなく，新使用者が当該協約を締結した使用者団体の構成員である場合は，労働者が労働協約上の権利を失うことはない。フランスにおいては，一般に，同一産業分野に所属する企業は，いずれも同一の全国，地方または地区協約の適用を受けていることから，その協約が適用さ

---

25 移転前の違法解雇は無効であるが，それは伝統的な無効に比して不完全な効果しかなく，新使用者に対して原職復帰を求めることはできない。Gaudu, 71.
26 Pélissier/Auzero/Dockès, p. 345-346.
27 観察期間とは，手続開始後，事業再生計画を練り上げる期間である。詳細は小梁吉章『フランス倒産法』53 頁以下（信山社，2005）参照。原則として 6 か月である（商法典 L. 621-3 条 1 項・L. 631-7 条）。
28 Pélissier/Auzero/Dockès, p. 346.
29 賃金や労働時間等の労働契約の変更を生じさせる経済的必要性は，しばしば解雇のための真実かつ重大な事由となる。Gaudu, 75.
30 Pélissier/Auzero/Dockès, p. 351, 352 fn. 1.

れる結果として，労働者に認められる権利が維持される[31]。

また，従前の協約の適用範囲でないとしても，とりわけ合併，譲渡，分割または活動の変更を理由として協約または協定の適用が問題となる場合は，それに代わる新たな協約・協定が効力を生ずるまで[32]，それがなければ，旧使用者の下で適用されていた協約・協定の解約告知期間[33]満了後1年間は，その効力を継続する。そして，新たな協約・協定が締結されなかった場合でも，労働者は，協約・協定の期間終了時点でそれらの適用を通じて獲得した個人的権利を保持できる（労働法典L. 2261-14条第1・第3パラグラフ）。

(6) 従業員代表に対する情報提供および協議手続

使用者は，企業の経済的・法的組織の変更について，とりわけ企業の合併，譲渡，生産構造の重大な変更の場合，および子会社の買収または譲渡の場合，企業委員会（comité d'entreprise）[34]に対して情報を提供し，かつ，意見を求めなければならない。また，使用者は，その変更が労働者に対して影響を及ぼす場合，企業委員会に対して計画された変更の理由を明らかにし，かつ，労働者に関して採るべき措置について意見を求める必要がある（労働法典L. 2323-19条）。このように，少なくとも企業内に従業員代表が存する場合は，使用者が各労働者に対して個別にこれから起きる使用者の変更について知らせる必要はない[35]。

3 EUにおけるリストラ関連3指令の制定[36]

EUでは，1970年代初期，取引の障害を除去することから生ずる競争激化に

---

[31] 山口・前掲注（7）120頁，小早川・前掲注（7）53頁。

[32] この場合，問題とされてから3か月内に，関係当事者の要求により，新しく適用可能な規定の適用のために，または，新規定の創設のために，新たな交渉が着手されなければならない（労働法典L. 2261-14条第2パラグラフ）。使用者は，協約が効力を有する1年間は交渉義務を負う。Gaudu, 72.

[33] 解約告知期間は，約定がなければ3か月である（労働法典L. 2261-9条第2パラグラフ）。

[34] 企業委員会は，企業の業務執行および経済的財政的発展，労働の組織，職業訓練ならびに生産技術に関する決定において，従業員の利益を常に考慮しつつ，従業員の集団的意見表明を確保することを目的として設置される（労働法典L. 2323-1条）。過去3年間の中で12か月間，従業員が50人以上に達する企業において設置される（労働法典L. 2322-1条・2322-2条）。

[35] Pélissier/Auzero/Dockès, p. 347.

[36] EUが則っている法のうち，第二次法（secondary sources）には，EC条約249条に列挙されている規則（regulation），指令（directive），決定（decision），勧告（recom-

より不可避的にもたらされるリストラクチャリングの過程で，労働者がその煽りを受けることに関して大きな懸念があった。例えば，事業移転後の新しい経営者による解雇や労働条件変更，さらには事業閉鎖の場合の賃金未払い等である。そこで，リストラクチャリングの社会的結果から労働者を保護するため，経済的変化の社会的結果への取り組みを目的とする1974年から76年にかけての社会行動計画の一環として，以下の3つの指令が採択された[37]。

第1に，1975年2月17日，「集団的解雇に関する加盟国の法制の接近に関する理事会指令」[38]（集団的解雇指令）が制定され，使用者が大量解雇を計画する際に労働者代表との協議や監督官庁への解雇理由，解雇労働者数等の届出が義務付けられた。1975年に多国籍化学メーカー（AKZO）が，5000人の大量解雇を計画し，解雇制限法がある国（ドイツ，オランダ）を避け，解雇制限がないベルギーで解雇を行おうとしたAKZO事件が起こり，同事件をきっかけとしてヨーロッパ全体での解雇制限法の議論が沸騰し，同指令が制定された。

第2に，1977年2月14日には，リストラの一環として合併や企業譲渡が行われ，これに伴って解雇や労働条件が切り下げられる事例が頻発したため，「企業，事業または企業もしくは事業の一部の移転の場合における労働者の権利の保護に関する加盟国法制の接近に関する理事会指令[39]」（企業移転指令）が制定された。この指令は，既得権指令（the Acquired Rights Directive）と呼ばれている[40]。

---

mendation）および意見（opinion）がある。指令は，達成すべき結果についてのみ，それが発せられた加盟国を拘束し，それを達成するための形式と方法は加盟国に委ねられている（EC条約249条）。指令の国内法化は，既存の法律・規則がない場合は，新たに法律を制定し，または実施規則を定めることによって達成され，すでに法律や規則が存在する場合は，既存の法の一部を修正したり，またはそれに追加することによってなされる。もし既存の法で十分に指令の達成すべき結果が実現される場合は，さらなる措置を採らなくてもよい。欧州司法裁判所は，国内裁判所に対し，国内法をできるかぎり指令の文言と目的に適合するように解釈しなければならないことを義務づけている（Case 14/83［1984］ECR-1891, Case C-106/89［1990］ECR I-4135）。柏倉康夫ほか編著『EU論』39頁以下および64頁〔中西優美子〕（放送大学教育振興会，2006）参照。

37 Barnard, 619. 事実，労働者は，共通した，より大きな市場の創設のために代価を払うべきではなく，むしろそのリストラクチャリングの社会的結果から保護されるべきであると言われていた。Blanpain, 680.

38 本書95頁の注(23)参照。

39 Council Directive 77/187/EEC on the approximation of the laws of the Member States relating to the safeguarding of employees' rights in the event of transfers of undertakings, businesses or parts of businesses (OJ 1977 L61/26).

第3に，1980年10月20日には，「使用者の倒産の際の労働者の権利の保護に係る加盟国の法制の接近に関する理事会指令[41]」（倒産指令）が制定され，使用者の倒産の際の労働者の未払賃金を保証する機関の設置と，一定期間の賃金支払確保が加盟国に義務付けられた。

以上の3指令は，より競争力と効率性を得ることを目的として，企業のリストラクチャリングを容易化するために起草されたもので，企業再編や労働者の解雇といった経営上の権利に対して疑義が差し挟まれたわけではない。指令は，かかる経営判断の社会的結果のみに焦点を当てて，その労働者への影響を緩和することを目的とするものである[42]。この1970年代は，ヨーロッパ労働法の黄金時代と呼ばれている[43]。

II 企業移転指令の概要[44]

1 企業移転指令の趣旨・目的

EC委員会の社会行動計画を受け，1974年1月21日，閣僚理事会は，「社会行動計画に関する決議」[45]を行った。この中で企業の「合併，集中または合理化」における労働者の権利および利益の保持が指摘され，欧州委員会が，企業所有者変更，とりわけ合併の場合における労働者の権利保持法制の調和に関する指令の提案を行うことが決議された。

40　Barnard, 620.

41　Council Directive 80/987/EEC (OJ 1980 L283/23) on the approximation of the laws of the Member States relating to the protection of employees in the event of insolvency of their employer, as amended by Directive 87/164 (OJ 1987 L66/11) and substantially revised by Directive 2002/74 (OJ 2002 L270/10).

42　Barnard, 619; Blanpain, 680.

43　Blanpain, 680.

44　企業移転指令については，すでに多くの先行研究がある。荒木1998のほか，本久洋一「企業，事業，または，企業，事業の一部の移転の際の労働者の権利保護に関する加盟国法の接近に関する77/187EEC指令（98年指令）＜解説と試訳＞」季刊労働者の権利232号21頁（1999），濱口桂一郎「企業譲渡における労働者保護指令——98年改正指令の内容と主要判例」世界の労働第49巻第11号44頁（1999），水野圭子「EUにおける企業組織変動——欧州司法裁判所判決にみる経済的一体の発展」季刊労働法222号105頁（2008）などがある。

45　Council Resolution of 21 January 1974 concerning a social action programme, OJ No C 13, 12. 2. 1974.

第3節　事業譲渡における労働者保護規制　　121

　そこで，欧州委員会は，同年5月31日，「吸収合併（merger），買収（takeover），合併（amalgamation）[46]の場合の労働者の権利・利益の保持における加盟国法制の調和に関する理事会指令の提案」[47]を理事会に提出した。その序文によると，企業が経済的結合により単一市場の新しい要求に適応するために，構造，方法および大きさの変更，とりわけ合併，集中または合理化を迫られていること，その一方で，企業構造の変更は，労働者の権利および利益の保護に関して不利に作用すること，同じ問題は買収の形態にかかわらず生ずること，したがって，雇用の安定性ならびに安全，および従前享受していた労働条件ならびに権利の保護を可能な限り労働者に付与するために，共同体レベルで企業構造の変更の際に労働者を保護する行動を採ることが必要であると指摘されている。その上で，指令案は，「合併」および「買収」を指令の適用対象として，移転者との間の雇用関係がすべての権利義務とともに被移転者へ自動的に移転することを提案している（指令案3条）。なお，この提案中の「買収」とは，個々の事業，生産場所，子会社事業もしくはその他の組織された仕事の単位またはそれらの一部が，ある人，集団または企業から，別の人，集団または企業へ，従前の使用者に取って代わる方法で移転することとされている（指令案1条）。このようにEC委員会の草案は，指令の目的を使用者の交替以前に獲得された権利・利益を労働者が喪失しないこと等を保障するため，合併および買収を対象に広範な適用を想定したものであった[48]。

　その後，指令案の名称のほか，指令の適用範囲が「法的移転または合併の結果」としての「別の使用者に対する企業，事業または事業の一部の移転」へと変更され，また，仲裁等を定める手続規定も削除された。しかし，雇用関係から生ずる権利義務の自動的移転を認める規定は，EC創設国6か国のうち，フランス，ドイツおよびイタリアという3つの大国が類似の規定を国内で置いていたことから簡単に受け入れられ[49]，その他に草案の段階と大きな変更もなく1977年に指令が制定されるに至った。

---

[46] "amalgamation" は，主にイギリスで，吸収合併と新設合併の両方を含めた意味で用いられる。田中英夫編集代表『英米法辞典』45頁（東京大学出版会，1991）。

[47] OJ No C 104, 13. 9. 1974.

[48] 最初のドラフトは，使用者の同一性に変更がない支配権の移転にも適用されるものであった。また，ドイツの事業所組織法112条の社会計画に倣って，従業員代表への情報提供に加え，労働者に関して採るべき措置として，合意に達する目的をもって交渉に入り，合意に至らない場合には拘束力のある仲裁を求めうることまで規定されていた。Davies, 27-28.

[49] Gaudu, 67-68.

1977年制定当初の指令（以下，「旧指令」という）の序文によると，企業移転指令が制定された背景として，次の点が指摘されている。第1に，加盟国およびEUレベルにおいて，法的移転または合併の結果としての企業，事業または事業の一部の移転を通じて，企業構造の変化をもたらす経済傾向にあること，第2に，これらの企業等の移転による使用者変更の際，労働者保護の必要性があること，第3に，この点に関する労働者保護の程度には加盟国によっていまだ差があり，これらの差異が縮減されるべきこと，である。

草案段階の序文における労働者保護へのフォーカスが一部修正されたにもかかわらず，欧州司法裁判所は，上述の序文の表現の影響を受け，企業移転指令の目的について，とりわけ集団的合意の労働条件を新使用者に遵守させるとともに，移転の事実によってのみ動機づけられた解雇から労働者を保護することにより，雇用関係が新使用者との間でも変わらぬまま継続することを可能なかぎり確保することにあると指摘した[50]。端的に言えば，本指令の目的は，域内企業のリストラクチャリングが，当該企業の労働者に不利に働かないよう保障することにあると解されている[51]。

旧指令に対しては，委員会の1989年社会行動計画により改正の提案がなされ[52]，1977年の採択以後，数年で明らかとなった様々な欠点を修正する可能性が示された[53]。そして，1994年9月，委員会により改正指令の提案が公表され，1998年6月29日，域内市場に対する指令の影響，経済的に困難に陥った企業の救済に関する加盟国の立法的傾向，および欧州司法裁判所の判例法の影響を受け[54]，大幅な指令の改正がなされた[55]。その上で，条文が整理され，2001年3月12日の閣僚理事会指令によって改めて成文化された[56]。

2　指令の最低限度の要請

指令は，労働者保護のために3つの柱を創設している。すなわち，①旧使用

50　Case 19/83, *Wendelboe* [1985] ECR-457, para. 15.
51　Case 135/83, *Abels* [1985] ECR-469, para. 18; Blanpain, 695. なお，指令の目的については，純粋な労働者保護だけでなく，部分的には，事業移転を容易にするための手段（支配の移転を容易化することにより，統合目的に積極的に寄与する）としても捉えるべきであるとの指摘もある。Davies, 50-51.
52　COM (89) 568 final of 20 Nov. 1989.
53　特に，破産の場合の指令の適用の問題が指摘されている。More, 149 fn. 65.
54　前文のConsideration 3. 参照。
55　Council Directive 98/50/EC of 29 June 1998, OJ 1998 L201/88.
56　Council Directive 2001/23/EC of 12 March 2001, OJ 2001 L82/16.

者から新使用者への雇用関係の自動的移転，②旧使用者または新使用者による解雇からの原則的保護，③従業員代表に対する旧使用者および新使用者の情報提供および協議義務である[57]。

これらの3つの柱は最低限度の必要条件であり，加盟国側で，より労働者に有利な規定を導入することは自由である（指令8条参照）。言い換えれば，指令は，部分的な調和の手段にすぎず，共通の基準を基礎に EU 全体を通じた均一レベルの保護を制定しようとするものではない。あくまで加盟国の法制度の下で，旧使用者との関係と同程度に，新使用者との関係でも労働者を保護しようとしているにすぎない[58]。その点では，加盟国の国内法がなお重要な役割を果たしている[59]。

3　指令の要件・適用範囲

本指令は，法的移転（legal transfer）または合併[60]の結果としての，他の使用者に対する企業，事業または企業・事業の一部（an undertaking, business, or part of an undertaking or business）のすべての移転について適用される（指令1条1(a)項）。そして，1条1(a)項および1条の爾後の規定に服することを条件として，同一性を保持する経済的統一体（economic entity）の移転がある場合は，指令に言う移転があるものとされ，それは中心的か（central）付随的か（ancillary）を問わず，経済活動を追求する目的を有する資源の組織的集合（organised grouping of resourses）を意味する（指令1条1(b)項）。

旧指令1条1項では，「法的移転または合併の結果として，他の使用者に対する企業，事業または事業の一部の移転」に適用されると規定するのみで，その定義規定が置かれていなかった。この要件は，指令による保護が受けられるか否かの重要な間口の要件であることから多数の訴訟が提起され，加盟国の裁判所から欧州司法裁判所に対して先決裁定[61]が求められた。旧指令は，その欧

57　Barnard, 621-22; More, 137.
58　Case 324/86, *Daddy's Dance Hall*, [1988] ECR-739, para. 16. この判旨は，その後の欧州司法裁判所の判例においても繰り返し引用されている。
59　Barnard, 622. 国内法に委ねられる領域として，例えば，労働者の定義，移転拒否の効果，および従業員代表に対する情報提供・協議義務違反や移転の際の解雇に対するサンクションがある。
60　合併とは，第3指令（77/855/EEC）3条1項の吸収合併と4条1項の新設合併を指すと解されている。*Ibid.*, 634.
61　国内裁判所は，EU 法に関連する事項について判決を下す場合において，EU 法の解釈の方法が分からないときは，欧州司法裁判所に先決裁定を求めることができる。この

州司法裁判所の判例の影響を受けて，1998年に1条1項が上記のように修正されるとともに，その定義規定である同条1(b)項，さらに以下に述べる同条1(c)項が新設され，適用範囲の明確化が図られた。指令の適用範囲の詳細は，ドイツ民法典613a条の要件論と併せて後述し（本書165頁・本節Ⅳ以下），ここではその他の問題点にのみ触れる。

(1) 公的企業・非営利団体への適用

本指令は，営利を目的とするか否かを問わず，経済活動に従事する公的または私的企業に適用される（指令1条1(c)項1文）。

1992年5月19日のSophie Redmond事件判決[62]は，オランダの麻薬中毒者の支援活動を無報酬で行っていたRedmond財団が自治体からの助成金を打ち切られて活動を終了し，当該事業が別の類似のSigma財団に移転された事案において，指令の適用を認めた。また，イギリスは，指令を国内法化した従前の1981年企業移転（雇用保護）規則（TUPE）が非営利企業に対する適用を除外していた[63]ため，EC委員会によって提訴されたが，欧州司法裁判所は，非営利事業がEEC（EC）条約に言う経済活動に従事しない企業であるから指令の適用はないとするイギリス政府の主張を明確に排斥した[64]。1条1(c)項1文は，このような判断を法文化したものである。

(2) 行政機関の再編等への不適用

公的行政機関（public administrative authorities）の行政的再編または公的行政機関の間の行政機能の移転は，本指令に言う移転ではない（指令1条1(c)項2文）。これは，1996年10月15日のHenke事件判決[65]（市長のオフィスで秘書として雇用された労働者が他の自治体への行政機能の移転に伴い解雇された事案）で認められた内容をそのまま法文化したものである。欧州司法裁判所は，指令が適用されない公共部門の再編に該当するか否かのメルクマールとして，当該

先決裁定手続（中間判決手続あるいは先行判決手続とも呼ばれる。）は，国内裁判所が訴訟を一時中断し，欧州司法裁判所にEC法の効力や解釈に関し先決裁定を求め，同裁判所が先決裁定を下した後，国内裁判所が最終的に判決を下す仕組みとなっている（EC条約234条）。

62　Case C-29/91，[1992] ECR Ⅰ-3189．また，例えば，Collino事件（Case C-343/98，[2000] ECR Ⅰ-6659）は，公的機関によって経営されていた電話サービス事業とその労働者が，別の公共体によって設立された私企業に移転されたケースであるが，指令の適用が認められた。

63　Brian Bercusson, European Labour Law 57 (2d. ed. 2009)．

64　荒木1998・87頁。

65　Case C-298/94，[1996] ECR Ⅰ-4989．

活動が公的権限の行使（the exercise of public authority）に関わるか否かを挙げている[66]。

(3) 地理的適用範囲等

本指令は，移転される企業，事業または企業・事業の一部が条約の地理的範囲にあるかぎりで適用される（指令1条2項）。したがって，ある域外の事業が域内の企業に移転された場合，労働者は当該移転によって不利な影響を受けうる。また，移転される事業が域外にある場合，その事業を所有する本社が域内にあっても指令は適用されない[67]。さらに，本指令は，海上船舶にも適用されない（指令1条3項）。

4　指令の手続規制[68]

(1) 情報提供義務

旧使用者および新使用者は，移転によって影響を受けるそれぞれの従業員代表に対して，以下の事項について情報を提供することを要する（指令7条1項 para. 1）[69]。

・移転の期日または予定日
・移転の理由
・労働者にとっての移転の法的，経済的および社会的含意
・労働者に関して想定されているすべての措置

旧使用者は，移転が実施される前に，適時に上記の情報を従業員代表に対して提供しなければならない（指令7条1項 para. 2）。他方，新使用者も，労働者が労働条件に関して移転によって直接影響を受ける前の適時に，およびあらゆる機会に，上記の情報を従業員代表に対して提供しなければならない（指令7条1項 para. 3）。

66　Case C-175/99, *Mayeur* [2000] ECR I-7755, para. 39; Case C-108/10, *Scattolon* [2011], para. 54. ただし，この基準は非常に不明確であり，実際には Henke 事件と同様の事案についてのみ，指令が適用されないと考えられる。Barnard, 646.

67　Barnard, 646-47.

68　EU では，一般的な法原則としても，また，個々の法規定においても，労働者に対する情報提供と協議が重視されている。マルコ・ビアジ＝ミケーレ・ティラボスキ「欧州における企業内労働者代表に対する情報提供・協議義務」日本労働研究雑誌495号56頁（2001）参照。

69　従業員らの過失なく，企業または事業に従業員代表が存しない場合，加盟国は，関係する労働者に対して，本文記載の情報を事前に知らされなければならない旨を規定する必要がある（指令7条6項）。

(2) 協議義務

旧使用者または新使用者は，自己の労働者に関して措置を採ることを想定している場合，その措置について適時に，合意に至ることを目的として従業員代表と協議を行う必要がある（指令7条2項）。したがって，本指令は，少なくとも従業員代表を通じて，使用者の商業的判断に関する労働者参加の要素を規定していることになる。もっとも，労働者またはその代表者がそのような使用者の判断を拒否する権利は有しない[70]。

(3) 仲裁機関への依頼

法律，規則または行政規定によって，従業員代表が労働者に関して採られた措置に関する判断を得るために仲裁機関に依頼しうると規定されている加盟国においては，上述の指令7条1項および2項所定の情報提供および協議義務を，移転が事業の変更をもたらし，その結果，労働者の相当数にとって重大な不利益を伴う可能性がある場合に限定することができる（指令7条3項 para. 1）。

(4) 支配企業による移転決定に対する適用

指令7条の情報提供および協議義務は，移転をもたらした決定が，使用者によるものか使用者を支配する企業によるものかを問わず適用される（指令7条4項 para. 1）。したがって，本指令の定める情報提供および協議義務違反の検討にあたって，使用者を支配する企業によって情報が提供されなかったためにこの違反がなされたという主張は，弁解としては認められない（同条項2文）。この規定は，98年改正指令によって導入されたもので，子会社に影響を与える別の加盟国所在の親会社によって移転の決定がなされた場合のように国境を超えたグループ企業の状況を念頭に置いたものである[71]。

5 指令の個別的労働関係上の効果

(1) 雇用契約の自動承継

指令3条1項第1パラグラフは，移転の日に存在する雇用契約または雇用関係から生じる旧使用者の権利義務は，当該移転によって新使用者に移転すると規定している。これは，当事者の合意なしに権利義務は移転されないという契約法の基本原則を労働者保護の観点から修正したものであり，市場統合の社会的コストを労働者に負担させないとする趣旨である[72]。かかる雇用契約の自動承継が本指令の中心的な規定である。

---

[70] Barnard, 666.
[71] *Ibid.*, 667.
[72] 荒木1998・108頁。

雇用契約上，労働条件（例えば，賃金）に関して集団的合意を引用している場合は，その個別条項に対しても指令3条1項が適用され，たとえ新使用者が集団的合意の当事者でないとしても，当該雇用契約が引用する集団的合意（ただし，移転時に効力を有していた合意に限る）から生ずる権利義務が新使用者に自動的に移転する[73]。

なお，欧州司法裁判所の判例によると，指令3条1項の「移転の日」とは，事業を継続する使用者としての責任が旧使用者から新使用者へ移る時点を指し，旧使用者と新使用者との合意によって延期できないと解されている[74]。

(2) 移転に関する同意

雇用契約の移転に際して，労働者の同意は不要である。加盟国では，債務の移転に関して債権者の同意を必要とするのが一般的であるが，かかる原則は認められない[75]。

もっとも，雇用関係の自動移転は，労働者の権利であって義務ではない。労働者は，自己の使用者の選択において自由でなければならず，自ら自由に選択したわけではない使用者の下で働くことは義務づけられない。したがって，労働者が雇用契約の移転に対して異議を述べることも排除されない[76]。ただし，指令は，労働者が自らの意思に基づいて新使用者との雇用関係を維持しないと判断した場合において，旧使用者との雇用契約が維持されるべきであると規定するよう加盟国に求めているわけではない。したがって，その場合の雇用契約の運命は，加盟国に委ねられている[77]。

(3) 移転の際の労働条件変更の禁止

指令3条1項により労働者の雇用契約から生ずるすべての権利がそのまま新使用者に移行するため，従前の労働条件もそのまま維持され，移転の際に新使用者が労働条件を変更することは許されない[78]。この点は，Daddy's Dance

---

[73] Case C-499/04, *Hans Werhof v. Freeway Traffic Systems GmbH & Co. KG*, [2006] ECR I-2397. ただし，移転後に集団的合意が改訂された場合，集団的合意の当事者でない新使用者は，改訂後の集団的合意には拘束されない。

[74] Case C-478/03, *Celtec* [2005] ECR I-000; Case C-305/94, *Rotsart* [1996] ECR I-5927.

[75] Joined Cases 144 and 145/87, *Berg* [1988] ECR-2559, para. 11 and 13.

[76] Joined Cases C-132/91, C-138/91 and C-139/91, *Katsikas and Skreb* [1992] ECR I-6577, para. 31-33.

[77] *Ibid.*, para. 34-36. 例えば，イギリスでは，雇用契約が解雇法の保護なく終了すると考えられている。Barnard, 662.

[78] Case C-209/91, *Rask* [1992] ECR I-5755, para. 31. Rask 判決は，賃金支払日の変

Hall 事件判決[79]でも確認され，指令による保護がパブリック・ポリシーであるため，雇用契約の当事者の意思に左右されない。したがって，労働者も指令によって与えられた権利を放棄することができず，同意があっても制約されえない。

もっとも，指令は，労働者が旧使用者に在籍していたのと同じ限度で，新使用者との関係でも保護されることを確保しようとしているにすぎない。したがって，国内法が雇用条件の変更を許容する限り，移転以外の状況において，新使用者が雇用関係の変更等を行うことは排除されない[80]。そこで，企業等の移転それ自体が変更の理由となり得ないことは明らかであるが[81]，問題は，いかなる場合に移転それ自体を理由としたといえるのかである。

この点が争点となった事件が 2003 年 11 月 6 日の Martin 事件[82]である。同事件では，National Health Servise から Redwood 大学を引き継いだ South Bank University（SBU）が，移転の際に旧新使用者との関係で適用されていた退職制度の変更を求めた。欧州司法裁判所は，SBU が他の労働者の労働条件と一致させることを望んだだけであることは明らかであるとし，そのような雇用関係の変更は，移転に関連している（connected to the transfer）とみなされなければならないと判示し，従前より不利な変更申出は許容されないと判断した[83]。

これに対して，2004 年 11 月 11 日の Delahaye 事件[84]は，求職者等の訓練サービス活動を行っていた Foprogest 社から自治体（Luxembourg State）へ当該事業が移転されることに伴い，Foprogest 社で勤務していた Boor の給与が，州の労働者の給与を規制する国内法の適用によって月額で 37％の減額となった事案である。この点，欧州司法裁判所は，そのような国内法の適用も妨げられないが，その減額が重大な（substantial）場合は，指令 4 条 2 項に言う労働者に不利な労働条件の実質的変更とみなされなければならないと判断した。この判旨は，国内法の適用それ自体によって給与が減額されたという特殊な事案であるため，一般化はできないと思われるが[85]，たとえその変更が上述の

更も3条1項違反となることを認めた。
79　Case 324/86, [1988] ECR-739, para. 14-15.
80　Rask, para. 31; Daddy's Dance Hall, para. 16-17.
81　*See* Daddy's Dance Hall, para. 17.
82　Case C-4/01 [2003] ECR I-12859.
83　*Ibid.*, para. 44 and 54.
84　Case C-425/02, [2005] ECR I-10823, para. 33 and 35.
85　この点，Léger 法務官の意見では，公的な労働者に関して実施されている国内法の下

Martin事件判決に言う「移転と関連した」ものであっても，重大でない限り許容されることが示唆される[86]。

(4) 旧使用者の連帯債務

加盟国は，移転日に存在する雇用契約または雇用関係から移転の日の前に生じた義務について，移転日後，旧使用者と新使用者が各自連帯して責任を負う旨を規定することができる（指令3条1項para. 2）。

(5) 旧使用者から新使用者に対する通知義務

加盟国は，旧使用者が新使用者に対して，移転時に旧使用者が知っていた，または知るべきだった限りにおいて，その移転されるすべての権利義務につき通知することを確保する適当な措置を採ることができる。ただし，その違反は，当該権利義務の移転や労働者の権利に影響を及ぼさない（指令3条2項）。

(6) 企業年金の原則除外

指令3条1項（雇用契約の自動承継）および3項（集団的合意の継続適用）の規定は，加盟国が異なる定めをしない限り，加盟国における制定法上の社会保障制度外の，補完的な企業年金または会社間年金制度の下での老齢年金，障害年金または遺族年金に対する権利[87]については適用されない（指令3条4(a)項）。ただし，上記年金に対する権利に3条1項および同条3項を適用するとの定めを加盟国が規定しない場合であっても，加盟国は，補完的制度の下で，遺族年金を含む老齢年金の現在または将来の受給資格を付与する権利に関して，旧使用者の労働者や移転時点でもはや旧使用者の事業に雇用されていない者の利益を保護するために必要な措置を採らねばならない（同条4(b)項）。

6 指令の集団的労使関係上の効果

(1) 集団的合意の継続適用

移転の後，新使用者は，集団的合意において合意された条件を，当該合意の

では，移転を理由とする（by reason of the transfer）給与減額も排除されないと解釈されなければならないが，その給与減額は4条2項に言う労働条件の実質的変更になると述べられている。Opinion of Advocate General Léger delivered on 17 June 2004, para. 56.

[86] Barnard, 658.

[87] この例外規定は，ここで網羅的に挙げられた手当についてのみ適用され，狭く解釈される。その点で，ある一定の年齢に達した労働者に対する解雇の場合に支払われる早期退職手当はこの例外に該当しない（Case C-164/00, *Beckmann* [2002] ECR I-4893, para. 29 to 32）。使用者と労働者との間で合意された早期退職に適用される手当も同様である（Case C-4/01, *Martin* [2003] ECR I-12859, para. 34 to 35）。

下で旧使用者に適用されていたのと同じ条件で，遵守し続けなければならない（指令3条3項 para. 1. ただし，企業年金の原則除外)[88]。多くの加盟国では，集団的合意によって設定された労働条件が自動的に個別契約に組み入れられることから，集団的合意による条件の遵守義務は，新使用者による契約上の代位（雇用契約の自動承継）の当然の結果にすぎない[89]。

ただし，かかる新使用者の遵守義務は，無限定ではなく，集団的合意の解約もしくは期間満了の日まで，または，別の集団的合意の効力発生もしくは適用の日までである（同条項 para. 1)。そして，加盟国は，1年を下回らないとの条件で，当該条件を遵守する期間を限定できる（同条項 para. 2)。したがって，かかる条件を満たす場合，例えば，協約当事者が協約を解約した場合は，解約日後，新使用者はその集団的合意によって設定されていた労働条件をさらに遵守する義務を負わない[90]。これにより新使用者は，集団的合意によって設定されていた労働条件を変更できることになる。

(2) 従業員代表の地位の存続

企業，事業または企業・事業の一部がその自律性（autonomy）を維持している場合，移転によって影響を受ける従業員代表者または代表の地位および機能は，労働者代表の設置に必要な要件が満たされている限り，法律，命令，行政規則または合意により移転の日の前に存したのと同じ条件で維持される（指令6条1項 para. 1)。自律性が維持される場合とは，移転後，統一体内部で特定の経済活動を追求する作業を比較的自由かつ独立して組織する権限が，移転前の状況と本質的に変わっていない場合である[91]。ただし，この規定は，加盟国の法律，規則，行政規定，慣行の下で，または従業員代表者との合意によって，従業員代表者の再指名または従業員代表の再設置に必要な条件を満たす場合は，適用されない（同条項 para. 2)。この場合，元々の従業員代表者の地位および機能は維持されない。

これに対して，企業，事業または企業・事業の一部がその自律性を保持していない場合，加盟国は，国内法および慣行に従って労働者代表が再設置または

---

[88] ただし，新使用者は，移転時に雇用されていなかった労働者に関して適用されていた集団的合意における労働条件については，遵守義務を負わない。Case 287/86, *Ny Mølle Kro* [1987] ECR-5465.
[89] Barnard, 658.
[90] Case C-396/07, *Mirja Juuri* [2008] ECR I-8883, para. 33-34 and 36.
[91] Case C-151/09, *Federación de Servicios Públicos de la UGT* [2010], para. 43-44. この組織上の権限とは，より具体的には，使用者の他の組織構造の干渉なく，従業員に指示・命令を与え，仕事を割当て，そして，利用可能な資産の使用を決定する権限である。

再任命されるのに必要な期間，移転前に代表されていた労働者が適切に代表され続けることを確保するために必要な措置を採らねばならない（同条項 para. 4）。

なお，旧使用者が，資産の清算を目的として定められ，かつ，所轄の公的機関（所轄の公的機関によって授権された破産管財人であってもよい）の監督の下で行われる破産手続またはこれに類する倒産手続の対象となっている場合，加盟国は，労働者代表者の新たな選挙または指名がなされるまで，移転された労働者が適切に代表されることを確保するために必要な措置をとることができる（同条項 para. 3）。

7　解雇規制

(1)　移転を理由とする解雇の禁止

指令4条1項第1パラグラフ1文は，企業，事業または企業もしくは事業の一部の移転それ自体が，旧使用者または新使用者による解雇[92]の理由とはならないとしつつ，同2文は，労働力の変更をもたらす経済的，技術的または組織的理由により行われうる解雇を妨げないと規定している。すなわち，整理解雇は許容される。使用者が，真実，かかる理由によって動機づけられている必要があり，かつ，その理由の結果として解雇に至るという場合でなければならない[93]。

かかる4条の解雇禁止と雇用契約の自動承継を規定する3条の雇用保護に関する2本柱は，以下に見るように結び付けて考えられている。すなわち，先述したように3条は，移転の日における雇用契約が新使用者に移転すると規定していることから，この3条の効果を回避するために，移転の直前に労働者を解雇しておき，移転後に新使用者がより劣った労働条件で再雇用する可能性もある[94]。そこで，かかる潜脱行為を防止しようとしたのが1988年6月15日のBork International 事件判決[95]である。同事件において，欧州司法裁判所は，

---

[92] 解雇は，使用者の一方的判断によって雇用契約または雇用関係が終了する場合であって，期間の定めのある一時雇用契約に関して更新がされなかった場合は該当しない。Case C-386/09, *Briot* [2010], para. 34.

[93] Barnard, 665.

[94] 2002年1月24日のTemco事件判決（Case C-51/00, [2002] ECR I-969）は，まさにこのような事実について，解雇の理由が事業の移転であったことが示されているとし，移転の日において労働者がなお企業に雇用されていたと看做さなければならないと判示した（para. 28）。

4条1項に反して単なる移転のみの結果として (solely as a result the transfer) 労働者が解雇されたか否かを判断するためには，解雇が行われた客観的状況，とりわけ当該解雇が移転の日と近接した日に効力が生じたという事実や当該労働者が新使用者によって再雇用されたという事実を考慮する必要があると判示した[96]。4条1項第1パラグラフ1文の適否は，移転を理由とする解雇か否かとして問題となるところ，Bork International 判決は，移転日前の解雇にも状況によっては適用を認めつつ，"単なる移転のみの結果として"と判示し，禁じられる解雇の理由を移転それ自体に限定している[97]。

なお，その他の解雇禁止の例外として，加盟国は，解雇に対する保護に関して，加盟国の国内法または慣行の対象となっていない，ある特定の範疇の労働者に対して4条1項第1パラグラフが適用されないと規定することもできる（指令4条1項 para. 2)[98]。

(2) 擬制解雇

移転が労働者の不利に労働条件の実質的変更 (a substantial change) を伴うことを理由として雇用契約または雇用関係が終了した場合には，使用者は，雇用契約または雇用関係の終了に対して責任があるものと看做される（指令4条2項)[99]。よって，たとえ労働者が任意に辞職したとしても使用者の責任となる。

もっとも，この規定は，その責任の法的結果については「責任があるものと看做される」とする以外に何も規定しておらず，加盟国に対して，一定の補償制度の創設や不当解雇の場合と同一の制度を保障するよう義務づけているわけではない。したがって，その結果は，加盟国側で，国内法のルールに従って定められなければならない。ただし，国内の裁判所は，適用される国内法が使用

---

[95] Case 101/87, [1988] ECR-3057.

[96] *Ibid.*, para. 18.

[97] Temco 事件判決（前掲注(94)），para. 28 も同旨である。なお，1985年の Wendelboe 事件（前掲注(50)）においても，指令4条1項は移転の事実によってのみ動機づけられた解雇から保護するものと指摘されていた (para. 15)。

[98] ただし，加盟国は，国内法によってすでに解雇に対する保護を享受している労働者から権利を剥奪する手段としてこの例外を用いることはできない。Case 237/84, *Commission v. Belgium* [1986] ECR-1247.

[99] たとえ労働者の報酬が，達成される売上次第であっても，移転によって報酬レベルの変更がもたらされるために雇用関係が終了する場合は，擬制解雇が適用される。Joined cases C-171/94 and C-172/94, *Merckx and Neuhuys* [1996] ECR Ⅰ-1253 = NZA 1996, 413, para. 38.

者による労働契約終了（解雇）に付与している結果について，少なくとも新使用者が責任を負担するよう確保することが求められる[100]。

8 倒産等の場合の適用除外と規制緩和

(1) 破産手続における指令の適用除外

加盟国が他の規定をしない限り，指令3条および4条は，旧使用者が，その資産の清算を目的として定められ，かつ，所轄の公的機関（所轄の公的機関によって授権された倒産管財人であってもよい）の監督の下で実施される破産（bankruptcy）手続またはこれに類する倒産（insolvency）手続の適用を受けている場合は，企業，事業または企業・事業の一部のいかなる移転に対しても適用されない（指令5条1項）。

倒産手続を全財産の清算を目的とする手続とそれ以外の事業の再建・存続を目的とする手続とで区別し，前者の場合は企業移転指令を適用しないが，後者については適用することとした1998年改正は，それまでの欧州司法裁判所の判例法理の到達点に沿った処理方法である。この点で，指令の成文化に大きな影響を与えた判決として，1985年2月7日のAbels事件判決[101]がある。同事件において，デンマーク政府は，使用者が倒産と判定された労働者こそ最も保護の必要性があるとして指令の適用があると主張した[102]。一方，オランダ政府やEC委員会は，倒産の場合に指令が適用されるとすれば，潜在的な譲受人に債権者の受諾可能な条件で企業を買収することを思いとどまらせるかもしれず，そうなれば債権者は当該企業の資産を個別に売却させるであろうが，それは当該企業におけるすべての仕事の喪失をもたらし，指令の有用性を損なうと主張した[103]。欧州司法裁判所は，使用者の倒産の場合の企業移転の労働市場に及ぼす影響はかなり不確かであるとしつつも[104]，労働・生活条件の一般的悪化に関する深刻なリスクを排除しえないとして，権限のある司法当局の監督の下で旧使用者の資産の清算を目的として定められた倒産手続の文脈で生じた企業等の移転に対しては，本指令の適用がないと結論づけた[105]。

100　Case C-396/07, *Mirja Juuri* [2008] ECR Ⅰ-8883, para. 22, 25, 30 and 35.
101　Case 135/83, [1985] ECR-469. 欧州司法裁判所は，同日，Case 186/83, *Botzen* [1985] ECR-519, Case 179/83, *Industrie Bond FNV* [1985] ECR-511 および Wendelboe 事件（前掲注(50)）の3つの事件でAbels判決と同じ判断を行った。
102　Abels, para. 20.
103　*Ibid.*, para. 21.
104　*Ibid.*, para. 22.
105　*Ibid.*, para. 23. ただし，加盟国が国内法で清算を目的とする倒産手続の場合も適用

他方で，旧使用者である財団が閉鎖に至ったのみである 1992 年の Sophie Redmond 事件[106]や，移転の際に活動が継続されておらず，移転後に清算となった 1996 年の Merckx 事件[107]においては指令の適用が認められ，Abels 判決の射程とはされなかった。

こうして形式的には資産の清算を目的とする倒産手続と，それ以外の手続とで指令の適用を分けるとされたが，実際上は，Abels 事件を含めてその手続の区別自体が問題となっていた。この点，1991 年 7 月 25 日の d'Urso 事件[108]の Van Gerven 法務官意見[109]によると，Abels 判決が示唆する手続の差異は，手続の目的の違いの他に，裁判所による監督の範囲や程度（倒産の場合は裁判官の広範囲なコントロールが及び，債務者が強制的なレシーバーシップの下に置かれ，処分および管理権限をも失う）も挙げられている。同法務官は，企業等の移転の際の指令の不適用が，実際上，企業所有者の判断に依存されてしまうことを理由として，むしろ後者のファクターこそが重要であると述べている[110]。

さらに，ここで問題となっているのは，労働者の既得権と倒産における債権者の権利との衝突であり，仮に倒産の場面での事業移転の際に労働者のすべての権利が新しい健全な企業に移転されるとすれば，労働者が完全な弁済を受けうることになり，労働者を倒産企業の債権者よりも優遇して扱うことになるという問題も生ずる[111]。以上のような諸事情を考慮し，指令 5 条 1 項は，一定の適用除外を認めたものである。

(2) 倒産手続における規制緩和措置の許容

指令 3 条および 4 条が，旧使用者に関して開始された倒産手続（この手続が

範囲に含めることは自由であると判示している。
106 Case C-29/91, [1992] ECR I-3189.
107 C-171/94 and C-172/94, [1996] ECR I-1253.
108 Case C-362/89, [1991] ECR I-4105.
109 Opinion of Mr Advocate General Van Gerven delivered on 30 May 1991, [1991] ECR I-4105, para. 22-28.
110 もっとも，d'Urso 判決は，Abels 判決で述べられたすべての考慮を前提とすると，指令の適用範囲を画する決定的な基準は手続の目的にあると述べ，目的を強調している。para. 26.
111 Proposal for a Council Directive on the approximation of the laws of the Member States relating to the safeguarding of employees' rights in the event of transfers of undertakings, businesses or parts of businesses, COM (94) 300 final, 8. 9. 1994 para. 22. 債権者は，労働者に対するすべての責任を引き受けなければならなかった結果として，新使用者からの支払額が減り，したがって，倒産企業の財団が減ぜられたと主張するであろうと指摘されている。

旧使用者の資産の清算を目的として定められたものであると否とを問わない）の間の移転に対して適用され，かつ，当該手続が所轄の公的機関（国内法によって決定された倒産管財人であってもよい）の監督の下に行われる場合には，加盟国は，以下のように定めることができる（指令5条2項）。すなわち，

(a) 3条1項にかかわらず，雇用契約または雇用関係から生じ，かつ，移転前または倒産手続開始前に支払うべき旧使用者の債務は，当該手続が，加盟国の国内法の下で使用者が倒産[112]の際の労働者保護に関する加盟国法の接近に関する1980年10月20日の理事会指令（80/987/EEC）が適用される状況と少なくとも同等の保護[113]を講じていることを条件として，新使用者に移転しないものとする。

(b) 新使用者，旧使用者または旧使用者の職務を行う単独もしくは複数の人，および労働者代表者は，現行法または慣行が許す限りで，企業，事業または企業・事業の一部の生き残りを確保することによって雇用機会を保護するために考えられた労働者の雇用条件への変更を合意することができる。

多くの企業が清算を目的としない手続を選択している理由は，少なくとも事業の一部を継続企業として売却し，それによってある程度の雇用を確保できる可能性が高いということにある。そこで，再建型の倒産処理手続については，操業中の事業としての移転を奨励することにより雇用を確保する見地から，上

---

[112] 1980年倒産指令の下での「倒産」(insolvency)の定義は，1995年11月9日のFrancovich第2事件（Case C-479/93, ECR［1995］Ⅰ-3843）により狭く解釈され，清算手続に限定されていた。その後，2002年改正の際に，2000年の倒産手続規則（Regulation 1346/2000 on insolvency proceedings, OJ 2000 L160/1）1条1項の定義に倣って，広い定義が採用された。すなわち，①使用者の倒産に基づき集団的手続の開始が要求され，②それが使用者の財産の部分的または全面的剥奪および清算人または同様の任務を行う者の指名を伴い，かつ，③管轄機関が(a)手続の開始を決定するか，または(b)使用者の企業または事業が決定的に閉鎖され，利用可能な財産が手続開始を保障するのに十分でないと認めた場合に，倒産状態にあるものとみなされる（2条1項）。Barnard, 686-87.

[113] 加盟国は，雇用契約から生ずる未払債権を保証機関が保証することを確保するために必要な措置を採らなければならない（倒産指令3条1項）。その保証の範囲について，従前は加盟国に対して3つの選択肢が与えられていたが，2002年の倒産指令の改正により，起算点が加盟国に委ねられ（3条），保証期間は最低でも最後の3か月間とされた（4条2項）。また，加盟国は，保証機関の組織，財務および運営の詳細なルールを規定し，特に次の原則に従うものとされ，(a)機関の資産は使用者の運営資本と独立し，倒産手続の影響を受けない，(b)公的機関によって全面的に賄われない場合は使用者が費用を拠出すること，(c)機関の責任は，費用の拠出義務の履行の有無に関わらないこと，である（5条）。

記の(a)および(b)の措置をとることによって、指令の厳格な規制を緩和できるとしたものである。

(3) 深刻な経済危機の場合

加盟国は、旧使用者が国内法で定める深刻な経済危機の状況にある場合、その状況が所轄の公的機関によって宣言され、かつ、司法的監督に服しているときは、そのような規定が1998年7月17日に既に存在しているとの条件の下で、あらゆる移転に上記の5条2(b)項を適用できる（指令5条3項para. 1）。

9　小　　括

以上のように指令は、多くの欧州司法裁判所の判例法の影響を受け、98年に判例法をそのまま明文化する改正がなされた。指令は、企業のリストラクチャリングが労働者に不利に作用することを防止しようとして制定されたものであるが、企業の経営が悪化した場合の指令の適用による不利益までは十分想定されていなかった。そのため倒産処理手続における指令の適用に批判が集まり、大幅な規制緩和をせざるをえなかった点が注目される。EUの雇用戦略では、企業の組織再編に際して雇用の維持を図りつつ、労働条件の決定については当事者間の合意にある程度委ねるという、雇用のセキュリティと労働のフレキシビリティを組み合わせる方法が推奨されており、1998年の企業移転指令の改正もそのような潮流の中に位置づけることができる。

Ⅲ　ドイツ民法典613a条による労働者保護[114]

1　民法典613a条の制定前の議論状況

(1) 学　　説

ドイツでは、事業所有者交替の際の労働関係の承継について、1972年の民

---

[114] 民法典613a条については、すでに多くの先行研究がある。例えば、後に引用する文献のほか、春田吉備彦「ドイツの企業再編と労働法的規制(1)——BGB 613条aに基づく事業譲渡の規制を中心に」比較法雑誌39巻2号（通号134号）315頁（2005）、同「ドイツにおける企業再編と労働法」日本労働法学会誌106号187頁（2005）、成田史子「企業組織再編における労働関係の移転——ドイツ民法典613a条および組織再編法における労働関係移転の検討」日本労働研究雑誌607号95頁（2011）などがある。なお、民法典613a条の"Betriebsübergang"は、従来、「事業譲渡」と訳されることが多かったが、指令と同様、日本で言う事業譲渡には限られない、より広い概念であるため、本書では「事業移転」と訳すこととする。その関係で、"Betriebsveräußerer"と"Bet-

法典 613a 条の制定以前から[115]何十年もの議論があり，戦後の多数説は，労働関係の自動移転を否定していた[116]。例えば，Alfred Hueck によると，事業が移転する際の労働契約の強制移転が国民経済上好ましい企業譲渡を妨げうるとし，とりわけ法が，一般に債務関係の強制移転を例外的にのみ認めている場合，その判断は立法者に委ねられ，立法者が介入しない限りは，譲渡契約当事者が移転を排除しうるとの従来の解釈が維持されなければならない，と述べている。また，自動移転を肯定する見解（民法典 571 条[117]〔賃貸された土地の譲渡の際に賃貸借契約も移転する〕類推説）に対しては，同条は"売買は賃貸借を破らない"という古いドイツ法の原則を受け継ぐもので，賃借人の占有が重要な根拠となっているところ，労働関係はその前提を欠くと反論していた[118]。

　これに対して，有力な見解（Arthur Nikisch）は，新事業所有者が，全体の従業員集団を引き受けるか，一部のみ引き受けるか，または全く新しく採用するかについて自由に決定しうることになり，引き受けられない場合は，すべての権利とともに職場（arbeitsplatz）を失う労働者にとっては極めて苛酷で，そ

---

riebserwerber" "Betriebsübernehmer" は，それぞれ「事業譲渡人」，「事業譲受人」と訳されることが多いが，明らかに事業譲渡を想定した文脈（例えば，倒産手続）を除き，便宜上，用語を単純化して「旧使用者」，「新使用者」と訳すこととする。

[115] もっとも，1923 年の一般労働契約草案 25 条では，企業譲渡等の場合，労務給付請求権が別段の意思表示がなければ譲渡されうるとされ，ナチス政権下での 1938 年労働関係に関する法律の草案 90 条では，事業所移転の際の労働関係の強制移転が認められていた。1923 年法案は労働関係がその事業所帰属性に基づき企業の構成要素であるとの考え方が決定的であったのに対して，1938 年法案は「事業所共同体論」に基づくものであった。以上につき，今野 4-5 頁参照。

[116] Hans Galperin und Wolfgang Siebert, Kommentar zum Betriebsverfassungsgesetz, 3. Aufl. (1958), § 1 Rn. 55; Hans Galperin, Betriebsnachfolge und Betriebsinhaberwechsel, DB 1962, 1078; MünchK, § 613a Rn. 1.

[117] 民法典 571 条（当時）は，「賃貸された不動産が賃借人への引き渡し後，賃貸人によって第三者に譲渡される場合，譲受人は賃貸人に代わり，その所有期間中に賃貸借関係から生じた権利および義務に参入する」と規定していた。今野 8 頁。

[118] Alfred Hueck und Hans Carl Nipperdey, Lehrbuch des Arbeitsrechts, 7. Aufl. Erster Band (1963), § 54 S. 516 ff. ただし，労務給付請求権の移転は，譲渡人の利益となるとともに，事業を取得した者が現に存する労働力をもって当該事業を継続しようとする限りは一般に取得者の利益にも合致するとして，別段の定めがない場合は，これに対応する意思が推定されると指摘されている。なお，現在のドイツ法においても，民法典 613a 条の適用がない場合，企業所有者交替の際の労働関係の移転のためには，三者間の法律行為，すなわち，譲渡人，譲受人および労働者の同意が必要であると解されている。Schaub, § 117 Rn. 5.

れは解雇からの保護の根本思想と全く相容れないとし，この場合の最も適切な解決は立法により現存する労働関係に事業の取得者が入ることであり，それは既に1938年労働関係法の草案で提案されていたし，フランスでも1928年1月19日の法律によって導入されていると主張した。その法的根拠としては，上述の民法典571条類推が挙げられていた[119]。

(2) 判　例

連邦労働裁判所は，1960年2月18日判決[120]において，事業承継（Betriebsübernahme）の際の管理的職員（leitende Angestellte）の労働関係の自動移転を否定し，その理由として，以下の2点を指摘していた。

第1に，管理的職員の労働関係から生じる人的要素が特別の信頼的基盤があるが故に非常に強いことから，事業所有者交替は労働関係当事者の意思にかかわらず自動的に移転する根拠とはなり得ないという点である。すなわち，自動移転が生ずる使用者交替は，労働者の利益と矛盾するとともに，使用者機能において管理的職員はいわば履行補助者であり，そのために管理的職員と使用者との間の個人的な，強制によらない信頼関係が必須であることを考慮すると，使用者の個人的利益もまた特別な保護に値し，そのような個人的な観点の重要性に鑑みると，民法典571条等の全く異なる考慮に基づく準物権的規制の適用は可能でないように思われると判示している。

第2に，企業主の自由への考慮の必要性である。すなわち，管理的職員の労働関係の強制移転は，旧使用者にとっては企業の処分可能性（Verwertbarkeit）を妨げるとともに，新使用者にとっても経営者判断を行うことが難しくなりうると指摘している。

そして，以上の2つの観点の重要性から，事業承継の際に，管理的職員を含むすべての労働関係が自動的に移転することを包括的かつ無差別に想定することは，法秩序が全体の法律関係の強制的移転を原則として定めておらず，かつ，例外的に物権および準物権的権利関係の場合にのみ定めていることから，法の沈黙に鑑みるとなお一層否定され，もはや裁判所に許容される権利の継続的形成（Fortbildung des Rechts）の枠内にとどまらないと結論づけている。このように1960年の連邦労働裁判所は，その理由中において，管理的職員を含むすべての労働関係の強制移転を否定していた。

一方，1962年11月29日の連邦労働裁判所判決[121]は，管理的職員のみなら

119　Arthur Nikisch, Arbeitsrecht, I. Band, 3. Aufl. 1961, S. 659 ff。
120　BAG 18. 2. 1960 AP Nr. 1 zu § 419 BGB Betriebsnachfolge = DB 1960, 614.
121　BAG 29. 11. 1962 AP Nr. 6 zu § 419 BGB Betriebsnachfolge = DB 1963, 416.

ず，その活動のために特別の信頼関係が必要不可欠な，その他の高度な性質の職務を義務づけられている従業員，特に私立学校教師の場合も，事業承継によって労働関係が新事業所有者へ簡単かつ自動的に移転しないとの立場を示した。同判決は，理由中において，前述の1960年2月18日判決を引用し，概略，次のように判示した。すなわち，管理的職員の労働関係が自動的に移転しないということは，同時に，新所有者が管理的職員を引き受ける気がない場合は，事業所有者交替の際に，経営上の必要性からその管理的職員を解雇してもよいということを意味する。とりわけ，連邦労働裁判所は，この理解にあたって，管理的職員の場合，労使双方の有益な共同作業にとって不可欠である特別な信頼が容易く事業とともに移転されないということを考慮したものである。また，使用者側にも管理的職員側にも信頼を強制できない。それゆえ，連邦労働裁判所の解釈によれば，彼を新所有者の事業に繋ぎ止めることは労働者の尊厳と相容れないだけでなく，旧所有者の事業売却を困難にすることや，新所有者に望まれない管理的職員を押しつけることが企業家の自由の重大な制限ともなり，そのような全体の法律関係の移転は，その他の点でも，原則として我々の法秩序と異質のものであると連邦労働裁判所は指摘していると述べた。その上で，1962年判決は，高度な性質の職務を行うことは，管理的職員の管理業務と同様に，使用者との特別な信頼関係が不可欠であると判示している。すなわち，1962年判決は，雇用契約の強制移転を否定する射程を，管理的職員のみならず，その活動のために特別の信頼関係が必要不可欠な，その他の高度な性質の職務を義務づけられている従業員にも及ぼしたものであるが，管理的職員以外のすべての労働者の強制移転を判決理由中で否定した1960年判決とは異なり，使用者との特別な信頼関係を強調することによって，旧所有者の事業売却の困難性や新使用者の企業家の自由の制限を導き，管理的職員および高度な性質の職務を義務づけられている従業員にのみフォーカスを当てた判示となっている。また，事業所有者交替の際に労働関係が承継されないことと，その場合に譲渡人の下での解雇がやむを得ないことを結び付けて考えていることもその特徴である。そして，1962年判決の反対解釈として，高度な性質の職務を義務づけられていない（使用者との特別な信頼関係が不可欠ではない），一般労働者について承継が肯定されるか否かは，少なくとも明示的な判断はされていなかった[122]。

---

[122] Klaus Schmidt, Der Betriebsinhaberwechsel im Regierungsentwurf eines Betriebsverfassungsgesetzes, BB 1971, 1199, 1203 fn. 59. なお，その後の連邦労働裁判所も，事業承継の際の旧使用者の退職金支払義務の承継につき，従前の立場を維持していた。

これに対して，下級審裁判例は，事業譲受人による労働者の引継ぎ拒否を肯定する見解と，労働者が同意している限り新使用者の労働者排除の可能性を否定する見解（民法典571条類推説等）とに分かれていた[123]。

2　民法典613a条の制定経過とその後の追加・修正

上記の事業所有者交替の場合の労働者保護の議論は，1972年事業所組織法の改正の議論の際にあらためて取り上げられることとなった。労働契約の自動移転を認める政府草案に反対する見解（Galperin）[124]は，民法典613a条が，基本法が定める一連の基本権に関わる企業家の自由の侵害であると主張した。すなわち，「すべての」労働関係の当事者となる取得者の義務は，事業承継の場合，当該事業の労働技術上の継続に関する方法，範囲ならびに形態およびそれと結びついている財務上の義務に関して，あらゆる自由な経営者判断が排除されてしまうであろうことを意味しており，全体の法律関係の強制移転は，連邦労働裁判所の2つの判決が述べたようにドイツの法秩序とは原則的に異質であると指摘した。また，予定されている規制が，将来，苦境にある事業の再建を不合理に妨げるであろうことも指摘した。つまり，過剰人員を抱えているか，または何らかの形で傷んだ，組織された事業を自己の危険において継続しようという企業家は居ないはずで，そのような事業は常に閉鎖され，すべての従業員が例外なく職場を失うであろうとの指摘である。

Galperinのこうした批判に対して，立法肯定説からは，民法典613a条の社会政策的な要請と目的を十分正当に評価していないとの反論が加えられた[125]。そして，民法典571条類推により政府草案を肯定する見解[126]や，社会福祉的

BAG 29. 4. 1966 = DB 1966, 1197.

[123] 今野 10-11 頁。

[124] Neumann-Duesberg, Gesetzliche Neuordnung des Übergangs von Arbeitsverhältnissen bei Betriebsinhaverwechsel, BB 1971, 969, 971〔Galperin, Der Regierungsentwurf eines neuen Betriebsverfassungsgesetzes, Eine kritische Analyse, Düsseldorf 1971, S. 10 ff を引用〕。

[125] Ibid., S. 971.

[126] Schmidt, a.a.O. (Fn. 122), S. 1199 ff, 1202. Schmidt は，今日の福祉国家では，基本法20条および1条の助けを借りて民法典571条を類推し，事業所有者交替の際の労働関係の自動移転が肯定されなければならないとする。その理由として，基本法20条における福祉国家の原則という思想を強調し，同条に基づき，生産要素，つまり，労働，土地，資本が等価とみなされるべきであること，3つの生産要素を同等に扱うことにより，571条が資本または土地という要素に対してのみ当てはまるものではなく，労働という要素にも当てはまると主張している。

観点から政府草案に基本的に賛成しつつ，労働関係の移転先である新事業所有者は，経営上の理由から継続雇用できないような者から通常解雇により解放されうると指摘し，苦境にある事業の場合，新事業所有者にとって解雇できない労働者が耐え難い負担となりうることから，再建が人員整理にも左右される事業の再建事案のためには，民法典613a条において，法律上，追加の特別規制が規定されなければならないとする修正必要説[127]が主張されていた。立法当時の学説の状況は，労働契約の強制移転を肯定する見解がむしろ優勢で，反対説はむしろ全体では全くの少数説とも指摘されており[128]，Nikisch の前記有力説が民法典613a条の立法に大きな影響を及ぼしたようである。また，企業家の自由の侵害というGalperin の主張に対しては，自動移転肯定説が，旧使用者または新使用者による解雇が許容されうる，それゆえに民法典613a条が違憲ではないと反論[129]していた点も興味深い。

もちろん，民法典613a条の立法化の実現は，当時の社会民主党と自由民主党の連立政権下において，組合の要望に沿って進められた事業所組織法の大幅な改正を通じて行われたことからして，当時の政治状況が大きな影響を及ぼしたことは想像に難くない[130]。

127　Neumann-Duesberg, a.a.O. (Fn. 124), S. 971.

128　*Ibid.*, S.970; Horst Neumann-Duesberg, Arbeitgeberküdigungen bei Betriebsübergang, NJW 1972, 665.

129　Neumann-Duesberg, a.a.O. (Fn. 124), S. 971; Neumann-Duesberg, a.a.O. (Fn. 128), S. 666 ff. その他に，旧使用者の下での管理的職員に対する通常解雇の可能性があることが見逃されている，多くの場合，買収者が引き受けたくない管理的職員の解雇を買収条件として提案し，旧使用者の下で解雇が行われうるため，管理的職員全員を引き継ぐ必要があるということにはならないと主張するものとして，Egbert Fischer, Übergang von Arbeitsverhältnissen bei Betriebsinhaberwechsel, BB 1971, 1203. この見解は，事業承継以前に解雇理由がなく，かつ，旧使用者が引退するために良い事業が売却される場合は，買収者が管理的職員を引き受けることも期待できる，そのような場合，新使用者が事業承継とともに自動的に従前の労働関係のすべての権利義務の当事者となるとすれば，それは（むしろ）歓迎されうるとも指摘していることから，民法典613a条に対して肯定的な評価をしているようである。

130　ドイツの政権は，1966年からキリスト教民主同盟・キリスト教社会同盟の右派陣営とドイツ社会民主党（SPD）の大連立であったが，1969年に大連立が崩壊し，SPDと自由民主党の連立政権となった。1967・68年に学生運動が始まり，民主化の概念が大きな広がりを見せ，連立政権も国家と社会における「より多くの民主主義」を改革要求として掲げていた。そして，1972年の連邦議会選挙では政権与党の大勝利となった。当時のドイツの政治状況については，ハンス・カール・ルップ（深谷満雄＝山本淳訳）『現代ドイツ政治史——ドイツ連邦共和国の成立と発展〔第3版/増補改訂版〕』191頁

とはいえ、当時の事業所組織法の改正にあたり、労働組合の全国中央組織であるDGB（ドイツ労働総同盟）は、事業移転を事業所委員会による共同決定に服することを提案していたが、事業所組織法の政府草案[131]によると、この提案を明確に拒絶し、民法典の中に労働関係に対する事業移転の法的効果を一般的に規制する条文を挿入することが予定されることになったこと、また、この民法典613a条は関連する判例に依拠し、その原則を労働者全員へ均一に拡張すると同時に、労働者の権利確保のために必要な従前の使用者の共同責任を事業移転の時点以降も規制することとしたと説明されている。つまり、立法者は、労働関係の承継を認めた下級審判例の考え方を重視したようである。さらに、政府草案によると、労働者に不利な措置が想定される場合、事業所委員会の共同決定が新使用者に対して向けられることになるため、この規定は事業所組織法上も意義を有するとされている。

　当初の政府草案の民法典613a条は、労働関係の自動承継（現1項1文）、従前の使用者の連帯債務（現2項1文）、合併または組織変更（Umwandlung）による法人消滅の場合の不適用（現3項）および旧組織変更法8条の適用が妨げられないことの確認（旧3項2文、現在削除）のみで、現在よりもかなりシンプルな規定であった。この草案に対して、法案審議過程では、参議院の委員会で、事業移転後の従前の使用者の責任の範囲が一義的に明確でないとして従前の使用者の不当な責任の拡大の懸念が表明され[132]、その結果、現在の2項2文の規定（移転時より後に履行期が到来する場合の従前の使用者の責任範囲の限定）が挿入された。しかし、その他は特に大きな変更もなく、1972年1月15日の法律[133]（1972年1月19日施行）による事業所組織法122条により民法典613a条として労働関係の承継規定が導入された。

　その後、1977年の企業移転指令の制定を受けて民法典613a条の補充が必要となり、1980年8月13日の労働法に関するEC適合法1条5号[134]によって1980年8月21日に1項2文ないし4文（集団的合意との関係）、および4項（事業移転を理由とする解雇禁止）が追加された。また、民法典613a条3項は、1994年10月28日（1995年1月1日施行）の組織変更法の改訂のための法律[135]

以下（彩流社、2002）参照。
[131] BT-Drucksache 6/1786, S. 59.
[132] BR-Drucksache 715/1/70, S. 21.
[133] BGBl. I S. 13.
[134] BGBl. I S. 1308.
[135] Gesetz zur Bereinigung des Umwandlungsrechts, BGBl. I S. 3210.

第 2 条によって修正され[136]，さらに，民法典 613a 条 5 項および 6 項（事業移転の際の使用者の情報提供義務および労働者の異議権）が 2002 年 3 月 23 日の法律（2002 年 4 月 1 日施行）4 条[137]によって付け加えられた。以上の民法典 613a 条は，EU の企業移転指令を国内法化した法律でもある[138]。

3　民法典 613a 条の趣旨・目的

民法典 613a 条は，複数の保護目的を追求している。その中でも優先する目的は，①企業所有者の交替に際しての労働者の存続保護（雇用保障）である。事業または事業の一部の所有者が交替する場合に，労働者がその仕事（職場）（arbeitsplatz）を失うべきではないが，仮にこの規制がないとすれば，法律行為による事業移転に際して個々の労働者の引受けを拒みうることになる。これは解雇制限による保護の欠缺である。それゆえ，民法典 613a 条は，事業所有者の交替の場合の職場の喪失から労働者を保護すると同時に，新所有者が移転時の労働関係から生ずる権利義務の当事者となることにより，従前の契約内容を保障している[139]。

その他，民法典 613a 条は，②従業員代表の存続（事業所委員会の継続性），③旧使用者と新使用者の責任規制，および④集団法上の労働条件の効力存続という目的も追求している。さらに，民法典 613a 条 4 項は，⑤事業移転を理由とするすべての解雇を禁ずるという潜脱禁止の趣旨を含んでいる[140]。

4　民法典 613a 条の要件・適用範囲

民法典 613a 条 1 項 1 文は，事業（Betrieb）または事業の一部（Betriebsteil）が法律行為によって他の所有者に移転する場合，当該所有者が，移転の時点で

---

[136] 3 項 1 文の文言は，1991 年 4 月 5 日の信託管理企業の分割に関する法律第 16 条 1 項によって「合併または組織変更」から「合併，消滅分割（Aufspaltung）または組織変更」へと修正されていた。1994 年改正では，3 項 2 文を削除し，1 文の文言に「人的商事会社」（Personenhandelsgesellschaft）を挿入したほか，「合併，消滅分割または組織変更」に代えて，単に「組織変更」へと修正したものである。これは組織変更法に合わせた用語法としたもので，内容に関する変更がなされたわけではない。MünchK，§ 613a Rn. 1.

[137] BGBl. I S. 1163.

[138] Schaub, § 117 Rn. 1.

[139] MünchK, § 613a Rn. 6 und 8; Schaub, § 117 Rn. 3.

[140] Schaub, § 117 Rn. 3. なお，MünchK, § 613a Rn. 6 ff. は，民法典 613a 条のその他の目的として，所有者交替に関する従業員集団への十分な情報提供も挙げている。

存在する労働関係から生じる権利および義務に参入すると規定している。すなわち，民法典613a条の要件は，①法律行為によること，および②移転の対象である「事業または事業の一部」の該当性の2つの要件に細分できる。かかる要件論は，本書の中心論点であるため，本節Ⅳ以下でまとめて論ずることとし，以下では，その他の付随する問題にのみ触れる。

(1) 公的企業への適用

民法典613a条は，公的な法主体が私法上の企業を引き受ける場合にも適用される。また，連邦労働裁判所は，現存する労働関係の保護のため，国家の主権に基づき職務を行う施設（例えば，公証役場）の移転にも民法典613a条を適用しており，公的任務の履行のために公法上組織された統一体や教会施設も，民法典613a条が対象とする経済的統一体となりうる[141]。

(2) 外国企業との事業移転

ドイツ国内の事業ないし事業の一部が外国の取得者に売却される場合，事業移転時に彼らの労働関係についてドイツ法が適用されているときは，民法典613a条に基づき，国内で就労している労働者の労働関係が外国企業へ移転する。許容される法選択の枠内で外国法の適用が合意されている場合は，民法典613a条による強行的保護が労働者から奪われない限りでのみ，当該外国法規が適用される。

他方，外国から国内への事業移転については，ドイツ法の適用が合意されていない限り，外国法が適用される。EU域内からドイツ国内への事業移転については，そのEU加盟国の法の解釈および適用にあたり，企業移転指令の内容が考慮される[142]。

5 民法典613a条の手続規制Ⅰ（使用者の情報通知義務）

(1) 情報通知義務の意義・趣旨

民法典613a条5項によれば，従前の使用者または新所有者[143]は，移転の対象となる労働者に対して，移転の前に，書面により，①移転の時期または予定されている時期（1号），②移転の理由（2号），③その労働者に対する移転の法的・経済的・社会的帰結（3号），④その労働者に関して予測される措置（4号）について通知しなければならない。

---

[141] Schaub, § 117 Rn. 13.
[142] *Ibid.*, § 117 Rn. 6.
[143] 法文上は，旧使用者「または」新使用者の義務となっているが，両者が共同して通知を義務づけられる。Schaub, § 118 Rn. 35.

民法典 613a 条 6 項に基づき異議権を行使した労働者に関しては，旧使用者の下で別の仕事がないとすれば，経営上の理由による解雇の要件が存することになり[144]，異議権を行使した結果，労働者に不利益が及ぶ可能性もある。そこで，情報通知義務は，労働者に異議権を行使するための十分な基礎知識を与えるべく，2002 年に 6 項の異議権と同時に挿入されたものである[145]。

(2) 通知の内容
(a) 移転の時期および理由（1 号，2 号）

　民法典 613a 条 5 項 1 号の「移転の時期」とは，新使用者による経営権限の承継時期であり，原則として提訴の際に必要な記述（商号など）によって新使用者を記載する必要がある。また，事業移転の対象（事業ないし部分的事業）についても通知されなければならない[146]。

　2 号の「移転の理由」は，労働者の職場に影響を及ぼしうる限り，事業移転の経済的動機について，少なくともキャッチ・フレーズ程度の記述が必要であり，単に法的根拠（売買契約や賃貸借契約）を記載するだけでは不十分である[147]。

(b) 労働者に対する移転の法的帰結（3 号）

　3 号の「移転の法的帰結」に関する情報としては，さしあたり労働関係から生じる権利義務について事業を取得した者が法的に当事者となること（民法典 613 条 a 条 1 項 1 文），民法典 613a 条 2 項の連帯債務者，および関係する労働者が解雇通告を覚悟しなければならないのであれば解雇法上の状況が含まれる。場合によっては，これまで現に通用している集団的規範が移転後も有効かどうか，そして，どのような形で引き続き妥当するのかも通知されなければならない。さらに，連邦労働裁判所は，通知の目的を考慮し，異議の間接的な帰結についても通知が必要な場合があることを認めている[148]。

　また，6 項 1 文所定の 1 か月以内に移転に対して書面による異議申立てがなされない限り旧使用者との間の労働関係が終了すること，従前の労働条件（事

---

[144] ErfK, § 613a BGB Rn. 107; MünchK, § 613a Rn. 124. この場合，旧使用者には新しい就労可能性を作り出す義務はない。
[145] Schaub, § 118 Rn. 30 und 31.
[146] Ibid., § 118 Rn. 32.
[147] Ibid., § 118 Rn. 32.
[148] Ibid., § 118 Rn. 33. 旧使用者は，原則として，事業取得者の経済・財政状況について，労働者に対して個別に通知する必要はない。しかし，事業取得者の経済苦境がはっきりしている場合は，異議権を行使するかどうかの判断のために事業取得者の経済状況が重要となる。

業所への所属，賃金，企業年金，一般・特別の解雇制限）が原則として引き続き有効であること，および民法典613a条4項の解雇禁止やその射程が具体的に指摘されなければならない[149]。

(c) **労働者に対する移転の経済的・社会的帰結（3号）**

3号の「移転の……経済的・社会的帰結」に含まれるのは，旧使用者と新使用者の責任（民法典613a条2項3項）に関する説明である。また，ドイツ連邦労働裁判所は，事業移転の結果ではなく，不承継の結果であるにもかかわらず，現存する利益調整および異議申立てをする労働者のための補償を定めた社会計画に関しても通知義務があると考えている。利益調整と社会計画がいまだ合意されていないが，使用者と事業所委員会が間近に迫った事業移転に関して交渉中である場合，通知義務の対象は現在の交渉状況にまで及ぶ[150]。

(d) **予測される措置（4号）**

4号の「労働者に関して予測される措置」には，情報提供時点で予定されている新使用者の事業方針，とりわけ，それがすでに十分具体的である限り，事業目的や事業規模の変更と，その結果として生じる労働者に関する措置が含まれる。それは労働関係に対する異議を述べた場合に，経営上の理由による解雇が必然的に言い渡されることも言及されなければならないことを意味する。事業移転後の措置に関する通知の範囲は，新使用者の構想次第で異なるが，その措置は，事業所変更（事業所組織法111条・112条）に関する通知と異なり，新使用者の具体的計画に基づくものである必要はない[151]。

(3) **通知義務違反の効果**

通知が不十分または誤った記述を含む場合の法的効果は，事業移転に関連して告知された解雇の無効をもたらすことはないが，6項1文の異議申立期間の算定は開始されない。よって，明らかに不十分な通知であれば，事業移転後においても異議権の行使が可能である。ただし，不完全な通知は，後の補充により瑕疵が治癒されうる。

また，通知義務違反の場合，労働者は，旧使用者に対する民法典280条1項に基づく損害賠償請求権および新使用者に対する契約締結前の義務違反に基づく損害賠償請求権（民法典280条1項・311条2項）の追及が可能である[152]。

149 　*Ibid.*, § 118 Rn. 33.
150 　*Ibid.*, § 118 Rn. 33.
151 　*Ibid.*, § 118 Rn. 34.
152 　*Ibid.*, § 118 Rn. 37.

6 民法典613a条の手続規制Ⅱ（労働者の異議権）

(1) 異議権の趣旨・法的性格

　労働者は，5項に基づく通知の到達後1か月以内に，労働関係の移転に対して書面により異議を申し立てることができる（民法典613a条6項1文）。異議は，従前の使用者または新所有者に対して行うことができる（同2文）。ただし，この異議権は，組織再編（Umwandlung）によって従前の使用者が事業移転の時点で消滅する場合は認められない[153]。

　異議権は，共同体法上，要求されているわけではないが，連邦労働裁判所は，すでに1974年以来，民法典613a条第1項1文の限定解釈により，労働者が譲受企業への移転に異議を述べ，それにより従前の使用者との労働関係の存続を確保する権利を認めていた[154]。そこで，立法者は，連邦労働裁判所の従前の判例に従って，労働者によって選ばれたわけではない使用者の下で一時的にでも労働給付の提供を義務づけることが，人間の尊厳，人格を自由に発展させる権利，および自由な職場選択の権利（基本法12条1項）と相容れない[155]との考慮の下で，連邦労働裁判所の判例法上認められた異議権を成文化した。

　かかる異議権は，相手方の受領を必要とし，かつ，意思表示により行使される法的効果拒絶権の形式による形成権である[156]。

(2) 異議権の形式要件

　労働者は異議権の行使の際に「異議」という表現を明示的に使う必要はなく，申立てた書面の文言および交付された状況を解釈し，労働者が労働関係の移行を妨げようとしていることが明らかであれば十分である。異議申立ての理由の記載も不要である[157]。しかし，異議申立てが有効になされるためには書面ま

153　BAG 21. 2. 2008 AP 342 zu § 613a BGB = NZA 2008, 815. なお，合併，消滅分割等の場合，譲渡会社が消滅してしまうため，労働者は，譲受会社に対して即時解約をなしうると解されている。中内哲「企業結合と労働契約関係」日本労働法学会編『講座21世紀の労働法 第4巻・労働契約』283頁（有斐閣，2000）。

154　Schaub, § 118 Rn. 30; Löwisch, Rn. 1485.

155　BT-Drucks 14/7760, S. 20.

156　Schaub, § 118 Rn. 41. それゆえ，条件または留保を付した異議権の行使は認められない。また，関係する使用者の1人に対して表明された異議は，一方的に取下げないし撤回され得ない。

157　Ibid., § 118 Rn. 42. そもそも異議権の行使に客観的な理由（sachlicher Grund）は必要でない。ただし，連邦労働裁判所の解釈によると，異議権が労働契約上の権利確保と従前の使用者維持とは異なる目的をもたらすために行使された場合は，権利濫用として異議の無効が問題となる。Ibid., § 118 Rn. 45.

たは電磁的形式によることが必要である（民法典 126 条, 126a 条)[158]。この法律上の要式性が守られない場合（例えば, ファクシミリ), 原則としてその異議申立ては民法典 125 条 1 文により無効となる[159]。

(3) 異議申立期間

異議申立期間（1 か月）は, 個別契約や集団的合意により短縮され得ない。それは 5 項による適法な情報通知の労働者への到達時から起算される（例えば, 事業移転前に通知がなされた場合は, 1 か月の期間の進行は事業移転前から開始される)。仮に 5 項に照らして不足がある, または不適法な通知がなされた場合は, 異議権の行使に関する厳格な時的限界はないが, その権利行使は一般的な原則に従って喪失しうる[160]。

(4) 異議権の放棄に関する合意

民法典 613a 条 5 項および 6 項は強行法規ではないため, 労働契約の当事者は, これと異なる合意をすることが可能である[161]。民法典 613a 条 6 項が新設される前の連邦労働裁判所の判例[162]によると, 労働者は, 間近に迫った事業移転に際して, 従前の使用者に対して異議を申立てないことを有効に約束しうるとされていたが, この判断は, 民法典 613a 条 6 項の下でも維持されると解されている。もっとも, 異議権の放棄には, 6 項 1 文の書面性の要件が必要である[163]。

(5) 異議権行使の法的効果

イギリスやフランスでは, 労働関係の移転を拒否すると, 解雇法の保護を受けることなく労働契約が終了したものとみなされる。しかし, ドイツでは, 労働者が適法に異議権を行使した場合, 労働関係は旧使用者の下で存続する。もっとも, 先述したように, この場合, 旧使用者の下での解雇の可能性があるため, 異議権を行使した結果, 必ずしも労働者に有利となるわけではない。使

---

[158] この要式性は, 警告および証明機能を有する。すなわち, 労働者に対して申立ての意味を自覚させ, 労働関係の運命について早計な表明をすることを防止するとともに（Vgl. BT-Drucks. 14/7760 S. 20), 旧使用者および新使用者が, どの労働者が新使用者へ移行したかについての立証を容易にする機能を有する。ただし, 労働者は, 5 項に照らして不足の, または不適法な通知があった場合, 事業移転に対して, 無方式に異議申立てが可能と解されている。Schaub, § 118 Rn. 43.

[159] Schaub, § 118 Rn. 42.

[160] *Ibid.*, § 118 Rn. 43 und 43a.

[161] MünchK, § 613a Rn. 12.

[162] BAG 19. 3. 1998 AP Nr. 177 zu § 613a BGB = NZA 1998, 750.

[163] Schaub, § 118 Rn. 44.

用者は，異議権を行使した労働者を継続雇用できない場合，当該労働者を事業承継者へ出向させ（ausleihen），その事業所において協約に基づき支払われる安い賃金により雇用関係を継続する目的で変更解約告知を行うことも可能である[164]。

なお，異議権が事業移転後に初めて行使される場合も，旧使用者または新使用者への異議の到達をもって，労働関係が従前の条件で旧使用者と継続される。その場合，連邦労働裁判所と多数説は，異議が事業移転時に遡及すると解している[165]。

7 民法典613a条の個別的労働関係上の効果

(1) 現存する労働関係の自動承継

事業移転の場合，新所有者は，移転の時点で現存する労働関係から生じる権利および義務に参入する（民法典613a条1項1文）。よって，事業移転の時点で，旧使用者との間で現存する労働関係が自動的に新使用者に移転する。この場合，労働者の承諾も不要である[166]。現存する労働関係には，労働者派遣法[167]10条1項に基づき事業を移転する企業との間で擬制された労働関係[168]も含まれる。仮に労働者が解雇通告を受けていた場合は，事業移転がその解約告知期間内に行われたときは当該労働関係も含めて承継される[169]。

また，承継される労働関係は，移転時点で，承継される統一体（事業または

---

[164] BAG 29. 3. 2007 = NZA 2007, 855.
[165] Schaub, § 118 Rn. 46. したがって，労働者は，異議の到達時点までは，事実上の労働関係に基づいて新使用者の下で労務を提供すべきこととなり，その契約関係も存在しなかったことになる。この異議の遡及効を認める判例・多数説に反対し，異議の時点まで労働者と移転先との間に契約上の関係が存続し，その内容は民法典613a条1項によるという見解も提唱されている。
[166] Dauner-Lieb/Simon, § 324 Rn. 20.
[167] Gesetz zur Regelung der gewerbsmäßigen Arbeitnehmerüberlassung (Arbeitnehmerüberlassungsgesetz-AÜG) vom 3. Februar 1995 (BGBl. I S. 158), zuletzt geändert durch Gesetz vom 20. 7. 2011 (BGBl. I S. 1506).
[168] 労働者派遣法10条1項によれば，派遣元使用者が必要な許可を有せず，派遣労働者との契約が無効となる場合は，派遣労働者保護のため，派遣労働者と派遣先との労働関係が成立しているものと擬制される。
[169] Schaub, § 118 Rn. 3. なお，ドイツ連邦労働裁判所（BAG 19. 5. 2005 AP Nr. 283 zu § 613a BGB = BB 2006, 943）の解釈によると，労働関係が事業移転の前日の終わりに有効に期間が満了し，かつ，新使用者がそれを新たな労働関係の締結によって継ぎ目なく継続する場合にも，労働関係が新使用者に引き継がれる。

事業の一部）に所属していた労働者に関するものである。この問題は，複数の事業のうちの一つだけ，または事業の一部だけが新たな事業所有者へ移転し，しかも残りの事業が閉鎖され，解雇される場合に一層重要性を帯びてくる。複数の事業で活動していた労働者がいずれの事業部門に帰属すると考えるかは，事業移転当事会社の意思に左右されず，原則として客観的な基準により導かれる[170]。

なお，事業移転の時的基準時は，欧州司法裁判所によると，先述のとおり移転する統一体の事業に対する旧使用者の責任が新使用者へ移転する時点である[171]。この点，2008年2月21日の連邦労働裁判所判決[172]は，重要なことは，新使用者が事業活動を実際に継続するか，または再開する時点であり，変更なく継続するという単なる可能性では十分でないこと，そして，事業継続のメルクマールとして何らかの経営権限の特別な移転は必要とされないが，旧所有者が当該事業における経済活動を中止する必要があると判示している。契約上，条件が付与されているかどうかは問題とならず[173]，契約上の規制によって基準時から逸脱することはできない[174]。

---

[170] MünchK, § 613a Rn. 86; Schaub, § 118 Rn. 4. まずは労働契約上の合意，それがない場合は，当該職場の機能，活動の時間的割合，さらに使用者による明示・黙示の労務指揮権の行使が基準となる。

[171] Case C-478/03, *Celtec* [2005] ECR I-000.

[172] BAG 21. 2. 2008 AP Nr. 343 zu § 613a BGB = NZA 2008, 825. この判例は，あるホテルの新使用者が2月1日に引き継ぐことで倒産管財人と合意していたが，3月1日になって初めてそのホテルの経営を引き継いだという事案（よって，それまでの期間は倒産管財人がホテルの営業を継続したが，従業員に対する給与支払を拒否）において，実際の状況が重要であることを強調し，新使用者が事業の経営権を実際に引き継いだ時点において初めて移転されたと判断した。

[173] BAG 13. 12. 2007 AP Nr. 338 zu § 613a BGB = DB 2008, 1161.

[174] Schaub, § 117 Rn. 28. もっとも，2008年2月21日の連邦労働裁判所は，事業に対して責任を有する事業所有者の意味について，自己名義で経営し，かつ，外部に対して事業所有者としての態度をとった者であるとしたことから，事業資産の実際の移転の前後に事業移転を生じさせる可能性を与えている。すなわち，旧使用者が新使用者に対して，事業資産を移転後の一定期間，事業を自己名義で，ただし，新使用者の計算により業務を継続する義務を負うことで，事業移転時点を延期することが可能となる。その反対に，新使用者は，事業資産の現実の移転前の段階で，事業を自己名義で，ただし，旧使用者の計算で経営する権限を移転することにより，事業移転時の前倒しを行うことができる。このようにして負担した責任の最終的な処理は，旧使用者と新使用者間の内部関係で規制可能である。この形態は，会社法上，通常は企業経営契約の問題として考慮され，契約締結に一定の制限がある（株式法292条3項）。以上につき，Thomas Mül-

また，経営資源（Betriebsmittel）の移転が複数の段階でなされる場合，事業移転は，基本的な事業継続に必要な経営資源が移転され，かつ，事業移転についての決定がもはや取り消すことができない時点において生じる。このことは，新使用者により経営資源または従業員集団が漸次引き継がれていく場合，時間的な幅をもって事業移転となることを意味する[175]。

(2) 新使用者の法的地位

(a) 契約当事者の交替による権利・義務の帰属

新使用者は，民法典613a条1項1文により定められた契約当事者の交替に基づき，それが移転前に発生したものである限り，労働関係から生じるすべての債務の債務者となる。したがって，新使用者は，未払いの賞与や勤続手当等の労働関係から生ずる過去の請求権はもちろん，将来の主たるおよび従たる請求権についても履行しなければならない[176]。一方，新所有者も，旧使用者の給与の超過支払による返還請求権または労働契約の義務違反による損害賠償請求権等の労働者に対する請求権を取得する[177]。

(b) 労働条件

新使用者は，事業移転の時点で旧使用者の下にあった状態の労働関係をそのまま引き継ぐものであり，労働関係の内容は変更されない[178]。個別契約で協約上の労働条件を引用する条項（Bezugnahmeklausel）も，権利を基礎づける意義を有したまま存続する[179]。したがって，旧使用者の下での勤続期間も引き継がれることから，解雇制限法1条1項の待機期間，社会的選択（解雇制限法1条3項），法定解約告知期間（民法622条2項）の算定，さらには勤続期間の長さに応じて与えられる追加の休暇の計算等にあたり，旧使用者の下での勤続年数が算入されなければならない[180]。もちろん，移転それ自体が労働条件変更の理由でないのであれば，新使用者が，旧使用者に課されていたのと同じ制限（前述の労働条件変更法理）の下で，労働条件を変更することは可能である[181]。

---

ler-Bonanni, Betriebsübergang － ja oder nein? － Die aktuelle Rechtsprechung zum Tatbestand des § 613 a BGB, NZA 2009, 13, 18.

[175] Schaub, § 117 Rn. 28. なお，経営資源または従業員集団の承継が事業移転の審査に際してどの程度の期間，考慮されるべきかについて，判例は未だ確定していない。

[176] Löwisch, Rn. 1488; Schaub, § 118 Rn. 5.

[177] Schaub, § 118 Rn. 5.

[178] *Ibid.*, § 118 Rn. 6.

[179] BAG 17. 11. 2010 = NZA 2011, 356.

[180] Schaub, § 118 Rn. 17; Löwisch, Rn. 1489.

なお，引き継いだ労働者の従前の給与が，新使用者の事業における比較可能な労働者より低い場合であっても，新使用者は，平等取扱原則（Gleichbehandlungsgrundsatz）に基づきその低い給与を上げる調整義務を負わない。その反対に，引き継いだ労働者に従前適用されていた，新使用者の労働者よりも有利な賃金水準も許容される。よって，異なる賃金制度が適用されうる。統一した労働条件の策定は，それだけでは解雇制限法1条第2項に言う緊急の経営上の必要性や変更解約告知（解雇制限法2条）の理由とはならない[182]。

(c) **企業年金の負担**

旧使用者の下で稼得された失権しうる，または失権し得ない労働者の年金期待権[183]は，民法典613a条1項1文により新使用者へ移転する。これに対して，退職労働者の年金請求権（Versorgungsansprüch:年金請求権および失権し得ない期待権）は，民法典613a条により移転することはない。

新使用者が自らの年金約束に基づいて年金給付の算定を行う場合，承継した労働者が旧使用者の下で稼得した就労期間を計算に入れることは義務づけられない。ただし，失権し得ない年金期待権の場合にのみ，旧使用者の下で稼得された従前の勤続期間を考慮する必要がある[184]。

(3) **旧使用者の法的地位**

旧使用者は，第1項に基づく義務が移転時前に発生し，かつ，移転時から1年が経過する前に履行期が到来する場合に限り，かかる義務に対して新所有者とともに連帯債務者として責任を負う（民法典613a条2項1文）。したがって，旧使用者は，事業移転後に初めて発生した，労働関係から生ずる請求権に対しては責任を負わない。事業移転後に債務の履行期が到来するが，移転の前後を通じて発生する場合，旧使用者は，移転時において経過した，その算定期間の部分に対応する範囲でのみ責任を負う（同2文）[185]。

---

[181] Waas, 100.
[182] Schaub, § 118 Rn. 13. 引き継がれた事業組織が解消され，引き継がれた労働者が新使用者の事業の中に統合される場合も，新使用者の調整義務はない。ただし，使用者が事業移転の後，引き継がれた労働者と従前の労働者の労働条件のために1つの固有の規則を作成する場合は，平等取扱原則が適用されうる。
[183] 失権し得ない年金期待権の意味については，本書68頁の注(23)参照。
[184] Schaub, § 118 Rn. 14.
[185] なお，休暇請求権については，労働からの解放を要求することであるから，新使用者が休暇を与えなければならず，旧使用者の責任は排除されると解されている。そのため，連邦通常裁判所（BGH 25. 3. 1999 = NZA 1999, 817）は，旧使用者が新使用者に対して事業移転前に発生した休暇請求権について，権利分に応じた補償を金銭で支払わ

ただし，旧使用者の共同責任は，法人または人的商事会社が組織変更によって消滅する場合は生じない（民法典 613a 条 3 項）。

8　民法典 613a 条の集団的労使関係上の効果

(1) 事業所委員会およびその委員の存続

事業移転によって事業が別の所有者に移転する場合，民法典 613a 条により新所有者が労働関係に参入し，かつ，移転それ自体によって事業所の同一性が変更されないことから，事業所委員会もその職務を維持する[186]。言い換えれば，移転された事業［所］がその自治を保持している場合（より複雑な組織に吸収されることなく，別々の運営単位として存在し続ける場合）は，従業員代表の地位および機能が保持される必要がある[187]。事業所委員会の継続性の保障は，民法典 613a 条の主要な規範目的の一つである[188]。

もっとも，仮に事業譲渡（Betriebsveräußerung）に関連して事業所が分割された場合でも，事業所組織法 21a 条 1 項 1 文により，原則として分割された事業所の事業所委員会はその職務を保持し，すべての関与権および共同決定権を引き続き行使することが保障される[189]。また，新しく生じた事業所のための選挙管理委員（Wahlvorstände）を遅滞なく選任することが義務づけられる（同 2 文）。その反対に，複数の事業所または事業所の一部が一つの事業所に統合される場合は，選挙権を有する労働者の数に照らして規模の大きな事業所の事業所委員会がその権限を与えられる（同条 2 項 1 文）。

この事業所組織法 21a 条は，従業員代表の地位等の維持を定めた企業移転指令 6 条[190]を国内法化したものである。その趣旨は，事業所の組織変更の場合に事業所委員会が存しない期間を回避するとともに，組織変更に引き続く重大な局面において事業所委員会の参加権による保護を認めることにある。加えて，

　なければならないと判断している。
[186] Löwisch, Rn. 482.
[187] Waas, 89. したがって，事業所協定もそのまま効力を有する。一方で，事業所それ自体が分割し，または新使用者の別の事業所に吸収される場合は事業所としての同一性を失い，関連する事業所協定も効力を失う。Waas, 92-93.
[188] MünchK, § 613a Rn. 71.
[189] Löwisch, Rn. 483. これは，法文上，過渡的委任（Übergangsmandat）と言われている。なお，事業所組織法 21a 条 3 項は，事業所および事業所部門の分割または統合が，事業譲渡または組織変更法に基づく組織変更に関連して行われる場合も，1 項および 2 項が適用されると規定している。
[190] 企業移転指令 6 条については，本書 130 頁以下参照。

新しく生じた事業所において，早急な事業所委員会の継続を確保しようとする趣旨もある[191]。

(2) 集団的合意自体の継続適用

労働協約または事業所協定がある場合の規律については，民法典613a条1項2文ないし4文が規定している。かかる1項2文ないし4文の規定の文言からは，労働協約の法規範または事業所協定から生じる権利義務は，個別法に変換されるのが原則であるようにもみえる。しかし，これらの規制は，従前の労働協約または事業所協定が新使用者において適用要件を満たす場合の集団法上の継続適用を排除するものではなく，むしろ集団法上の適用が満たされない場合の補充的規制であると理解されている[192]。したがって，従前の労働協約または事業所協定の適用がある場合は，まずはそれに拠ることになる。

(3) 個別法上への転換による継続適用

では，集団的合意が適用されない場合は，どのような効果を有するか。

まず，民法典613a条1項2文によると，労働関係から生ずる権利および義務が労働協約の法規範または事業所協定によって規制される場合，それは新所有者と労働者との間の労働関係の内容となり，移転時から1年が経過する前に労働者に不利益に変更されてはならない。協約の拘束力は，労働関係の内容とならず，法律と同様に外部から作用するにすぎないと解され[193]，2文が挿入される以前は，集団法上の権利義務の帰趨に空白が生じていた。そこで，2文は，少なくともある一定期間，労働者に集団的合意から生じた権利を享有し続けることを保障するため，集団的合意の諸規定を個別的労働契約の規定に転換し，同時に1年間はこれを強行的[194]としたものである。

ただし，この2文は，新所有者の下における権利および義務が，他の労働協

---

191 Wlotzke et al., § 21a Rn. 1.
192 ErfK, § 613a BGB Rn. 113; Semler/Stengel, § 20 Rn. 39. なお，集団的合意の適用要件については，本書68頁以下参照。
193 MünchK, § 613a Rn. 129.
194 集団的合意の規範的部分の個別法への転換は，集団的合意が有していた直律的効力および強行的効力が失われることを意味するため，これを補うため1年間の片面的な不可変更性が定められた。この1年間という期間の限定は，企業移転指令3条3項の1年に依拠している。その趣旨は，承継された労働者の労働条件を新使用者が自己の企業の労働条件に適合させるようにすることにある。以上につき，塚田54頁参照。したがって，移転後1年が経過した後においては，使用者は，通常の労働条件変更手段を利用することが可能であり，その中で最も重要なのは，変更解約告知である。ベルント・ヴァース（桑村裕美子訳）「ドイツにおける労使関係の分権化と労働組合および従業員代表の役割」日本労働研究雑誌555号17頁（2006）参照。

約の法規範または他の事業所協定によって規制されている場合には適用されない（民法典613a条1項3文）。よって、2文の片面的不可変更性は、新所有者に適用されている集団的合意による変更に対しては作用しない。

また、労働協約または事業所協定がもはや効力を失っている場合（例えば、1年経過前に協約が満了した場合）[195]、または、他の労働協約の適用範囲において相互の協約拘束性がない場合（例えば、労使が使用者団体または組合に加入していない場合）で新所有者と労働者との間でその適用を合意しているときは、2文による期間が経過する前に、権利および義務を変更することができる（民法典613a条1項4文）。

9　事業移転の際の解雇の効力

(1)　事業移転を理由とする解雇とその他の理由による解雇の区別

事業または事業の一部の移転を理由とする旧使用者または新使用者による労働者の労働関係の解雇は無効である（民法典613a条4項1文）。これは労働関係の移転と結び付けられた労働者保護の潜脱を防止する趣旨である[196]。これには独自の解雇禁止を含み、解雇制限法1条1項にいう社会的不当性を単に具体化しただけのものではない。したがって、4項1文による保護は、解雇制限法1条1項の6か月の待機期間を満たしていない労働者や、同法23条所定の最低規模に満たない事業所に所属している労働者にも及ぶ[197]。解雇制限法9条（解消判決）に基づく補償金と引換えに労働関係を解消することもできない[198]。

もっとも、連邦労働裁判所は、無効とされる解雇を、事業移転を「主たる理由」（tragender Grund）とする場合[199]と解しており、その点から、事業移転が検討される以前に解雇された場合は、これに該当しない[200]。

また、事業移転が検討されている場合であっても、民法典613a条4項2文

195　この場合、事業移転がなかったとしても直律的強行的効力が失われたはずなので、労働者がそれよりも有利な地位に立つべきではないとの趣旨である。塚田56頁。
196　Löwisch, Rn. 1497.
197　ErfK, § 613a BGB Rn. 153; MünchK, § 613a Rn. 187.
198　Löwisch, Rn. 1497. なお、この規定は、通常解雇のほか、非常解雇、変更解約告知、事業移転を理由とする解雇回避のために締結された合意解約にも適用される。ErfK, § 613a BGB Rn. 153; MünchK, § 613a Rn. 187.
199　BAG 13. 11. 1997 AP Nr. 169 zu § 613a BGB = NZA 1998, 251; BAG 27. 10. 2005 AP Nr. 292 zu § 613a BGB = NZA 2006, 668.
200　Löwisch, Rn. 1498.

により，「別の理由」による労働関係の解雇は妨げられない。この2文は，経済的・技術的・組織的理由からの解雇を許容する企業移転指令4条1項に対応するものである。民法典613a条は，労働者の所属する事業が他の企業に移転することによる職場喪失を防止するものであるから，事業移転と関わりのない，いつでも現実化しうるリスクや職場喪失に対しては保護が及ばない[201]。したがって，ここでは特に新旧使用者による経営上の理由による解雇が問題となる[202]。

なお，解雇制限訴訟において労働者が民法典613a条4項1文の無効理由のみに依拠する場合，提訴した労働者の側で，法律行為による事業移転を理由として解雇がなされたことを主張・立証しなければならない[203]。

(2) 事業閉鎖計画による解雇とその後の事業移転

まず，計画された事業閉鎖を理由として解雇をしたが，その後になって，当該事業が移転された場合，1文と2文の区別が問題となる。

この点，判断の基準時について，連邦労働裁判所[204]は，専ら解雇の効力発生時の関係，すなわち，解雇通告の到達時が基準とされるべきで，解雇到達時に事業移転を構成する事実がすでに確定しているか，または，少なくとも具体化している場合に，間近に迫っている事業移転が民法典613a条4項により無効を導くと判示している。

これに対して，たとえ後に事業移転に至ったとしても，合理的な事業経済上の考慮に基づいて閉鎖が不可避であるとの判断から解雇通告がなされた場合は，1文により無効とはならない[205]。例えば，清掃業務を営む甲企業がA病院から委託を受けて清掃業務のためにBを勤務させていたところ，当該委託契約が解約となり，新たに乙企業に委託されることとなった場合，その時点で，甲から乙に対する事業移転となる事実が存しないのであれば，甲はA病院の清

---

201 ErfK, § 613a BGB Rn. 155; MünchK, § 613a Rn. 189. Vgl. BAG 18. 7. 1996 AP Nr. 147 zu § 613a BGB.

202 連邦政府の草案でも，当該事業における労働者の継続雇用を妨げる緊急の経営上の必要性がある場合は，1文に言う解雇とならないことが指摘されている。BR-Drucksache 353/79 v. 17. 8. 1979, BT-Drucksache 8/3317 v. 6. 11. 1979.

203 ErfK, § 613a BGB Rn. 178; MünchK, § 613a Rn. 212. 解雇された労働者が，より高度の蓋然性をもって使用者の唯一の動機の立証に成功すると，使用者側でそれを覆す事実の立証を要することになる。

204 BAG 13. 11. 1997 AP Nr. 169 zu § 613a BGB = NZA 1998, 251; BAG 24. 5. 2005 = NZA 2006, 31.

205 ErfK, § 613a BGB Rn. 161.

掃業務のために雇用したBを有効に解雇することができる[206]。

(3) 再建のための事業移転と解雇

経済的に困難な状況にある企業が，再建目的のために事業移転と近接した時期に労働者の削減を行う場合，事業移転を理由とする解約告知と，その他の理由による解約告知との区別が問題となる。

(a) 旧使用者の再建計画の実施による解雇

具体的な事業移転の可能性がいまだ存しない場合において，不可欠な再建に関わってなされた解雇は，1文とは無関係である。

また，事業所有者が，事業の売却と関わりなく，経営上の理由による解雇を実施しなければならなくなった場合も，その解雇は1文に違反しない[207]。したがって，事業を売却する意思がある場合でも，解雇制限法1条2項の要件の下で，前もって自らの再建計画を実施することも自由である[208]。

さらに，連邦労働裁判所は，事業所有者が事業の売却と関連して事業改善のための合理化措置を実施し，かつ，その目的のために経営上の理由による解雇を行うことも4項1文によって妨げられないと判示している。例えば，1996年7月18日の連邦労働裁判所判決[209]は，事業活動が停止状態にあった企業について，株主であった信託公社が事業の売却先を探して数社と交渉したが，いずれも一定限度の人員削減が条件とされたという事案である。信託公社は，当該企業の競争力を高めることによる事業の存続維持と売却に適したものとするため，労働者を216人から150人のみを雇用するという将来の事業構造計画を策定し，当該計画を基礎として事業所委員会と利益調整を成立させ，社会計画を策定し，労働者を解雇した。連邦労働裁判所は，民法典613a条4項が，事業移転と関係のない，常に現実化しうるリスクを保護していないとし，潜在的な事業買受人が事業の取得について解雇を条件としたからと言って直ちに解雇理由は生じないが，事業の売却に関連して事業改善のための合理化を実施し，かつ，その目的のために経営上の理由による解雇を行うことは4項1文によって妨げられないと判断した。そして，事業の継続には事業移転が前提条件として必要であり，さもなければ閉鎖せざるを得ないと指摘の上，本件解雇の判断

---

[206] BAG 13. 11. 1997 AP Nr. 169 zu § 613a BGB.
[207] BAG 20. 9. 2006 AP Nr. 316 zu § 613a BGB = NZA 2007, 387.
[208] ErfK, § 613a BGB Rn. 168.
[209] BAG 18. 7. 1996 AP Nr. 147 zu § 613a BGB = NZA 1997, 148. この判決については，春田吉備彦「譲受人の構想にもとづく事業譲渡人による解雇」労働法律旬報1615号104頁以下（2006）で紹介がある。

は，売却機会の改善のための事業の合理化であったことを認め，解雇を有効とした。このように解雇が事業移転と関係している場合であっても，解雇しなければ事業閉鎖に追い込まれる状況においては，事業維持のための合理化措置としての解雇が許容される。

(b) 新使用者構想に基づく旧使用者の下での解雇

問題となるのは，新使用者が現時点より少ない労働者しか必要としないという場合に，新使用者（事業譲受人）の構想（Erwerberkonzept）に基づいて旧使用者の下で解雇できるかである。

この点，新使用者の構想に基づいて旧使用者が解雇する可能性自体は，一般に認められている[210]。かかる解釈は，民法典613a条1項1文および4項1文の趣旨・目的からも正当化される。すなわち，新使用者の合理化措置の下でいずれ解雇されるにもかかわらず旧使用者での解雇を制限するとなれば，たとえ就労可能性がない場合であっても，新使用者自らが解雇しうるまで，労働者との労働関係を不自然に引き延ばすことを新使用者に義務づけることになる。それは民法典613a条1項1文および4項1文の趣旨・目的に適合しない[211]。のみならず，再建の場合の事の本質は，まさに当該事業に自発的な再建能力がもはや存しないということにある。新使用者によるリストラクチャリングに代わる選択肢としては，企業の閉鎖しかない。かかる状況で，新使用者構想に基づく旧使用者による前倒しの解雇は，民法典613a条1項および4項の保護思想（事業承継の際に，新使用者による従業員集団の自由な選別を阻止する）に違反しない。全体の労働関係を承継するとの要求のために事業承継に失敗した場合，旧使用者は，その後の閉鎖に基づき経営上の理由による解雇を言い渡すであろう。その場合，民法典613a条の労働者保護規定が，限定された労働ポストの数を確保するどころか，その目的とは反対に，むしろ全部の労働ポストの喪失に至ってしまうと指摘されている[212]。

そこで，問題は，新使用者構想に基づく解雇の要件・適用範囲である。この点，新使用者構想に基づいて旧使用者が解雇するためには，単に新使用者が，事業移転前に従業員集団の縮小を要求するだけでは十分ではなく[213]，事業経

---

[210] BAG 26. 5. 1983 AP Nr. 34 zu § 613a BGB; 20. 3. 2003 AP Nr. 250 zu § 613a BGB; ErfK, § 613a BGB Rn. 169.

[211] Reinhard Vossen, Die betriebsbedingte Kündigung durch den bisherigen Arbeitgeber aus Anlaß des Betriebsübergangs, BB 1984, 1557, 1560; ErfK, § 613a BGB Rn. 169.

[212] ErfK, § 613a BGB Rn. 170; MünchK, § 613a Rn. 193.

済上の構想または再建計画が必要と解されている[214]。解雇通告時に，組織再編（リストラクチャリング）の実施が具体化していなければならない。そして，旧使用者の前倒しとなる解雇の際に，その潜脱の可能性を防止するために，当該構想を実際に実現に移す十分な法的根拠がある場合（例えば，事業移転や引き受けられる労働者の人数に関する仮契約）に，解雇が社会的に正当化される[215]。

さらに，当該再建構想に基づいて，具体的にどの従業員を解雇の対象とするかの判断も自由ではなく，解雇制限法1条3項による制限に服する。そして，解雇制限法1条3項に基づく社会的選択は，承継される部分が全体の事業か一部門かを問わず，旧使用者の全体の事業と関係づけて行われる[216]。

以上に述べた新使用者構想に基づく旧使用者の解雇は，倒産の事案で連邦労働裁判所が積極的に認めてきたものであり，解釈の指導原理や根拠づけも倒産の場面が念頭に置かれている。連邦労働裁判所が倒産以外の場合にこの解釈を適用するか否かは定かではないが，学説の多数は，倒産以外にも適用を肯定している[217]。

(4) 事業移転後，新使用者の下での解雇

事業移転後，シナジー効果または合理化効果を目的として，新使用者が解雇制限法1条の緊急の経営上の必要性の要件の下で解雇を行うことも可能である[218]。民法典613a条4項1文は，明文で旧使用者とともに新使用者による解雇も禁じているが，この規定は，一般的な潜脱禁止を示したにすぎず，労働関係が新使用者に移行し，新使用者が使用者の立場を認めている場合は，もはやその保護目的と関係しない[219]。

そして，事業移転後，新使用者によって社会的選択が実施される場合，その

213　BAG 20. 9. 2006 AP Nr. 316 zu § 613a BGB = NZA 2007, 387.

214　Heinz Josef Willemsen, Die Kündigung wegen Betriebübergangs — Zur Auslegung des § 613a Abs. 4 BGB —, ZIP 1983, 411, 416; ErfK, § 613a BGB Rn. 169.

215　BAG 20. 3. 2003 AP Nr. 250 zu § 613a BGB = NZA 2003, 1027; ErfK, § 613a BGB Rn. 171; MünchK, § 613a Rn. 193.

216　ErfK, § 613a BGB Rn. 172; MünchK, § 613a Rn. 195.

217　Willemsen, a.a.O. (Fn. 214), S. 416; Vossen, a.a.O. (Fn. 211), S. 1560; Gert Commandeur und Wolfgang Kleinebrink, Gestaltungsgrundsätze im Anwendungsbereich des § 613a BGB, NJW 2008, 3467, 3472.

218　例えば，新使用者が倒産会社から事業を取得し，民法典613a条により全体の労働者を承継した後，既存のより大きな主要事業へと組み入れ，単一の事業へと統合した結果，特に管理部門でポストの重複が生じたため，過剰な人員を解雇するという場合が考えられる。Vgl. Willemsen et al., Rn. H 103.

219　Willemsen et al., Rn. H 101.

社会的選択の範囲は，原則として承継された事業に限定されるべきであると解されている。民法典 613a 条 1 項および 4 項は，単に事業移転前に有していた法的地位を労働者に保障するにすぎないことから，新使用者の下で事業移転前から勤務していた労働者を社会的選択に含めることは，存続保護をさら追加するという意味で，事業移転の対象となった労働者を不当に優遇することになるからである[220]。

(5) 変更解約告知

民法典 613a 条 4 項 1 文の解雇禁止は変更解約告知にも適用される[221]。よって，解雇制限法の適用がある場合は，同法 2 条の厳格な要件が問題となるほか，旧使用者において集団法上規制されていた労働条件がある場合は，民法典 613a 条 1 項 2 文の 1 年間の変更禁止規定が及び[222]，直ちに変更が実現しないという問題がある。

10　民法典 613a 条の強行法規性と脱法行為

民法典 613a 条 1 項，2 項および 4 項 1 文は強行法規であり，原則として合意により排除できない。よって，事業移転があるか否か，いつ事業移転となるかは，新旧使用者間の自由裁量ではない。また，事前に，新使用者間の合意や旧使用者と労働者との間の合意によって，同条項の法的効果を排除または変更することもできない[223]。例えば，旧使用者が従業員集団に対する関係で，あらゆる扶養義務の唯一の債務者となるような合意は民法典 613a 条に反し，労働者の同意があったとしても無効である[224]。

もっとも，民法典 613a 条の効果を潜脱するのと異ならないような合意や意思表示であっても，契約自由の原則との関係から許容される場合があり，以下に述べるように強行法規違反（脱法）として無効となる場面との明確な線引きは容易ではない。

---

[220] ErfK, § 613a BGB Rn. 172; MünchK, § 613a Rn. 195. しかも，これは当該事業が独立している場合だけでなく，既存の事業の中に組み入れられた場合にも妥当する。

[221] ただし，ここでは民法典 613a 条 4 項 2 文の別の理由からの解雇の権利が特別な意義を有し，新使用者が，変更解約告知により労働条件の必要不可欠な調整（調和）を図ることは，原則として同条項 1 文により妨げられないとする見解もある。Willemsen et al., Rn. H 91.

[222] Willemsen et al., Rn. H 91.

[223] MünchK, § 613a Rn. 10.

[224] BAG 14. 7. 1981 AP Nr. 27 zu § 613a BGB = NJW 1982, 1607.

(1) 事業移転の際の合意解約

実務上は，民法典613a条4条1文の射程に関する不明瞭さや同2文に言う別の理由からの解雇か否かの解雇法上の事後審査可能性を回避するために，合意解約（Aufhebungsvertrag）がなされる傾向がある[225]。そこで，そのような合意解約が民法典613a条4項1文の脱法として無効となるかが問題となる。

この点，民法典613a条は，不当な不利益から労働者を守るべきものであるが，その契約自由を減縮するものではないとして，労働者は，旧使用者または事業移転後に新使用者との合意により，雇用関係を解消することができると解されている[226]。

ただし，連邦労働裁判所判決[227]は，事業移転に関連した合意に対して慎重な態度を採っており，合意解約は，実際に労働関係からの最終的な退職に向けられている場合（つまり，労働者が，新旧使用者いずれの下でも働きたくないという場合）にのみ，やむを得ない理由（sachlichen Grundes）の有無にかかわらず，有効であるとしている。例えば，潜在的な譲受人の下での雇用を請け合い（通常，それは悪化した労働条件となる），労働者から自己解約告知（Eigenkündigungen）をさせ，または合意解約するという場合（この方法は "Lemgoer Modell" と呼ばれている），それは従前の労働契約とは切り離された，新使用者にとって望ましい労働条件で新しい労働契約を受け入れ，かつ，従前の労働契約上の権利（例えば，年金の約束）を失わせることを目的としている[228]。そのため連邦労働裁判所は，かかる合意解約を，民法典613a条4項1文の脱法を理由に無効と判断している[229]。

---

[225] Willemsen et al., Rn. H 121.

[226] ErfK, § 613a BGB Rn. 83; MünchK, § 613a Rn. 10; BAG 29. 10. 1975 AP Nr. 2 zu § 613a BGB = NJW 1976, 535.

[227] BAG 10. 12. 1998 AP Nr. 185 zu § 613a BGB = NZA 1999, 422; Schmidt/Uhlenbruck, S. 787 Rn. 7. 350 ff. なお，1998年12月10日判決は，職場を保持しつつ，労働関係の継続性の除去が意図されている場合に，それが直ちに脱法として無効を導かないとも判示した。この判断を要約してかかる場合は無効と言われるが，それが無効となるのは，同時に，新使用者との新たな労働関係が合意されるか，または少なくとも法的拘束力があると期待させる場合のみである。BAG 18. 8. 2005 AP Nr. 31 zu § 620 BGB Aufhebungsvertrag = NZA 2006, 145. Vgl. MünchK, § 613a Rn. 201; Willemsen et al., Rn. H 125.

[228] Schmidt/Uhlenbruck, S. 787 ff. Rn. 7. 352.

[229] BAG 28. 4. 1987 AP Nr. 5 zu § 1 BetrAVG Betriebsveräußerung = NZA 1988, 198. なお，この場合，合意解約に加えて新使用者と締結された労働契約も民法典134条（134条は，法律上の禁止に違反する法律行為は，その法律から別段のことが生じな

(2) 事業移転の際の労働条件変更合意と免除・放棄の合意

民法典613a条1項1文により移転される労働契約の内容は，移転によって影響を受けない。そこで，事業移転後の労働条件の不利益変更も，従前の判例[230]によれば，事の性質上やむを得ない理由（sachlicher Grund）がある場合にのみ許容されていた。しかし，この判例に対しては批判が強く[231]，現在の連邦労働裁判所は，もはやその考え方に固執していない。事業移転後に，労働者と新使用者との間で労働契約内容について合意することは，契約自由の原則により許容されうると考えられている[232]。

これに対して，未払賃金の免除や企業の社会的給付等の放棄に関する合意については，なお事の性質上やむを得ない理由（例えば，職場の維持）が必要と解されている[233]。

11 再雇用請求権と継続請求権

再雇用請求権（Wiedereinstellungsanspruch）とは，解雇制限法の適用範囲において，経営上の理由による解雇が通告された後，解約告知期間が経過するまでの間に解雇時点で予期していなかった継続雇用可能性が生じた場合に，労働者が再雇用を請求できる権利である。再雇用請求権の重要な適用場面は，計画されていた事業閉鎖に関して，予測に誤りがあった場合である[234]。

いかぎり無効であると定めている）により無効となる。当事者が民法典613a条の法的効果を知っていたかどうかは問わない。ErfK，§ 613a BGB Rn. 158.

230　BAG 18. 8. 1976 AP Nr. 4 zu § 613a BGB.

231　従前の判例に対しては，民法典613a条の保護目的を超えているとの批判がなされていた。すなわち，民法典613a条は，労働関係が包括承継や持分譲渡の場合と同じように保持されることを目的としており，労働者が，持分譲渡，包括承継の場合ですら有しない追加的な存続保護および内容保護を獲得することを根拠付けできないとの批判である。Schmidt/Uhlenbruck, S. 788 ff. Rn. 7. 354.

232　BAG 7. 11. 2007 AP Nr. 329 zu § 613a BGB = NZA 2008, 530; MünchK, § 613a Rn. 11 und 89; Schaub, § 118 Rn. 12. ただし，個別法に転換された集団法上の規制は，1年間は保護される。

233　BAG 18. 8. 1976 AP Nr. 4 zu § 613a BGB = NJW 1977, 1168; BAG 17. 1. 1980 AP Nr. 18 zu § 613a BGB = NJW 1980, 1124; BAG 12. 5. 1992 AP Nr. 14 zu § 1 BetrAVG Betriebsveräußerung = NZA 1992, 1080; MünchK, § 613a Rn. 11. 連邦労働裁判所は，民法典613a条の脱法を理由に年金期待権の放棄を認めておらず，原則として無効と判断している。この理由から，事業移転に関連して年金期待権の補償金を放棄することについても差し控えることが勧められている。Gerlind Wisskirchen und Alexander Bissels, "Kontrollierte Insolvenz": Arbeitsrechtliche Gestaltungsmöglichkeiten des Insolvenzverwalters, BB 2009, 2147.

もっとも，解約告知期間経過後に継続雇用可能性が生じた場合にも，とりわけ事業移転の場面では例外的に再雇用請求権（継続請求権：Fortsetzungsanspruch）が問題となる[235]。例えば，清掃業務に関して委託されていた外部企業Aとの契約が解約され，別の企業Bに委託されることになり，A企業が当該清掃業務のために雇用していた労働者を解雇したが，後日，B企業がその活動を遂行してきた従前の労働者の大部分を引き継ぎ，事業移転が生じた場合である。当該事業移転により，結果として新しい経営者が従前その活動を行っていた全労働者を承継しなければならないことになる。1999年11月13日の連邦労働裁判所判決[236]は，かかる事案において，従前の受託者が通告した解雇が効力を発した後に初めてこの状態に至った場合，解雇されたすべての労働者は，新受託者に対して，労働条件を変更することなく雇用するよう請求する権利を有することを認めた。

かかる再雇用請求権（継続請求権）は，解雇された労働者が，事業移転が取り決められた事情を知ってから遅滞なく提起しなければならない[237]。問題は，その具体的な要件であるが，使用者が解雇の有効性を前提とした処置をいまだしておらず，かつ，労働関係の変更のない継続が期待できる（過大でない）場合に，再雇用請求権が認められると解されている[238]。したがって，例えば，使用者が既に別の労働者によって空いたポストを確保していた場合は，再雇用請求を妨げる使用者の正当な利益が認められる[239]。

---

[234] MünchK, § 613a Rn. 196. なお，解雇した労働者すべてを再雇用できない場合は，社会的選択を考慮しなければならない。

[235] BAG 25. 9. 2008 AP Nr. 355 zu § 613a BGB = NZA 2010, 64. 解約告知期間の進行中であれば，一般的な解雇法上の"再雇用請求権"が適用されるのに対して，解約告知期間経過後に事業移転となる場合は，"継続請求権"が問題となるとして，論者によっては2つの用語を区別している。なお，合意解約に基づいて労働関係が終了した場合は，取消等の理由から合意解約の効力が消滅しないかぎり，継続請求権は認められない。MünchK, § 613a Rn. 197.

[236] BAG 13. 11. 1997 AP Nr. 169 zu § 613a BGB = NZA 1998, 251.

[237] MünchK, § 613a Rn. 47.

[238] Buth/Hermanns, § 28 Rn. 33. Vgl. MünchK, § 613a Rn. 196. ただし，労働者がかかる請求権を行使するか否かは自由である。

[239] BAG 28. 6. 2000 AP Nr. 6 zu § 1 KSchG 1969 Wiedereinstellung. 社会計画に基づく補償金の支払と引換えに裁判上の和解が成立した後，廃止されるはずのポストが事業移転によって存続し，同僚が雇用されていることが判明した事案において，再雇用請求権が否定されている。判旨は，補償金の支払についても再雇用請求権を妨げる事情となるとしている。

なお，民法典 613a 条 4 項 1 文は変更解約告知にも適用されるため，変更解約告知がなされた場合にも継続請求権が問題となる。その場合，労働者は，従前の使用者の下で変更された労働条件での労働関係の継続か，新使用者の下での変更のない労働条件を求めるか，選択権を有することになる[240]。

12 小　括

　以上が民法典 613a 条の要件論以外の概要である。同条の事業移転の要件を満たす場合，労働契約が自動承継され，労働条件もそのまま維持される。つまり，民法典 613a 条の存在によって，労働者は事業移転の機会に解雇されないだけでなく，法人格を異にする事業譲受人との関係でも通常の労働条件変更規制が機能することになり，新使用者は，旧使用者と同様の変更手段を採らなければならない。また，集団的合意が個別法に転換されると，原則として 1 年間はその条件が維持される。その上，独自の解雇禁止の趣旨を含む解雇規制（4 項 1 文），手続規制（5 項 6 項）があり，労働者が手厚く保護されている。加えて，同条 1 項および 4 項が強行法規であるために，事業移転の機会の合意解約や使用者の義務の免除・放棄にもその効果が波及し，さらに後日，事業移転が成立した場合の再雇用請求権（継続請求権）まで認められている。このように，民法典 613a 条の効果は非常に絶大である。

　しかし，一方で，解雇規制については，事業移転を理由とする解雇は無効と規定する民法典 613a 条 4 項 1 文の文言に該当するように思える解雇でも，企業の業績が悪化した再建の場面においては，身売りせざるを得ない状況においてすら，「主たる」理由は事業移転でないとして，同 2 文の「別の理由」による解雇の適用となり，1 文の適用を制限する傾向がみられる。その結果，とりわけ再建の場合は，事業譲受人の構想に基づく旧使用者による解雇まで認められている。同 2 文の適用は，欧州司法裁判所が指令の適用において説明しているのと同様に，事業移転と関わりのない，いつでも現実化しうるリスクや職場喪失に対しては民法典 613a 条の保護が及ばないとの説明がなされるものの，その背景には，全体の労働関係の承継の要求のために買収者と合意に至らず，事業承継に失敗した場合，旧使用者が事業閉鎖に追い込まれ，民法典 613a 条の目的とは反対に，むしろ全部の労働ポストの喪失に至ってしまうという実際上の考慮が大きく働いている。

　また，事業移転の機会を捉えた労働者との合意については，民法典 613a 条

---

[240] Berscheid, Rn. 106 ff.

の強行法規性から脱法の範囲が広く認められていたが，労働者の最終的に退職に向けられた合意解約や事業移転後の労働条件の不利益変更の合意についても許容されるようになっている。

民法典613a条が，労働契約の自動承継と解雇規制が車の両輪のように労働者保護規制の中核を構成しているが，自動承継規定による不都合を緩和するために，企業の経営悪化に応じて，現在のドイツは後者を緩和し，さらに解釈によって脱法の範囲を制限しているといえよう。

そこで，次項では，本書の中心課題である指令および民法典613a条の具体的な要件・適用範囲の問題を論ずる。

Ⅳ 企業移転指令の「法的移転」と民法典613a条の「法律行為」の意義

1 企業移転指令と民法典613a条の要件論の枠組み

先述のとおり，指令は，「法的移転または合併」の結果としての，他の使用者に対する「企業，事業または企業・事業の一部のすべての移転」について適用される。「合併」の意義[241]は明確であるため，問題は「法的移転」と「企業・事業……の移転」の意味である。

欧州司法裁判所は，「法的移転」と「企業・事業……の移転」の概念の違いについて一貫した立場を採っているわけではないが，Sophie Redmond事件判決[242]では，2つの概念が異なることを前提に，区別して検討が行われている。その考え方を前提として要件を検討すると，前者の概念は，「法的移転……の結果としての」との文言からして，移転の方法に関係していると考えられる[243]。

一方，民法典613a条は，「法律行為」によって「事業または事業の一部」の移転を要件としていることから，前者の「法律行為」は移転の方法に関係し，指令の「法的移転」に対応するものと考えられる。また，民法典613a条の「事業」は，指令の「企業・事業」に対応している。

そこで，このような区分に従って，まず，移転の方法としての要件である指令の「法的移転」と民法典613a条の「法律行為」を順次検討する。

---

[241] 合併の意義については，本書123頁の注(60)参照。
[242] Case C-29/91, [1992] ECR I-3189.
[243] Barnard, 634.

2　指令1条1(c)項の「法的移転」の意義

指令1条1(c)項の「法的移転」は，以下に見るように，非常に広く解釈されている。

(1) リース等

指令は，リース契約による事業の移転についても適用される。例えば，Daddy's Dance Hall 事件[244]は，Aが自己の所有するレストランをBにリースし（A⇒B），そのリース契約を解約後，Cとリース契約を行った事案である（A⇒C）。欧州司法裁判所は，このようにリース契約において移転が2段階で効力が生じる場合にも指令の適用を認めている。

これと同様の事案が Bork International 判決[245]である。まず，AがBに工場をリースした後（A⇒B），Bがリースを解約すると告知し，労働者を解雇した。次いでAは，Cに工場を譲渡し（A⇒C），CがBのスタッフの半分以上を引き受けた事案である。この場合にも指令の適用が認められている。

これらの事件には共通する2つの特徴がある。第1に，指令は，企業所有権の移転の有無にかかわらず，事業を行う責任を有する自然人または法人の交替がある場合に適用される[246]。第2に，指令が適用されるためには，新旧使用者間に直接の契約関係は必要とされない[247]。

(2) 外注化（アウトソース）等

外注の事案にも指令の適用が認められる[248]。例えば，1992年11月12日の Rask 判決[249]は，食堂サービスの外注化について，指令に言う法的移転に該当すると判断した。同判決は，契約関係の文脈で事業を継続する責任があり，かつ，それによって労働者に対して使用者の義務を負う法人または自然人の交替がある場合には，所有者の変更の有無にかかわらず，いつでも指令の適用が可能であると判示している[250]。

---

[244]　Case 324/86, [1988] ECR-739.
[245]　Case 101/87, [1988] ECR-3057.
[246]　Case C-478/03, *Celtec* [2005] ECR I-4389, para. 33.
[247]　Barnard, 630.
[248]　委託を受けた企業がさらに下請に出す場合も同様である。1999年12月2日の Allen 事件判決（Case C-234/98, [1999] ECR I-8643）では，同じグループ企業内の別会社に対して工事の下請けに出すと決定する状況においても，経済的統一体の移転がある限り，指令が適用されると判断された。
[249]　Case C-209/91, [1992] ECR I-5755.
[250]　*Ibid.*, para. 15.

また，上述した新旧使用者間に直接の契約関係が不要との解釈から，委託先（外注先）の変更の場合にも同様に指令の適用が認められている[251]。例えば，Sánchez Hidalgo 判決[252] は，自治体 A がホームヘルパー派遣サービスを請負人 B と契約し（A⇒B），その契約終了後，請負人 C と契約した事案（A⇒C）において指令の適用を認めた。

これと同種の事件として，2002 年 1 月 24 日の Temco 事件判決[253] がある。同事件は，フォルクス・ワーゲン社が 1993 年 5 月 2 日から 1994 年 12 月まで生産工場の清掃を BMV 社に委託し，同社はさらに General Maintenance 社に下請けに出していたが，1995 年 1 月 9 日発効の契約により，Temco 社がフォルクス社から同じサービスの依頼を受けた事案である。欧州司法裁判所は，たとえ間接的であっても，移転が契約関係の網の目の一部であれば十分であるとした上で，最初の請負企業またはその下請企業と後の請負企業との間に有形・無形の資産の移転がない場合において，数および技術に照らして労働者の本質的部分が引き継がれていることを条件として，指令の適用を認めた[254]。

さらに，委託先の変更と同様に，旧販売代理店との契約が解消され，新たに販売代理店契約が締結される場合も法的移転が認められる。例えば，1996 年 3 月 7 日の Merckx 事件[255] は，フォード社の販売代理店である Anfo Motors 社（フォード社が主要株主）により営業社員として雇用されていた Merckx らが，1987 年 10 月 8 日，Anfo 社から，同年 12 月 31 日にすべての活動を中止する予定であり，同年 11 月 1 日からは別の独立したディーラーである Novorabel 社とともにフォード社が自ら仕事を行うと告げられ，新たな販売代理店となった Novorabel 社が，Anfo 社の労働者 64 人中 14 人を雇用した事案である。欧州司法裁判所は，新旧使用者間の直接の契約関係は不要であるとし，自動車の販売権（dealership）が終了し，同じ活動を求めて新しい販売権が別の企業に与えられた場合，その移転は法的移転の結果であると判断した[256]。

---

[251] 外注化に指令の適用を認めることに対しては，次のような批判がある。すなわち，外注化は，通常，特定のサービスに特化（専門化）した請負人によって行われる。その専門化とは，請負人がより低いコストで仕事を行いうることを意味すべきものである。もし本指令が外注化に適用され，企業に雇用されていた従前の従業員全員を同じ雇用条件で引き受ける義務を負うとすれば，コスト削減の重要な局面を失ってしまうという指摘である。Barnard, 631.
[252] Joined Cases C-173/96 and C-247/96, [1998] ECR Ⅰ-8237.
[253] Case C-51/00, [2002] ECR Ⅰ-969.
[254] *Ibid.*, para. 32 and 33.
[255] C-171/94 and C-172/94, [1996] ECR Ⅰ-1253.

(3) 内部化（インソース）等

1998年のHernández Vidal判決[257]は、ユーザー企業Aが最初の請負人Bとの契約（A⇒B）終了後、A自身に仕事を戻したという事案（B⇒A）である。欧州司法裁判所は、別の企業に清掃業務を委託していた企業が、その契約の解約と、将来その清掃業務を自ら行うことを決定した場合にも、2つの企業間の経済的統一体の移転を伴うことを条件として、指令が適用されることを認めた[258]。

また、類似の形態として、欧州司法裁判所は、1987年12月17日のNy Mølle Kro判決[259]により、レストランのリース契約後（A⇒B）、債務不履行により取り消された事案（B⇒A）において、所有者の交替なく使用者が変更した場合の労働者は、企業が譲渡された場合の労働者のそれと同等の状況にあると述べて指令の適用を認めている。

(4) 行政判断の結果としての移転

Sophie Redmond事件[260]は、助成金を通じてRedmond財団に資金提供していた自治体が、その助成金を打ち切ると判断し、それによって当該財団が閉鎖に至るとともに、自治体が同様の目的のために別の団体に助成金が交付し、その団体が活動を引き継いだ事案である。この事件において、欧州司法裁判所は、リースや外注化と同様のアプローチを採用し、指令に言う法的移転に該当しうることを認めた。このように、移転が実際上自治体の判断によってもたらされた場合であっても、指令の適用が認められる。

また、行政判断の結果としての移転に指令の適用が認められたものとして、2000年9月14日のCollino事件判決[261]がある。同事件は、公共団体によって経営されていた公衆のための電気通信サービス事業が、公的機関の決定により、行政上の認可の形で全資本を保有する別の公共団体によって設立された私企業に移転されたものである。欧州司法裁判所は、かかる状況にも指令が適用されることを認めている。

なお、この点に関連して1985年2月7日のAbels判決[262]では次のような指

---

256 *Ibid.*, para. 30
257 Joined Cases C-127/96, C-229/96 and C-74/97, [1998] ECR I-8179.
258 *Ibid.*, para. 25 and 35.
259 Case 287/86, [1987] ECR-5465.
260 Case C-29/91, [1992] ECR I-3189.
261 Case C-343/98, [2000] ECR I-6659.
262 Case 135/83, [1985] ECR-469.

摘がなされている。すなわち，問題となっている規定が様々な言語へ翻訳されたものを比較してみると，法的移転に関して用語の相違があることが分かること（ドイツ，フランス，ギリシャ，イタリア，オランダでは，契約から生ずる移転だけを明白に指しており，行政措置や司法判断のような他のタイプから生ずる移転は排除されるとの帰結となりうるのに対して，イギリスやデンマークではより広い），また，契約による移転の内容も加盟国の倒産法において異なっていること，例えば，ある加盟国では，一定の状況下ではそのような契約の締結にあらかじめ司法的介入が必要であったとしても，清算手続の文脈で効力を発する売買は通常の契約による売買と考えられるのに対して，他の法制度では，当該売買は公的な機関によって採用された措置によって生ずるものとみなされること，そのような相違から，規定の範囲は原文の解釈に基づいて単一に評価できず，その意味は指令の目的等の観点から明らかにする必要があると述べられている[263]。先述のSophie Redmond判決は，そのような相違から，法的移転の概念について，指令の目的に合わせて十分に柔軟な解釈がなされてきたこと，および契約関係の文脈で当該事業を継続する責任があり，かつ，労働者に対して使用者の義務を負う自然人または法人の交替がある場合には指令の適用が可能であると判断されてきたと判示している[264]。このような，法的移転の柔軟な解釈の強調は，近時の2007年9月13日のJouini事件判決[265]でも同様に指摘されている。

3 民法典613a条の「法律行為」の意義

次に，民法典613a条1項の「法律行為による」との意義について検討する。

(1) 「法律行為」の意義

これまで述べてきた欧州司法裁判所による影響を受け，「法律行為」のメルクマールへの要求は，潜脱回避のための最小限の要求にとどめられ，それは経済的統一体が契約による関係の枠組みで交替する場合であれば十分であると解されている。したがって，この法律行為のメルクマールは，法律または主権に基づく（hoheitlichen）労働関係の移転を，民法典613a条に言う事業移転から区別・除外するためにのみ役立っている[266]。

例えば，売買，贈与，会社の出資，遺贈，賃貸借（再賃貸借を含む），リース

---

263 *Ibid.*, para. 11-13.
264 Sophie Redmond, para. 11.
265 Case C-458/05, [2007] ECR I -7301 = NZA 2007, 1151.
266 Schaub, § 117 Rn. 29.

または用益権の設定，その他の事業所の引渡し（事業を継続する賃貸人への返還），倒産管財人による売却，MBO や事業管理契約による承継など，様々なものが含まれる[267]。そこで必要なものは，新使用者による組織権限および経営権限の意図的な承継のみである[268]。

(2) 新旧使用者間の法律行為の直接性の要否

民法典 613a 条は，契約による関係の枠組みの中で移転することだけを求めているものであるから，新旧使用者間における直接の契約関係は不要である。法律行為による事業の移転が，単一の法律行為によって全体的かつ直接に行われる必要もない[269]。例えば，合意によって旧賃借人から賃貸人へとレストランが返還され，引き続き賃貸借契約により新しい賃借人へと賃貸される場合でも十分である[270]。このような場合には，もっぱら賃貸人と従前の賃借人の間，および賃貸人と新賃借人の間に，直接の契約による法的関係が存在する。前後の賃貸借関係の間に短い時間的な隔たりが生じたとしても，それは事業移転を妨げない[271]。

(3) 組織変更による包括承継と法律行為性

組織変更法 324 条は，「民法典 613a 条 1 項，4 項ないし 6 項は，合併，分割または財産移転の登記の効力発生によって影響をうけない」と規定している。この規定の解釈をめぐり争いがあるが[272]，民法典 613a 条にいう法律行為は，分割契約や合併契約中にも存するため，同条の要件充足は否定されない[273]。現在の連邦労働裁判所は，合併や分割等の組織変更法の規定によって事業または事業の一部が移転（包括承継）される場合も「法律行為」によるものとして民法典 613a 条が適用され，組織変更法の規定とは別に民法典 613a 条の要件の有無が独自に審査されると解している[274]。

---

267 MünchK, § 613a Rn. 64; Schaub, § 117 Rn. 30; Löwisch, Rn. 1479.
268 Schaub, § 117 Rn. 30.
269 MünchK, § 613a Rn. 65 und 66; Schaub, § 117 Rn. 31. いくつかの法律行為によって経済的統一体の同一性保持の条件が形成されるのであれば，それも事業移転といえる。例えば，いくつかの銀行から事業用地や経営資源を取得することによって，経済的統一体の同一性を保持する場合が考えられる。
270 BAG 25. 2. 1981 AP Nr. 24 zu § 613a BGB = NJW 1981, 2212; BAG 21. 1. 1988 AP Nr. 72 zu § 613a BGB = NZA 1988, 838.
271 MünchK, § 613a Rn. 66.
272 組織変更に伴う事業移転はもともと民法典 613a 条の適用対象であって，組織変更法 324 条は確認的な規定なのか，それとも組織変更における民法典 613a 条の適用は組織変更法 324 条によって創設されたものなのかが議論されている。塚田 65 頁以下参照。
273 MünchK, § 613a Rn. 63; Schaub, § 116 Rn. 11.

4 小　括

　以上のように欧州司法裁判所の「法的移転」の解釈は，リース契約，外注化，委託先の変更，内部化，賃貸借契約の解除，行政判断の結果としての移転，民営化など，「法的移転」の文言によって，ほぼすべての処分がカバーされている状況にある。特に，新旧使用者との間で直接の契約関係を要しないと解釈したことから，指令の適用範囲が大幅に拡大されている。欧州司法裁判所は，ときに，Temco 判決のように契約関係の必要性を指摘するものの，実際にはこの要件が指令の適用に対する大きな障害とはなっていない[275]。

　一方，ドイツ民法典 613a 条の「法律行為」の要件も，欧州司法裁判所の判例とほぼ同様の解釈を採用しており，適用範囲を限定する機能はほとんど果たされていない。

V　指令の「企業」「事業」と民法典 613a 条の「事業」の意義

　以上のような指令の「法的移転」および民法典 613a 条の「法律行為」の広範な解釈からすると，その他の残りの要件がより重要となる。では，指令 1 条 1 項の「企業 (undertaking)，事業 (business)」および民法典 613a 条の「事業 (Betrieb)」の要件は，どのように解釈されているのであろうか。

1　指令の「企業」「事業」の意義

　指令 1 条 1(b)項は，1 条 1(a)項および 1 条の爾後の規定に服することを条件として，同一性を保持する経済的統一体の移転がある場合は，指令に言う移転があるものとし，それは中心的か付随的かを問わず，経済活動を追求する目的を有する資源の組織的集合を意味すると規定している。この定義規定は，これまでの欧州司法裁判所の豊富な判例法を要約したものである[276]。

　なお，この定義規定では，「資源」(resourses) の内容については触れられていない。しかし，欧州司法裁判所は，98 年改正前から，また現在においても，統一体 (entity) とは，特定の目的を追求する経済活動の実行を容易（または可

274　BAG 25. 5. 2000 AP Nr. 209 zu § 613a BGB; MünchK, § 613a Rn. 63; Schaub, § 116 Rn. 11; Dauner-Lieb/Simon, § 324 Rn. 4.
275　Barnard, 634.
276　Blanpain, 696. なお，指令 1 条 1(b)項は，経済的な所有者が代わるだけの株式譲渡には適用されない。

能）にする"人および資産"の組織的集合を指すと繰り返し判示している[277]。かかる判旨からすると，「資源」は人や資産を含む広い概念と考えられる[278]。

2　経済的統一体の同一性保持に関する判断要素

　では，欧州司法裁判所は，経済的統一体の同一性をどのように判断しているのであろうか。その判断要素を示したものが，1986年3月18日のSpijkers判決[279]である。同事件の概要と判断の要旨は以下のとおりである。

〔事案の概要〕

　Spijkersは，屠殺場を営んでいたGebroeders Colaris社のアシスタント・マネージャーとして雇用されていたが，同社は1982年12月27日までに全体の営業を停止した。同日，Benedik社が，事務所，土地および特定の商品等を含めて屠殺場全体の建物を譲り受け，1983年2月7日から営業を始めた。Benedik社は，Spijkersともう1名の労働者を除く，その他のすべての労働者を引き継ぎ，事業資産の移転によって従前と同様の活動を行ったが，顧客は引き継がなかった。その後，Colaris社が倒産したことから，Spijkersは，Benedik社に対して企業移転があると主張して，12月27日以降の賃金等を求めてオランダの裁判所に暫定的救済を申し立てた。Spijkersの主張は一審および控訴新で棄却されたが，上告審は，指令に言う移転の有無につき，欧州司法裁判所に対して先決裁定を求めた。

〔判決要旨〕（抄訳）

　「指令の趣旨が，所有者の変更にかかわらず，事業内の雇用関係の継続確保にあることは明白である。したがって，指令に言う移転があったか否かの決定的判断基準は，当該事業が同一性を保持しているかどうかである[280]。

　結果として資産が処分されたというだけでは移転は生じない。そうではなく，

---

[277]　例えば，1997年のSüzen事件（para. 13），2005年12月15日のGüney-Görres事件（para. 32），2007年9月13日のJouini事件（para. 31）など。

[278]　1997年4月3日のEC委員会による適用の指針においては，「an organized set of assets」とされていたものが，1条1(b)項では「an organized grouping of resourses」と修正された。企業組織等の再編に伴う労働者保護法制調査研究会『企業組織等の再編に伴う労働者保護法制に関する調査研究報告書』108頁以下〔本久洋一〕（連合総合生活開発研究所，2000）によれば，"person"のみを"resourses"と言うことのできる含みを残し，清掃，警備，食堂といった労働集約的セクターにおける経済的統一体の成立を一般的に排除しないような文言の選択がなされていると指摘されている。

[279]　Case 24/85, [1986] ECR-1119.

[280]　*Ibid.*, para. 11.

とりわけ，その運営が同一または類似の活動を伴って新所有者により現実に継続または再開されたという事実によって示されるように，その事業が継続企業（a going concern）として処分されたかどうかを考慮する必要がある[281]。

　これらの条件が充たされたかどうかを判断するためには，①当該企業または事業の性質，②建物や動産のような有形資産の移転の有無，③移転時点における無形資産の価値，④労働者の多数（majority）が新所有者によって引き継がれたか否か，⑤顧客の移転の有無，⑥移転の前後に行われた活動の類似性の程度，および⑦活動の中断があるとすればその期間を含めた，当該取引を特徴付けるすべての事実を考慮する必要がある。ただし，これらの事実すべては，全体的評価における個々の要素にすぎず，切り離して考慮されてはならない[282]。」

　上記の Spijkers 基準は，その後の欧州司法裁判所の判断においても繰り返し引用されており[283]，確立した判断となっている。したがって，基本的には，同一性の維持の審査は，Spijkers 判決が列挙した7つの個別要素を利用して行われる[284]。

　もっとも，Spijkers 判決は，個別要素の比重については何ら示唆していなかったことから，1990年代の欧州司法裁判所の判断は，次に述べるように紆余曲折を生ずる結果となった。

3　指令改正前の欧州司法裁判所の判断の変遷

　1998年に指令が改正されるまでに，欧州司法裁判所では以下に述べる著名な3つの裁判例があり，改正内容に大きな影響を与えた。

(1)　1994年4月14日の Schmidt 判決[285]

　Schmidt は，Savings 銀行により，Wacken 支店の店舗内の清掃業務のために雇用されていたが，1992年2月に同支店の改装を理由に解雇された。同銀

---

[281] *Ibid.*, para. 12.

[282] *Ibid.*, para. 13.

[283] 例えば，Case C-172/99, *Oy Liikenne* [2001] ECR I-745, para. 33; Case C-51/00, *Temco* [2002] ECR I-969, para. 24; Joined Case C-232/04 and C-233/04, *Güney-Görres* [2005] ECR I-11237, para. 33-34.

[284] その他に，経済的統一体の同一性は，労働力，管理職スタッフ，労働組織，運営方法，利用可能な経営資源などからも判断されうる。Case C-13/95, *Süzen* [1997] ECR I-01259, para. 15.

[285] Case C-392/92, [1994] ECR I-1311, AP Nr. 106 zu § 613a BGB = NZA 1994, 545.

行は，清掃業務を他のほとんどの店舗の清掃を既に受託していた Spiegelblank 社に委託することを望んだ。Spiegelblank 社は，Schmidt に対して従前よりも高い月給での雇用を申し出たが，Schmidt は，清掃すべき範囲が広くなる結果，時給としては低い計算になるとして応じず，不当解雇であるとして訴訟を提起した。そこで，①清掃業務が別会社に外注化される場合に，指令に言う事業の一部の移転として扱われるか，②それが肯定される場合，たった一人の労働者により業務が行われていた場合にも当てはまるか，について先決裁定が求められた。

(a) 判決要旨（抄訳）

「欧州司法裁判所の判例法（Rask 判決）によれば，指令は，法的移転または合併に引き続いて事業を継続する責任があり，かつ，それによって労働者に対して使用者の義務を負う法人または自然人の交替がある場合に適用可能である。指令の適用は，移転の対象たる企業の一部に割り当てられた労働者の数に依存しないため，移転前に一人の労働者によってその活動が行われていたという事実は，指令の適用を排除するのに十分ではない。指令の目的の一つは，使用者交替の場合の労働者保護にあることが言及されるべきである[286]。

有体資産の移転の欠如に基づくドイツとイギリス政府の主張は受け入れられない。複雑な取引を評価する場合に，実際に企業の移転があったかどうかの判断を可能とすべく，判例法において裁判所が考慮すべき様々な要素の中に有体資産の移転を含めているとの事実は，当該主張の結論をサポートしない[287]。

欧州司法裁判所の判例法によれば，移転の有無に関する決定的基準は，当該事業が同一性を保持しているかどうかであり，その同一性保持は，とりわけ新使用者による同一または類似の活動による実際の活動の継続または再開によって示されている。したがって，本件における移転の前後に行われた清掃業務の類似性（それは問題となっている労働者に対する再雇用の申出の中に表れている。）は，指令の適用対象に入り，労働者に対して指令による保護が与えられる運営に象徴的なものである。したがって，たとえその仕事が一人の労働者によって行われていたとしても，従前行っていた清掃業務を別会社に外注化する場合にも指令の適用がある[288]。」

(b) Schmidt 判決の意義

問題となる活動がたった一人の労働者によって行われていた場合であっても

---

[286] *Ibid.*, para. 12 and 15. Rask 判決については，Case C-209/91, [1992] ECR I-5755.
[287] *Ibid.*, para. 16.
[288] *Ibid.*, para. 17 and 20.

指令の適用を認めた Schmidt 判決は，最初のセンセーションであったと評されている[289]。Spijkers 判決で挙げられた諸要素すべてが移転の判断に関係しているにもかかわらず，判旨が述べている理由からすると，その本質的要素は類似の活動の継続と労働者の再雇用となりそうである。しかも，その2つの要素も不可避的に結び付いていることから（判旨も，再雇用の申出の中に類似の活動の継続が表れていると述べている），結局のところ，判旨は類似の活動の継続性（つまり，"活動"の移転）のみをもって企業の移転を構成するに十分であると示唆したことになる[290]。こうして Schmidt 判決は大きな議論を呼び，指令の改正を促す一つの契機となった[291]。

(2) 1995年9月19日の Rygarrd 判決[292]

原告の Rygarrd は，Seven Pedersen 工務店に雇用されていたところ，同社は，1992年1月27日，発注元の SAS Service Partner 社に対して，天上と建具工事を別会社である被告 Stroe Moelle によって完成させたいと伝えた。Seven Pedersen 工務店は，1992年1月31日，4月30日をもって Rygarrd を解雇すること，会社が清算されること，Rygarrd が下請会社（Stroe Moelle）に移籍となる等の内容が書かれた手紙を送り，1992年3月に破産した。一方，Stroe Moelle は，1992年2月10日，SAS 社との合意により仕事を引き継ぎ，2人の見習工と労働者1人および材料を引き継いだ。Rygarrd は，Stroe Moelle のために1992年5月26日まで働いたことから，Stroe Moelle に対して不当解雇による損害賠償を求めた。

---

[289] ベルント・ヴァース（橋本陽子訳）「ドイツ労働法の最近の展開」学習院大学法学会雑誌42巻1号6頁（2006）。

[290] More, 143-44.

[291] Schmidt 判決は，特にドイツにおいて，労働者を過度に保護するものであり，取引コストを増大させ外注化の有用性を制限してしまう等，学説の大きな批判を浴びた。そして，少なくとも，サービスの提供を目的する請負契約に対する指令の適用に関して新しい検討が必要であるという点では議論の一致を見ていた。More, 145-46. この点に関連して，1994年9月8日，EC 委員会は，新しい指令案として「同一性を保持する経済的統一体の移転に伴う活動の移転は，本指令に言う移転とみなされる。企業，事業または事業の一部の活動のみの移転は，それが従前直接的に行われていたものであろうとなかろうと，それ自体としては，指令に言う移転とはならない。」（新指令案1条1項2段）との案文を提示した（COM (94) 300）（ただし，かかる指令案は，労働組合等の批判を受け，結局，採用されなかった）。改正案の文言が，Schmidt 事件のような外注化の判例法を除外するために示されたことは明らかである。

[292] Case C-48/94, [1995] ECR I-2745.

(a) 判決要旨（抄訳）

「当該取引を特徴付けるすべての事実を考慮する必要があり，ただそれらすべては全体評価の個々の要素にすぎず，これらの事実すべては切り離して考慮されてはならない（Spijkers 事件参照）。

Rygarrd は，Schmidt 判決に依拠し，Stroe Moelle によって引き継がれた仕事が Seven Pedersen 工務店に委託された仕事と同じであること，作業期間は移転の判断に決定的ではないと主張するが，かかる主張は認められない[293]。引用された判例法は，移転が，安定的（持続的）な (stable)[294]経済的統一体に関係しており，その活動がある特定の作業請負契約（works contract）の実行に限定されないことを前提としている。しかし，建築作業の一つを完成させる目的でその仕事を別の企業に移転する場合は，これに該当しない。そのような移転は，安定的（持続的）な方法で旧使用者の活動等を行うことを可能とする一連の資産の移転を含む場合に限り，指令に言う移転となる[295]。」

(b) **Rygarrd 判決の意義**

Rygarrd 判決が，欧州司法裁判所がこれまで述べていなかった"安定的な"経済的統一体に言及したことは，Spijkers 基準や Schmidt 判決を微妙に調整したものと考えられる。Rygarrd 判決を広く解釈し，同判決が Schmidt 判決に依拠した Rygarrd 側の主張を否定したことや，一連の資産の移転の必要性に言及したことを強調すれば，Schmidt 判決を暗に覆したということになる。もっとも，Rygarrd 判決は，経済的統一体の安定性を要求することによって，一時的なものや短期間の活動に指令が適用されないことは示唆したものの，"活動"が「企業・事業」と決して同じではあり得ないと判示したわけではない[296]。

いずれにせよ，Rygarrd 判決当時は，EC 委員会が判例法を明確にするために指令の改正の努力をしていた最中であり，欧州司法裁判所が，判例法を明確にせよとのプレッシャーの下で下した判決であったということは想像に難くない[297]。

---

[293] *Ibid.*, para. 18 and 19.
[294] なお，英語の "stable" について，連邦労働裁判所の判決では，"für die Dauer"（持続的な）と翻訳・引用されている。
[295] Rygarrd, para. 20 and 21.
[296] More, 152. Rygaard 判決は，Rask 判決のアプローチに戻り，契約を取り巻く諸事情を評価すべきとしたものという意見もある。
[297] *Ibid.*, 150.

(3) 1997年3月11日のSüzen判決[298]

原告のSüzenは，被告Zehnacker社（以下，「Z社」という）に雇用され，Z社が受託したAloisiuskolleg中等学校構内の清掃業務に従事していた。ところが，Z社は，同中学校が1994年6月30日をもってZ社との契約を解約したことを理由として，清掃業務に従事していたSüzen他7名の労働者を解雇した。そして，Aloisiuskolleg校は，8月1日から別会社であるLefarth社と契約に至った。そこで，Süzenが，Z社との雇用関係が終了していないとしてボン労働裁判所に訴えを提起したところ，ボン労働裁判所が欧州司法裁判所に対して，①企業が別の企業へ委託契約を変更するために現在の委託契約を終了させる場合も，Schmidt判決に基づいて本指令が適用されるか，②たとえ有体・無体の事業資産の移転がなくても，①の場合に指令に言う法的移転があるといえるか，の2点について先決裁定を求めた。

(a) 判決要旨（抄訳）

「指令の目的は，経済的統一体に含まれる雇用関係の継続を確保することにあり，所有者（ownership）の変更とは関係がない。指令に言う移転があるというための基準は，とりわけ，その事業運営（operation）が実際に継続または再開されるとの事実によって示されるように，その統一体が同一性を保持しているかどうかである（Spijkers事件，Merckx and Neuhuys事件）[299]。

新旧使用者間で契約関係がないことは指令に言う移転がないことを示しうるが，決定的ではない。指令は，契約関係の文脈で，事業を行う責任があり，かつ，労働者に対して使用者の義務を負う自然人または法人の交替がある場合に適用可能である。新旧使用者間の直接の契約関係は必要ではない。移転は，所有者のような第三者の媒介を通じて二段階によっても生じうる[300]。

しかし，指令が適用されるためには，その活動がある特定の作業請負契約（works contract）の実行に限定されない，安定的な経済的統一体に関連しなければならない（Rygarrd事件，para. 20.）。したがって，統一体という用語は，特定の目的を追求する経済活動を行うことを促進する人と資産の組織化された集合を指す[301]。

---

[298] Case C-13/95, [1997] ECR I-01259 = NZA 1997, 433. この判決の邦語による紹介として，本久洋一「労働契約の自動的承継の要件としての経済的実体の同一性の概念」労働法律旬報1451号12頁（1999）がある。

[299] Süzen, para. 10.

[300] *Ibid.*, para. 11 and 12.

[301] *Ibid.*, para. 13.

移転の要件を満たしているかどうかを判断するためには，問題の取引を特徴づけるすべての事実（Spijkers 事件で述べられた 7 つの要素を含む）を検討することが必要である。しかし，それらの事情は，全体評価の個々の要素にすぎず，分離して判断されてはならない（Spijkers 事件，Redmond 事件）[302]。

新旧受託者によって供給されるサービスが似ているという事実だけでは，経済的統一体が移転されたとの結論をサポートしない。統一体は，委託された活動に還元されてはならない。その同一性は，労働力，管理職スタッフ，その職場の組織方法（the way in which its work is organized ＝労働組織），運営方法，または必要に応じて利用可能な経営資源（operational resources）のような他の要素からも生じる。それゆえ，単に労務提供契約（service contract）が競争相手に奪われたことは，それ自体では指令に言う移転を示さない。資産の移転は考慮されるべき一つの基準ではあるが，その欠如は必ずしも移転の存在を排斥しないということも言及される必要がある（Schmidt 事件，Merckx 事件）[303]。

国内の裁判所は，問題となっている取引を評価するに際して，とりわけ企業または事業のタイプを考慮しなければならない。そのことから，各基準の重要性の程度は，継続される活動や生産物または運営方法に応じて必然的に異なることになる。特に，経済的統一体が重要な有形または無形の資産がなくとも機能しうる場合，その同一性維持は，論理的にはかかる資産の移転に左右されない[304]。

ある労働集約的分野（大きな労働力を要する分野：labor-insentive sectors）においては，労働者集団が永続的に経済的統一体を構成しうることから，そのような統一体は，新使用者がその活動を追求するだけでなく，数および技能に照らして旧使用者に配置された労働者の主要部分を引き受ける場合，移転後も同一性を維持しうると認められる。そのような状況では，Rygaard 事件（para. 21）で述べられているような，新使用者が旧使用者のある活動の実行を可能にする資産の集まりを引き受けていることになる[305]。

したがって，校内清掃を第一の業者に委託していた者が，当該業者との契約を終了させ，同様の仕事のために第二の業者と新規契約を締結したという状況において，一方の業者から他方の業者へ重要な有体または無体の資産が付随して移転されない場合，または旧使用者によって割り当てられた労働力の，その

---

[302] *Ibid.*, para. 14.
[303] *Ibid.*, para. 15-17.
[304] *Ibid.*, para. 18.
[305] *Ibid.*, para. 21.

数および技術に照らして主要部分が新使用者によって承継されない場合は，指令は適用されない[306]。」

(b) Süzen 判決の意義

以上のように Süzen 判決は，委託先変更の前後で同様の活動が行われているという事実だけでは経済的統一体の移転とは認められないと判断し，Schmidt 判決が打ち出した方向性を事実上覆したものと考えられる。「統一体は，委託された活動に還元されてはならない」との判旨は，その後の欧州司法裁判所や連邦労働裁判所でも度々引用され，大きな影響力を持つことになる。

また，Süzen 判決は，Spijkers 判決で述べられていなかった個別要素を補充的に追加するとともに，Spijkers 判決で示された各個別要素の関係について一定の判断指針を示し，基準の明確化に努めていることも特徴的である。とりわけ，Süzen 判決によると，労働集約的分野については，労働力の主要部分が移転しているかどうかが重要となる。

4 連邦労働裁判所による民法典 613a 条の「事業」概念の解釈の変更

(1) "経営資源" 中心から "経済的統一体" へ

民法典 613a 条の「事業」(Betrieb) の意義は，同条で定義されておらず，伝統的な労働法または事業所組織法上の事業所概念と一致することを想定していたように思われる。現にかつての連邦労働裁判所[307]は，かかる前提に立ち，新所有者が有形 (sächlich)・無形 (immateriell) および人的な手段を用いて，一定の労働技術上の目的を追求する組織的統一体と解していた。かかる事業概念の下では，新所有者が有形・無形の経営資源 (Betriebsmittel)[308] を利用し，労働者の助力を得て，一定の労働技術上の目的を追求しうる場合に，当該有形・無形の経営資源が「事業」を構成するとして，基本的には有形・無形の経営資源が重要とされていた[309]。そして，労働者自身は，あくまで民法典 613a 条の法的効果であって要件ではないと解されていた[310]。

---

[306] Ibid., para. 23.

[307] BAG 12. 2. 1987 AP Nr. 67 zu § 613a BGB = NZA 1988, 170; BAG 21. 1. 1988 AP Nr. 72 zu § 613a BGB = NZA 1988, 838.

[308] "Betriebsmittel" は，「事業手段」と訳されることが多いが，本論文では，言葉の分かり易さや，Süzen 判決で示された経済的統一体の判断要素である "operational resources" が，連邦労働裁判所の判決では "Betriebsmittel" と翻訳・引用されていることから，「経営資源」と訳すこととする。

[309] MünchK, § 613a Rn. 14; Schaub, § 117 Rn. 8.

ところが、かかる解釈は、1997年以来、欧州司法裁判所の判決[311]の影響を受けて変更され、先述の欧州司法裁判所が示した基準に従い、経済的統一体の同一性の維持が基準とされるようになった[312]。その場合の決定的基準は、統一体の移転により、その統一体において従前行われていた活動について本質的に変更のない継続が可能かどうかであると解されている[313]。

(2) 「事業の一部」の要件

事業の一部とは、事業の部分的統一体（Teileinheit）（部分的組織：Teilorganisation）である[314]。経済的統一体の概念を前面に押し出す今日の連邦労働裁判所の見解からは、事業の一部と事業の概念を区別する意味は減少し、いずれもその経済的統一体の同一性の保持が重要である。もっとも、部分的な事業移転の成立には、以下のような特別の要請がある。

第1に、事業の一部は、旧使用者の下にある事業の中でそれ相応の組織の一部であることを前提とし、事業全体の目的の中の一部の目的を実現する、分離可能な組織的統一体が問題とされなければならない[315]。この点、連邦労働裁判所[316]も、部分的事業移転（Teilbetriebsübergang）の場合、有形または無形の経営資源の移転の際に、事業技術上の全目的の中で、部分的目的が追求される組織上の下位区分に該当することが必要であり、引き継がれた経営資源が、旧使用者の下ですでに事業の一部の性質を有していたことが民法典613a条の要件となると判示している。

第2に、連邦労働裁判所[317]は、部分的事業移転のためには、当該部分的事

---

310 BAG 22. 5. 1985 AP Nr. 42 zu § 613a BGB.
311 前述のSüzen判決の影響が大きい。Vgl. Henssler et al., § 613a BGB Rn. 12.
312 例えば、BAG 13. 11. 1997 AP Nr. 170 = NZA 1998, 249. なお、ドイツ民法典613a条は、二次的共同体法への従属性ゆえに、疑義のある場合はEU法と一致して解釈されるべきものとされている。MünchK, § 613a Rn. 1.
313 MünchK, § 613a Rn. 15. また、Löwisch, Rn. 1477は、必要なことは、当該事業が承継後に本質的な変更なく継続されうる程度に経営資源が引き継がれることのみであるとし、その継続性とは、連邦労働裁判所が述べているように、従前の事業の同一性が保持されなければならないと指摘している。
314 BAG 22. 7. 2004 AP Nr. 274 zu § 613a BGB = NZA 2004, 1383; BAG 16. 2. 2006 AP Nr. 300 zu § 613a BGB = NZA 2006, 794; Schaub, § 117 Rn. 10.
315 MünchK, § 613a Rn. 18.
316 BAG 16. 2. 2006 = NZA 2006, 794; BAG 26. 7. 2007 = NZA 2008, 112. 例えば、14台のトラックで営業していた運送会社が倒産し、当該企業からトラック3台を移転し、運転手1人を雇用したとしても、事業の一部とは言えない（BAG 26. 8. 1999 AP Nr. 196 zu § 613a BGB）。

業の主要な経営資源を新使用者が承継するか，または経営資源の乏しい事業では当該部分的事業に配属された人員の主要部分を承継することが必要であると述べている。

なお，仮に事業の一部が，従前の事業全体にとって同一性を決定するようなものであり，その余の部分が組織的にみて独立性を欠く周辺的な領域である場合は，そのような"事業の一部"の移転は，事業全体の移転となる[318]。

(3) 事業移転の際の労働者の評価

連邦労働裁判所は，事業概念の解釈の変更に伴い，「事業」における労働者の評価についても欧州司法裁判所の判断に歩調を合わせて，労働者の承継が事業移転の要件ではないという従来の見解を変更した。

まず，1997年5月22日の連邦労働裁判所[319]は，概略，次のように判示した。すなわち（以下，抄訳），

「欧州司法裁判所は，指令に言う統一体の承認のために従業員集団の重要性を繰り返し強調しており，連邦労働裁判所の判例もこれを考慮しなければならない。かつての連邦労働裁判所の判例は，労働関係の移転は民法典613a条の法的効果であって要件ではないとし，労働関係の移転の有無に法的重要性が認められていなかった。また，1994年2月9日の連邦労働裁判所の判例（AP Nr. 104 zu § 613a BGB）では，少なくともノウハウ保持者の承継があるときには，それによって体現される無形資産が移転されうると判断していた。今や，連邦労働裁判所は，かかる労働関係の移転の限定的考慮に固執せず，欧州司法裁判所の解釈に従っている。したがって，従業員の移転には，事業移転の他の基準と並んで同等の重要性が与えられるべきである。とりわけ，人的労働力が本質的に問題となる分野においては，共同の活動によって持続的に結び付けられている労働者の総体（Gesamtheit）が経済的統一体を構成しうる（Süzen判決参照）。」

その後の連邦労働裁判所は，これと同旨の判断を繰り返し行っている。また，Süzen判決で指摘されたその他の個別要素，すなわち「従業員（Personal），管理職スタッフ，労働組織，事業方法，および場合によっては利用可能な経営資源」も，経済的統一体の同一性を判断する基準となると繰り返し指摘されている[320]。

---

[317] BAG 25. 9. 2008 AP Nr. 355 zu § 613a BGB = NZA 2010, 64; MünchK, § 613a Rn. 30.

[318] MünchK, § 613a Rn. 19.

[319] BAG 22. 5. 1997 AP Nr. 154 zu § 613a BGB.

なお，新使用者がいかなる法律関係において従前の労働者を（継続）雇用するかは重要ではない[321]。

(4) 機能承継の否定

1997年11月13日の連邦労働裁判所判決[322]は，単なる機能承継（Funktionsnachfolge）[323]は，民法典613a条の要件を充足しないとした従前の1996年3月31日判決をあらためて指摘し，この解釈はSüzen判決も確認していると判示した。そして，欧州司法裁判所が述べたように，指令に言う統一体は単なる活動と理解されてはならず，清掃業務委託の交替の場合に，単に競争相手に委託を奪われることが指令に言う移転とはならないという点もあらためて確認している。

5 小 括

1985年のSpijkers判決により指令の適用のための7つの判断要素が示されたものの，その判断指針がなかったため，欧州司法裁判所は，1997年のSüzen判決に至るまで，Spijkers基準のうちの2つの要素，すなわち"活動"の類似性と"経済的統一体"の同一性との間で揺れ動いてきた。この2つの要素は，企業移転の規制の範囲に関するフランスの議論の中心である2つの対照的な企業概念に基づいている。すなわち，新旧使用者の"活動"の類似性に焦点を当てた労働法アプローチである"the enterprise-activité"と，有形・無形の資産の移転に焦点を当てる商法アプローチである"enterprise-organisation"である[324]。

Süzen判決以前，欧州司法裁判所は，労働法アプローチによって検討する傾向にあった。このアプローチの最たるものが1994年のSchmidt判決である。

しかし，1995年のRygarrd判決は"安定した"経済的統一体であることを要求することにより指令の適用拡大を修正する方向性を打ち出し，そのアプローチの変更を示唆した。すなわち，裁判所の焦点が商法アプローチにシフトしていくように思われた。

---

[320] BAG 22. 7. 2004 AP Nr. 274 zu § 613a BGB; BAG 27. 10. 2005 AP Nr. 292 zu § 613a BGB = NZA 2006, 668.

[321] BAG 18. 2. 1999 AP Nr. 5 zu § 325 ZPO = NZA 1999, 648; Schaub, § 117 Rn. 20.

[322] BAG 13. 11. 1997 AP Nr. 169 zu § 613a BGB = NZA 1988, 251.

[323] 判例は，機能承継を明確に定義してはいないが，判旨の内容からすると，典型的には統一体で行われていた活動のみを受託者が引き続き行い，経営資源を引き継がない場合を指している。Vgl. Schaub, § 117 Rn. 12.

[324] Barnard, 637-38.

もっとも，その一方で，Rygaard 判決は，Schmidt 判決の"同一の活動"アプローチを完全には否定しなかった。そのアプローチは，1996 年の Merckx 事件において，Schmidt 判決と同様，有形資産の移転が全くなかったにもかかわらず，代理店との販売権が終了し，「同じ活動を求めて新しい販売権が別の企業に与えられた場合」に指令の適用を認めたことにも表れている。

これに対して，Süzen 判決では，経済的統一体が単なる活動に還元されてはならないことが強調され，指令の適用に一定の歯止めがかけられた。サービス契約の入札や委託先変更に際する労働契約の自動承継は，それによって人件費の削減が達せられないことになるため，競業他者より安い金額で，より良いサービスを提供する機会を奪い，自由経済競争を阻害するというもっともな指摘[325]がなされており，Schmidt 判決の方向性を変更した Süzen 判決の背景にも，そのような自由経済競争に対する配慮があったものと考えられる。

当初，Süzen 判決の射程は，外注先の変更の事案に限定されるとの示唆もあったが（例えば，同判決の para. 9），その後の欧州司法裁判所の判決が同判決を広範囲に引用していること[326]からすると，そのような限定が付されているとは思われない[327]。Süzen 判決が示した経済的統一体の判断指針は，移転の有無を判断する際の主要な判例法として，その後のケースでも度々引用されている（例えば，2001 年の Oy Liikenne 事件）[328]。

このような欧州司法裁判所の判決の影響を受け，連邦労働裁判所も「事業」概念を見直すとともに，統一体が単なる活動として理解されてはならないとして，受託者による単なる活動の継続（機能承継）が事業移転を意味しないと繰り返し述べている[329]。

---

[325] 経済的統一体を単なる活動に還元することが適当でない根拠として，以下の指摘がなされている。すなわち，あらゆる市場参加者は，その競争相手と少なくとも同じ程度の，望ましくはより良く，より有利な価格で，本質的に類似のサービスを提供するだろう。市場参加者が競争相手の排除に成功した場合，これが別の（入札に敗れた競争相手の）従業員集団の移転を結果としてもたらしてはならない。さもなければ，新規参入者が彼の競争相手の従前の労働者を伴うことになり，顧客に対して，"より良い"給付をより有利な価格で提供できることはまずないであろう。MünchK, § 613a Rn. 49.

[326] See Case C-172/99, Oy Liikenne [2001] ECR I-745 = NZA 2001, 249; Case C-51/00, Temco [2002] ECR I-969; Case C-463/09, CLECE SA [2011].

[327] See Barnard, 644 fn. 175.

[328] 現在，裁判所は，労働法アプローチよりも商法アプローチを好んでいる。Barnard, 644.

[329] z.B. BAG 18. 3. 1999 AP Nr. 190 zu § 613a BGB = NZA 1999, 869; BAG 14. 8. 2007 AP Nr. 325 zu § 613a BGB = NZA 2007, 1431; BAG 25. 9. 2008 AP Nr. 355 zu §

また、Süzen 判決が示したように、経済的統一体の同一性は、それまで行われてきた活動だけからではなく、労働力、管理職、労働組織、事業方法、または利用可能な経営資源といった他の指標からも生じる。したがって、当該企業自身によって処理してきた仕事を外部委託（Fremdvergabe）する場合（いわゆるアウトソーシング）においても、従前、利用されていた重要な経営資源または労働力が外部受託者へ移転されるときは、事業移転となりうる。それが最終的に事業移転を構成するか否かは、Spijkers 判決等で示された個別要素の総合考慮によることになる。そして、アウトソーシングのみならず、競争相手の単なる注文の喪失（委託先の変更）、さらには事業において切り離した機能を企業内に復帰させること（インソーシング）の場合にも、同じ原則が適用される[330]。しかし、特にサービス業の分野においては、事業移転と機能承継との区別の基準が判然とせず、Süzen 判決後もこの問題が繰り返し問われている。

VI 経済的統一体の同一性保持に関する具体的判断

では、経済的一体性の同一性の判断のために、Spijkers 判決で示された個別要素や Süzen 判決が指摘したその他の要素は、実際にはどのように検討されているのであろうか。

この点、欧州司法裁判所は、Spijkers 判決以後も、各個別要素を切り離して判断されてはならないことを繰り返し強調している。この点から、Süzen 判決で見たように、経済的統一体の同一性の判断は、各個別要素を組み合わせた類型的な総合考慮の方法によってなされている[331]。以下、個別要素ごとに検討する。

1 企業の性質

欧州司法裁判所および連邦労働裁判所は、国内の裁判所が問題となっている取引を評価するに際して、とりわけ企業または事業のタイプを考慮しなければならず、その点から各基準の重要性の程度が、継続される活動または生産もしくは運営方法に応じて必然的に異なると繰り返し述べている[332]。したがって、

613a BGB = NZA 2010, 64.
[330] Schaub, § 117 Rn. 12.
[331] MünchK, § 613a Rn. 20.
[332] 例えば、欧州司法裁判所については、Case C-340/01, *Abler* [2003] ECR I -14023, para. 35; Joined Case C-232/04 and C-233/04, *Güney-Görres* [2005] ECR I -11237,

民法典 613a 条の要件を充足するために，有形無形の経営資源が移転する必要があるかどうか，そして，どの程度移転する必要があるかは，主として企業の性質次第である[333]。言い換えれば，移転される有形および無形の経営資源の評価にあたって，まずは当該企業の活動や生産・運営方法等を吟味することが重要となる。

具体的には，問題となっている事業が製造業か，または商取引業やサービス業（Handels- und Dienstleistungsbetrieben）かという区分が問題となる（前者の場合は，通例，有形の経営資源が重要なるのに対して，後者の場合は，主として無形の経営資源が基準となる）[334]。また，判例は，経営資源との関係を強く求める傾向がある[335]。すなわち，経営資源が乏しい事業（≒人的労働力が重要な分野）か，それとも経営資源に特徴づけられている事業かどうかという分類が頻繁に利用されている。

2　有形資産の移転

(1)　有形資産の内容

有形資産には，土地，建物，生産施設，生産手段，原料，未完成および完成した工業製品等が含まれる[336]。賃借人の交替の場合に事業移転の成立を認めた欧州司法裁判所の判断[337]が示すように，それらの資産の所有権が事業所有者（新使用者）に帰属する必要はない[338]。必要なことは，取り決められた利用協定に基づいて，その事業目的の実現のために使用しうることだけであり，そ

---

  para. 35. 連邦労働裁判所については，BAG 6. 4. 2006 = NZA 2006, 723; BAG 14. 8. 2007 AP Nr. 325 zu § 613a BGB = NZA 2007, 1431.

[333]　MünchK, § 613a Rn. 26.

[334]　Schaub, § 117 Rn. 16. もっとも，このような区分は，連邦労働裁判所が「事業」概念を見直す以前からなされていたものである。すなわち，従前は，労働技術上の目的を追求するために，どの（有形・無形の）経営資源が本質的かが問題となり，それは事業の特性が基準とされ，したがって，製造業か商取引業・サービス業かという区分が指摘されていた（z.B. BAG 14. 7. 1994 = NZA 1995, 27）。ただし，連邦労働裁判所は，このような区分が，この問題の回答を得るための大まかな概念的枠組みにすぎず，総合評価が必要であるとも指摘している（z.B. BAG 14. 7. 1994 = NZA 1995, 27; BAG 6. 4. 2006 = NZA 2006, 723）。

[335]　ErfK, § 613a BGB Rn. 21.

[336]　Schaub, § 117 Rn. 17.

[337]　z.B. Case 324/86, *Daddy's Dance Hall* [1988] ECR-739; Case 101/87, *Bork International* [1988] ECR-3057.

[338]　BAG AP Nr. 303 zu § 613a BGB = NZA 2006, 1039.

のようなものであれば有形の経営資源として「事業」を構成しうる[339]。

　経営資源を中心に据えていた従前の連邦労働裁判所の解釈では，有形の経営資源の移転が不可欠と考えられていたが，現在の欧州司法裁判所および連邦労働裁判所の考え方では，総合考慮の重要なファクターの一つということになる。したがって，仮に有形の経営資源が何ら移転されない場合であっても，Schmidts判決やSüzen判決が述べたように，それだけで事業移転は否定されない（つまり，財物の移転のない事業移転も可能である）。しかし，それはSüzen判決が述べたような，重要な有形または無形の資産がなくとも経済的統一体が機能しうる[340]という特別の状況下で肯定されるにすぎない。よって，民法典613a条の適用を検討するにあたり，物的な経営資源の移転は，依然として中心的な意義を有する[341]。とりわけ，製造業が問題となる場合，通常は有形の経営資源がまず経済的統一体の価値を構成する。その場合，有形の経営資源の承継がなければ，事業目的は達成され得ないことから，たとえ大多数の従業員が承継されたとしても，事業移転は否定される[342]。

(2) 指令改正後の業務委託に関する欧州司法裁判所の具体的判断

　企業がある事業をアウトソースする場合でも，経済的統一体の同一性にとって本質的な有形の経営資源が移転されるときは，単なる機能承継とはなり得ない[343]。つまり，その活動が経営資源に特徴づけられている場合，その主要な経営資源が移転されたかどうかが決定的となり，労働者の承継は重視されない[344]。以下の欧州司法裁判所の2つの判決は，有形資産が重要とされた事案である。

---

[339] BAG AP Nr. 320 zu § 613a BGB = NZA 2007, 793; MünchK, § 613a Rn. 31; Schaub, § 117 Rn. 17. したがって，解除留保特約の下での経営資源の移転も，新使用者がさしあたり自由な利用可能性を有していることから，事業移転の妨げとはならない。他方，債権保全目的の経営資源の譲渡担保は，一般に，従来の所有者の利用権を一切変更しないため，それのみでは事業移転とならない。

[340] このSüzen判決の判旨は，その後も欧州司法裁判所によって度々引用されている。例えば，Joined Cases C-173/96 and C-247/96, *Sánchez Hidalgo and Others* [1998] ECR I -8237, para. 31; Case C-234/98, *Allen* [1999] ECR I -8643, para. 28.

[341] MünchK, § 613a Rn. 30.

[342] BAG 23. 9. 2010 = NZA 2011, 197.

[343] Vgl. MünchK, § 613a Rn. 21.

[344] Martin Koch, Voraussetzungen eines Betriebsübergangs nach der aktuellen BAG-Rechtsprechung, BB 2007, 714, 717; Commandeur/Kleinebrink, a.a.O. (Fn. 217), S. 3468.

(a) 2001 年 1 月 25 日の Oy Liikenne 事件[345]

　ヘルシンキ首都圏合同理事会は，入札手続により，それまで Hakunilan Liikenne Oy 社によって運行されていた 7 つの地方路線バスの運行を，Liikenne 社に向こう 3 年間認可した。その結果，従前受託していた Hakunilan 社は，45 人のドライバーを解雇し，そのうち 33 人が Liikenne 社に応募し全員再雇用された。同社は，さらに 18 人の運転手を採用し，新しいバス 22 台を注文したため，Hakunilan 社から資産を移転せず，新しいバスが届くまでの 2，3 か月間，2 台のバスを借り受け，数人の運転手のユニフォームを買い取っただけであった。

　この事案で欧州司法裁判所は，まず，バス輸送が相当の設備と装備が必要となることから，バスの運送事業は本質的に人的労働力に基づく活動とみることはできないと判断した。その上で，バスのような公共輸送分野において有形資産が活動の実施に相当程度寄与する場合，その有形資産の移転が大幅に欠如していることは，当該統一体が同一性を保持していない結果を導かなければならないと述べ，よって，重要な有形資産の移転がない場合は，指令の適用はないと判示した[346]。

(b) 2003 年 11 月 20 日の Abler 事件[347]

　1990 年 11 月 2 日，Wien-Speising orthopaedic 病院は，病院内の患者および従業員に対する食事や飲み物のケータリング・サービスを Sanrest 社に委託した。同社は，病院内のカフェテリアの経営も引き継ぎ，さらに病院近くの幼稚園などにも病院のキッチンで準備した食事を供給するようになった。

　1998 年に，病院経営者と Sanrest 社との間に不和が生じ，病院は，1999 年 4 月 26 日の手紙で，契約に基づき 6 か月前の告知期間を与えて契約を解約した。そして，ケータリング・サービスは，1999 年 11 月 16 日から Sodexho 社に委託された。同社は，Sanrest 社の材料や在庫，労働者等の引継ぎを拒否し，病院内のケータリング・サービスと幼稚園のための 6 ないし 10 のメニューのみを引き継いだ。そこで，Sanrest 社から 11 月 19 日に解雇された Abler ら労働者は，Sodexho 社に対して，事業移転により雇用関係が継続していると主張して提訴した。この事件で欧州司法裁判所は，概略，次のように判示した（以下，抄訳）。

　「国内の裁判所が問題となっている取引を評価するに際して，とりわけ企業

---

[345] Case C-172/99, *Oy Liikenne* [2001] ECR I-745 = NZA 2001, 249.
[346] *Ibid.*, para. 39-43.
[347] Case C-340/01, [2003] ECR I-14023 = NZA 2003, 1385.

または事業のタイプを考慮しなければならない。そのことから、各基準の重要性の程度は、継続される活動や生産物または運営方法に応じて必然的に異なることになる（Süzen 事件 para. 18）[348]。

ケータリングは、相当数の設備を必要とすることから、本質的に人的資源に基づく活動とみなすことができない。当該活動のために必要な有形資産、構内の場所（premises）、水、エネルギー、大小の設備（とりわけ、食事の準備に必要な器具や食器洗い機）は、Sodexho 社によって引き継がれた。さらに、本件の決定的特徴は、病院内のキッチンで食事を準備し、かつ、そこでの有形資産を引き継ぐという明確かつ基本的義務である。病院の患者およびスタッフに食事を準備し提供するために不可欠な、病院によって提供された場所と設備の移転は、その状況において経済的統一体の移転があると言うには十分である。当該活動が本質的に設備（equipment）に基づいている場合、新使用者が、数と技術に照らして労働者の本質的な部分を引き受けていないことは、企業等の移転の存在を排除するのに十分ではない[349]。

契約関係の文脈で事業を継続する責任を有し、かつ、それにより労働者に対して使用者の義務を負っている法人または自然人の交替がある場合は、いつでも指令が適用されることは明らかである。それゆえ、新請負人によって引き継がれた有形資産が前請負人の所有ではなく、発注者によって提供されていたものであることは、移転の存在を排斥しない。したがって、新請負人が旧請負人によって使われ、かつ、その後、発注者によって利用可能とされた有形資産の相当部分を利用している場合、発注者が最初の請負人とのケータリング・サービス契約を終了させ、次いで同じサービスのために新たな請負人と契約締結をする状況においても指令は適用されると解釈されなければならない[350]。」

この Alber 判決は、労働者の承継がなかったにもかかわらず指令の適用を認めたことから、Schmidt 判決が「継承」されたと指摘されている[351]。

(3) 連邦労働裁判所の業務委託に関する具体的判断
(a) 従前の連邦労働裁判所の判断（有形資産の限定）

従前の連邦労働裁判所[352]は、賃貸借や使用貸借等によって経営資源が引き渡される場合、独自の経済的［商業的］利用（eigenwirtschaftlichen Nutzung）[353]

---

[348] Ibid., para. 35.
[349] Ibid., para. 36 and 37.
[350] Ibid., para. 41-43.
[351] ヴァース・前掲注(289) 6頁。
[352] BAG 11. 12. 1997 AP Nr. 171 BAG zu § 613a BGB = NZA 1998, 532.

のために引き渡されたことが重要であると解していた。業務をアウトソースする場合も，有形の経営資源が独自の経済的利用のために受託者に引き渡されたかどうかを基準とし，受託者が委託者との契約上の合意に基づき，それが可能な場合にのみ，有形資産を考慮するとされていた。そのため，実務上のアドバイスとしては，アウトソーシング契約において，独自の経済的利用のための受託者の権利を明確に排除しておくことがスタンダードとなっていた[354]。この縛りの是非が問題となった事件が欧州司法裁判所の 2005 年 12 月 15 日の Güney-Görres 事件[355]である。

(b) Güney-Görres 事件

Güney-Görres らは，デュッセルドルフ空港における旅客および手荷物検査の委託を受けていた Securicor 社（労働者 306 人，うち 295 人が主に航空安全業務に従事）によって雇用されていた。ドイツ連邦共和国は，契約条件に従い旅客検査の実施に必要な航空安全設備（歩行金属探知機，自動エックス線検査付きの手荷物運搬ベルトなど）を Securicor 社に提供していた。同社とドイツとの契約は 2003 年 12 月 31 日に終了予定であり，ドイツは，同社に対して 12 月 31 日以降は契約を延長しないこと，および新たに Kötter 社に当該契約を委託した旨を伝えた。Kötter 社は，ドイツ所有の航空安全設備を利用し，Securicor 社の労働者 167 人を引き継いだが，Güney-Görres らは採用されなかった。

この事案においてデュッセルドルフ労働裁判所は，航空安全設備から構成される資産の移転があるか否かが重要な問題であると考えたが，当該設備は，ドイツによって維持管理され，そのコストもドイツ負担であったことから，独自の商業的方法によって利用されていなかった。そこで，連邦労働裁判所の判例法によって追加された上述の条件が，指令によって許容されるものか否かにつき先決裁定を求めた。これを受けて欧州司法裁判所は，概略，次のように判示した（以下，抄訳）。

「Abler 事件において欧州司法裁判所は，新請負人によって引き継がれた有形資産が旧使用者の所有に属さず，発注者によって提供された事実が，指令の適用を排斥しないと判断した。資産の移転があるか否かの判断に際して，請負人によって引き継がれた資産の独自の商業的利用がなされるという事実は決定的でないように思われる。その基準は，指令の文言や目的から導かれない。し

---

[353] 欧州司法裁判所の判決文（英語版）では，"independent commercial use" と翻訳・引用されている。

[354] Müller-Bonanni, a.a.O. (Fn. 174), S. 13.

[355] Joined Cases C-232/04 and C-233/04, [2005] ECR I-11237 = NZA 2006, 29.

たがって，独自の商業的利用のためではなく有形資産が引き継がれたという事実は，指令の適用を排斥しない[356]。」

このように Güney-Görres 判決は，ドイツ連邦労働裁判所が経済的統一体の重要な要素となる有形資産に付していた限定を否定したものであり，これを受けて連邦労働裁判所は速やかに判例変更を行った[357]。よって，有形の経営資源が，新使用者に対して，独自の経済的［商業的］利用のために引き渡されたかどうか，したがって，委託者の委託の趣旨に縛られず，経営資源を自由に使用できるかどうかも重要ではない[358]。

(c) 新しい有形経営資源の判断基準

Güney-Görres 判決が"独自の経済的利用"という指標を否定した以降，ドイツでは，アウトソーシングの場合に，適切な法的安定性のある基準が欠けていた。そこで，近時の連邦労働裁判所[359]は，有形の経営資源が，価値的な考察方法の観点から，価値創造（Wertschöpfung）のために必要な機能関係の実際の中核にその経営資源の投入がなされている場合は，重要である（wesentlich）と判示した[360]。

---

[356] *Ibid.*, para. 38-41.

[357] BAG 2. 3. 2006 = NZA 2006, 1105.

[358] Schaub, § 117 Rn. 17.

[359] BAG 15. 2. 2007 AP Nr. 320 zu § 613a BGB = NZA 2007, 793; BAG 25. 9. 2008 AP Nr. 355 zu § 613a BGB = NZA 2010, 64. なお，2006 年の段階では，「有形の経営資源が，価値的な考察方法の観点から，価値創造（Wertschöpfung）のために必要な機能関係の実際の中核にその経営資源の投入がなされている」場合との要件だけが指摘されていたが（z.B. BAG 2. 3. 2006 = NZA 2006），2007 年以降，「それによりその経営資源が委託どおりの活動を行うために不可欠である場合」との要件が付加された。しかし，2009 年 6 月 25 日の連邦労働裁判所判決は，再び前半部分だけを要件として判示している（NZA 2009, 1412）。

[360] この見解は，Willemsen が 1986 年に示した見解に基づいている（Heinz Josef Willemsen, Die neuere Rechtsprechung des Bundesarbeitsgerichts zu § 613a BGB, ZIP 1986, 477, 481.）。この判例は賛同を得ているが，価値創造やその中核という点に対しては補助的な機能があるにすぎず，独自の経済的利用という基準とは異なり，同一性の問題を解決しうる独自の重要性には欠けるとの批判もある。Christian-Armand Houben, § 613a BGB im Wandel der Rechtsprechung: Der Kern der Wertschöpfung als Ei des Kolumbus?, NJW 2007, 2075, 2078. また，「価値創造に必要な機能関係の実際の中核」という表現は同語反復的な印象を与え，結局は事業の中核を形成するものが移転される場合に，そのことは事業移転の認定に必要かつ十分であるという旧来の理解を記述しているにすぎないとの指摘もなされている。Müller-Bonanni, a.a.O.（Fn. 174），S. 13-14.

この点，欧州司法裁判所の見解からは価値創造は重要でなく，むしろ決定的なのは，その時々の経営資源が判断されるべき経済的統一体の同一性の決定に影響するか，しないのかということだけである[361]。したがって，連邦労働裁判所の新しい判断は，新たな要件を付加したというよりは，同一性保持の一つの判断方法を示したものと考えられよう[362]。

(d) 「価値創造のために必要な機能関係の実際の中核」の判断

そこで，次に問題となるのは，「価値創造のために必要な機能関係の実際の中核」をどのように判断するかである。

この点，2006年6月13日の連邦労働裁判所[363]は，Güney-Görres事件とほぼ同様の事案において事業移転を認めたものであるところ，その理由中，本件の有形の経営資源がなければ委託の趣旨に従った検査活動を行い得ないのであるから，それが不可欠であるとして，その投入は価値創造のために必要な機能関係の実際の中核を構成していると判断した。また，その機器および設備が自由市場で入手不可能で，かつ，委託者によってその使用が強制的に指示されている場合は，それがまさに同一性を特徴づけるものであると指摘している。

より説得力のある説明方法として指摘されているのが，特定の経営資源が委託業務の遂行上，対象なのか，手段なのかで区別することである[364]。例えば，建物の警備業務の場合，警備される建物は業務遂行の対象にすぎず，受託者の付加価値のためには利用されていない。したがって，サービス業において同一性をもたらす経営資源には属さない。これに対して，空港における乗客や手荷物検査用の探査機器は，検査を受託した企業がそれを使って業務を遂行している。つまり，発注者の一定の経営資源の力を借りてのみ価値創造が可能となるため，経営資源に数えることが可能である。また，屠殺場における解体装置，コンベヤーベルト，冷凍室などの有形の経営資源は，屠殺業務および解体業務のための決定的な手段を形成しており，かかる事業はその経営資源を"対象として"ではなく，それを"使って"提供される。それゆえ，それらは価値創造に必要な機能関係の構成部分として，総合判断において考慮されると説明され

---

361 MünchK, § 613a Rn. 31.
362 例えば，Schaub, § 117 Rn. 12a では，その経営資源が同一性を特徴づけ，したがって，統一体において営まれていた活動の委託の趣旨に従った遂行のために不可欠でなければならないと指摘され，「価値創造のために必要な実際の中核」が「同一性を特徴付ける」ことに言い換えられている。
363 BAG 13. 6. 2006 = NZA 2006, 1101.
364 MünchK, § 613a Rn. 31; Schaub, § 117 Rn. 12a.

ている[365]。

(4) 業務委託以外の事案に対する判断基準の拡張

連邦労働裁判所は，上記の基準をアウトソーシング契約に限らず，通常の事業譲渡等においても一般化して適用している。

例えば，2007年7月26日の連邦労働裁判所判決[366]は，屋根葺き職人を雇用する企業が倒産し，その道具や車等の経営資源が取得された事案において事業移転を否定したものである。判旨は，屋根葺き事業が移転されたかどうかの評価において，有形の経営資源が同一性を特徴づけているか否かは，当該事業ごとの特性次第であるとし，そして，有形の経営資源は，その投入が価値創造のために必要な機能関係の実際の中核を構成し，かつ，当該活動の委託の趣旨に従った（auftragsgemäße）遂行のために不可欠である場合に重要であると判示した。その上で，有形の経営資源は確かに必要ではあるが，その投入が価値創造のために必要な機能関係の実際の中核を構成していないことから，有形の経営資源の移転を基準としないと指摘した。

また，2009年6月25日の連邦労働裁判所判決[367]は，グループ企業の100％子会社が経営するコールセンターが閉鎖され，それと前後して別の100％子会社が新規設立され，コールセンター事業が継続された事案である。判旨は，本質的に人的労働力が重要な事業に関する判断基準を示した後，他方で，有形の経営資源が同一性を特徴づけているか否かは，当該事業ごとの特性次第であるとし，有形の経営資源は，その投入が価値創造のために必要な機能関係の実際の中核を構成している場合に重要であると判示した。

このように，連邦労働裁判所は，上記判断基準を，当該事業が有形の経営資源に特徴づけられている事業か否かを判断するための基準としても一般化して利用している。

3　無形資産の移転

(1) 無形資産の意義

上述のように，製造業では有形の経営資源の承継が重要であるのに対して，商取引業やサービス業においては，通常，従前の顧客層を維持するために無形の経営資源が重要なメルクマールとなる[368]。例えば，連邦労働裁判所による

365　Müller-Bonanni, a.a.O. (Fn. 174), S. 15. Vgl. BAG 15. 2. 2007 = NZA 2007, 793.
366　BAG 26. 7. 2007 AP Nr. 324 zu § 613a BGB = NZA 2008, 112.
367　BAG 25. 6. 2009 = NZA 2009, 1412.

と，この場合の事業移転の評価の際には，無形の経営資源，つまり，第三者との取引関係，顧客層，顧客名簿，ノウハウ，市場への企業の参入の有無が中心的な問題になるとしている[369]。

その中でも商取引業やサービス業にとって最も重要なものは，現に存する取引および法律関係の承継である。これにより事業の移転先企業が当該市場へ参入することが可能となる[370]。したがって，無形の経営資源の移転は，後述する"顧客の移転"のメルクマールとも密接な関係を有している。

(2) 販売権等の承継

その他の無形資産の承継としては，販売権，生産のために不可欠な特許権・実用新案権，ライセンス，品質保証マーク・商標・商号の承継などがその徴表となる[371]。例えば，前述した欧州司法裁判所のMerckx判決[372]では，自動車の販売権を，60人中14人の労働者の承継とともに，別の場所で事業を行っていたディーラーに移転し，旧使用者の活動が中断なく引き継がれただけで，その他の有形・無形の資産の移転がなくとも指令の適用が認められた。この判例は，Süzen判決以前の判断ではあるものの，移転された販売権が当該事業にとって大きなウェイトを占めるとなれば，この判断が維持される余地があろう。

4 労働者の多数（従業員集団）の移転

(1) 欧州司法裁判所の従業員集団に対する判断アプローチ

欧州司法裁判所は，特にサービス業の分野において，主要な労働者集団の引継ぎの有無を，経済的統一体の同一性保持のための本質的な事情と考えている[373]。この点で，Süzen判決の判示，すなわち，その活動が本質的に人的労働力に基づく分野においては，「新使用者がその活動を追求するだけでなく，数および技能に照らして，旧使用者に配置された労働者の主要部分を引き受ける場合，移転後も同一性を維持することが可能」という点は，その後も繰り返し確認されている[374]。

---

[368] 無形資産の価値が有形資産の価値をはるかに上回ることがありうる。ErfK, § 613a BGB Rn. 23.

[369] BAG 27. 10. 2005 AP Nr. 292 zu § 613a BGB = NZA 2006, 668; BAG 14. 8. 2007 AP Nr. 325 zu § 613a BGB = NZA 2007, 1431.

[370] MünchK, § 613a Rn. 27.

[371] *Ibid.*, § 613a Rn. 37; Schaub, § 117 Rn. 19.

[372] C-171/94 and C-172/94, [1996] ECR Ⅰ-1253.

[373] MünchK, § 613a Rn. 38; Schaub, § 117 Rn. 20.

[374] z.B. Case C-172/99, *Oy Liikenne* [2001] ECR Ⅰ-745, para. 38; Case C-340/01,

もっとも、次に述べる欧州司法裁判所の 2007 年 9 月 13 日の Jouini 判決[375]は、Süzen 判決の枠組みに直接依拠することなく、派遣企業の移転の場合にも指令の適用を認めた。同事件は、派遣事業を営んでいた Mayer & Co 有限会社の経営が財政的に立ち行かなくなり、主要顧客の要請により経営者の妻が顧客と合意の上で Mayer 社を新しい枠組みで営業継続することになり、その夫婦が新設された PPS 社の取締役 (director) となった事案である。主要顧客に派遣された 40 人の労働者ができるかぎり PPS 社に移るよう Mayer 社の支店マネージャーに対して指示が与えられ、PPS 社は Mayer 社の管理職スタッフの一部と一時的に派遣されている労働者の 3 分の 1 を引き継ぐに至った。この事案で欧州司法裁判所は、概略、次のように判示した（以下、抄訳）。

　「統一体は、重要な有形または無形の資産を有する必要はない。実際、ある経済分野では、資産がほとんど基本的なものしかなく、その活動が本質的に労働力に基づいている。したがって、その他の生産の要素がない場合、共同の仕事に具体的かつ永続的に配属された労働者の組織的集合が、経済的統一体となることもありうる (Hernández, para. 27)[376]。

　一時的に派遣されている労働者が顧客の組織構造の中に統合されているという事実は、経済的統一体が移転されたという判断を排斥しない。その労働者が本質的な資産であり、労働者がいなければ派遣事業は当然その経済的活動を実行し得ない。管理職従業員、臨時労働者（派遣労働者）およびノウハウから構成される単一の集合は、ユーザー企業に労働者を一時派遣するサービスを提供するという自らの目的を追求することが可能であり、旧使用者のその他の重要な資産等に依存することなく運営可能な経済的統一体を構成しうる[377]。」

　このように欧州司法裁判所は、経済的統一体の評価の際に、問題となっている事業の性質を吟味し、それに応じて労働者の承継を重視している。しかも、本来、基準とされる統一体の組織構造が欠けるにもかかわらず、従業員の一部の移転等によって当該統一体の目的の追求が可能であることをもって事業移転となりうることを認めている。

　Abler [2003] ECR I-14023, para. 32. なお、Süzen 判決の "labor-intensive sector" というフレーズは、2001 年の Oy Liikenne 判決以後、"activities are based essentially on manpower" に言い換えられている。
375　Case C-458/05, [2007] ECR I-7301 = NZA 2007, 1151.
376　*Ibid.*, para. 32.
377　*Ibid.*, para. 36 and 37.

(2) 連邦労働裁判所の従業員集団に対する判断アプローチ
(a) 従業員集団の移転の考慮場面の限定

連邦労働裁判所の古い解釈（Süzen 判決前）では，労働者を経営資源とみなさず，ノウハウ保持者の承継がある場合にのみ，これを無形資産の承継として考慮していた[378]。しかし，現在の連邦労働裁判所はその解釈を変更し，Süzen 判決の判断をそのまま是認している[379]。なお，ノウハウ保持者の承継についても，ノウハウが個々の労働者によって体現されることから，通常は従業員集団の承継のメルクマールにおいて考慮される[380]。

ただし，連邦労働裁判所の近時の傾向として言えることは，Süzen 判決が指摘した"本質的に人的労働力が重要となる分野"の判断枠組みに続けて，それとは逆に"経営資源に特徴づけられている事業"の場合は，従業員（Personal）の承継がなくとも事業移転が成立しうると繰り返し判示している点である[381]。すなわち，近時の連邦労働裁判所の判断枠組みによると，人的労働力が重要な事業（≒経営資源に乏しい事業）と経営資源に特徴づけられている事業とに大別し，経営資源の乏しい事業においてのみ，新使用者が当該活動をさらに継続するだけでなく，旧使用者がその活動の際に投入していた従業員（Personal）の数および専門知識に照らして主要部分（wesentlichen Teil）を承継する場合は，経済的統一体の同一性保持を基礎づけるという立場を採用し，他方で，有形の経営資源によって本質的に特徴づけられる事業においては，この観点は重要ではないと指摘している。

このような，経営資源に特徴づけられる事業において労働者の承継を軽視するかのような判示は，2004年7月22日の連邦労働裁判所判決[382]においても述べられていた。すなわち，同判決は，"経営資源が乏しいとは言えない事業"の場合に，事業の同一性の継続がすでに他の基準から肯定されるときは，従業

---

[378] BAG 9. 2. 1994 AP Nr. 104 zu § 613a BGB = NZA 1994, 612.

[379] 従業員の承継は，有形の経営資源の移転がなくとも事業移転の要件を満たしうるが，この関係で重要なことは，個々の労働関係の移転ではなく，従業員の総体の中に体現される機能関係，すなわち労働組織の移転である。その不承継は，職員（Mitarbeiter）によって専らまたは少なくとも全体が決定的に特徴づけられている事業においてのみ，事業移転を排除する。それ以外の事業では，従業員の承継・不承継は基準の一つである。Willemsen et al., Rn. G 70.

[380] Schaub, § 117 Rn. 19.

[381] BAG 13. 6. 2006 AP Nr. 305 zu § 613a BGB = NZA 2006, 1101; BAG 14. 8. 2007 AP Nr. 325 zu § 613a BGB = NZA 2007, 1431.

[382] BAG 22. 7. 2004 AP 274 zu § 613a BGB = NZA 2004, 1383.

員の不承継をもって事業移転を否定することにはならず，事業移転が確かであれば，労働関係の移転は法的効果であって要件ではない，とまで判示していた。

かかる判例の立場に対しては，EU 法上定着したすべての側面の全体評価を必要とする立場とは調和しがたいとの批判[383]もある。ただし，いずれの判旨も，経営資源に特徴づけられている事業において，従業員の承継の事実があった場合に，それがどの程度の評価となるかは不明で，しかも，全体評価の必要性は常に同時に指摘されている。よって，基準の明確化のための一つの判断枠組みを提示したものとの評価も可能で，EU 法と抵触するとまで言えるかは，今後の判決の態度如何といえる。

(b) **人的労働力が重要な事業における従業員集団承継の判断基準**

上述のように本質的に人的労働力が重要な事業においては，人数および専門知識の観点から従業員の主要部分を承継する場合に，共通の活動を通じて持続的に結びつけられた従業員の総体が一つの経済的統一体となりうる。では，その主要部分とは，どの程度の従業員の承継を意味するのだろうか。

(ア) 原則論

これまでの連邦労働裁判所の判決[384]から，"従業員集団の承継"という基準の評価について，次のような原則が導かれる。すなわち，

① まず，現存する労働組織の承継を基準とするために，人数および専門知識により，どの程度の従業員集団の部分が承継されなければならないかは，当該事業または事業の一部の構成と特性如何に拠る。

② 労働者の高い能力が要求されない業務の場合，競業会社（旧使用者）によって創設された労働組織がそのまま存続していることを推定させるためには，大部分の労働者が引き続き雇用される必要がある。

③ 当該事業が専門知識や資格によってより強く特徴づけられている場合は，その専門知識を理由として従業員集団の主要部分といえるものが承継されるだけで十分である。

④ なお，統一体の同一性は，新使用者が労働者を今までの職場で同じ職務に引き続き就業させるのであれば，より一層保持される[385]。

抽象的には以上の原則が言えるとしても，具体的な場合に，どの程度の労働

---

[383] MünchK, § 613a Rn. 38.
[384] BAG 11. 12. 1997 AP Nr. 172 zu § 613a BGB = NZA 1998, 534; BAG 10. 12. 1998 AP Nr. 187 zu § 613a BGB = NZA 1999, 420; BAG 18. 2. 1999 = NZA 1999, 648; BAG 25. 9. 2008 AP Nr. 355 zu § 613a BGB = NZA 2010, 64.
[385] Schaub, § 117 Rn. 22. Vgl. BAG 11. 12. 1997 AP Nr. 172 zu § 613a BGB.

者の承継で事業移転を構成するかは更なる検討を要する。そこで，以下では具体的な事案を検討する。

(イ) 高度の専門性が要求されない場合

事業活動にとって労働者の高い能力が要求されず容易に代替可能な場合は，承継される労働者の特別な専門知識は要求されない。例えば，ケータリング，建物清掃，警備の分野がこれに該当する[386]。この場合，大部分の労働者が継続雇用されなければならない。

この点，2008年9月25日判決[387]は，軍隊の演習場の警備業務に関し，新受託者が旧受託者に雇用されていたフルタイム労働者36人中14人とパートタイム労働者12人中5人を引き継いだ事案において事業移転が問題となった。判旨は，本質的に人的労働力が重要な業務であると認定した上で，半分以下の承継は数および専門知識に照らして主要部分とはいえないと判断した。

また，清掃業務の委託が問題となった2005年5月24日の連邦労働裁判所判決[388]は，約60％の承継では主要な従業員集団の承継に当たらないとした。

さらに，1998年12月10日判決[389]は，病院のごみ処理，寝具の交換，大型ごみ容器の交換，食事の運搬等の業務を委託され，8名の労働者によって業務を遂行していたところ，当該契約が解約され，新しい会社に委託されることになったが，新会社は有形無形の経営資源を引き継がず，6名の労働者のみを引き継いだ事案である。連邦労働裁判所は，新しい受託者が従前の労働組織をそのまま維持せず，当該職場が労働者に対して高い能力を要求しない場合，主要な従業員集団の承継を確定するためには，75％の承継では不十分であるとした。

これに対して，1997年12月11日判決[390]は，大学との清掃業務の委託契約が終了し，新たに別会社に委託され，新受託会社は有形の事業資産を引き継がなかったが，従前の労働者70人中60人（85％）を引き継いだ事案である。この事案で，判旨は，労働者の高い能力が要求されないことに鑑みても，経済的統一体の同一性が保持されることを肯定した。

以上のような判例からは，少なくとも労働者の80％程度の継続雇用がある場合，従業員集団の主たる部分を引き継いだといえそうであるが[391]，他の

---

[386] Schaub, § 117 Rn. 22.
[387] BAG 25. 9. 2008 AP Nr. 355 zu § 613a BGB = NZA 2010, 64.
[388] BAG 24. 5. 2005 = NZA 2006, 31.
[389] BAG 10. 12. 1998 AP Nr. 187 zu § 613a BGB = NZA 1999, 420.
[390] BAG 11. 12. 1997 AP Nr. 172 zu § 613a BGB = NZA 1998, 534.
[391] 正確に打ち出しているわけではないが，連邦労働裁判所は，75％よりも多い割合を

ファクターとの関係もある以上，単純に人数だけの問題で考えることは本来適当ではなかろう。この点，上述の2008年9月25日判決も，一般論の最後に，承継された労働者の数それだけを見ることは，同一性を保持した経済的統一体が移転されたか否かの審査のためには有用な基準ではないと釘を刺している。

(ウ) 高度の専門性が要求される場合

一方，ある事業が従業員の特別な知識（ノウハウ）や資格によってより強く特徴づけられている場合（例えば，特定の機械の補修資格を有している場合など）は，その専門的知識の故に従業員集団の主要部分といえるところの承継だけで十分であるから，そう言える限りはより少数の労働者の承継でも足りる。

例えば，1998年5月14日判決[392]は，旧使用者と核技術施設である研究センターとの警備業務の委託が終了し，新使用者が新たに警備業務の委託を受けることとなり，36人中22人（60％以上）の労働者を引き継いだという事案である。判旨は，単純な活動が問題となる場合は，この人数の引継ぎでは統一体の保持に十分ではないとしながら，本件ではかなり熟練した，専門的な活動が問題となっており（とりわけ，管理者および万一の場合の管理能力が重要である），引き継がれた22人は従業員集団の"骨格"を構成し，かつ，主要なノウハウを体現している等と判示して，事業移転を否定した原審に事件を差し戻している。

他方で，私立学校における専門的知識を有する教師陣であっても，50％より少ない人員しか継続雇用しない場合は，主たる従業員集団の承継と認めるには十分でないとされている[393]。

これらの判例から，新しい受託者が重要なノウハウを体現する労働者（専門的知識を有する管理職スタッフを含む）の半数を超えて継続雇用する場合は，主要な中核部分の承継が認められると指摘されている[394]。

もっとも，例外的な場合，労働組織は，労働者への仕事の割当てやその組織の中で体現される経験知識によって特徴づけられる。したがって，例えば，コンピュータ情報処理企業において特別に専門化されたソフトウェア開発者の場合など，少数の労働者らが当該統一体のノウハウを体現しているのであれば，その労働者らが引き受けられただけでも十分である[395]。

重要と考えているとの指摘がある。Schaub, § 117 Rn. 22.
[392] BAG 14. 5. 1998 = NZA 1999, 483.
[393] BAG 21. 1. 1999 — 8 AZR 680/97; MünchK, § 613a Rn. 45.
[394] ErfK, § 613a BGB Rn. 27; MünchK, § 613a Rn. 45.
[395] Schaub, § 117 Rn. 22.

(エ) 事業の基盤が一身専属的な権限・資格に基づく場合

究極的には，当該事業が一人の事業主の権限・資格から構成されるという場合もある。例えば，1999年8月26日の連邦労働裁判所判決[396]は，公証人事務所の移転の際に，新しく選任された公証人が従前の公証人事務所と雇用されていた労働者（原告以外の全員）を承継した事案に関するものである。判旨は，公証役場の主要な基盤が一身専属的な公証人の権限にあり，従前の公証人が職を解かれたことによって公証役場は解消されていると指摘し，原告以外の労働者全員を承継したことから事業移転を導き出すことはできないと判断している。

(3) 人的労働力が重要な事業とそうでない事業との区別

以上の欧州司法裁判所および連邦労働裁判所の解釈によると，経営資源が乏しく，人的労働力が重要な事業か否かによって，個別要素の評価が全く異なり，結論も変わりうることになる。そこで，さらなる問題は，人的労働力が重要な事業か，それとも経営資源に特徴づけられている事業か否かの区別である。

この点，例えば，民間の学校事業の場合は，経営資源が乏しいまま構成されるため，基本的に教師の人的労働力が問題となると考えられる[397]。

これに対して，路線バス運行事業については，先述した欧州司法裁判所の2001年1月25日のOy Liikenne判決[398]により，相当程度，器材と設備の投入を必要とすることから，本質的に人的な労働力が問題となる活動には属さないと判断された。

では，レストラン事業はどうか。1997年9月11日の連邦労働裁判所[399]は，レストラン事業では軽食などと違って客に対してできるだけ心地良い雰囲気作りが大切で，その点で給仕する従業員が重要となるし，コックについてもノウハウ保持者としてその引継ぎがないことはより重要な意味を有すると指摘し，従業員の重要性を述べていた。

ところが，近時，問題となった鉄道車両における食堂事業において，2006

---

[396] BAG 26. 8. 1999 AP Nr. 197 zu § 613a BGB = NZA 2000, 371.
[397] MünchK, § 613a Rn. 42.
[398] Case C-172/99, *Oy Liikenne* [2001] ECR I -745 = NZA 2001, 249.
[399] BAG 11. 9. 1997 = NZA 1998, 31. 原告Xは，ホテル内でスペースを借りてドイツ料理のレストランを経営するA社に雇用されていたが，A社が倒産し，全員が解雇された。そこで，新たにY社がホテルからレストランを借り受け，アラビア風レストランを開店したという事案である。約6か月間の中断期間があることや，ドイツ料理から異国風料理への変更，さらにコック等の引継ぎがなかったこと等から，事業移転が否定された。判旨は，賃借建物やその他の動産のような有形の経営資源の承継は，決定的な重要性を有しないと述べている。

年4月6日の連邦労働裁判所判決[400]は，列車の食堂経営の活動は，本質的に人的労働力が重要となるサービスが問題となるのではないと判断した。その理由として，固定的に設置された顧客設備，食堂設備，その他のレストラン設備を備えた食堂車両が有形の経営資源であり，有形の経営資源が副次的役割だけではなく，経営に不可欠であり，その継続利用が事業移転を基礎づけると判示している（ただし，後述のように別の理由により事業移転は否定された）。

また，ケータリング・サービス事業も，人的労働力が重要となるサービスのようにも思えるが，2003年の欧州司法裁判所のAbler判決[401]によってこの考えは否定された。

では，有形資産および労働者のいずれもが重要と考えられるコールセンター事業はどうか。先述のコールセンター事業の移転が問題となった2009年6月25日の連邦労働裁判所判決[402]は，有形の経営資源が引き継がれなかった事案に関するものである。裁判所は，電話設備のような有形の経営資源が必要であるとしながら，それは経済的統一体の同一性のために決定的な重要性を有しておらず，人的労働力に比較して副次的役割を有するにすぎず，親切で専門的知識のある従業員こそがコールセンターの言わば本来の"事業資産（Betriebskapital）"を構成すると判断した。そして，4分の3の労働者が移転していたことから，数および専門知識に照らして主要部分が承継され，それにより経済的統一体の同一性が維持されていると判示している。

5 顧客の移転

旧使用者の下で契約により形成された具体的な顧客関係が新使用者に引き継がれる場合，経済的統一体の保持を肯定する主要な要因として考慮される。これに対して，旧使用者と契約関係にある基本的な顧客関係が移転しない，または変更された形態でしか移転しない場合，統一体の移転を否定する事情となる[403]。

問題は，契約による拘束力のない浮動客の移転である。例えば，1999年12月2日の連邦労働裁判所判決[404]は，あらゆる種類の電気製品の販売を行っていた企業が閉鎖され，その営業が同一グループに属する別会社により別の店舗

---

[400] BAG 6. 4. 2006 AP Nr. 303 zu § 613a BGB = NZA 2006, 1039.
[401] Case C-340/01, [2003] ECR I-14023 = NZA 2003, 1385.
[402] BAG 25. 6. 2009 = NZA 2009, 1412.
[403] MünchK, § 613a Rn. 48; Schaub, § 117 Rn. 23.
[404] BAG 2. 12. 1999 AP Nr. 188 zu § 613a BGB = NZA 2000, 369.

で新規に行われることになり，労働者のほぼ全員が引き継がれた事案に関するものである（ただし，移転先は，売り場面積の拡大に伴い，新たに労働者を雇い入れた）。この事案において連邦労働裁判所は，経済的統一体の保持があるか否かは，小売業の場合でもすべての関係する事情を含む全体評価に拠るとした上で，事業移転の成否の検討にあたり顧客関係の維持を重視し，顧客関係維持のためには，まずもって商品の品目と事業形態が重要であること，そして，場所の継承またはすぐ近くで営業を継続することも事業形態や商品の性質によっては重要となること，全く別の場所での継続は専門店や競業他者が居ない地域は別として，顧客が旧来の営業の立地で慣れ親しんでいることから，同一の組織的統一体の継続とはなりがたいと判示し，商品項目や事業形態に関する主要な事実や新店舗との距離等，明らかにすべき事実がなおあるとして原審に差し戻した。

　これに対して，1986年10月30日の連邦労働裁判所[405]は，同一の事業場所で小売業が営まれたとしても，別の商品項目で経営する場合は事業移転が否定されるとした。判旨は，理由中で，商品項目が顧客層を決定し，事業の中核を形成するとも述べている。

　このように判例は，小売業における経済的統一体の同一性を，まず顧客関係がそのまま保持されたか否かにスライドさせて検討を加え，そのために商品項目（品揃え），販売形態および立地条件を，同一性を基礎づける事実として検討している。その点では，顧客の移転のメルクマールは，活動の類似性のメルクマールとも一部重複する関係にある。

　また，欧州司法裁判所も，病院内の患者および従業員に対するケータリング・サービスの委託先変更の事案である2003年のAbler事件[406]において，新受託者が同一施設内で委託業務を行うことから，旧使用者の顧客のほとんどを必ず引き継ぐことが明らかである[407]と述べて，顧客の移転を経済的統一体の移転を肯定する事情として加えている。このように，地域的立地に依存するサービス業等では，顧客層の構成に大きく影響する場所的移転が，通常，事業

---

[405] BAG 30. 10. 1986 AP Nr. 58 zu § 613a BGB = NZA 1987, 382. Vgl. 喫茶店の事業移転に関するBAG 26. 2. 1987 AP Nr. 63 zu § 613a BGB = NZA 1987, 589. 連邦労働裁判所は，少なくとも同種の商品項目が必要であるとした。

[406] Case C-340/01, [2003] ECR I-14023. その他にも，例えばMerckx事件判決（C-171/94 and C-172/94, para. 18.）では，旧使用者が顧客に対して新使用者を推薦する手紙を送付したという事実が一つの考慮要素として指摘されている。

[407] Abler, para. 36.

移転を否定する事情となる[408]。

これに対して，製造業の場合は，趣が異なる。例えば，2002年5月16日の連邦労働裁判所判決[409]は，靴の製造業の移転の事案において，新使用者が経営資源を移動させ，かつ，別の場所で同じ労働組織と同じ経営資源を用いて生産を継続する場合は，場所的移転にもかかわらず，経済的統一体が維持されると明確に述べている。

6　活動の類似性

(1)　一般的基準

活動だけの類似性は機能承継となるが，他の個別要素（顧客の承継など）とともに，移転の前後で遂行される事業活動が基本的に同一である場合は，統一体の移転を肯定する事情となる。もっとも，基本的に同一か否かの厳密な判断基準はない。

一般には，製造業の場合，引き継がれた有形の経営資源（生産手段）から活動の類似性が判断可能であるのに対し，サービス業の場合は，活動の性質が重要となり[410]，新使用者の活動が，同一または少なくともそれに匹敵する事業理念に基づいて実現され，かつ，同一の顧客層に向けられているかどうかが決定的である[411]。よって，前述のように，場所的移転がある場合は，業種によって顧客層への影響が異なるため，それ如何で結論が左右される。

また，サービス業に関して，連邦労働裁判所は，労働組合の保養施設からホテルおよびレストラン事業への変更[412]や，同じ飲食業でも根本的な様式の変更（例えば，ドイツの伝統的な家庭的料理から，アラビア音楽が流れ，アラビア出身の従業員によって給仕される異国風レストランへの変更）[413]を，同一性を否定する事情の一つとして考慮している[414]。

一方，製造業においても，業態の変更から同一性保持が否定される場合もある。例えば，2004年5月13日の連邦労働裁判所判決[415]では，靴の製造を営んでいた倒産会社から経営資源を承継したが，一般市場向けの大量生産から手作

---

[408]　Schaub, § 117 Rn. 24; MünchK, § 613a Rn. 43.
[409]　BAG 16. 5. 2002 AP Nr. 237 zu § 613a BGB = NZA 2003, 93.
[410]　MünchK, § 613a Rn. 51 und 52.
[411]　Schaub, § 117 Rn. 24.
[412]　BAG 16. 7. 1998 = NZA 1998, 1233.
[413]　BAG 11. 9. 1997 = NZA 1998, 31.
[414]　Vgl. MünchK, § 613a Rn. 52.
[415]　BAG 13. 5. 2004 AP Nr. 273 zu § 613a BGB.

業の個別生産へと業態を変更し，顧客も一般市場ではなく，特定の企業向けへ変更したことが事業移転を否定する事情として指摘されている[416]。

(2) 唯一の活動の移転

では，企業にとって唯一の業務が他社に移転され，同一内容の活動が継続された場合は，その活動はどのように評価されるであろうか。近時，この点が争われ，下級審と連邦労働裁判所の判断が別れたケースがある。

受託業者は，ある大学病院における技術的なサービス提供業務（経営管理，メンテナンス，保守）に従事し，11年間，当該大学病院という空間的に限定された領域で，しかも当該業務を提供するだけの目的を有していた。この目的のために大学病院は，受託業者に事務室，談話室，倉庫，作業用具室，修理業務のためのソフトウェア，水および電気を提供していた。2005年末，大学病院は，それまで多数の業者に委託していた施設に関する業務を以後は唯一の業者に委託することを決定し，この目的のために病院自体がサービス提供会社を設立し（51％出資），受託業者との施設管理契約を終了して新会社に業務を委託した。新たな受託業者は，大学病院の提供する部屋およびその他の経営資源を引き継ぎ，旧受託業者の労働者19人中9人に応募を促し，6人を採用した。ただし，新たな受託業者は，総計1900人の従業者を抱え，そのうちの340人を施設管理技術専門の領域で雇用しており，旧受託業者が担当していた領域のみならず，病院全体の領域を担当させた。

2006年10月23日のベルリン州労働裁判所[417]は，かかる技術的なサービスを提供するための大学病院の業務委託が，事業存続のための本質的な経営資源を構成するとの立場を採り，新使用者が事業活動を同一場所で，しかも中断なく継続していることもさらに事業移転を肯定する事情となるとした。

これに対して，2007年8月14日の連邦労働裁判所[418]は，たとえ事業の目的が唯一の業務を遂行することにある場合であっても，その業務が他の企業へ新規に委託されることは，それ自体では事業移転とはならないとした。判旨は，経済的統一体の移転が，資源の組織的統合の継続を要件としており，単なる業務委託はかかる要件を充たさないこと，また，単なる機能承継が事業移転の要件を充足しないことをあらためて確認している。さらに，判旨は，施設を対象

---

[416] また，事業目的を変更し，従前の靴の大量生産に代えて，大部分が手作業で靴の見本を制作することが中心を占める場合は，経済的統一体の同一性を否定する事情となる。BAG 16. 5. 2002 AP Nr. 237 zu § 613a BGB.

[417] LAG Berlin 23. 10. 2006 = DB 2007, 293.

[418] BAG 14. 8. 2007 AP Nr. 325 zu § 613a BGB = NZA 2007, 1431.

としてのみ提供されうる活動は，価値創造のために必要な機能関係の実際の中核を構成しないし，この活動のために有形資産を構成することもないと指摘している。

7 中断期間

　数日または数週間のわずかな中断があっても，事業移転は否定されない。しかし，連邦労働裁判所は，経済上，著しい事業活動の中断期間がある場合，事業移転が否定されると繰り返し判示している[419]。そこで，問題は，「経済上，著しい事業活動の中断期間」とはどの程度をいうのかである。

　この点，その期間を超えると事業移転の判断のための全体評価を左右するという明確な時的限界は存しない[420]。もっとも，流行物の衣料品販売の専門店の事業移転が問題となった1997年5月22日の連邦労働裁判所判決[421]は，その理由中で，とりわけ（最長の）法律上の解約告知期間（民法典622条2項）よりも長く続く販売活動の中断を，経済的に著しいものとして重要となると指摘している。よって，それが一つの目安となろう。判旨は，その事案において，実際の営業活動停止後9か月間の中断期間があったことから，小売業専門店においてこの期間は経済上著しいと評価されると判示し，それほどの長いブランクがあれば，ブランド志向の高い顧客は，自らの需要を他で充たすことになるため，新事業所有者は，それらの顧客を独自の商品によって，新たにまたは再び獲得しなければならなくなると詳細にその理由を述べている。

　この判旨が述べるように，活動の中断は，顧客の移転のメルクマールと密接な関連がある。ここで重要なことは，統一体のこれまでの顧客が中断期間中に競業他者へ向かい，当該業務の再開後，新たに顧客を獲得しなければならなくなるかどうかである[422]。したがって，サービス業の場合は，中断期間がさらに短いものであっても統一体の同一性に影響を与えうる。

　例えば，1997年9月11日の連邦労働裁判所[423]は，レストラン事業における6か月の事業中断を，経済上著しいと評価した。判旨は，その理由中，多くのレストランがある大都市において，顧客は問題なく他店に乗り換えてしまうた

---

[419] z.B. BAG 22. 5. 1997 AP Nr. 154 zu § 613a BGB = NZA 1997, 1050.
[420] とはいえ，6か月以上事業が停止している場合，確定的ではないが，情況証拠として非常に強い効果が認められうるだろうと指摘されている。MünchK, § 613a Rn. 53.
[421] BAG 22. 5. 1997 AP Nr. 154 zu § 613a BGB = NZA 1997, 1050.
[422] Schaub, § 117 Rn. 25.
[423] BAG 11. 9. 1997 = NZA 1998, 31.

め，ほぼ半年の事業停止後は，新たに顧客を獲得しなければならなくなる，つまり，事業中断が顧客層の移転を妨げると述べている。

さらに，高齢者や幼児に対する継続的なケア施設等（例えば，老人ホーム，託児所など）の場合は，事業中断に対する反応は非常に敏感で，3か月内の短期の閉鎖でも顧客が競業他社によって終局的に奪われるには十分な期間と考えられている[424]。

8　新使用者による事業継続（事業所有者の交替）

従前の連邦労働裁判所の判例では，新使用者が旧使用者と協調して具体的な継続可能性を獲得した場合は，それをもって事業所有者の交替となり，事業移転を認めるに足りるとされていた。この判例によれば，新使用者が，本質的な有形・無形の経営資源の承継によって，労働者らの協力を伴って従前の所有者と同じように事業を継続する立場に置き換えられた場合は，事業所有者交替として十分だった。かかる解釈によれば，新使用者が基本的に変更なく継続できるということは必要であるが，実際に変更なく継続するか，承継後に事業目的を変更するか，さらには事業閉鎖ですら重要でなかった[425]。

しかし，連邦労働裁判所は，事業概念を経済的統一体の同一性保持へと変更した以降，新使用者による事業活動の実際の継続または再開が不可欠と解している。すなわち，事業移転は，新使用者が事業の組織権限および経営権限の承継後も統一体を実際に継続し，旧使用者の立場を引き受けることによって事業所有者が交替する場合にのみ存在する[426]。よって，新使用者が一時的にせよ従前の活動を継続すれば別論であるが，事業をすぐさま閉鎖し清算する場合は，事業が継続されたとは言いがたく，閉鎖後の有形・無形の経営資源の売却は，単なる物の総体の移転でしかない[427]。新使用者による承継と事業閉鎖との間にどれほどの時間の経過を要するかについては，いまだ最高裁の判例はない[428]。

なお，事業を継続しないという新使用者の意向のみにより，民法典613a条

---

[424]　MünchK, §613a Rn. 53.
[425]　ErfK, §613a BGB Rn. 49; MünchK, §613a Rn. 56.
[426]　BAG 12. 11. 1998 AP Nr. 186 zu §613a BGB = NZA 1999, 310; BAG 31. 1. 2008 = BB 2008, 1391. なお，これまでの活動を変更なく継続する単なる可能性では不十分である。BAG 17. 12. 2009 AP Nr. 383 zu §613a BGB = NZA 2010, 499.
[427]　MünchK, §613a Rn. 61.
[428]　Schaub, §117 Rn. 26.

の要件該当性は排除されない。しかし，一方で，新使用者が事業を現実に継続するとの契約上の義務を負った場合は，それをもって現実の事業継続があるとしてよいと解されている[429]。

9 新使用者の下での経済的統一体の同一性保持の要否

(1) 従前からの連邦労働裁判所の判断

連邦労働裁判所の判例によれば，新使用者によって事業が基本的に変更なく継続されず，かつ，それによって経済的な統一体の同一性が保持されない場合には，事業移転は成立しない。例えば，生産力の減少，従業員数の削減，生産の変更および顧客の変更は，事業目的の変更を帰結し，かつ，必然的に組織構成の変更に至るため，新所有者への移転の後，経済的統一体はもはや同一とはいえない。また，新使用者が従前の事業または事業の一部を自己の既存の組織の中に組み入れ，それによって移転される異なる要素間の機能および目的の関連性が失われる場合も，民法典613a条1項の要件を満たさない（この場合，新使用者は，旧使用者により造り出された労働組織を引き受けるのではなく，個々の経営資源を引き受けているにすぎない）。これに対して，従前の活動が継続され，かつ，引き受けられた活動の組織および遂行が，仕事それ自体および引き受けられた施設（Einrichtungen）によって十分に特徴づけられる場合は，統一体の重要な組織変更とは認められない[430]。

この点が具体的に問題となった事件として，先に挙げた鉄道食堂車の事案がある。この事件で，受託業者は，一定の区間を運行していた合計16本のドイツ鉄道中距離急行列車内における食堂車室の経営を職務としていた。この食堂経営業務は，ドイツ鉄道株式会社の100％子会社であるMitropa株式会社と受託業者間とのフランチャイズ契約に基づいていたが，2002年12月の運行表の変更とともに，Mitropa社は当該フランチャイズ契約を終了した。列車の食堂車経営は再びドイツ鉄道に戻り，16本の中距離急行列車に代わって，6本のレストラン車付き都市間特急列車（ICE）と10本の食堂車室付き都市間列車（IC）をその区間で走らせた。同時に，運行区間も延長された。組織の点では，その区間の食堂経営はドイツ鉄道の一般食堂経営システムに統合された。その結果，ドイツ鉄道の全部で約800本の列車の食堂車経営組織内部で，ある特定

---

[429] BAG 19. 11. 1996 AP Nr. 152 zu § 613a BGB = NZA 1997, 722. この限りでは従前の判例の原則が維持されている。ErfK，§ 613a BGB Rn. 51-52; MünchK，§ 613a Rn. 58.

[430] Schaub, § 117 Rn. 11 und 18.

の組織やその一部が区別できるということはなくなってしまった。この事案で2006年4月6日の連邦労働裁判所判決[431]は，概略，次の理由により事業移転を否定した（以下，抄訳）。

「民法典613a条の事業移転は，経済的統一体がその同一性を保持しつつ本質的に変更されずに継続されることを要件としている。したがって，事業または事業の一部は，それが新使用者の下で事業または組織的に独立した事業の一部として継続される場合のみ，移転と認められる。仮に経営事業が別の企業の固有の組織構造の中に完全に組み入れられる場合は，これに該当しない。当該食堂経営は，ドイツ鉄道の組織構造の中へ組み入れられ，フランチャイズ契約に基づく食堂経営の組織的統一体は継続していない。」

また，同裁判所は，新使用者が即座に全体の組織再編（Umstrukturierung）を行うことによって，旧使用者の事業の中に存する労働組織を利用せず（整えられたベッドに横にならず），新しい労働組織に基づく場合，または既存の労働組織に組み入れられる場合，この即座に行われる重要な変更が民法613a条の法的効果を生じさせないとも述べている。

(2) **実務および下級審労働裁判所の対応**

以上の連邦労働裁判所の判断に対しては，実務上，次のような指摘がなされていた。すなわち，新使用者が，有形，無形，人的な資源の組織的集合を破壊してしまえば，旧使用者の労働者は民法典613a条によって移転しないため，新使用者は，別の組織的統一体に十分な人員を確保するために，旧使用者に残っている，新使用者が必要な労働者を選択できる。同様に，本質的に人的労働力が重要となる経済的統一体の場合も，古い組織構造を壊すことによって，希望の人員を編成できる。これは民法典613a条の法的効果を回避する適当な手段であるとの指摘である[432]。このような実務が広く行わると，民法典613a条の意義が大きく薄れるという問題が生じていた。

そこで，連邦労働裁判所の見解に対しては，反対の立場を採る下級審裁判所もあった。例えば，2006年10月23日のベルリン州労働裁判所[433]は，企業の構造と組織が（部分的にさえも）保持されなかったという理由で事業移転を否定することはできないと判示した。また，デュッセルドルフ州労働裁判所においても同様の点が問題となった。それが次に述べるKlarenberg（Ferrotron）事件である。

---

[431] BAG 6. 4. 2006 AP Nr. 303 zu § 613a BGB = NZA 2006, 1039.
[432] Commandeur/Kleinebrink, a.a.O.（Fn. 217）, S. 3468-69.
[433] LAG Berlin, 23. 10. 2006 = DB 2007, 293.

(3) 欧州司法裁判所の 2009 年 2 月 12 日の Klarenberg 判決[434]

(a) 事案の概要

　Klarenberg は，鉄鋼産業のオートメーション等の分野における製品の開発・製造を専門とする ET 社に雇用されていたが，同社は，2005 年 11 月 22 日，Ferrotron 社およびその親会社と資産・事業譲渡契約を締結した。Ferrotron 社の親会社は，取得した製品に関するソフトウェア，特許，在庫品に関する権利等を，Ferrotron 社自身は，ハードウェア，在庫品，納入業者および顧客のリストを取得し，また数人の労働者も雇用した。その後，2006 年 7 月 17 日，ET 社の倒産手続が開始された。Klarenberg は，Ferrotron 社を相手として，部門の長として再雇用すべきであると主張してヴェーゼル労働裁判所に提訴したが，棄却された。そこで，Klarenberg は，デュッセルドルフ州労働裁判所に控訴し，ET 社との間で 1989 年 1 月 1 日に締結した労働契約の条件（地位）で再雇用が命じられるべきこと，そして，選択的に 2005 年 12 月 9 日以降の労働関係が存することの確認を求めた。

　デュッセルドルフ州労働裁判所は，Ferrotron 社が当該事業の最も重要な製品や納入業者ならびに顧客のリストを獲得したこと，技術的ノウハウの点で十分な能力を有する多数の労働者を再雇用したこと，およびその親会社が主要な製品および技術に関する権利を取得したことを前提とすると，Klarenberg がリーダーを務めていた部門は，民法典 613a 条の事業の一部に該当するとの考えを示した。しかし，近時の連邦労働裁判所の判断によれば，新使用者が実質的に変更なく，同一性を保持したまま事業の運営を継続しない場合は，事業の一部とは認められないとしていることから，その移転は新使用者が移転された事業の部分の組織的自立性（organisational autonomy）を保持していることが前提となる。これに反して，事業の一部が他の企業の組織的構成に十分に統合された場合，またはその機能が著しくより大きな組織的構成の中で果たされる場合は，事業の一部が移転されたとはみなされない[435]。

　再雇用された労働者が異なる部署に統合され，引き継がれた機能が，現在，異なる組織上の構成の枠内で行われていることから，Ferrotron 社は移転された事業の一部の組織的自立性を維持していなかった[436]。そこで，デュッセル

---

[434] Case C-466/07, *Dietmar Klarenberg v. Ferrotron Technologies GmbH* [2009] ECR Ⅰ-803.

[435] *Ibid.*, para. 21.

[436] 技師のみから成り立っていた部門が承継と同時に解消となり，その部門で働いていた技師たちは買収企業の異なる部門に配転され，従来取り組んできた仕事を部分的にし

ドルフ州労働裁判所は，新所有者の下で組織上自立した企業または事業の一部として継続される場合にのみ事業移転として認められるのかに関して，欧州司法裁判所に対して先決裁定を求めた。

(b) **Klarenberg 判決の要旨（抄訳）**

「指令１条１(b)項は，同条１(a)項の範囲，したがって，指令によって与えられた保護の範囲を制限しうることから，そのような規定は狭く解釈されるべきである。組織的自立性という単一の要素に全面的に依存する解釈は，新使用者が事業の一部を分解する，または新使用者自身の組織構成に統合するとの決定，その唯一の事実のために，企業または事業の一部の移転に指令が適用されないことになり，労働者から指令の保護を奪うことなる。とりわけ，組織に関する要素について，欧州司法裁判所は，それが経済的統一体の限定に寄与する要素であることを従前認めてきたが，移転される統一体の組織的構成の変更は，指令の適用を妨げるほどのものではない[437]。

さらに，指令１条１(b)項の定義からは，移転された統一体の組織的要素だけでなく，経済活動の追求の要素も強調されている。経済的統一体の同一性保持の条件を解釈するためには，その２つの要素および指令の目的が考慮されるべきであり，上記２つの要素が一緒になって同一性を構成する。そして，それらの考慮に従い，かつ，指令の効果を無にしないためには，移転された様々な生産要素に特定の組織の保持を必要とすべきではなく，それらの要素間の相互依存（interdependence）および相補性（complementarity）の機能的関係の保持が必要であると解釈すべきである。そのような様々な要素間の機能的関係が保持されていれば，移転後，たとえそれらが新しい異なる組織上の構成の中に統合されたとしても，新使用者が同一または類似の経済活動を追求するために，それらの利用が可能となる[438]。

したがって，移転された企業または事業の一部が組織的自立性を維持していない状況であっても，移転された様々な生産要素間の機能的関係が維持され，かつ，その関係によって新使用者が同一または類似の経済活動を追求するためにそれらの要素を利用できることを条件として，指令が適用される[439]。」

(4) **Klarenberg 事件判決のドイツ国内への影響**

新使用者が承継する経営資源を既存の事業に編入（Eingliederung）する場合

か与えられない状況となった。Müller-Bonanni, a.a.O. (Fn. 174), S. 16.
[437] Klarenberg, para. 41, 43 and 44.
[438] *Ibid.*, para. 45-48.
[439] *Ibid.*, para. 53.

にも事業移転の概念を広げる必要があるという欧州司法裁判所の指摘は，法政策的には多くの賛同を得ている。しかし，他方で，Klarenberg 判決のアプローチは，純粋な活動や機能承継との区別ができなくなること，また，目的を志向した組織の結合が新使用者の下でも存続する必要があるというのが Süzen 判決以後の欧州司法裁判所の一貫した判例であるとの批判もある[440]。

　Klarenberg 判決により，今後の連邦労働裁判所やドイツのこれまでの実務にどれほどの影響が及ぶのかは重大な関心事である[441]。この点，Klarenberg 判決後，連邦労働裁判所において社員食堂事業に関連して「事業の一部」の該当性が問題となった以下の 2009 年 12 月 17 日判決[442]がある。

　A 社は，D 社らとの契約により，3 つの事業所の社員食堂に昼食を提供する業務に従事していた。A 社は，契約上，出来立ての調理を提供する必要があったため，コック 1 人と調理場手伝い 2 人を雇用した。その後，D 社は，2006 年 12 月 31 日で A 社との契約関係を解約した。2007 年 1 月 1 日以降，B 社が 3 つの食堂経営を承継したが，新しい食堂では A 社のように現場で出来立てのものを調理せず温め直すだけで，調理器具の使用やコック，調理場手伝いも不要となった。この事案で B 社に対する食堂事業の事業移転が問題となり，判旨は，概略，以下のように述べている（以下，抄訳）。

　「事業の一部の取得の場合も，経済的統一体の同一性保持が必要であり，事業の部分的統一体がすでに旧使用者の下でも事業の一部の性質を有していなければならない。したがって，それは既に従前の事業所有者の下で，事業上の全目的の中で部分的目的を追及する——事業所組織法 4 条 1 項 1 文 2 号に依拠した——独立した分離可能な組織的統一体と認められるものでなければならない。部分的目的のメルクマールは，組織的統一体の限界画定に役立つ。全体評価に

---

[440] Heinz Josef Willemsen, Erneute Wende im Recht des Betriebsübergangs-ein "Christel Schmidt II" — Urteil des EuGH?, NZA 2009, 289, 291-293.

[441] 連邦労働裁判所の判例が EC 法に一致しているとの前提に立つ場合，どの程度の変更が受入れ可能なのか，また，どの時点から経済的単位の同一性が喪失されたとみなされるのかという問題がさらに生じる。連邦労働裁判所は，例えば食堂車の事案でも，最初の受託業者がサービスを提供していた列車の運行をドイツ鉄道株式会社が完全に自分自身の組織構造に組み入れたことを確認するにとどまり，具体的にどういう形で組み入れられたのかは説明されていないとの指摘につき，Müller-Bonanni, a.a.O. (Fn. 174), S. 16. また，連邦労働裁判所は，"同一性を破壊する編入" に関するこれまでの判断をそのまま維持することができないであろうとの指摘につき，Willemsen, a.a.O. (Fn. 440), S. 294.

[442] BAG 17. 12. 2009 AP Nr. 383 zu § 613a BGB = NZA 2010, 499.

より同一のものと扱いうる経済的かつ組織的な部分的統一体を明らかにする場合，それは新使用者の下で基本的に変更なく継続されなければならない。全体評価に関して，組織・構造および構想の重要な変更は同一性の保持を妨げる。もっとも，移転される企業の一部または事業の一部が新使用者の下で完全に組織的独立性（organisatorische Selbständigkeit）を保持する必要はない。移転される生産要素間の機能的な結合が維持され，かつ，同一または同種の経済活動を追求するために新使用者がその要素を利用できるという場合であれば十分である（2009年2月12日のKlarenberg事件判決）。しかし，本件では，A社が特別に限界を画定しうる部分的目的を追求していたとは認められず，独立した事業の一部と認めることは排斥される[443]。

　欧州司法裁判所は，Klarenberg判決において，原則として，経済的統一体の同一性の決定基準の中に組織が含まれることを確認した。指令1条1(b)項によれば，経済的統一体の同一性は，一方で，移転される統一体の組織のメルクマールを明示し，他方で，経済活動の追求のメルクマールを明示している（Rdnr. 45-Klarenberg）。事業移転のためには，新使用者が異なった移転される生産要素の具体的な組織を維持することは必要でなく，生産要素の相互関係および相互補充の機能的結合が維持されることが必要である。これにより新使用者は，たとえ移転後に新しい別の組織構成の中に組み入れられたとしても，同一または類似の経済活動を追求するために，相互関係および相互補充において生産要素を利用できることになる（Rdnr. 48-Klarenberg）[444]。

　本件では，調理等の面は別として，継続される活動は類似しているが，事業の性質は変更された。それによって不可避的に相当の組織的変更が同時に生じた。もはや調理はされず温めるだけでコックが不要となり，数および専門的知識に照らして従業員の主要部分ももはや存在しない。たしかに事業所の社員食堂は経営資源が乏しいとはいえないが，食事を作る際は人的労働力の重要性も比較的高い。この生産要素が従前の事業から取り去られ，かつ，外へ移転される場合，それが事業移転の成立を妨げる構想の変更となる。したがって，B社は，A社の事業を継続しておらず，事業移転が存しないとした州労働裁判所は正当である[445]。」

　このように連邦労働裁判所は，従前からの判例を基本的には維持しつつ，「移転される企業の一部または事業の一部が新使用者の下で『完全に』組織的

---

[443] *Ibid.*, para. 17 und 18.
[444] *Ibid.*, para. 21.
[445] *Ibid.*, para. 27.

独立性を保持する必要はない」として，Klarenberg 判決に従って従前の一般論に修正を加えている。

10 裁判例の分析と考察

(1) 指令および民法典 613a 条の広範な適用と法的安定性の欠如

以上のように欧州司法裁判所も連邦労働裁判所も，ともに Spijkers 判決が示した 7 要素を基礎として経済的統一体の保持の有無を判断している。そして，Süzen 判決は，企業または事業の種類を考慮しなければならないとして 7 要素の類型的な考察を指摘し，とりわけ労働力を要する分野では，新使用者が数と技術の観点から従業員の主要部分を引き受けた場合に移転を認めるというガイドラインを示した。しかし，それでもなお各個別要素の重要性に関する評価基準が欠けているため，特に無形の経営資源と従業員集団の移転が問題となるサービス業および商取引業の分野においては，事業移転が成立するか否かについて確実な予測をなしえず，実務上，法的安定性が欠けているという批判は絶えない[446]。

また，特にアウトソーシングに関して，連邦労働裁判所は，基準の明確化を図るべく有形の経営資源の評価について追加的な基準を導入し，独自の経済的利用のために承継された場合にのみ，総合判断の枠内で考慮していた。しかし，この先例は，欧州司法裁判所の Güney-Görres 判決により否定され，事業移転と単なる業務委託（機能承継）との区別を，独自の経済的利用という基準に依拠させることもできなくなった。

さらに，指令 1 条 1 (b)項の文言から，経済的統一体の保持が新使用者の下でも要求されるとする連邦労働裁判所の判断に対して，近時の Klarenberg 判決は労働者保護の観点から同条項を制限解釈し，新使用者の下では企業または事業の一部の組織的自立性は不要で，移転された生産要素間の機能的関係が維持され，それらの要素を新使用者が利用できさえすればよいとの新たな解釈を示し，連邦労働裁判所のそれまでの判断も一部修正を余儀なくされている。従来から，事業移転と機能承継との区別に関して，事業移転の決定的なメルクマールは，旧使用者によって創造された，持続的かつ一定の事業目的に導かれた労働組織を新使用者が継続して利用すること（経済的統一体の同一性）であり，事業承継者にとっては，機能しうる"組織関係"を承継し，その事業組織によって利益を得るかどうかが問題であると指摘されていた[447]。しかし，

---

446 Schaub, § 117 Rn. 15.

Klarenberg 判決によって，必ずしも従来の組織が新使用者の下で完全に維持される必要がなくなり，経済的統一体が新使用者の下でどれほど維持されていればよいか，ひいては指令の対象とならない個別資産の移転や機能承継との区別の限界如何という難しい問題が以前にも増して生ずることが予想される。

このように欧州司法裁判所は，労働者保護という指令の目的から，"同一性を保持する経済的統一体"を解釈し，広い適用範囲を今なお維持している。そして，ドイツ国内の裁判所は，必ずしも明瞭とはいえない欧州司法裁判所の判断に無制限に依存しており，その展開の予測はおそらくほとんど不可能であるか，少なくとも，この先何年も可能ではなかろうといった悲観的な指摘すらある[448]。

(2) 基準の明確化の努力と適用回避の問題

とはいえ，欧州司法裁判所および連邦労働裁判所も，Süzen 判決以降，一定の適用の明確化の努力をしてきているのも事実である。すなわち，第1に，Süzen 判決が示したガイドラインを受けて，その活動が本質的に人的労働力に基づく事業と経営資源に特徴づけられている事業とに区別し，それに応じて経営資源の評価の比重を変えている。しかも，連邦労働裁判所は，これをさらに精緻化し，人的労働力が重要な分野の中でも，労働者の高い能力が要求される事業か否かによって，"人数および専門知識の観点から人員の主要部分"と言えるものの中身を区別するというアプローチを採用している。したがって，抽象的には，指令の適用は，活動が本質的に人的労働力に基づく分野では労働者の主要部分の承継如何に関わり，他方で，経営資源に特徴づけられている事業では当該経営資源を引き継いだか否かに関わる，と言うことができる。

第2に，Güney-Görres 判決以後，連邦労働裁判所は，有形の経営資源が，価値的な考察方法の観点から価値創造のために必要な機能関係の実際の中核にその経営資源の投入がなされている場合に重要であるとの新たな判断を示し，基準の明確化を図っていることである。

以上のような努力にもかかわらず，次のような問題も生じている。すなわち，第1に，本質的に人的労働力に基づく分野では労働者の承継が重要であるとすると，事業移転によって達成される結果（労働契約の承継）が，指令が適用されるべきかどうかを判断する際の要件となるという点である。この点から，新

---

[447] Willemsen et al., Rn. G 66. 連邦労働裁判所は，労働組織の保持および継続利用の中心的意義を繰り返し強調している。労働組織を利用しない場合は，その理由から事業移転が何度も否定されている。

[448] MünchK, § 613a Rn. 20.

使用者が労働者を承継しないことによって，新使用者が指令の下での義務を回避することが可能となる[449]。他方で，経営資源に特徴付けられている事業においても，当該主要な経営資源の移転の有無が問題とされることから，同様の問題が生ずる（例えば，Oy Liikenne 事件）。よって，この判断テストは，雇用保護を与えるための指令の精神に反して，多くのケースで指令の適用を自発的なものとしてしまうとの指摘がなされている[450]。

第2に，上述のような判断基準からすると，人的労働力に基づく事業か，または経営資源に特徴づけられているか，いずれの事業に分類されるかが重要となる。したがって，その分類が適切になされるかが問題である[451]。

以上のように，一定の基準の明確化の努力の結果，指令の適用を回避することに繋がるという問題があり，近時の欧州司法裁判所の判断は，基準の明確化（法的安定性）の要請と労働者保護目的からの指令の適用回避（ひいては潜脱）防止の要請との間で微妙に揺れ動いているような印象を受ける。

また，指令および民法典 613a 条の広範な適用範囲の拡大から，ドイツにおける事業移転の制限は，民法典 613a 条 4 項の解釈に際して，事業移転以外を理由とする解雇として許容することで解決せざるを得なくなり，さらには，後述の倒産手続の場面での一部適用制限や解雇規制の更なる緩和へと繋がっている。

Ⅶ 事業移転に関する事業所組織法による手続規制

1 事業所変更における事業所委員会の参加権

事業移転それ自体は，単に使用者の交代が生じ，新使用者が労働関係に入るだけであるから，事業所委員会の共同決定に服しないし[452]，事業所変更（事業所組織法 111 条）にも該当しない[453]。事業移転を理由とする解雇も排斥される

---

[449] 実務では，遅くとも Süzen 判決以降，例えば，特別に専門的知識をもった労働者の継続雇用を断念する傾向が見られる。特にアウトソーシングの場合，労働者の承継を断念することによって民法典 613a 条の適用を有効に回避しうるか否かは，事業または事業の一部の"分類"次第であると考えられている。Willemsen et al., Rn. G 107.

[450] Barnard, 642-43.

[451] Ibid., 642-43. 事業のタイプの不当な分類の結末は，病院のケータリング事業の外注化の事案に関する Abler 事件でみられると指摘されている。

[452] Schaub, § 118 Rn. 27.

[453] MünchK, § 613a Rn. 74. 合併や組織再編（Umwandlung）に限っても，必然的に

ことから（民法典613a条4項1文），労働者にとって不利益は生じないはずである。

しかし，旧使用者または新使用者が，事業移転の前後に，合理化措置またはその他の根本的な組織変更（Organisationsänderungen）を実施し，かつ，それにより相当な人数の労働者が削減される場合は，事業所変更に該当しうる。また，閉鎖目的のための事業移転も同様に，事業所変更として利益調整の試みが必要となる場合がある[454]。実際問題としては，事業移転が事業所組織法111条の事業所変更に該当することが多く[455]，使用者は，事業所委員会と利益調整を行い，かつ，社会計画の策定をする必要が生ずる（なお，利益調整と社会計画の内容については，本書97頁以下を参照）。

2 経済委員会との協議・情報提供義務

常時100人を超える常用の労働者が就労している企業においては，経済委員会（Wirtschaftausschuss）が設置されなければならない（事業所組織法106条1項1文）。これを下回る規模の企業でも使用者と事業所委員会が合意すれば，経済委員会を設置できる。企業の規模によるが，経済委員会は3から7名の委員で構成され，そのうち少なくとも1名は事業所委員会に所属している必要がある（同法107条1項1文）。この委員会の構成員は，事業所委員会または中央事業所委員会が存する場合は同委員会が指名する（同条2項1文2文）。

経済的委員会の任務は，経済的事項に関して事業主と協議し，かつ，同事項につき事業所委員会に情報を提供することである（同法106条1項2文）。事業所組織法106条3項によれば，経済的事項には，とりわけ，①企業の経済状況および財政状況（1号），②生産状況および販売状況（2号），③生産計画および投資計画（3号），④合理化計画（4号），⑤製造方法および作業方法，特に新たな作業方法の導入（5号），⑥事業所の環境保護問題（5a号），⑦事業所または事業所の一部の削減または閉鎖（6号），⑦事業所または事業所の一部の移転（7号），⑧企業または事業所の統合または分割（8号），⑨事業所の組織または目的の変更（9号），⑩支配権の取得を伴う企業承継（9a号）[456]，⑪

事業所変更となるわけではない。なぜなら，それらの事象が企業レベルで起こり，事業所は変更されないままであることが多いからである。事象が事業所レベルでも起こる場合のみ，事業所組織法111条の要件を充足しうる。Vgl. Schaub, §244 Rn. 9.

[454] Schaub, §244 Rn. 8.
[455] Waas, 96; Blanpain/Jacobs, 60; Klaus Neef, Betriebsübergang and Betriebsänderung, NZA 1994, 97.

企業の労働者の利益に重大な関連性を有しうるその他の事項および計画（10号）が含まれる[457]。

これらの事項のうち，民法典613a条に基づく事業または事業の一部の移転は，10号に該当しうる[458]。したがって，事業移転となる場合，使用者は，事業移転の事実について事業所および営業上の秘密が脅かされない限り，経済委員会に対して，適時かつ包括的に必要な資料を提示して情報を提供し，そこから生ずる人事計画に対する影響を説明しなければならない（事業所組織法106条2項1文）。

なお，企業の経済的事項に関する情報が経済委員会の要求に反して与えられないか，または適時でないもしくは不十分にしか与えられない場合で，かつ，これについて事業主と事業所委員会との間で合意が成立しなかった場合は，仲裁委員会が情報を与えられるべきか，そしてどの情報を与えられるべきか等を決定する。その仲裁委員会の裁定は，事業主と事業所委員会との間の合意に代わる（同法109条1文2文）。

---

[456] この規定は，2008年8月19日に施行されたものである。立法理由によれば，少なくとも30％の議決権を取得した場合が該当する。Wlotzke et al., § 106 Rn. 19a.

[457] 106条3項に挙げられている事項は，例示である。日常の業務執行の問題は含まれないが，労働者に直接の不利益が生じうるかは要件ではない。労働者の利益に重要な影響が生じうるかは，専ら10号の審査でのみ問題となる。*Ibid.*, § 106 Rn. 9.

[458] *Ibid.*, § 106 Rn. 20.

第4節　ドイツ倒産法における事業譲渡と平常時規制の変容

本節では，これまで述べてきた民法典 613a 条の平時の適用が倒産時にどのような変容を遂げるかについて検討する。ドイツでは，1994 年に倒産法が改正され，改正に至るまでに多くの議論がなされた。その一つが倒産時の事業譲渡である。ドイツでは，1994 年倒産法改正前から倒産手続における事業譲渡が"譲渡による再建"(Übertragende Sanierung)[1]と称され，実施されている。これと民法典 613a 条を中心とする労働者保護規制はどのように調整されているのだろうか。以下では，1994 年倒産法改正に至る議論状況を含めて検討する。

I　1994 年倒産法改正前の議論状況[2]

1　倒産法改正委員会の報告書とその後の政府草案の公表

ドイツの旧倒産法は，1877 年破産法[3]および 1935 年和議法[4]の二本立てとなっていたが，その手続は「破産の破産」と言われるほど機能不全に陥っていた。すなわち，所有権留保のような公示されていない担保権が財団の負担となり，全破産申立てのうち 75％が財団不足を理由に手続が開始されずに棄却され（旧破産法 107 条），また，開始された破産手続のおよそ 10％が後に財団不足を理由に廃止されていた（旧破産法 204 条）。つまり，大多数の企業倒産事件が財団不足を理由として手続が進まなかった。しかも，たとえ破産手続が開始されても，優先債権（旧破産法 61 条 1 項）の膨張により一般債権者への弁済率が低くなり，正義に適った最低限度の配当の実施が妨げられていた。他方で，和議手続の開始のためには，債務者が債権者に対して 35％以上の弁済率を提

---

[1]　譲渡による再建については，本書 88 頁以下参照。
[2]　1994 年倒産法改正に至る議論の状況については，すでに多くの先行研究がある。後に引用する文献のほか，三上威彦『ドイツ倒産法改正の軌跡』1 頁以下（成文堂，1995），木川裕一郎『ドイツ倒産法研究序説』1 頁以下（成文堂，1999）などがある。
[3]　Konkursordnung vom 10. Feburuar 1877 (RGBl. S. 351).
[4]　Vergleichsordnung vom 26. Februar 1935 (RGBl. I S. 321, ber. S. 356).

示しなければならなかったことから，新倒産法可決前 10 年間の和議の認可件数は倒産事件数のわずか 1 ％を下回り，その意義を完全に喪失していた[5]。そこで，政府は，1978 年に学者，倒産法実務家，経済会および労働組合の代表者から構成される倒産法改正委員会を連邦司法省に設置し，全面改正作業が進められた。

その後，1982 年の政権交代を挟んで，同委員会は，1985 年に倒産手続全般について具体的な改正提案とその理由を述べた第一報告書[6]を，1986 年にそれを補充する第二報告書[7]を公表した。この委員会答申の基本方針は，Karsten Schmidt の企業法的発想，すなわち，企業を企業所有者，経営者，労働者および他人資本供与者を統合する生きた有機体と捉える見解に立脚し，報告書では「現代の経済社会の下では，倒産は単に倒産者と債権者との間での出来事ではない。企業が資本と労働の有機的一体であり，かつ，多数の経済主体が倒産企業と取引上関わり合っている状況においては，企業倒産により生じる国民経済的，社会的な損失をいかにして緩和するかが，倒産立法の重要な使命となる。倒産は収益力のない企業の淘汰，経営破綻に対する死亡宣告であってはならず，社会的法治国家の要請として特に，企業の経営破綻によって深刻な影響を受ける労働者の保護に格別の意義が認められねばならない」[8]と労働者保護が強調されていた。

このような報告書にみられる立法政策に対しては，倒産処理の市場原理への適合の理念を強調する立場から次のような批判が加えられた。すなわち，「国家がマクロ経済的，雇用政策的な視点に立脚して，倒産した企業の更生を優先させる構造を持つ倒産法を設けること，即ち，企業法的思考に基づく企業更生の自己目的化は，市場適合的ではない。市場経済秩序と適合するのは，企業を生きた有機体ではなく債務者に対する責任財産の集合体として捉え，倒産手続の目的を責任財産の全財産的利害関係人にとっての最適な換価に求めることで

5　Vgl. Zwanziger, S. 1 ff. 邦語文献として，ライポルド 165 頁，167 頁，Wolfram Henckel（河野正憲訳）「西ドイツにおける倒産法の改正—— Wolfram Hencke, Reform des Insolvenzrechts, Zeitschrift für Zivilprozeß, Bd. 97. Helf 4. Carl Heymanns Verlag (Köln. Berlin. Bonn. München)」判タ 598 号 152-53 頁（1986），田代(上) 6 頁以下参照。

6　Erster Bericht der Kommission für Insolvenzrecht; hrsg. v. Bundesministerium der Justiz (1985). この全体の概要については，上原 1987(上) 4 頁，1987(下) 16 頁で紹介されている。

7　Zweiter Bericht der Kommission für Insolvenzrecht; hrsg. v. Bundesministerium der Justiz (1986).

8　山本 1993・161-62 頁。

ある」[9]と指摘された。

そこで，連邦司法省は，1986年に倒産法改正委員会の提案趣旨を取り入れつつも，上述のような批判を考慮し，現実重視の立場から基本構想を明らかにした後，従来の破産法と和議法を統合した統一的な倒産法の制定を目指して，1988年に連邦司法省試案[10]を，1989年には参事官草案[11]を公表し，1991年11月に政府草案がとりまとめられた。

2 譲渡による再建に関する改正議論[12]

(1) 譲渡による再建に関する第一報告書の概要

倒産法の改正議論は，譲渡による再建についても行われた。改正議論の基調は，企業の収益力を再生させることにより倒産状態を除去し，併せて雇用の場の維持に配慮することを目的とした再建手続を新たに導入することにあった。これに対しては，少数ながら，新たな再建手続を導入する必要性に懐疑的な意見もあった。それは旧倒産法下においても，譲渡による再建により，財団保全のために任命される保管人（Sequester）または破産管財人が債務者の営業を継続し，破産財団から企業を一括して，または収益力のある部門を切り離して第三者に譲渡することが成功裡に実践されていたことがその理由であった。譲渡人の債権者に対する責任を財産譲受人に負わせる旧民法典419条[13]は，破産財団からの企業譲渡の場合には適用されないというのが判例であり，また，民法典613a条についても後述のように判例によってその適用が一部制限されていた。したがって，むしろ旧破産法下での問題は，抵当権者や所有権留保等の権利者に別除権や取戻権が与えられているために，営業に欠かせない企業の資産が財団から流出する点にあった[14]。

---

9 山本1993・162-63頁。

10 Diskussionsentwurf Bundesministerium der Justiz: Gesetz zur Reform des Insolvenzrechts: Entwurf einer Insolvenzordnung（EInsO）und anderer Reformvorschriften. この概要については，上原1989(上)23頁，1989(下)32頁で紹介されている。

11 Referentenentwurf Bundesministerium der Justiz: Gesetz zur Reform des Insolvenzrechts. この詳しい紹介については，三上・前掲注（2）67頁以下参照。

12 ドイツ倒産法改正前の譲渡による再建に関する議論状況については，山本1991・529頁以下においてすでに詳細な検討がなされている。本文の記述は山本教授の論稿に負う部分が大きい。

13 民法典419条1項は，「ある者が契約によって他人の財産を引き受けた場合，その他人の債権者は，旧債務者の責任の存続にかかわらず，その契約締結時から，旧債務者に対してその時に有する請求権を引受人に対しても主張することができる」と規定していたが，倒産法の改正とともに1999年1月1日以降，廃止された。

これを受けて第一報告書は，概略，以下の内容を有していた。すなわち，倒産裁判所は，支払不能または債務超過を要件として，企業を再建するか破産的に解体するという目的を一応白紙にして，事前手続を開始する。この段階における倒産管財人の任務は，倒産債務者の事業を可能な限り継続し，再建の見込みの判断のために開催される報告期日において，その見込みの有無を報告するため調査することである。そして，裁判所は，充分な再建の見込みが存在する場合には，期日終了後遅滞なく再建手続を開始する。また，事前手続の開始決定により，所有権留保等の非典型担保権の実行が禁止されるため，そうした担保権に基づく掴み取りが有機的一体としての企業の価値を損ね，再建を困難にするという現行和議法および破産法の持つ欠陥は除去されることになる。ただし，手続開始後の譲渡による再建については，監査委員会または債権者集会の同意のみならず，倒産裁判所の許可を要する。そして，企業の全部を第三者に譲渡することは，企業を解体して換価することと同様，債務者の清算であり，企業の全部譲渡を許可する場合，裁判所は清算手続を開始する[15]。

このように，第一報告書の理解する「再建」とは，従来の債務者（企業の所有者である個人または法人）が企業所有権を維持する形で企業を更生させることであった。そして，裁判所は，企業の全部譲渡の許否につき，明らかに再建の見込みがないという場合でない限り，それと譲渡による再建のいずれを優先させるかを，関係者の利益と事案の全事情を考慮して決定する。換言すると，委員会の理解する意味での再建に見込みがある限り，債権者集団の意向を無視してでも再建手続を選択しうる。このような点から，第一報告書は，債権者の自治を制約する形で，譲渡による再建よりも債務者（企業所有者）自身の再建を手続構造的に優先させるものであった[16]。

このような第一報告書の考え方は，市場適合的な倒産手続の必要性を強調する見解から多くの批判を受けた。すなわち，企業所有者を再建するか否かは投資判断にほかならず，それは手続関係人，とりわけ債権者の意思に委ねられている，したがって，企業所有者自身の再建を優先させること，それのみを目的とする再建手続の選択を裁判所の専権的決定に委ねることは，市場経済において不可侵な関係人の投資判断を奪うものであって許されない，という批判である[17]。

14　山本1991・531-32頁。
15　山本1991・534-35頁。
16　山本1991・535頁。
17　山本1991・547頁以下参照。

(2) 連邦司法省試案および参事官草案による修正

そこで，試案および草案は，第一報告書と異なり，企業を閉鎖するか継続するかを債権者集会が決定し，また，管財人に計画の作成を委嘱するか否かも債権者集会が決定する。そして，債権者集会の別段の決議がない限り，報告期日後，管財人が遅滞なく財団を換価する義務を負うが，債務者の企業または事業の全部もしくは一部を譲渡するには監査委員会の同意が必要であるとした。

また，試案および草案は，譲渡による再建のほかに，企業譲渡を内容とする計画も認め，これによって譲渡による再建の法的または経済的な濫用に対処しようとした。すなわち，現行法上の譲渡による再建の場合，維持に値する企業または事業がその市場価値（継続価値）以下でしか売却されず，債権者が再建の成果から除外されてしまうという弊害が見られた。そこで，改正法の目的は，こうした濫用を防止し，倒産状況下にある企業または事業の市場適合的な価格形成を可能にすることにあるとして，管財人が意図する譲渡による再建に関して，債権者を中心とする手続関係人が，譲渡価格が市場価格よりも低く，より高額での譲渡が可能であることを疎明した場合には，裁判所の命令により譲渡による再建は計画を基礎としてのみ遂行可能となる等の提案がなされた[18]。

このような市場に適合した倒産処理の理念は，後述の新倒産法に引き継がれている。

3 倒産法制と労働者保護立法の調整

西ドイツでは，1970年代に進展した労働者保護立法が倒産法制に大きな影響を及ぼし，倒産手続での労働者の処遇に関する法制が極めて複雑で，多くの問題を含むものとなっていた。70年代後半から80年代の不況期に倒産が激増したこともあり，解釈論・立法論双方につき活発な議論がなされたが，従来の労働者保護立法が企業の倒産状況を考慮したものでなかったため，倒産法制との調和点をどこに見出すかが倒産法改正の重要な課題となっていた[19]（なお，本書との関係で重要なのは民法典613a条の取扱いであるが，これは本書230頁以下の本節IIIでまとめて論ずる）。

その一つが，企業倒産の多くで事業所変更（事業所組織法111条）が必要となるにもかかわらず，それに対する倒産手続の対応が欠如していたことである。そこで，1985年2月に，破産・和議における社会計画に関する法律（Gesetz

---

[18] 山本1991・550-551頁。

[19] 上原1987(上)4頁以下，1987(下)16頁以下，上原1989(下)35頁参照。

über den Sozialplan in Konkurs- und Vergleichverfahren）が，倒産法の全面改正が実現するまでの暫定法として制定された。暫定法は，事業所変更の場合の利益調整，社会計画および不利益補償に関する事業所組織法 111 条ないし 113 条の規定が，使用者の破産においても適用されるという 1978 年 12 月 13 日の連邦労働裁判所の判断を当然の前提とした上で，破産宣告後に設定される社会計画において，事業所変更による労働者の不利益を補償または緩和するために支給される補償金の総額（上限）に関して規制を設けた[20]。

また，倒産法制と解雇法制との調整も必要とされた。倒産の危機に瀕している職場にとって強すぎる存続保護が好ましくないということは一般に受け入れられており，より重要なことは，倒産に直面した企業が収益能力を再び回復することにあるところ，時期を失しない職場の人員削減によって職場の永続的な存続が確保されると考えられる。このような思想は，明確に述べられていたわけではないが，倒産法改正のために既定の方針であった[21]。

II　1994 年倒産法の概要

1　手続の概要

新しい倒産法[22]は 1994 年に成立し，1999 年 1 月 1 日から施行された[23]。施行前は，旧西ドイツ地域では破産法と和議法が，旧東ドイツ地域では旧包括執行法[24]が適用されていたが，いずれも廃止され，倒産法に統一された。その手

---

[20]　社会計画で支払われる補償金の総額が解雇される労働者の給料の 2.5 か月分を超えてはならず（絶対的限度—2条），また，破産または和議の申立前3か月以内（いわゆる危機時期）に設定された社会計画についても，その総額が上と同様に制限され，これを超える限りで破産債権者に対する関係で無効とされた（3条）。上原 1987(下)19 頁。

[21]　Düwell, Rn. 3 und 17. なお，この Düwell 論文の旧版を翻訳した有益な文献として，フランツ・ヨーゼフ・デュベル（森勇＝金井幸子訳）「新倒産法に基づく変更解約告知および終了解約告知(1)(2・完)」獨協法学 63 号 167 頁，64 号 265 頁（2004）がある。

[22]　Insolvenzordnung (InsO) vom 5. October 1994 (BGBl. I S. 2866), zuletzt geändert durch Gesetz vom 9. Dezember 2010 (BGBl. I S. 1885).

[23]　ただし，倒産法 113 条，120 条ないし 122 条，および 125 条ないし 128 条の解約告知に関する諸規定は，1996 年 9 月 25 日の成長と雇用促進のための労働法に関する法律（Arbeitsrechtliches Gesetz zur Förderung von Wachstum und Beschäftigung vom 25. 9. 1996）6 条により，旧西ドイツ地域では前倒しで施行された。これは職場の確保を可能とするために，破産管財人に対して，再建を容易にするための新倒産法下での新しい手段を与えるという法政策的考慮に基づくものであった。Düwell, Rn. 4.

続の概要は，以下のとおりである。

(1) **申立てと手続開始要件**

　倒産手続は，書面による申立てに基づいて開始される。申立権限を有するのは，原則として債権者および債務者である（倒産法13条1項）。株式会社や有限会社等の法人においては，債権者のほか，代表機関の各構成員[25]および清算人も申立権限を有する（同法15条1項1文）。代表機関の構成員または清算人は，支払不能または債務超過の場合に，遅くとも3週間以内に申立てを行う義務もある（同法15a条1項1文）。改正前のような和議か破産申立かという選択をせずに，一元的な倒産申立てが可能である。

　倒産手続の開始は，開始原因の存在を要件とする（同法16条）。開始原因には，従来の支払不能（同法17条），債務超過（法人のみ）（同法19条）に加えて，「支払不能のおそれ」がある場合にも認められる（同法18条）。これにより早期に倒産手続を開始させる可能性が債務者に与えられるため，窮地にある企業が倒産手続の枠内で再建を達成することが可能となる[26]。この「支払不能のおそれ」に基づく倒産申立ては，債務者のみが可能である。

(2) **仮倒産管財人制度の導入**

　旧破産法においても個別のケースで保管人（Sequester）として実務上認められていたが，倒産法では仮倒産管財人（vorläufigen Insolvenzverwalter）として法文上も明確に位置づけて規定を整備するとともに，より広い権限を認めた。また，仮倒産管財人は，原則として，債務者企業を継続する義務を有する[27]。

　具体的には，仮倒産管財人が任命され，かつ，債務者に対する一般的処分禁止命令（倒産法21条2項2号）が課せられる場合，債務者財産に関する管理処分権限が仮倒産管財人に移転する（同法22条1項1文）。そして，①債務者財産の保全と維持，②倒産手続開始決定までの企業継続，③債務者財産が手続費用を支弁するかどうかの審査の職務を有し，さらに裁判所は，開始原因の存否および債務者の企業継続の見込みについて鑑定人として調査を委託することもできる（同2文）。この企業継続の見込みは，債権者の投資判断または債務者

---

[24] Gesamtvollstreckungsordung vom 23. Mai 1991 (RGBl. I S. 1185).

[25] 各構成員に単独の代表権限が帰属しているかどうかは問わない。Andres et al., § 15 Rn. 2. なお，法人が組織体の代表者を欠く執行欠如（Führungslosigkeit）の場合（倒産法10条2項2文参照），個々の社員（Gesellschafter），株式会社であればそれに加えて監査役会の各構成員も申立権限を有する（同法15条1項2文）。

[26] Ibid., § 18 Rn. 2.

[27] Ibid., § 22 Rn. 1.

の再建意図が最初から示されている場合に認められ，それは債務者が倒産申立てとともに再建計画としての倒産計画を提出している場合に肯定される。その場合，仮倒産管財人は，再建可能性とともに倒産計画の実現可能性についても調査する[28]。

(3) 倒産手続開始の効力

倒産手続開始により，倒産財団に属する財産についての管理処分権は，債務者から倒産管財人へ移転する（倒産法80条1項）。

また，債務者は，倒産裁判所，倒産管財人，債権者委員会，債権者集会に対する包括的な情報提供義務，および倒産管財人の職務遂行に際して協力義務を負う（同法97条）。立法者は，再建を推し進め，その完了後に経営者の役割が再び債務者に委譲されるようにするためには，債務者と倒産管財人との協同が極めて重要であると考えたものである[29]。

(4) 倒産管財人の報告と債権者集会の決議

換価方法の決定は，債権者自治の思想に基づき債権者集会に留保されている。そこで，関係人に対して十分な判断の根拠を与えるため，倒産管財人は，債権者集会期日（報告期日）[30]において，債務者の経済状態およびその状況の原因について報告するとともに（倒産法156条1項1文），債務者企業の全部または一部を維持する見込みが立つかどうか，倒産計画にはどのような可能性があるか，および債権者の満足のためにどのような効果が生ずるかを説明しなければならない（同2文）。さらに，債務者，債権者委員会，事業所委員会および管理職代表委員会（Sprecherausschuß）に対しては，報告期日に倒産管財人の報告に対して態度を決定する機会が与えられなければならない（同条2項1文）。

その上で，債権者集会では，報告期日において，(ｱ)債務者企業を閉鎖すべきか，(ｲ)その企業を暫定的に継続すべきか（同法157条1文），または（もしくは(ｱ)(ｲ)と共に），(ｳ)倒産計画について決議する[31]。

そして，閉鎖および換価を決定する場合は，換価方法を定め，それを倒産管財人に義務づけることが可能である。また，実務上はほとんどないが，清算計画の形式で倒産計画を遂行することを決議することもできる[32]。閉鎖が決議さ

28　Beisel/Klumpp, S. 98.
29　ライポルド170頁。
30　倒産裁判所は，開始決定と同時に，倒産管財人の報告を基礎として倒産手続の進行を決定する債権者集会の期日（報告期日）を定める（倒産法29条1項1号）。
31　Andres et al., § 157 Rn. 10. なお，企業の一部の閉鎖と別部門の継続を決議することも可能である。

れると，報告期日後，倒産管財人は，債権者集会の決議に反しない限りで，遅滞なく倒産財団に属する財産を換価（verwerten）[33]しなければならない（同法159条）。

一方，報告期日における暫定的な継続の決定は，とりわけ譲渡による再建の可能性を広く残しておくために決議される[34]。

さらに，債権者集会では，倒産管財人に対して，倒産計画の策定を委託し，かつ，当該計画の目的をあらかじめ基準として与えることもできる（同法157条2文）。

(5) 債権の届出・調査・確定手続

上記と並行して配当において斟酌される債権の確定が行われる。倒産債権者は，書面により自己の債権を倒産管財人へ届出し（倒産法174条1項1文），調査期日[35]において届出債権の額および順位が調査される（同法176条1文）。届出債権に対して，調査期日または書面手続[36]において倒産管財人および倒産債権者のいずれもが異議を述べないか，または述べられた異議が排除される場合，この債権は確定したものとみなされる（同法178条1項1文）。

(6) 倒産計画の策定・提出・可決

倒産計画は，破産法における強制和議（旧破産法173条以下）および和議法による和議（旧和議法1条，7条および82条）に代わるものであり，主として企業倒産の場合の再建型倒産手続を想定した制度である。立法者は，この倒産計画を通じて，債権者自治を基礎として柔軟かつ経済効率的に倒産事件を処理するための制度を導入しようとしたものであり，この新しい規律は，アメリカの連邦倒産法第11章手続に倣ったものである[37]。

倒産計画の提出権限は，倒産管財人および債務者のみが有する（倒産法218

32　*Ibid.*, § 157 Rn. 11.

33　"Verwertung"（「換価」）は，法律上，定義されていないが，債権者へ配当するために，財団の目的物を譲渡または利用することを意味する。例えば，企業全体の譲渡（とりわけ，譲渡による再建の枠組みにおいて）または一部の譲渡として，「換価」が生ずる。*Ibid.*, § 159 Rn. 2.

34　*Ibid.*, § 157 Rn. 12.

35　倒産裁判所は，開始決定時に，届出債権を調査する債権者集会期日（調査期日）を定める。債権届出期間経過後，調査期日までの期間は1週間以上2か月以下である（倒産法29条1項2号）。

36　倒産裁判所は，届出期間経過後に届出のあった債権等の調査について，書面手続による調査を命ずることができる（倒産法177条1項2文・2項）。

37　ライポルド172頁。

条1項1文）。計画案は，説明部分（darstellenden Teil）と権利変更［形成］部分（gestaltenden Teil）から構成される（同法219条1文）。説明部分においては，計画された関係人の権利変更のための土台作りのために倒産手続開始後いかなる措置が採られたか，またはなお採られるべきかが記載される（同法220条1項）。他方，権利変更部分では，計画により関係人の法的地位がどのように変更されるかが確定される（同法221条）。

　倒産計画では，別除権者・倒産債権者の満足，倒産財団の換価ならびに関係人に対するその配当，および倒産手続終了後の債務者の責任について，倒産法の諸規定とは異なる定めが可能である（同法217条）。よって，債権者自治の下で多様な内容がありうるが，倒産計画の性格を大別すると，㋐債務者企業を解体する清算計画，㋑事業継続の方法により再建を目指す再建・継続計画，および㋒譲渡による再建（個別承継による企業譲渡）を目指す譲渡計画に分けることができる[38]。

　作成された倒産計画は，倒産裁判所に提出される。倒産裁判所は，計画案について所定の却下事由を審査する（同法231条1項）。そして，倒産計画を却下しない場合は，計画案についての意見を照会するために，債権者委員会（設置されている場合），事業所委員会，管理職代表委員会等に対して計画案を送付する（同法232条1項）。

　その上で，債権者が倒産法222条[39]によって形成される組ごとに分かれて投票し，可決のためには原則として各組において頭数および債権額双方の過半数が必要となる（同法244条1項）。ただし，特定の組による再建妨害を禁止するため，アメリカ連邦倒産法のクラム・ダウン[40]を模範とした規律に従い，必要な過半数に達しなくとも，①倒産計画が否決した組の債権者を計画案がない場合よりも不利に処遇することなく，②その組の債権者が倒産計画に基づいて関係人に与えられるべき経済的価値を適切に分配され，かつ③投票した組の過半数が必要な過半数をもって賛成している場合，投票した組は賛成したものとみなされる（同法245条1項）。

(7) 倒産裁判所の認可決定とその後の履行監視

　倒産計画は，債権者による可決および債務者の同意後に倒産裁判所の認可を必要とし（倒産法248条1項），裁判所は，認可決定前に，倒産管財人，債権者

---

[38] Andres et al., § 217 Rn. 11 ff; Buth/Hermanns, § 27 Rn. 89.
[39] 倒産法222条は，倒産計画において関係人の権利を確定する際は，債権者が異なる法的地位を有する限り，グループを構成しなければならないと規定している。
[40] アメリカ連邦倒産法のクラム・ダウンについては，本書378頁参照。

委員会（設置されている場合）および債務者を審尋する（同条2項）。

認可決定が確定すると，計画の権利変更部分で定められた効力がすべての関係人に対して有利にも不利にも生ずる（同法254条1項1文）。そして，倒産裁判所は，直ちに倒産手続の終結決定をする（同法258条1項）。この決定により倒産管財人および債権者委員会の構成員の職務は消滅し，債務者は倒産財団を自由に処分する権利を回復する（同法259条1項）。ただし，倒産計画の権利変更部分に，計画の履行を監視する旨を定めることも可能である（同法260条1項）。その監視は倒産管財人の職務とされ，倒産管財人ならびに債権者委員会の構成員の職務および倒産裁判所の監督は，その限りで存続する（同法261条1項）。

また，倒産処理計画に定められた支払猶予や免除は，債務者が計画の履行を著しく遅滞した相手方たる債権者に対しては無効となる（同法255条1項1文）。このサンクションが履行確保のための重要な手段となる。

(8) 自主管財制度の導入

自主管財制度（Eigenverwaltung）は，アメリカの連邦倒産法に倣って新たに導入された制度であり，倒産管財人が選任されず，その代わりに選任される監督人（Sachwalter）の監督の下で，債務者自らが中心となって倒産手続の遂行を認める制度である（倒産法270条）。債務者が倒産財団の管理処分権限を保持できることから，心理的な抵抗感なしに支払不能のおそれの段階での早期の倒産申立てとともに自主管財の申立てをすることにより，倒産手続の中で再建することを狙ったものである[41]。債務者は，本来の営業に属さない債務負担など，一定の行為については，監督人や債権者委員会の同意が必要となる（同法275条ないし277条）。

2　倒産手続における事業譲渡のタイミングと手続規制

(1)　仮倒産管財人による倒産手続開始前の事業譲渡の是非

債務者財産の処分管理権限を有する仮倒産管財人は，倒産法22条1項2文2号に基づき債務者企業を倒産手続開始決定まで継続する義務を有するが，同条は，仮倒産管財人の事業譲渡の権限を列挙していない。そこで，仮倒産管財人が債務者企業を売却する権限を有するかどうかが問題となる[42]。

41　田代(上)18頁。ただし，自主管財制度は，倒産手続のうちごく例外的な事件においてのみ考慮される。一般的には，企業を倒産から守る能力がなかった債務者に，再建または倒産財団の正義に適った配分を任せることは適当ではないと考えられるからである。ライポルド174頁。

この点，2007 年 4 月 13 日の倒産手続の簡素化に関する法律（倒産手続簡素化法：InsVerfVereinfG）[43]施行前の学説によれば，法律上明確に列挙されている企業継続と閉鎖という選択肢のほかに，例外的にせよ，第三者に対する企業譲渡も可能とする見解が有力であった[44]。また，連邦通常裁判所は，2000 年 12 月 14 日の決定[45]において，倒産法 159 条，165 条以下に言う債務者財産の換価は，通常，仮倒産管財人の義務ではないこと，そして，倒産手続開始後の債権者の決断（倒産法第 157 条）を先取りしてはならないと述べたが，その後の仮倒産管財人の報酬に関する 2006 年 1 月 12 日の決定[46]では，開始手続における再建目的の企業譲渡に対する寄与について，報酬増額が正当化されうることを認めている。

これに対して，連邦政府草案[47]によれば，2007 年 4 月 13 日の倒産手続簡素化法の立法者は，債務者の財産に対する重大な干渉等を考慮し，明らかに開始決定前の事業譲渡による再建が許されないことを前提としており，倒産法 22 条において事業譲渡の列挙を思いとどまったものであるとして，同法施行後は，このような仮倒産管財人の譲渡は否定されるとの見解も提唱されている[48]。

42　この論点に関する近時の法改正の経緯を紹介するものとして，松下祐記「倒産手続における保全管理人による事業譲渡」伊藤眞ほか編『民事手続法学の新たな地平』864 頁以下（有斐閣，2009）がある。

43　Gesetz zur Vereinfachung des Insolvenzverfahrens v. 13. 4. 2007, BGBl. I S. 509.

44　例えば，Uhlenbruck の見解によれば，譲渡が債権者にとって最も有利な換価方法で，かつ，企業の暖簾維持に必要である場合，とりわけ，非常に有利な換価可能性があるときに売却の可能性が問題となるとする。また，企業譲渡により閉鎖が回避されるか，または特別な経済的利益を実現しうる場合，すなわち，倒産手続開始前に急いで売却することにより，手続開始後よりも高い価格が得られる場合に許容されるとする見解もある。Volker Arends und Sebastian Hofert-von Weiss, Distressed M&A-Unternehmenskauf aus der Insolvenz, BB 2009, 1539.

45　BGH 14. 12. 2000 = NJW 2001, 1496.

46　BGH 12. 1. 2006 = NZI 2006, 235.

47　Gesetzenwurfs der Bundesregierung, Entwurf eines Gesetz zur Vereinfachung des Insolvenzverfahrens, BT-Drucksache 18/3227. 開始前の手続段階では，そもそも倒産の理由が確実に存在することすら確定していないことから，債務者は，財産に対する重大な干渉の根拠がそれほど存しない時点で，その企業を取り上げられることになってしまうであろう，仮にそのような換価権が仮倒産管財人に債務者の承諾によってのみ認められるとしても，事業譲渡による再建が開始手続中に例外的に許されるべきであるかどうかについての裁判所の調査は，手続開始の遅れにつながりうると指摘されている。

48　Arends/Weiss, a.a.O. (Fn. 44), S. 1539.

(2) 倒産手続開始後，報告期日前の事業譲渡

倒産管財人が報告期日前に債務者企業を譲渡しようとする場合，債権者委員会が設置されているときは債権者委員会の同意を得なければならない（倒産法158条1項）。また，倒産管財人は，債権者委員会の決定前に，債権者委員会が設置されていない場合は企業譲渡前に，債務者に対して企業譲渡を知らせる必要がある（同条2項1文）。倒産裁判所は，債務者の申立てに基づき，倒産財団の著しい減少なしに報告期日まで延期できる場合は，倒産管財人を聴聞後，譲渡を禁ずる（同2文）。この期間に譲渡による再建が可能か否かはこれまで議論があったが，2007年の倒産手続簡素化法による倒産法の改正で法文上明確に認められた[49]。

債権者委員会が設置されていない場合の譲渡については，倒産管財人の自由裁量に基づき判断される。しかし，実務上，申立てから手続開始までの時間は，手続開始後の企業譲渡のための準備のために集中的に利用され，債権者の利益とともに責任リスクの減少のためにも，仮倒産管財人が倒産裁判所に対して計画されている譲渡を報告し，倒産裁判所は，第1回債権者集会前に債権者委員会を設置できる（同法67条1項）。それゆえ，債権者委員会の協力のない企業譲渡はあくまでも例外である[50]。

(3) 報告期日後の事業譲渡

倒産管財人は，倒産手続にとって特別に重要な法律的行為を行おうとする場合は債権者委員会の同意を，債権者委員会が設置されていないときは債権者集会の同意を得なければならず，企業または事業の譲渡もこれに該当する（倒産法160条1項1文2文・2項1号）。招集された債権者集会が決議能力を欠く（beschlussunfähig）場合[51]は，同意したものとみなされるが，債権者はその招集の際にその効果を伝えられる必要がある（同法160条1項3文）。

ただし，企業または事業の譲渡は，譲受人またはその譲受人の資本に対して少なくとも5分の1以上の出資をしている者が債務者と緊密な関係にある場合（同法138条）[52]や，全ての別除権価額および全非劣後的倒産債権額の5分の1に達する別除権者または非劣後的倒産債権者である場合は，常に債権者集会の

---

49 *Ibid.*, S. 1539-41.
50 *Ibid.*, S. 1541.
51 決議能力を欠く場合とは，例えば，投票権のある倒産債権者が出席していないため，決議できない場合である。Andres et al., § 160 Rn. 4.
52 債務者が法人の場合，緊密な関係を有する者には，例えば代表機関または監査機関の構成員が該当する（倒産法138条2項1号）。

同意をもってのみ許容される（同法162条1項）。

さらに、倒産裁判所は、債務者または倒産法75条第1項3号の定める債権者[53]の過半数の申立てに基づき、他の譲受人に対する譲渡のほうが倒産財団にとってより有利であることを申立人が疎明する場合、倒産管財人の審尋後に、計画された企業または事業の譲渡が債権者集会の同意をもってのみ許される旨を命じうる（同法163条1項）。

ただし、倒産管財人の行為の有効性は、倒産管財人の責任が生じ得ることは別として、上述した倒産法160条ないし163条の違反により影響を受けない（同法164条）。

なお、上述したとおり、倒産計画の枠内で譲渡による再建を実施することも可能であり、実用的な倒産法上の手段ではあるが[54]、その実務上の意義はいまだ小さい[55]。

Ⅲ　倒産手続における民法典613a条の適用

1　旧破産法下における従前の学説の状況[56]

民法典613a条の破産手続における適用の是非については、後述する1980年1月17日の連邦労働裁判所の判決が出されるまで、学説や下級審判例において争いがあり、両極端の見解が示されていた。

労働法学者の多数説は適用肯定説を採り、まさにその使用者が倒産したという労働者こそ、民法典613a条が実現する職場保護が特別な重要性を有し、また、同条の文言も使用者の破産の場面でその保護を否定する手がかりはないと主張した[57]。むしろ、民法典613a条の文言を重視する解釈によれば、譲渡人が倒産した場合でも事業譲受人は労働者に対する全体の債務について当事者となるとされた[58]。

53　少なくとも5人以上の別除権者または非劣後的倒産債権者で、その別除権および債権が、倒産裁判所の評価によれば、合算して全別除権価額および全非劣後的倒産債権者の債権総額の5分の1に達する場合である。

54　Schmidt/Uhlenbruck, S. 689 Rn. 7. 100.

55　Arends/Weiss, a.a.O.（Fn. 44), S. 1538.

56　ドイツ倒産法改正前の民法典613a条の破産手続への適用の議論状況については、上原1987(下)23頁以下で詳細に紹介されている。本文の記述も上原教授の記述に多くを拠っている。

57　Vgl. BAG 17. 1. 1980 = NJW 1980, 1124.

これに対して，破産法学者の多くは否定説を採用し，民法典613a条の文言は決定的ではなく，むしろ破産法上の責任規制が優先される必要があり，民法典613a条が適用されると，未払賃金等について支払能力のある新債務者が引き継ぐことになるため，従業員集団を優遇することになること，それに対応する負担が売買価格の減少により埋め合わせられるとすれば，財団がその分減少してしまうこと，そして，責任を自覚した破産管財人は，そのような不平等を回避するために価値が毀損されていない事業を細かく分割して個別に事業部門を譲渡するほかなくなるが，それでは職場の保護も達成されないと主張した[59]。

こうした中で登場したのが折衷説である。同説は，民法典613a条の適用を労働関係の存続および労使共同決定の維持という点に限定し，すでに不払いとなっている譲渡人の債務については譲受人の責任を否定するものである。その根拠としては，労働者の利益は保険制度によって保護されており，譲受人に共同責任を負わせると，それが事業の譲渡価格の低下につながり，使用者に対する他の債権者の犠牲において労働者を保護する結果となり，破産における平等分配の原則と矛盾するとの指摘がなされた[60]。

2 1980年1月17日の連邦労働裁判所の判断

以上のような議論の中で，1980年1月17日の連邦労働裁判所の判決[61]は，

---

58 Thomas Bezani und Assessor Frank Wilke, Haftung des Betriebserwerbers gem. § 613a BGB in der Insolvenz, NJW-Spezial 2008, 437.

59 Vgl. BAG 17. 1. 1980 = NJW 1980, 1124-25.

60 上原1987(下)24頁。もっとも，折衷説の下でも譲受人が承継した労働者の年金期待権をそのまま引き受ける結果，しばしば大きな，しかも計算困難な義務を背負い込むことになること，その場合，それまで年金制度を有していなかった譲受人が平等処遇の見地から従前からの労働者にも年金制度を導入することが実際上必要となることなど重い負担となること，破産実務家を対象とするアンケートでは，回答者の73.4％が民法典613a条が事業譲渡の大きな障害となっているとの意見であり，回答者が関係した事業譲渡のうち25％の事例で民法典613a条が原因となり譲渡が不成功に終わっていること，そのため実際には民法典613a条の適用を回避するべく法律上疑問の多い方策（例えば，事業譲渡に成功した折には新たな契約を締結することを約して，労働者側に自発的退職を促し，大半の雇用契約を破産宣告前に一律に解消した上で，破産宣告直後に事業譲渡し，譲受人が労働者を再雇用して事業所を〔部分的に〕継続する方法）が採られることもあったこと，等が指摘されている。

61 BAG 17. 1. 1980 AP Nr. 18 zu § 613a BGB = NJW 1980, 1124. その後も破産手続における事業譲渡に関して，民法典613a条が適用されている。例えば，民法典613a条4項1文の適用を認めたものとして，BAG 26. 5. 1983 AP Nr. 34 zu § 613a BGB。

概略,以下のように述べて民法典613a条を一部制限して適用するという折衷説の立場を採用した(以下は,抄訳)。

「民法典613a条は,異なる3つの目的を追求している。すなわち,第1に事業譲渡の場合に現存する職場を保護すること,第2に事業所委員会の継続を保障すること,第3に新旧両使用者の責任規制である。事業譲渡は,職場や事業所委員会の存続に影響を及ぼすべきではない。第1の職場の保護は,破産においても特に重要であるし,第2の機能についても破産の場合は不可欠である。

これに対して,第3の機能は,倒産手続の原則と両立し得ない。その限りでは,目的論的な制限(teleologische Reduktion)がなされるべきである。破産開始時点で既発生のすべての請求権の整理のために,破産法は債権者に対する平等弁済原則(Grundsatz der gleichmäßigen Gläubigerbefriedigung)によって規律される手続を規定している。労働者の特別な保護の要請は,一連の特別な規制によって考慮されている。企業年金の倒産からの保護についてもこの関係に属する。そのこと以上に,事業譲渡の際に引き受けられた従業員集団が,既発生の請求権のために新しい支払能力の大きな債務者を得るならば,別の債権者との平等という点でも,そして,とりわけ退職労働者と比べても不相応に優遇することになる。その有利な扱いにより,事業譲受人が引き受ける責任を考慮して売買価格を下げうるという点では,残りの債権者によって資金を融通されなければならなくなる。そのような不平等な負担の配分は,適用される破産法と両立しえない。したがって,破産における事業譲渡の場合の民法典613a条は,破産開始時に既発生の請求権を弁済するときは,その限りで適用を必要としないことが出発点とされるべきである。同様の考慮から,支配的学説は,民法典419条や商法典25条も破産には適用しようとしていない。これらの規定も,財産の移転において,破産手続の原則と両立し得ない,広範囲に及ぶ責任法上の結果と結び付けられる。」

このように連邦労働裁判所は,破産手続の開始時点で既発生の権利に関する限りで民法典613a条の適用を否定し,企業年金についても,事業譲受人は破産手続開始後退職までに労働者が稼得した部分についてのみ責任を負うと判断して,長年の議論に決着をつけた。

3 倒産法における民法典613a条の取扱い

第一報告書は,民法典613a条が事業譲受人の過大な負担となるため,事業譲渡が実際上ほとんど不可能となり,労働者保護の規定がかえって職場の喪失をもたらしているとの認識から,この規定を緩和することを提案していた。そ

して，第一報告書の改正要綱では，事業移転時点を基準として譲受人の責任を限定し，この時点ですでに遅滞となっている債務について譲受人は責任を負わないとされていた。連邦労働裁判所の言う破産開始時ではなく，事業移転時を基準としたのは，倒産債権者間の平等を損なわないように民法典613a条の適用を制限する考え方をさらに進めて，財団債権者間の平等をも徹底する趣旨である。つまり，労働者が倒産手続開始後，事業移転前に取得した権利（これは財団債権となる）が譲受人から全額の弁済を受けられるとすると，それに対応して譲渡価格が低下し，財団不足の場合は他の財団債権者が受けうる配当の割合が低下することになり，他の財団債権者の犠牲において労働者だけが満足する結果となるからである[62]。一方，倒産実務家は，倒産手続における民法典613a条の不適用を強く要求していた。

　しかし，立法者は，倒産手続で民法典613a条を修正することはせず，むしろ管財人による事業譲渡にも民法典613a条が適用されることを前提とする倒産法128条を置き，間接的に適用を認めた[63]。これは企業譲渡による再建の場合にだけ規制を緩和することは裁判所外の任意整理と均衡を失し，また，倒産手続の中でも，従来の債務者のもとで企業を再建する方法との間で差異が生ずることになって，いずれの方法も同順位で関係人に提供して市場原理を基礎とする関係人の自由な判断に委ねようとする基本姿勢に反すると考えられたからである[64]。さらに，政府の立法草案によれば，倒産手続における事業譲渡の際に民法典613a条を除外して労働関係の存続保護を弱めた場合のマイナス影響，すなわち，労働法上の拘束から逃れるために，債務者が計画的に倒産を申し立てる可能性も懸念された[65]。

　倒産法制定後の連邦労働裁判所も，2002年6月20日の判決[66]において，旧破産法における事業譲受人の責任制限の原則が新倒産法の下でも維持されることをはっきりと確認した上で，倒産手続開始前の事業の引継ぎの場合に，民法

62　上原1987(下)25頁，上原1989(下)36頁。

63　Mark Lembke, Besonderheiten beim Betriebsübergang in der Insolvenz, BB 2007, 1333. なお，旧東ドイツでは，旧包括執行法上，明文で民法典613a条を適用しない旨を規定していたことから，全面的な労働者の継続雇用の負担に苦しむことなく企業を再建することが可能であった。しかし，新倒産法の施行により旧東ドイツ地域でも同法が適用されることとなり，ただでさえ困難な状況にある旧東ドイツ地域の企業再建は一層困難となったという批判があった。田代(下)676-677頁。

64　上原1989(下)36頁。

65　Gesetzentwurf einer Insolvenzordnung, BT-Drucks. 12/2443, S. 97.

66　BAG 20. 6. 2002 AP Nr. 10 zu § 113 InsO = NZA 2003, 318.

典613a条に基づく責任は制限されないと指摘した[67]。すなわち，1980年以来の連邦労働裁判所の判断が維持され，かかる解釈は指令とも適合すると解されている[68]。

その結果，倒産管財人が債務者の財産に関する管理処分権限を承継し，事業を継続することに関しては，法律行為が欠けているため民法典613a条は適用されないが，その倒産管財人から第三者への事業移転については同条が適用される[69]。

ただし，倒産手続の開始までに発生した請求権については，債権者の平等な満足を出発点とする倒産手続の配当原則が適用される[70]。すなわち，倒産手続開始以降に事業移転が生じた場合，民法典613a条が適用されるものの，事業譲受人は，倒産手続開始前に発生した請求権については責任を負わない。事業譲受人によって引き受けられた従業員集団が，既発生の請求権について支払能力の高い新しい責任債務者を獲得するならば，他の倒産債権者との関係で不当に優遇されることになるからである。また，これにより倒産前の債務の負担を負わされるために倒産企業から事業を譲り受ける者がいなくなる事態を回避できる。この倒産手続開始前に発生した請求権には，例えば，社会計画上の既発生の補償請求権（Abfindungsansprüch）や事業所委員会の経費の支払，さらには企業年金期待権等の一部が含まれる[71]。

---

67 したがって，仮倒産管財人による事業または事業の一部の取得には，事業譲受人のための責任制限は適用されない。いわゆる弱い仮倒産管財人（倒産法22条2項）か，強い仮倒産管財人（同条1項）かによって左右されない。Lembke, a.a.O.（Fn. 63), S. 1334.

68 Beisel/Klumpp, S. 101-02 Rn. 17; Schaub, § 117 Rn. 34 und § 118 Rn. 7; Marcus Richter und Magdalena Nacewicz, Haftungsbegrenzung beim Betriebsübergang in der Insolvenz, ZIP 2008, 256, 259-260. この点に関して，2006年8月23日のフランクフルト州労働裁判所判決（ZIP 2007, 391）は，BAGの制限解釈が移転前または倒産手続開始前に"支払うべき（支払期限が到来している）"（payable. ドイツ語ではfällig）債務のみ除外した指令5条2項と抵触すると異論を唱えた（指令5条2項については，本書134頁以下参照）。しかし，指令は，譲渡人の財産の清算を目的とする破産手続における事業移転にも適用を広げるかどうかを加盟国に委ねている。これは倒産手続が再建に向けられた場合にのみ事業移転の際の労働者保護規定が強行的であることを意味しているが，倒産法1条1文は，通常，債務者の財産の清算に向けられている，と批判が加えられている。

69 Schaub, § 117 Rn. 33; ErfK, § 613a BGB Rn. 146. 職場保護と事業所委員会の継続が問題となる限りは，倒産手続においても民法典613a条が無制限に適用される。

70 Beisel/Klumpp, S. 101 Rn. 17.

71 Buth/Hermanns, § 28 Rn. 27; Schaub, § 118 Rn. 7. 企業年金期待権については，

これに対して，倒産手続開始前（例えば，仮倒産管財人による場合）に事業が引き継がれる場合は，民法典613a条が適用され，かつ，責任制限も生じない。手続外で再建手続が行われる場合は，仮に財団不足のために倒産法上の手続が開始されなかったときであっても，責任制限は認められない[72]。なお，手続開始後の事業譲渡では，後に手続費用の不足のために倒産法207条[73]に基づき手続が廃止された場合でも，手続開始によって生じた譲受人の責任制限はそのまま維持される。よって，譲受人の責任は，最初から財団不足のために手続が開始されないか（この場合，全責任を負う），または開始後に財団不足により廃止されたか（この場合，責任制限となる）によって異なることになる[74]。

Ⅳ 倒産手続における解雇規制の修正

倒産法の下でも民法典613a条の原則的適用を認めて労働者保護を図るとすると，倒産法上，事業譲受人を含む使用者側の雇用の柔軟性はどのように図られているのであろうか。

1 解雇制限法の適用維持

債務者の雇用関係（Dienstverhältnis）は倒産財団に対して有効に存続し（倒産法108条1項1文），雇用関係の存続およびその内容は，倒産手続の開始によって何ら影響を受けない[75]。ただし，倒産手続の開始によって倒産財団の管理処分権が倒産管財人に移転することにより（同法80条1項），倒産管財人が債務者の権利を有し，義務を負う。したがって，倒産管財人が労働関係の終了

　事業譲受人は倒産手続開始後に稼得された企業年金請求権（Betriebsrentenanspruch）の部分に対してのみ責任を負い，倒産手続開始前に労働者が譲渡人のもとで稼得した部分については責任を負わない。手続開始時に企業年金請求権またはその期待権が発生していた場合には，倒産債権者として配当に参加することになる。法律上，失権しえない（Unverfallbarkeit）とされるかぎり，年金保障団体（Pensionssicherungsverein）が責任を負う。BAG 19. 5. 2005 AP Nr. 283 zu § 613a BGB = BB 2006, 943.

72　Schaub, § 118 Rn. 7.
73　倒産法207条1項1文は，倒産手続開始後に倒産財団が手続費用を賄うのに十分でないことが判明した場合，倒産裁判所はその手続を廃止すると規定している。
74　Beisel/Klumpp, S. 103 Rn. 23 und 24.
75　Zwanziger, Einführung § 130 und 147; ErfK, § 113 InsO Rn. 1. なお，EUの2000年5月29日の倒産手続規則（Regulation 1346/2000 on insolvency proceedings, OJ 2000 L160/1）10条は，雇用契約および雇用関係に対する倒産手続の効果は，雇用契約に適用可能な加盟国の法によってのみ決定されると規定している。

に至る法律行為上の意思表示を発し，また，それを受領することができる[76]。そして，倒産の場合にも一般的な解雇制限法や法律上の特別な解雇制限が妥当するため，倒産管財人は，経営上の理由による解雇について，原則として解雇制限法1条3項の社会的選択も考慮しなければならない[77]。

しかし，倒産手続の開始自体で，直ちに解雇を社会的に正当化するための緊急の経営上の必要性を基礎づけることはないが，倒産特有の管財人の判断，例えば，事業閉鎖や合理化措置の判断によって，通常は経営上の理由を生じさせる[78]。そして，倒産管財人の経営者判断によって就労可能性がもはや問題とならない場合は，解雇制限法1条2項に言う緊急の経営上の必要性があり，かつ，社会的に正当と認められる[79]。それゆえ，単なる人員削減とは異なり，倒産管財人による事業閉鎖の結果として職場全体が廃止される場合は，経営上の理由による解雇が認められる。なお，事業閉鎖の際の社会的選択は，複数の段階を経て閉鎖し，かつ，全体の労働者が同時期に解雇されないという場合にのみ必要となる[80]。

2 解約告知期間の短縮等（倒産法113条）

(1) 倒産管財人による通常解雇

倒産管財人および相手方は，債務者が職務提供を受ける権利者（Dienstberechtigte）である雇用関係を，合意された契約期間または通常解約告知権の合意による排除を考慮することなく解約告知することができ，解約告知期間は，より短い期間が定められていないかぎり，3か月目の月末となる（倒産法113条1文および2文）。倒産管財人が解約告知期間を短縮して解雇した場合，労働者は，雇用契約が予定前に終了したことを理由に倒産債権者として損害賠償を求めることができる（同3文）。なお，ここでいう雇用関係は，労働関係よりも広く，民法典611条にいう雇用契約（Dienstvertrag）を締結したすべての者が含まれる[81]。

---

[76] Düwell, Rn. 17.

[77] Christoph G. Paulus, Insolvenzrecht, (2007), S. 101-02; ErfK, § 113 InsO Rn. 9; MünchK, § 613a Rn. 185.

[78] Gerlind Wisskirchen und Alexander Bissels, "Kontrollierte Insolvenz": Arbeitsrechtliche Gestaltungsmöglichkeiten des Insolvenzverwalters, BB 2009, 2142.

[79] ErfK, § 113 InsO Rn. 9.

[80] Buth/Hermanns, § 28 Rn. 16. なお，倒産管財人は，民法典623条所定の書面性の要件や，労働協約または契約で定められた方式規定も遵守しなければならない。Düwell, Rn. 77. 方式の不遵守は，原則どおり民法典125条により解雇が無効となる。

旧破産法の下では，すでに就労が開始されている破産者の家事，家族経営の事業または生業における雇用関係について管財人の解約告知が可能とされるのみで（旧破産法22条1項2文），就労開始前の雇用契約については解雇の必要がなく，破産管財人の履行拒絶の意思表示（旧破産法17条）により即時解雇と同様の効力が認められていた[82]。倒産法113条1文および2文は，かかる規律によらず，就労開始前後を問わず雇用関係の解約告知を可能とし，以下の3つの異なる状況下で，倒産管財人の通常解雇[83]について規制の軽減を認めている[84]。

第1に，期間の定めのない雇用契約で，かつ，3か月以上の解約告知期間が定められている場合である。この規定の重要な点は，倒産外で適用される解約告知期間を最大でも3か月とした点にある。短縮される解約告知期間は，労働契約，労働協約，事業所協定，または法律に基づき設定されたものであってもよい[85]。

第2に，有期契約で，通常解雇を明文で留保していない場合である。本来，有期労働契約は，合意された期間の満了によって終了し（民法典620条1項），その間の通常解雇は認められない。しかし，倒産法113条によれば，契約期間の合意とは無関係に解雇が可能となる。

第3に，合意による通常解雇権の排除により解雇できない場合である。勤続年数の長い高齢の労働者については，個別契約または労働協約によって使用者

---

[81] Düwell, Rn. 24. 例えば，有限会社の取締役も含まれる。

[82] *Ibid.*, Rn. 32. なお，現在の倒産法の下で，倒産管財人は，倒産手続開始時に双方未履行の双務契約について，履行の請求をするか否かの選択権を有するが（倒産法103条），雇用契約についてはかかる選択権を有しない。Foerste, Rn. 251.

[83] 倒産法113条は，倒産管財人の通常解雇のみを規制したものであって，非常解雇については民法典626条がそのまま適用される。もっとも，倒産手続開始それ自体では，非常解雇のための重大な事由とはならない。判例によれば，倒産管財人への協力拒否や財産犯に関する罪の発覚などは，倒産管財人に非常解雇をする権限を認めるに足りる重大な事由があるとされる。ただし，倒産管財人は，常に民法典626条2項所定の2週間の期間を遵守しなければならないが，倒産開始前に発生した解雇理由については期間が徒過している可能性がある（債務者または権限ある代表者がすでに積極的にその事情を知っていた場合）。一方，労働者も，倒産手続が開始されたというだけでは非常解雇の重大な事由とはならないが，相当な賃金未払いがあり，催告しても支払われない場合は即時の解約告知が認められる。倒産前から未払いが先行している場合も同様である。ErfK, § 113 InsO Rn. 12; Düwell, Rn. 39, 41, 43, 44.

[84] Schmidt/Uhlenbruck, S. 748-49.

[85] Zwanziger, § 113 InsO Rn. 8; Schmidt/Uhlenbruck, S. 748; Foerste, Rn. 251.

が労働関係を通常解雇できないとされていることが多い。このような解雇からの保護は，倒産の場合，再建の可能性や倒産財団のスムーズな換価可能性を著しく妨げる。そこで，倒産法113条は，個別契約により通常解雇権を排除していた場合にも適用されることを明らかにしたものである。労働協約または事業所協定により通常解雇が排除されている場合にも同法の適用があるかは争いがあったが，支配的見解はこれを肯定している[86]。

(2) 仮倒産管財人による解雇

仮倒産管財人が選任され，一般的処分禁止命令が発令された場合は，債務者財産の管理処分権が仮倒産管財人に移転する（倒産法22条1項1文）。その場合の仮倒産管財人は，労働関係を終了させうる権限を有するが，倒産法113条，および同法120条ないし128条の特別規制は適用されない[87]（なお，120条ないし128条の内容については後述する）。したがって，仮倒産管財人は，一般的規定により解雇を行うことになる。仮倒産管財人による事業閉鎖は，倒産裁判所の同意を得て行われるが（同法22条1項2文2号参照），その場合，緊急の経営上の必要性から解雇がなされることになる[88]。

(3) 自主管財の場合の使用者（債務者）による解雇

この場合は，債務者が監督人の監督の下で管理処分権を有することから（倒産法270条1項1文），解雇の意思表示を行う権限も有する。この場合，倒産管財人に認められた倒産法113条ないし128条の解雇規制の軽減規定が拡張して適用される（同法279条参照）[89]。

V　倒産手続における手続規制の修正

1　倒産管財人の事業所委員会に対する通知・意見聴取義務

使用者は，解雇の前に事業所委員会に対する通知・意見聴取義務があるところ[90]，事業所委員会の地位は，倒産手続の開始によって何ら影響を受けない。

86　Düwell, Rn. 47; Schmidt/Uhlenbruck, S. 749.
87　Zwanziger, §113 Rn. 7; ErfK, InsO Einführung, Rn. 37.
88　ErfK, InsO Einführung, Rn. 37. そうすると，倒産裁判所の同意が解雇の有効要件のようにも思えるが，連邦労働裁判所はこれを否定している（BAG 27. 10. 2005 AP InsO §22 Nr. 4 = NZA 2006, 727）。ただし，この同意を欠く場合，倒産管財人の損害賠償責任が生じうる（倒産法60条1項）。
89　Zwanziger, §113 Rn. 7; Düwell, Rn. 23.
90　詳細は，本書96頁以下を参照。

したがって，倒産管財人は，平時と同様，あらゆる解雇の前に，事業所組織法102条1項に基づき事業所委員会に対して解雇理由等の通知を行い，その意見を聴取する義務がある。そして，当該義務の履行が不十分な場合，事業所組織法103条1項3文に基づき解雇は無効となる[91]。

もっとも，倒産管財人が事業を直ちにかつ完全に閉鎖する場合は，個々の名前を挙げずに，労働者全員が倒産法113条の法定期間の遵守の下で事業閉鎖を理由に解雇期日に解雇されることを通知すれば，適法な意見聴取手続の開始として十分である。この場合，該当する労働者や経営上の必要性に基づく解雇理由の中身も通知する必要はない。なぜなら，倒産企業の事業所委員会は，重要な事実をすべて知っているからである[92]。

なお，利益調整が成立した場合，個々の解雇前の意見聴取手続を割愛してよいかどうかは問題である。この点，利益調整に関する交渉では，意見聴取手続において使用者が通知義務を負う全部の事情が伝えられるわけではないことから（例えば，個々の場合に適用される解約告知期間や解雇期日），原則どおり必要とする見解が有力である[93]。

2　倒産手続における事業所変更規制

事業の一部閉鎖，基本的な事業組織の変更および労働者の解雇は，倒産手続において重要な役割を果たしている。その結果，必要な人員削減がしばしば事業所組織法111条の事業所変更と同時に問題となる。事業所組織法111条の要件が存する場合，倒産手続においても倒産管財人は利益調整を試み，かつ，社会計画を策定しなければならない[94]。しかし，倒産の特殊性から，以下のように平時とは異なる規定が置かれている

(1) 事業所変更実施のための手続要件の緩和（倒産法121条・122条）

事業所組織法112条2項1文は，利益調整または社会計画の合意が成立しない場合，事業主または事業所委員会が，連邦労働局長官に調停を申請でき，同条項2文は，その申請がされなかったか，または調停の試みが功を奏しなかった場合に仲裁委員会を召集できると規定している。しかし，倒産手続において

---

[91] Wlotzke et al., § 102 Rn. 24; Düwell, Rn. 89.
[92] Düwell, Rn. 98. この場合，事業所組織法102条3項が異議理由を制限しているため，事業所委員会に同意する以外の選択肢はない。管財人が労働者全体を解雇することは，実際上自由である。Blanpain/Jacobs, 25-26.
[93] Düwell, Rn. 98.
[94] 事業所変更の場合の利益調整と社会計画の内容については，本書97頁以下参照。

は，倒産管財人と事業所委員会が共同して[95]調停を申請する場合にのみ調停の試みが仲裁委員会での手続に先行するとの条件で，事業所組織法112条2項1文が適用される（倒産法121条）。すなわち，倒産の場合，事業所組織法112条2項1文はそのまま適用されず，両当事者に直ちに仲裁委員会を召集する権利が与えられている[96]。これは迅速な事業所変更のために，事業所組織法2項1文をショートカットして同条項2文の適用を認めたものである。

また，事業所変更が計画され，かつ，倒産管財人が事業所委員会に対して適時かつ包括的に情報を提供したにもかかわらず，交渉開始後または書面による交渉開始要求後3週間以内に倒産管財人と事業所委員会との間に事業所組織法112条に基づく利益調整が成立しない場合，倒産管財人は，事業所組織法112条2項による手続（仲裁委員会における手続）をも先行させることなく事業所変更を実施することにつき，労働裁判所に同意を求めることができる（倒産法122条1項1文）。そして，裁判所は，企業の経済状態が労働者の社会的利益を考慮しても，なお事業所組織法112条2項による手続を先行させることなく事業所変更の実施が必要と考える場合は，同意を与える（倒産法122条2項1文）。この場合，事業所組織法113条3項の規定（不利益補償）も適用されない（倒産法122条1項2文）。この規定の趣旨も，迅速な事業所変更の実施を可能とすることにある[97]。

(2) 特別な利益調整と解雇規制の緩和（倒産法125条）

新たに創設された倒産法125条は，倒産管財人の解雇法上の地位を次のように強化している。すなわち，事業所変更が計画され，かつ，倒産管財人と事業所委員会の間で解雇されるべき労働者が指名されている利益調整が成立した場合，解雇制限法1条の適用については，まず，指名された労働者の労働関係の解雇が，当該事業所における継続雇用または労働条件変更なしでの継続雇用を妨げる緊急の経営上の必要性によるものと推定される（倒産法125条1項1文1号）[98]。そして，この推定は，企業内の別の事業所での継続雇用可能性や変

---

[95] 「共同して」との文言から，当事者の取決めに基づかなければならない。Zwanziger, § 121 Rn. 3.

[96] *Ibid.*, § 121 Rn. 1.

[97] *Ibid.*, § 122 Rn. 1. それゆえ，事業所変更がすでに実施された場合，倒産法122条は適用されない。

[98] これは民事訴訟法292条1文の法律上の推定である。Buth/Hermanns, § 28 Rn. 21. この規定は，事業所委員会による解雇の手続規制を大幅に縮小したものである。倒産法制定前は，管財人が労働者を選択して解雇する場合，事業所組織法102条にいう異議理由（すなわち，解雇する労働者の選択の際に，社会的観点に対する正当な考慮を欠

更された労働条件での継続雇用可能性の不存在についても及ぶ[99]。この規定は，使用者に解雇の原因となる事実の立証を課す解雇制限法1条2項4文の一般的規制に代えて立証責任を転換したものであり[100]，労働者側で緊急の経営上の理由が存在しないことを主張し，かつ，その疑いを立証しなければならない。しかし，通常，この立証は成功しない[101]。

また，労働者の社会的選択は，勤続期間，年齢および扶養義務の3つの社会的基準でのみ，しかもその点の重大な瑕疵についてのみ，事後審査がなされるとともに，均衡のとれた人員構成が保持され，または構築される場合は重大な瑕疵とはみなされない（倒産法125条1項1文2号）。倒産法125条1項1文2号の文言からすると，均衡のとれた人員構成について裁判所の全面的な事後審査に服することになるが，判例は重大な瑕疵を制限して解釈しているため，倒産管財人は（通常の）使用者よりもより有利な立場に置かれている[102]。

企業の再建の機会または譲渡可能性を高めるためには，労働者を年齢構成や能力の点で新しい現状に適合させることが不可欠であるが，かかる倒産法125条により，労働者が不当解雇に対する解雇保護を利用することなく，円滑な事業所変更の実施確保が期待されている[103]。社会的選択の際に考慮されるべき主な基準（勤続年数，年齢および扶養義務）は，確かに管財人にとっても重要ではあるが，それでもなお，残る従業員の高齢化を恐れる必要はない。立法者は，倒産手続での解雇についても，事業所委員会を関与させることによって労働者の利益を包摂しようとしたものと考えられる[104]。

(3) 裁判所に対する確認申立て（倒産法126条・127条）

一方，事業所委員会が存しない場合，または倒産管財人が事業所委員会に対して適時かつ包括的に情報提供したにもかかわらず，交渉開始または書面によ

　　くこと）を考慮しなければならなかった。判例によると，この理由は，解雇によって最も深刻な影響を受ける労働者がリストの最後となるべきことを意味するとされていた。Blanpain/Jacobs, 26.

99　ErfK, § 125 InsO Rn. 7.
100　Zwanziger, § 125 Rn. 30.
101　Wisskirchen/Bissels, a.a.O. (Fn. 78), S. 2144.
102　Düwell, Rn. 11. Vgl. BAG 28. 3. 2003 AP InsO § 125 Nr. 1. 解雇制限法1条3項2文に基づく社会的選択によって労働者を退職させる合法的な目的は，年齢構成の「確保」のみである。これに対して，倒産管財人は，社会的選択によって均衡のとれた人員構成を作り出すこともできる。
103　Buth/Hermanns, § 28 Rn. 22.
104　Vgl. Düwell, Rn. 14.

る交渉要求後3週間以内にこのような利益調整が成立しない場合，倒産管財人は，労働裁判所の決定手続をもって，申立てにおいて指名した特定の労働関係の解雇が緊急の経営上の必要性に起因し，かつ，社会的に正当化されることの確認を求めることができる（倒産法126条1項1文）。倒産管財人は，決定手続に入る前に労働者を解雇し，後から倒産法126条に基づく手続に加えることもできる[105]。なお，この申立ては，先述した倒産法122条1項の事業所変更の実施に関する申立てと一緒に行うことができ，時間の短縮が可能となる[106]。

また，倒産法126条1項の申立てにおいて指名された労働者が，解雇によって労働関係が消滅していないこと，または労働条件変更が社会的に不当であることの確認を求めて解雇制限訴訟等を提起したとしても，この決定手続においてなされた裁判が確定すると，その決定は当該訴訟に関する判決手続の当事者をも拘束する（同法127条1項1文）。そして，この規定は，決定手続における最終の口頭弁論終結後，状況が本質的に変更した場合に限り，適用されない（同2文）。したがって，労働者は，決定手続で敗訴した場合，その後の解雇制限訴訟では，その後の状況の本質的変更を主張するほかない[107]。なお，仮に労働者が，倒産法126条に基づく決定手続の裁判確定前に解雇制限訴訟を提起したとしても，管財人の申立てにより，その訴訟手続は確定時まで停止され（同法127条2項），2つの矛盾した判断が生じないよう手続法上の配慮がなされている。

このように，一方で，民法典613a条の適用を維持することによって労働者の利益を図りつつ，他方で，倒産法上の労働法関連の特則が，倒産管財人に対して必要な人員削減のための手段を与えている。

(4) 事業譲渡後の事業所変更に伴う解雇（倒産法128条1項）

倒産法128条は，倒産手続での労働力削減を容易化し，かつ，将来の事業譲受人を見出すために，倒産に関連した事業譲渡において労働者保護を緩和している。すなわち，まず，上述した倒産法125条ないし127条の規定の適用は，利益調整または確認申立て（Feststellungsantrag）の根拠となる事業所変更が，事業譲渡（Betriebsveräußerung）の後に初めて実施される場合でも排除されない（倒産法128条1項1文）。この規定がなければ，譲受人は，事業を引き継ぐ

---

105 Wisskirchen/Bissels, a.a.O.（Fn. 78），S. 2144.
106 Holzapfel/Pöllath, Rn. 220.
107 ただし，倒産法126条の決定手続の実施は，多数の労働者が関与するため迅速な処理となっておらず，実務上，重要性がほとんどないとも指摘されている。Wisskirchen/Bissels, a.a.O.（Fn. 78），S. 2144; Buth/Hermanns, § 28 Rn. 23.

前に，倒産管財人によって事業所変更が実施されるまで事業の譲受けを待たなければならなくなる。そうしなければ，容易になった解雇の機会を失うからである[108]。しかし，倒産法128条1項1文によれば，計画された事業所変更が事業譲渡後になされる場合であっても，倒産法125条または126条による手続およびその労働関係に対する効果は損なわれないため，譲受人と倒産管財人は，譲渡による再建を実施するために事業所変更を待つ必要はない。

倒産法128条1項1文は，初めから新使用者の事業所変更が計画されている場合だけではなく，まず倒産管財人が事業所変更を計画し，その後に事業譲受人が事業を引き継ぎ，倒産管財人の計画を変更せずそのまま実施した場合でも適用される[109]。また，倒産法126条に基づく手続が行われていた場合，事業譲受人は，その手続に参加しなければならないが（同法128条1項2文），これには倒産管財人と仮契約を締結しただけの事業譲受希望者も含まれる。譲受人は，譲り受けた後に計画された事業所変更を実施し，かつ，126条に基づく裁判の拘束力を自らが行う解雇に利用できることになる[110]。

ただし，倒産法128条1項の規定は，倒産法125条または126条所定の手続への参加を可能としただけであるから，同条に基づく規制の軽減は，それらの手続が事業譲渡前にすでに開始されている場合にのみ適用される[111]。

(5) 事業移転における立証責任の転換（倒産法128条2項）

立法者は，譲渡による再建を成功させようとする倒産管財人の努力を次のようにも支援し，事業譲渡に先んじて合理化計画を行うことを可能としている。すなわち，事業移転の場合において，倒産法125条1項1文1号に基づく利益調整が成立したときの推定や，同法126条1項1文に基づく裁判上の確認は，解雇が事業移転を理由としたものではないということにも及ぶ（倒産法128条2項）。よって，この場合，原則として民法典613a条4項1文違反とならず，労働者側で，労働関係の解雇が「別の理由」（民法典613a条4項2文）（例えば，再建のため）に拠るのではなく，民法典613a条4項1文違反を構成すると完全な証明をしなければならない[112]。しかし，利益調整において説得力のある

---

108 Blanpain/Jacobs, 47.
109 Schmidt/Uhlenbruck, S. 786 Rn. 7. 345.
110 Andres et al, § 128 Rn. 7.
111 *Ibid.*, § 128 Rn. 2. また，倒産法128条1項は，事業譲渡後に事業譲受人が同法125条に基づく利益調整を成立させることも許容していないとする見解が有力に主張されている。Zwanziger, § 128 Rn. 2.
112 Lembke, a.a.O. (Fn. 63), S. 1337.

再建構想がある場合，解雇された労働者が，当該解雇が再建構想によるものではなく，民法典 613a 条 4 項 1 文違反であると立証することはほとんど成功しない[113]。

このように倒産法 128 条 2 項は，民法典 613a 条 4 項の解雇禁止によって譲渡による再建がほとんど不可能となる事態を回避するために，民法典 613a 条の適用を修正したものである。

(6) 社会計画に関する補償金の上限規制と撤回（倒産法 123 条・124 条）

倒産手続開始後に作成された社会計画においては，計画された事業所変更の結果として労働者に生じる経済的不利益の調整または緩和のために，解雇された労働者の 2.5 か月分の給与に至るまでの総額（解雇制限法 10 条 3 項）を定めることができる（倒産法 123 条 1 項）。そして，社会計画から生じる債務は財団債務となる（同条 2 項 1 文）。ただし，倒産計画が成立しない場合は，社会計画がなかったとすれば倒産債権者に対する配当に充てたであろう財団の 3 分の 1 を超えて社会計画債権の支払のために使われてはならず（同 2 文），社会計画債権の総額がこの制限を超えるときは，個々の債権は配当の割合に応じて減額される（同 3 文）。

また，倒産手続開始前で，かつ，申立前 3 か月以内に作成された社会計画は，倒産管財人および事業所委員会のいずれも撤回することができる（同法 124 条 1 項）[114]。ただし，その請求権が財団債権ではなく，倒産法 38 条に基づく単なる倒産債権となる場合は，撤回できない[115]。

(7) 小　括

以上のように倒産法は，事業所変更の際の事業所委員会との利益調整など，倒産管財人が法律上の手続を適正に尽くしさえすれば，事業所変更の際に不可避的に生ずる人員削減が容易となるようにしている。これらの手続により，倒産手続における民法典 613a 条の不都合な効果（不必要または不適切な人員の義務的承継を理由とする譲渡による再建の障害）が回避されることになる[116]。

113　Holzapfel/Pöllath, Rn. 221.
114　社会計画が撤回された場合，社会計画に基づく債権を有していた労働者は，倒産手続における社会計画の作成に際して考慮されうる（倒産法 124 条 2 項）。
115　Beisel/Klumpp, S. 102 Rn. 19. 倒産法 38 条は，「倒産財団は，倒産手続開始時に基礎づけられる債務者に対する財産請求権を有する人的な債権者（倒産債権者）の満足のために供せられる」と規定している。
116　Jauering/Berger, § 49 Rn. 31.

Ⅵ 倒産手続における民法典613a条4項の解釈・適用の修正

　倒産手続開始後も民法典613a条4項1文が適用され，倒産の事実だけでは同条項2文に言う「別の理由」とはならない[117]。潜在的な譲受人が労働関係を存続したまま事業を引き受けることを拒むという理由のみで倒産管財人が労働者を解雇した場合も民法典613a条4項1文違反となる。裁判所は，労働者なしに事業を譲渡するか，それとも閉鎖するかという二者択一に直面する倒産管財人の難しさを承知しているが，立法者が倒産法改革の過程で民法典613a条の適用維持を明確に決定したため，同条4項1文の適用を否定しない[118]。

　その一方で，前述のとおり，倒産法は平常時規制を緩和・修正しているものの，それでもなお民法典613a条が再建を著しく妨げるとの批判は絶えない[119]。そこで，実務上は，民法典613a条の適用回避のために，民法典613a条4項に関連して以下のような解釈・適用が認められている。

1　事業譲受人の構想に基づく旧使用者による解雇

　ドイツでは，事業譲受人の構想に基づく旧使用者による解雇が可能であることは先述したとおりである[120]。特に，事業譲受人が現時点より少ない労働者しか必要とせず，倒産管財人による解雇が不可欠である場合，譲受人の構想に基づく解雇は，事業移転を理由としたものではなく，不可欠な事業再建に基づくものとして可能となるため，倒産の場面で頻繁に実施されている。かかる解雇が許容されなければ，倒産管財人は競争力のある事業を細かく分割して譲渡せざるを得なくなり，その結果，職場全体の損失となりうることから，民法典613a条の脱法とは認められない[121]。

　ただし，単に新使用者が当該労働者を引き継ぎたくないという理由だけでは旧使用者の下での解雇が許容されないことは，平時も倒産時も同様である。1983年5月26日の連邦労働裁判所判決[122]は，民法典613a条4項がまさにか

117　MünchK, § 613a Rn. 183.
118　Düwell, Rn. 106.
119　z.B. Foerste, Rn. 438.
120　本書158頁以下を参照。
121　Buth/Hermanns, § 28 Rn. 28.
122　BAG 26. 5. 1983 AP Nr. 34 zu § 613a BGB = DB 1983, 2690. 管財人が労働者を解雇し，事業譲渡した事案。労働者からの訴訟提起に対して，管財人は，新使用者が事業の譲受けだけを望み，給与の高い労働者の譲受けを望んでいないと主張した。

かる解雇を阻止すべきであるとして、破産手続で同条項1文の適用を認めたものである。その上で、同判決は、事業移転前の事業譲渡人による合理化またはリストラクチャリングの着手が事業譲渡人と事業譲受人との取決めに基づいていた場合において、事業譲渡人もまた譲受人の構想を実行しえたときに、事業移転を理由としない解雇であると認めていた。そこで重要なのは、解雇の主たる理由が合理化措置にあり、事業移転ではないということである。1996年7月18日の連邦労働裁判所判決[123]も1983年判決に倣って、事業の合理化が譲渡機会の改善に資する場合は事業移転を理由とする解雇ではないとし、譲渡人による解雇可能性についても同旨の判断をしていた。

ところが、2003年3月20日判決[124]は、これまでの連邦労働裁判所の判断に一部変更を加えた。同事件は、倒産会社の倒産管財人が事業譲渡を行ったが、その前日に譲受会社の構想（従前の事業運営上の職階制の廃止により労働者Xの事業組織長としての職が無くなり、全体の事業運営の指揮が譲受会社の管理職に移管された）に基づき組織の長であったXを解雇した事案である。しかも、この構想は、倒産管財人と事業所委員会との間に成立した利益調整の一部であった。連邦労働裁判所は、本件解雇が民法典613a条4項の保護目的に反せず、緊急の経営上の必要性に基づくものであることを認めた。判旨は、その理由中で、民法典613a条4項が譲受人の下での労働者の予見可能な就労可能性の欠如の場合にまで労働関係の"作為的な延長"を意図していないこと、事業移転が解雇の到達時点で法的保護のある形ですでに具体化しており、かつ、譲受人の具体的な構想または再建計画が存在し、それに基づき個別の労働者の就労の必要性が長期にわたり喪失してしまう場合、その譲受人の下での構想の実施可能性は同条4項2文にいう"別の理由"と認めるに十分であること、そして、譲受人の構想に基づく譲渡人の解雇のためには、譲受人による拘束力のある構想または再建計画があり、その実施が解雇の言渡し到達時点ですでに具体化されていることが必要であり、事業移転の前に従業員集団を縮小するとの単なる譲受人の要求だけでは十分でないと述べている。その上で、解雇が有効であるために、譲渡人の下でもその構想が実行可能であったか否かは、いずれにせよ倒産の場合は問題とならないと判示し、1983年判決をその限りで変更した。

実際上、倒産企業の所有者は、合理化措置を実施するような状況にはないた

---

[123] BAG 18. 7. 1996 AP Nr. 147 zu § 613a BGB = DB 1996, 2288.
[124] BAG 20. 3. 2003 AP Nr. 250 zu § 613a BGB = NZA 2003, 1027. この判例の評釈については、春田吉備彦「譲受人の構想にもとづく事業譲渡人による解雇」労働法律旬報1615号102頁（2006）参照。

め，譲渡人の下での構想の実施は現実的とは思われない。また，判旨は，譲受会社の再建構想の実施がなければ事業を継続しえないとも指摘しており，実際上の考慮を優先したものと考えられる。

2　雇用契約の合意解約と民法典613a条の脱法の可否

いわゆる"Lemgoer Modell"が民法典613a条の脱法として無効となることは先述したとおりである[125]。これと類似する倒産における人員削減手段として，労働者との合意解約の手法を利用しつつ，当該合意解約した労働者を雇用訓練会社（Beschäftigungs-und Qualifizierungsgesellschaft：BQG）へ移行させるという方法がある。すなわち，労働者は，事業譲渡前に，倒産管財人（倒産会社），雇用訓練会社との三者間契約により労働契約を合意解約する（これにより再建目的のために設立された受け皿会社へ民法典613a条により労働関係が移転することを回避する）とともに，新しく有期契約によって雇用訓練会社に迎え入れられる。雇用訓練会社は，職業上の再訓練により，一般的な労働市場に対する労働者の適格性を備えさせ，失業を阻止する。そして，雇用訓練会社との有期契約終了後，事業譲受人によって必要とされる労働者のみが，譲受人（受け皿会社）と変更された条件で新しい労働契約を締結する。

かかる形態は，事業からの退職だけではなく，次の雇用も一応予定され，労働関係の継続性の除去にも向けられていることから，従前の連邦労働裁判所との整合性が問題となるが，連邦労働裁判所[126]は，この手法を民法典613a条の脱法とは判断しなかった[127]。

したがって，法的な義務づけなしに新使用者が将来，従業員を拡張することを意図しつつ，旧使用者，新使用者および受け皿会社との間の契約で，従前の労働関係の解消と労働関係の新設を合意することも脱法ではないが，判例[128]

125　本書161頁参照。
126　BAG 10. 12. 1998 = ZIP 1999, 320.
127　Buth/Hermanns, § 28 Rn. 29; Mark Lembke, Umstrukturierung in der Insolvenz unter Einschaltung einer Beschftigungs-und Qualifizierungsgesellschaft, BB 2004, 777.
128　BAG 18. 8. 2005 AP Nr. 31 zu § 620 BGB Aufhebungsvertrag = NZA 2006, 145. 2005年8月18日判決は，BQGを含めた三者間契約について，旧使用者との労働関係から排除されることが当該労働者にとって明確で，新使用者との新しい労働契約を締結しうるとの期待をもはや有しないこと，および合意解約が差し迫った倒産ならびにそれと結びつけられた全体の職場消滅の回避に資するという場合に有効であることを示唆し，実務において不可欠な法的安定性を確立した。判決の理由によると，合意解約締結時点で，労働者が新使用者に雇用されることになるか，また，どの労働者が雇用されること

によれば，この評価は，いずれにせよ倒産が迫っている再建の場合であることが確認されている[129]。

3 倒産手続における再雇用請求権・継続請求権の有無

先述のとおり連邦労働裁判所は，使用者が解約告知期間中に計画していた閉鎖を行わないと決定した場合，労働者に再雇用請求権を認めているが[130]，倒産管財人もこの例外ではない。倒産管財人は，解雇した労働者すべてを再雇用できない場合，社会的選択を考慮しなければならない[131]。

しかし，倒産手続の場合，解約告知期間経過後に予期していなかった事業移転が生じたとしても，労働者は継続請求権を有しない[132]。これを認めると，再建を容易にするという倒産の目的に反するからである[133]。

Ⅶ 倒産時の労働条件変更規制

1 倒産手続における変更解約告知

倒産手続の開始によって使用者の労務指揮権も倒産管財人へ移転するが，拡張はされない。倒産管財人が事業継続や残った仕事の整理のために労働契約に含まれていない業務に労働者を就かせる場合は，合意による労働契約の変更か，または変更解約告知が必要である[134]。そして，変更解約告知にも民法典613a条4項の規制が及ぶため，それが事業移転を理由としないことが必要となる[135]。

になるかを決定していないということが要件となるように思われる，との指摘がある。Willemsen et al., Rn. H 124.
[129] MünchK, § 613a Rn. 202.
[130] 本書162頁以下参照。
[131] Düwell, Rn. 110. Vgl. BAG 4. 12. 1997 = MDR 1998, 723. ただし，倒産において実施された事業移転に関して再雇用請求権を否定する下級審裁判例もある。ErfK, § 613a BGB Rn. 151.
[132] BAG 10. 12. 1998 AP Nr. 185 zu § 613a BGB; BAG 13. 5. 2004 AP Nr. 264 zu § 613a BGB = DB 2004, 2107; MünchK, § 613 a Rn. 198.
[133] Buth/Hermanns, § 28 Rn. 33. なお，指令は，倒産手続には強行的に適用されないため，かかる解釈は指令に違反しないと解されている。ErfK, § 613a BGB Rn. 151; MünchK, § 613a Rn. 186.
[134] Düwell, Rn. 64.
[135] ErfK, § 613a BGB Rn. 158.

ただし，倒産手続上の解雇規制の緩和規定である倒産法113条，125条および126条は，変更解約告知にも適用される[136]。

かかる変更解約告知は，倒産の場面においても企業が再建を図る手段として重要である。前述のように賃金減額のための変更解約告知には非常に厳しい基準が要求されているが[137]，その審査にあたっては差し迫る倒産のおそれも考慮される[138]ことから，倒産手続に至っているか，または倒産に近接した状況では，賃金減額のための変更解約告知が可能である。ただし，倒産管財人は，検討されている部門（事業）の閉鎖が，変更解約告知を言い渡すことによって回避できるかどうかを，裁判所が事後審査できるよう具体的に主張しなければならない[139]。

2 倒産時の事業所協定に関する協議および解約

事業所協定において倒産財団の負担となる給付（Leistung）が定められている場合，倒産管財人および事業所委員会は，まず当該給付の合意による削減について協議しなければならない（倒産法120条1項1文）。そして，本来であれば，そのような事業所協定に期間の定めがある場合，その期間の経過，合意解約または解約によって終了し，特に定めがない限り解約告知期間は3か月間である（事業所組織法77条5項）。しかし，倒産手続では，当該事業所協定が3か月より長い解約告知期間を規定している場合であっても，3か月の期間をもって解約が可能である（倒産法120条1項2文）。しかも，この特別規定は，その事業所協定が期間を定めて締結され，それ以前に解約可能性がない場合でも適用される[140]。このように倒産法は，事業所協定の簡易な解消を認めることによって，倒産管財人の日常の負担の軽減を可能とするとともに，民法典613a条1項2文に基づいて従前の事業所協定が事業譲受人を拘束すると事業の引受けがされない可能性があることから，企業譲渡を容易にしようとしたものである[141]。

また，事業所協定は，重大な事由（wichtigem Grund: § 314, 626 BGB）に基づ

---

136 Zwanziger, § 113 Rn. 4, § 125 Rn. 48 und § 126 Rn. 7.
137 詳細は，本書104頁以下参照。
138 Bertram Zwanziger, Die im Jahre 2008 bekannt gewordene Rechtsprechung des Bundesarbeitsgerichts in Insolvenzsachen, BB 2009, 668, 670.
139 Düwell, Rn. 68; BAG 12. 11. 1998 = DB 1999, 536.
140 Wisskirchen/Bissels, a.a.O. (Fn. 78), S. 2144.
141 Andres et al., § 120 Rn. 1.

き解約告知期間を遵守することなく解約することも可能であるが[142]，この特別の解約権は，倒産手続においても影響を受けない（倒産法120条2項）。重大な事由の要件は，通常の解約告知期間の経過または期間満了日まで事業所協定を遵守することが当事者に期待可能でない場合である。ただし，協約と同様，交渉が失敗に終わった後に初めて解約が可能となる[143]。

3　倒産時の労働協約の即時解約

　倒産法上，労働協約に関する特別な規定は置かれていない。よって，協約によって規制されている労働条件は，原則として倒産手続開始後もそのまま存続する。多くの使用者団体の会則では，倒産に伴い団体の構成員たる地位が終了する旨を定めているが，協約の終了まで協約拘束性が存続するため（労働協約法3条3項），協約の継続適用は妨げられない[144]。

　もっとも，企業協約の場合は，協約上の負担から予想外に存続の危機に瀕しているとき，すなわち，操業停止が差し迫っているときは，事前の交渉を経た後，必要であれば解約が可能である[145]。

---

[142]　Henssler et al., § 77 BetrVG Rn. 36.
[143]　Zwanziger, § 120 Rn. 11 und 13. ただし，倒産法120条1項に基づく解約も含めて余後効の問題がある。Ibid., Rn. 9 und 14.
[144]　Ibid., Einführung Rn. 135.
[145]　Ibid., Einführung Rn. 138. 協約の基礎が著しく妨げられている場合は，民法典314条により重大な事由に基づく非常時の解約が可能である。これは経済状況の変更により協約上の労働条件の履行が全く期待できない場合である（Löwisch, Rn. 253.）。倒産時はこれに該当することが多いと考えられる。ただし，余後効の問題がある。

第5節　ドイツ法の総括

　合併および分割は組織変更法によって規定され，資産および負債が包括承継されるのに対して，事業譲渡は個別承継であり，移転される資産および負債を自由に選択できる。分割も分割自由原則が認められているが，その反面，分割に関与した法主体は，債権者保護の見地から連帯債務の責任を負担する。その上，対象会社の財務状況等に問題がなければ，課税で優遇される株式譲渡によって買収が行われることが多い。そのため，とりわけ偶発債務のリスクがある場合や対象会社が多額の債務を負っている場合など，再建の場面で事業譲渡の有用性が認められ，究極的には，"譲渡による再建"として倒産手続において事業譲渡が利用されている。したがって，このような事業譲渡の場面を念頭に置きつつ，労働者保護の必要性を検討すべきことが確認できた。

　一方，民法典613a条の適用範囲は，欧州司法裁判所の指令の広範な解釈の影響を受け，非常に広い解釈がなされている。とりわけ，欧州司法裁判所が新旧使用者間の直接の契約関係を不要としたことから，アウトソーシング型の業務委託に広範に適用されている。欧州司法裁判所や連邦労働裁判所は，指令および民法典613a条の適用範囲の明確化のために一定の努力はしているものの，依然としてその適用の予測可能性が担保されていないとの批判は絶えない。連邦労働裁判所は，有形の経営資源が重要か否かのメルクマールとして，従前，独自の経済的利用のために引き渡されたことが重要であると判断していたが，この判断は欧州司法裁判所の2005年のGüney-Görres判決により否定された。また，連邦労働裁判所は，民法典613a条の適用にあたって，新使用者の下でも経済的統一体の同一性保持が必要であり，事業譲受人の下で組織的自立性を保持していることが必要であると解釈していた。ところが，近時の欧州司法裁判所のKlarenberg判決は，それも不要であると判断した。このように欧州司法裁判所の指令の適用範囲の解釈は依然として広く，連邦労働裁判所もその判断に追随している。

　その上，ドイツでは，1980年1月17日の連邦労働裁判所判決により，破産手続においても民法典613a条の原則適用が認められた。1994年の破産法改正の際に民法典613a条の適否についてあらためて議論がなされたが，倒産の場面における民法典613a条の脱法的な倒産計画の危険等が考慮された結果，

1994年倒産法は，1980年の連邦労働裁判所の判断をそのまま維持した。

　もっとも，民法典613a条4項2文は，別の理由による解雇を許容しており，事業移転それ自体を理由としなければ，通常の解雇制限法の要件の下で解雇は許容される。つまり，民法典613a条の保護は，事業移転と関係しない，通常のいつでも現実化しうるリスクには及ばず，事業移転がなかった場合よりも有利な保護が与えられるわけではない。そのため，特に再建の場合には4項2文の適用が認められ，フランス法とは異なり，事業譲受人の再建構想に基づき譲渡人の下であらかじめ解雇することも許容されている。このように，4項1文が置かれたものの，ドイツでは労働条件変更が柔軟でないこと，民法典613a条の適用範囲が広範であることと相まって，とりわけ企業の再建時には4項2文の適用が許容されるようになっている。1972年の立法時にも，立法肯定説は，企業主の自由を制限するとの立法否定説の主張に対して，新旧使用者の下での解雇が許容されることから違憲ではないと主張していたが，少なくとも経営悪化による再建時にはこれが現実のものとなっている。

　しかも，倒産手続における事業譲渡の場合は，民法典613a条の原則適用による不都合を緩和するため，倒産法上，解雇規制および事業所組織法に基づく事業所変更に伴う手続規制を緩和するための諸規定が定められている。よって，倒産法上，適切な手続を踏みさえすれば人員削減が容易となっており，これに事業譲受人の構想に基づく譲渡人の下での解雇の許容が加わることで，倒産手続において潜在的な事業譲受人による事業の引受けがなされやすいよう工夫がされている。

　しかし，それでもなお民法典613a条が再建を阻害するとの批判から，連邦労働裁判所は，民法典613a条の適用を回避するべく，平時の解釈をさらに緩和している。例えば，事業譲受人の構想に基づく譲渡人の下での解雇について，倒産の場面では譲渡人が当該構想を実施できたか否かは問われない。また，事業譲渡時に労働契約の継続性を断絶させるための合意解約は脱法として無効と解釈されているが，労働者，倒産会社（管財人）および受け皿会社の三者間契約に基づき，合意解約して一旦労働者を別会社で雇用し，その後，新使用者が採用することも脱法ではないと解釈されている。

　このように，倒産法上の労働法に関する諸規定は，解雇制限法上の解雇規制と民法典613a条の原則適用の下で，その企業の再建に対するネガティブな効果を軽減し，さらに実務上，民法典613a条の適用を制限するための解釈の努力がなされている。

　以上のように，指令および民法典613a条の労働契約の自動承継規定は，解

雇規制と両輪の関係にあり，前者を広げれば，後者でバランスを図らざるを得ない。特に，ドイツでは，柔軟な労働条件の不利益変更法理がないため，解雇によってその柔軟性を図っている。その究極が倒産時の譲受人の構想に基づく譲渡人による解雇であり，そこでの帰結は個別承継に一歩近づいたと言うこともできる。民法典613a条を中心とする労働者保護規制を，いかに緩和するかが倒産法改正の課題であったように，ドイツの事業移転は，一旦踏みこんだ労働者保護のアクセルを，解雇規制でどうブレーキをかけるかを巡って解釈論が展開されてきているように思える。欧州司法裁判所が述べるように，労働者保護の強調は企業の再建を阻害し，かえって労働者保護とならないことがある。このことが，ドイツでも労働者保護を緩和する場合のキー・フレーズとなっている。したがって，EU・ドイツでは，とりわけ企業の再建の場面において，迅速・柔軟な事業譲渡を行う企業全体としての利益が個々の労働者保護の利益に優先するというコンセンサスがあるといえる。

第4章

アメリカにおける事業譲渡と労働関係

序　説——考察の視点

　アメリカの事業譲渡の場面では，労働者はどのように保護されているのだろうか。ここでもまずは，事業譲渡がどのような場面で利用されているかについて検討を加える（第1節）。

　次に，解雇規制と労働条件変更規制について簡単に概観する（第2節）。アメリカでは，個別的労働関係において解雇自由が原則であるから，事業譲渡のように使用者以外の第三者が登場する場面では，なおさら労働者保護を図ることは難しいと予想される。しかし，他方で，集団的労使関係においては，排他的交渉代表制という特殊な従業員代表制度が存し，団体交渉制度を中心とした膨大な判例法が形成されている。

　そのような集団的労使関係を中心としたアメリカの労働者保護制度は，事業譲渡によってどのような影響を受けるのだろうか。この点，アメリカでは，事業譲渡に際して，承継者法理（Successorship Doctrine）や分身法理（Alter Ego Doctrine）という労働者保護に関する独自の判例法理が形成されている。これらの労働者保護法理の適用範囲は，いかなる場面が設定されているのだろうか。また，これらの法理と経営の柔軟性は，どのように調整されているのだろうか。これらの点が本書の中心課題である（第3節 I II）。

　そして，州法による修正規定を簡単に概観した後（第3節 III），最後に，平時における労働者保護規制が，倒産時にどのような変容を受けるかを論ずる（第4節）。

第1節　M&Aの手法と事業譲渡の機能

I　M&Aのストラクチャー

　アメリカのM&Aの主要な方法には，大別すると，①株式買収，②事業譲渡（資産譲渡）[1]，および③合併の3つがある[2]。株式買収は，多数の株主が存しない場合や株主の賛成が得られる場合であれば，資産や契約の移転，労働者の引継ぎ等を要せず，簡易・迅速に買収を実現する手段である[3]。この場合，買収した事業所に労働者の排他的交渉代表（例えば，組合等）が存するときは，原則として買収者は引き続き当該交渉代表組合を承認しなければならず，従前の協約もそのまま効力を有する[4]。

　一方，資産（事業）を買収する事業譲渡と合併では，日本と同様に，資産（事業）の移転に伴って労働契約や労働協約の移転が問題となる。

　なお，アメリカのほとんどの州では，日本やドイツのような会社分割に関する特別の法制度はない。そこで，会社の分割は，単純に企業の事業部門を第三者へ売却（sell-off）する場合のほか，グループ企業内での取引，すなわち，第一段階として子会社を設立し，当該子会社に対して新株を対価として事業資産を移転[5]した上で，第二段階として当該子会社株式を自社（承継会社）またはその株主に対して分配する方法などが行われている[6]。後者の手続には，(ア)子会社株式を現物配当するスピン・オフ（spin-off），(イ)子会社株式を対価とする

---

[1]　アメリカでは，日本の会社法467条のような事業譲渡の規定はなく，個別承継はすべて"Asset Deal"と称され，特に個別の資産の譲渡と事業自体の譲渡は区別されていない。"Sale of Assets"は，"資産譲渡"と訳されることが多いが，単なる個別資産のみの譲渡は問題とならないため，本書では，アメリカの資産譲渡と"事業譲渡"を交換的に用いる。

[2]　ALLEN ET AL., 452-53.

[3]　ただし，一定の場合は，証券取引所法および同法に基づきSECが制定した規則の遵守が義務づけられる（例えば，大量保有報告書の提出に関する§13(d)など）。

[4]　Holly Farms Corp. v. NLRB, 48 F.3d 1360 (4th Cir. 1995).

[5]　ここでの子会社への事業の移転が，資産の譲渡に株主の承認を要求する州会社法の"sale"に該当するか否かは議論がある。See EISENBERG, 269.

[6]　子会社株式を株主に現物配当せず，新規公開株として第三者へ譲渡する場合もある。これは"equity carve-out"と呼ばれている。GOLE & HILGER, 43.

株式の有償償却（子会社株式との交換）であるスプリット・オフ（split-off），(ウ)自社の清算手続中の残余財産分配として子会社株式を交付するスプリット・アップ（split-up）がある[7]。このような分割取引（divestiture transaction）は，多様な方法および目的[8]で行われ，M&A 全体の数および金額において 3 分の 1 を占めている[9]。分割取引のうち最も一般的な方法は，事業部門の第三者への売却であり，その対価は，現金，市場性のある証券またはその両者の組み合わせで取引される[10]。よって，アメリカでは，会社の分割においても事業譲渡が重要な役割を果たしている。

そこで，以下，デラウェア州一般会社法（Delaware General Corporation Law. 以下，「DGCL」という）とアメリカ弁護士協会（ABA）の会社法委員会による改正模範事業会社法（Revised Model Business Corporation Act. 以下，「RMBCA」という）[11]等を適宜参照しながら，M&A のストラクチャーを比較検討する。

1　合　併

(1) 合併の意義

合併は，2 つ以上の会社が 1 つの会社となることであり，既存の存続会社へ

---

[7] EISENBERG, 267; Stanley Siegel, *When Corporation Divide: A Statutory and Financial Analysis*, 79 HARV. LAW. REV. 534, 535 (1966). 邦語によるスピン・オフ等の紹介については，江頭憲治郎「会社分割」奥島孝康教授還暦記念論文集編集委員会『比較会社法研究　奥島孝康教授還暦記念第一巻』185 頁以下（成文堂，1999）参照。

[8] 分割取引の目的としては，①親会社が最も収益力のある事業に集中すること，②計画どおりいかなかった従前の買収の巻き戻し，③従前の買収計画によって生じた債務縮小または新計画への投資のための資金準備目的，④ある部門が債権者に対して有する責任から別事業部門の資産を切り離すこと，⑤対立する 2 つの株主グループがある場合に事業を分割して紛争を解決すること，⑥反トラスト法による要請，⑦合併前の欲しない資産の処分等がある。Siegel, *supra* note 7, at 534; Stephen B. Cohen, *Reconciling Business Purpose with Bail-out Prevention: Frderal Tax Policy and Corporate Divisions*, 28 STAN. L. REV. 1077, 1079, 1100 (1976).

[9] GOLE & HILGER, 6 EXHIBIT 1. 2.

[10] 通常は，この事業部門の売却が "divestiure（分割）" と称されている。*Id*. at 4.; PATRICK A. GAUGHAN, MERGERS, ACQUISITIONS, AND CORPORATE RESTRUCTURINGS 389 (5th ed. 2011).

[11] アメリカの会社法は，連邦法ではなく各州によって制定されているが，その中でも最も大きな 500 社の約 60% およびニューヨーク証券取引所に上場されている企業のおよそ半分がデラウェア州の会社である。したがって，同州の一般会社法と裁判例が大きな影響を及ぼしている。また，ABA の会社法委員会も，多くの州の会社法の内容に重大な影響を与えている。*See* OESTERLE 2005, 30, 32.

統合される吸収合併（merger）と，新規に設立された会社へ権利義務が承継される新設合併（consolidation）がある。消滅会社の株式は，合併契約書に定められた合併対価（存続会社の株式，現金など）と交換され，その定めが株式買取請求権を行使する反対株主を除くすべての当事者を拘束する[12]。

このバリエーションとして，買収会社が完全子会社を設立した後に，典型的には親会社株式を対価として，対象会社を当該子会社に吸収合併させる方法（三角合併：forward triangular merger）や，その反対に，当該子会社を対象会社へ吸収合併させて対象会社を存続会社とする方法（逆三角合併：reverse triangular merger）がある。前者の方法は，子会社の設立準拠法の選択が可能となり，基本定款および通常定款（by-laws）[13]の内容に融通を利かすことができる等の利便性がある。一方，後者の方法は，対象会社の既存の運営がそのまま継続することから，対象会社に必要な許認可やライセンス等の点から合併による対象会社の消滅を望まない場合や，事業譲渡による買収では対象会社からの権利移転に相当のコストや時間がかかる場合等に有効な方法となる。

また，公開会社の買収の場合，二段階合併[14]（two-step merger），すなわち，第一段階として，公開買付けによって対象会社の過半数の議決権を取得した後に，第二段階として，反対株主に対して現金（DGCL § 251(b)参照）を支払って締め出す目的で合併（典型的には完全子会社へ合併させる三角合併）[15]を行い（締出合併：Cash-out［Freezu-out］ merger），完全子会社化を図る場合もある。反対株主は，株式買取請求権を行使しないかぎり，決められた合併の対価を受け取ることになる。

(2) 合併の手続

合併のためには，合併当事会社双方の取締役会の承認と株主総会の決議が必要である[16]。そして，ほとんどの州では，株主総会の決議要件として，議決権

---

[12] COX & HAZEN, 7.

[13] アメリカでは，基本定款（articles of incorporation）以外に通常定款（付属定款）と呼ばれるものがある。基本定款は，会社名，発行可能株式総数など，制定法上要求される事項を記載した骨子のみの文書であるのに対し，通常定款は，取締役の数・資格など会社内部の問題に適用される規則で，より詳細な定めがなされる。See BAINBRIDGE CORPORATE, 13-15.

[14] いくつかの州会社法は，強制的な株式交換（share exchange）を規定している。デラウェア州一般会社法ではこれが制度化されていないが，二段階合併によりほとんど同じ結果を導くことが可能である。ALLEN ET AL., 459.

[15] BAINBRIDGE M&A, 117.

[16] See RMBCA § 11.04(a), § 11.04(b)-(d).

を有する発行済株式総数の過半数を要求している[17]。例えば，デラウェア州では，吸収合併または新設合併を欲する各会社の取締役会は，吸収合併または新設合併の契約書およびその妥当性の宣言（declaring its advisability）を承認する決議を採択し，その契約書には，合併の条件，合併を実行する方法等を示さなければならず（DGCL § 251(b)），原則として株主総会決議において議決権のある発行済株式総数の過半数の承認が必要である（DGCL § 251(c)）[18]。

当初，州の裁判所は，すべての特別な取引に株主の全員一致を要求していたが，会社が大きくなるにつれて手続が煩雑となったため，州会社法は，発行済株式数の3分の2の特別決議に，次いで単純過半数へと要件を緩和した。そして，株主の決議要件を緩和する代わりに，反対株主には株式買取請求権（appraisal rights）が与えられた[19]。デラウェア州においても，反対株主には，262条所定の要件の下で，デラウェア州衡平法裁判所が決定する公正価格（fair value）での株式買取請求権が与えられる（DGCL § 262(a)）。ただし，発行済株式総数の90％以上を保有している会社と吸収合併を行う場合は，原則として合併について子会社の株主総会の承認は不要であり，親会社の取締役会決議で足りる（DGCL § 253(a)，RMBCA § 11.05(a)．略式合併：short-form merger）。

(3) 合併の効果

合併の結果，消滅会社の資産および責任は，法の作用により当然に存続会社に帰属する（DGCL § 259(a)，RMBCA 11.07(a)(3)(4)）。

ただし，これには解釈上一定の例外があり，消滅会社の有する義務が存続会社に適切に帰属する義務となるかどうかがまず問題となる[20]。例えば，消滅会社において事業の促進のためではなく行われた故意の違法行為は，存続会社たる職能法人（弁護士，医師などの知的職業に従事するために設立される法人）に帰属しないと判断されることがある[21]。

また，労働法特有の問題でもあるが，労働者が存続会社に対して雇用契約が承継されたと主張しても，存続会社は雇用契約の承継を拒否し，契約を終了さ

---

17 ALLEN ET AL., 449, 459; BAINBRIDGE M&A, 17. RMBCA § 11.04(e)も参照。ただし，3分1の州では特別決議を要求している（例えば，ニューヨーク州の N. Y. Bus. Corp. L. § 903）。
18 ただし，一定の場合，存続会社の株主総会決議は不要である（DGCL § 251(f)）。
19 OESTERLE 2005, 32-33.
20 WELCH ET AL., § 259. 4.
21 Fitzgerald v. Pratt, 223 Ill. App. 3d 785, 585 N. E. 2d 1222 (1992); FLETCHER ET AL., § 7121.

せることが可能である[22]。さらに，存続会社に帰属する契約上の義務は，労働協約から生ずるものも含まれ[23]，協約上の労働者の権利が合併により自動的に消滅することはない。しかし，管轄の問題から，州裁判所が直ちに執行（enforce）できるかという問題が生ずる[24]。

このように当然承継といっても一定の例外を伴うものではあるが，合併による責任の引き受けには必然的にリスクを伴うことも事実であるため，買収会社は，対象会社の責任に対して別個の法人格によるシールドを保持したいという強いインセンティブを有している。この要請は，前述の三角合併または逆三角合併によって簡単に達しうるため，ほとんどの合併は，別個の企業主体を合併後も存続させうるそれらの方法によって行われている[25]。

(4) 合併の課税

制定法上の吸収合併または新設合併は，内国歳入法典（Internal Revenue Code. 以下，「I.R.C」という）368条(a)(1)(A)項により，A型組織再編成（Reorganization）[26]として合併当事会社は非課税となる。すなわち，対象会社の資産は，合併前と同一の課税基準で引き継がれ，含み益があったとしても認識されず，課税の繰り延べが可能である。

かかる組織再編成のためには，原則として3つの基本的な要件が充足されなければならない。すなわち，①投資持分継続性（continuity of proprietary or investment interest），②事業会社の継続性（continuity of the business enterprise），および③事業目的の存在が必要である[27]。

22　James J. Fuld, *Some Practical Aspects of a Merger*, 60 HARV. L. REV. 1092, 1103 (1947). *See* Clyde W. Summers, *Worker Dislocation: Who Bears The Burden? A Comparative Study of Social Values in Five Countries*, 70 NOTRE DAME L. REV. 1033, 1037 (1995). 他方で，労働者も存続会社に対して雇用契約の終了を主張できる。*See* Note, *Corprations-Maste and Servant-Assignment of Employment Contracts by Staturory Mergers of Corporations, 1973 TERM*, 52 HARV. L. REV. 526 (1939).

23　FLETCHER ET AL., § 7121.

24　Fitzsimmons v. Western Airlines, Inc., 290 A.2d 682 (Del. Ch. 1972)［合併により労働協約のいかなる義務が存続会社に帰属し，執行が可能かどうかは，連邦法によって規制され，したがって，連邦の機関によってそれらが判断されるまでは州の裁判所が執行できないと判断された］. *Also see* BALOTTI & FINKELSTEIN, Corp. § 259 n. 6.

25　ALLEN ET AL., 461.

26　I.R.C. § 368条(a)(1)には，AからGまでの7種類の"Reorganization"が列挙されている。アメリカの組織再編成に関する税制の仕組みを分かりやすく解説したものとして，渡辺徹也『企業組織再編成と課税』（弘文堂，2006）がある。

27　BLOCK, 391.

①の投資持分継続性は，消滅会社の株主が存続会社において実質的な所有持分の継続性を維持する限り，合併が適切な課税の機会とみなされるべきではないという基本的思想によるものである[28]。したがって，消滅会社の株主に交付される対価の相当な部分が買収会社またはその親会社の株式でなければならない（I.R.C. § 1. 368-1(e)参照）[29]。この点，A型組織再編成の具体的な要件は制定法上定められていないが，内国歳入庁（Internal Revenue Service：IRS）の手続通達（Revenue Procedure. 以下，「Rev. Proc.」という）によれば，対象会社の株主が発行済株式のすべての価値の少なくとも50％相当について買収会社の株式を取得する場合は，投資持分継続性の要件が充足するとされていた[30]。しかし，近時の財務省規則（Treasury Regulation. 以下，「Treas. Reg.」という）の改正により，対価として株式は40％でも充足される可能性がある（Treas. Reg. § 1.368-1T(e)(2)(v)）[31]。したがって，二段階合併の場合，対象会社の発行済株式の60％相当を現金で取得した上で，その残りについては株式を対価として合併を行えば，運用上，課税の繰り延べが認められうる[32]ほか，現金の調達の負担も軽減されるというメリットがある。三角合併や逆三角合併も，一定の要件の下でA型組織再編成として扱うことが可能である（I.R.C § 368(a)(2)(D)および(E)）[33]。

②の事業会社の継続性は，買収会社が対象会社の従前の事業を継続しているか，または当該事業の対象会社の資産の相当部分を使用している場合に充足される（Treas. Reg. § 1.368-1(d)(1)）。

③の事業目的は，単なる租税回避目的ではないことが必要である[34]。独立当

---

[28] CLARK, 407.
[29] CARNEY, 54.
[30] Rev. Proc. 77-37, ¶ 3.02, 1977-2 C. B. 568.
[31] 裁判例としては，対価の38％が株式であった場合に，非課税要件を充足するとしたものもある。John A. Nelson Corp. v. Helvering, 296 U.S. 374 (1935).
[32] BLOCK, 400-01.
[33] 例えば，三角合併の場合は，存続会社が対象会社の実質的にすべての（substantially all）資産を，株式を対価として取得しなければならない。「実質的にすべて」とは，§ 368(a)(1)(c)が規定するところと同じ意味であるとされている（Treas. Reg. § 1.368-2(b)(2)）。また，子会社の株式を買収の対価として利用することはできないため，対価としての株式は親会社のそれに限られる（ただし，金銭その他の資産〔boot〕は可能である）。
[34] See ALLEN ET AL., 474. 事業目的テストを導き出した著名な事件がGregory判決である（Helvering v. Gregory, 293 U.S. 465 〔1935〕）。最高裁は，問題となった取引が事業または法人の目的を持たないものであり，むしろ取引の実際の性質を隠蔽するための

事者間取引 (arm's length transaction)[35]であれば通常は充足し，所有または支配の共通性がある場合に問題となる[36]。

以上の要件を充足して A 型組織再編成となる場合，課税の繰り延べが認められるほか，資産の取得会社は，原則として対象会社の繰越欠損金を引き継ぐ (I.R.C. § 381(a))[37]。組織再編成に関する課税の特則は，当該取引が単なる形態の変更にすぎず，形態の変更があっても当初の企業体が存続するという理論に基づくものだからである[38]。

2　事業譲渡

(1)　事業譲渡の手続

(a)　会社法上の手続

取締役会は，会社資産の全部または実質的に全部を処分しようとする場合を除いて，譲渡，リース，担保その他の処分を行う本来的に制限のない権限を有する[39]。そこで，ほとんどの州法では，事業の通常の過程 (the usual and regular course of business) ではない，会社財産の全部または実質的に全部の譲渡，賃貸借，交換またはその他の処分の場合に，株主の承認を必要としている (RMBCA § 12.02(a)(b)，N.Y. Bus. Corp. L. § 909(a)など)。デラウェア一般会社法 271 条(a)項においても，すべての会社は，少なくとも 20 日前の通知により適正に招集された株主総会において，議決権のある発行済株式総数の過半数の決議がある場合に，取締役会が適切かつ会社の最善の利益となると認める条件および対価で，会社の暖簾および営業権を含む会社の財産および資産の全部または実質上全部を，取締役会の決議により売却，賃貸または交換することができると規定されている[40]。ただし，会社の分割のために，親会社から子会社

　　隠れ蓑として企業の組織再編の形式をとった単なる手段にすぎないと指摘して，課税の繰り延べを否定した原審の判断を支持した。

35　独立当事者間取引とは，一般に，両当事者がそれぞれ自己の利益に基づき交渉した結果，成立する取引を指す。田中英夫編集代表『英米法辞典』63 頁（東京大学出版会，1991）。

36　CARNEY, 55.

37　ただし，課税の性質に着目した濫用的な取引を防止するために，I.R.C. § 381(a)をはじめ，§ 382，§ 384 など，多くの制限規定がある。

38　BLOCK, 477.

39　BAINBRIDGE M&A, 51.

40　デラウェア州のオリジナルの資産譲渡規定は 1917 年に制定され，対価が "株式または有価証券" とされていた。その規定は 1967 年に改正され，"現金またはその他の財産" へと変更された。OESTERLE 2005, 39 n. 23.

へ資産を移転する場合にも株主総会の承認を要するかについては，各州の立場が分かれている[41]。

一方，譲受会社は，一般に取締役会の承認のみで足り，株主総会の承認は不要である[42]。

なお，ほとんどの州では，対象会社の反対株主に株式買取請求権が認められているが，デラウェア州ではかかる規定がない[43]。

(ア) 会社法上の資産譲渡の意義

では，その"実質的に全部"の資産の譲渡とは，どのような意味であろうか。

この点，デラウェア州衡平法裁判所は，Gimbel 事件[44]において，①量的にみて企業運営にとって極めて重大な資産であり，かつ，②その譲渡が通常でなく，そして，会社の存立と目的に相当な影響を与える場合は，取締役会の権限を超えていると述べた。その上で，裁判所は，コングロマリット企業である Signal Companies の石油部門の売却に関して，石油事業が全体の純資産（total net worth）の 41％であるが，総資産の 26％，収入の 15％を占めるのみであることやその他の質的な面も考慮して，"実質的に全部"に当たらないと判断した。かかる Gimbel テストは，実質的に全部か否かの判断にあたって，量的な観点と質的な観点を検討するものであり，後の Katz 事件[45]においてもかかるアプローチが採用された。

その後，更なる指針を与えたものが Thorpe v. CERBCO 事件[46]である。同事件においてデラウェア州最高裁判所は，株主の承認の必要性は，譲渡の規模だけでなく，会社に対する質的影響も吟味されるべきであるとし，それゆえ当該取引が通常の過程でなく，かつ，会社の存立と目的に相当な影響があるか否かが問われるとした。その上で，親会社資産の 68％を占め，かつ，主な収入

---

[41] 本書 258 頁の注(5)を参照。例えば，100％子会社に対する資産の移転には株主の承認を要しないと規定している例もある（RMBCA § 12.01(3)）。

[42] ALLEN ET AL., 452.

[43] CARNEY, 62; EISENBERG & COX, 1195.

[44] Gimbel v. Signal Companies, Inc. 316 A.2d 599 (Del. Ch. 1974).

[45] Katz v. Bregman, 431 A.2d 1274 (Del. Ch. 1981). Katz 事件では，裁判所は，製造業に従事している会社の子会社の売却について，当該子会社が親会社の総資産の 51％超を占め，総収入の 44.9％，税引前では 52.4％を生み出すこと，質的な面でも譲渡後にプラスチック容器の製造へ乗り出すという提案は，これまで歴史的に成功してきた事業である鉄製容器からの根本的な変更を表しているとして，実質的に全部に当たると判断した。

[46] Thorpe v. CERBCO, 676 A.2d 444 (Del. 1996).

を生み出す資産であった子会社株式の譲渡は，一般会社法271条に服すると判断した。

さらに，最近では，Hollinger International の子会社である Telegraph Group の売却が「実質的に全部」に当たるかどうかが問題となった Hollinger Inc. 事件[47]がある。裁判所は，実質的に全部の文言に相当するものを"本質的に全部 (essentially everything)" と解釈した上で Gimbel テストを適用している。このような裁判例からすると，従前は比較的広く解釈されていたものの，近時は厳格に解する傾向となっている。

よく知られた実際上の目安としては，貸借対照表上の資産のうち市場価格の75％以上の売却が実質上全部の資産の譲渡に当たり，25％以下では当たらないとされている。この基準の間に入る場合は，Gimbel 事件と Katz 事件で明らかにされた質的な考慮に基づく検討が必要となる[48]。

(イ) 事実上の合併 (De Fact Mergers)

典型的には，売主である会社が全資産を売却し，その対価として譲受会社が株式を移転し，譲渡会社が解散を前提にそれを株主に配当する場合である。この場合，合併と類似しているが，株主総会決議（譲受会社）や株式買取請求権を回避できる。そこで，合併の規定を適用して株主を保護すべきかどうかが問題となる（事実上の合併）。

この点，いくつかの州では，合併と同様の経済効果を有することから株主に合併と同様の保護を与えるべきであることを理由に，機能的なアプローチを採用する裁判例もある[49]。しかし，機能的アプローチは，不確かさを増大し，制

---

[47] Hollinger Inc. v. Hokkinger International, Inc., 858 A.2d 342 (Del. Ch. 2004). Hollinger International 全体の 56 ないし 57％の資産価値に相当する Telegraph の売却について，会社の最も重要な資産であることを認めたが，Gimbel テストに言う量的に見て極めて重要とまでは言えないと判断した。また，検討すべき質的要素は，質的に重要な取引を明らかにしようとする試みではなく，企業の存立の中心に打撃を与えるかどうかであって，Telegraph Group の売却はこれに当たらないとして，量的・質的に検討の上，「実質的に全部」の譲渡には当たらないと結論づけた。

[48] BAINBRIDGE M&A, 53. この点，RMBCA は，当該処分によって会社の重要な継続事業活動ができない (would leave the corporation without a significant continuing business activity) 場合に，株主の承認を要求しているが，そのセーフ・ハーバーとして，①直近事業年度末の総資産の 25％以上の資産で，かつ，②税引前事業所得 (income) または当該事業年度の事業収益 (revenues) の 25％以上が残存していれば，重要な継続事業活動を保持しているとみなされる (RMBCA § 12.02(a))。

[49] ALLEN ET AL., 480. 例えば，株主総会決議を欠くことを理由に取引を無効としたものとして，Applestein v. United Board & Carton Corp., 159 A.2d 146 (N. J. Super. Ct.

定法が複数の買収手段を規定したことによる富の創造利益を失わせるとの批判があり[50]，デラウェア州およびその他のほとんどの州では形式を重視している[51]。例えば，デラウェア州最高裁判所は，事実上の合併が問題となったHariton事件[52]において，事業譲渡により合併と同じ結果が達せられたという原告の主張は認めたものの，事業譲渡の規定と合併の規定とは互いに独立し，いわば等しく尊重されるもので，組織再編のプランナーが望んだ目的達成のためにいずれの仕組みを採ることもできることを理由に，事業譲渡を適法とした。

(b) 事業用資産包括譲渡法上の手続

統一商事法典（Uniform Commercial Code）第6編では，事業用資産の包括譲渡（Bulk sale）に関する規制が設けられている。従前の規定によれば，事業の通常の過程外での事業用商品等の大部分の売却（Bulk transfer）について，買主が売主の債権者に対して事前に通知することが求められ，これを欠く場合は，債権者に対して効力を有さず，債権者が当該譲渡を無視して差し押さえることが可能であった。かかる第6編の規定は，債権者に債務を負っている売主が自らの在庫品を売り飛ばし，その売却益を持ち逃げするという詐害的行為を防止するために制定されたものである[53]。しかし，この規制の合理性に疑問がもたれ，1989年統一商事法典改正により，全体の廃止または旧規定の合理化（緩和）[54]の勧告がなされたため，多くの州が廃止している。

(2) 事業譲渡の効果

(a) 原則論

企業が資産全体を譲渡した場合，しばしば譲渡会社は清算および解散に至り，残った資産は株主に残余財産として分配される[55]。このように通常は譲渡会社の清算が想定されるため，譲渡会社が自らの義務について十分な責任を負わな

　　Ch. Div. 1960)，会社間の合意内容が合併であったとして計画実行の差し止めを認めたものとして，Rath v. Rath Packing Co., 136 N.W.2d 410 (Iowa 1965)などがある。
50　BAINBRIDGE M&A, 102.
51　ALLEN ET AL., 480. 形式重視アプローチによれば，法的結果を正確に予測することが可能となる。
52　Hariton v. Arco Electronics, Inc., 188 A.2d 123 (Del. 1963).
53　BRADFORD STONE & KRISTEN DAVID ADAMS, UNIFORM COMMERCIAL CODE 164 (7th ed. 2008).
54　例えば，1989年改正法は，規定の不遵守は権利の移転に影響を与えず，不遵守による損害について買主に責任を負わせるものとした（U.C.C. Sections 6-107(1) and 6-107(8)）。Id. at 165-66.
55　BAINBRIDGE M&A, 18.

いリスクがある。もちろん，事業譲渡後も譲渡会社が清算されずに存続し，新事業を展開する場合は，以前の事業継続中に生じた不法行為責任や製造物責任に関する提訴も譲渡会社に対してなされるであろうが，清算配当金を受領する株主と譲渡会社双方に課税する1986年の税制改正以降，そのような事態はかなり減少している[56]。

一方，譲受会社は，合併と異なり，譲渡を受ける資産・負債の選択が可能となり，原則として譲渡会社の責任を承継しない[57]。そこで，対象会社の責任（特に偶発債務）の引き受けを避けるために，制定法上の合併よりもむしろ事業譲渡がしばしば利用されている[58]。

(b) 例外論――承継者責任（Successor Liability）

デラウェア州をはじめ，多くの州裁判所は，少なくとも，以下の4つ場合には事業譲渡においても譲受会社の責任を認めている[59]。すなわち，①譲受人が明示的または黙示的に義務を引き受けることを同意している場合[60]，②当該取引が事実上の合併の場合，③譲受会社が譲渡会社の単なる継続（mere continuation）である場合，④当該取引が責任を回避するために詐害的になされた場合[61]である。このルールの根本的理由は，企業が資産譲渡を装って別会社の本質を買収しながら（すなわち，本質は合併である），引き受けたくない対象会社の責任を回避することを許すべきではないという点にある。この例外ルールは，不法行為・非不法行為のいずれにも適用される[62]。

②の事実上の合併理論による例外は，当該取引が合併の経済効果を有するが，事業譲渡の形式を採る場合である。会社法上の合併の要件を充足していないが，裁判所は制定法上の合併と同様に扱い，譲受会社に譲渡会社の責任を負担させる。その判断要素は，(ア)所有者の継続性，(イ)対象会社が可及的速やかに通常の

---

56 CARNEY, 121. かつてはGeneral Utilities原則の下で，株主に配当される資産の含み益に関して法人段階での損益の不認識が認められていたが，この原則は1986年に廃止され，資産買収において二重課税の回避はかなり困難となった。See BLOCK, 362-63.

57 CLARK, 405; BAINBRIDGE M&A, 18, 54-55.

58 See EISENBERG & COX, 1207.

59 WELCH ET AL., § 271.9.1; EISENBERG & COX, 1207-08.

60 この例外は，譲渡契約書の解釈の問題である。COX & HAZEN, 30.

61 この例外は，詐害的譲渡禁止法の単なる適用の問題であるとも指摘されている。See Harry F. Chaveriat v. Williams Pipe Line Company, 11 F.3d 1420 (7th Cir. 1993). 名目上の対価のみで資産が譲渡され，同一経営者の下で運営が継続される場合に，当該譲渡は債権者に対する詐害的譲渡と判断される。

62 WELCH ET AL., § 271.9.1.

事業を停止し，解散すること，(ウ)譲受会社が対象会社の事業を中断なく継続するために通常必要な義務を引き受けていること，(エ)経営陣，従業員，場所，資産および一般の事業運営の継続がある場合が挙げられている[63]。上記要素のすべてが認定される必要はないが[64]，判断要素のうち，所有者（株主）の共通性が強調される[65]。

③の単なる継続による例外は，譲受会社が，株主，経営者，名称，場所，事業の性質および労働者の観点で譲渡会社と同一性がある場合に生じうる[66]。ただし，デラウェア州では，継続理論の要件は，新しい名称の下で継続している同一法人でなければならず，事業運営の継続性ではなく企業体の継続性であるとして，狭く解釈されている[67]。

(c) **製造物責任等における例外論の拡張**

多くの州では，伝統的な4つの場面以外にも，譲渡人所有の工場で製造された欠陥製品による製造物責任や包括的環境対処補償責任法（Comprehensive Environmental Response, Compensation and Liability Act：CERCLA）[68]に基づく環境浄化費用等に関して，例外論である承継者責任の範囲が拡張されている。

例えば，譲渡会社が販売した欠陥製造物による損害賠償請求権は，しばしば譲渡会社が事業譲渡の売得金を株主に合法的に分配し，解散してしまった後に発生するため，訴えるべき相手がおらず，譲受会社に対して請求できなければ被害者の救済を図りえない。そこで，いくつかの州では，⑤譲受会社が譲渡会社の事業を実質的に継続している場合（継続企業理論：continuity-of-enterprise theory）にも例外論を及ぼしている[69]。この例外は，取引の全体が譲渡会社の

---

63 The State of New York v. National Service Industries, Inc., 460 F.3d 201 (2d Cir. 2006).

64 FLETCHER ET AL., § 7124. 20.

65 したがって，この例外が適用されるオーソドックスなケースは，対価が現金ではなく株式であるとともに，買収直後に譲渡会社が解散され，譲渡会社の株主に株式が分配される場合である。COX & HAZEN, 30.

66 Id. at 31. いわば"単に古いワインを新しいボトルへ移しただけの場合"である。

67 Elmer v. Tenneco Resins, Inc., 698 F. Supp. 535 (D. Del. 1988); WELCH ET AL., § 271.9.1.

68 42 U.S.C. § 9601 (2000). CERCLAは，有害廃棄物の集積場が公衆衛生および環境に与える危険性を懸念し，汚染された土地の迅速な浄化および浄化費用を汚染の責任者に分配することを目的として1980年に公布された。スーパーファンド法とも称されている。たとえ前所有者によって汚染されたとしても，財産の運営者だけでなく所有者に対しても浄化費用の責任が課される。42 U.S.C. § 107 (2000).

69 Turner v. Bituminous Casualty Co., 397 Mich. 406, 244 N.W.2d 873 (Mich. 1976);

基本的な継続を示しているかどうかに焦点を当てるものであるが、③の単なる継続の例外が2つの企業の株主や取締役の同一性を必要とするのに対して、⑤の例外は当該取引の実質、すなわち、当該事業が継続企業として移転されたかどうかを検討するものである。この例外により、現金を対価とする事業譲渡で、株主の継続性を欠く場合でも、譲渡会社の義務について譲受会社が責任を負いうることになる[70]。

(3) 事業譲渡の課税
(a) 原則論

現金や手形を対価とする事業譲渡の場合、まず、対象会社（譲渡会社）においては、資産の売却について直ちに損益が認識される（I.R.C. § 61(a)(3), § 1001）。損益の額および性質は個々の資産ごとに判断され、売却代金が各資産に配分される。土地や暖簾などの資本資産（capital asset）は税率の有利なキャピタル・ゲインに、その他は通常の所得（ordinary income）となる[71]。

さらに、対象会社が清算され、売却益を対象会社の株主に配当する場合は、原則として株主レベルでも当該株式の取得価額（basis）を上回る範囲で課税される（I.R.C. § 331, § 1001）[72]。この二重課税の問題は、株主に対する現物配当を通じた清算を先行させ、その後に株主が資産譲渡を行う方法によっても避けられない（I.R.C. § 336, § 334(a)）[73]。

一方、買収会社においては、資産の取得価額が支払った現金と同等の公正な市場価値へと引き上げられ（I.R.C. § 1012）[74]、将来の収益からより多くの金額を減価償却費として控除することが可能となるというメリットがある。また、買収した資産を後日売却した場合は、引き上げられた新たな取得価額を基に計算された利得に対してのみ課税されることになる[75]。

しかし、事業譲渡が非課税取引となる組織再編成に該当すれば、対象会社の

Savage Arms, Inc. v. Western Auto Supply Co., 18 P.3d 49 (Alaska 2001).

70 COX & HAZEN, 33-4. その他のアプローチとして、カルフォルニア州最高裁の製造ライン理論 (product line theory) が有名である (Rey v. Alad Corp., 560 P. 2d 3 (Cal. 1977))。

71 BLOCK, 330-31. したがって、譲渡会社にとっては譲渡価格の配分方法が重要となるが、I.R.C. § 1060 がこれに関する特別なルールを定めている。

72 See id. at 327-28, 332.

73 CARNEY, 52.

74 See BLOCK, 332 n. 27.

75 See CLARK, 407-08; CARNEY, 51. なお、暖簾や継続企業価値等の無形資産については、原則として15年間にわたり按分して償却が可能である（I.R.C. § 197）。

繰越欠損金が買収会社へ引き継がれ，将来の課税所得から控除可能となるが，課税取引である事業譲渡では繰越欠損金が引き継がれない[76]。

(b) C型組織再編成（事実上の合併）

事業譲渡が内国歳入法典 368 条(a)(1)(C)の要件を満たす場合は，C 型組織再編成として非課税となる。すなわち，対象会社の実質的に全部の資産を，原則として，譲受会社またはその親会社の議決権株式を対価として買収する場合に，課税の繰り延べが認められる。

　この「実質的に全部」の意味は制定法上定義されていないが，内国歳入庁の基準によれば，少なくとも，公正市場価値が対象会社の純資産の 90％および総資産の 70％以上をいうものとされている[77]。また，法文上，議決権株式のみを対価とする旨規定されているが，全体の 20％まで議決権株式以外の対価も認められる（I.R.C. § 368(a)(2)(B)参照）[78]。

(c) D型組織再編成

　内国歳入法典 368 条(a)(1)(D)に依拠する組織再編成のほとんどは，子会社に対するスピン・オフ等の分割型（divisive）[79]であるが，同条は，取得型（acquisitive）の取引もカバーしている。ただし，この場合，対象会社の資産の全部または一部が買収会社に移転されるとともに，資産の移転直後に対象会社またはその株主（もしくはその両者）が買収会社の支配権[80]を取得する必要があり[81]，通常の取得型組織再編成とはかなり異なる。

(d) G型組織再編成（倒産会社の買収）

　倒産手続等において買収会社に現金がない場合などには，内国歳入法典 368 条(a)(1)(G)に基づく G 型組織再編成の利用が考えられる。そのためには，アメリカ合衆国法典第 11 編の倒産事件，財産保全管理（receivership），受戻権喪失（foreclosure）またはこれと類似の手続において裁判所が認可した再建計画案に従い，対象会社の実質的に全部の資産が買収会社の株式または証券との交換で移転され，かつ，対象会社によって取得された株式，証券およびその他の資産が当該会社の完全清算において分配されなければならない（I.R.C. § 368(a)(3)

76　CARNEY, 51.
77　Rev. Proc. 77-37, § 3.01, 1977-2 C. B. 568.
78　BLOCK, 450-51.
79　一般に，分割型組織再編成とは，I.R.C. § 355 の要件および § 368(a)の組織再編成の定義の両方を充足する取引を指す。*Id*. at 500.
80　この場合の支配権は 50％以上を指す（I.R.C. § 368(a)(2)(H)，§ 304）。
81　BLOCK, 470-71.

(A)(B), § 354 (a)(1), § 354 (b)(1)(A)(B))。

ただし，実際には，「実質的に全部」の要件の充足は難しく，倒産事件の特殊性から緩和されている。したがって，例えば，債権者の弁済に充てるために，買収前に対象会社の重要な資産を売却しても，「実質的に全部」の要件には反しない。また，投資持分継続性の要件についても，債権者が債務の弁済に代えて買収者の株式を受け取ることも許容されている[82]。

II 事業譲渡の機能

1 合併と事業譲渡の差異

以上に述べたことから，合併と事業譲渡では次のような差異を指摘できる。

(1) 手続上の差異

まず，合併の場合，消滅会社の資産および負債が法の作用によって存続会社に移転するため，さらなる手続が不要である。承継される資産を特定する必要はなく，契約の移転に関する相手方の承諾の取得や労働者の解雇・再雇用もほとんど問題とされない[83]。一方，事業譲渡の場合，譲り受ける資産を個別に特定する必要があるとともに，譲渡されるすべての資産に関して移転の文書を準備して，関係機関に提出しなければならない[84]。したがって，手続が煩雑となり，取引コストも比較的高くなる。なお，日本と異なり，アメリカでは，契約上の地位の譲渡は原則として自由である。実務上は，契約の移転に他方当事者の承諾を要するとの規定が契約に盛り込まれていることも多いが，かかる規定は制限的に解釈される可能性がある[85]。

次に，会社法上の手続では，合併の場合は，原則として合併当事会社双方に株主総会決議が必要となるのに対して，事業譲渡の場合，一般に譲受会社では要求されない（譲渡会社でも「実質的に全部」に該当しなければよい）。また，合併の場合，合併当事会社双方の株主が株式買取請求権を有するのに対して，事

---

[82] FRAZIER ET AL., 86 n. 306, 309.

[83] 伊藤廸子＝Michael O. Braun 監修『アメリカの M&A 取引の実務』101 頁（有斐閣，2009）。

[84] 例えば，対象会社が所有していた不動産を譲り受けた場合は，当該不動産所在のすべての郡に譲渡証書（a deem of transfer）を提出しなければならない。BAINBRIDGE M&A, 55.

[85] 例えば，仮に譲渡禁止特約があっても，拒絶に合理性を要求するよう解釈される可能性がある。樋口 331-332 頁，343-345 頁。

業譲渡の場合，ほとんどの州で譲受会社の株主には株式買取請求権が与えられておらず，デラウェア州では対象会社の株主を含めてかかる規定がない。よって，この点からすると，特に公開会社の場合は，合併のほうが手続が煩雑で，コストも高額となりうる。

(2) 効果上の差異

合併の場合，存続会社は債務を含めて消滅会社のすべての責任を承継する。これに対して，事業譲渡の場合は，特約がないかぎり譲受会社が譲渡会社の責任を承継しないのが原則である。すなわち，事業譲渡の場合，譲り受けたい資産のみを選択し，債務を引き継がないメリットがある。

雇用契約についても，合併の場合，法的には存続会社が雇用契約の承継を拒否し，契約を終了させることが可能であるとしても，実務上は，そのまま存続会社に移転させることが多い。これに対して，事業譲渡の場合は，解雇・再雇用によって初めて譲受会社の下での雇用が継続される。

もっとも，州裁判所は，事業譲渡においても，事実上の合併の場合や譲受会社が譲渡会社の単なる継続と認められる場合等，一定の場合に承継者責任を認めているため，合併と類似した取引では合併との効果上の差異は殊更強調できない。

また，集団的労使関係については，労働法の分野で認められている承継者法理が適用される場合（新旧企業間に事業の実質的継続性がある場合）は，譲渡会社において労働者を代表していた組合に対する承認・交渉義務や，譲渡会社の不当労働行為責任の承継の問題が生じうる。これは，合併，事業譲渡というストラクチャーの選択に関わらない（この点は，本書の主要な論点であるため，詳細は本書296頁以下の本章第3節で述べる）。

なお，通常の合併では対象会社が消滅してしまうことから，消滅会社が有していた事業に関する許認可は承継されないが，逆三角合併であれば別である。一方，事業譲渡では，許認可は承継されない。

(3) 税務上の差異

アメリカにおいても，ストラクチャーの選択にあたっては，税務上の問題が重要な役割を果たしている[86]。上述したように，ほとんどの合併は非課税取引であるのに対して，典型的な事業譲渡であれば原則として課税取引となる。もちろん，資産を買収する場合にもC型，D型およびG型の組織再編成として非課税取引の可能性はあるが，その場合，基本的には株式を対価とする必要が

86　EISENBERG & COX, 1193; ALLEN ET AL., 453; COX & HAZEN, 8.

ある。

2 事業譲渡の活用場面

以上に述べたように合併と事業譲渡には一長一短があり，また，他の手段との組み合わせにより用いられることもあるため，一概に事業譲渡がどの場面で利用されると言うことは難しいが，以上の検討から，少なくとも以下の点が指摘できる。

(1) 平時の事業譲渡

合併の利点を生かしながら，責任承継のリスク回避や株主総会決議等に関するコスト最小化といった事業譲渡の利点も得られる手法が三角合併である[87]。したがって，アメリカでは，三角合併または逆三角合併が頻繁に利用されている。

一方，事業譲渡は，アメリカにおいても偶発債務等の責任回避のための有効な手段である。もちろん，一定の場合は承継者責任が問題となるが，その責任リスクに対応するため，事業譲渡の際にも法人格を異にする子会社を通じて事業が取得されることもある[88]。もっとも，典型的な事業譲渡は課税取引であることから，とりわけ，企業全体の資産を買収し，譲渡後，対象会社が清算する場合は，二重課税の問題に直面する。そこで，企業全体の買収には上述の逆三角合併という有用な手段が別に存することもあり，事業譲渡は，特に大型案件では企業全体ではなく，企業の一事業部門を買収する手段として，より頻繁に利用されている[89]。

さらに，二重課税の問題は，パス・スルー課税が利用可能な有限責任会社（Limited Liability Corporation：LLC）[90]などを通じて譲渡することにより解決できるため，企業全体の買収の場面でも事業譲渡が利用される場合もある。

---

[87] BAINBRIDGE M&A, 55. 三角合併では，子会社の株主は買収会社たる親会社しか存しないため，買収会社は株主として合併を承認できる。しかも，買収会社自身の株主総会の承認を得る必要もない。伊藤=Braun=前掲注(83)104頁参照。

[88] しかも，裁判所は，一般に，別途理由がなければ別個の法的主体（資産購入者）の存在を否認しない。ALLEN ET AL., 458. *Also see* BAINBRIDGE M&A, 55 n. 18.

[89] CARNEY, 62. また，ブルース・ワーサースタイン（田中志ほり）『成功するM&A 失敗するM&A』153頁（日経BP社，2005）も参照。

[90] LLCは，法人とパートナーシップのそれぞれの特徴，特に前者の有限責任と後者のパス・スルー課税（LLC自体には課税されず，当該LLCの構成員の段階で課税される）を併せ持つ組織形態である。STEPHEN M. BAINBRIDGE, AGENCY, PARTNERSHIPS & LLCs, 178-79 (2004).

なお，事業譲渡は個別承継ではあるが，アメリカでは契約上の地位の移転が原則として自由であること，また，譲渡企業には譲渡の対象となった当該事業がもはやない以上（また，仮に企業全体の買収であれば，清算され，企業自体も存しない），契約相手方の同意が得られる可能性があるため，契約上の譲渡制限特約が大きな障害とはならないこともある。

(2) 倒産時の事業譲渡

倒産企業の事業資産は，個別に譲渡して清算するよりも継続企業として事業を譲渡するほうが価値が高いため，倒産時の事業譲渡の実施は，財団の最大化に寄与し，債権者にとってはより大きな満足を受けうる可能性を生み出す。そして，財政困難な企業の中にも，運営のためのキャッシュ・フローは維持されている場合がある（例えば，収入が企業の運営費用を上回っているが，多額の借入があるという場合）。かかる場合，買収者は，債務を引き受けないかぎり，そのような企業の買収を厭わない。

そこで，対象会社が倒産手続中である場合，通常は事業譲渡が利用される。債務超過会社の株式はほとんど経済的価値がないことに加え，合併では債務超過会社の責任が買収企業に帰属してしまうからである[91]。もちろん，事業譲渡スキームに拠ったとしても，上述した事実上の合併理論等により債権者の責任追及はありうるため，買主としては，正式な倒産手続に依拠して債権者の主張を遮断するか，または譲渡時に債権者の追及から解放してもらう必要が生じるが[92]，連邦倒産法上，そのための規定が用意されている。

倒産手続での事業譲渡は，第11章の再建手続や，それほど多くはないが，第7章の清算手続でも行われる[93]。第11章手続における基本的な資産買収の方法としては，連邦倒産法1129条の下で認可された再建計画にしたがって譲渡が行われる場合（計画内事業譲渡）と，連邦倒産法363条の下でDIPまたは管財人から譲渡を受ける場合（363条sale）がある。計画内事業譲渡は，363条saleよりも時間がかかり，難しいが，その計画の承認プロセスは第11章手続

---

91 OESTERLE 2006, 118. *See* FRAZIER ET AL., 75. FRAZIERらによると，2000年から2008年にかけて倒産裁判所の許可を得た60の事業譲渡のサンプル契約のうち，5つの契約のみが株式または持分の譲渡と関係し，その5契約のうち3つの契約も，単に譲渡された資産の中に株式も含まれている事業譲渡であったことが報告されている。

92 OESTERLE 2005, 191.

93 ただし，実際上，運営中の企業が第7章手続を申し立てることは稀である。企業を支配（経営）している者は，通常，倒産手続でもその支配を保持したいと考えるところ，第11章手続ではそれが可能であるが，第7章手続では事業を運営する管財人の選任が必要的とされているからである。*See* BAIRD, 18.

において権利を主張する者らがより保護されるよう設計されている[94]。アメリカでは，計画内事業譲渡がなされる事例が相当多いと言われているが[95]，近時は，著名な大型倒産事件（GMやクライスラー）をはじめ，363条 sale の利用が増加している（この点は，本書377頁以下の本章第4節であらためて論ずる）。

(3) 小　括

元来，事業譲渡の主たる機能は，資産や事業を移転するとともに，会社を清算して譲渡代金を株主に配当すること（つまり，正式な解散の前段階としての清算方法）にあった[96]。しかし，現在では，それよりも頻繁に，別会社の下で継続企業を存続させる買収の手段，さらには自主的な組織再編または資本の再構成[97]（recapitalization）の手段としても事業譲渡が利用されるようになっている[98]。このように事業譲渡は，課税の問題と法的責任を中心とした上述のメリット・デメリットを考慮しつつ，平時・倒産時を問わず，幅広く利用されている。したがって，事業譲渡の際の労働者保護についても，平時・倒産時のいずれをも視野に入れて検討する必要がある。

94　OESTERLE 2005, 193.
95　川畑正文「アメリカ合衆国における倒産手続の実務(3)」NBL710号47頁（2001）。
96　George S. Hills, *Consolidation of Corporations by Sale of Assets and Distribution of Shares*, 19 CAL. L. REV. 349, 350 (1931).
97　資本の再構成（recapitalization）とは，会社の株式・社債等の資本構成を変更することをいう。田中・前掲注（35）700頁。
98　COX & HAZEN, 9.

第2節　解雇規制と労働条件変更規制

次に，アメリカにおける事業譲渡特有の労働者保護法理を検討する前に，通常の労働者保護規制（解雇規制および労働条件変更規制）について概観する。

I　経済的理由による解雇規制

1　随意的雇用原則

制定法による特段の規制がない限り，アメリカの雇用関係は各州の判例法であるコモン・ローによって規律される。多くの州では，19世紀の終わりまでに随意的雇用原則（employment at will doctrine）が確立され，現在でもアメリカ雇用契約法の基本法理として維持されている。かかる原則の下では，雇用契約に期間の定めがない場合，労働者は，いつ，いかなる理由によっても，または全く理由がなくても，使用者によって「意のままに」（at will）解雇されうる[1]。解雇時点までの未払給与や福利厚生給付などの支払は発生するが，基本的には解雇に際して予告手当はもちろん，特に合意がない限り解雇予告も不要である[2]。かかる随意的雇用原則の背景には，労働者にいつでも退職する自由を認める以上，使用者もいつでも雇用関係を解消できる自由が認められなければならないという契約における相互性（mutuality）の原則がある[3]。

後述のように随意的雇用原則は修正されつつも，雇用関係を貫く原則として今なお維持されている点が，アメリカの雇用システムの最大の特色である[4]。そこでは，労働者に非がない経済的理由に基づく解雇も原則として自由であり，例えば，事業譲渡の際に，譲渡会社が事前に解雇して雇用調整を図ることが可能である。また，一般に，譲受会社の下での雇用の継続は解雇・再雇用の手続によって行われ，譲受会社が労働者の承継の有無，引き継ぐ人数，対象者を自由に決定できる。事業譲渡後に余剰人員を解雇することも妨げられない。

---

[1] ROTHSTEIN ET AL., 814; ROTHSTEIN & LIEBMAN, 838.
[2] 中窪305頁。
[3] ROTHSTEIN & LIEBMAN, 838.
[4] 荒木2003・20頁。

2　随意的雇用原則の修正

(1) 有期契約期間中の解雇制限

雇用契約に期間の定めがある場合は、随意的雇用原則の適用はなく、使用者は、別段の定めがない限り、正当事由（cause）があるときを除いて、その期間中は労働者を解雇できない[5]。しかも、ここにいう「正当事由」は、単なる経済的困難など労働者に帰責できない経営上の必要性では足りず、労働者の故意による非違行為、能力不足等を使用者が立証する必要がある[6]。それに反する解雇は、契約違反として使用者に残存期間相当分の損害賠償責任を発生させる[7]。

ただし、期間の定めの有無は、当事者の合意内容如何であるが、裁判所はよほど明確な意思表示がない限り期間の定めのある契約とは認定しない[8]。

(2) パブリック・ポリシー法理

随意的雇用原則に対する代表的な例外法理がパブリック・ポリシー法理[9]である。これは法律で明示的に禁止されていないが、現行法秩序の観点から許容しがたい解雇、日本流に言えば「公序」に反するような解雇を不法行為と認めて、賃金その他の給付の逸失分のほか、懲罰的賠償を含む損害賠償の救済を与えるものである。現在では、40を超える州で採用されている。

ほとんどのパブリック・ポリシー違反の例は、次の4つのカテゴリーのいずれかに該当する。すなわち、①労働者が違法行為を拒否したことを理由とする解雇、②労働者が法律上の権利（労災補償の申請など）を行使したことを理由とする解雇、③内部告発（whistle-blowing）、④労働者が重要な公的義務（陪審員など）を履行したことを理由とする解雇である。

(3) 契約法理による解雇制限

当事者間で正当事由がなければ解雇しないと合意した場合、使用者の解雇権のみが制限される。また、多くの裁判所は、全体の振る舞いおよび当事者の関係から、雇用契約の条件、とりわけ雇用保障に関する条件が含意されるとして

---

[5] ROTHSTEIN ET AL., 816. もっとも、アメリカの大多数の労働者は、期間の定めのない契約によって雇用されている。

[6] 荒木2003・23頁。

[7] 小宮文人『英米解雇法制の研究』15頁（信山社、1992）。

[8] Clyde W. Summers, *Individual Protection against Unjust Dismissal: Time for Statute*, 62 VA. L. REV. 488 (1976).

[9] 詳細については、ROTHSTEIN ET AL., § 9.9; 中窪裕也「アメリカにおける解雇法理の展開」千葉大学法学論集6巻2号100-103頁（1991）。

黙示的な解雇制限の存在を認めている[10]。

これに関連して，ハンドブックの法理と呼ばれるものがある。すなわち，使用者が作成して労働者に配布したマニュアルやハンドブック等に正当事由に基づかない解雇は行わない旨の記載があった場合に，それを使用者の解雇権を制限する申込み，労働者の仕事の開始または継続を申込みに対する承諾と解釈することによって，拘束力のある契約があると認められる[11]。

さらに，いくつかの州では，黙示的な誠実・公正義務条項（implied covenant of good faith and fair dealing）の法理を認める裁判例もある[12]。これは，契約法の一般原則として，各当事者は契約目的や相手方の期待を破壊するような行為をしてはならないという規範を読み込むものであり，いわば契約上の信義則にあたる。誠実・公正義務は，当事者間の契約の黙示的内容となるため，その違反は契約違反として扱われる。

ただし，契約上，正当事由が必要と解されたとしても，期間の定めのない雇用契約の場合，経済的理由に基づく解雇，例えば，信義誠実に従った（bona fide）人員削減，工場閉鎖または組織再編成は，解雇の正当理由を構成すると解釈される[13]。また，解雇が契約違反を構成する場合であっても，労働者は，賃金その他の給付の逸失分の損害賠償請求は可能であるが，精神的損害による賠償や懲罰的損害賠償までは認められない[14]。

3 制定法による随意的雇用原則の制限

(1) 全国労働関係法および鉄道労働法による制限

まず，制定法による制限としては，一般法である全国労働関係法[15]（以下，「NLRA」という）および鉄道・航空会社のみを適用対象とする鉄道労働法[16]がある。いずれも，集団的労使関係法を規律する中心的な法律であり，労働者の労働組合所属や団体交渉その他の組合活動ゆえの解雇を禁じている。例えば，NLRA 8条(a)(3)は，使用者が「採用，雇用上の地位またはその他の雇用条件に

10　ROTHSTEIN ET AL., 831.

11　Id. at 818.

12　Fortune v. National Cash Register Co., 373 Mass. 96, 364 N.E.2d 1251 (1977); ROTHSTEIN ET AL., §9.6. ただし，この法理は，明確な形となっておらず，あまりにも広いため，使用者の権利を害する懸念から採用している州は5分の1より少ない。

13　ROTHSTEIN ET AL., 839.

14　中窪309-311頁。

15　National Labor Relations Act, 29 U.S.C. §151 *et seq*.

16　Railway Labor Act, 45 U.S.C. §151 *et seq*.

関する差別によって，労働団体の組合員たることを奨励または抑制すること」を不当労働行為として禁じている。

ただし，NLRA 8 条(a)(3)違反が成立するためには，差別意思または反組合的意思の存在が必要である。そこで，8 条(a)(3)の事件においては，使用者が，問題とされる行為について何らかの経営上の理由を提示し，差別意思を否定しようとするのが通常である（例えば，解雇について労働者の勤務態度が不良であった等）。したがって，その理由が真実で十分に合理的と認められ，他に差別意思を窺わせるような事情がなければ 8 条(a)(3)違反は成立しない[17]。

NLRA 8 条(a)(3)違反の差別が行われた場合の救済は，当該行為の中止・禁止命令，およびポスト・ノーティス命令のほか，差別の態様に応じた適切な是正措置が命じられる。解雇の場合であれば，バックペイ付きの復職命令が典型的な救済である[18]。事業廃止による解雇の場合，使用者にとって過大な負担にならない限り，事業の再開による復職や他の事業所での再雇用が命じられることもある[19]。

(2) 雇用差別禁止法による制限

1964 年の公民権法第 7 編[20]，1967 年の雇用における年齢差別禁止法[21]，1990 年の障害を持つアメリカ人法[22]などにより，使用者が人種，皮膚の色，宗教，性，出身国，年齢または障害等を理由として労働者を差別することが禁じられている。したがって，例えば，使用者が経済的問題を口実としつつ，年齢の高い労働者を辞めさせようとした場合，年齢差別禁止法がかかる行為を禁ずる障壁となる（差別的取扱い〔disparate treatment〕の法理）。また，たとえ使用者にそのような差別意思がなくとも（つまり，より年齢の高い労働者を辞めさせようとの意思を有していなかったとしても），一般的なレイオフや解雇の効果としてそのような結果が生じれば，差別法違反が成立しうる（差別的インパクト

---

[17] 中窪 71 頁。

[18] ただし，懲罰的損害賠償は認められていない。NLRB が救済命令を発するまでに時間がかかること等も含めて，NLRA の不十分な救済に対しては批判が強い。See Benjamin I. Sachs, *Employment Law as Labor Law*, 29 CARDOZO L. REV. 2685, 2695 (2008).

[19] 中窪 76 頁。

[20] Title Ⅶ of the Civil Rights Act of 1964, 42 U.S.C. § 2000e *et seq*.

[21] Age Discrimination in Employment Act, 29 U.S.C. § 621 *et seq*. 年齢差別禁止法は，40 歳以上の者を対象として年齢を理由とする雇用差別を原則として禁じている。詳細については，櫻庭涼子『年齢差別禁止の法理』79 頁以下（信山社，2008）参照。

[22] Americans with Disabilities Act of 1990, 42 U.S.C. § 12101 *et seq*.

〔disparate impact〕の法理)[23]。

　従来の第7編の規定は，解雇に対する救済をバックペイ付きの復職に限定し，損害賠償を否定していたが，1991年公民権法の改正により，意図的な差別行為の場合に，上限付きで財産的・非財産的損害に対する補償的損害賠償と懲罰的損害賠償が認められた[24]。ただし，年齢差別禁止法については，損害賠償の救済が導入されておらず，差別行為の差止め，バックペイ付きの復職，採用などのほか，故意の違反があった場合に，裁判所がバックペイに加えて，それと同額の定額損害賠償〔付加賠償金〕(liquidated damages) の支払を命じることができるにとどまる[25]。

　もし使用者が雇用について十分な理由を示すことができなければ，第7編等に基づく人種差別，性差別等の訴訟が提起された場合に不利な立場に追い込まれるため，これらの雇用差別立法が，実際上，解雇自由に対する制約として機能している。

(3) モンタナ州の不当解雇法

　モンタナ州では1987年に不当解雇法（Wrongful Discharge from Employment Act）[26]が制定された。同法は，①労働者が公序良俗（public policy）に反する行為を拒否したこと，または公序良俗違反を通報したことに対する報復的解雇，②試用期間終了後の正当事由（good cause）のない解雇，および③使用者の書面による従業員取扱方針に明示された規定違反の解雇を，それぞれ不当解雇と規定している（§ 39-2-904(1)）。ただし，適法な経営上の理由は「正当事由」に該当する（§ 39-2-903(5)）。

　これによる救済は，賃金その他の付加給付を利息付きで請求しうるが，解雇の日から4年分をその上限と定めている（§ 39-2-905(1)）。懲罰的損害賠償は，上記①の解雇の場合のみ，しかも使用者に現実の詐欺または現実の害意があったことが明確で説得的な証拠に基づき証明された場合にのみ認められる（§ 39-2-905(2)）。

---

[23] Griggs v. Duke Power Co., 401 U.S. 424 (1971)〔第7編〕; Smith v. City of Jackson, 544 U.S. 228 (2005)〔ADEA〕.

[24] 中窪裕也「アメリカ雇用差別禁止法その後――1991年公民権法の成立」日本労働研究雑誌388号45頁（1992）。

[25] 中窪254頁。

[26] Montana Code Ann. § 39-2-901 *et seq.* 立法の経緯については，Andrew P. Morriss, *The Story of the Montana Wrongful Discharge from Employment Act: A Drama in 5 Acts*, in EMPLOYMENT LAW STORIES (Samuel Estreicher & Gillian Lester ed., 2007)参照。

(4) 労働者調整・再訓練予告法による手続規制

人員整理に対する手続規制として，1988年に労働者調整・再訓練予告法[27]（以下，「WARN法」という。）が制定された。WARN法が適用される使用者は，100人以上のフルタイム労働者を雇用するか，またはパートタイム労働者を含めて100人以上の労働者を週当たり総計で4000時間（時間外労働を除く）以上使用する企業である（29 U.S.C. § 2101(a)(1)）。かかる使用者は，事業所閉鎖（plant closing）[28]または大量レイオフ（mass layoff）[29]を行う場合，原則として影響を受ける労働者の交渉代表組合（これがない場合は各労働者），州（または州の関係機関）および地方自治体の長に対して，60日前に書面により通知しなければならない（§ 2102(a)(1)）。事業譲渡の結果，事業所閉鎖または大量レイオフとなる場合，譲渡の効力発生日までは譲渡会社が，その翌日からは譲受会社が通知義務を負担する（§ 2101(b)(1)）。

事業所閉鎖と大量レイオフは，いずれも「雇用の喪失」が共通の要件となっている。「雇用の喪失」とは，雇用の終了（正当事由による解雇，任意退職，引退は含まない），6か月超のレイオフ，または6か月間に労働時間の半分を超える削減をいう（§ 2101(a)(6)）。よって，たとえ事業譲渡がなされても，かかる意味での雇用の喪失に至らなければ，通知は必要とされない[30]。

ただし，事業所閉鎖や大量レイオフが，合理的に予見しえなかった経営環境のために必要となった場合は，使用者は60日間の経過を待たずに実施できる。（§ 2102(b)(2)(A)）。例えば，予想外の主要顧客の喪失などがこれに該当する[31]。また，天変地変の場合は，通知義務が免除される（同条(B)）。

使用者が通知義務に違反した場合，労働者は，原則として予告不足日数分の賃金のバックペイ等を請求できる（§ 2104(a)(1)）。また，州の関係機関に対す

---

[27] Worker Adjustment and Retraining Notification Act, 29 U.S.C. § 2101 et seq.

[28] 事業所閉鎖は，閉鎖によって50人以上のフルタイム労働者が30日間にわたって雇用を喪失する場合である（29 U.S.C. § 2101(a)(2)）。

[29] 大量レイオフは，事業所閉鎖以外の人員整理で，フルタイム労働者の33%以上かつ50人以上，または500人以上が，30日間にわたって雇用を喪失する場合である（29 U.S.C. § 2101(a)(3)）。

[30] ある事業が組合の存在しない会社に売却され，ほぼすべての従業員が新会社に引き継がれたが，賃金および手当が減額されたため，組合がWARN法違反であるとして訴え提起し，事実上予告なしにレイオフされたと主張したケースにおいて，裁判所は，事業の売却および賃金切下げは，WARN法の関知するところではないと判示している。International Alliance of Theatrical & Stage Employees v. Compact Video Services, Inc., 50 F.3d 1464 (9th Cir. 1995).

[31] Rothstein et al., 902.

る通知義務違反については制裁金が課せられる（§2104(a)(3)）。

(5) その他の制定法による解雇制限

その他にも，連邦法や州法によって特定の解雇を禁じる規定が設けられている。例えば，給与に対して債権差押えを受けたことを理由とする解雇（15 U. S. C. §1674(a)），連邦裁判所で陪審員を務めたことを理由とする解雇（28 U. S. C. §1875(a)），労働者の年金受給権の発生を妨害する目的でなされた解雇（29 U. S. C. §1140）などが，連邦法により禁じられている。

4 労働協約による随意的雇用原則の制限

(1) 正当事由条項と経済的理由による解雇

アメリカの労働協約は，労働条件全般を定めており，団体交渉によって労使が合意に達すれば，使用者と組合との関係は，主として労働協約によって規律されることになる[32]。労働協約は，通常の契約の地位をより高め，立案者が想定しえなかった多数のケースを規律する一般法としての機能を果たしている[33]。

ほとんどの労働協約は，使用者による労働者の解雇の要件として正当事由（"just cause" or "cause"）を要求している[34]。ただし，この条項は，恣意的な個別の解雇から労働者を保護するのみで，集団的なレイオフや経済的理由に基づく解雇は制限されない[35]。

(2) レイオフの制限（先任権制度）

アメリカでは，剰員に伴う雇用調整に関して，労働者との雇用関係を確定的に断絶してしまう解雇よりも，一般にレイオフが利用されている[36]。レイオフでは，労働者との雇用関係は一応終了するが，後に労働力需要が回復した場合には仕事への復帰（リコール）が予定されている。その意味でレイオフは，「一時解雇」と呼ばれる。ただし，最初から期限付きの場合もあるが，無権限のレイオフ後，リコールされず雇用関係が回復しないまま終了することも少なくない[37]。

---

[32] Mark E. Zelek, *Labor Grievance Arbitration in the United States*, 21 U. MIAMI INTER-AM. L. REV. 197 (1989).

[33] *See* United Steelworkers v. Warrior & Gulf Navigation Co., 363 U.S. 574, 578-79 (1960).

[34] BASIC PATTERNS, 7.

[35] Clyde W. Summers, *Worker Dislocation: Who Bears The Burden? A Comparative Study of Social Values in Five Countries*, 70 NOTRE DAME L. REV. 1033, 1037 (1995).

[36] 道幸哲也「アメリカのレイオフ」季刊労働法113号136-137頁（1979）。

[37] 中窪313-314頁。

ほとんどの労働協約がレイオフを定めており、その規定内容がレイオフに対する制約となる。具体的には、勤続年数に応じて労働条件を定める先任権制度（seniority system）が一つの基準とされることが多い[38]。例えば、リコールがなされる場合、レイオフとは逆の順序で、勤続期間の長い労働者から先に職場に復帰させる。その意味でレイオフの規定は、WARN法と並ぶ整理解雇に対する数少ない手続規制の一つといえる。

II 個別的労働関係上の労働条件変更法理

　随意的雇用原則の下では、労働者の雇用契約上の権利は使用者の解雇によって直ちに消滅することから、ほとんど意味をなさない。使用者は、新しい労働条件を提示し、それに同意しない労働者を解雇し、同意する労働者のみを新規に雇用すればよい。通例、新たな労働条件を提示されてそのまま就労を継続した労働者は、新たな労働条件に同意したものとみなされる[39]。その上、アメリカでは、労働者の配転、労働条件や義務内容の変更に関する法律上の規制も存在しない。

III 集団的労使関係上の労働条件変更規制

1 NLRAの特徴

(1) ワグナー法の制定とその理念[40]

　1935年のNLRA（いわゆるワグナー法）は、労働者の団結活動の権利を明確に保障するとともに、多数決による排他的（交渉）代表制度、使用者による不当労働行為の禁止、全国労働関係局（National Labor Relations Board：NLRB）による行政的救済といったアメリカ独特のシステムを整備し、集団的労働法を確立した。ニューディールの労働政策は、実体的労働条件については公正労働

---

38 BASIC PATTERNS, 67. サンプルの協約のうち先任権をレイオフの唯一の基準としているものが43％、決定的基準としているものが29％、能力や身体的適格性のような諸要素が同等の場合にのみ二次的に考慮するものが15％ある。アパレル、建設業、海運業を除き、少なくとも全体の3分の2は、先任権制度が唯一または決定的要因とされている。

39 荒木2003・33頁。

40 ワグナー法成立以前の状況や同法の内容、その後の経過等については、GORMAN & FINKIN, 1-8、中窪15頁以下、193頁参照。

基準法により最小限の規制を行うにとどめ，むしろ政府の介入を排除する趣旨からNLRAを制定し，組合活動の保護，団体交渉の促進により交渉力を平等化して，労働条件を自主的に決定させるためのメカニズムを整備した。

その後，ワグナー法は，1947年の労使関係法[41]によって改正された。同法による改正の主眼は，ワグナー法の片面性を改めて労働組合の行き過ぎた行為を規制し，労使間の力の適正なバランスを回復することにあり，団結しない権利（消極的権利）の保障，労働組合による不当労働行為の禁止などが新設された。

さらに，1959年には，労使情報報告・公開法[42]により，主として労働組合の内部関係に関する法規制が行われるとともに，組合活動に対する更なる規制（二次的ボイコットの抜け穴防止など）等も付け加えられた。

このようなワグナー法以来の労使関係法は，団体交渉による自主的な労働条件の決定という大きな理念によって貫かれている。NLRAは，これを促進するために，NLRBによる代表選挙の実施，使用者に対する誠実交渉の義務づけ，争議行為の権利保障など，団体交渉に関する法的メカニズムを整備し，他方で，労働条件に対する政府の介入を最小限にとどめている。

(2) **排他的代表制と公正代表義務**

アメリカ労使関係法の基本原則の一つが，過半数組合による排他的代表制度（exclusive representation）[43]である。すなわち，NLRA9条［§159］(a)により，交渉単位（bargaining unit）の労働者の過半数（majority）により選出された代表者（通常は，労働組合）に，その単位内の全労働者を代表して団体交渉を行う権利が認められている。しかも，この代表権限は排他的なものであるから，他の組合の団体交渉や個々の労働者との直接交渉も認められない[44]。排他的代表制度の結果として，当該単位内の労働条件は，排他的代表たる組合との労働協約によって統一的・画一的に決定・変更されることになる[45]。

他方で，かような制度の下におかれた少数者の利益保護のため，排他的代表は，団体交渉において不当な差別をせずに交渉単位内のすべての労働者の利益

41　Labor Management Relations Act of 1947. いわゆるタフト・ハートレー法。

42　Labor-Management Reporting and Disclosure Act of 1959. いわゆるランドラム・グリフィン法。

43　GORMAN & FINKIN, 502.

44　Medo Photo Supply Corp. v. NLRB, 321 U.S. 678 (1944).

45　荒木2003・40頁。有利原則も否定され，労働者は協約条件に両面的に拘束されることにつき，中窪120頁。

を公正に代表しなければならない義務（公正代表義務：the duty of fair representation）を負う[46]。

(3) 排他的代表の選出[47]と障壁ルール

　排他的代表制度の下で，多数労働者の支持を確認するための最もオーソドックスな手段は，NLRA 9条［§ 159］(c)に基づいて NLRB が実施する代表選挙である。典型的な新規の組織化のケースであれば，組合が地方支局に選挙申請を行う。

　通常は選挙申請日から約6週間後に地方支局長（Regional Diretor）が公式の選挙案内を発し，選挙命令の日から25日ないし30日後に投票日が設定される。そして，労使のキャンペーンなどが行われた後，投票日に NLRB の監督の下で単位内労働者の無記名秘密投票が行われる。投票の結果，組合が有効投票数の過半数の支持を得た場合は，NLRB の認証（certification）を受け，排他的代表たる地位が確立される。通常でない状況（unusual circumstances）がない限り，認証の時点から合理的期間（通常1年間）は過半数の地位が継続するという決定的な推定が働き，新たな選挙は実施されない（認証障壁）[48]。

　また，代表選挙以外に，使用者が組合を任意に承認することにより組合が排他的代表の地位を獲得する場合もある。この場合も，その後，合理的期間（6か月以上1年未満）は選挙申請が認められない（任意承認障壁）[49]。同様に，事業譲渡等において，労働法分野の承継者法理（詳細は，本書296頁以下の本章第3節I参照）に基づき，買収会社が承継使用者として対象会社の交渉代表組合を承認する義務が生じ，当該義務に従って行動した場合も，組合の過半数の地位に対して異議を述べられることなく，合理的期間，使用者と交渉する権利が認められる（sucessor bar：承継者障壁）[50]。

---

[46] GORMAN & FINKIN, 981. 公正代表義務は，1944年の Steele 事件（Steele v. Louisville & Nashville. R. Co., 323 U.S. 192 (1944)）において，同じく排他的代表制を採用する鉄道労働法の下で認められ，その後，NLRA の下でも確立された。

[47] 詳細については，COX ET AL., 73-76，中窪104頁以下参照。

[48] Brooks v. NLRB, 348 U.S. 96 (1954).

[49] Keller Plastics Eastern, 157 N.L.R.B. 583 (1966); Lamons Gasket Co., 357 N.L.R.B. 1 (2011).

[50] Elizabeth Manor, Inc., 329 N.L.R.B. 341 (1999). このルールは，2007年の MV Transportation 事件（337 N.L.R.B. 770 (2002)）において一旦覆されたが，近時の UGL-UNICCO Service Co. 事件（357 N.L.R.B. 1 (2011)）において再び認められた。その合理的期間とは，承継使用者が従前の労働条件を採用する場合は6か月，採用しない場合は6か月以上，最大でも1年間である。

(4) 労働者の権利と NLRB による不当労働行為の救済手続[51]

NLRA 7 条［§ 157］は，労働者の団結する権利，労働団体を結成，加入，支援する権利，自ら選んだ代表者を通じて団体交渉を行う権利，および団体交渉またはその他の相互扶助ないし相互保護のためにその他の団体行動を行う権利を保障している。この 7 条の規定は，NLRA の根幹をなしており，かかる労働者の権利に対する使用者の侵害行為を不当労働行為として禁止することにより具体化されている。

何人も不当労働行為の申立てができるが（Sec. 10［§ 160］(b)参照）[52]，この申立てに対して NLRB の地方支局長または事務総長が救済請求状（complaint）を発しなければ正式な審問手続は開始されない。申立てを受けた地方支局において申立てを調査し，不当労働行為がなされたと信ずべき合理的理由がないと判断された場合は救済請求状は発せられず，地方支局長は，申立人に対して申立ての取下げを勧告する。勧告に従わない場合は，申立てが却下される。

申立てに理由があると認められて救済請求状が発せられると，行政法審判官（Administrative Law Judge: ALJ）が指揮する審問において証拠調べがなされ，そこで認定された事実関係に基づいて行政法審判官が決定を下す。その決定に異議がなければ，それがそのまま NLRB の判断となる。

行政法審判官の決定に異議が申し立てられた場合は，その事件が正式に NLRB によって審議され（通常は 3 名の委員の合議体であるが，特別に重要と考えられる事件は 5 名のフルメンバーによる），最終的な判断が下される[53]。例えば，団交義務違反と認定された場合は，NLRA 10 条［§ 160］(c)に基づき，一般的には違法な団交拒否の中止，相手方の交渉要求に応じて誠実に団体交渉を行うこと，およびポスト・ノーティス命令が発せられる。これ以外にも，情報提供命令，協約書作成・署名命令，一方的変更の場合の原状回復命令などがあり，いかなる命令を発するかは NLRB に広い裁量権が与えられている[54]。

ただし，NLRB の救済命令はそのままでは強制力を有しないため，被申立

---

51 手続の詳細については，GORMAN & FINKIN, 10-13.
52 申立先は，当該行為発生地を管轄する NLRB の地方支局である。ただし，原則として行為発生後 6 か月以内に申立てが必要である。
53 NLRB の 74th Annual Report of the National Labor Relations Board for the fiscal year ended September 30, p. 6, Chart. 3 (2009)によると，2009 年に NLRB の命令が発せられたのは全体のわずか 3 ％にすぎず，救済請求状を発する前の申立ての却下が 28 ％，申立ての取下げが 32 ％，任意解決（settlement）が 36 ％である。http://www.nlrb.gov/sites/default/files/documents/119/nlrb2009.pdf(accessed 2012-07-21)
54 中窪・団体交渉法(2) 1876-1877 頁。

人が従わない場合は，NLRB が連邦控訴裁判所に対して，命令へのエンフォースメント（執行力付与）を求める訴訟を提起する。そして，連邦控訴裁判所の司法審査においては，NLRB の事実認定について，証拠を全体として考慮して実質的証拠に支えられていると認められる限り，裁判所はこれに拘束される[55]（Sec. 10 [§ 160]（e)・(f)．実質的証拠法則)。例えば，事業譲渡の際に，譲受会社が労働法に関する"承継者"として譲渡会社の責任を承継するか否かの NLRB の判断に関して，裁判所は，NLRB の承継者問題への特別な専門的知識ゆえに，高度の敬意を払う必要がある[56]。

このようにすべての事案について NLRB がまず第一次的判断を行い，裁判所はこれに対する司法審査を行うという間接的な形でのみ関与する。これによって NLRA の統一的な運用が図られている。

(5) **連邦法による先占**

「先占」(preemtion) とは，連邦の立法によって，これと抵触する州法の規制が排除されることをいう[57]。NLRA には先占に関する規定はないが，州法に基づく労働者の主張は NLRA によって原則として先占される。NLRA が規制している行為については，連邦議会の政策を正しく実現するよう統一的に判断されることを確保するため，専門的機関たる NLRB に排他的管轄権を与え，その判断に委ねることが強く意図されている[58]。

また，連邦法の先占は，協約違反訴訟に関する連邦裁判所の管轄権を定めたタフト・ハートレー法301条 [29 U. S. C. § 185[59]] の下でも生じる。連邦最高裁は，301条の先占的効果を協約違反訴訟以外にも拡張し，コモン・ロー上の訴訟も，不法行為・契約違反を問わず，当該紛争の解決が労働協約と分かちがたく絡み合っている（inextricably intertwined）限り，先占によって一切排除されると判断している[60]。

---

[55] Universal Camera Corp. v. NLRB, 340 U.S. 474 (1951).
[56] See NLRB v. St. Mary's Foundry Co., 860 F. 2d 679 (6th Cir. 1988).
[57] 中窪182頁。
[58] ある行為が NLRA 7条で保護されている，または8条で禁止されていることが明らかな場合はもちろん，両条の規制が明らかでなくてもその行為が7条または8条の下に服していると議論する余地がある場合にも，先占が生ずる。San Diego Bldg. Trades Council v. Garmon, 359 U.S. 236 (1959).
[59] 301条(a)は，「使用者と……通商に影響を与える産業の労働者を代表する労働組合との間の，またはそのような労働組合相互間の契約の違反に関する訴訟は，係争訴額や当事者の州籍にかかわりなく，当事者の管轄権を有する合衆国地方裁判所に提起することができる」と規定している。

2 労働協約成立前の労働条件の変更

(1) 誠実交渉義務と一方的変更禁止の原則

NLRA が課す団体交渉義務は、単に会って話し合うことを超えて、合意に向けての誠実な努力を当事者に要求している（Sec. 8 ［§ 158］(d)）。かかる誠実団体交渉義務から、使用者は、組合との交渉を経ずに労働条件を一方的に変更できない（一方的変更禁止の原則）という重大な制約が導かれる。すなわち、排他的代表たる組合が存するにもかかわらず、その組合と団体交渉を行わずに労働条件を一方的に変更することは、不当労働行為たる誠実団体交渉義務違反として禁止される[61]。

もっとも、使用者が組合と誠実に団体交渉を行い、行詰り（impasse）に達した後であれば、使用者は、行詰り前の提案中に合理的に包含される変更を一方的に行うことができる[62]。すなわち、使用者は、解雇自由原則の下、基本的に労働者の労働条件を一方的に変更する権限を有しており、NLRA によって、交渉代表組合が選出された場合は団体交渉義務による制約が課せられるが、行詰りまで団体交渉を尽くすことによってこの制約が解除され、変更権限の行使が認められることになる[63]。

(2) 一方的変更禁止の原則の適用範囲

NLRA 8 条［§ 158］(a)(5) によって誠実団交義務が課せられる対象は、義務的事項、すなわち、同条(d)に言う「賃金、時間およびその他の労働条件」に限られる。それゆえ、それ以外の任意的事項については誠実団交義務を負わず、団体交渉を拒否しても不当労働行為とはならない。その結果、使用者は、当該事項について一方的に変更が可能である[64]。

そこで、問題は義務的事項の範囲である。とりわけ、業務の外注化、工場の移転・閉鎖、事業譲渡など、使用者が行う経営上の決定そのものに関する団体交渉義務の存否については争いがある。

この点、連邦最高裁は、Fibreboard Corp. 事件[65]において、工場の保守業務の外注化の決定自体を「労働条件」に当たるとして団体交渉義務違反を認め

60　Allis-Chalmers Corp. v. Lueck, 471 U.S. 202 (1985).
61　NLRB v. Katz, 369 U.S. 736 (1962).
62　Gorman & Finkin, 607.
63　中窪 127 頁。
64　Gorman & Finkin, 604-605.
65　Fibreboard Paper Products Corp. v. NLRB, 379 U.S. 203 (1964).

た。しかし，その後，管理・清掃・保守サービスの請負会社が委託会社との契約を解約したFirst National Maintenance事件[66]では，収益事業の運営に不可欠である限り，経営者は交渉過程の拘束から自由でなければならないとした上で，雇用の継続可能性に重大な影響を有する経営上の決定に関する交渉は，その利益が当該事業上の行動への負担を上回る場合にのみ必要とされるべきであると述べて，解約自体の決定自体は任意的事項であるとした。この判断は，経営上の決定に対する団体交渉義務の範囲を狭く解釈しようとするものといえる。

　もっとも，使用者が労働者の労働条件に及ぼす影響（effects）について団体交渉義務を負うことは争いがない。例えば，使用者が事業および資産の売却を決定・開始し，そして全体を閉鎖する場合ですら，その決定の影響については団交義務が課される[67]。

3　労働協約成立後の労働条件の変更

(1)　協約期間中の交渉要求と一方的変更

　使用者が，いわゆる「譲歩」交渉（concession or give-back barganing）により，組合に対して賃金や経済的諸給付を凍結または減額するよう要請することがある。しかし，期間の定めのある協約が締結されている場合，その協約に含まれている労働条件については，いずれの当事者も協約期間途中の改訂を拒否しうるし，そのための交渉に応じる必要もない（Sec. 8［§ 158］(d)）。これによって，協約が成立するや否や一方当事者が直ちにその改訂のための交渉を相手方に求めるという事態が防止され，上記期間中の労使関係の安定が図られる[68]。その結果，たとえ行詰りまで交渉を尽くしたとしても，一方の自発的な同意がない限り，他方当事者は協約に含まれている条件の改訂をなしえない[69]。使用者が当該労働条件を組合の同意なしに一方的に改訂すれば，協約期間中の団交義務違反（Sec. 8［§ 158］(a)(5)）として不当労働行為となる。

　これに対して，協約に含まれていない事項については，義務的団交事項に関する一方的変更禁止の原則が協約期間中にも適用される。したがって，使用者は，行詰りに達するまで団体交渉を尽くして初めて変更が可能となる[70]。

66　First National Maintenance Corp. v. NLRB, 452 U.S. 666 (1981).
67　Gorman & Finkin, 688.
68　中窪・団体交渉法(2) 1890-1891頁。
69　Gorman & Finkin, 623.
70　Id.

(2) 協約の解釈適用に関する問題

協約の解釈適用に関する紛争も団体交渉事項であるが（Sec. 8［§ 158］(d)参照），ほとんどの協約には自主的な紛争解決手段として苦情・仲裁手続の定めがあり[71]，協約の解釈適用に関する問題をその手続で処理することが当事者間で合意されている。かかる苦情・仲裁手続を規定する協約の下では，苦情・仲裁手続に従う限り，団体交渉義務は果たされると解されており，実際上，団交義務違反となることは稀である[72]。

(3) 協約の終了・改訂のための手続

期間の定めのある協約であれば協約期間満了により，期間の定めのない協約であれば当事者の一方からの解約通告によって協約が終了する。この場合に，NLRA 8 条(d)は，協約の終了や改訂をめぐる交渉が平和的に行われるように一定の手続を踏むことを規定している[73]。当事者がこの手続を経ない場合は，たとえ期間満了日を過ぎても従前の協約に拘束されるとともに，団体交渉義務違反（Sec. 8［§ 158］(a)(5)，同(b)(3)）として不当労働行為となる[74]。

4 労働協約上の権利義務のエンフォースメント

(1) 苦情・仲裁手続の概要

多くの場合，3 ないし 4 段階からなる苦情手続があり，苦情手続での協議により解決されない場合は，中立の第三者が決する仲裁に付することが規定されている。通例，仲裁に付託するかどうかを決するのは組合である。

仲裁に付託された場合，仲裁人は審問を行った上で，裁定を下す。審問の手続は，インフォーマルで柔軟である。協約に関する紛争は，典型的な訴訟当事者とは異なり，日々接触している当事者間の紛争であり，また，仲裁人に対する労使の信頼もあることから，両当事者に対して，より許容しうる結果をもたらすことが可能である。しかも，仲裁によれば，ストライキやロックアウトに

---

[71] BASIC PATTERNS, 33.

[72] 中窪 131 頁。

[73] ①協約期間満了日の 60 日前（協約が満了日を定めていない場合は，当該当事者が提案する終了・改訂日の 60 日前）に，相手方に対して，終了または改訂の提案を書面により通告すること，②新協約または協約改訂の交渉のために，相手方に対して会見・協議を申し込むこと，③合意が成立しない場合は，①の通告後 30 日以内に連邦調停局および州の調停機関に対して紛争の存在を通知すること，④上記①の通告後 60 日間または協約期間満了日のいずれか遅いほうまで，ストライキやロックアウトを行わず，現行の協約のすべての条件に完全な効力を認め続けることである。

[74] GORMAN & FINKIN, 569.

訴えることなく，平和的に紛争を解決できる[75]。なお，通常，仲裁人の裁定は，終局的かつ拘束力を有すると定められている。

(2) 仲裁合意の履行強制

連邦最高裁は，Lincoln Mills 事件[76]において，タフト・ハートレー法301条に基づく協約違反訴訟に適用されるべき実体法が連邦法であり，その内容は裁判所が労働法の政策から形作らなければならないこと，そして，裁判所が301条訴訟において協約上の仲裁付託の履行を使用者に対して命じうることを認めた。現在の301条訴訟の大多数は，仲裁合意の履行強制および既に出された仲裁裁定の執行（または無効）を求めるものである[77]。

(3) 仲裁尊重の法理

(a) 裁判所の仲裁尊重

連邦最高裁は，スティール・ワーカーズに関する3つの判決を通じて，裁判所が協約の実体的解釈を控えて仲裁人の判断に委ねるべきであるとのルールを確立している[78]。すなわち，広く仲裁付託が命じられ，また，一旦，仲裁人の裁定がなされると，当該裁定が協約の解釈の範囲内にある限り（協約の本質から引き出されたものである限り），裁判所は原則として実体審査を行わない。さらに，協約当事者が，仲裁の対象となりうる苦情について仲裁手続を利用せずに301条の訴えを提起した場合，裁判所は，相手方の申立てに基づき，仲裁裁定が出されるまで訴訟手続を停止する[79]。

(b) NLRB の仲裁尊重

協約中の仲裁条項によって不当労働行為を防止する NLRB の固有の権限は影響されない（Sec. 10 [§ 160] (a)参照）。しかし，NLRB が自己の権限を行使しないことも裁量権の範囲内である。そこで，NLRB は，仲裁人による紛争解決との競合が生じる場合は，一定の条件の下で仲裁裁定を尊重し，または，仲裁手続に譲り救済手続を行わないとの方針をとっている[80]。

---

[75] *See* Zelek, *supra* note 32, at 198-99.

[76] Textile Workers Union v. Lincoln Mills of Alabama, 353 U.S. 448 (1957).

[77] GORMAN & FINKIN, 740.

[78] United Steelworkers v. Enterprise Wheel & Car Corp., 363 U.S. 593 (1960); United Steelworkers v. American Mfg. Co., 363 U.S. 564 (1960); United Steelworkers v. Warrior & Gulf Navigation Co., 363 U.S. 574 (1960). これらは，スティール・ワーカーズ3部作（Steelworkers Trilogy）と呼ばれている。

[79] Drake Bakeries, Inc. v. Local 50 American Bakery & Confectionery Workers International, 370 U.S. 254 (1962).

[80] Spielberg Mfg. Co., 112 N.L.R.B. 1080 (1955); Collyer Insulated Wire, 192

(c) 労働者個人の権利と仲裁の関係

　タフト・ハートレー法301条に基づき，組合と使用者だけでなく，個々の労働者も，使用者に対して協約に規定された個人的権利の実現のために協約違反訴訟を提起することができる[81]。しかし，協約に仲裁条項がある場合，ここでも仲裁尊重の法理が適用される。すなわち，労働者個人が使用者に対して協約違反訴訟を提起する場合，まずは協約上の苦情・仲裁手続を尽くさなければならない[82]。

　その上，ほとんどの協約は，組合が苦情を選別して仲裁付託の可否を決しており，労働者個人に仲裁付託を要求する権利を認めていない。その場合，組合の仲裁付託拒否の決定が恣意的，差別的，または不誠実に行われた場合に限り，公正代表義務違反に当たり，苦情処理の終局性が否定されることから，労働者個人が協約違反訴訟を提起できることになる[83]。

IV　小　　括

　随意的雇用原則に対する修正法理は，州によっても進展の程度が異なり，積極的に採用している州がある一方で，どの例外法理も採用せず，ほとんど昔と異ならない形で解雇自由原則を固守している州もある。例外法理の中心であるパブリック・ポリシー法理と契約法理は，ある意味で当然のこととも言え，あまりにも硬直的であった随意的雇用原則を，法体系の枠内における合理的な推定ルールという本来あるべき姿に戻したという側面が強い[84]。結局，解雇一般に正当事由を要求しているのはモンタナ州のみであり，その他の州では，裁判所は一般に随意的雇用の推定を維持している[85]。1960年代以降，労働組合の組織率が年々低下しているため[86]，大多数の労働者が今なお随意的雇用原則の

　　　N.L.R.B. 837 (1971).
- [81] Smith v. Evening News Association, 371 U.S. 195 (1962). ただし，この事件は，協約に苦情・仲裁手続が定められていないという異例の事案であったことには注意を要する。
- [82] Vaca v. Sipes, 386 U.S. 171 (1967).
- [83] Id.
- [84] 中窪312頁。
- [85] ROTHSTEIN & LIEBMAN, 858.
- [86] 連邦労働省の調査によると，組合組織率は1983年に20.1％であったが，2011年は11.8％である。民間部門に限れば6.9％にすぎない。Bureau of Labor Statistics, U.S. Department of Labor, *Union Members—2011*, News Release, January 27, 2012, http:

下にある。

　もっとも，アメリカでは，前述した雇用差別立法を中心した制定法が事実上解雇制限として機能しており，不当解雇訴訟が頻発している。そこで，実務上は，使用者が解雇の手段によらず，退職手当[87]を支払う代わりに訴権を放棄する旨の権利放棄書等に署名してもらい，任意に退職を促すことも多い。しかし，合併や経営統合の文脈においては，若年労働者に比べ高齢労働者が高い割合で解雇される場合には年齢差別の問題が生じうるが，それ以外の場合は差別禁止立法が問題となることは稀である[88]。これは，通常，事業譲渡等のM&Aの際の解雇が差別によるものではなく，むしろ経済的理由によるものであることを積極的に裏打ちするからであろうと思われる。よって，雇用差別立法等も，少なくとも法理論上は解雇の障害とならない。

　一方，集団的労使関係上は，交渉単位内の労働者の過半数の支持を得る等により一旦交渉代表組合が選出されると，排他的代表制度の下で，その選ばれた組合のみが使用者と協約の締結に向けて交渉を行うことができる。しかも，協約締結後は，正当事由による解雇制限が付されるのが通常で，協約に関する紛争は苦情・仲裁手続という独自に発展した手続によりそのエンフォースメントが図られる。確かに集団的労使関係法上も，経済的理由による解雇やレイオフに対しては協約所定の正当事由による保護が及ばないことや，NLRAが労働条件の決定を可能な限り当事者の自主的な交渉に委ねた反面として，同法が孕む労働者保護法としての規制の弱さといった問題点[89]はある。とはいえ，交渉単位内の労働者は，ひとたび排他的代表者を選出し，協約の締結に至れば，協約所定の一通りの労働条件の保護を享受でき，少なくとも協約期間中は協約に含まれる労働条件について使用者の一方的変更は許されない。そして，不当労

　　　//www.bls.gov/news.release/pdf/union2.pdf#search='Union Members2011., News Release, January 27, 2012'(accessed 2012-07-21)

[87]　退職金の支払およびその額について定めた法律はないが，アメリカでは契約が有効に成立するためには約因・対価（consideration）が必要である。約因については，樋口82頁以下参照。

[88]　シュワップ77頁。

[89]　NLRAに対しては，労働者の組織化や集団的行動を促進しようとした法の目的を実現するにはあまりにも貧弱で，アメリカのほとんどの研究者から失敗した制度であるとの批判がある。Benjamin I. Sachs, *supra* note 18, at 2685-86. また，他の先進諸国と比較しても，個別法・集団法全体を通じてのアメリカの労働法規制レベルの低さは突出している。John Armour, Simon Deakin, Priya Lele & Mathias Siems, *How Do Legal Rules Evolve? Evidence from a Cross-Country Comparison of Shareholder, Creditor, and Worker Protection*, 57 AM. J. COMP. L. 579, 625-26 (2009).

働行為制度により，例えば，使用者が組合差別によって労働者を解雇すれば，NLRBにより原職復帰命令が認められ，また，団交義務違反であれば，その中止命令や原状回復命令などにより権利の回復が図られている。

このように，排他的代表制を基本原理の一つとする集団的労使関係法は，上述のような問題点を含みながらも，随意的雇用原則がそのまま妥当しない，重要な労働者保護領域として現に存在し，NLRAを中心とする労使関係法に基づく団体交渉制度，不当労働行為制度の下で，労働者保護のための重要な役割を担っていることもまた事実である。

そこで，次に，かかる労働者保護制度が事業譲渡においていかなる影響を受けるかについて検討する。

第3節　事業譲渡における労働者保護規制

　第1節で述べたように，アメリカでは，倒産時以外の平時の場面で事業譲渡が頻繁に利用されている。しかし，第2節で述べたように，個別的労働契約においては随意的雇用原則が妥当し，しかも事業譲渡の場面を想定した労働者保護制度や解雇制限法理も特段整備されていない。したがって，アメリカの事業譲渡の場面における労働者保護は，排他的代表制を前提とした集団的労使関係法上の保護が中心となり，判例法上，承継者法理や分身法理が形成されている。

I　承継者法理による労働者保護

1　承継者法理の歴史的展開
　　　── 1964年のWiley事件最高裁判決までの状況

　承継者法理は，排他的交渉代表組合がある事業所において資産譲渡や合併等により企業所有者の変更が生じた場合に，旧使用者が有していた労働法に関わる権利義務の承継の有無およびその内容について，NLRBおよび裁判所によって形成されてきた法理である。

　典型的には，不当労働行為の場面，すなわち，事業の譲受会社（新使用者）が譲渡会社（旧使用者）の下で認証もしくは承認された交渉代表組合を承認せず，または団体交渉に応じない場合に，組合の承認および交渉義務の承継の可否として承継者法理が問題となる。また，例えば，組合が，タフト・ハートレー法301条訴訟により，旧使用者との間で締結した協約中に含まれる仲裁条項に基づき新使用者に対して仲裁付託を求める場合にも，協約中の仲裁付託義務の承継の可否として同様に問題となる[1]。

　連邦最高裁が承継者法理を初めて扱ったケースは，後述する1964年のWiley事件であるが，そのルーツはそれよりもずっと古く，NLRBは，1930年代から事業を買収された企業の交渉代表組合との団体交渉義務や，旧使用者による不当労働行為救済責任の承継の問題を取り扱ってきた。NLRBは，使

---

[1] Higgins, 1104.

用者がその支配下にある分身会社を偽装で設立した場合[2]や，使用者のパートナーの死亡の結果，事業所有者の変更が生じた場合[3]に，不当労働行為の救済責任を存続会社に認めた。また，裁判所も，特に分身のケースにおいて，新旧使用者が現実には同一の使用者であるとして，旧使用者と同様の義務に服すると判断した。命令の名宛人にも"承継者および譲受人"が含められるようになり，使用者の分身会社に対して命令がエンフォースされた[4]。

また，1939年のCharles Cushman Co. 事件[5]は，認証後間もなくして設立され，旧使用者のすべての資産を譲り受けた企業が，旧使用者の企業組織の名目上の変更にすぎず，所有，経営，運営，設備および労働者も同一であったケースであるが，NLRBは，譲受企業を承継者と判断し，交渉代表組合との団体交渉義務を認めた。この事件は分身のケースとも考えられるが，NLRBは，譲受企業を"承継者"と指摘していたため，承継者法理のルーツは少なくとも1939年まで遡ることができる。

1940年代に入ると，NLRBは，信義誠実に従った事業譲受人（bona fide transferee）のケースにおいても，譲渡の結果，所有者や経営者の同一性の有無にかかわらず，雇用産業の継続性があり，組合の過半数の継続に合理的な疑いがない場合は，旧使用者の組合との交渉義務があると判断するようになった[6]。すなわち，NLRBは，信義誠実に従った取引ではあるが，労働力，監督者，生産工程等の継続性があり，承継者に該当する場合は，新使用者に対しても交渉義務を課した。こうしてNLRBと裁判所は，長い時間をかけて，事業会社の同一性の実質的継続（substantial continuity of identity in the business enterprise）がある場合（NLRBが言うところの，雇用産業が実質的に同一である場合）に，事業所有者変更後も組合との交渉義務があると結論づけた[7]。

---

[2] Hopwood Retinning Co., 4 N.L.R.B. 922, *enforced as modified*, 98 F.2d 97 (1938).

[3] Colten d/b/a Kiddie Kover Mfg. Co., 6 N.L.R.B. 355 (1938), *enforced*, 105 F.2d 179 (6th Cir. 1939).

[4] かかる実務は，1945年の連邦最高裁のRegal Knitwear事件判決（Regal Knitwear v. NLRB, 324 U.S. 9 (1945)）において支持された。

[5] Charles Cushman Co., 15 N.L.R.B. 90 (1939).

[6] Simmons Engineering Co., 65 N.L.R.B 1373 (1946); National Bag Co., 65 N.L.R.B 1078 (1946), *enforced*, 156 F.2d 679 (8th Cir. 1946). なお，Wiley判決前，承継者に対するNLRBの命令のエンフォースを否定した控訴裁判所もあったが，いずれにせよ，企業所有の移転後も雇用産業（employing industry）が本質的に同一であれば，譲受会社が認証の効力に拘束される（承継者と認める）というNLRBの見解自体は否定されていなかった。See NLRB v. Lunder Shoe Corp., 211 F.2d 284 (1st Cir. 1954); NLRB v. Auto Ventshade, Inc., 276 F.2d 303 (5th Cir. 1960).

一方，仮装取引ではない，信義誠実に従って取引を行った者に対する不当労働行為救済責任の承継については，連邦最高裁の Goleden State 判決（1973 年）まで NLRB の立場は固まっていなかった[8]。

2　承継者法理に関する5つの最高裁判決の概要

承継者法理の内容は，連邦最高裁の5つの判決を中心として形成されている。その中でも，連邦最高裁が承継者問題を初めて扱った 1964 年の Wiley 事件，1972 年の Burns 事件，および 1974 年の Howard Johnson 事件は，承継者3部作（Susscessorship Trilogy）と称され[9]，その後の承継者法理の方向性を決定づけ，現在でもその中核を成している。そこで，まず，この5つの最高裁判決を紹介し，連邦最高裁が形成した承継者法理の到達点を検討する。

(1)　Wiley 事件（1964 年）[10]

組合と協約を締結していた出版社である Interscience 社（以下，「I 社」という）は，別の出版社である John Wiley 社（上告人）に吸収合併された。合併時，I 社には約 80 人の労働者が在籍しており，そのうち 40 人が組合によって代表されていたが，Wiley 社は，解雇手当（severance pay）を受領して雇用を終了した労働者等を除いて，I 社のすべての労働者を雇用した。しかし，合併前後，組合と I 社は，協約や協約上の権利に対する合併の効果について合意ができなかった。組合は，Wiley 社が引き受けた I 社出身の労働者を代表し続け，Wiley 社が先任権や解雇手当等，協約上規定された権利を認める義務があると主張したが，同社は，合併によって協約が終了するとして組合の主張を拒否した。そこで，組合は，Wiley 社に対して，仲裁付託を求めてタフト・ハートレー法 301 条訴訟[11]を提起した。

(a)　法廷意見の概略（判決文の抄訳）〔Harlen 裁判官〕

「Wiley 社には，仲裁付託義務がある。合併による企業使用者の消滅のために，協約上の労働者の権利が自動的に消滅することはない。そして，本件のように適切な事情の下では，承継使用者は協約上の仲裁付託を必要とする。過去の判例でも，仲裁が国家の労働政策の実現において中心的な役割を果たすこと

7　GORMAN & FINKIN, 783.
8　Id. at 800-01.
9　Jared S. Gross, *In Search of Wiley: Struggling to Bind Successor Corporations to Their Predecessor's Collective Bargaining Agreement*, 29 OKLA. CITY U. L. REV. 113 (2004).
10　John Wiley & Sons, Inc. v. Livingston, 376 U.S. 543 (1963).
11　301 条訴訟については，本書 288 頁，292 頁，293 頁参照。

が承認され，仲裁が"労使紛争の代替物"として，そして"団体交渉過程の一部"であると指摘されている。もし事業会社の企業構成や所有者の変更が自動的に仲裁義務を除去するなら，仲裁によって労使紛争を解決するという連邦政策から逸脱するであろう。これは，ある所有者が別の所有者に取って代わるが，その事業は同一のままである場合と同様に，本件のように協約を締結した使用者が合併によって消滅する場合にも当てはまる。労働者と組合は，通常，所有者交替の交渉に参加しない。その交渉が，普通，労働者の福利（well-being）を問題としないが，労働者の利益・不利益は，主要な考慮に付随して不可避的に生じる。国家の労働政策の目的からすると，自主的に事業を再整理し（rear-range），使用者として撤退するという所有者の正当な特権は，雇用関係の突然の変更から労働者を保護することによってバランスされることが必要である。もし労働者の主張が相対的な力関係によらず仲裁によって解決されるのであれば，企業組織の移転が容易となり，労使紛争が避けられるだろう。一般の契約法の原則は，同意していない承継者を拘束しないが，協約は通常の契約ではない。

　ただし，変更の前後において事業会社の実質的同一性の継続（substantial continuity of identity）を欠く場合，仲裁義務は，協約や当事者の行為から合理的に判断され得ない外部から押し付けられたものとなるだろう。また，組合がその主張を知らせないことにより，仲裁付託の権利を放棄する可能性も排除されない。しかし，これらの事情は本件では見あたらない。所有者変更を通じての運営の類似性と継続性は，I社の労働者の一斉移転（wholesale transfer）によって十分に立証されている。」

(b) Wiley 判決の意義

　このように Wiley 判決は，仲裁による労使紛争の解決という国家労働政策を強調し，承継者の仲裁付託義務を認めた。この判断は，仲裁尊重法理を述べた 1960 年のスティール・ワーカーズ 3 部作によって大きな影響を受けたものである[12]。また，使用者の突然の変更からの労働者保護を強調し，協約は契約でないとして一般の契約法の原則との矛盾を回避している点も非常に興味深い。

　ただ，判旨は，どのような場合に承継者が仲裁合意を強制されるかについて明確な基準を提示しなかった。変更前後における「事業会社の実質的同一性の継続」が一つの基準として示唆されるが[13]，問題はそれがいかなる場合なのか

12　ESTREICHER, 66. スティール・ワーカーズ 3 部作については，本書 292 頁参照。
13　*Wiley*, 376 U.S. at 551.

である。この点，判旨が，本件のような合併事例を，「ある所有者が別の所有者に取って代わるが，その事業は同一のままである場合と同様に」[14]と述べていることからすると，株式譲渡による買収事案を想定し，それと合併における労働者保護をパラレルに考えようとしたものと思われる。

このWiley判決は，その後のNLRBや下級審裁判所に多大な影響を与えた。従前からNLRBは，旧使用者が締結した協約の実体的条件による承継使用者への拘束を一貫して否定していたが[15]，Wiley判決を受け，第9巡回区控訴裁判所[16]は，事業運営の実質的類似性と事業会社の同一性の継続がある場合に，仲裁条項を含む協約に承継使用者が拘束されると判示し，事業譲渡の事案において労働者のほとんどを雇用した譲受会社が旧使用者の締結した協約の仲裁合意に拘束されることを認めた。したがって，その双方の射程や整合性（例えば，仲裁合意に拘束されるということは，その他の協約の実体的条件にも拘束されるのか？）についてあらためて問題を提起することになった。

また，Wiley判決自身が，所有者変更後の，認証された組合の交渉代表の地位の継続問題については何らの示唆も与えていないと述べていたにもかかわらず[17]，その後のNLRBは，Wiley判決が指摘した雇用関係の突然の変更からの労働者保護を理由に，承継者が旧使用者の下での交渉代表組合と交渉することなく，従前の労働条件を一方的に変更したことをもってNLRA 8条(a)(5)の団交義務違反を認定した[18]。そのような中で承継者の協約自体の遵守義務や排他的交渉代表との交渉義務が問われたものが，次のBurns事件である。

(2) Burns事件（1972年）[19]

Lockheed社（以下，「L社」という）に対して施設の警備業務を提供していたWackenhut社（以下，「W社」という）の労働者（警備員）は，1967年2月28日，排他的代表として組合（UPG）を選出した。UPGは，NLRBから認証を受け，4月29日，W社との間で3年間の労働協約を締結した。ところが，

---

14 *Id*. at 549.

15 Note, *The Supreme Court, 1971 Term*, 86 HARV. L. REV. 50, 248 n. 9 (1972) [hereinafter *The Supreme Court, 1971*]. *See* Jolly Giant Lumber Co., 114 N.L.R.B. 413 (1955); General Extrusion Co., Inc., 121 N.L.R.B. 1165, 1168 (1958).

16 The Wackenfut Corp. v. International Union, United Plant Guard Workers of America, 332 F.2d 954 (9th Cir. 1964).

17 *Wiley*, 376 U.S. at 551.

18 Overnite Transportation Co., Inc., 157 N.L.R.B 1185 (1966), *enforced*, 372 F.2d 765 (4th Cir. 1967), *cert. denied*, 389 U.S. 838 (1967).

19 NLRB v. Burns International Security Services, Inc., 406 U.S. 272 (1972).

L社とW社との1年契約は6月30日に満了となり、7月1日から新たにBurns社がL社に対して警備業務を提供することになった。Burns社は、42人の警備員を雇用し、そのうち27人はW社に雇用されていた警備員を採用し、ほか15人は他所から自社の警備員を配転した。

UPGは、Burns社に対して組合の承認およびUPGとW社との間で締結された協約を遵守するよう要求したが、Burns社は、別の組合であるAFGを承認し、UPGの要求を拒否した。そこで、UPGが不当労働行為の救済を申し立てたところ、Burns社は、交渉単位の適切さと交渉義務を否定して争った。

NLRB[20]は、L社の施設が適切な単位であり、Burns社がAFGを不法に承認し、援助したことをもってNLRA8条(a)(2)および同条(a)(1)違反と判断するとともに、UPGの不承認、交渉拒否および協約不遵守についてNLRA8条(a)(5)および同条(a)(1)違反を認定した。つまり、ここにおいてNLRBは、Wiley判決の影響から従前の判断を覆し、承継者の協約の遵守義務をも認めた。

これに対して、第2巡回区控訴裁判所[21]は、NLRBの交渉単位の判断を支持し、AFGに対する不法な援助および団交拒否の判断に関する限りでNLRBの命令をエンフォースしたが、協約遵守の命令については権限を超えているとしてそのエンフォースを否定した。折しも連邦最高裁が、1970年のH. K. Porter事件[22]において、協約当事者は協約の実体的条件に合意することを強制されないと判示したことから、控訴裁判所もその判断に依拠した。これに対して両当事者が上告し、交渉単位の問題を除いて受理された。

(a) **法廷意見の概略（判決文の抄訳）〔White裁判官〕**
控訴裁判所の判断を支持する。
（団体交渉義務について）
「審問担当官（the trial examiner）[23]は、Burns社が旧使用者の労働者の過半数を雇用したこと、かつ、これらの労働者らが少し前の選挙で交渉代表を選出していたことを認定し、Burns社に交渉義務があると判断した。その交渉義務は、旧使用者の労働者らを、過去に彼らが仕事をしていたのと同じ場所で同じ仕事を行わせるために労働力として選択したときに生じた。NLRBは、交渉義務の点について、審問担当官の認定と結論をそのまま受け入れたが、これを無効

20　The William J. Burns International Detective Agency, 182 N.L.R.B 348 (1970).
21　The William J. Burns International Detective Agency, Inc. v. NLRB, 441 F.2d 911 (2d Cir. 1971).
22　H. K. Porter Co., Inc. v. NLRB, 397 U.S. 99 (1970).
23　審問担当官は、現在の行政法審判官（ALJ）の前身である。

とする根拠はない。

　数か月前の選挙において，組合が単位内労働者のための交渉代表として選出され，その労働者らの過半数が同じ単位内での仕事のために雇用された。Burns 社は，これらの事実や，認証と協約の存在も知っていた。このような状況で，NLRB が，その組合がいまだその労働者の過半数を代表としていると結論づけることは不合理ではない。Burns 社の労働条件に関する交渉義務は，旧使用者の労働者らを雇用したこと，最近の選挙，および NLRB の認証から生じた。所有者または経営者の変更後に労働者らの過半数が旧使用者によって雇用されていた場合，単なる使用者や所有者の交替が，通常の効力のある期間内での認証作用に影響を与えるような"通常でない状況（unusual circumstance）"と言えないことは，これまでも一貫して判断されてきている。交渉単位に変更がなく，かつ，新使用者によって雇用された労働者の過半数が最近認証された交渉代表組合によって代表されている場合は，団交義務に関するNLRB の命令を誤りとする根拠はほとんどない。これはいくつかの控訴裁判所の考え方であり，当法廷も同意する。」

（協約の遵守義務について）

「Burns 社が協約を遵守しなかったことをもって 8 条(a)(5)違反とした NLRB の判断は否定される。Burns 社の交渉義務から，同意していない協約の実体的条件を遵守するよう拘束されることにはならない。8 条(d)は，そのような交渉義務の存在が一方当事者に合意を強制せず，また，譲歩を必要としないことを明白に規定している。

　NLRB は，Wiley 事件で裁判所が強調したのと同じ要素，すなわち，①労使紛争の平和的解決，および②雇用関係の突然の変更に対する労働者保護から，Burns 社も労働協約に拘束されると判断しているが，本件は Wiley 判決に拘束されない。Wiley 事件は，仲裁を強制するタフト・ハートレー法 301 条訴訟の文脈で起きたもので，不当労働行為の文脈ではない。その判断は，仲裁に対する国家労働政策の好ましさが強調されていた。組合の主張は，Burns 社が合意したかどうかを問わず，しかも Burns 社が協約を引き受ける意図を有しないと完全に明白にしていたとしても，協約に拘束されなければならないというものであるが，Wiley 判決はそのような広い義務について何らの示唆も与えていない。その狭い判示は，存続会社が消滅会社の義務を負うという州法を背景とした合併を扱ったものであるが，本件では合併や事業譲渡，そして両社の間の取引もない[24]。

　NLRB は，H. K. Porter 事件の説諭を心にとどめていない。労使の交渉の

自由は，政府の強制力の結果として譲歩する必要はないということ，および意思に反して協約の規定を押し付けられないという両方を意味している。Burns 社は，前協約の存在について告知されたが，拘束されることは同意しなかった。

組合との交渉義務の源は，労働協約ではなく，1 年以内に認証を受け，ほとんど損なわれていない交渉単位を自発的に引き継いだという事実である。しかし，Burns 社が協約の義務を引き受けたことを示したものは何もない。

また，組合または新使用者が旧協約の実体的条件に拘束されることは，重大に不公正な結果となりうる。潜在的な使用者は，企業構造，労働力の構成，場所，仕事の割当て，監督の性質を変更できる場合にだけ，停滞したビジネスを喜んで引き継ぐことができる。そのような使用者に対して旧協約の労働条件を負わせることは，これらの変更を不可能にし，資本の移転を妨げてしまう。NLRA に示された議会の政策は，交渉優位のバランスが経済的な力の現実の下に置かれることを許容することである。その譲歩が相対的な経済力に一致しない場合は，きっと争いを生むだろう。」

（労働条件の一方的変更について）

「Burns 社が労働条件を一方的に変更し，それによって不当労働行為を行ったという NLRB の判断は支持できない。本件は，交渉代表と協議することなく使用者が一方的に労働条件を変更したという 8 条(a)(5)違反はない。交渉単位と何ら従前の関係がなく，かつ，7 月 1 日以前に未解決の労働条件（変更がほのめかされうる）がない場合は，交渉なしに一方的に従前の労働条件を変更したとはいえない。Burns 社が，7 月 1 日に労働者らが雇用された当初の基準

---

24 この法廷意見に対しては，承継者法理の適切な限界を超えて拡張したものであるとする Rehnquist 裁判官の反対意見があり，概略，以下のように述べて反対している（以下，抄訳）。「Wiley 判決は，旧使用者の事業で使われた有形無形の資産を新使用者が利用し続ける場合において，労働者らが企業体の変更に対する保護を受ける権利があることを示唆している。Wiley 事件が承継使用者の義務をもたらすものとして述べている"企業の所有者や企業構造"の変更は合併に限定されないが，その法理は，単にありのまま労働者集団が別の企業に移行しただけの場合へは拡張され得ない。"企業の所有者や企業構造"の変更とは，変更だけでなく，企業の継続性があること，すなわち，その継続性は少なくとも部分的には使用者サイドの等しい状態を含んでいる。控訴裁判所で承継者が判断されたケースは，新使用者が被承継使用者の一部または全部の資産を購入しているか (NLRB v. Interstate 65 Corp., 453 F.2d 269 (CA6 1971))，全体の事業が新使用者に購入されているか (NLRB v. McFarland 306 F.2d 219 (CA10 1962))，単なる所有者の変更があるだけの場合であり (NLRB v. Colten, 105 F.2d. 179 (CA6 1939))，2 つの企業間に契約上の取引がなく，労働者らの移行のみがあった事案では否定されている。」Burns, 406 U.S. at 302-06.

(initial basis）を具体的に述べていた場合は，労働条件を変更したということにはならない。

承継使用者は，通常，被承継者の労働者を雇用する当初条件（initial terms）を設定することは自由であるが，新使用者が，その単位内労働者ら全員を雇用する計画を有することが完全に明白（perfectly clear）である場合，労働条件を決定する前に，最初に交渉代表組合と協議させることが適切である。しかし，その他の場合，使用者が労働者の完全な定員を雇用するまで，組合と交渉義務があるかは明白ではない。」

(b) Burns 判決の意義

Burns 判決は，あらゆる点で重要な判断を示し，現在も承継者法理の中核を占めている。判決の意義としては，以下の点が指摘できる。

第1に，承継者の組合の承認・交渉義務について，Burns 判決以前の NLRB と控訴裁判所は，交渉義務の承継判断のために最も重要な問題が，承継者の労働者の過半数が従前の使用者の労働者かどうかであり，それが肯定されると，通常は承継者に組合との交渉義務を課すのに十分とされ，事業運営の小さな変更は組合に対する過半数支持の推定を否定しないと判断していた[25]。NLRB は，承継者以外の事案において，安定した労使の交渉関係の利益から，いわゆる認証障壁ルール[26]，また，その後は反証可能な推定が働くというルール[27]を形成している。NLRB と控訴裁判所の判断は，単なる使用者または所有者の交替によってもこの認証の作用に影響を及ぼさず，使用者の交渉義務は排除されないというものであるが[28]，Burns 判決はこれを最高裁として初めて明確に認めたものである。

もっとも，承継者の交渉義務の要件について，上述のとおり NLRB および控訴裁判所は，移転された企業（雇用産業）の継続性の程度（具体的には，労働

---

[25] GORMAN & FINKIN, 784.

[26] 本書 286 頁参照。Also see Burns, 406 U.S. at 279 n. 3.

[27] Celanese Corp. of America, 95 N.L.R.B. 664, 672 (1951); Burns, 406 U.S. at 279 n. 3.

[28] Burns 判決後の NLRB も，例えば，School Bus Service 事件（312 N.L.R.B. 1 (1993)）において，交渉義務は，単なる所有者の変更が，認証または自発的に承認された組合に対する労働者の継続する支持の推定を消滅させないという一般的承認から生ずる。その根本的原理は，労働条件の本質的変更がない単なる所有者変更によって，交渉代表に対する労働者の態度は変わらないだろうということである，と述べている。See e. g., Premium Foods v. NLRB, 709 F.2d 623, 627 (9th Cir. 1983)［承継者の場合に，組合支持の推定が生ずると判示している］。

者数) を評価することによって，組合の承認・交渉義務を判断してきたが[29]，Burns 判決は，一般的な要件定立を明確に示さなかった。Burns 社の労働条件に関する交渉義務が，①旧使用者の労働者らを雇用したこと，②最近の選挙，および③ NLRB の認証から生じたという判示からすると，結局は，過半数要件に収斂されるとの考えもありうる[30]。しかし，一方で，判旨の力点は，交渉単位の維持にも向けられ[31]，「交渉単位に変更がなく，かつ，新使用者によって雇用された労働者の過半数が最近認証された交渉代表組合によって代表されている場合」は，交渉義務に関する NLRB の命令を誤りとする根拠はほとんどないと判示している。おそらく判旨は，新使用者の承認・交渉義務の要件を，認証の効力が存続するための要件として検討し，その結果として，交渉単位の維持も要件になると判断したものと思われる。

また，要件論として重要な点は，本件が新旧使用者間に事業譲渡等の何らの取引関係がない事案であったということである。Rehnquist 裁判官の反対意見によれば，承継者法理の過度の拡張ということになるが，それまでも NLRB は，一般に，労働者および事業の移転が，合併，事業譲渡，リースその他の形式で行われたかどうかは無関係であると扱い，多くのケースで，たとえ新旧使用者間に契約関係がない場合であっても，雇用産業を引き継いだ承継者の交渉義務を認めてきた[32]。White 裁判官は，解決が本件に現れた正確な事実に多くの程度依存しているとも述べているが[33]，多数意見は，新旧使用者間の契約関係の存否によって，認証の効力に影響しないと考えたものと思われる。

第 2 に，協約の遵守義務について，NLRB は，Wiley 判決の影響から労働関係の安定性を重視し，それまでの判断を劇的に変更して承継者が協約の実体

---

[29] *The Supreme Court, 1971, supra* note 15, at 250.

[30] Burns 判決の解釈については，承継者過半数要件のみで交渉義務が生ずると解釈することも可能ではあるが，判旨が，以前と同じ仕事をするために労働者を雇用したとも指摘していること等から，過半数要件よりも重要でない扱いにせよ，労働力の過半数が旧使用者の労働者で，かつ，それらの労働者が同じ状況で同一の仕事を継続した場合に，承認・交渉義務が生ずると解釈する見解もある。GORMAN & FINKIN, 786.

[31] 例えば，Burns 社の運営構造や実務が Wackenfut 社と異なっていることから交渉単位がもはや適切でないと NLRB によって判断された場合，全く異なるケースとなっていただろうとの指摘や，交渉単位が適切なままであるとの NLRB の判断は，Burns 社が Wackenfut 社と本質的に同一の労働関係の環境に直面している，すなわち，同じ単位内の同じ労働者のほとんどを代表している同じ組合に向き合っているということを意味するとの指摘に表れている。*Burns*, 406 U.S. at 280 & n. 4.

[32] *See* Maintenance, Inc., 148 N.L.R.B. 1299 (1964)［入札の事案］.

[33] *Burns*, 406 U.S. at 274.

条件に拘束されると判断した。しかし，Burns 判決は，全員一致によりこの NLRB の判断を明確に否定し，協約の実体的条件に拘束されないことを正面から認めた。その理由中，Wiley 判決とは全く異なる政策に依拠している点が特徴的である。すなわち，Wiley 判決で指摘された中心的な連邦政策の一つが，事業買収に対する労働者保護にあったが，Burns 判決ではこの点は影を潜め，その代わりに，事業再生に向けた努力の際の使用者側の物的人的資源の変更の必要性が強調されている。

　第 3 に，労働条件の一方的変更の可否について，Burns 判決は，NLRB が Overnite Transp. Co. 事件[34]で示した Overnite rule（最初に組合と交渉することなく，労働条件を変更できない）を明確に否定した[35]。ただし，判旨は，その単位内労働者ら全員を雇用する計画を有することが"完全に明白"である場合，当初労働条件設定権を失うという例外を許容しており，この例外はその後も重要な基準として用いられることになる。

　第 4 に，Burns 判決は，請負契約を落札した使用者または事業資産を譲り受けた使用者について，旧使用者の労働者を採用する義務が求められるとは決して NLRB によって判断されてきていないとも指摘[36]している。承継者の事案でも事業譲受人（新使用者）が採用の自由を有することを最高裁として確認している点も重要である。

　Burn 判決の後，承継者の協約上の仲裁合意の履行強制を認めた Wiley 判決と，協約上の実体的条件への拘束を否定し，団体交渉義務に制限した Burns 判決とで，一見矛盾すると思われる 2 つの判断が残された。この点，Burns 判決は，射程を区別する理由として，Wiley 判決が仲裁を強制するタフト・ハートレー法 301 条訴訟の事案であったことを挙げていたことから，かかる 301 条訴訟であれば承継者が協約に拘束されることになるのかという疑問も生じる。そこで，301 条訴訟において協約上の仲裁合意が承継者を拘束するかが争われたものが，次に述べる 1974 年の Howard Johnson 事件である。

(3) **Howard Johnson 事件（1974 年）**[37]

　Howard Johnson 社とのフランチャイズ契約により，同社の宿泊施設および

---

[34] Overnite Transp. Co., 157 N.L.R.B. 1185 (1966).

[35] この点については，少なくとも Burns 事件のように新旧使用者間の関係がないケースでは覆されたと解釈し，新旧使用者間に関係がある場合は，Overnite rule を適用することが適切であるとする見解もあった。*The Supreme Court, 1971, supra* note 15, at 258.

[36] *Burns*, 406 U.S. at 280 n. 5.

隣接のレストランを経営していた Grissom 一家（以下，「G」という）は，組合と労働協約を締結し，紛争解決を最終的には仲裁に付すべきこと，および当該協約が使用者の承継者ら（"successors, assigns, purchasers, lessees, or transferees"）を拘束する旨を定めていた。G は，レストランおよび宿泊施設経営に関連するすべての個人資産を Howard 社に売却する契約を締結し，不動産は賃貸とした。Howard 社は，G の負担する義務の引継ぎについては原則として同意しなかった。その後，Howard 社は，自ら労働者を雇用し，45 人を採用したが，そのうち，G が雇用していたレストラン従業員の中から 9 人を採用したにすぎず，宿泊施設勤務従業員や監督的立場にあった労働者については一人も採用しなかった。そこで，組合が Howard 社の労働者全員を雇用しないことが協約違反のロックアウトであると主張して[38]，暫定的差止命令（preliminary injunction）および Howard 社と G に対する仲裁付託の履行強制命令を求めて 301 条訴訟を提起した。

連邦地裁[39]は，Howard 社の仲裁付託義務は認めたが（なお，G は，連邦地裁の審問で仲裁付託を承認した），G の労働者全員を雇用するよう求めた差止命令は認めなかった。Howard 社は，仲裁付託義務について控訴したが，第 6 巡回区控訴裁判所[40]は，Howard 社が承継者であるとして仲裁の履行強制を支持した。

(a) 法廷意見の概略（判決文の抄訳）〔Marshall 裁判官〕

原審を破棄。

「下級審は Wiley 事件に依拠しているが，同事件は，消滅会社の労働者の交渉代表組合が存続会社（消滅会社の労働者全員を雇用。実質的同一性のある企業を経営継続）に対して消滅会社との協約の下での仲裁付託の強制を求めた事案であり，困難な "successorship" 問題を初めて扱ったことから，その判断は慎重で，かつ，狭い。本件でも Burns 事件での理由づけが考慮されなければならない。

Wiley 事件と本件の類似性は，301 条訴訟の点に尽きる。当法廷は，承継者

37　Howard Johnson Co. v. Detroit Local Joint Executive Board, 417 U.S. 249 (1974).
38　組合は，協約の正当事由または先任権条項に従わないかぎり解雇できない，全員を雇用するよう協約によって拘束されると主張していた。Id. at 260
39　Detroit Local Joint Executive Board v. Howard Johnson Co., Inc., 81 L.R.R.M. 2329 (E.D. Mich. 1972).
40　Detroit Local Joint Executive Board v. Howard Johnson Co., Inc., 482 F.2d 489 (6th Cir. 1973).

問題の分析にあたり，通常，吸収合併，新設合併または資産取得の間に区別を設ける理由がないことは認めるが，本件については2つの理由から Wiley 事件との区別を認める。

第1に，Wiley 事件における合併は，存続会社が消滅会社の義務を負うという一般的ルールを具体化する州法を背景として行われたものである。したがって，Wiley 社に対して協約による仲裁付託を強制することが当事者の合理的期待の正当な範囲内にある。

第2に，Wiley 事件においては，合併により旧使用者が消滅することから，組合が Wiley 社に対して救済を与えられないとすれば，組合は消滅会社によって自発的に引き受けられた義務を強制する手段を有しないことになる。これに対して，本件は単なる事業譲渡で，G は，重要な保有資産を有する生存可能な実体として継続していることから，組合はまさに協約上の義務をエンフォースする現実的救済を有している。実際，G は，組合および労働者に対する責任の範囲について仲裁に付託することを同意していた（この仲裁では，G が協約中の承継者規定〔successorship provisions〕に違反したか，および違反に対する救済は何かという問題を検討したであろう。なお，Howard 社が協約中の義務の引き受けの拒絶を完全に明白にしている場合，承継者条項の存在のみから，協約中の実体的条件や仲裁条項〔Wiley 判決で認められた継続性がない場合〕に同社を拘束させることはできない）。

さらに重要な点は，Wiley 事件では，存続会社が消滅会社の労働者全員を雇用した事実である。使用者変更前と同じように，同じ職場で，同じ経営者（management）の下で，同じ製品について同じ仕事を継続した。Wiley 事件における仲裁を求める主張は，現在の労働者に関係している。当法廷は，まさにこの理由に基づき Wiley 事件では事業会社の同一性の実質的継続（substantial continuity of identity）があると判断した。しかし，本件で Howard 社は，事業開始にあたって独自の労働者を選択して雇用することを決定し，G の 53 人の労働者のうちわずか 9 人を雇用しただけである。組合は，主として Howard 社に雇用されなかった従前の労働者の雇用確保のために仲裁を求めている。組合の主張を認めると，Howard 社が G の労働者全員を雇用することを前協約によって拘束されることになるが，Burns 判決により，Howard 社が労働者を雇用しない権利を有するとの原則が確立されている。

Wiley 判決は，所有者交替の前後において事業会社の同一性の実質的継続が存在しないかぎり仲裁は強制されないと判示したが，この事業会社の同一性の継続には，所有者変更を通じての労働力（the work force）の同一性の実質的継

続が必ず含まれると考えられる。本件では，Gの労働者とHoward社の労働者の同一性の実質的継続性は明らかに存しないし，仲裁合意の明示または黙示の引き受けもない。したがって，破棄されなければならない。」

(b) 　反対意見（判決文の抄訳）〔Douglas 裁判官〕

「Gと組合との協約は，明示的に承継者が拘束されると規定していた。承継使用者であるHoward社の下で事業会社の実質的継続性（実際の同一性）があったことにも疑いがない。フランチャイズ契約の下で，Howard社はGの事業経営を実質的にコントロールしていた。事業は，同じ場所で中断なく，同じ公衆に対して同じ製品とサービスを提供し，同じ名前，同じ方法で，ほとんど同じだけの数の労働者を用いて継続した。唯一の変更は，Howard社が新しい従業員で組合員を代替したことである。Wiley判決が述べたように，もし事業会社の企業構成や所有者の変更が自動的に仲裁義務を除去する結果となれば，労働紛争を仲裁によって解決するという連邦政策を損なう。

　Burns事件とWiley事件とを区別するすべてのファクターが上訴棄却を要求している。本件は301条訴訟であり，しかもHoward社はGから資産を取得した。連邦労働法の問題として，Howard社がフランチャイジーによって営まれていた営業を引き受けたときに，Gの承継者をも明らかに拘束する旨の協約の下で，仲裁義務も同時に譲り受けたことは明らかである。

　承継者により保持された従前の労働者の数が決定的要因となることを認めると，その結果は，従前の労働者との契約終了に関する単純なご都合主義的アレンジによって，新使用者が拘束されるかどうかを自ら決することを許してしまうことになる。そのようなルールは受け入れられない。」

(c) 　Howard Johnson 判決の意義

　本判決は，Wiley判決を破棄していないが，Wiley判決と区別する過程で，Wiley判決はあくまで吸収合併を前提としたものであるとして，同判決の先例としての価値を大幅に減じた。しかも，Wiley判決の「事業会社の同一性の実質的継続」という要件の中身をさらに詳しく提示し，労働力の同一性の実質的継続まで必ず含むとした点が特徴的である。Burns判決において，連邦最高裁の関心は労働者保護から使用者の特権保護や資本の自由な移動にシフトされたが，本判決も，Burns判決により新使用者の雇用義務の不存在が確立されていることをあらためて明示し，さらに自らの労働者をもって企業を運営する使用者の権利とのバランスにも言及している[41]ことからすると，その傾向を追認し

41　*Howard*, 417 U.S. at 264.

たものといえる[42]。

　もっとも，本判決の正確な射程は不明である。最も狭く解釈すると，仲裁されるべきテーマが旧使用者の労働者の雇用義務の場合のみ，労働力の同一性の継続を必要としたものとも考えられるが，この解釈は，仲裁されるべき問題に触れることなく，Wiley 判決が示した仲裁義務のためには労働力の同一性を要するとした判決の広い説示と沿わない。

　また，例えば，Howard 社が 50% 以上を雇用した場合は旧使用者の労働者を雇用しなかったことについても仲裁を求めうるとの見方もありうるが，そのような解釈も採用されていないと思われる。本判決は，Wiley 事件では全労働者を雇用した上で，雇用から生ずる労働者の利益についての仲裁であったのに対し，本件は同じく仲裁でも雇用されなかったことに関して仲裁を求めた事案であることや，新使用者の特権および雇用義務の不存在を殊更に強調しているからである。

　したがって，本判決は，Wiley 判決の射程を限定し，仲裁義務が生じるためには労働力の継続性が必要であることを指摘するとともに，旧使用者の労働者の雇用義務の問題についてはいかなる要件の下でも仲裁できないことを判示したものと考えられる[43]。

　ただし，本判決が示した労働力の同一性の実質的継続の強調は，Wiley 判決では特に示されていなかった。いくつかの下級審判決も，従前の労働者の相当な数の保持が不可欠であるとは判断せず，むしろ事業会社の継続性を示すファクターの中の一つとして判断していた。したがって，本判決は，新しい，かつ，過度に狭いアプローチを示したことになる[44]。しかも，そのアプローチを採用した結果，事業の他の面でほとんど変更がなかったという事実，すなわち，労働者に雇用関係の合理的期待を生じさせる幅広い要素を考慮しないでよいことになる。承継者法理の目的が，労働者の期待を保護し，労使関係の安定を図ることにあるとすると，判旨のアプローチでは，その労働者の期待保護を唯一，使用者のコントロールの下に依存させることを許容し，これにより仲裁を避け

---

[42] *See* Note, *The Supreme Court, 1973 TERM*, 88 Harv. L. Rev. 13, 265-66 (1974) [hereinafter *The Supreme Court, 1973*]. もっとも，Burns 判決は，Wiley 判決と距離を置いたが，Howard Johnson 判決は，2 つの判決で示された政策を融合させているとの指摘もある。Gross, *supra* note 9, at 124 n. 70.

[43] *See The Supreme Court, 1973*, *supra* note 42, at 268.

[44] *Id.* at 269. 下級裁判所の意見の中には，労働力の継続性を常に要するとの考えに対して，雇用関係の突然の変更の場合に保護されるべき労働者の実質的利益を無視するとの批判もあった。

たいと願う新使用者に対して，従前の労働者を雇用しないインセンティブを与えることになる。この結論で果たして良いかどうかは，ダグラス裁判官が反対意見で異論を唱えたように議論のあるところであろう。

(4) Golden State 事件（1973 年）[45]

All American 社（以下，「A 社」という）は，Golden State 社のソフトドリンクの瓶詰および配給事業を譲り受けた。しかし，NLRB は，それ以前に，Golden State 社に対してセールスドライバーの Kenneth L. Baker（不当労働行為により解雇された）をバックペイ付きで復職させるよう命じていた。

その後のバックペイ手続において，NLRB は，A 社が買収後，中断や運営方法，労働者数，監督者の実質変更なく事業を継続していたと認定し，したがって，Golden State 社とは無関係の真正な事業譲受人であるが，命令を知った上で事業を譲り受けた A 社は承継者であり，Perma Vinyl 事件[46]で示された原則の下でバックペイ付きの復職に関して責任を負うと判断した。そして，A 社に対する Baker の復職と，両社に対して各自連帯してバックペイの合計を支払うよう命じた。第 9 巡回区控訴裁判所[47]は，その命令をエンフォースした。

(a) 法廷意見の概略（判決文の抄訳）〔Brennan 裁判官〕

控訴裁判所の判決を支持。

「このケースの基本的問題は，旧使用者の不当労働行為による解雇を知った上で事業を取得し，かつ，これを継続していた真正な事業譲受人に対して，NLRB がバックペイ付きの復職を命じうるかどうかである。NLRB は，1967 年の Perma Vinyl 事件において，旧使用者の不当労働行為に関する救済命令が真正な承継者に課されると判断した。NLRB の救済権限には，法の目的を達し，その政策を実現させるために十分な救済となるような命令を形作り，これを発する広い裁量が含まれる。

本件のように使用者の"役員，代理人，承継者および譲受人"に対して発せられた NLRB の命令が，単なる旧使用者の偽装継続（a disguised continuance）である新使用者に対してだけではなく（Southport Petroleum Co. v. NLRB, 315 U.S. 100, 106 (1942)），判決を逃れるための手段であろうとその他の理由であろうと，適切な状況下で事業の移転を受けた者に対しても適用されうると（Regal Knitwear Co. v. NLRB, 324 U.S. 9, 14 (1945); NLRB v. Ozark Hardwood

---

45　Golden State Bottling Co. v. NLRB, 414 U.S. 168 (1973).
46　Perma Vinyl Corp., 164 N.L.R.B. 968 (1967), *enforced sub nom*. United States Pipe & Foundry Co. v. NLRB, 398 F.2d 544 (CA5 1968).
47　Golden State Bottling Company, Inc. v. NLRB, 467 F.2d 164 (9th Cir. 1972).

Co., 282 F.2d 1, 5 (CA8 1960)），当法廷は述べた。

　Perma Vinyl 事件における NLRB の判断過程は，真正譲受人，国民，および影響を受ける労働者との間に衝突する合法的な利益のバランスをとることを必要としていた。そして，当法廷が NLRB の判断過程について別の文脈で述べたことが本件でも当を得ている。すなわち，国家労働政策を実現させるためのバランスをとる機能は，しばしば困難かつデリケートな責務であり，議会はこれを限定された司法審査に服することを条件として，主として NLRB に委ねた（NLRB v. Teamsters Local 449, 353 U.S. 87, 96（1957））ということである。NLRB の Perma Vinyl 原則は，そのバランスのプロセスの中に，被害を受けた労働者保護の強調を持ち込んだ。NLRB は，この政策をサポートするものを Wiley 判決の考察の中に見出したが，当法廷はそれが適切であると考える。

　当法廷は，NLRB の A 社に対する命令が衡平上のバランスをとっていると結論づけるに際して，Burs の判示が先例になるとは考えない。A 社のような新使用者が旧使用者の相当の資産を取得し，かつ，中断や実質的変更なしにその事業を継続している場合，雇用されている労働者は，当然，本質的に変更がないものとして雇用状況を考えるであろう。この事情の下で，労働者が旧使用者の不当労働行為を承継者が救済しないことを，旧使用者の労働政策が継続されたと考えるのも，もっともである。労働者の合法的期待が，不当労働行為が救済されるというものであるかぎり，承継者においてそれを救済しないことは，労働者が救済を強制するための集団的活動に従事することから，結果として労働不安を招きうる。

　さらに，重要な労働政策が承継使用者に対して協約の義務を課すことを反対していた Burns 事件とは異なり，ここでは責任を課すことに影響する基礎となる議会の政策が存しない。労働紛争の回避，7 条によって労働者に保障された権利の行使に対する抑止的影響の予防，そして，被害を受けた労働者保護は，いずれも NLRA によって促進される重要な政策であるが，真正譲受人に対する比較的わずかなコストで達成される。承継者は，責任を課される前に告知を受けなければならないので，彼の潜在的な不当労働行為救済責任は，事業の売買価格に反映しうるか，または売買契約書の中で不当労働行為から生じる責任を賠償する補償条項を確保できる（Perma Vinyl 事件）。もちろん，原職復帰した労働者が効率的なパフォーマンスでなければ，正当理由により解雇できる。」

(b) **Golden State 判決の意義**

　NLRB では，分身法理が適用されない，信義誠実に従って取引を行った者に対して救済を命ずることができるか否かについて，長い間その立場が固まっ

ていなかった。Golden State 判決は，これを肯定し，この問題に決着を付けた[48]。判旨は，その理由中において，関係当事者の対立利益を比較衡量し，Wiley 判決以降，重視されていなかった労働者保護を強調する一方で，新使用者の利益については旧使用者との売買価格や事業譲渡契約でリスクヘッジが可能としている点が特徴的である。

本判決は，本件事案において承継者に対する救済命令を NLRB の広い裁量の範囲内としたもので，救済命令を命じうる "承継者" の一般的な要件を明確に定立したわけではない。もっとも，判旨は「A 社のような新使用者が旧使用者の相当の資産を取得し，かつ，中断や実質的変更なしにその事業を継続している場合，雇用されている労働者は，当然，本質的に変更がないものとして雇用状況を考えるであろう」等，その理由中に要件論に関するいくつかの示唆を与えている。そのため，本判決以降，下級審および NLRB は，一般に不当労働行為救済責任の承継について，承継者が中断や運営事業，労働者数，監督者スタッフの実質的変更なく事業を取得し，かつ，継続したことを必要としている[49]。

(5) Fall River 事件（1987 年）[50]

Sterlingwale 社（以下，「S 社」という）は，マサチューセッツの Fall River で織物染色および仕上げ工場を運営し，その業務は加工（converting）と委託（commission）から構成されていた。加工事業は，S 社が未完成の織物を自己の勘定で購入し，染色して仕上げて服飾製造業者へ販売するもので，1981 年時点で全事業の 60 ないし 70％の割合を占めていた。一方，委託事業はその残りを占め，S 社が顧客所有の織物を染色し完成させていた。加工と委託は，ファイナンスとマーケティングの面では違っていたが，生産工程は同じであった。

その後，S 社の経営は悪化し，1982 年 2 月，主として加工事業を継続する資本がないことを理由に，生産部門の労働者全員をレイオフした（ただし，基幹社員の雇用は維持）。レイオフ後，在庫品を一掃すると同時に，一緒に事業を再起してくれるビジネスパートナーを探した。しかし，1982 年夏の後半，S 社は，ついに事業を廃業し，債権者のための財産譲渡[51]を行った。この間に S

48　NLRB は，旧使用者の不当労働行為責任を負う新使用者を，分身（alter ego）と判断される承継者（旧使用者のすべての義務を引き継ぐ）と区別するために，"Golden State successor" と呼んでいる。See HIGGINS, 1234.

49　GORMAN & FINKIN, 802.

50　Fall River Dyeing & Fishing Corp. v. NLRB, 482 U.S. 27 (1987).

51　債権者のための財産譲渡（assignment for the benefit of its creditors）とは，債務者

社の元労働者兼役員の Herbert Chace と Arthur Friedman（S 社の主要顧客である Marcamy Sales Corporation の社長）は，S 社の資産と労働力を利用する意図で，Fall River Dyeing & Finishing 社（上告人）を設立し，同社は，S 社の工場，不動産，設備，在庫品などを取得した。

1982 年 9 月，上告人は，操業を開始し，労働者を雇い始めた。12 人の監督者を雇用し，そのうち 8 人が S 社の監督者で，3 人が生産部門労働者であった。上告人は，当初，完全 1 交替制の労働者（55 人ないし 60 人）を雇用することが目的であったが，事業が許すなら 2 交替制への拡大も計画した。

S 社には組合があり，協約も締結されていた（それが 1982 年 4 月 1 日まで延長されていた）。組合は，1982 年 10 月 19 日付け書面によって，上告人に対して組合の承認および団体交渉を要求したが，上告人は，その要求に法的根拠がないとして拒否した。その時点で，21 人の上告人の労働者のうち 18 人が S 社の労働者であった。

上告人は，1983 年 1 月中旬までに，労働者 1 交替制という当初目的を達した。この当初のシフトでの 55 人の労働者のうち，雇用した労働者の半分以上の数にあたる 36 人が S 社の労働者だった。その後も，上告人は，雇用を拡大し続け，1983 年 4 月中旬までに，完全 2 交替制に達した。S 社出身の労働者は，かろうじて少数派だった（107 人中，52 または 53 人）。上告人は，委託染色に特化したが，労働者は，S 社のときと同じ条件で働き，生産工程は変わらず，同じ機械で，同じビルで，同じ職階制（job classification）で，事実上同じ監督者の下で仕事を続けた。しかも，事業の半分以上が S 社の顧客からの受注だった。そこで，組合は，不当労働行為手続を申立てた。

行政法審判官は，上告人が S 社の承継者であり，上告人の労働者の過半数が S 社の労働者であるなら団交義務があると判断した。また，その判断をする適切な時期は，2 交替制勤務となった 4 月中旬ではなく，上告人が労働者の典型的な定数を得た 1 月中旬であると判断した。さらに，行政法審判官は，団交義務を生じさせるために組合の団交要求が必要であることを認めつつ，組合の 1982 年 10 月の要求は時期尚早ではあるが，"継続する性質を帯びる（of a continuing nature）" と述べた。NLRB もこの判断を認めた。

第 1 巡回区控訴裁判所[52]も，次のように述べて NLRB の命令をエンフォー

が債権者に債務を弁済する目的で，その財産の全部または大部分を譲渡し，その使用・収益・処分を譲受人に委ねることである。しばしば支払不能の場合に行われる。譲受人は，一種の受託者とみなされ，受益者である債権者のために行動する義務を負う。以上につき，田中英夫編集代表『英米法辞典』69 頁（東京大学出版会，1991）。

スした。すなわち，まず，上告人の事業とＳ社のそれとの違いは，労働者の観点から見ると，企業の継続性が断絶されたと判断するほど重大ではない。また，NLRB がこのケースで適用した，"実質的かつ典型的な (substantial and representative) 定数" 基準は，移行期の開始時に承継者の義務を判断しえないケースにおいて，承継者の交渉義務が生ずる適切な時期を固定するものであり，労働者が早期に代表されることと，交渉代表選択における最大の労働者参加[53]とをバランスするものであるところ，上告人が１月中旬に実質的かつ典型的な定数を雇用したとの NLRB の判断は合理的である。さらに，組合による時期尚早な団交要求を，継続する要求と扱った NLRB のルールも実際的であると判断した。

(a) 法廷意見の概略（判決文の抄訳）〔Blackmun 裁判官〕
(Burns 判決との関係)
「Burns 判決は，認証後の組合の過半数の地位に関する２つの推定を参照した。NLRA の最も重要な政策は，"労使平和 (industrial peace)" にあり，過半数支持の推定は，労働者の選択の自由を害することなく，団体交渉関係の安定性を促進することによって，この政策を進める。このような推定の背後にある根本理由は，承継者の状況においても妥当する。組合は，使用者交替の間，特に無防備な立場にあり，不安定な移行期において過半数地位の推定が必要である。

承継者の交渉義務は，組合が最近認証されたという Burns 事件の状況に限定されない。組合が反証可能な過半数地位の推定を受ける場合，その地位は使用者の変更にかかわらず継続する。新使用者が実際に旧使用者の承継者であり，かつ，新使用者の労働者の過半数が旧使用者によって雇用されていた場合は，組合と交渉義務を有する。」
(上告人が承継者か)
「Burns 判決は，承継者かどうかの判断に関して NLRB によって採用されたアプローチを認めたが，そのアプローチは，主として事実に基づき，かつ，状況の全体性 (the totality of the circumstances) に基づくもので，新会社が旧会社の相当の資産を獲得し，かつ，中断や実質的変化なく旧会社の事業を継続したかどうかに NLRB が焦点を当てるものである。そのフォーカスは，企業間に実質的継続性があるかどうかにある。このアプローチの下で，両使用者の事業

---

[52] NLRB v. Fall River Dyeing & Fishing Corp., 775 F.2d 425 (1st Cir. 1985).
[53] 判旨は，この最大の労働者参加が，これまで控訴裁判所で適用されていた "完全な定数 (full complement)" 概念の中核であると指摘している。

が本質的に同一か，新会社の労働者が同一の監督者の下で同一の職場環境（working conditions）で同一の仕事をしているか，新会社が同一の生産工程を有し，同一の製品を生産しているか，そして，基本的に同一の顧客集団を有しているか，といった多くの要素がNLRBによって吟味されている。また，その分析の際，NLRBは，雇用された労働者が仕事の状況に本質的な変更がないと当然考えるかどうかという問題に注意している。

当法廷は，実質的継続性があり，かつ，上告人が承継者にあたるというNLRBの判断が実質的証拠にサポートされていると判断する。上告人は，S社のほとんどの不動産，機械，設備，および多くの在庫品と原料を取得した。特に重要なことは，労働者の観点から彼らの仕事に変更がなかったことである。上告人は，加工染色を止めたが，この変更は，いずれの染色のタイプも同じ生産工程であったことから，労働者の仕事の本質的性格を変更しなかった。上告人の職階制はS社のそれと同じで，労働者はS社に勤務していた従前の監督者の指示の下，同じ機械で仕事をしていた。上告人が，旧使用者の労働力を利用する明白な目的を持ってS社の資産を取得したことは明白である。

当法廷は，S社の消滅と上告人の操業開始との間に7か月間の中断があった事実を承継者問題に決定的であるとは判断しない。そのような中断は，"実質的継続"の一要素にすぎず，他に不継続の指標があるときのみ関係する[54]。逆に，他の要素が企業間の継続性を示しており，かつ，中断が通常の操業開始のための期間であるならば，"状況の全体性"から，承継者であることが示唆される。」

（実質的かつ典型的な定数ルール）

「本件と同様に，徐々にオペレーションが確立され，労働者を雇用する間，新使用者による始動期間がある状況で，NLRBは，承継者の労働者構成に関する判断時期を固定するために"実質的かつ典型的な定数"ルールを採用した。

---

[54] 法廷意見に対してPowell裁判官の反対意見があり，特にこの中断について，以下のように疑問を呈している（以下，抄訳）。「反対意見によると，承継者地位を判断するときの重要な問題は，2つの事業の間に"実質的継続性"があるかどうかである。しかし，上告人は，完全にS社と別個の実体である。S社が1982年2月に事業を止めたときと，上告人が8月終わりに設立されたときとの間には明白な中断があった。加えて，上告人とS社との間に，直接の契約関係やその他の事業関係もなく，屋号やのれん，責任も引き継いでいないし，顧客名簿の移転もなかった。労働者の認識からしても，上告人の仕事がS社のそれの単なる継続だったという客観的証拠はほとんどなかった。企業間の中断が本件と同じくらい完全かつ広範囲である場合，承継者法理は適用がないと判断する」。

このルールは，"交渉代表の選択に最大の労働者参加を保証する目的と，労働者ができるだけ早期に組合に代表されることを可能にする目的"とをバランスさせるための努力を表わすものであり，合理的である。

　上告人は，2交替制に拡張するつもりで，実際に4月中旬までにその目的に達したが，その拡張は明らかに事業成長を条件としたもので，1月中旬に実質的かつ典型的な定数に達していた。」

(継続する要求原則)

　「NLRBの"継続する要求 (continuing demand)"ルールは，承継者の状況において合理的である。実質的かつ典型的な定数の日における承継者の交渉義務は，組合が交渉要求をしたときのみ発生する。"継続する要求"ルールの下では，組合が時期尚早な要求をしたときに，この要求は使用者が実質的かつ典型的な定数を獲得したときまで効力を有したままとなる。」

(b) Fall River 判決の意義

　Fall River 判決も，以下に述べるように複数の意義が認められる重要な判決である。

　第1に，判旨は，認証後に組合の過半数支持を推定する趣旨が承継者の状況にも当てはまり，Burns判決の射程が，組合の過半数の地位継続に関して反証可能な推定が働く場面にまで及ぶことを明らかにした。

　第2に，Burns判決やHoward Johnson判決が明確に定立していなかった要件論の整理である。すなわち，Fall River判決は，組合の承認・交渉義務の要件を，①新使用者が承継者であり，かつ，②承継者過半数（つまり，新使用者の労働者の過半数が旧使用者によって雇用されていたこと）の2つを挙げ，さらに承継者判断の焦点は実質的継続性の有無にあるとして，NLRBや控訴裁判所の具体的な判断要素を摘示することによって承継者の判断要素をより具体化した。また，判旨が，Burns判決の判示をあらためて引用し，新使用者の労働者の雇用義務の不存在を確認した上で，したがって，Burns判決の適用は相当程度，承継者の手中にあると指摘した[55]ことも重要である。Burns判決がここでも大きな影響を及ぼしている。

　第3に，NLRBが採用した"実質的かつ典型的な定数"ルールを正面から認めた点である。買収後の労働者の人数はしばしば流動的となり，場合によっては徐々にオペレーションが確立され，新使用者による完全な始動までに労働者の採用が複数回に渡ることもある。そこで，一定の段階で旧使用者出身の労働

---

[55] *Fall River* 482 U.S. at 40–41.

者が承継者労働者の過半数に達したか否かを判断する必要があり，NLRBは，その母数の判断時期を固定するため，"実質的かつ典型的な定数"ルールを採用していた[56]。最高裁は，このルールを合理的と評価している。

(6) 最高裁判決の帰結

以上の5つの最高裁判決をまとめると，以下の原則を導くことができる。

(a) 協約の非拘束性と採用義務の否定

第1に，Burns 判決により，新使用者は，旧使用者と組合が締結した協約について，自ら引き受けることを同意しない限り拘束されない。また，新使用者は，組合差別等がないかぎり，原則として旧使用者の労働者を雇用する義務も負わない。

さらに，労働協約の中には，買収会社が対象会社の協約上の義務の引受けを要するという承継者条項（Successorship clause）を規定している場合があるが[57]，Howard Johnson 判決によれば，新使用者はかかる承継者条項によっても拘束されない[58]。

(b) 組合の承認および交渉義務

第2に，Burns 判決と Fall River 判決により，新使用者は，①新使用者の労働者の過半数が旧使用者の労働者から構成され，かつ，②新旧企業の実質的継続性がある場合には，組合を承認し，交渉する義務を有する[59]。そして，②の要件については，雇用された労働者の観点が重視される[60]。この要件論は，本

---

[56] 当初，NLRBは，組合による承認または交渉要求時とする立場を採用していたが（Pacific Hide & Fur Depot Inc., 223 N.L.R.B. 1029 (1976)），他方で，控訴裁判所は，新使用者が"完全な定員"を雇用した時という見解を採用していた（Pacific Hide & Fur Depot, Inc. v. NLRB, 553 F.2d 609 (9th Cir. 1977)）。その後，NLRBは，Hudon River Aggregates 事件（Hudson River Aggregates, Inc., 246 N.L.R.B. 192 n. 3 (1979), *enforced*, 639 F.2d 865 (2d Cir. 1981)）において，過半数の地位は，労働者の"典型的な定員"を雇用したときに判断されるべきと指摘するとともに，重要なことは，労働者らが"実質的な過半数"を構成したことであるとも述べた。そして，第9巡回区控訴裁判所は，Premium Foods 事件（Premium Foods, Inc. v. NLRB, 709 F.2d 623 (9th Cir. 1983)）において，承継者のケースでは，実質的かつ典型的基準を適用することが適切であると判示していた。

[57] BASIC PATTERNS, 5. サンプル中，46％に承継者条項があったとの指摘がある。

[58] E.g., Southward v. South Central Ready Mix Supply Corp., 7 F.3d 487 (6th Cir. 1993).

[59] E.g., Peter B. Hoffman v. Inn Credible Caterers, Ltd., 247 F.3d 360 (2d Cir. 2001).

[60] *Fall River*, 482 U.S. at 35. *See* Jan W. Sturner, *Understanding Labor Law Successorship: A New Employer's Guide to Setting Initial Terms and Conditions of*

書の中心論点であるから，詳細は後述する。

(c) 労働者過半数の判定時期

　第3に，Fall River 判決から，労働者の過半数の判定時期は，新使用者が実質的かつ典型的な定員を雇用した時点である[61]。その結果，第2に挙げた組合との交渉義務は，厳密には，新使用者が実質的かつ典型的な定員の過半数を雇用するまで生じないことになる。

　ただし，使用者の交渉義務が生ずるためには，原則として組合の交渉要求が必要である。新使用者が実質的かつ典型的な定員を雇用する以前に組合の交渉要求がなされた場合，その要求は上記定員に達するまで継続し，組合が繰り返し要求する必要はない。

　そして，実質的かつ典型的な定数の判断について，NLRB は多くの要素を検討しているが，Fall River 判決[62]によれば，①操業のために設けられた職務分類が満たされた，または実質的に満たされたか，②その運営が通常のまたは実質的に通常の生産を行っていたか，③通常の生産時の定員数，④実質的により多い定数が従事する前に経過すると思われる時間，⑤使用者が考えている拡張の相対的な確かさ，という5つの要素がある。

(d) 当初労働条件設定権の承認

　第4に，Burns 判決から，新使用者は，最初に組合と交渉することなしに，自らの労働条件を設定し，実施できる（その結果，承継者は，第2で挙げた①と②の要件が充足された後に，将来の労働条件の変更について交渉義務が生じることになる）。

　ただし，承継者が旧使用者の労働者全員を雇用する計画を完全に明白にしていた場合はこの限りではなく，組合と交渉せずに従前の労働条件を変更すれば不当労働行為となる。

(e) 不当労働行為責任の承継

　第5に，Golden State 判決から，新使用者が旧使用者から相当の資産を取得し，かつ，中断や本質的変更なくその事業を継続している等の事情の下では，

　　Employment at a Newly-acquired Business with a Unionized Workforce, 2001 L. REV. M.S.U.-D.C.L. 1173, 1174-75, 1177-79 (2001).

[61] なお，労働力の移動または拡張計画を有する企業において認証申請の適切な時期を判断する場合にも，現在の労働力が合理的に予見可能な将来の労働力の"実質的かつ典型的定員"を構成するか否かという基準が適用されている。*See* NLRB v. Deutsch Post Global Mail, Ltd., 315 F.3d 813 (7th Cir. 2003).

[62] *Fall River*, 482 U.S. at 49.

NLRB が，旧使用者の不当労働行為を知った上で事業を取得した新使用者に対して不当労働行為責任の救済を命ずることはその裁量の範囲内にある。

(f) 仲裁付託の強制

第6に，Wiley 判決と Howard Johnson 判決から，所有者変更の前後において事業会社の同一性の実質的継続（これには労働力の同一性の実質的継続を必要的に含む）が存在する場合は，特に，旧使用者が消滅し，存続会社が消滅会社の義務を負う合併事案においては，雇用義務以外の権利を求めるものである限り，新使用者は旧使用者が締結した協約上の仲裁合意を義務付けられうる[63]。

(7) 小　括

以上が承継者法理を形成している5つの最高裁判例の概要である。この5つの判決の適用場面を図示すると，次頁の表となる。組合の主張内容が，旧使用者が締結した協約による拘束や労働者の採用を要求するものとなる場合は，連邦最高裁は断固としてこれを否定している。その結論との整合性を保とうとした結果，労働者保護を強調した Wiley 判決の射程も著しく狭められている。

すなわち，Howard Johnson 判決が，仲裁の履行強制を求めるタフト・ハートレー法 301 条訴訟であったにもかかわらず，協約中の仲裁付託義務を認めた Wiley 判決に依拠することなく仲裁義務を否定した重要な根拠の一つは，組合が主として Howard 社に雇用されなかった従前の労働者の雇用確保のために仲裁を求めていた点にあった（これに対して，Wiley 事件では，労働者全員が雇用済みだった）。Howard Johnson 判決は，組合の主張を認めると，Howard 社が旧使用者の労働者全員の雇用につき前協約によって拘束されることになるが，Burns 判決により，Howard 社が労働者を雇用しない権利を有するとの原則が確立されていると指摘している。旧協約への拘束とそれと結び付きうる雇用の引き受けの強制は，企業の自由な事業再編・資本の移転を妨げるとともに，アメリカ労働法の大原則である随意的雇用原則とも整合しない（事業の譲受けに伴って労働者の採用義務はあるが，経済的理由から解雇が自由というのでは一貫しない）。したがって，現在の承継者法理の形成にあたっては，随意的雇用原則が大きな影響を及ぼしていると考えられる。

---

[63]　なお，事業譲受人が労働条件を変更しない雇用の申出により旧使用者の労働者の実質的に全員を雇用し，かつ，事業の実質的変更がない場合に，仲裁義務が生じ得るとの指摘もある。ESTREICHER, 71.

(連邦最高裁判決の適用関係)

	仲裁付託義務	協約の実体的条件への拘束・採用義務	組合の承認・交渉義務	不当労働行為責任
合併	Wiley すでに雇用済みの事案			
事業譲渡	被承継会社の労働力の実質的継続が必要	Howard	Fall River	Golden State
その他		Burns		

※ ■：否定，□：肯定

3 承継者法理の要件論の枠組み

(1) 承継者の複合的意味

これまで述べてきたように，承継者法理は決して一つの場面を想定した議論ではなく，新使用者に対する協約中の仲裁付託義務の承継，協約の実体的条件による拘束，組合の承認・交渉義務の承継，および不当労働行為責任の承継とバラエティーに富んでいる。そして，その問題となっている効果ごとに要件の吟味がなされてきたことから，単純に"承継者"と言ってもその要件（定義）は一様ではない[64]。承継する義務・責任に応じて承継者を大別すると，㋐組合の承認義務・団体交渉義務を承継する承継者（Burns successor），㋑旧使用者の不当労働行為責任を承継する承継者（Golden State successor），㋒仲裁付託義務を承継する承継者（Wiley successor）[65]の3通りがある。

---

[64] この点は，Howard Johnson 判決も，概略，次のように述べている（以下，抄訳）。「Howard Johnson が承継者か，そうだとして承継者が仲裁を強制されるかという問題の立て方は適切なアプローチではない。それぞれの承継者ケースにおける現実の問題は，特定の事実において，旧使用者の労働者または彼らの交渉代表に対する新使用者の法的義務は何かである。この問題に対する解答は，それぞれのケースの事実や問題となっている法的義務（組合を承認・交渉する義務か，不当労働行為救済義務か，仲裁義務か等）に照らして，新使用者・労働者の利益や労働法の政策に関する分析を必要とする。すべての法的文脈に適用できる"承継者"の単独の定義はない。言い換えれば，新使用者はいくつかの目的のために承継者ではありえても，別の目的のためには承継者ではない」。Howard Johnson, 417 U.S. at 262 n. 9.

[65] アメリカにおいて，仲裁付託義務を承継する承継者は，一般に"Wiley Successor"と呼称されているわけではないが，本書では，便宜上，"Wiley Successor"と呼ぶ。

(2) 承継者の基本原則と移転の形式

承継者法理に共通する基本的な判断基準は，一般に，Wiley 判決や Howard Johnson 判決が指摘している"事業会社における同一性の実質的継続（substantial continuity of identity in the business enterprise）"である[66]。これは NLRB[67] がかねてより承継者法理の基本原理であるとしている雇用産業の実質的継続性（substantial continuity of the employing industry）に対応するものである。かかる事業会社における同一性の実質的継続がある限り，承継者法理の適用は広く及ぶ。この点，州法における承継者責任では，合併と資産譲渡を区別し，後者の場合に例外的に譲受人が責任を引き継ぐ法理が形成されているが[68]，労働法における承継者法理は，それよりも広い適用が認められている。NLRB が合併と資産譲渡を区別する分析手法を採用しないのは，"雇用産業"の継続がある限り，承継者法理を広く適用していくことが，この法理の根底にある公共政策に資すると考えられたからである[69]。

その結果，実質的継続性がある限り，少なくとも Burns successor については，その事業や資産がどのように移転されたか（事業譲渡によるか，物的資産の移転のみによるか，合併によるか，競争入札によるか等）といった移転の形式は重視されない[70]。EU・ドイツの事業移転と同様に，旧使用者から相当の資産を取得することすら不要である[71]。したがって，事業の一部譲渡[72]はもちろん，資産のリース[73]，競業会社としての契約獲得[74]，アウトソース（外部委託）[75]，

---

[66] HIGGINS, 1153.
[67] *See* Premium Foods, Inc., 260 N.L.R.B. 708 (1982); Agri-International, Inc., 271 N.L.R.B. 925 (1984); School Bus Services, Inc., 312 N.L.R.B. 1 (1993).
[68] 各州における承継者責任については，本書268頁以下参照。
[69] *Golden State*, at 182 n. 5.
[70] *Fall River*, 482 U.S. at 44 n. 10; *Howard Johnson*, 417 U.S. at 257; *Golden State*, 414 U.S. at 182-83 n. 5; GORMAN & FINKIN, 806.
[71] Waterbury Hotel Management, LLC v. NLRB, 314 F.3d 645 (D.C.Cir. 2003).
[72] Zim's Foodliner, Inc. v. NLRB, 495 F.2d 1131 (7th Cir. 1974), *cert. denied* 419 U.S. 838 (1974)［複数のチェーンストアのうちの1店舗のみを譲り受けた事案］。ただし，その譲り受けた交渉単位が NLRB の伝統的な基準に照らして適切である必要がある。
[73] Harter Tomato Products Co. v. NLRB, 133 F. 3d 934 (D.C.Cir. 1998), *enforcing* 321 N.L.R.B. 901 (1996).
[74] NLRB v. Houston Building Service, 936 F.2d 178 (5th Cir. 1991), *enforcing* 296 N.L.R.B. 808 (1989), *cert. denied*, 502 U.S. 1090 (1992)［ビルの管理サービス契約の請負会社が変更となり，従前の労働者であった30人全員および3人の監督者が雇用

下請契約の解約による内部化[76]，事業閉鎖と新会社による新規開店[77]，裁判所による財産保全管理人（Receiver）の選任[78]のケースについても，承継者法理の適用が認められている。

ただし，一般に，株式の移転から生ずる単なる企業所有者の変更の場合は，法主体が変わらないまま存在しているため，承継者法理の問題は生じない[79]。この点，株式譲渡の事案であったSpencer Foods事件[80]において，NLRBおよびコロンビア特別区控訴裁判所は，単なる株式譲渡の事案でないとして承継者法理のアプローチを採用しており，株式譲渡の一事をもってその適用は否定されない。しかし，その後の控訴裁判所は，少なくとも株式の移転を通じた単なる企業所有者の交替にすぎない（実質的に別企業とならない）場面については承

された事案］．

75　Van Lear Equipment, Inc., 336 N.L.R.B. 1059 (2001)［スクールバスの外部委託］；NLRB v. Simon DeBartelo Group, 241 F.3d 207 (2d Cir. 2001)［従前35人のハウスキーピング労働者によって行われていた仕事が下請けに出され，新使用者が旧使用者の交渉単位内労働者から4人のメカニックのみを雇用した事案］．

76　Hoffman v. Parksite Group, 596 F. Supp. 2d 416 (D.Conn. 2009), *enforcing* 354 N.L.R.B. No. 90 (2009). ただし，NLRB v. F&A Food Sales, Inc., 202 F. 3d 1258 (10th Cir. 2000)では，1993年9月から1996年9月までの協約締結後，F＆A社がトラック運送事業を閉鎖して下請に出し，当該下請契約終了後，1995年8月に同社が当該事業を再開した事案であるが，第10巡回区控訴裁判所は，承継者法理の適用を否定し，協約障壁（contract bar）ルールの適用によって協約の遵守義務を肯定した。

77　Premium Foods, Incorporated v. NLRB, 709 F.2d 623 (9th Cir. 1983)［販売部門のマネージャーが新会社を設立し，旧会社閉鎖時の労働者9人中5人で，旧会社と同じ建物，同じ電話番号を使用し，同じエリアで営業を継続した事案。旧会社から資産は譲り受けていなかったが，新会社の労働者は，本質的に同一の仕事を，同じ設備の同一の施設で，労働者らが知っている監督者の下で行っていたことから，承継者と認められた］．

78　Samuel L. Peters, Receiver v. NLRB, 153 F.3d 289 (6th Cir. 1998).

79　Higgins, 1219.

80　United Food and Commercial Workers International Union v. NLRB, 768 F.2d 1463 (D.C.Cir. 1985), *enforcing in part, denying enforcement in part and remanding* Spencer Foods, 268 N.L.R.B. 1483 (1984). Spencer Foods社の工場が閉鎖され，Land O'Lakes社によって事業譲渡による買収が検討されていたところ，相当の連邦税がかかることが分かり，株式譲渡に切り替えた事案である（したがって，基本的に運営法人に変更がない）。NLRBは，承継者法理のアプローチを適用し，工場再開後の運営の変化から実質的継続がないとして団体交渉義務を否定した。これに対して，コロンビア巡回区控訴裁判所は，単なる株式譲渡ではない，事業再編の広い形に関係しているとして承継者の問題として扱ったが，NLRBが指摘する変更が交渉代表に対する労働者の態度にどのような影響を及ぼしたかについて説明されていないと指摘して，NLRBの8条(a)(5)に関する判断を覆した。

継者法理の適用を否定している[81]。したがって，株式譲渡の事案でも，それを越えて，事業運営 (operation) の実質的変化を来す（それにより，例えば，新所有者が倒産寸前の企業に新たな生命を吹き込もうとする）場合は，Burns successor が広く適用される（さらに，その変化があまりにも大きければ，最終的には承継者であることも否定される）[82]。

一方，Golden State successor についても，実質的継続性が基本的な指標となり，適用の要件は州法における承継者責任論の枠組みに依拠しないため，その限りでは広い適用となる。しかし，Burns 事件のように新旧使用者の間に何らの契約関係がない場合でも射程に含まれるか（承継者が旧使用者から相当の資産の取得を要するか）という議論がある（本書353頁参照）。また，Wiley Successor については，Burns 判決と Howard Johnson 判決によって射程が著しく限定され，合併の場合に限定されるか否かが問題となる（本書354頁以下参照）。

このように，承継者法理の広い適用は，基本的には新使用者の組合の承認・交渉義務の承継を問題とする Burns successor が念頭に置かれている。実際上も，承継者法理の適用が問題となる場面は，新使用者の組合の承認・交渉義務が中心となっている。

(3) Burns Successor の具体的要件

Burns 判決以前から，NLRB および控訴裁判所は，移転された企業（雇用産業）の継続性の程度を評価することにより，組合を承認し，交渉しなければならないかを判断してきた[83]。そのような態度は，Burns 判決以降も同様である[84]。具体的には，Fall river 判決が示した2つの要件の枠組みに従って，第1段階として，新使用者の労働者の過半数が旧使用者の労働者によって構成されているか（労働力の継続性）を審査し，それを満たした場合に，第2段階として，新旧企業の実質的継続性があるかが検討されている[85]。そこで，以下で

---

[81] EPE, Inc. v. NLRB, 845 F.2d 483 (4th Cir. 1988), *enforcing in part* 284 NLRB 191 (1987); Esmark, Inc. v. NLRB, 887 F.2d 739 (7th Cir. 1989); NLRB v. Rockwood Energy & Mineral Corp., 942 F.2d 169 (3d Cir. 1991).

[82] *EPE, Inc.*, F.2d at 490.

[83] *The Supreme Court, 1971, supra* note 15, at 250.

[84] *See* School Bus Services, Inc., 312 N.L.R.B. 1 (1993). NLRB は，承継者法理が，雇用産業における単なる使用者または所有者の変更によって労働者の権利が奪われないことを確保するために形成されている。したがって，企業の本質的性質に変更がなく，かつ，労働者の過半数が旧使用者によって雇用されている場合は，新使用者は，組合を承認し，交渉代表として扱わなければならない承継者である。重要な問題は，雇用産業の実質的継続性である，と述べている。

は Burns successor の要件論を検討する。

4 労働力の継続性

(1) "過半数" の母数

　Fall River 判決は, Burns 判決後, 労働者の過半数要件について裁判所の判示に混乱が見られたと述べている。すなわち, 労働力の継続とは, 承継者の下での労働力の過半数が旧使用者出身の労働者なのか（承継者過半数), それとも旧使用者の労働者の過半数を承継者が雇用したことか（旧使用者過半数）である。Fall River 判決は, NLRB が前者の解釈を採用し, 控訴裁判所もこれを承認していると指摘し, この問題は本件で提出されていないとしてそれ以上の議論を避けているが[86], 結論としては, 前者の見解に立っているようである[87]。その後の裁判例でも, 少なくとも組合の承認・交渉義務に関する限り, 承継者自身の労働者の過半数が旧使用者の労働者から構成されていれば足りると考えられている[88]。例えば, 旧使用者の労働者数が 250 ないし 300 人で, 新使用者の労働者数が 37 人程度であったとしても, そのうち 19 人が旧使用者の労働者であれば, 承継者に該当しうる[89]。

　なお, この点につき, 交渉義務のケースとタフト・ハートレー法 301 条の下での仲裁付託義務のケースで, 裁判所が少なくとも 2 つの異なる承継者テストを形成しているとの見解がある。すなわち, 承継者は, 旧使用者の労働者の過半数（旧使用者過半数）を雇用した場合にのみ協約中の仲裁を強制され, 一方で, 適切な単位内の労働力の過半数が旧使用者の労働者から構成される場合は（承継者過半数), 交渉義務が必要となるという見解である[90]。確かに, Howard Johnson 判決の判旨（労働力の同一性の実質的継続）からすれば, これが最も素直な解釈のように思われるが, 現在のところ, 仲裁事案における労働力の継続性の判断方法は明確となっていない[91]。

---

[85]　3750 Orange Place Limited Partnership v. NLRB, 333 F.3d 646 (6th Cir. 2003).
[86]　*Fall River*, 482 U.S. at 46 n. 12.
[87]　*Id*. at 41 の結論部分。ただし, 判旨 41 頁上から 4 行目では, "旧使用者の労働者の過半数" と述べている部分もある。
[88]　NLRB v. Simon DeBartelo Group, 241 F.3d 207 (2d Cir. 2001); Waterbury Hotel Management, LLC v. NLRB, 314 F.3d 645 (2003).
[89]　*See* NLRB v. Band-Age, Inc., 534 F.2d 1 (1st Cir. 1976).
[90]　GORMAN & FINKIN, 809-10.
[91]　*Id*. at 811.

(2) 旧使用者によって雇用されていた労働者か否か

買収前に旧使用者を退職していた労働者も，それが自発的な退職でなかった場合は，カウントされる。例えば，買収前に旧使用者によってレイオフされた労働者[92]や，レイオフされた正規労働者が旧使用者による一時的雇用のリコールの申出を拒否したために雇用が終了していた場合[93]である。したがって，レイオフにより人員を削減した上で事業を売却しても，その削減された労働者を含めて，労働者の過半数を超える場合は，承継者法理の適用が認められる。

これに対して，使用者の不当労働行為に対抗するためのストライキ（不当労働行為ストライキ）を行っている者のストライキ代替者は，カウントされない[94]。

(3) 過半数の時的基準時

買収後の労働者の人数はしばしば流動的となるため，過半数の判断時期は買収契約日に限られない[95]。実際の取引日よりも前の運営開始日をもって承継者と判断される場合もある。例えば，譲渡人の倒産手続によって譲渡が遅れ，施設の運営開始から2か月後に譲渡が完了するまでリースで対応していた場合に，最初に施設の運営を引き継いだ時点をもって承継者と判断されている[96]。

また，Fall River 判決によって支持された実質的かつ典型的な定数ルールは，同判決が指摘した5つの要素を適用して判断されることは先述したとおりである。5つの要素のすべてが満たされる必要はなく，総合考慮により判断される[97]。ただし，NLRB は，Myers Custom Products 事件[98]において，新使用者が比較的短期間のうちに労働者の定員を実質的に増やすことを，合理的確かさをもって考えている場合は，交渉義務の判断時期を遅らせることが適切であると判断した。この判断は，5要素のうちの，「④実質的により多い定数が従事する前に経過すると思われる時間」と「⑤使用者が考えている拡張の相対的な確かさ」の判断要素を具体化したものと思われる。これに対して，新使用者が

---

92 Big R Dsitribs. Dba Shoppers Choice, 280 N.L.R.B. 1306 (1986); Nephi Rubber Prods. Corp. v. NLRB, 976 F.2d 1316 (10th Cir. 1992).
93 Coastal Derby Refining Co. v. NLRB, 915 F.2d 1448 (10th Cir. 1990).
94 HIGGINS, 1127 n. 113; NLRB v. Fabsteel Co. of Louisiana, 587 F.2d 689 (5th Cir. 1979), *enforcing* 231 NLRB 372 (1977), *cert. denied*, 442 U.S. 943 (1979).
95 HIGGINS, 1128.
96 NLRB v. Ethan, Inc., Pine Valley Div., 554 F.2d 742 (4th Cir. 1976), *enforcing in part* 218 NLRB 208 (1975).
97 HIGGINS, 1133; Sullivan Industries v. NLRB, 957 F.2d 890 (D.C.Cir. 1992).
98 Myers Custom Products., Incorporated, 278 N.L.R.B. 636 (1986).

中断なく運営を継続する場合，実質的かつ典型的な定数は，一般に支配権（control）の移転時に判断される[99]。

(4) 承継者法理回避目的による労働者の不採用
(a) NLRA 8 条(a)(3)違反

承継者は，旧使用者の労働者を採用するか否かの自由を有しているが，組合員であることを理由に雇用しなかった場合は，NLRA 8 条(a)(3)違反の不当労働行為となる[100]。問題は，組合を回避したい新使用者が，優秀な労働者を確保できる限り，労働者の多くを旧使用者からではなく，外部から採用する強いインセンティブを有する[101]ことから，組合員であることを考慮するのではなく，承継者法理の適用を回避するために，旧使用者の労働者が過半数に達しないように採用行為を行った場合である。

NLRB は，かかる場合も 8 条(a)(3)違反を認定し，承継者に対して旧使用者の下で支払われていた水準でのバックペイ付きの原職復帰命令のほか，旧使用者の下で雇用されていた労働者が過半数に満たないとして組合との交渉を拒否すれば，8 条(a)(5)違反として組合の承認・交渉命令を命じている[102・103]。なお，原職復帰命令の対象には，著しく低い金額の給与を提案して労働者に雇用の受入れを拒否させた場合，すなわち，みなし解雇による場合も含まれる[104]。また，従前の仕事がない場合は，実質的に同等の職に戻すこと，必要であれば

---

[99] 3750 Orange Place Limited. Partnership v. NLRB, 333 F.3d 646 (6th Cir. 2003); Shares, Inc., 433 F.3d 939 (7th Cir. 2006).

[100] *Burns*, 406 U.S. at 280 n. 5; *Howard Johnson*, 417 U. S. at 262 n. 8; *Fall River*, 482 U.S. at 40.

[101] シュワップ 70 頁。

[102] U. S. Marine Corp., 293 N.L.R.B. 669 (1989), *enforced*, 916 F.2d 1183 (7th Cir. 1990), *amended* 944 F.2d 1305 (7th Cir. 1991); Laro Maintenance Corp., 312 N.L.R.B. 155 (1993), *enforced*, 56 F.3d 224 (D.C.Cir. 1995); The Parksite Group, 354 N.L.R.B. 1 (2009). ただし，過半数の推定が反証された場合など，交渉命令のエンフォースが否定される場合もある。NLRB v. Tragniew, Inc., 470 F.2d 669 (9th Cir. 1972). *Also see* HIGGINS, 1151-52.

[103] ただし，このような NLRB のアプローチに対しては，雇用される労働者の数を交渉義務の条件とした Burns 判決によって創出された雇用のインセンティブを減じることにならないか，Burns 判決と首尾一貫しているか，といった問題点が提起されている。MICHAEL C. HARPER, SAMUEL ESTREICHER & JOAN FLYNN, LABOR LAW CASES, MATERIALS, AND PROBLEMS 846 (5th ed. 2003).

[104] Canteen Corp. v. NLRB, 103 F.3d 1355 (7th Cir. 1997), *enforcing* 317 N.L.R.B. 1052 (1995).

問題のポジションを満たすために採用された労働者の解雇，雇用しなかったという事実に関する人事ファイルの除去などが命じられる場合もある[105]。

(b) **新使用者の差別意図に関する判断基準**

承継者法理の適用回避目的による採用拒否の事案においては，一般の動機の競合に関する Wright Line テストが用いられている[106]。Wright Line テストとは，NLRB が Wight Line 事件[107]において示したルールである。すなわち，NLRA 8条(a)(3)の立証にあたって，まず，①事務総長に対して，NLRA 7条により保護される労働者の活動が労働者に対する不利な判断を動機づける一つの要因（a motivating factor）であったことをサポートするための十分な立証が求められる。事務総長が差別的動機の一応の証明（a prima facie showing）を行った場合は，使用者側に差別的動機の不存在の立証責任が移る。そして，②使用者が，その解雇には十分な理由があり，たとえ保護される活動がなかったとしても同じ結果になっていたことを証明すれば，8条(a)(3)違反は成立しない[108]。①の事務総長の一応の証明においては，通常，(ア)労働者の組合活動または保護される団体活動，(イ)使用者がそれらの活動を知っていること，(ウ)使用者の組合差別意図（union animus）が必要である[109]。

しかし，このような採用における差別の立証は，非常に難しい[110]。そこで，NLRB[111]は，承継者の文脈では，使用者が組合活動を知っていたこと，およびそれらの労働者の一定の活動に対する差別意思（animus）によって動機づけられていたとの立証は必ずしも要求されないとの判断を示している。それによれば，事務総長は，承継者が組合との交渉義務を避ける意図によって動機づけられていたこと，および，その目的をもって応募者（承継者が彼を従前の交渉単位

---

[105] Daufuskie Club, Inc., 328 N.L.R.B. 415, 422-24 (1999); Sturner, *supra* note 60, at 1191-92 n. 60.

[106] *See* Waterbury Hotel Management, LLC v. NLRB, 314 F.3d 645 (D.C.Cir. 2003).

[107] Wright Line, 251 N.L.R.B. 1083 (1980), *enforced*, 662 F.2d 899 (1st Cir. 1981).

[108] かかる立証責任の分配は，事務総長に対して証拠の優越に基づく立証を課しているNLRA 10条(c)の文言に反しないかが問題となるが，連邦最高裁は，NLRB のアプローチを支持している。NLRB v. Transportation Management Corp., 462 U.S. 393 (1983).

[109] E.g., Consolidated Bus Transit Inc., 350 NLRB 1064, 1065 (2007); Desert Springs Hospital Medical Center 352 NLRB 112 (2008).

[110] シュワップ・前掲注(102)70頁参照。立証が難しい理由として，採用基準が曖昧である上，使用者は，応募書類から採用応募者が旧使用者に雇用されていたか否かを知ることができ，採用を拒否する他の理由をあらかじめ用意していると指摘されている。

[111] Parksite Group, 354 N.L.R.B. 1 (2009).

の構成員と知っている）の雇用を拒否したことを立証すれば十分である。事務総長がその立証に成功した場合，仮に従前の交渉単位のメンバーでなかったとしても雇用されなかったであろうとの立証責任が承継者へ移ることになる[112]。

(5) 交渉単位の適切性

Burns 判決が，交渉単位の適切性がない場合に異なる結論になったと判示した[113]ように，事業譲渡等の結果として交渉単位の適切性が継続しない場合は，承継者の交渉義務は認められない[114]。つまり，労働力の継続性は，旧使用者に雇用されていた労働者らが適切な単位を構成していることが前提となる[115]。

この点，NLRA 9 条(a)が，交渉代表が「適切な単位内の」労働者の過半数によって選ばれる旨を規定していることから，承継者法理の文脈以外でも，一般に適切な交渉単位が要求される。この適切性については，法律上定義がなく，NLRB は，その判断にあたって利害の共通性（community of interest）によって結びつけられ，かつ，経済的利益の実質的衝突となる労働者を含まず，経済的利益を共有する労働者を除外しない労働者集団であることを要求している[116]。したがって，例えば，合併の結果，専門職と非専門職が同一単位内に混在するようになった場合は，もはや承継者法理の適用は認められない[117]。

---

[112] 使用者側の立証としては，承継者が関係しない事案と同様に，新使用者の下での雇用に対する適性や採用可能性といった非差別的要素の有無が重要である。また，新使用者が旧使用者の下での労働条件よりも低い労働条件を設定するとの計画を当初から有していた場合，当該労働条件を旧使用者の労働者が受け入れないと示唆したことは，重要な考慮要素となる。例えば，旧使用者の組合員が新使用者の下での仕事に興味がないと合理的に推定できる場合，彼らに対して雇用を提供しなかったことは 8 条(a)(3)違反とならない。HIGGINS, 1149-50.

[113] *Burns*, 406 U.S. at 280.

[114] HIGGINS, 1161-62; Note, *The Bargaining Obligations of Successor Employers*, 88 HARV. L. REV. 759, 765 (1975).

[115] 交渉単位の適切性が必要であることは争いないが，この要件をどのように位置づけるかについて定説はない。近時は，新しい運営を構成する労働者の単位が適切な交渉単位のままであることを，交渉義務が生じるための独立した要件して挙げる裁判例もある（*Shares, Inc.*, 433 F.3d 939）。また，承継者の 2 つの要件が充足された場合の承継者側の抗弁（defense）として位置づけることも可能であろう。See GORMAN & FINKIN, 794.

[116] GORMAN & FINKIN, 83, 87-88. その判断要素には，(1)所得を決定する等級および方法の類似性，(2)労働条件の類似性，(3)職種の類似性，(4)資格，技術よび訓練の類似性，(5)労働者間の接触または交替の頻度，(6)地理的近接性，(7)生産過程の継続性または統合，(8)労働関係政策の共通の管理および決定，(9)使用者の運営上の組織に対する関係，(10)協約の歴史，(11)労働者の希望，(12)組合組織の範囲，といった多くの要素がある。

[117] HIGGINS, 1166.

これに対して，新使用者が，旧使用者が運営していた交渉単位全体を買収し，その後も当該単位を別個のまま扱っている場合は問題が少ない。また，旧使用者の複数の店舗や施設のうち，一つまたは一部分のみを譲り受けた場合も，NLRBの伝統的な基準に照らして獲得した店舗それ自身が適切な単位であるならばよい[118]。問題となるのは，事業の一部譲渡等により旧使用者の下での交渉単位が分割される場合や，買収した交渉単位が事業譲受人のより大きな単位に組み入れられる場合（例えば，譲受後の組織再編等により労働者の職務内容や労働条件等に重大な変更が生ずる場合）等である。以下，これらを検討する。

(a) 一部譲渡による分離（Severance）[119]

まず，事業の一部譲渡の事案でも承継者の判断は直ちに否定されないが，従前の交渉単位が適切なままかどうかが問題となる。

この点，NLRBは，Louis Pappas' Restaurant 事件[120]において，一部譲渡の承継者の義務を肯定するにあたり，移転される部分の労働者が別個の適切な単位を構成し，かつ，彼らが新しい事業運営の下で交渉単位の過半数を構成する限り，との留保を付している[121]。

(b) 添加（Accretion）

では，事業譲受人が自己の既存の労働組織内へ引き受けた労働者を組み入れた場合はどうか。

ここで問題となるのが添加と呼ばれる原則である。添加とは，追加された労働者が別個の単位としての同一性を有せず，したがって，より大きな集団が選択した交渉代表によって適切に統括される労働者全体に利害の共通性が存する場合に，労働者を既存のより大きな単位に組み込むこと（incorporation）をいう[122]。問題となっている労働者集団がもはや別個の実体をほとんど，または全く有せず，組み入れられる既存単位と相当な利害の共通性が認められる場合にのみ添加と判断される[123]。これにより添加された労働者は自ら選択してい

---

118 *See* International Union of Electrical, Radio and Machine Workers v. NLRB, 604 F. 2d 689 (D.C.Cir. 1979) [42の別個に認証された単位のうち，5つの組織化された施設（6単位）を買収]．

119 もともとの交渉単位から一部が分離する場合には，労働者集団が自ら大きな集団から分離して別個に交渉を望む場合と，技術的または組織的変更に起因する場合とがある。GORMAN & FINKIN, 88-89. 事業の一部譲渡は後者に属するといえる。

120 Louis Pappas' Restaurant, 275 N.L.R.B. 1519 (1985).

121 *See*, e.g., Hydrolines, Inc., 305 N.L.R.B. 416 (1991).

122 Matlack, Inc., 278 N.L.R.B. 246, 251 (1986).

123 HIGGINS, 1167.

ない組合により代表されることになるが，労使の安定性が促進されるメリットがある[124]。

例えば，Border Steel Rolling Mills 事件[125]では，Border Steel Rolling Mills 社が，自社工場のトラック作業場で Berman 社の労働者にメンテナンス業務を行わせていたが，同社の事業所閉鎖に伴い，同社から設備等を買収するとともに，同社の 12 人のメンテナンス労働者をそのまま同じ作業場で雇用した事案である。Berman 社の労働者は，Teamsters に代表されていたが，他方で Border 社の工場全体は Steelworkers によって代表される約 400 人の交渉単位であり，Border 社が Steelworkers のみを承認したことから問題となった。Border 社は，買収後，その作業場を可動設備維持部門へと変更し，従前のフォークリフト，トラック等の維持・修理にとどまらず，すべての可動設備を扱わせることとし，他部署の労働者との交流や配転，作業場拡張のための新しいビルの建設等を行った。その結果，行政法審判官は，Teamsters によって代表されていた Berman 社の交渉単位が，約 400 人のすべての労働者から構成される交渉単位に添加（統合）されて消滅したと判断し，NLRA 8 条違反を否定した。NLRB もこの判断をそのまま採用している。

ただし，添加は，自ら交渉代表を選択する労働者の基本的権利を奪うことから，NLRB と控訴裁判所は添加の適用を制限し，もともとの労働者集団が別々の交渉代表の歴史を有する場合，より大きな，または同数の労働者が，より小さな認証された単位に添加されることを否定している[126]。例えば，Nott Company, Equipment Division 事件[127]は，フォークリフトの販売等を営む Nott 社が Metro Forklift 社の資産を譲り受け，同社の 14 人の労働者（交渉代表組合なし）を雇用したほか，4 人の技術者等を Nott 社に配転させるとともに，もともと Nott 社が雇用していた 14 人の労働者（交渉代表組合あり）の交渉単位内に全体の事業が統合された事案である。NLRB は，仮に添加の原則が適用されるとしても，過半数の地位を失っていることから組合の承認の撤回について 8 条(a)(5)違反はない[128]としたが，結論としては，組合に代表されて

124　Local 144, Hotel, Hospital, Nursing Home & Allied Services v. NLRB, 9 F.3d 218 (2d Cir. 1993). 判旨は，添加の原則が，単位内労働者の過半数によって自ら交渉代表組合を選択するという政策の例外であると指摘している。

125　Border Steel Rolling Mills, 204 N.L.R.B. 814 (1973).

126　Geo. V. Hamilton, Inc., 289 N.L.R.B. 1335 (1988); Local 144, Hotel, Hospital, Nursing Home & Allied Services v. NLRB, 9 F.3d 218 (2d Cir. 1993).

127　Nott Company, Equipment Division, 345 N.L.R.B. 396 (2005).

128　使用者は，組合が交渉単位内で労働者の過半数の支持を実際に失っていることを立

いない Metro Forklift 社の労働者 14 人と Nott 社の労働者 14 人が同数であることから添加の適用を否定した。そして，NLRB の過去の先例からすると，要するに NLRB は，添加と判断されない方法で組合に代表されている集団が代表されていない集団と統合し，かつ，オリジナルの代表されていた集団がもはや同一とみなされない場合，使用者がその一つの労働者集団の排他的交渉代表として組合を承認し，交渉し続ける義務はないと判断していると指摘した。

このように NLRB は，添加が生じた場合は過半数の支持があるかを判断し，また，添加が生じない場合でも従前の単位との同一性を失っているときは，承継者の交渉義務を否定している。

(c) 事業譲受人による重大な変更または歴史的単位の不適合

譲渡以前に歴史的な経緯があり，一事業所内で別々の単位，または別々の施設で一つの単位とされていたものが，譲渡後，添加の事案と異なりその単位内の組織がほとんど手つかずであるにもかかわらず，新使用者から，承継者としての義務を否定するために単位の不適切性が主張される場合がある。しかし，その場合でも，譲渡後に当該単位の重大な変更があるか，または歴史的単位が不適切との立証がなされない限り，交渉単位の不適切性は認められない。

例えば，Ready Mix USA 事件[129]では，別々に所在する 3 つの施設（コンクリートブロック工場〔block plant〕およびバッチング工場〔batch plant〕）を Ready Mix USA 社が買収し，もともとこれらの施設が一つの交渉単位とされていた場合において，譲り受けた後，Ready Mix USA 社が 2 種類の工場を別個の部門とし，分離した経営上の階層制の組織としたことから，もはや適切な単位ではないと主張した事案である。しかし，NLRB は，バッチング工場とブロック工場の歴史的な交渉単位がもはや適切でないという重い立証責任が果たされていないとし，全般的に，買収前と同じ場所で，かつ，同じ職場環境（working conditions）で，主に同じ監督者の下で同じ仕事がなされており，施設運営における性質上の差異は買収前から存するとして，適切な単位であると認めた。

これに対して，Deferiet Paper 事件[130] は，Deferiet Paper 車が Champion International 社から製紙工場を買収したが，もともとその工場では 2 つの単位

　　　証したときは，承認を撤回して承認・交渉義務を免れることができる。See Levitz Furniture Co., 333 N.L.R.B. 717 (2001). ただし，この立証は，任意承認障壁（本書 286 頁参照）に基づく合理的期間経過後に可能となる。

[129] Ready Mix USA, Inc., 340 N.L.R.B. 946 (2003).
[130] Deferiet Paper Co. v. NLRB, 235 F.3d 581 (D.C.Cir. 2000), *enforcement denied*, 330 N.L.R.B. No. 89 (2000).

が存在し，各々別個の組合（生産部門の労働者とメンテナンス部門労働者を代表するPACEとメンテナンス部門の労働者を代表するIAM）によって代表されていたところ，Deferiet Paper 社がPACEによって代表されていた生産労働者約300人と，メンテナンス労働者82人（PACE36人：IAM46人）を引き継ぎ，PACEのみを承認した事案である。Deferiet Paper 社は，労働義務の変更によりIAMの労働者はもはや別個の利害の共通性を有しない，PACEの単位に融合されるべきと主張したが，NLRBはその主張を受け入れず，8条(a)(2)および(5)違反と認定した。ところが，コロンビア特別区控訴裁判所は，NLRBの承継使用者に関する先例は，歴史的な交渉単位の保持に賛成している，そして，NLRBは歴史的な交渉単位がもはや適切でないという重い立証責任を当事者に課しているが，その責任は歴史的単位がもはや他の適切性の基準と合理的に十分適合しないという場合に充足されうると判示した。そして，承継者が不適切性を立証する最も一般的な方法は，工場運営や労働者の義務の重大な修正がなされたことの立証であるが，仮にそれがないとしてもなお歴史的単位が不適切と判断されうると述べた上，地方支局長が，旧単位が他の適切性の基準に適合していないことの立証の有無を判断していないとしてNLRBの命令のエンフォースを否定している[131]。

5 新旧使用者の実質的継続性

(1) 判断要素
(a) 最高裁判決の判断要素

新旧使用者の"実質的継続性"とは，どのように判断されるのであろうか。

この点は，Fall River 判決が有益なガイドラインを示している。すなわち，同判決は，新会社が旧会社の承継者かどうかの判断に関するNLRBのアプローチについて，そのフォーカスは企業間に実質的継続性があるかどうかであるとした上で，以下の要素をNLRBが吟味していると指摘している[132]。

① 両使用者の事業が本質的に同一か。
② 新会社の労働者が同一の監督者の下で同一の職場環境で同一の仕事をし

---

[131] その他，食品加工業者が750マイル離れたアラスカの2つの施設を所有する別の加工業者の資産を買収した事案において，譲渡会社が認めてきた歴史的な3つの交渉単位のすべてについて適切な単位と認定したNLRBの判断が否定されたものとして，Trident Seafoods 事件がある。Trident Seafoods 318 N.L.R.B. 738 (1995), *enforcement granted in part and denied in part*, 101 F.3d 111 (D.C.Cir. 1996).

[132] *Fall River*, 482 U.S. at 43.

ているか。
　③　新会社が同一の生産工程を有し，同一の製品を生産しているか。
　④　基本的に同一の顧客集団を有しているか。
　以上の要素からすると，新旧企業の"実質的継続性"とは，新旧使用者の"事業の実質的同一性"と読み替えることが可能である[133]。また，これらの要素は，"企業の継続性"と"職場の継続性"に要約することもできる[134]。
　さらに，Fall River 判決は，NLRB がその分析の際に，雇用された労働者が仕事の状況に本質的に変更がないと当然考えるかどうかという問題に注意を払っていると述べ，労働者の視点の強調が労使平和という法政策を促進すると指摘している[135]。したがって，労働者の視点，すなわち労働者の交渉代表の継続に対する合理的期待も重要となる[136]。

(b) **NLRB の判断要素**

　これまで NLRB が Burns 判決以前から述べてきた基準としては，まず以下の 7 要素が挙げられる[137]。
　①　同一の事業運営の実質的継続があるか。
　②　新使用者が同一の施設を使用しているか。
　③　同一または実質的に同一の労働力が雇用されたか。
　④　同一の仕事が同一の職場環境の下で存在しているか。
　⑤　同一の監督者が雇用されているか。
　⑥　同一の機械，設備および生産方法が利用されているか。
　⑦　同一の製品が製造され，または同一のサービスが提供されているか。
　この 7 要素は，雇用産業の実質的同一性を判断する伝統的なファクターとして，1972 年の Georgetown Stainless Mfg. Corp. 事件[138]や 1982 年の Premium

---

[133] 本質的に同一の事業 (essentially same business)，または本質的変更がない事業 (business essentially unaltered) と表現されることもある。See NLRB v. Phoenix Pipe & Tube, L. P., 955 F.2d 852 (3d Cir. 1991); Sierra Realty Corp., 317 N.L.R.B. 832 (1995).

[134] GORMAN & FINKIN, 806.

[135] *Fall River*, 482 U.S. at 43.

[136] Fall River 判決が摘示した諸要素は，労働者が協約の下での権利の継続に対する期待を合理的に有していたかどうかを判断するために検討されると指摘するものとして，GORMAN & FINKIN, 806.

[137] See HIGGINS, 1154; ESTREICHER, 72; JMM Operational Servises, Inc., 316 N.L.R.B. 6 (1995).

[138] Georgetown Stainless Mfg. Corp., 198 N.L.R.B. 234, 236 (1972).

Foods, Inc. 事件[139]および Aircraft Magnesium 事件[140]などにおいて指摘されていたもので，この7要素を順次検討して承継者を判断している控訴裁判所[141]もある。また，Fall River 判決が，労働力の過半数要件を実質的継続性の要件から分離して独立の要件としたことから，7要素のうちの③を割愛し，その代わりに，

⑧　基本的に同一の顧客を有しているか[142]。

を挙げる NLRB の判断例もある。

さらに，次のような要素もファクターとして挙げられている[143]。

⑨　使用者交替後，仕事が中断なく継続したか[144]。
⑩　譲受人が旧使用者と同じ規模で，かつ，同じ組織構造を有するか。
⑪　新使用者がすでに企業および類似の交渉単位を有し，かつ，その単位が組織化されているか。
⑫　交渉単位が損なわれておらず，適切か[145]。

以上のような NLRB によって示されてきた指標は，⑨ないし⑫を除き Fall River 判決が要約した要素とほぼ同じである。上述の判断要素から，Fall River 判決の言う「状況の全体性」[146]に基づき，ケース・バイ・ケースでの判断が必要となる[147]。

---

[139] Premium Foods, Inc., 260 N.L.R.B. 708, 714 (1982), *enforced*, 709 F.2d 623 (9th Cir. 1983).

[140] Aircraft Magnesium, 265 N.L.R.B. 1344 (1982), *enforced*, 730 F.2d 767 (1984).

[141] NLRB v. Jeffries Lithograph Co., 752 F.2d 459 (9th Cir. 1985).

[142] School Bus Services, Inc., 312 N.L.R.B. 1 (1993); Siemens Building Technologies, Inc., 345 N.L.R.B. 1108 (2005).

[143] Charles J. Morris & William Gaus, *Successorship and the Collective Bargaining Agreement: Accommodating Wiley and Burns*, 59 VA. L. REV. 1359, 1390 (1973). 過去のケースで承継者かどうかを判断する際に重要と考えられていたファクターは，(1)同じ商品またはサービスを提供しているか，(2)同じ施設 (plant) が使われるか，(3)同じ労働者が雇用されるか，(4)同じ機械や生産方法が利用されるか，(5)同じ仕事が存在し続けるか，(6)仕事が使用者交替後，中断なく継続したか，(7)企業の大きさや組織構成が変更したか，(8)新使用者がすでに企業や類似の交渉単位を有し，かつ，その単位が組織されているか，である。本文中に挙げた⑨ないし⑪は，この文献の1390頁の(6)～(8)である。(1)ないし(5)はすでに本文中に挙げたものと重複しているので割愛した。

[144] JMM Operational Servises, Inc., 316 N.L.R.B. 6 (1995).

[145] HIGGINS, 1121.

[146] *Fall River*, 482 U.S. at 43.

[147] HIGGINS, 1155.

(2) 実質的継続性の具体的判断

では，先に挙げた判断要素から，具体的にはどのように承継者の判断がなされているのだろうか。

(a) 具体的な判断傾向──"過半数"要件と労働者の視点の重要性

NLRB は，1975年以降，Burns 判決の過半数テストを異論なく適用しており，Burns 判決以来，過半数の認定をしないまま承継者を判断した例はない[148]。したがって，承継者の判断にあたっては，まずこの要件が何よりも重要となる。

この点，上述の各判断要素について，NLRB と裁判所は，通常，一つのファクターに重きを置かずに，多くのファクターを検討してきたとの評価[149]がある一方で，実際には③の要素，すなわち，労働力の継続性が最も重要との指摘[150]も多い。例えば，Fall River 判決前の事件であるが，Indianapolis Mack Sales & Service, Inc. 事件[151]において，行政法審判官は，事業会社の同一性の実質的継続の判断要素のうち最も重要な要素は，同一または実質的に同一の労働力が同一の職場環境の下で維持されているかどうかであり，一つの基準に決定的な重きは置かれていないと言われているが，現実には，従前の労働力が新所有者の労働力の過半数を構成していない場合に NLRB が法的な承継者とはめったに判断しないと明確に述べている。また，第5巡回区控訴裁判所も，Houston Building Service 事件[152]において，新旧企業の労働力の重なり合いが最も重要なファクターであると判示している。

実際に，新使用者が旧使用者の労働者から過半数を雇用した承継者事案を分析してみると，当該労働力により基本的に同一の事業が継続されているものが多い。そして，Fall River 判決が挙げた①ないし③（さらには④）の要素また

---

[148] *Id*. at 1126, 1155.

[149] *The Supreme Court, 1971, supra* note 15, at 250; Premium Foods, Inc., 260 N.L.R.B. 708, 714 (1982).

[150] Estreicher, 72; Morris & Gaus, *supra* note 143, at 1390. ただし，ここで挙げている労働力の重要性を指摘する文献は，労働者の過半数要件と新旧使用者の実質的継続性の要件を別個に扱っていない。

[151] Indianapolis Mack Sales & Service, Inc., 272 N.L.R.B. 690 (1984), *enforced denied on other grounds*, 802 F.2d 280 (7th Cir. 1986). 行政法審判官は，工場部門を買収した企業が，従前の4つのカテゴリーに組織化された労働力の構成を引き継いだこと，主要な目的が譲渡人同様にトラックの販売およびサービスであること等から，譲受人を承継者と判断し，NLRB もこの判断を認めた。

[152] NLRB v. Houston Building Service, 936 F.2d 178 (5th Cir. 1991), *enforcing* 296 N.L.R.B. 808 (1989), *cert. denied*, 502 U.S. 1090 (1992).

はNLRBが伝統的に例示していた7要素をほぼ満たしてしまう。それゆえ、新使用者の労働者が、旧使用者の労働者から過半数を雇用した場合、事業の基本的な継続性（その基本的要素である、実質的に同一の顧客のために同一製品を生産する同一種類の機械で、同一種類の仕事を行っている）があるものと強く示唆され[153]、一旦、過半数の継続が認定されると、使用者による特定の運営上の変更、生産ラインの修正、顧客の重大な違い、経営上の支配の変更などは、通常、承継者地位の判断を覆さない[154]。これは、事業運営の些細とは言えない変更があるように見えるときでも同様である（例えば、Fall River事件もその一つであろう）。

また、NLRBと裁判所は、実質的継続性の審査にあたり、雇用された労働者の視点を重視しており、承継者の判断を肯定する際にも、買収等に伴って生じた変更が、労働者の交渉代表に対する態度またはその労使関係に影響を与えるものではないと結論づけているものが多い[155]。

したがって、承継者過半数を充足した後の実質的継続性の判断における重要な問題は、労働者の交渉代表に対する態度に影響を及ぼすほどの事業の本質的変更の有無にある[156]。すなわち、仮に承継者過半数があっても、職場環境や以前の組合に対する労働者の態度に影響を与えるような事業の実質的変更を伴う場合は、承継者に当たらず、交渉義務はないと判断されることになる[157]。以下、具体的な事例を検討する。

(b) **機械，設備，生産方法の実質的同一性**

まず、新使用者が基本的に同じ種類の機械、設備を使用している場合、アップグレード等の設備投資による変更があっても実質的継続性は否定されない。

例えば、P & M Cedar Products, Inc. 事件[158]は、P & M Cedar Products社がHudson Lumber社から製材機や製材用乾燥炉、設備、材木の在庫等を購入

---

[153] GORMAN & FINKIN, 794; HIGGINS, 1155 n. 250.

[154] HIGGINS, 1155-56.

[155] GORMAN & FINKIN, 794.

[156] HIGGINS, 1159. See NLRB v. Jeffries Lithograph Co., 752 F.2d 459, 464 (9th Cir. 1985), *enforcing* 265 N.L.R.B. 1499 (1982); Food & Commercial Workers Local 152 v. NLRB, 768 F.2d 1463 (D.C.Cir. 1985). 例えば、コロンビア特別区控訴裁判所は、Food & Commercial Workers Local 152事件において、一般に適切な分析は、事業構造の継続性ではなく、関連する交渉単位の労働者に影響を与える事業運営に焦点が充てられると述べている。

[157] GORMAN & FINKIN, 794.

[158] P & M Cedar Products, Inc., 284 N.L.R.B. 652 (1987).

し，Hudson 社のおよそ9割の労働者を雇用して事業を再開した事案である。この事案で，P＆M社は，製造所に多額の資本を投下して装備をグレードアップし，それにより商業用木材について以前よりも多くの種類の製品を製造できるようにした。しかし，NLRB（行政法審判官）は，同じ種類の装備を使った本質的に同じ工場であるとの事実は変わらないと指摘し，P＆M社によって製造された製品も実質的に同一であると述べて承継者であると判断した。

また，Van Lear Equipment, Inc. 事件[159]は，児童のスクールバス事業の外部委託に伴い，従前の使用者の労働者であった26人のドライバー中，19人を採用した事案である。新使用者は，駐車場の場所やルートの修正，ドライバーの生命保険の整備等の細かな変更のほか，従前よりも新しいバスを使用した。しかし，NLRB は，ドライバーの視点から見て，従前と同じ仕事をしていると指摘した上で，要するに，本件労働者の仕事の状況の変化により交渉代表に対する彼らの態度に変更があるとは判断されないと述べている。

(c) 製品またはサービスの実質的同一性

事業内容が基本的に同一であれば，扱っている製品またはサービス内容の多少の変更も通常は承継者の判断を左右するには至らない。

例えば，Saks & Company 事件[160]は，衣料品の店舗の閉店と新規開店に伴い，新規店舗では女性用の衣料品だけでなく，男性用および子供用の衣料品も追加されたという事案である。第2巡回区控訴裁判所は，布地を縫う，切断する，扱うという同一の技術が必要となるとし，男性用と子供用の衣類が追加されたことによって，関係する技術が物理的に違う，または特別な訓練や設備が必要となる証拠はないと指摘して，承継者と判断した NLRB の判断を支持した[161]。

他方で，旧使用者が行っていた事業内容（製品またはサービス）の一部を新使用者が取り扱わなくなったという事案でも実質的同一性が認められている。例えば，Phoenix Pipe & Tube 事件[162]は，鉄鋼業の工場の買収事案において，譲渡会社において全体の約75％を占めていた heavy wall 製品の生産が，新会社では約99％占めるに至っていた（新使用者は，その他の旧使用者が生産していた light wall 等の製品を中止した）という場合である。しかし，裁判所は，本質

---

[159] Van Lear Equipment, Inc., 336 N.L.R.B. 1059 (2001).
[160] Saks & Company v. NLRB, 634 F.2d 681 (2d Cir. 1980).
[161] 同様に，スーパーマーケットの買収後，エスニック食品のラインを追加し，精肉部門をセルフサービスに変更した事案においても承継者と認められている。Market King, Incorporated, 282 N.L.R.B. 876 (1987).
[162] NLRB v. Phoenix Pipe & Tube, L.P., 955 F.2d 852 (3d Cir. 1991).

的には同一であるとして実質的継続性を否定していない。

同様に，例えば，Premium Foods 事件[163]では，旧使用者の全体の 60% であったフードサービス部門が，新使用者では 98% を占めるようになった事案，さらに前述の Fall River 事件では，旧使用者の 60 ないし 70% を占めていた加工染色を新使用者が取り扱わなくなった事案であるが，いずれも実質的同一性が認められている。

(d) **顧客の実質的同一性**

Burns 事件と対比しつつ，承継者の判断を否定した警備会社のケースが Lincoln Private Police 事件[164]である。同事件は，Lincoln Private Police 社が，業績が低迷し廃業した警備会社である Indutrial Security Guards 社から，同社の顧客全体の 42% と警備サービスの請求可能な時間（全体の 32%）を取得するとともに，Indutrial 社で働いていた警備員 61 人を雇用した事案である（Lincoln 社の警備員全体は 66 人。なお，Indutrial 社の最後の 2 週間の労働者数は 92 人）。NLRB は，Lincoln 社が Indutrial 社の資産を取得せず，独自に運営資産や車，装備等を揃え，監督者も雇用していないことから，全く新しい，独立した事業会社であると指摘した。また，取得した顧客が過半数以下で，その多くは競業他社によって取得されたことから，Burns 事件と違って雇用産業が著しく分断され，実際上ばらばらとなっているとも述べている。その上で，新使用者が旧使用者の全事業を取得していない場合や旧使用者の労働力の過半数に満たない雇用の場合に，承継者判断が決して肯定されないと言うつもりはないが，バランス上，雇用産業に変更がないとの判断を保証するに十分な基準が存することが必要であると理由づけている。本件は，多数の労働者を雇用し，同一事業を継続していることから，実質的継続性が肯定されうる事案と思われるが，雇用産業の著しい分断との評価は，譲渡会社の顧客を競業他社と分け合ったという事情が大きいものと思われる。

(e) **内部的運営方法の変更**

内部的運営方法の変更についても承継者の判断を否定しない。

例えば，Zayre Corp. 事件[165]は，ディスカウントストアを買収した Zayre 社が，同じ場所でディスカウントストアの運営を継続し，譲渡会社によって雇用されていた労働者の 95% を雇用した事案である。従前の店舗では，基本的に独立した単位として運営され，その支配人が多くの従業員および価格決定に

---

[163] Premium Foods, Incorporated v. NLRB, 709 F.2d 623 (9th Cir. 1983).
[164] Lincoln Private Police, 189 N.L.R.B. 717 (1971).
[165] NLRB v. Zayre Corp., 424 F.2d 1159 (5th Cir. 1970).

関する事実上の権限を有していたが、買収後は、チェーン店の一部として中央集権による運営形態に統合され、運営方法が変更された。しかし、そのような内部組織の変更以外の点では、労働者の多数、運営の基本的規模、同種の事業といった点で同一であり、雇用産業に変更はないとして、Zayre 社が交渉義務を有する承継者であるとした NLRB の判断が支持されている。

また、International Union of Electrical, Radio and Machine Workers 事件[166]は、White-Westinghous 社が、5つの組織化された工場を含む譲渡会社の電気器具部門の資産を買収し、そのほとんどの工場のマネージャー、監督者、製品および事務職労働者を維持し、中断なく生産が続けられた事案である。会社側は、従前の中央集権的管理から各施設の独立採算制へ変更となり、実質的な組織変更があったことから旧使用者の複数工場単位での交渉義務を引き継がないと主張した。しかし、コロンビア特別区控訴裁判所は、労働条件の変更がなく、White-Westinghous 社が同じ工場で同じ義務を実行するために同じ労働者を維持しており、雇用産業の重要な変更なく引き継いだと認定して、承継者であることを肯定している。

(f) 規模の縮小

事業譲渡やサービス契約の委託先変更に伴い運営規模が変更されることは頻繁にある。しかし、NLRB と裁判所は、運営規模や従業員の大幅な縮小があっても、承継者の判断を妨げないと繰り返し述べている[167]。

例えば、Bronx Health Plan 事件[168]は、健康サービスプランを提供する非営利企業が旧使用者に雇用されていた 17 人の事務スタッフのうち 16 人を雇用したが、旧使用者の交渉単位には約 3500 人の労働者が所属していたという事案である。NLRB は、移転する部門の単位内労働者らが別個の適切な単位を構成し、かつ、新しい事業運営の下で過半数を構成する限りは、組合に代表されていた事業の一部分のみが新使用者に移転しているとの事実のみをもって承継者の判断に伴う交渉義務は否定されないとして、承継者の判断を肯定している。

また、Tree-Free Fiber Co. 事件[169]は、もともと 500 人規模の製紙工場を譲

---

[166] International Union of Electrical, Radio and Machine Workers v. NLRB, 604 F.2d 689 (D.C.Cir. 1979).

[167] See Commercial Forgings Co., 315 N.L.R.B. 162 (1994), enforced, sub. nom. Forgings Forever, Inc. v. NLRB, 77 F.3d 482 (6th Cir. 1996).

[168] Bronx Health Plan, 326 N.L.R.B. 810 (1998), enforced, 203 F.3d 51 (D.C.Cir. 1999).

[169] Tree-Free Fiber Co., 328 N.L.R.B. 389 (1999).

り受けた新使用者が，16か月の中断後，従前生産していたいくつかの製品のうちの一つを50人で生産開始したという事案である。NLRBは，上述のBronx Health Plan事件の判断を引用した上で，500人が50人となった事実それ自体は重要ではないとし，労働者らは，本質的に同一の方法で同一の仕事をしており，彼らの視点からすると，会社の運営や労働者・組合の役割に変化はないと指摘して，承継者であると判断した。

さらに，Simon DeBartelo Group事件[170]は，Prudential社からショッピングモールの管理を委ねられていたGeneral Growth社が，35人の清掃担当労働者とメンテナンス技術者4人を含む交渉単位を代表する組合と協約を締結していたところ，モールがPrudential社から被申立人であるSimon DeBartelo Group社に譲渡され，清掃およびメンテナンスサービスが別会社に委託されるとともに，4人のメンテナンス技術者のみが雇用された事案である。行政法審判官は，交渉単位の規模の縮小および単位内の仕事の種類の変更を重視し，事業会社の継続性を否定したが，NLRBは2対1で反対し，第2巡回区控訴裁判所もNLRBの命令をエンフォースした。唯一の重要な変化は，交渉単位の大きさであるが，裁判所は，4人の労働者が同一顧客のために同一設備を使い，同一施設で同一の同僚と本質的に同一の仕事を継続し，中断もないと指摘した上で，一般に，交渉単位の規模の変更は新旧使用者の実質的継続性を阻害しないと述べた。また，労働者自身の職務分類（classification）に本質的変更がない場合，労働者の観点からは，規模の変更はほとんど関係がなく，交渉単位の規模の縮小および単位内の同質性が増した点は，交渉代表に対する労働者の態度に重大な影響を及ぼさないと判示している。

(g) 規模の拡張

事業規模の拡張も実質的継続性の判断に影響しない。

例えば，Jeffries Lithograph Co.事件[171]は，Ticor社が，小さな印刷事業を営んでいたBiltmore社の事業を買収し，印刷業を運営するために設立した子会社（Jeffries社）に同事業を継続させた事案である。Jeffries社が事業を開始した当時，その労働者19人すべてがBiltmore社で雇用されていた労働者で

---

[170] NLRB v. Simon DeBartelo Group, 241 F.3d 207 (2d Cir. 2001), *enforcing* Simon DeBartelo Group, 325 N.L.R.B. 1154 (1998).

[171] NLRB v. Jeffries Lithograph Co., 752 F.2d 459 (9th Cir. 1985). その他，Hartford Hospital事件は，合併の事案であるが，NLRBは承継者の判断を肯定している。Hartford Hospital, 318 N.L.R.B. 183 (1995), *enforced without published opinion*, 101 F.3d 108 (2d Cir. 1996).

あったが，その後，地域の運営から全国的な企業へ拡張し，従業員数も増加した。第9巡回区控訴裁判所は，Jeffries 社を承継者と認め，その理由中，承継者法は，新使用者がより大きな，成功した事業となったかどうかに焦点を当てるものではなく，所有者の移転後も事業運営が本質的に同一のままかどうかに焦点を当てるものであり，規模の変更は無関係であるとした。また，その変更が労働者の交渉代表に対する態度に影響しない限り，旧組合が新使用者と交渉すべきとの推定を損なうことはないとも判示している。

(h) **企業構造・性質の変更**

営利企業から非営利企業への変更も，労働者の視点から仕事の性質に変更がないかぎり，承継者の判断を否定しない。

例えば，Shares, Inc. 事件[172]は，ディーゼルエンジンのプラグの製造を行っていた Wellman 社が倒産し，2003年4月25日（金曜日）に労働者が解雇されたため，障害者を訓練・雇用する非営利企業である Shares 社が，その機械を購入するとともに，4月25日に解雇された労働者7人およびそれ以前にレイオフされていた3人（リコールの権利を有していた）を含む11人の労働者を雇用し，翌週月曜日から同じ事業を継続したという事案である。Shares 社は，非営利企業であるから事業が実質的に同一でないと主張したが，第7巡回区控訴裁判所は，労働者の視点から2つの仕事を比較しなければならず，使用者の事業の基本方針は労働者の仕事に対する考え方に影響しうるが，プラグの製造という基本的性質は変更されていないと判示し，承継者を肯定したNLRB の判断を支持した。

また，Community Hospitals of Central California 事件[173]は，自治体によって運営されていた病院を民間の非営利企業が買収した事案である。コロンビア特別区控訴裁判所は，看護師が同じ場所，同じ設備で仕事を継続し，買収前と同様に同じ患者を扱い，使用者の事業の性質（救急患者治療施設〔acute health care facility〕）も同一のままであると指摘し，自治体から民間企業への所有者の変更にもかかわらず，承継者であるとした NLRB の判断を支持している。

このような判断は，自治体から民間企業へのアウトソースの事案にも同様に当てはまる。例えば，Siemens Building Technologies, Inc. 事件[174]は，自治体によって設立された公的な非営利企業から民間企業である Siemens 社に対し，

---

[172] Shares, Inc., 433 F.3d 939 (7th Cir. 2006), *enforcing* 343 N.L.R.B. No. 59 (2004).
[173] Community Hospitals of Central California v. NLRB, 335 F.3d 1079 (D.C.Cir. 2003).
[174] Siemens Building Technologies, Inc., 345 N.L.R.B. 1108 (2005).

発電所の運営・維持業務が委託された事案である。しかし，NLRBは，中断なく，従前と同様に運営され，同一の顧客にサービスが提供されていたことから，承継者と認めている[175]。

(i) 中断期間

NLRBは，Fall River判決以前，事業運営の重大な中断が承継者の判断に不利に作用する一つの要素となるとルーティンに考えてきた[176]。ところが，Fall River判決は，事業閉鎖と始動までの間に7か月の中断期間があるにもかかわらず承継者と認めた。のみならず，同判決は，そのような中断は，他に不継続の指標があるときのみ関係し，逆に，他の要素が企業間の継続性を示しており，かつ，中断が通常の操業開始のための期間である場合は，状況の全体性から，承継者であると示唆される[177]という具体的な判断手法を示したため，中断が考慮される場面は，他にも不継続の要素が認定できる場合に限定されることとなった。これ以後，NLRBおよび控訴裁判所は，相当な中断期間を重視しない判断を示している。

例えば，Straight Creek Mining事件[178]は，地下の炭鉱を運営していたColquest Energy社の事業閉鎖（1990年8月）から新しく設立されたStraight Creek Mining社の事業の引き受け（1995年3月）までの間に，実に54か月もの中断期間があった事案である。しかし，第6巡回区控訴裁判所は，Fall River判決に依拠し，中断の要素を発動するのに十分な不継続の指標がないとして，承継者であると認めたNLRBの命令をエンフォースした。ただし，この中断の始まりは，組合のストライキの決定によって急きたてられた経緯があり，Colquest社の廃業の決定によるものではなかったこと，ストライキ後16か月間は名目上運営を継続し，炭鉱の設備保護のための維持点検が許容されていたこと，廃業が告知された後でさえ炭鉱の再開が可能であったこと，廃業の告知後28か月間は組合がピケを継続し，1994年7月15日までColquest社の労働者が組合からストライキの利益を受け，その期間，組合が隔週で会議を行っていたという事情があった。つまり，組合闘争の色合いが強く，単純な廃

---

[175] その他にも，自治体から民間企業への運営の引継ぎに関して承継者と認められた事件として，The Lincoln Park Zoological Society v. NLRB, 116 F.3d 216 (7th Cir. 1997) などがある。

[176] HIGGINS, 1171 n. 329. *See* Radiant Fashions, Inc., 202 N.L.R.B. 938, 940 (1973).

[177] *Fall River*, 482 U.S. at 45.

[178] Straight Creek Mining, Incorporated, 164 F.3d 292 (6th Cir. 1998), *enforcing* 323 N.L.R.B. 759 (1997).

業の事案ではない。

また，Phoenix Pipe & Tube 事件[179]は，鉄鋼業を営んでいた Phoenix Steel 社が財政困難により事業閉鎖となり，連邦倒産法第 11 章手続の申立てを行い，Phoenix Pipe & Tube 社が裁判所の認可を得てその工場等を譲受け，工場の再開まで 13 か月間の中断期間があった事案である。しかし，第 3 巡回区控訴裁判所は，中断以外のすべての要素が承継者の判断をサポートしているとして中断を一切考慮しなかった。判旨は，売却の希望の下で工場閉鎖後も工場のメンテナンスの努力が続けられ，それらを労働者も知っていたこと，労働者らが組合の会議への出席を継続していたこと等から，これらの事実は，交渉代表の継続に対する合法的な期待を有していたという結論をサポートすると述べている。

さらに，Pennsylvania Transformer Technology 事件[180]は，変圧器を製造する工場を所有していた Copper Indurstries 社が 1994 年 4 月に，同年末までに譲受人が見つからなければ施設を閉鎖すると組合に通知し，11 月 22 日に工場閉鎖後，Pennsylvania Transformer Technology 社が生産を開始するまで約 2 年間の中断があった事案であるが，実質的継続性が肯定された。コロンビア特別区控訴裁判所は，後述する CitiSteel 事件で判断されたような，中断が労働者の再雇用への期待に影響する他の豊富な不継続の指標がないとして，CitiSteel 事件との具体的な違いを述べている。すなわち，同事件と異なり施設の重要な変更がないこと，生産工程や顧客基盤に違いはあるにせよ，CitiSteel 事件で生じた全体の刷新（広範な工場刷新，職務訓練，生産工程の変更，新しい顧客基盤）ほどには重大でないこと，最も重要なことは，CitiSteel 事件では，組合事務所が閉鎖され，組合が工場の再オープンの可能性を予想していなかったのに対し，本件では組合が施設再開のために積極的に買収者探しに参加していたことを挙げている。もっとも，この事件は，工場閉鎖とはいえ，施設維持や顧客への部品提供のために基幹スタッフが維持され，Copper 社と組合との間で 2 年以内に再オープンした場合は組合を承認するという協定まで締結されていたという特殊性もあった。

これに対して，CitiSteel 事件[181]においては，CitiSteel 社が Phonex Steel 社の製鉄工場を香港の投資会社を介して譲り受けたが，Phonex Steel 社の製鉄の

---

[179] NLRB v. Phoenix Pipe & Tube, L.P., 955 F.2d 852 (3d Cir. 1991).
[180] Pennsylvania Transformer Tech., Inc. v. NLRB, 254 F.3d 217 (D.C.Cir. 2001), *enforcing* 331 N.L.R.B. 1147 (2000).
[181] CitiSteel USA, Inc. v. NLRB, 53 F.3d 350 (D.C.Cir. 1995), *deny enforcing* 312 N.L.R.B. 815 (1993).

生産終了から CitiSteel 社による工場再開まで約 2 年の中断期間があり，承継者を肯定した NLRB の判断を控訴裁判所が覆したという事案である。コロンビア特別区控訴裁判所は，CitiSteel 社が 2500 万ドルを費やして特別な工場（高コストで，多種類，少量を生産する工場）から小工場（先進技術設備を使い少コストで，2，3 の種類の製鉄を大量生産する）へ施設を変更したことに着目し，それによって仕事がより多くの責任を伴い複雑化したこと，生産工程の変更，および Phonex Steel 社の顧客のうち 40 ないし 45％のみが CitiSteel 社の顧客となったこと等を挙げ，労働者は，同一の監督者の下，同一の職場環境で同一の仕事をしていないと判示した。また，控訴裁判所は，2 年間の中断に触れ，リコールに対する労働者の期待はわずかで，交渉代表に対する彼らの態度もマイナスに影響したこと，再開に対する見込みも推測にすぎないこと，香港の投資会社への工場売却から生ずる国家の安全に対する懸念や工場再オープンのための特別立法の必要性から工場の将来に疑問が持たれていたこと，および地方組合事務所の閉鎖・委員長の離脱等を指摘し，中断が労働者の再雇用の期待に対して影響を及ぼす他の豊富な不継続の指標があるとして，承継者の判断を否定している。

(3) 小　括

以上のように，承継者過半数が充足された場合，そのほとんどの事案で承継者と認められている。承継者の判断が否定されるのは，雇用産業の同一性が維持されないような一部分の資産譲渡にすぎない場合，CitiSteel 事件のように 2 年の中断期間に加えて抜本的な設備変更があり，もはや労働者の再雇用の期待がほとんどない場合など，特別な場合のみである。このような判断は，承継者過半数が肯定される場合，基本的には当該労働者が同一の仕事に従事していることがほとんどで，労働者の視点で考えると，交渉代表の継続に対する合理的期待が認められることに基づいている。

6　承継者の労働条件変更の可否

(1) 承継者の当初労働条件設定権（原則論）

承継者は，原則として，団体交渉を行う前に最初の労働条件を設定する権利を有する[182]。新しい労働協約の締結交渉は，妥結に至るまで多くの時間を要するが，承継者は，自ら設定した労働条件で事業運営を継続しながら，十分な時間をかけて組合との団体交渉を行うことが可能である[183]。

---

[182] *Burns*, 406 U.S. at 294.

なお、段階的な採用プロセスがとられる場合は、Fall River 判決により、新使用者が実質的かつ典型的な定員を雇用した時点で、その過半数が判断されるため、いずれにせよその時までは使用者の交渉義務は生ぜず、新使用者は最初の労働条件を設定できる。そして、過半数要件が充足され、承継者と判断されると、新使用者は、新しく交渉代表が選ばれた場合と同様に、その時点の労働条件を一方的に変更することは許されない[184]。

ただし、組合は、交渉要求が無益（futile）でない限り[185]、適宜に承認および交渉要求を行う必要がある。しかも、その交渉要求は、明確な（clear and unequivocal）承認および交渉要求でなければならない[186]。特定の形式や"承認"、"交渉"といった文字どおりの表現を用いる必要はなく、労働条件に関して適切な単位内労働者を代表して交渉を希望していることがはっきりと示されていればよい[187]。

しかし、①完全に明白な承継者の場合、および②採用過程で不当労働行為があった場合は、新使用者は当初労働条件設定権を失う。これらの例外が適用される場合、新使用者は、組合との間で新しい協約締結に向けられた団体交渉プロセスを終えるまで、旧使用者の協約条件（従前の賃金や手当）を遵守する必要がある[188]。

(2) 完全に明白な承継者と当初労働条件設定権の喪失

(a) Burns 判決の例外

Burns 判決[189]により、新使用者が旧使用者の労働者に対して労働者全員の雇用計画を有することを"完全に明白に（perfectly clear）"している場合（ただし、後述のように、その際、労働条件の変更に関して何ら示唆していないことを要する）[190]は、旧使用者の下で適用されていた従前の労働条件を変更する前に、組合と交渉することが要求される。

ただし、NLRB と控訴裁判所は、この一般論を新使用者が労働者「全員」

183　Sturner, *supra* note 60, at 1175.
184　HIGGINS, 1173-74.
185　例えば、使用者の採用過程に組合差別等の不当労働行為がある事案では、（交渉要求が無益となり）、交渉要求は不要である。*See Id*. 1174-75
186　Briggs Plumbingware v. NLRB, 877 F.2d 1282 (6th Cir. 1989); 3750 Orange Place Limited Partnership v. NLRB, 333 F.3d 646 (6th Cir. 2003).
187　Eldorado, Inc., 355 N.L.R.B. 952 (2001); MSK Corp., 341 N.L.R.B. 43 (2004).
188　Sturner, *supra* note 60, at 1176-77.
189　*Burns*, 406 U.S. at 294-95.
190　HIGGINS, 1177; Sturner, *supra* note 60, at 1182.

第 3 節　事業譲渡における労働者保護規制　　347

を雇用することを知らせた場合に限定していない。例えば，新使用者が「実質的に」全員を雇用する計画を完全に明白にした場合[191]や，組合の過半数の地位が継続するために十分な数の労働者の雇用計画を完全に明白にした場合[192]，さらには端的に「過半数を雇用する意図」を示した場合[193]も，完全に明白な承継者に含まれると判断したものもある。

(b)　**Spruce Up Corp. 事件（1974 年）の概要**

承継者が全員または実質的に全員に雇用の申出をしたが，その申出が従前の労働条件よりも不利である場合，承継者が当初労働条件設定権を有するか否かは争いがあったが，NLRB は，リーディング・ケースである 1974 年の Spruce Up Corp. 事件[194]においてこれを肯定した。同事件において，NLRB は，概略，次のように述べている（以下，抄訳）。

「いまだ操業を始めていない使用者が，新しい雇用条件の下で雇用を受け入れるために，従前の労働者に対する勧誘以前またはそれと同時に，新しい雇用条件を告知した場合，これを新使用者が "単位内のすべての労働者を雇用する計画を有する" と言うのは公平とは思われない。従前の労働者が新使用者との雇用関係に入らない可能性も現実にある。本件の従前の労働者の多くも，新労働条件の下で新使用者に雇用されることを望まなかった。これと異なる解釈をすれば，Burns 判決の当初労働条件設定権を望む使用者は，この権利を失うこ

---

[191]　NLRB v. World Evangelism, Inc., 656 F.2d 1349 (9th Cir. 1981).

[192]　Spitzer Akron, Inc. v. NLRB, 540 F.2d 841 (6th Cir. 1976), *enforcing* 219 N.L.R.B. 20, *cert. denied*, 429 U.S. 1040 (1977). *Also see*, Galloway School Lines Inc., 321 N.L.R.B. 1422 (1996) [組合の過半数の地位が継続するということが明らかである場合も含まれるとする].

[193]　Appelbaum Industries, Inc., 294 N.L.R.B. 981, 982 (1989).

[194]　Spruce Up Corp., 209 N.L.R.B. 194 (1974), *enforced on other grounds*, 529 F.2d 516 (4th Cir. 1975). ノースカロライナ州の理容店が定期的な競争入札によって運営が行われ，Spruce Up 社が 27 店舗のうち 19 店舗を，残る 8 店舗は他の 2 業者によって運営されていた。1969 年の終わりに入札が行われ，Ciero Fowler が落札し，すべての理容店について Fowler が運営を引き受けることになった。Spruce Up 社の 19 店舗で認証されていた組合は，Fowler に対して組合の承認および交渉を求めたが，Fowler はこれを拒否し，組合との会議の際に，彼が計画しているものを雇用する理容師らに支払うと述べた。また，Fowler は，従前の賃金とは異なる金額を記載した手紙を理容師らへ送り，その金額で働きたい者がサインして手紙を返送するよう求めた。19 店舗において採用された労働者 55 人のうち，32 人が従前 Spruce Up 社で働いていた理容師だった。NLRB は，NLRA 8 条(a)(5)および同(1)違反の不当労働行為を認定し，命令のエンフォースを求めて第 4 巡回区控訴裁判所に提訴係属中であったが，その間に Burns 事件の最高裁判決が出されことから，再考を求めて NLRB に差し戻された。

とを恐れて，雇用の見込みについて好意的なコメントを控えなければならず，従前の労働者に対して雇用の提供をしないよう勧められるだろう。しかし，雇用関係の継続性を抑制することは望ましくない。それゆえ，Burns判決の射程は，①新使用者が，積極的もしくは黙示的推測によって労働条件に変更なく雇用すると誤解させた場合，または②少なくとも，従前の労働者を勧誘する前に，新しい労働条件を設定する意思を明白に告知しなかった場合に限定されるべきである。」

このような新しい雇用条件の告知を要するルールは，事件の名前にちなんで"Spruce Up Announcement"と呼ばれている。

(c) Spruce Up Corp. 事件の影響とBurns判決の例外の射程

その後のNLRBは，繰り返しSpruce Up Corp. 事件の判断を引用しており，この判断が現在でも強い影響力を有している。その結果，少なくとも承継者が全員の雇用を計画し，従前の労働条件が維持されると理解しうる内容の通知等をした場合[195]は，当初労働条件設定権が否定される。その反対に，新使用者が，旧使用者の労働者を雇用する意思を示す以前に（または同時に），従前と異なる労働条件の申出をすれば，完全に明白な承継者であることが否定され，当初労働条件設定権が認められる[196]。

もっとも，Spruce Up Corp. 事件が述べた2つの限定は，Burns判決が示した「労働者全員を雇用する計画を有することを完全に明白にしている場合」を前提として，この射程をさらに絞ると捉えるのが素直な読み方のように思われる。しかし，NLRBと控訴裁判所が，その前提となるBurns判決の摘示につき，文字どおり労働者「全員」の雇用計画を有する場合に限定していないことは前述のとおりであり，使用者の"Spruce Up Announcement"に求める程度如何（また，Spruce Up Corp. 事件で示された①と②の一般論のいずれを重視するか否か）によっては，いまや当初労働条件設定権に対する広い制限が課されているとの評価[197]もありうるところである。

この点に関する控訴裁判所の立場は，必ずしもNLRBの見解と同じではな

---

[195] Elf Atochem North America, Inc., 339 N.L.R.B 796 (2003). 労働者に対して雇用を提供するとともに，彼らの先任権を認め，同等の給与を受けられる等を知らせたことから，完全に明白な承継者と判断された。

[196] Banknote Corp. of America, 315 N.L.R.B 1041 (1994), *enforced*, 84 F.3d 637 (2d Cir. 1996), *cert. denied*, 519 U.S. 1109 (1997); Ridgewell's, Inc., 334 N.L.R.B. 37 (2001), *enforced*, 38 Fed. Appx. 29 (D.C.Cir. 2002).

[197] Sturner, *supra* note 60, at 1185-86.

い。新使用者が別の雇用条件を述べなかったという一事をもって，完全に明白な承継者とは言えないことを示唆するなど[198]，より慎重な立場を採っている控訴裁判所もあり，判断が分かれている[199]。近時，控訴裁判所がNLRBの判断を覆して注目されたケースがS&F Market Street Healthcare LLC事件[200]である。この事件においてNLRBは，従前の労働者を勧誘する前に，新しい労働条件を設定する意思を明白に告知しなかったことを理由として，Burns判決の完全に明白な例外が適用されると判断した。しかし，コロンビア特別区控訴裁判所は，NLRBが，記録の読み方に失敗したのみならず，承継使用者が異なる労働条件の下で雇用するとの兆し（portent）以上に，多くのものを要求しているようにBurns判決を誤解していると指摘した上で，"完全に明白"の例外は，承継使用者が旧使用者の労働者に対してその雇用の立場に変更がないと信じさせた場合にのみ適用されることを想起してほしいと判示した（つまり，Spruce Up Corp.事件の①の場面を重視している）[201]。そして，労働者らは，応募書類，面接，雇用をオファーする手紙から，あらゆる指摘を得ていたとして，完全に明白な承継者であることを否定した。この控訴裁判所の判断は，Burns判決の例外が文字どおり例外であることに回帰し，その射程を限定する方向性を示したものといえよう。

(d) **Spruce Up Announcement のタイミング**

承継者は，異なる労働条件の告知を，雇用申入れの勧誘前またはそれと同時にしなければならない[202]。NLRBは，Charles Starbuck (Starco Farmers Market)事件[203]においてもこの判断を確認し，新使用者の異なる労働条件の提示

---

[198] Saks & Company v. NLRB, 634 F.2d 681 (2d Cir. 1980).

[199] *See* Drew Willis & Richard Bales, *Interpreting NLRB v. Burns Int'l Sec. Servs., Inc.: The Not So "Perfectly Clear" Successor Exception*, 7 SETON HALL CIR. REV. 1 (2010). 現在の控訴裁判所の立場は3つに別れていると分析されている。

[200] S&F Market Street Healthcare LLC v. NLRB, 570 F.3d 354 (D.C.Cir. 2009), *denying enforcement in part* 351 N.L.R.B. 975 (2007).

[201] ただし，承継者が労働者を誤解させたか否かという①の場面に「完全に明白」な労働者の例外を及ぼすことに関しては，控訴裁判所の中でも異論がある。Canteen Corp. v. NLRB, 103 F.3d 1355, 1364 (7th Cir. 1997).

[202] Sturner, *supra* note 60, at 1191. なお，承継者は，旧使用者の労働者に対して仕事のオファーをする前に，労働条件の変更を知らせる応募書類を配布している。それによって応募者が応募して仕事を受け入れる場合，従前と違う条件であることを知らされる。このようなプロセスを踏んだ承継者が，事前の交渉なしに当初の労働条件を設定することに成功していると指摘されている。*See* Sturner, at 1197.

[203] Charles Starbuck, 237 N.L.R.B. 373 (1978).

が労働者を雇用する意思表示の後である場合，その雇用の意思表示が決定的であるとみなされ，新使用者が当初労働条件設定前に組合と団体交渉することが義務づけられると述べている。

なお，第6巡回区控訴裁判所は，Samuel L. Peters 事件[204]において，"運営開始前またはその直後に" 新雇用条件の下で雇用する意図を積極的に告知すればよいとして Spruce Up Announcement のタイミングを拡張したが，この判断は Dupon Dow Elastomers 事件[205]において修正された。同裁判所は，Samuel L. Peters 事件の判旨が，より以前の先例である Spitzer Akron 判決[206]の判断（労働者の十分な数を雇用する意図を完全に明白にし，その結果，組合の過半数地位が継続する場合は，承継使用者は当初の労働条件を設定しえない）と抵触していると指摘し，同一条件で雇用すると約束して経験のある労働者に雇用を承諾させ，雇用後に変更を告知して自己の労働条件を設定しうるとの解釈は，Burns 判決や Spitzer Akron 判決と調和しないと述べている。

(e) 救　　済

完全に明白な承継者が組合と交渉せずに自ら設定した労働条件を実施した場合，誠実団交義務違反として NLRA 8条(a)(5)違反となり，一方的な労働条件変更の停止，組合との交渉義務のほか，従前の協約の下での賃金のバックペイが認められる[207]。

(3) 採用過程での不当労働行為と当初労働条件設定権の喪失

先述のとおり，組合差別はもちろん，承継者が承継者法理を回避するために，旧使用者の労働者が過半数に達しないように採用を行った場合も，NLRA 8条(a)(3)違反と判断される。この場合も承継者は，当初労働条件設定権を失う。したがって，新使用者が組合と交渉することなく，一方的に労働条件を変更した場合は 8条(a)(5)違反となり，NLRB は，組合との交渉命令や一方的に設定した労働条件を止めるよう命じている。このような例外は，使用者の差別的行為がなければ，旧使用者の労働者の過半数が雇用されたであろう（組合の過半数代表としての地位継続）という推定に基づく[208]。

また，NLRB は，NLRA 8条(a)(1)違反の承継者の行為（保護される権利行使

---

[204] Samuel L. Peters, Receiver v. NLRB, 153 F.3d 289 (6th Cir. 1998).
[205] Dupon Dow Elastomers, L.L.C.v. NLRB, 296 F.3d 495 (6th Cir. 2002).
[206] Spitzer Akron, Inc. v. NLRB, 540 F.2d 841 (6th Cir. 1976), *cert. denied*, 429 U.S. 1040 (1977).
[207] Charles Starbuck, 237 N.L.R.B. 373 (1978).
[208] HIGGINS, 1181; Daufuskie Club, Inc., 328 N.L.R.B. 415 (1999).

に関して，労働者に干渉，妨害または威圧を行うこと）についても，承継者の権利義務が生ずるプロセスを不法に妨げた新使用者に対してBurns rights（当初労働条件設定権）を与えることは制定法のポリシーに反するとして，Burns判決の失権原則を広げている[209]。例えば，最初に「この施設では組合がない」と宣言し，新しく雇用される労働者に向けて威圧的な雰囲気を作り出している場合に問題となる。

もっとも，Brown & Root 事件[210]において，第5巡回区控訴裁判所の多数意見は，そのような使用者の言動について8条(a)(1)違反を否定し，むしろ8条(c)の言論の自由として保護されると判断したため，判断が別れている。

7 不当労働行為責任の承継者（Golden State Successor）

(1) Golden State Successor の要件

Golden State 判決は，個別の事件においてNLRBの判断がその裁量の範囲内にあるとの結論を支持したものであり，具体的な要件を明示しなかった。しかし，その後の第6巡回区控訴裁判所[211]は，Golden State Successor の要件を次のように定式化した。すなわち，新使用者は，①新旧企業（の事業運営）間の実質的継続性があり，かつ，②承継者が譲り受けた日より前に旧使用者の不当労働行為を知っていた場合は，旧使用者と連帯責任を負うと判示している[212]。なお，これに手続的要件等を加える見解[213]もある。

---

[209] Advanced Stretchforming International, Inc., 323 N.L.R.B. 529 (1997), *enforced in part and remanded in part*, 233 F.2d 1176 (9th Cir. 2000), *cert. denied*, 534 U.S. 948 (2001). *See* Galloway School Lines Inc., 321 N.L.R.B. 1422 (1996).

[210] Brown & Root, Inc., v. NLRB, 333 F.3d 628 (5th Cir. 2003).

[211] Marlene Industries Corp. v. NLRB, 712 F.2d 1011 (6th Cir. 1983); NLRB v. South Harlan Coal, Inc., 844 F.2d 380 (6th Cir. 1988). 控訴裁判所は，Marlene Industries Corp. 事件において，新旧企業間の実質的継続性と述べていたが，South Harlan Coal, Inc. 事件では，新旧企業間ではなく，"事業運営（business operation）"の実質的継続と述べている。

[212] その他にも，Great Lakes Chem. Corp. 事件において，Burns Seccursor と Golden State Successor を2つの異なる法理論であると指摘し，NLRBが，労働訴訟を知って事業を取得し，かつ，実質的変更または中断なく企業の運営を継続している場合に不当労働行為救済責任を負うとしていると判示している。NLRB v. Aquabrom, Division of Great Lakes Chemical Corp., 855 F.2d 1174 (6th Cir. 1988), *clarified and amended*, 862 F.2d 100 (6th Cir. 1988).

[213] Golden State 判決から，要するに，(a)新旧使用者間に継続性があること，(b)買収時に旧使用者の不当労働行為を知っていたこと，(c)その救済がNLRAの目的を実現する

(2) Burns Successor の要件との差異

上述のように Golden State successor と認定されるためには，新旧企業またはその事業運営の実質的継続性が要求される。問題は，実質的継続性の中身について，これまで述べてきた Burns Successor のそれと異なるかどうかである。

(a) 実質的継続性の内容

この点，Fall River 判決が，承継者（実質的継続性）の意義について，Golden State 判決を引用しながら述べたことから，連邦最高裁は，不当労働行為救済責任の事案でも同様に取り扱われるべきことを示唆していると考えられる[214]。第4巡回区控訴裁判所も，WXGI, Inc. 事件[215]において，旧使用者が労働者の解雇の際に不当労働行為を行ったことを知りながら事業を買収・継続している事業譲受人は，NLRB によりバックペイ付きでの当該労働者の復職が命じられうると長きに渡り判断されてきていると指摘した上で，NLRB が状況の全体性を審査し，新会社が旧使用者の相当の資産を獲得したか，および中断や実質的な変更なく旧使用者の事業運営を継続したかどうかに焦点を当てていること，したがって，その焦点は両企業間に"実質的継続性"があるか否かであること，このアプローチの下で NLRB が多くの要素を吟味していること，すなわち，労働者が本質的に同一か，新会社の労働者が同じ監督者の下で同じ職場環境で同じ仕事をしているか，新会社が同じ生産過程を有し，同じ製品を作っているか，基本的に同じ顧客層かであるとして，Burns Successor と同様の枠組みを指摘している。

ただし，前述のとおり Burns Successor については，承継者過半数要件に最も大きなウェイトが置かれ，実質的継続性とは別個の独立した要件とされるに至っている。かかる過半数要件が Golden State successor に関しても必要か否かは立場が分かれているが[216]，現在の NLRB を含めて，一般には，実質的継続性の重要な要素ではあるが，不可欠の要件ではないと解している[217]。

ものであること，(d)承継者がこれらの問題を審理する機会（典型的にはバックペイ手続）を有する場合に，承継者に対して旧使用者が行った不当労働行為の救済を命じうるとの指摘もなされている。GORMAN & FINKIN, 801.

[214] Id. at 802.

[215] WXGI, Incorporated v. NLRB, 243 F.3d 833 (4th Cir. 2001)［ラジオ放送局の譲渡の事案において承継者を肯定］．

[216] 承継者過半数要件を必要とする見解は，近時の第8巡回区控訴裁判所が採用している。See NLRB v. Harmon Auto Glass, 649 F.3d 873 (8th Cir. 2011).

[217] D. L. Baker, Inc., 351 N.L.R.B. 515, 519, 545 (2007); Harmon Auto Glass, 354 N.L.R.B. 1 (2009); GORMAN & FINKIN, 802. 旧使用者出身の労働者が過半数とならな

(b) 新旧使用者間の取引関係の要否

Burns 事件のように新旧使用者間に何らの契約関係がない場合でも Golden State successor の射程に含まれるかは議論がある。

この点、NLRB および控訴裁判所は、一般に、承継者が旧使用者から相当の資産を取得することを要すると解している[218]。例えば、NLRB は、Glebe Electric 事件[219]において、Golden State Successor を否定するにあたり、Golden State 判決によって採用された不当労働行為責任を売主に課す根本的理由は、譲受人が潜在的責任を価格または売主による補償を通じて反映させうる点にあるところ、Glebe 社と Aneco 社との間に仕事上の関係はなく、かつ、旧使用者から何ら価値のあるものを取得していないため、旧使用者の違反による責任から防護する機会を持たない、とその理由を述べている[220]。

(3) Golden State Successor の適用領域の拡張

裁判所は、Golden State successor を、NLRA 以外の雇用関係法の文脈、例えば、公正労働基準法（FLSA）[221]、年齢差別禁止法（ADEA）[222]、公民権法第7編[223]、労働者退職所得保障法（ERISA）[224]などにも拡張して適用している。

ただし、その要件については、上述の要件を基本としつつ、修正が加えられる場合もある。例えば、公正基準法に基づく責任に関して承継者法理の拡張を認めた Steinbach 事件[225]では、承継者法理のルーツは、衡平法（equity）にあるとして、承継者法理の適用にあたり、公正さ（fairness）が主要な考慮要素

いために組合との交渉が義務づけられない場合でも、少なくとも金銭的な救済に関する限り、適用があると判断したものとして、St. Mary's Foundry, 284 N.L.R.B. 221 n. 4 (1987), *enforced*, 860 F.2d 679 (6th Cir. 1988).

[218] WXGI, Incorporated v. NLRB, 243 F.3d 833 (4th Cir. 2001).

[219] Glebe Elec., Inc., 307 N.L.R.B. 883 (1992).

[220] この判断は、Hill Industries 事件（Hill Industries, Inc., 320 N.L.R.B. 1116 (1996)）においてもあらためて引用され、BTS 社が Precision 社からいくつかの材料を 3500 ドルで購入していたが、NLRB は、その購入価格の交渉によって、想定される規模の不当労働行為による潜在的責任を相殺することは不可能であるとして、Golden State successor を否定している。

[221] Steinbach v. Hubbard, 51 F.3d 843 (9th Cir. 1995).

[222] Criswell v. Delta Air lines, Inc., 868 F.2d 1093 (9th Cir. 1989); E.E.O.C. v. G-K-G, Inc., 39 F.3d 740 (7th Cir. 1994).

[223] Bates v. Pacific Maritime Association, 744 F.2d 705 (9th Cir. 1984).

[224] Trustees for Alaska Laborers-Construction Industry Health & Security Fund v. Ferrell, 812 F.2d 512 (9th Cir. 1987).

[225] *Steinbach*, 51 F.3d 843.

となるとした上で，公正さ，政策および問題となっている利益の3点を考慮して承継者法理の適用が検討されている。

8 仲裁付託義務の承継者 (Wiley successor)

　Howard Johnson 判決は，仲裁合意の強制を否定する理由中で，Wiley 判決が判示した「事業会社の同一性の実質的継続」には労働力の同一性が含まれるとし，旧使用者の労働者が過半数を構成していなかった点を指摘していた。しかし，その後の控訴裁判所のほとんどは，たとえ過半数労働者が旧使用者の労働者から構成されていたとしても，仲裁合意の強制を否定している。例えば，鉄鋼製品の製造販売を営む AmeriSteel 社が旧使用者から製造施設を含む様々な資産を譲り受け，同施設を運営した AmeriSteel 事件[226]では，同社が旧使用者で雇用されていた6人の組合員を除く全員（約50人）を雇用したにもかかわらず，仲裁合意を強制されないと判断した。この判決は，Howard Johnson 判決の解釈として，同判決が Wiley 判決の意義を重視せず，判決に表れた限定された事実の文脈にその射程を絞った一方で，Burns 判決を広く捉えたものと解している。このような理解に立てば，Wiley Successor の適用場面はごく限定され，合併の事案に限定されるものと考えられる[227]。

　しかし，その一方で，Wiley 判決の適用場面をそこまで限定しない裁判例もある。例えば，抵当権実行手続の競売において資産を取得し，旧使用者の労働者を雇用して事業運営が継続された Scotter Division of Gradate Plastics Co. 事件[228]では，仲裁人が，承継者であることを理由として新使用者に対して仲裁への参加義務および旧協約中の責任（教育基金等の未払保険料）を認める裁定を行ったことから，その効力が問題となった。第2巡回区控訴裁判所は，吸収合併の事案でないにもかかわらず，Wiley 判決を一つの根拠として，かかる仲裁人の判断を支持した（ただし，この事件は，新使用者と組合との間の新協約で旧協約規定を例外付きで採用するとの合意があり，しかも，新使用者が仲裁手続に参加

---

[226] AmeriSteel Corp. v. International Brotherhood of Teamsters, 267 F.3d 264 (3d Cir. 2001).

[227] 事業譲渡の場合にも仲裁義務を肯定したものとして，United Steelworkers of America v. United States Gypsum Co., 492 F.2d 713 (5th Cir. 1974), *cert. denied*, 419 U.S. 998 (1974) があるが，Howard Johnson 判決前の判断である。同意していない承継者が旧使用者の協約の下での仲裁合意に拘束されるという点は，控訴裁判所によって放棄されているとの指摘すらある。Gross, *supra* note 9, at 125.

[228] Stotter Div. of Graduate Plastics Co. v. Dist. 65, UAW, 991 F.2d 997 (2d Cir. 1993).

していた事実もあったため，一般化できない)。

　また，同じく第2巡回区控訴裁判所は，近時のMeridian事件[229]において，承継者に対して協約上の仲裁付託の強制を認めた地裁の判断を支持している。この事件は，空港のターミナルでの守衛業務を請負ったMeridian社が他社に下請に出し，下請契約終了後，4分の3の労働者を引き継いで自ら請負業務を継続したものであるが，判旨は，下請会社をMeridian社と労働者との間の単なる仲介人(middleman)であったとして，本件のように労働力の同一性の実質的継続性に関する十分な徴憑がある場合は，協約の実体的条件の少なくともいくつかに拘束されうるとした（ただ，その拘束される範囲は仲裁人が決すべきことであると判示している）。また，この判決は，Wiley判決の射程が合併の状況に限定されないことを明言するとともに，上述したAmeriSteel判決に触れ，Howard Johnson判決の理由付けを誤解していると反論し，仲裁義務を課すことが利益をバランスさせる最も効果的な方法であるとも述べている。

　このように，小数ながら，近時の第2巡回区控訴裁判所の判断のように仲裁の重要性を強調し，合併の事案以外でWiley判決に依拠する裁判例もあることから，Wiley判決の射程は定まっていないのが現状である。少なくともWiley判決は，新旧企業間に実質的継続性（特に労働者の同一性）が非常に強く認められる事案においては（しかも，吸収合併事案でもない），いまだ適用がありうると言えるであろう[230]。

9　小　括

　以上のように承継者法理は，3つの異なる要件・効果の下で類似した法理が，労働者側の継続性を求める要請と新使用者側の柔軟性を求める要請という双方の衝突する政策のバランスの上に形成されている[231]。

　すなわち，まず，Burns successorの場合に考えられるのが，新使用者の交渉の自由と労働者の交渉代表の継続に対する合法的期待とのバランス[232]であ

---

[229] Local 348-S, UFCW, AFL-CIO v. Meridian Management Corp., 583 F.3d 65 (2009).

[230] なお，仮に事業会社の同一性の実質的継続が認められたとしても，その他の問題点として，事業を買収した承継者がすでに組織化されており，別の組合と協約を締結していた場合に，対象会社が締結している協約の下での仲裁付託義務を負うかは争いがある。控訴裁判所は，労使紛争を予防するどころか，むしろ助長するとしてこれを否定している。McGuire v. Humble Oil & Ref. Co., 355 F.2d 352 (2d Cir. 1966); IAM v. Houmet Corp., 466 F.2d 1249 (9th Cir. 1972).

[231] See HIGGINS, 1229.

る。組合の過半数支持の推定が一切なく，幅広い企業移転の可能性だけがあるとすれば，使用者が協約や組合の存在を除去する方法として承継企業を利用する危険も考えられる[233]。特に，アメリカでは，事業部門の譲渡のために平時においても事業譲渡が頻繁に活用され，また，スピン・オフ等により子会社への事業の分割がD型組織再編成として容易である反面，排他的代表制により組合が直ちに単位内労働者の代表となりえないことを想起すれば，なお一層，労働者保護を重視し，事業譲渡の際に排他的交渉代表の地位を継続する必要性が認められる。他方で，労働者が組合の地位継続に対して合理的期待を欠く場合は，逆に労働者の交渉代表を選択する自由を損なうことにもなるため，労働者の交渉代表を選択する自由と雇用産業の移行期に安定した交渉関係を維持することによって労使平和を達成する利益とのバランス[234]も検討する必要がある。

　これらのバランスの調和点こそが承継者法理の要件論の到達点である。仮に新使用者によって雇用された労働者の中に自ら選択していない組合を支持しない者がいたとしても，新しい労働力の過半数が旧使用者の労働者から構成され，かつ，新旧企業の実質的継続性があるならば，その他の労働者の交渉代表の継続に対する合理的期待を優先して組合の過半数支持が継続していると推定し，組合の承認・交渉義務を認めるほうが合理的である。それが団体交渉関係の安定を促進し，労使平和に寄与することにもなる。他方で，労働力の過半数を訓練された旧使用者の労働者で構成するか否かは，多くの程度，新使用者の手中にあるため，組合の承認・交渉義務にとどまる限り，新使用者の自由の侵害度は低い。そのため，過半数テストを充足し，労働者の視点から実質的に同一の事業と考えられる限り，承継者法理の広い適用が許容されることになり，事業譲渡以外の場合，しかも直接の契約関係がない場合にまでその適用が広く認められている（各州のコモン・ローに基づく一般の承継者責任のルールに依拠しない）。

　また，Golden State successor についても同様に，一般の承継者責任に依拠せず，広い適用が認められている。ここでは，不当労働行為を救済するという国家労働政策が単なる企業所有者の変更によって無に帰されることを防止する必要がある。そこで，対象会社の不当労働行為責任に対する買収者の認識を要件とすることにより，買収価格や補償条項等により調整が可能なことから，実質的継続性がある場合は，承継者の拘束されない利益よりも，不当労働行為に

---

[232]　3750 Orange Place Limited Partnership v. NLRB, 333 F.3d 646 (6th Cir. 2003).
[233]　*Fall River*, 482 U.S. at 40.
[234]　*The Supreme Court, 1971, supra* note 15, at 250-51.

より不利益を被った労働者の救済を優先させるというバランシングが説得力を有する。ここでも実質的継続性を要件とすることにより，多様なファクターが考慮されることになり，複雑な利益衡量が可能となる（例えば，不当労働行為責任を契約条項でカバーできるほどの取引量だったか等）。

これに対して，Wiley successor は，旧使用者の仲裁合意という自らが関与していない協約により直接拘束されることの是非が問題となるため，新使用者の事業再編・資本の移転の自由と雇用関係の突然の変更からの労働者保護とのバランスを考慮する必要がある。そして，Burns 判決以降，多くの見解は，Wiley 判決で述べられた労働者保護よりも，使用者側の自由を優先して考えている。とりわけ，協約による仲裁義務への拘束が，仲裁人による判断を通じた雇用義務の強制と結び付く可能性もありうることから，その適用範囲は，極端に限定される傾向にある。

II 分身法理による労働者保護

1 分身法理の概要

承継者法理の下では，新使用者は，原則として同意しない限り旧使用者の締結した協約に拘束されない。しかし，新使用者が旧使用者の「分身」(alter ego) と判断される場合は，旧使用者が締結した協約の実体的条件に拘束されるとともに，旧使用者の労働者に対する義務と同一の義務を負担する。この義務には，組合との交渉義務[235]や不当労働行為責任[236]も含まれる。

NLRB と裁判所は，企業所有者が単に会社の形式を変更することによって NLRA の下での義務が潜脱されることを防止するため，分身理論を発展させてきた。2つ以上の企業体が存する類似のケースで，NLRB は，「使用者」(NLRA Sec. 2(2)) か否かという一つの定義を単純に適用するのではなく，少なくとも5つの異なるテストまたは分析の枠組み（分身法理のほか，共同使用者〔joint employers〕，単一使用者〔single employer〕，法人格否認の法理〔piercing the corporate veil〕，同盟法理〔ally doctrine〕）を採用している。これらのテストは，名目上は別個の企業体が実際上単一の企業体として機能しているか否か，また

---

[235] *See*, NLRB v. Tricor Prods., 636 F.2d 266 (10th Cir. 1980); Standard Commercial Cartage, Inc., 330 N.L.R.B. 11 (1999).

[236] NLRB v. Borg-Wargner Corp., 663 F.2d 666 (6th Cir. 1981), *cert. denied*, 457 U.S. 1105 (1982).

は，彼らを「使用者」とみなして別の合意への拘束を認めるべき否かを評価しようとするものである[237]。その中でも分身法理は，新使用者が「単なる旧使用者の偽装継続」と評価しうる場合に，その者を拘束するために労働事件で最も一般的に利用されている法理論である[238]。

なお，従前のNLRBおよび裁判所は，単一使用者法理[239]と分身法理を十分区別しないまま混同して適用していた。しかし，現在のNLRBは，両者は関連するが，別個の概念として整理し，単一使用者法理は，複数の継続企業が併存し，かつ，運営されているケースで問題となると整理している。これに対して，分身法理は，旧使用者が廃業または事業の運営を終了し，新しい使用者が同一の事業運営を開始する場面でその適用が検討される[240]。例えば，通常の事業譲渡のケースのように，旧使用者がある事業を譲渡し，もはや当該事業を継続しない場合である。そのため，分身法理では，通常，旧使用者の下での協約に対する拘束や組合の承認が，新使用者（事業譲受人）の下で問題となる。

2　連邦最高裁による分身法理の承認
──Southport Petroleum Co. 事件

連邦最高裁は，1942年のSouthport Petroleum Co. 事件[241]において分身法理を認めた[242]。この事件では，1938年8月，Southport社が解雇した3人の

---

[237] Grant Crandall, Sarah J. Starrett & Douglas L. Parker, *Hiding behind The Corporate Veil: Employer Abuse of The Corporate Form to Avoid or Deny Workes's Collectively Bargained and Statutory Right*, 100 W. VA. L. REV. 537, 569-70 (1998).

[238] *See* NLRB v. Fullerton Transfer & Storage, 910 F.2d 331 (6th Cir. 1990); Drew Willis & Richard A. Bales, *Narrowing Successorship: The Alter Ego Doctrine and the Role of Intent*, 8 DEPAUL BUS. & COM. L. J. 151, 152 (2010).

[239] 単一使用者法理とは，見かけ上，互いに独立して存在する複数の企業を，単一の統合された企業として，したがって，ある労働者（および当該労働者を代表する労働組合）との関係で，一体としての「使用者」を構成するものとして扱う法理である。竹内（奥野）寿「米国労使関係法における『単一使用者』・『共同使用者』法理」立教法学73号285頁（2007）。

[240] NYP Acqusition Corp., 332 N.L.R.B. 1041 n. 1 (2000), *enforced sub nom*. Newspaper Guild of N. Y. Local 3 v. NLRB, 261 F.3d 291 (2d Cir. 2001). *Also see* NLRB v. Hospital San Rafael, Inc., 42 F.3d 45, 50 (1st Cir. 1994) *cert. denied*, 516 U.S. 927 (1995); HIGGINS, 1185.

[241] Southport Petroleum Co. v. NLRB 315 U.S. 100 (1942).

[242] *See* GORMAN & FINKIN, 783; Gary Alan MacDonald, *Labor Laws Alter Ego Doctrine: The Role of Employer Motive in Corporate Transformations*, 86 MICH. L. REV. 1024, 1029 (1988). Southport Petroleum事件の最高裁判決が分身法理の起源であると指摘さ

労働者をバックペイ付きで復職させるよう NLRB によって命じられていた。しかし，同社は，命令に従わず，1939 年 6 月になり，バックペイに関するものを除き，NLRB の命令を履行する旨の約束を文書で交わしたが，それでも命令を履行しなかった。そこで NLRB は，第 5 巡回区控訴裁判所にエンフォースを求めて提訴した。NLRB が提訴してから約 4 か月後，Southport 社は，追加証拠の提出許可を求めた。その申請書によると，1939 年 6 月（NLRBとの文書締結の 3 日後），Southport 社が 4 人の株主らに対してすべての資産を清算配当し，しかも精製所を配当された 2 人の株主らが，株主構成が全く異なるデラウェア州の新会社にそれを譲渡（移転）したということだった。そして，Southport 社は，1940 年 10 月 16 日に正式に解散されたとして，NLRB の命令のエンフォースメントを却下するよう求めた。

第 5 巡回区控訴裁判所は，NLRB の命令を支持し，追加証拠の提出許可も認めなかったが，連邦最高裁は，追加証拠の提出許可の申請を否定した控訴裁判所に誤りがあったかどうかという問題に限定して裁量上訴を認めた。連邦最高裁は，結論としては許可の否定に誤りはなかったとしたが，その理由中で概略，次のように述べた（以下，抄訳）。

「デラウェア州の Southport 社の株主が上告人の株主ではないという上告人の主張は，新会社の株式が上告人やその株主の現実の支配下に置きつつ実体がない，または藁人形によって保有されていたという可能性を否定していない。NLRB の原職復帰命令は，黙示的に使用者による製油所の継続した操業を条件としていたが，そのような操業は，以前の事業形態の下で，または命令を逃れようとする偽装（a disguise intended to evade this provision）の下で，継続したのかもしれない。単に名前または外見上の支配の変更があるにすぎない場合は，上告人を命令から解放させる理由はない。真正な不継続（bona fide discontinuance）で本当に所有者が変更したか（それは命令の原職復帰させる義務を消滅させる），それとも単なる旧使用者の偽装継続（merely a disguised continuance of the old company）かが明確ではない[243]。」。

上記の Southport Petroleum Co. 事件が指摘した「単なる旧使用者の偽装継続」というフレーズは，現在，分身法理の適用場面として公に認知されるに至っている[244]。例えば，承継者法理に関する Howard Johnson 判決は，分身

れている。

[243] *Southport Petroleum Co.*, 315 U.S. at 105-106.
[244] 例えば，ESTREICHER, 65 は，分身法理について，信義誠実に従って分離した会社か，それとも旧使用者の偽装継続かであり，要するに，合法的な事業目的のためではなく，

のケースとは異なることを強調する際に，Southport Petroleum Co. 事件の判示を引用し，分身のケースが単なる旧使用者の偽装継続であると指摘している。その上で，同判決は，分身のケースについて，しばしば労働法の効果を回避するために，所有または経営を実質的に変更することなく，企業の構造や同一性における単なる技術的変更の場面であり，そのような場合，裁判所は，承継者が現実には同一の使用者であって，旧使用者のすべての法的および協約上の義務に服するとほぼ問題なく判断してきたと述べている[245]。

3　分身法理の判断枠組み（一般的判断要素）

(1) Crawford Door Sales Co. 事件

では，具体的にはいかなる要件の下で新使用者が「単なる旧使用者の偽装継続」と判断されるのであろうか。まずは，分身に関する NLRB のリーディング・ケースである Crawford Door Sales Co. 事件[246]を簡単に紹介する。

この事件は，車庫のドアの販売および設置業務を行っていた Crawford 社を経営し，主たる株主であった Cleon H. Cordes とその妻 Ann が，体調問題から会社を清算して引退を考えるようになり，1975 年 4 月 30 日，Crawford 社の清算計画を決議した。この計画に従って，株主であった Cleon H. Cordes, Ann，その息子である Michael Cordes およびその兄弟に対し，株式数に応じて会社の資産が分配され，Cleon と Ann は会社の不動産を，Michael は会社の家具，設備，トラック，在庫，現金を取得した。同月 17 日，Michael が社長となって Cordes Door 社が設立され，両親から不動産を借りて同年 7 月 1 日頃に事業が開始されたが，事業内容，設備，顧客等に変更はなった。

このケースで，NLRB は，協約の不遵守や一方的な労働条件変更などにつき，Crawford 社とその承継者である Cordes Door 社に対して不当労働行為の救済責任を認めた。しかし，分身の判断については，行政法審判官と意見が別れた。行政法審判官は，その理由中において，企業所有者（corporate ownership）の同一性が分身の認定に不可欠であるように思われると述べ，Michael とその妻 Adalaide は Cordes Door 社の唯一の株主であるが，Crawford 社では Michael が少数株主にすぎなかったとして，分身には当たらないと判断した。

これに対して，NLRB は，それぞれのケースにおける事実に依拠されなけ

　　組合を締め出すための手段としてのみ採られた組織変更の場合に認められると指摘している。
245　*Howard Johnson*, 417 U.S. at 259 n. 5.
246　Crawford Door Sales Co., 226 N.L.R.B. 114 (1976).

ればならないと前置きした上で，一般に，所有者（ownership）だけでなく，2つの企業が実質的に同一の経営者（management），事業目的，事業運営（operation），設備，顧客，監督者を有している場合には分身に当たると判断してきたと述べた。そして，Crawford 社は，Michael が Cordes Door 社として事業継続しうる 12 か月清算計画を採用し，その計画の下で不動産の所有権は Cleon らが保有したものの，Cordes Door 社にリースされたこと，その Cordes Door 社の社長かつ多数株主が Michael であること等から，両社は常に Cordes 一家によって所有され，2つの企業の所有者および支配が実質的に同一で，共通の事業目的，経営者，事業内容，設備，顧客および監督者という他の要素からしても，分身にあたると判断した。

この事件以降，NLRB と裁判所は，新使用者が旧使用者の分身に該当するかどうかを判断するにあたり，その最初のステップとして，一般に，Crawford Door Sales Co. 事件で示された要素，すなわち，①所有者，②経営者，③事業目的，④事業運営，⑤設備，⑥顧客，⑦監督者について実質的同一性を有しているか否かを吟味している[247]。また，NLRB および裁判所は，ほとんど常に，NLRA の下での法律上もしくは協約上の義務や NLRB の救済命令を回避しようとする使用者の動機・意図または反組合的意図を考慮するほか，しばしば独立当事者間取引[248]かどうかも考慮要素として挙げている[249]。これらの判断要素のうち，分身の判断に決定的となるような単一の要素はなく，また，すべての要素が充足される必要もない[250]。

(2) 承継者法理の要件との差異

分身の要件は，承継者のそれと一見類似している（本書 362 頁の表参照）。承継者と同様，移転（継続）の形式が重視されず，一部譲渡[251]，子会社への事業

---

247 *See* Park Maintenance, 348 N.L.R.B. 1373 (2006); Trafford Distribution Center v. NLRB, 478 F.3d 172 (3d Cir. 2007); Trustees of Detroit Carpenters Fringe Benefit Funds v. Industrial Contracting, LLC Lasalle Group, 581 F.3d 313 (6th Cir. 2009). この7つの要素は，事件の名前にちなんで "Crawford Door factors" と呼ばれている。
248 独立当事者間取引の意味については，本書 264 頁の注(35)参照。
249 Newpaper Guild of New York v. NLRB, 261 F.3d 291 (2d Cir. 2001); J Vallery Electric, Inc. v. NLRB, 337 F.3d 446 (5th Cir. 2003); Midwest Precision Heating & Cooling, Inc., 408 F.3d 450 (8th Cir. 2005). 2つの企業間の取引の性質と範囲を判断要素に挙げるものとして，GORMAN & FINKIN, 803.
250 Summit Express, Inc., 350 N.L.R.B. 592 (2007); Willis & Bales, *supra* note 238, at 152-53.
251 Better Building Supply Corp, 283 N.L.R.B. 93 (1987); Standard Commercial Cartage, Inc., 330 N.L.R.B. 11 (1999).

会社	Successorship	Alter ego
Ownership		①所有者（支配）
Management		②経営者
		③事業目的
		④不法な動機・意図
Operation	①事業運営	⑤事業運営
	②施設	
	③労働力	
	④仕事内容	
	⑤監督者	⑥監督者
	⑥機械，設備，生産方法	⑦設備
	⑦製品，サービス	
	⑧顧客	⑧顧客

の分割（譲渡）[252]，業務委託[253]，新旧使用者間の取引関係（事業譲渡契約など）がない場合（例えば，閉鎖と新規設立のみのケース）にも認められる。しかし，通常の承継者のケースでは，労働者の実質的継続性（承継者過半数）に焦点が充てられるのに対して，分身のケースでは，義務を潜脱しようとする使用者側の所有または支配の実質的同一性が出発点となり[254]，共通の所有者と経営者，および労使関係への支配に最もウェイトが置かれている[255]。そこで，以下では，具体的な事例をもとに，上記のファクターがどのように分身法理に適用されているかを概観し，分身法理の適用場面を検討する。

4　所有者または支配の実質的同一性

NLRBは，所有者の共通性を重視し，所有者が共通していない場合は，限定された状況でのみ分身を認めている。すなわち，NLRBは，Hill Industry事件[256]やSummit Express事件[257]において，所有者の共通性がない場合でも分

---

[252] NLRB v. Borg Warner Corp., 663 F.2d 666 (6th Cir. 1981), *cert. denied*, 457 U.S. 1105 (1982).

[253] Woodline Motor Freight v. NLRB, 843 F.2d 285 (8th Cir. 1988).

[254] HIGGINS, 1183.

[255] GORMAN & FINKIN, 803.

[256] Hill Industries, Inc., 320 N.L.R.B. 1116 (1996).

身と判断されうる（つまり，それは必須条件ではない）が，それは(ｱ)問題となっている事業が同一の家族構成員によって全体が所有されていたか，もしくは同一の個人によってほぼ全体が所有されていた場合，または(ｲ)旧事業が新会社に譲渡された事業に対して実質的支配を及ぼしていた場合であると述べている[258]。また，前者の(ｱ)について，NLRBは，2つの企業が同じ家族構成員によって所有されている場合は，実質的に同一の所有であると繰り返し判断している[259]。

例えば，Midwest Precision Heating and Cooking事件[260]は，父親が所有・経営していたエアコン設備会社であるPrecision社（しかし，後に父親は引退し，息子のJohnが経営）が組合と協約を締結していたところ（直近の協約は1999年7月1日から3年間），同社の資産が，1999年7月にJohnが設立したMidwest Air Conditioning社に売却され，Precision社が一定期間継続後，閉鎖された事案である。第8巡回区控訴裁判所は，本件の事業譲渡が独立当事者間取引ではないと指摘の上，事業譲渡後もJohnらがPrecision社を唯一支配し，その閉鎖の判断もJohnによってなされたことから，Precision社とMidwest Air Conditioning社に対する支配は別個でないと認定した。そして，顧客，供給業者，仕事内容等の同一性を認定し，Midwest Air Conditioning社がPrecision社の分身であると判断したNLRBの結論を支持している。

また，Trafford Distrbution Center事件[261]は，Liberty Source社（Joseph Wortleyが設立）が財政困難となり，その全資産が抵当権者であった銀行に引き渡され，ほとんどの資産が競売にかけられた。その結果，全体の事業の98％を占めていた印刷業（労働者約114名）は廃業となったが，残りの1ないし2％程度を占めていた倉庫業（労働者約6名）については，新たにJosephの妻によってTrafford社が設立され，銀行に債務を支払い，棚，手押し車，キャビネット，机等の設備を銀行から買い戻し，事業を継続した事案である。第3巡回区控訴裁判所は，Crawford Door factorsを検討し，まず，2つの企

---

[257] Summit Express, Inc., 350 N.L.R.B. 592 (2007).
[258] E.g. Superior Export Packing Co., Inc., 284 N.L.R.B. 1169 (1987). 所有の同一性を欠く場合，NLRBは，2つの企業間の分離が除去されるほどの，ある程度の支配を及ぼしているかどうかを吟味している。See Reigel Electric and Central Electric Service, 341 N.L.R.B. 198 (2004).
[259] See Industrial TurnAround Corp., 321 N.L.R.B. 181, 187 (1996).
[260] Midwest Precision Heating & Cooling, Inc., 408 F.3d 450 (8th Cir. 2005).
[261] Trafford Distribution Center v. NLRB, 478 F.3d 172 (3d Cir. 2007), enforcing 344 N.L.R.B. 1127 (2005).

業が同じ家族構成員によって所有されている場合，実質的に同一の所有と判断される点をTrafford社が認めていると指摘した。また，Liberty社の経営チームのほとんどがTrafford社のマネージャーとなり，Trafford社のマネージャー全員がLiberty社のマネージャーであることは，経営者（management）における実質的同一性の強固な立証となるとした。問題は，印刷業と倉庫業で主たる事業目的が異なることであったが，裁判所は，分身を認めるためには各々の判断要素の存在は必須でなく，その他の所有支配，動機，設備，顧客，管理スタッフ構成等の事実から分身を認めるに十分であるとしている。

さらに，Omnitest Inspection Services事件[262]では，非破壊検査を業とするOmnitest Inspection Service社の株式を20％所有し，経営を行っていたMcCoolが，同社が閉鎖された日の翌日にAmspec Technical Service社を設立し，80％の株式を所有していた事案において，経営者，事業目的，事業運営，設備，顧客，監督者および支配の実質的同一性があるとして分身を認めたNLRBの判断が支持された。第3巡回区控訴裁判所は，これまでの分身に関する判例法が，新旧使用者の形式的な所有者以上に，誰が実際の支配を及ぼしているかに焦点を当てているとし，分身法理で述べられている使用者の"構造上または同一性の単なる技術的な変更"の類型となるかどうかで強調されているのは，実際の支配であると指摘している。

これに対して，Summit Express事件[263]においては，行政法審判官が分身を肯定したのに対して，NLRBは，共通の所有者および実質的支配がないことを重視し，その不存在は分身を認める判断と首尾一貫しないと述べて分身を否定した。行政法審判官は，所有者の共通性は不可欠でないとして分身を認めたAmerican Pacific Concrete Pipe Co.事件[264]に依拠したが，NLRBは，同事件では組合の承認義務を回避する目的があったこと，分身会社が監督者を雇用し，被分身会社の日々の営業や労働関係に参画させることによりある程度の支配を及ぼしていたと同事件との違いを指摘している。

このように分身の判断は，所有者の共通性が非常に重要であるが，形式的な所有者の共通性ではなく，実質的な"支配"の共通性へと言い換えられている[265]。同一家族の所有はその支配の現れと考えられる。

---

[262] NLRA v. Omnitest Inspection Services, Inc., 937 F.2d 112 (3d Cir. 1991), *enforcing* 297 N.L.R.B. 752 (1990).

[263] Summit Express, Inc., 350 N.L.R.B. 592 (2007).

[264] American Pacific Concrete Pipe Co., 262 N.L.R.B. 1223 (1982).

[265] *See* J. M. Tanaka Construction, Inc. v. NLRB, 675 F.2d 1029 (9th Cir. 1982)〔新

5 同一家族所有と独立当事者間取引

上述のように，厳密には所有者の共通性がなくとも同一家族の構成員が企業を所有している場合は，分身と判断されうる。しかし，たとえ同一家族の所有が認められたとしても，事業が別個に運営され，独立当事者間取引であることを示す事情があるときは，分身が否定される場合がある[266]。

例えば，Reigel Electric and Central Electric Service 事件[267]は，父親が経営していた建設関係の電気作業請負会社である Reigel Electric 社（ただし，父が78％，その息子である Dan が22％所有）が閉鎖となり，息子である Dan が独立し，家を売るなどして自ら資金を工面して Central Electric Service 社を設立したという事案である。Dan は，Reigel Electric 社の解散に伴い，株式22％の価値に相当する在庫品，資産，設備，少額の現金を取得しただけで，2つの企業は別々に経営され，支配が集中していた証拠や事業運営の相互関係もなかった。そこで，NLRB は，独立当事者間取引であると認定し，また，2つの企業の閉鎖と設立に反組合的理由等もないと指摘して，分身を否定している。

6 使用者の不法な動機・意図

(1) 不法な動機・意図の要否

使用者の不法な動機・意図が分身の認定に必要か否かについて争いがある。

(a) 必要説

分身法理は，使用者が所有する企業を他へ移すことにより協約上の義務等の回避を防止するために発展したきた法理である。連邦最高裁の Southport Petroleum 判決も，NLRB の命令を「逃れようとする（intended to evade）」偽装か否かを問題としたことから，使用者の意図に言及している。かかる分身法理の趣旨や連邦最高裁の判旨からすれば，不法な動機・目的こそが分身法理の本質と見て，これを不可欠の要件と考えることが素直なようにも思われる。現に NLRB の中でも意見が分かれており，分身の立証のためには事務総長が使用

　旧会社の社長である Raymond Tanaka（新会社では100％の株主）が，旧会社の持分の8％しか有していなかったが，旧会社は Tanaka 家族が所有していた事案。両企業を明白に支配しているとして，分身が肯定された］。

[266] Joe Costa Trucking Co., 238 N.L.R.B. 1516 (1978), *enforced sub nom.* NLRB v. Edjo, Inc., d/b/a Jose Costa Trucking, 631 F.2d 604 (9th Cir. 1980); Victor Valley Heating & Air Conditioning, 267 N.L.R.B. 1292 (1983). *See* Higgins, 1189 n. 410.

[267] Reigel Electric and Central Electric Service, 341 N.L.R.B. 198 (2004).

者の法的義務の回避意図を立証しなければならないとの立場を採用する委員もいる[268]。

また，不法な意図を必須の要件とする趣旨か明言しているわけではないが，第7巡回区控訴裁判所[269]は，分身法理の適用の本質は，従前の事業体の偽装継続または協約の義務を回避しようとする試みの判断であるとし，要するに，不法な動機・意図が分身理論の分析の重要な問題であると述べ，必要説に近い一般論を展開している[270]。

このような必要説に対しては，使用者が財政困難等の合法的な経済上の目的を主張した場合に，不法な意図の立証が困難となることから，Crawford Door factors を充足する場合であっても分身とは認められない可能性があり，使用者に対して組合に対する義務を回避するための方便を与えかねないこと，特に，使用者が反組合的意図を言明していない場合，義務を逃れようとする意図をどのように判断すべきか明確な指針が与えられていないという批判がある[271]。

(b) 利 益 説

使用者の意図を不可欠の要素とせず，期待利益または合理的に予見可能な利益を取得したかどうかを検討する裁判例もある。これは Alkire 事件[272]において第4巡回区控訴裁判所が採用した立場である。Alkire は，ウェストバージニアで石炭のトラック運送事業を経営していたオーナーだったが，1977年後半，全国的な石炭のストライキのために実質的に運送事業を閉鎖せざるを得なくなり，事業を解散することを労働者に伝え，その後，運送事業の売却を検討し始めた。ストライキの2か月後，Alkire の運送事業を引き継ぐために，Alkire で運転手として勤務していた者が Mountaineer 社を設立し，Alkire の運送事業に関する資産を取得する内容の売買およびリース契約が締結された。同社は，1978年初め頃，Alkire と同一顧客に対して石炭運送業を開始し，

---

[268] See Crossroads Electric, Inc., 343 N.L.R.B. 1502 (2004); Liberty Source W, LLC, 344 N.L.R.B. 1127 (2005).

[269] Trustees of the Pension, Welfare and Vacation Fringe Benefit Funds of Ibew Local 701 v. Favia Electric Company, Inc., 995 F.2d 785 (7th Cir. 1993) [正当な事業の関心事に動機づけられたもので，組合に対する義務を回避しようとの意図ではなかったとして，分身を否定]．

[270] 必要説を採用する控訴裁判所として，第1，第7，第8巡回区控訴裁判所が挙げられている。Willis & Bales, supra note 238, at 156.

[271] Id. at 166-67.

[272] Denzil S. Alkire v. NLRB, 716 F.2d 1014 (4th Cir. 1983). E.g., McAllister Brothers, Inc. v. NLRB, 819 F.2d 439 (4th Cir. 1987).

Alkire に雇用されていた労働者の多くをレイオフからリコールしたが，数人については復帰を拒否した。

この事件で NLRB は，Mountaineer 社が Alkire の分身であると判断し，Mountaineer 社は仕事の復帰を望んだ労働者を原職復帰させる義務があるとして，復帰させなかった労働者に対するバックペイを命じた。

これに対して，第4巡回区控訴裁判所は，次のように述べて分身を否定した。すなわち，Southport Petroleum 事件の最高裁は，労働法を逃れようとする偽装（disguise）が分身の十分条件であることを示したが，その意図が必要条件かは判断しなかったとして，これまでのケースにおける一つの強調は，支配している別の実体へ事業運営を移転させることによって所有者が利益を得たかどうかにあると指摘した。その上で，まず，①実質的同一の実体が新旧両使用者を支配しているかどうか，それが肯定されるとして，次に，②労働法上の義務の除去に関して，その移転により旧使用者に対して期待利益または合理的に予見可能な利益が帰するかどうかを判断すると判示した。使用者の行為からそのような将来の利益がなければその所有者の移転は真正なもの（信義誠実に従ったもの）（bona fide）であるが，利益を得ることが移転の動機または合理的に予見可能な効果である限り，その結果は旧使用者の偽装継続を表わしているとも述べている。

この見解に対しては，使用者の意図を要求しないため分身の適用範囲が広くなり，法的義務の回避を防止できる反面，最高裁判決の判旨とは両立しないこと，また，結果として労働義務の除去に関しても利益を得るような会社形式の変更であれば，たとえ使用者に正当な事業に関する理由がある場合でも分身と判断されかねないとの批判がある[273]。

(c) 要 素 説

このアプローチは，分身の判断において使用者の不法な動機・目的の立証が不可欠ではないが，検討されるべき重要な要素の一つと位置づけるものである。現在の NLRB の立場[274]および控訴裁判所の主流の考え方[275]である。

---

[273] Willis & Bales, *supra* note 238, at 169.

[274] Reigel Electric and Central Electric Service, 341 N.L.R.B. 198 (2004); Liberty Source W, LLC, 344 N.L.R.B. 1127 n. 1 (2005).

[275] 本文中に挙げたもののほか，Goodman Piping Products, Inc. v. NLRB, 741 F.2d 10 (2d Cir. 1984); Stardyne, Inc. v. NLRB, 41 F.3d 141 (3d Cir. 1994); NLRB v. Fullerton Transfer & Storage, 910 F.2d 331 (6th Cir. 1990); NLRB v. Edwin R. O'neill, 965 F.2d 1522 (9th Cir. 1992).

例えば，第1巡回区控訴裁判所は，Hospital San Rafael 事件[276]において，最高裁の Howard Johnson 判決が理由中に示した分身法理の説明では，不法な動機が"しばしば"分身の事案に現れると述べたにとどまり，"常に"とは述べていないこと，分身の判断要素のすべてが充足される必要はないこと，そして，不法な動機が必須でないとの見解は他のほとんどの控訴裁判所によって採用されているとも述べている。

また，第6巡回区控訴裁判所も Allcoast Transfer 事件[277]において同様の立場を明らかにしている。同事件では，トラック運送会社である A. E. Ward 社を経営するオーナーであった Robert Harris が，A. E. Ward 社の業務のうち，取引先の Atlas 社の名義で発行されたライセンスに基づいて行っていた事業を継続するために同社の意向に沿って Ward Moving 社を設立し（Harris が唯一の株主），Atlas 社との取引関係を移転させた。また，Harris は，Atlas 社の意向に従って，A. E. Ward 社の名前を Allcoast Transfer 社へ変更した。そこで，組合が，Allcoast 社（旧 A. E. Ward）のみならず Ward Moving 社も，A. E. Ward 社と組合との協約に拘束されると主張した事案である。

第6巡回区控訴裁判所は，分身理論の背景にある政策は，使用者が単に会社形式を変更することによって NLRA の下での義務を逃れることを防止することにあり，そして，真正な不継続で真実の所有者交替か，それとも単なる旧使用者の偽装継続にすぎないかどうかを判断するために，会社形式の変更を取り巻く事情が吟味されなければならないと指摘した。その上で，分身に当たるためには反組合意図または NLRA 下の義務回避意図といった不法な意図が必要との会社側の主張に対して，第6巡回区控訴裁判所も最高裁もその問題を扱ってこなかったことから，いかなる判例にも拘束されないとし，使用者の意図は分身の認定に必須ではなく，Crawford Door factors とともに検討されうる関連要素の一つにすぎないこと，本質的な問題は，真正な不継続があり，真実，所有者が交替したのか，それとも単なる旧使用者の偽装継続にすぎないのかどうかであると述べた。そして，もし使用者の不法な意図を必須の要件とすれば，

---

[276] NLRB v. Hospital San Rafael, Inc., 42 F.3d 45 (1st Cir. 1994), *cert. denied*, 516 U.S. 927 (1995).

[277] NLRB v. Allcoast Transfer, Inc., 780 F.2d 576, 579 (6th Cir. 1986). 近時の第6巡回区控訴裁判所も，協約上の義務回避目的の立証がないとして分身法理を不適用とした地方裁判所の判断を覆し，あらためて不可欠ではないと判示した。地裁判決に対する批判として，分身法理の目的とその適用のためのテストが区別されていないと指摘している。Trustees of Detroit Carpenters Fringe Benefit Funds v. Industrial Contracting, LLC Lasalle Group, 581 F.3d 313 (6th Cir. 2009).

本質的に同一の事業を維持し，かつ，欲しない義務を逃れるために変更を利用しつつ，合法的な事業上の理由に基づいて会社の構成を変更することによって使用者が分身理論を回避しようと考えてしまいかねないが，一方で，裁判所の採用するフレキシブルなアプローチであれば，NLRB が使用者の意図の立証を常に必要とするのではなく，すべての関連要素を比較考察することにより，そのような使用者の試みが抑制されると判示している。

また，同裁判所は，次のような意図の推定も認めた。すなわち，Crawford Door factors から検討して，Harris の意図の判断なしに，Ward Moving 社が分身であるとの NLRB の判断は実質的証拠によってサポートされているとし，本件のように状況から分身の判断が強くサポートされる場合は，NLRB はすべての関連要素を比較考察し，使用者の組合に対する義務回避の意図を推認できるとした。その他の分身法理の適用の状況では使用者の意図の調査は適切であるが，ただ本件では単純に必要でないと指摘している。

(2) 不法な動機・意図と所有者・支配の共通性との関係
(a) 不法な動機・意図が欠ける場合

以上のように不法な動機・意図の要否については争いがあるが，不法な動機が欠ける場合は，一般に，分身が否定される重要な事情として働くことは争いがない[278]（その結果，分身の判断が否定される場合は，上記の見解の対立の影響もない）。そこで，問題は不法な動機の認定が欠けるにもかかわらず，分身が肯定されるのはどのような場合かである。

この点，Stardyne 事件[279]は，製鉄製品の製造を業とする Johnstown 社が，そのレーザー溶接事業を新しく設立した Stardyne 社（Johnstown 社が 40％，同社の主要株主が 20％所有）に分割した事案である。第 3 巡回区控訴裁判所は，Johnstown 社が Stardyne 社の経営者に対して集中支配を及ぼしているとの認定はないが，その他の Crawford Door factors が記録上サポートされていると指摘し，NLRA の下での義務回避意図の欠如は分身の判断にマイナス評価となるが，それでも全体の記録は，NLRB の分身の判断の実質的証拠をサポートしていると判示した。つまり，控訴裁判所は，Allcoast Transfer 事件判決の判断と同様に，所有者の実質的同一性をはじめ，その他の Crawford Door factors が十分に充足されている場合は，使用者の不法な意図の認定を不要と

---

[278] *See* Perma Coatings, Inc., 293 N.L.R.B. 803, 804 (1989).

[279] Johnstown Corp. and/or Stardyne Inc., 313 N.L.R.B. 170 (1993), *remanded sub nom.* Stardyne, Inc. v. NLRB, 41 F.3d 141 (3d Cir. 1994), *on remand sub nom.* Johnstown Corp., 332 N.L.R.B. 818 (1997).

もっとも，例外もある。Laborers Local 1140 事件[280]は，セメント請負業社であった Dan Paulson Construction 社が財政困難を理由に閉鎖され，株主かつ役員であった Paulson が Cadet Construction 社を設立したが，その間2年の中断があり，しかも閉鎖前約18か月間は，旧会社の財政問題のために組合と折衝もなく協約も遵守されていなかったという事案である。行政法審判官は，共通の所有者，経営者，事業目的，事業運営を根拠に分身を肯定した。これに対して，NLRB は，2年間の中断期間を重く見て，旧会社の閉鎖と新会社設立はあくまで経済的理由に動機づけられたもので，組合差別意図を欠くこと，その他にも設備および顧客の同一性がないことから分身を否定した[281]。そして，第8巡回区控訴裁判所も NLRB の判断を支持した[282]。本件は2年という中断期間がある特殊な事例であり，そのために不法な動機を推認できず，むしろ否定する事情として強く作用したものであるが，要素説を採用する NLRB が，Crawford Door factors がある程度充足されている場合であっても，使用者の不法な意図が全く欠ける状況であれば，分身を否定する場合があることを示している。

(b) 不法な動機・意図があるが，所有者の共通性が欠ける場合

　では，不法な動機・意図があるが，重要なファクターである所有者の共通性が欠ける場合はどうか。

　この点，Bell Company 事件[283]は，5人兄弟のうちの4人が所有する Bell 社の社長として5人目の John の息子である Richard が社長として選任されたが，同社が財政損失のため閉鎖となり，Richard が新たに Endurall 社を設立し，Bell 社から設備や在庫等を安価で購入した事案である。このケースで NLRB は，反組合的意図を考慮して分身と判断した。しかし，第7巡回区控訴裁判所は，Endurall 社が購入した設備の公正市場価値を示す明確な証拠がなかったと指摘し，Richard の Bell 社に対する所有および支配の欠如を理由に，分身の判断を否定した。控訴裁判所は，NLRB の判断を否定するために，たとえ清

---

[280] Laborers Local 1140 (Cadet Construction), 287 N.L.R.B. 564 (1987), enforced, 861 F.2d 531 (8th Cir. 1988).

[281] NLRB が，分身の判断要素の中で，事業運営の中断の有無を考慮すると述べた事件もある。MIS, Inc., 289 N.L.R.B. 491 (1988).

[282] ただし，第8巡回控訴裁判所は，必要説の立場を採用しているとの指摘がある。Willis & Bales, supra note 238, at 156.

[283] NLRB v. Bell Company, Inc., 561 F.2d 1264 (7th Cir. 1977).

算が組合嫌悪によって動機づけられていたとしても使用者は全体の事業を廃業できるとするDarlington判決[284]を引用し，組合差別それのみを基礎としては分身の判断ができないことを示唆している。すなわち，清算する事業を所有・支配する者が新会社と十分な関係があり，かつ，類似の企業が引き続き設立されたことが立証されないかぎり，分身とは判断されない[285]。

これに対して，Fugazy Continental Corporation事件[286]は，リムジン等の運輸サービス会社であるFugazy社が違法な選挙キャンペーンを展開した上，組合が選挙に勝利した翌日に，同キャンペーンに参加していた監督者であるGanserら2人に対して店舗を売却して運営を閉鎖すると伝え，その後，Ganser's Auto Serviceとして同じ場所で事業が再開された事案である。コロンビア特別区控訴裁判所は，Fugazy社がGanser's Auto Serviceに対して相当の財政的利益を保持していること（月額2000ドルの賃貸料および総利益の8％）に加えて，反組合的意図・行為や極端に疑わしい取引時期，および同一の監督者の下での同一事業の同一場所での継続等を理由に，共通の所有の要件が欠ける状況においても分身の適用を認めた。

このように控訴裁判所は，共通の所有関係が全く欠ける場合であっても（か

---

[284] Textile Workers Union v. Darlington Mfg. Co., 380 U.S. 263（1965）. 連邦最高裁は，概略，次のように述べている。事業全体の廃止の場合は，それが真実である限り，使用者が将来の利益の享受を期待できるものではない。使用者には廃業の権利があり，また，全体の廃止に対して法的救済も不可能である。よって，たとえ反組合的意思であったとしても不当労働行為に該当しない。これに対して，事業の一部廃止の場合は，ランナウェイ・ショップや一時的閉鎖の場合と同様に，残されている労働者の7条の権利行使を阻害する結果となるし，法的救済も可能である。そこで，①反組合的意思に基づいて閉鎖される事業所に対して支配権を行使している者が，当該事業の組織化の阻害によって利益を享受する見込みを付与するという，他の事業における十分に実質的な利益を有し，②そのような結果を生じさせる目的をもって事業を閉鎖し，③他の事業所の労働者が，自己の組織化活動に固執すればその事業も閉鎖されるかもしれないとの恐れを抱くことを現実的に予見可能とさせる，他の事業に対する関係を有している場合は，8条(a)(3)違反となる。

[285] HIGGINS, 1204. なお，Darlington判決の射程が問題とされた事件として，Marquis Printing Corporation, 213 N.L.R.B. 394（1974）がある。この事件において，会社側は，Darlington事件の最高裁判決を引用して，事業閉鎖の判断について交渉義務はないと主張した。しかし，NLRBは，本件は旧使用者が廃業して永遠に生産を再開しないというケースではなく，むしろ事業閉鎖後，ほとんどすぐに従前の事業を，同一場所で，同一の所有者，設備，顧客，経営者および支配（control）をもって再開したケースであるとしてDarlington判決の適用はないと述べた行政法審判官の判断を採用している。

[286] Fugazy Continental Corp. v. NLRB, 725 F.2d 1416（D.C.Cir. 1984）.

つ，同一家族所有でなくても），高い程度での共通の運営や旧会社の新会社に対する財政的支配（または利益）等があるときは，それを重要な判断要素と見て，労働法上の義務回避といった不法な動機・意図の認定と相俟って，分身の適用を認めている[287]。

7 小　括

　以上のように，分身法理は承継者法理と類似してはいるが，その理念，要件，効果はそれぞれ異なる。確かに，この法理は，使用者交替の際の労働者保護を狙いとする点で承継者法理と共通するものの，あくまでNLRAや協約上の義務を不法に潜脱しようとする使用者に対して旧使用者が負担していた義務をそのまま課すものである。そのため，その要件は承継者法理より限定されるが，分身が認められた場合の効果は非常に大きい。

　そして，分身の要件を考える場合，旧会社の閉鎖を伴うことから，使用者に反組合的意図がある場合でも事業の廃業の権利を認めた連邦最高裁のDarlington判決との区別の観点から，新旧会社間に何らかの関係が必要となる。この点，組合差別意図による事業所閉鎖が，現在または新しい他の場所への業務の移転（relocation）を伴う場合（ランナウェイ・ショップ），またはその仕事を別会社へ下請に出す場合は，NLRA 8条(a)(3)違反となる。この場合，一部閉鎖の場合のDarlington判決の厳格要件は適用されないため，残りの労働者に対する委縮効果の有無にかかわらず，NLRA 8条(a)(3)違反の有無が通常の基準（Wright Lineテスト）の下で判断される[288]。

　これに対して，分身の場合は，旧使用者が事業閉鎖となっているため，別法人たる新使用者に対して義務を主張するほかない。その際に，Crawford Door factorsを総合的に検討し，特に所有者または支配の同一性が認められる場合は分身と判断される傾向にある。そこでは形式的な所有者の同一性ではなく，実質的な支配の同一性が重要である。そして，Crawford Door factorsを十分に充足する場合は，使用者の不法な動機・意図が推認され，あえて別個に使用者の不法な意図を認定する必要はない。

　一方，Crawford Door factors（特に所有者の共通性）の充足度が低い場合は，使用者の不法な動機・意図が大きな考慮要素となり，かかる動機・意図が十分認定できる場合は，仮に所有者の同一性の要件が欠けたとしても，財政的支配

---

[287] *See* Woodline Motor Freight v. NLRB, 843 F.2d 285 (8th Cir. 1988); Citywide Service Corp., 317 N.L.R.B. 861 (1995); HIGGINS, 1196.
[288] GORMAN & FINKIN, 173-74.

分身法理の要件の適用関係

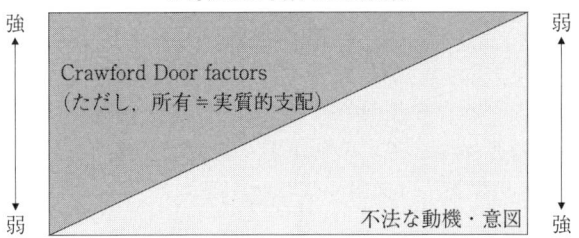

```
強↑                              ↑弱
  ┌─────────────────────────────┐
  │Crawford Door factors         │
  │(ただし，所有≒実質的支配)      │
  │                              │
  │              不法な動機・意図│
  └─────────────────────────────┘
弱↓                              ↓強
```

等の要件が補充されることを条件として分身が肯定されうる。確かに事業の移転先に対して何らの支配や利益を生む関係になければ，通常，不法な動機・意図は生じにくい。その意味で，所有・支配等の客観面と不法な動機・意図の主観面は，表裏の関係にあると考えられる。

以上のように，分身の判断に際しては，Crawford Door factors を基本としつつ，それと使用者の不法な動機・意図が相関的な関係に立ち，個々のケース毎に適用場面が検討されているといえよう。

Ⅲ 各州の企業買収に関する労働者保護立法

事業譲渡プロパーの規定ではないが，以下に見るように M&A に関連した労働者保護立法が各州で定められている。

1 労働協約保護法

いくつかの州では，1980年代に企業買収と会社の解体によって経済的混乱が生じたことを受け，法律によって大量解雇を防止するため，承継者が労働協約の規定に拘束される旨の労働協約保護法が制定された[289]。例えば，デラウェア州法706条(a)は，「この州で雇用に従事している人を対象とし，かつ，労働組織や団体交渉の代理人またはその他の代表者によって交渉されたいかなる労働協約の規定も，吸収合併，新設合併，事業譲渡または事業結合の結果として終了または侵害されない。吸収合併，新設合併，事業譲渡または事業結合にもかかわらず，そのような労働協約は，その終了日または協約締結当事者も

---

[289] ペニンシルバニア州など，6つの州で制定されている。太田洋・今井英次郎「米国各州における企業買収規制立法の最新状況(下)」商事法務1723号42頁表2（2005）。

しくはその法的承継者によって合意されるまで、その効力を有する」と定めている。

しかし、このような、買収者（承継者）に対する関係でも協約の効力が存続することを認めようとする各州の制定法は、NLRA の規律に反するため連邦労働法によって先占される[290]。それゆえ、NLRA が適用される使用者に対しては、州の労働協約保護法は適用されない。

2　失業労働者保護法

コロンビア特別区の失業労働者保護法[291]によれば、従前の請負人（contractor）によって供給されていたのと類似のサービスを提供するために契約締結に至った新しい請負人（25人以上雇用する個人または法人）は、旧契約当事者によって8か月以上契約に規定された場所で雇用されていた労働者を、90日の移行雇用期間、雇用しなければならないと規定されている。

これについても先占が問題となるが、コロンビア特別区控訴裁判所は、組織化または団体交渉を行う労働者の権利と全く関係がない労働者保護法であると位置づけて、先占を否定している[292]。

3　ティン・パラシュート法

この法律は、買収の結果、雇用が終了した労働者に対して、買収者に一定の補償を義務づけるものである。これは解体型買収を抑制することを狙いとして、1989年7月にマサチューセッツ州で制定されたのが最初であると言われている[293]。会社と上層経営者との間で、会社が将来買収され、経営者がその地位

---

[290] *See* United Steelworkers of America. v. St. Gabriel's Hospital, 871 F.Supp. 335, (D.Minn. 1994); Commonwealth Edison Co. v. International Brotherhood of Electrical Workers Local Union No. 15, 961 F.Supp. 1169 (N.D.Ill. 1997). この点、オハイオ州の承継者制定法（OHIO REV. CODE ANN § 4113. 30）は、NLRA の先占効果を明定し、労働協約が承継者条項を含む場合、その条項は協約終了日までいかなる承継者も拘束しエンフォースできるとしつつ、NLRA または鉄道労働法の適用がある使用者に対してこのセクションは適用されないと規定している。なお、先占の意義については、本書288頁参照。

[291] The District of Columbia Displaced Workers Protection Act (DWPA), DC. Code § 32-101 *et seq*.

[292] Washington Service Contractors Coalition v. District of Columbia, 54 F.3d 811 (D.C.Cir. 1995), *cert. denied*, 516 U.S. 1145 (1996).

[293] 太田＝今井・前掲注(289)43頁。その他、ペンシルバニア州（Pennsylvania Consolidated Statutes, Title 15 Corporations and Unincorporated Associations, § 2582)、ロー

を退く場合に，会社が多額の支払をする契約を締結することを指して golden parachute（金の落下傘）と言われるが，会社と労働者との同趣旨の契約締結は，golden parachute ほど豪華な内容ではないという意味で，tin parachute（ブリキの落下傘）と称される[294]。

例えば，マサチューセッツ州一般法[295]では，使用者の支配権（発行済株式の50％以上）の移転の後，24か月以内に雇用が終了した場合の労働者は，支配権の被移転者に対して，2週間分の給与に勤続年数を乗じた金額（退職手当）の一括払いの支払を受ける権利を有すると規定されている。

4　信認義務修正法（Constituency Statutes）

アメリカ会社法の一般的な考え方によれば，支払能力のある企業の取締役は，会社および株主に対してのみ信認義務を負い，労働者やその他の利害関係者に対して信認義務を負わない[296]。ただし，会社が倒産状態 (insolvency)（またはそれに近接した状態)[297]となった場合，取締役は，主として債権者に対して信認義務を負うとされている[298]。

しかし，1980年代に米国で隆盛を極めた敵対的LBOの対象となった企業は，買収後に背負うこととなった多額の負債の返済や利払いのため，工場閉鎖や雇用削減を強いられ，そのことが地域社会に深刻な影響を与えた。かかる反省から，取締役が買収提案に対応する際，株主の利益だけでなく，従業員，会社に対する原材料等の供給者，顧客および地域社会等に与える影響を考慮すること

ドアイランド州（Rhode Island General Laws, Title 28 Labor and Labor Relations, § 28-7-19. 2(b)(c)) にみられる。

294　吉原和志「州による企業買収規制の展開と現況(下)」商事法務1221号19頁（1990）。

295　Massachusetts General Laws, Part I Administration of the Government, Title 21 Labor and Industries, Chapter 149 § 183(b).

296　Committee on Corporate Laws, *Other Constituencies Statutes: Potential for Confusion*, 45 Bus. Law., 2253, 2261 (1989); The American Law Institute, Principles of Corporate Governance: Analysis and Recommendations, § 2.01(a) (1994).

297　(Jan) Baker, John Wm. (Jack) Butler, Jr. and Mark A. McDermott, *Corporate Governance of Trouble Companies and the Role of Restructuring Counsel*, 63 Bus. Law., 855, 861-62 (2008). ただし，デラウェア州最高裁判所は，倒産に近接した状態にあるが，いまだ倒産状態にない場合の債権者に対する信認義務を否定した。North American Catholic Educational Programming Foundation, Inc. v. Gheewalla, 930 A.2d 92 (Del. 2007).

298　Dennis F. Dunne, *The Revlon Duties and the Sale of Companies in Chapter 11*, 52 Bus. Law., 1333 (1997).

ができるとする信認義務修正法が各州の会社法の中に規定されることとなった[299]。

　ほとんどの州では、取締役が、株主以外のほかの利害関係人の利益を考慮できると規定しているのみで、考慮するかどうかを判断する際の取締役の裁量に制約を課していない[300]。例えば、ニューヨーク州の場合、会社の支配権の変更または潜在的変更に関わる措置をとる場合、取締役は、(1)会社および株主の長期ならびに短期の利益、そして(2)会社の行為が次の点に対して短期または長期に及ぼしうる影響を考慮することができるとし、(i)会社の潜在的な成長、発展、生産性および利益に対する見込み、(ii)現役労働者、(iii)退職労働者その他の受益者、(iv)顧客および債権者、等を挙げている[301]。しかし、いくつかの州においては、株主の利益を支配的または優越的なものとして取り扱うべき義務を負っていない旨が明文で規定され、他方で、株主以外の他の利害関係人の利益を考慮することを取締役の義務として規定するところもある[302]。

　なお、このような信認義務修正法がないデラウェア州においても、1985年のUnocal判決[303]において、公開買付けに対する防衛措置は、もたらされる脅威との関係で合理的なものでなければならないと判示し、その際、取締役が当該公開買付けの会社に対する影響を検討するにあたり、株主以外の利害関係者（例えば、債権者、顧客、労働者、地域社会一般）に対する影響を考慮できるとした。ただし、かかる考慮は、株主の利益に合理的に関連する限りにおいてのみ可能である[304]。また、会社を売却または会社支配権を移転する場合、レブロン判決[305]に基づき、取締役の義務は、株主の利益のために譲渡において会社の価値を最大化することに変化する。

---

[299] 太田＝今井・前掲注(289)38頁。*Also see* ALLEN ET AL., 301-02.
[300] BAINBRIDGE CORPORATE, 223-24.
[301] N. Y. Bus. Corp. Law § 717 (b).
[302] 詳細については、太田＝今井・前掲注(289)39頁参照。
[303] Unocal Corp. v. Mesa Petroleum Co., 493 A.2d 946 (Del. 1985).
[304] Revlon, Inc. v. MacAndrews & Forbs Holdings, Inc., 506 A.2d 173 (Del. 1986).
[305] *Id*.

第4節　連邦倒産法における事業譲渡と平常時規制の変容

I　連邦倒産法第11章再建手続の概要

1　第11章再建手続の導入の経緯[1]

　現在施行されている連邦倒産法[2]は，1978年に成立した改正連邦倒産法[3]に多少の改正を加えたものである。1978年改正前の1938年連邦倒産法（いわゆるチャンドラー法）においては，事業再建手続として，第X章の会社更生手続，第XI章の整理手続，および特殊な手続を規定する第XII章の不動産整理手続の3種類があった。

　負債総額25万ドル以上の会社について会社更生手続が開始されると，管財人選任が必要的とされ，債務者会社の財産の管理処分権は管財人に移転するとともに，証券取引委員会や裁判所が手続全般を包括的に監督する大企業向けの「公的機関主導型」の手続構造であった。その上，更生計画には絶対優先原則[4]（absolute priority rule）が適用され，債務超過の場合には旧株主の権利を消滅させなければならないとされていたため，最終的には旧オーナーが債務者会社から放逐された。さらに，更生計画立案にあたって常に継続企業価値による会社資産の評価が要求され，その評価のために手間がかかる上に紛糾することも少なくなかった。

---

[1] 詳細については，高木新二郎『アメリカ連邦倒産法』9-10頁（商事法務研究会，1996），村田(1)350頁以下，村田(2)646頁以下，中島弘雅「米国・英国の倒産手続の主要な特徴と相違点について——再建型企業倒産手続きを中心に」事業再生研究機構編『プレパッケージ型事業再生』4頁以下（商事法務，2004）を参照。

[2] Bankruptcy Code, 11 U.S.C. § 101 *et seq.*

[3] Bankruptcy Reform Act of 1978, Pub.L.No. 95-598, 92 Stat. 2549.

[4] 絶対優先原則とは，再建計画において，優先する権利者が完全な満足を得た後でなければ，劣後する権利者はいかなる満足も受け得ないとする建前である。78年改正前連邦倒産法において会社更生手続を定めていたChapter Xが「公正，衡平」（fair and equitable）を更生計画の認可要件としており，確定した判例により，これが絶対優先原則を意味すると理解されていた。松下淳一「再建計画の認可要件による債権者と株主との利害調整について」民事訴訟雑誌46巻241-242頁（2000）。

一方，第XI章の整理手続は，債務者会社の経営者や債権者団体が会社財産の管理や整理計画案の作成経緯にイニシアティブを有する「関係人主導型」の手続であり，利用対象者としては主として個人経営の会社や小規模会社が念頭に置かれていた。しかし，1950年代には，本来第X章の会社更生手続の対象と考えられていた大企業さえも，簡易・迅速で，債務者が財産の管理処分権を維持しながら事業再建を目指すことができる第XI章の整理手続を好んで利用するようになった。

そこで，1978年改正により，再建手続を一つにまとめて第11章の再建手続とし，手続が開始されても管財人が選任されるのは例外的な場合に限定して，債務者は占有を継続する債務者（debtor in possession：DIP）として権限を失わないことを原則とした。また，絶対優先原則が適用されるのは，計画案を否決した組があるにもかかわらず，その反対を押し切って認可する場合（いわゆるクラム・ダウン〔cram down〕）のみとし，継続企業価値による評価が必要とされるのもその場合に限られるとして再建手続を利用しやすくした。

1978年法第11章手続は，再建手続における管財人や裁判所，SECといった公的機関の役割を大幅に後退させ，手続の主導権を債務者や債権者といった関係人に委ねるという点に特徴がある[5]。そして，大規模倒産事件の多くは，倒産の「場」が継続企業としての事業を譲渡する直截な手段を提供してくれるために申し立てられる（第11章手続はその譲渡を可能とし，かつ，買受人に対してクリーンな権利を取得するという信頼を与えている）。結局のところ，第11章手続は，毀損されていない，新たな資本構成を必要とする事業のための「場」を提供するものといえる[6]。

2　第11章再建手続の概要[7]

(1)　申立てとその効果

第11章手続は，債務者適格を有する債務者が倒産裁判所に申立てをすることによって開始される（§ 301(a)）。この場合，債務超過や支払不能などの要件は不要である。債務者申立事件の開始は，自動的に救済命令（Order for Relief）を構成する（§ 301(b)）。また，債務者申立てに限らず，債権者申立ても可能であるが，裁判所は，その申立てが時宜に争われないか，そうでなければ

---

[5] 村田(2) 666頁。

[6] BAIRD, 19.

[7] 詳細については，福岡真之介『アメリカ連邦倒産法概説』249頁以下（商事法務，2008）参照。

支払不能または申立て前 120 日以内の財産管理人（custodian）の任命もしくは占有開始がある場合に，救済命令を発する（§ 303(h)）。

　申立てにより直ちにオートマティック・スティ（Automatic Stay：自動的停止）が生じ，債権者の個別的権利行使等が禁止される。これには担保権の実行や相殺も含まれる（§ 362(a)(5), (7)）。ただし，362 条(b)は，オートマティック・スティの例外を定めており，同(b)(4)により，政府機関の規制権限を執行するための行為もしくは手続の開始または続行は停止されない。ここに NLRB の手続も含まれる[8]。

　申立て後も，債務者は原則として財産の占有を継続し，事業を運営する（§ 1107(a)）（いわゆる DIP 型）。管財人が選任されるのは，現経営陣による詐欺・不誠実，無能力，重大な経営上の誤り等の理由があるなど，例外的な場合のみである（§ 1104(a)）。

(2) 債権者委員会の委員の選任等

　救済命令発令後，倒産手続の管理・監督機関である連邦管財官は，速やかに無担保債権者の中から債権者委員会の委員を選任しなければならない（§ 1102(a)(1)）。債権者委員会は，第 11 章手続では必須の機関であり，手続の進行，再建計画案の策定等の手続全般にわたり積極的に関与する。また，連邦管財官は，救済命令の日から 21 日以上 40 日以内に債権者集会を招集し，主宰する（§ 341(a), Rule 2003(a)）。

　一方，裁判所は，債権者の債権証拠書類（proof of claim）の提出期限を定める（Rule 3003(c)(3)）[9]。届出債権に対して異議があれば異議の申立てがなされ，聴聞が開かれる。

(3) 再建計画の提出

　救済命令の日から 120 日間は，債務者のみが独占的に再建計画案を提出できるのが原則である（§ 1121(a)(b)）[10]。裁判所は，債務者など利害関係人の申立

---

[8] NLRB の手続は，特別の事情がない限り，自動的に停止されず，倒産裁判所によって禁じられるべきではないというのが一般ルールでもある。In re Carib-Inn of San Juan Corp., 905 F.2d 561 (1st Cir. 1990).

[9] なお，債務者の提出した債権者一覧表に記載された債権者は，原則として債権証拠書類を提出したものとみなされる（§ 1111(a), § 521(a)(1)(A), § 1106(a)(2)）。

[10] この独占的期間は，債務者が競合する計画案を懸念することなく再建計画の認可を得るために合理的期間を債務者に与える一方で，同時に，債権者が申立て後不合理な遅延を甘受させられることがないようにすることによって，債務者と債権者の利益のバランスを図ったものである。See Josef S. Athanas, *Using Bankruptcy Law to Implement or Combat Hostile Takeover of Targets in Chapter 11*, 55 Bus. Law. 593, 613 (2000).

てにより，理由があればこの期間の延長または短縮ができるが，18か月を超えて延長はできない（§1121(d)(1)，同(d)(2)(A)）。債務者の独占的期間が終了するか，または管財人が選任された場合は，利害関係人が計画を提出できる。再建計画に基づいて事業譲渡を行う場合は，再建計画中にその旨を記載する（§1123(a)(5)(D)）。

再建計画に標準的なものはないが，清算型の計画（liquidation plan）が相当ある。第7章の清算手続によっても事業譲渡・清算は可能であるが，それでも第11章手続が選択されるのは，①債務者の資産を有利に処分し，債務者が有する債権の回収を行うためには，第7章手続の管財人よりもDIPに任せた方が便利である場合があり，手続も迅速に進むこと，②継続企業価値による評価により，回収を目指す担保権者にも有利となる等の理由による[11]。

(4) 再建計画の決議

再建計画が提出されると，提案者は，決議に向けて債権者等を勧誘する。ただし，その勧誘は，計画案またはそのサマリーのほか，裁判所が告知聴聞を経た上で適切な情報を含むものとして許可した開示説明書を債権者に配布した後でなければならない（§1125(b)）。

認容された債権を有する債権者および認容された持分権者（株主等）は，分類された組別に，再建計画に対して賛成または拒絶する（§1126(a)）。その組において，実際に投票した債権者の債権額の3分の2以上で，かつ，投票した債権者数の過半数以上の賛成を得た場合，その組は再建計画案に賛成の決議をしたものとみなされる（§1126(c)）。

(5) 裁判所の認可決定とその効果

決議後，裁判所は，利害関係人に対して事前に通知した後，再建計画が認可事由を満たしているか否かを判断するために聴聞手続を開く（§1128(a)）。裁判所は，認可事由をすべて満たしている場合，再建計画を認可する（§1129(a)）[12]。なお，複数の利害関係人の組がすべて多数決により計画案を可決した場合は，絶対優先原則は適用されず，実体的要件としては各債権者について清算価値保障原則のみが適用される（§1129(a)(7)(ii)）[13]。

---

11 川畑正文「アメリカ合衆国における倒産手続の実務(3)」NBL710号48-49頁（2001）。

12 §1129(a)(3)に従って計画が認可されるためには，誠実に提案され，かつ，法が禁止する手段によらないものであることが必要である。誠実な提案といえるためには，当該計画が連邦倒産法の目的と合致する結果を達成する合理的可能性が存しなければならない。See Athanas, supra note 10, at 617-18.

13 絶対優先原則が適用されるのは，クラム・ダウンの場合のみである（§1129(b)(1)，

再建計画が認可されると，再建計画の条項は，債務者，債権者，株主，無限責任組合員（general partner）等を法的に拘束するとともに（§ 1141(a)），個人債務者以外の債務者は免責される（§ 1141(d)(1)(A)）[14]。また，債務者会社が，倒産裁判所の許可を得た再建計画に基づいて資産を売却する場合，一部の例外を除いて，再建計画で採り上げられている財産は，認可後，債権者等が有するあらゆる権利の負担から解放される（free and clear）（§ 1141(c)）[15]。ただし，かかる免責および連邦倒産法1141条(c)の規定は，個人以外の債務者が財団の全部または実質的に全部を売却して清算する場合は，適用されない（§ 1141(c)，同(d)(3)，§ 1123(b)(4)，§ 727(a)(1)）。

3　プレ・パッケージ型再建手続[16]

プレ・パッケージ型手続とは，広義では，第11章手続の申立て前に，主要債権者が債務者会社の財務概要・再建計画案を確認し，その後に手続申立てを行い，早期に再建計画認可を得る手続をいう。

この手続は，さらに手続申立て前に再建計画案への投票を済ませているかどうかによって，協議のプレ・パッケージ型手続とプレ・ネゴシエイト型手続に分けられる。前者の場合は，再建計画案について法定多数の債権者からの賛成を得た上で第11章手続の申立てがなされ，債権者の同意を得られた計画案が裁判所に提出される。一方，後者は，関係者に対する根回しやスポンサー候補が決まっているにとどまる場合，つまり，日本で「プレ・パッケージ型」と呼ばれているものに相当する。

連邦倒産法は，プレ・パッケージ型手続の扱いを正面から規定していないが，申立て前すでに法定多数を超える賛成投票が得られていた場合，証券取引法の定める適切な情報が開示された上で勧誘投票がなされたと裁判所が事後的に認定したときに限り，手続開始後にあらためて投票することなく，計画案は可決されたものとして扱われる（§ 1126(b)）。これがプレ・パッケージ型手続を前

(b)(2)(B)(ii)）。

14　個人債務者は，原則として再建計画に定めるすべての弁済を完了した後，告知聴聞手続を経て，裁判所の免責許可を受けて免責される（§ 1141(d)(5)(A)）。

15　よって，363条 sale と同様に，承継者責任から解放されるか否かという問題が生じる。少なくとも計画認可までに発生していなかった製造物責任等の将来の権利は，連邦倒産法1141条(c)の下でも開放されないと解する見解が有力である。COLLIER，¶ 1141.04［2］，¶ 363.06［7］; TABB, 1188; BAIRD, 84-5.

16　詳細については，阿部信一郎「米国と英国におけるプレパッケージ型倒産手続」事業再生研究機構編『プレパッケージ型事業再生』35頁以下参照（商事法務，2004）。

提とした規定と言われている。

　このプレ・パッケージ型手続は，時間とコストが削減できる（通常型で平均1年から3年かかると言われているところ，短期であれば1か月から3か月で可能である），債権者の事前の同意により再建計画が軌道に乗りやすい等のメリットがある。

4　連邦倒産法363条に基づく事業譲渡

(1)　363条 sale の概要

　連邦倒産法363条(b)(1)は，管財人[17]が，通知および審問の手続を経て，事業の通常の過程によらずに財団財産を使用・売却・賃貸できる旨を規定している。事業譲渡は，一般に通常取引の範囲外となり，かかる倒産法363条に基づいて行われるため，"363条 sale" と呼ばれている。363条 sale は，第11章以外に第7章の清算事件や第12章手続においても利用されるが，近時は，第11章手続が再建ではなく，清算のために利用されるという一般的傾向と軌を一にして，重要な資産譲渡を行うための手段として363条 sale の利用がますます一般的になっている[18]。この363条 sale には，以下のようなメリットがある。

　第1に，363条 sale は，第11章に基づく再建計画が裁判所に認可されるのを待たずに実施できることから，倒産法の他の手続に比して，より迅速に資産売却が可能となる[19]。プレ・パッケージ型でない第11章手続の場合，再建計画が認可されるまで1年以上を要する場合も少なくないため，事業価値が毀損する前に債務者の資産を売却する手段として利用される[20]。つまり，前述のプレ・パッケージ型と併せて利用されうる。

　第2に，連邦倒産法363条(f)が，同条の要件[21]を充足する場合，管財人が財

---

[17]　第11章手続の DIP にも管財人と同様の権限が認められる（§ 1107(a)）。

[18]　George W. Kuney, *Misinterpreting Bankruptcy Code Section 363(f) and Undermining the Chapter 11 Process*, 76 AM. BANKR. L. J. 235, 242-43 (2002); Michael H. Reed, *Successor Liability and Bankruptcy Sales Revisited—A New Paradigm*, 61 BUS. LAW 179, 180-81 (2005).

[19]　例えば，GM とクライスラーは，第11章手続の申立てとともに363条 sale の許可申請を行い，わずか40日足らずで裁判所の許可を受け事業譲渡が実行されている。

[20]　渡邉光誠ほか「ATJ・AJH・ATI の事例にみる日米親子会社の同時再建～更生計画外事業譲渡と『363条セール』」事業再生と債権管理127号44頁（2010）。

[21]　①適用可能な倒産法以外の法令が，そのような権利の負担付きでない売却を許容していること（1号），②その権利の保有者が同意していること（2号），③その権利が担保権であり，その財産の売却金額がその財団上に設定されているすべての担保権の合計金額よりも大きいこと（3号），④その権利が誠実に係争中（in bona fide dispute）である

団以外の者の，財産におけるいかなる権利（any interest in such property）からも負担のない（free and clear）財産を譲渡できると規定していることから，買主がかかる財産を取得できる。債務者としても，売却対象資産の権利関係について表明保証（representations and warranties）を行うことなく，現状有姿で売却することが可能となる[22]。

第3に，未履行契約（executory contract）および期間満了前のリースについては，DIPまたは管財人は，その選択により，裁判所の許可を受けて契約を終了させることなく未履行契約を引き受け，または履行を拒絶できる（§365(a)）。しかも，倒産手続外では相手方の同意を要する契約でも，また，それらに承継を禁止する条項が付されていたとしても，倒産手続での譲渡においては同意なく，契約上の地位を譲渡できる（§365(f)）[23]。その結果，買主は，原則として価値があると評価した資産・契約のみを買収できることになる[24]。

第4に，倒産手続前の資産譲渡の場合は，詐欺的譲渡（fraudulent conveyance）など，後日その適法性や効力が争われうるが，363条saleの場合は，通常，裁判所の許可を受けた上での譲渡であるため，かかる可能性が低い。上訴は，クロージングを遅らせ，売買価格にも影響しうるが，363条saleを承認する倒産裁判所の決定が上訴により取り消され，または修正されたとしても，買主が誠実（in good faith）である場合は，上訴継続中，売買が停止されていたときを除いて，売却の効力に影響を及ぼさない（§363(m)）。

(2) 363条saleの売却手続

363条saleにおける典型的な売却プロセス[25]は，まず，債務者（譲渡会社）が市場で買受人候補者を探し，オークションまたはその他の売却プロセスよりも前に，一定額で入札しようとする買受人候補者（ストーキング・ホース〔stalking-horse〕，以下，「SH」という）を選定する。このSHの入札額は，売却プロセス中，最低入札額またはその他の基準となる[26]。

こと（4号），⑤その権利の保有者が法律上または衡平法上の手続により金銭によって満足すべきことを強いられること（5号），のいずれかに該当することが必要である。

[22] 渡邉ほか・前掲注(20)44-45頁。

[23] ただし，譲渡には未履行契約等の引受けまたは将来の履行に関する保証など一定の要件を充足することが必要である（§365(f)(2)，同(b)）。

[24] ただし，§365(c)により，一定の場合は，契約上の地位の移転ができない場合がある（例えば，特許権等のライセンス契約）。

[25] FRAZIER ET AL., 21-47; 渡邉ほか・前掲注(20)41頁以下参照。

[26] 債務者は，一定価格での売却先を確保した上で，さらに好条件を提示するスポンサー候補者を探すことができるメリットがある。他方で，買受人候補者は，SHとなれば，

債務者は，第11章手続の申立て前またはその後に，SH との間で基本合意書（Letter of Intent）または事業譲渡契約書を締結する。SH と合意し，倒産手続が開始された後，債務者は，オークション等でより良い申出に服することを条件として SH との譲渡および売却手続の許可を求める申立てを行う[27]。なお，譲渡を提案する債務者は，利害関係者に異議や審問の機会を与えるために，債権者等に対して所定の内容を含んだ告知を郵便で行うことが求められる（Rule 6004(a)(c), 2002(a)(2)）。

裁判所が売却手続を許可した場合，その承認された内容に従い，売却手続が行われる。SH の条件を上回るスポンサー候補者が現れなければ，SH をそのままスポンサーとして選定する。これに対して，債務者が，倒産裁判所が許可した売却手続に適合する別の入札を受けた場合，告知された時間と場所でオークションが行われる。落札後，債務者は，倒産裁判所に対して落札者に対する譲渡の許可を求める。倒産裁判所は，審問の結果を踏まえて，譲渡を許可するか決定を行う（なお，この決定には，債務者が健全な事業上の理由を有している等の基本的な事実認定や資産が抵当権等の負担付きでなく譲渡される等の条件が含まれる）。

なお，363条 sale によって事業譲渡を行う場合，州法で要求される株主総会決議の要否については従来から争いがあったが，株主総会決議を経ない実務が定着している[28]。

デュー・デリジェンスを先行して行い，時間をかけて自社に有利な買収ストラクチャーを提示できるとともに，break-up fee などの条件を要求することが可能となる。井出ゆり「米国連邦倒産法チャプター11手続の下での『363条セール』と近時の論点——GM，クライスラー，リーマン・ブラザーズ等の大型倒産事件における事業譲渡に関する事例紹介」NBL911号13頁（2009）参照。

[27] §363(b)(1)では，譲渡に関して裁判所の許可は要求されていないが，実際には，重要な資産の買主が，DIP または管財人がすべての必要条件を満たし，十分な売却権限があることの証拠として裁判所の命令を求める。裁判所の許可により，買主の保護を高めることができる。COLLIER, ¶363.02 [1]。

[28] 井出ゆり「米国 GM・クライスラー等のチャプター11手続にみる『363条セール』に関する論点と日本の倒産手続上の計画前事業譲渡」事業再生と債権管理127号62頁注18（2010）。この点について，デラウェア州一般会社法271条が倒産事件での譲渡に適用されるとしながら，倒産裁判所が州のコーポレート・ガバナンス原則を否定する例外があるとし，倒産裁判所が株主総会の承認を不要としうる十分な法的正当性があると指摘するものとして，Athanas, *supra* note 10, at 610-13.

II 倒産時の解雇・労働条件変更規制——平常時規制との相違点

1 個別的労働関係

倒産時の解雇・労働条件変更規制は，基本的には平常時と異ならない。使用者が連邦倒産法の申立てをした場合も，原則としてレイオフまたは経済的理由に基づく解雇が自由にできる。したがって，労働条件の不利益変更も，事実上解雇を通じて可能である。

また，倒産申立後，事業所閉鎖または大量レイオフを行う場合，倒産の申立自体によってWARN法[29]に基づく事前の通知義務は免除されない。ただし，倒産企業自身が継続企業として事業を運営することを止め，単に清算の準備をしているにすぎない場合は，もはやWARN法の適用対象となる「使用者」とは言えず，通知義務を負わない[30]。

2 集団的労使関係

使用者が第7章の清算手続を申し立てた場合，管財人は，倒産法365条(a)に基づき，裁判所の許可を得て，労働協約の引受けまたは履行を拒絶することが可能となる。管財人が救済命令後60日以内または裁判所が定めた60日以内の伸長期間内に選択しない場合は，協約の履行は拒絶されたものとみなされる（§ 365(d)(1))[31]。

これに対して，使用者が第11章手続を申し立てた場合は，労働協約の履行拒絶に関して倒産法1113条に特別の規定が置かれている[32]。上述のように連邦倒産法365条(a)によれば，協約も未履行契約として倒産裁判所の許可を得た上で履行拒絶できることになるが，このような倒産法の規定と，使用者が協約

---

[29] WARN法については，本書282頁以下を参照。

[30] In re United Healthcare System, Inc., 200 F.3d 170 (3d Cir. 1999); Laura B. Bartell, *Why Warn?—The Worker Adjustment and Retraining Notification Act in Bankruptcy*, 18 BANKR. DEV. J. 243, 244, 263 (2002).

[31] 履行拒絶の場合は，通常の未履行契約と同様に，債務不履行に基づく損害賠償請求権が認められ，倒産申立日直前に発生した債権として届出が可能である（§ 365条(g)(1))。

[32] 連邦倒産法1113条に関して詳細な検討を行った近時の論稿として，池田悠「再建型倒産手続における労働法規範の適用(1)〜（5・完）」法学協会雑誌128巻3号559頁，8号2035頁，9号2232頁，10号2550頁，11号2837頁（2011）がある（特に(3)および(4)が詳しい）。

期間中は協約を変更しえないとする NLRA の規律とをいかに調和させるかにつき議論があった。この問題に関して、連邦最高裁は、1984 年の Bildisco 事件[33]において、協約が連邦倒産法 365 条の下で履行を拒絶しうる未履行契約であることを認めるとともに、協約が財団の重い負担となり、かつ、慎重な審理の上で、衡平のバランスから履行拒絶が支持されることを DIP が立証した場合は、倒産裁判所が履行拒絶を許可すべきであると判示した。また、同判決は、Burns 判決に触れつつ、DIP が従前、使用者が締結した協約に自動的に拘束されるとすると、有益な資本再構成が危うくなりかねないとして、倒産裁判所が履行拒絶の可否について正式な判断を下すよりも前に使用者が一方的に協約を破棄しても不当労働行為に当たらないとの判断も示した[34]。

かかる Bildisco 判決によれば、使用者は、倒産申立て後、労働協約中の労働条件を一方的に変更できることになり、組合は有効な対抗手段を有しないことになる。そこで、連邦議会は、Bildisco 事件判決がもたらす結果を是正するために直ちに連邦倒産法の改正[35]を行い、現在の倒産法 1113 条が規定された。同条によれば、DIP または管財人が、債務者の再建を可能とするために必要で[36]、かつ、すべての関係当事者にとって公正かつ衡平な協約条件の改定案を組合に提案し、当該提案を評価するために必要な関連情報を提供した上で、相互に満足のいく改訂を目指して誠実に協議することが求められる（同条(b)）。その上で、倒産裁判所が、①上記の条件をみたす提案がなされたこと、②組合が正当な理由（good cause）なく提案の受諾を拒否したこと、③衡平のバラン

---

33 NLRB v. Bildisco & Bildisco, Debtor-In-Possession, 465 U.S. 513 (1984).
34 Bildisco 判決は、概要、次のように述べた（以下、抄訳）。「再建の基本的目的は、債務者が清算に追い込まれ、雇用喪失と経済的資源の浪費が生ずることを防止することにある。いくつかのケースでは、新しい債権者が業績の落ち込んだ会社に新しい資本を追加投入した場合にのみ、再建が成功する。我々は、前記の Burns 判決において、同様の資本注入が望ましいものであることを承認した。もし DIP が従前、使用者が締結した協約に自動的に拘束されるとすると、かかる有益な資本再構成が危うくなりかねない。したがって、未履行契約を履行拒絶する権限は、第 11 章再建手続の基本的目的に不可欠である。……NLRB が 8 条(d)違反として強制を行うことは、倒産法の明文の条項、および DIP にある程度の柔軟さと息をつく余裕を与えようとする同法全体の取組みに真っ向から反する」。*Bildisco*, 465 U.S. at 528-32.
35 Bankruptcy Amendments and Federal Judgeship Act of 1984.
36 この"必要性"の要件を巡り、不可欠性を意味すると解釈する第 3 巡回区控訴裁判所と、不可欠性までは不要と解釈する第 2 巡回区控訴裁判所との間で意見が分かれている。Andrew B. Dawson, *Collective Bargaining Agreements in Corporate Reorganizations*, 84 Am Bankr. L. J. 103 (2010).

スから見て履行拒絶を認めることが明らかに支持されること，の3点を認めた場合に限り，労働協約の履行拒絶を許可することとした（同条(c)）。この規定は，Bildisco 事件による履行拒絶の要件を，実体的にも手続的にも厳格化したものであり，これが一般的な団体交渉義務に代わって倒産時の協約破棄に対する歯止めとなっている[37]。

また，労働協約の中に，買収会社が対象会社の協約上の義務の引受けを要するとする承継者条項（Successorship clause）があるにもかかわらず，買収会社が協約を引き受けない場合，組合から事業譲渡に対する暫定的差止命令の申立てがなされる可能性[38]や，協約違反を理由に旧使用者が損害賠償請求を受ける可能性もある[39]。そこで，使用者は，かかるリスクを回避すべく，事業譲渡前に組合に対して協約の改訂を求め，ひいては1113条に基づく履行拒絶の許可を得ておくことが重要となる[40]。

III 倒産手続と承継者法理の適用

1 倒産法の目的と承継者法理の衝突

連邦倒産法が倒産手続において資産処分を規定する目的は，財団や債権者に支払われる配当を最大化させることにある（とりわけ，後述する連邦倒産法363条(f)の "free and clear" 規定は，その目的のために重要である）。譲渡の際にかかる要求が妨げられるとすれば，売買価格が下がり，財団の利益も低減してしまう。これに対して，一般に，承継者責任法理（ここでは，労働法分野の承継者に限らない）の目的は，資産の譲受人に対する責任を認めることによって権利者の救済を可能とすることにある。すなわち，承継者責任法理は，資産の新所有者に対して責任を移転させることにより，被承継会社の行為による損害の回復

---

[37] 中窪134頁。

[38] International Ass'n of Machinists v. Panoromic, 668 F. 2d 276 (7th Cir. 1981) [組合の暫定的差止めを認容]。なお，Howard Johnson 判決もこの可能性を認めている。*Howard Johnson*, 417 U.S. at 258 n. 3.

[39] *See* Grant Crandall, Sarah J. Starrett & Douglas L. Parker, *Hiding behind The Corporate Veil: Employer Abuse of The Corporate Form to Avoid or Deny Workes's Collectively Bargained and Statutory Right*, 100 W. VA. L. REV. 537, 549-50 (1998).

[40] 労働協約中に自由な事業譲渡を妨げる承継者条項が定められている場合は，履行拒絶許可要件である再建のための必要性が認められるとする学説・裁判例と，より緩やかに判断する裁判例がある。池田・前掲注(32)の論文のうち(4)2554頁以下。

を可能とし，そのコストを外部化させないことにある。債務者の資産が，連邦倒産法の下で承継者責任から解放された上で移転されるとすれば，承継者責任法理を基礎づける政策は損なわれる[41]。

　また，連邦倒産法の別の重要な目的は，倒産手続に債権者を組み込み，定められた優先順位に従って債権者間で資産を平等に分配することにある。ところが，承継者責任の対象債権は，通常，無担保債権であるから，倒産手続に参加した担保権者が完全な満足を得られない一方で，承継者責任の追及により資産の譲受人から完全な満足を得ることは，倒産法の規定する優先権スキームを歪めることになるのではないかという問題も生ずる[42]。

　このように倒産手続においては，承継者責任法理と倒産法の目的が真っ向から衝突しうるため，倒産手続において承継者責任が排除・制限されるかどうかが問題となり，とりわけ，承継者責任に対する連邦倒産法363条(f)の適用の可否をめぐり，多くの裁判例が形成されている。

　そこで，以下では，まず，363条 sale 以外の事案を含めて，使用者の倒産状況においても承継者法理がそのまま適用されるのかという問題（363条(f)の適用が問題とされていない場合）を論じ，次いで，連邦倒産法363条(f)の適用により事業譲受人が負担のない権利を取得するか否かを検討する。

2　使用者の倒産と承継者法理の適用の可否

　NLRB は，旧使用者が倒産状況にある場合でも，旧使用者から事業を譲り受けた企業に対して，倒産外と同様に承継者法理を適用している。そして，控訴裁判所も，少なくとも Burns successor については，かかる NLRB の判断を支持している。

　例えば，Nephi Rubber Products Corp. 事件[43]は，事業が中断となり，在庫の出荷や工場維持のための基幹労働者以外の労働者がレイオフされ，第11章手続の申立て後，倒産裁判所の許可により事業譲渡が行われたという事案である。再オープンまで16か月の中断期間があったが，NLRB は，譲り受けた法人を承継者と認め，組合の承認・交渉義務のほか，承継使用者が違法に採用拒否した者に対して原職復帰および違法な雇用拒否による損失の補塡等を命じた。そして，第10巡回区控訴裁判所も，労働者の仕事の実質的類似性とともに，

---

[41] Nathan F. Coco, *An Examination of Successor Liability in the Post-Bankruptcy Context*, 22 J. CORP. L. 345, 350-51 (1997).

[42] Coco, *supra* note 41, at 351.

[43] Nephi Rubber Products Corp. v. NLRB, 976 F.2d 1361 (10th Cir. 1992).

中断期間中の再オープンに向けた努力を評価して、交渉代表に対する労働者の態度に影響を与えるほどの事業の本質的変化はなかったとして NLRB の判断を支持した。これらの判断に際して、倒産手続における事業譲渡という特殊性の考慮は、中断期間とともに実質的継続性の判断の中に取り込まれ、倒産手続それ自体の特殊性の考慮は特段されていない[44]。

これに対して、控訴裁判所は、Golden State seccessor については、倒産状態を考慮した議論を展開して承継者法理の適用を否定する傾向にある。例えば、第 11 章手続での買収事案ではないが、債務者である Western 社の財政問題が深刻となったため、主要債権者が裁判所に対して財産保全管理人（Receiver）の選任を求めた Samuel L. Peter 事件がある。NLRB[45] は、財産保全管理人である Peter から裁判所の許可を得て資産を購入した New Speciality 社（Peter が唯一の株主）について、完全に明白な承継者と認定するとともに、Golden State 判決に依拠して Western 社と Peter 両者の不当労働行為責任の救済責任を認めた。ところが、第 6 巡回区控訴裁判所[46] は、Burns successor として組合との交渉義務は肯定したものの、Golden State Liability については、不当労働行為責任を売買価格に反映するか、売買契約中に補償条項を置くことが可能となることから、契約当事者に対して取引条件を設定する際に競合する利益を織り込ませることによって衡平上の結果の確保を手助けするものであるところ、純粋な私的契約と異なり、不当労働行為責任のリスクを捕捉する補償条項や価格交渉が許されない本件ではそのようなバランスは存在しないとして責任を課すこと自体を否定した。判旨は、「潜在的な使用者は、企業構造、労働力の構成、場所、仕事の割当て、監督の性質を変更できる場合にだけ、停滞したビジネスを喜んで引き継ぐことができる」と述べた Burns 判決の有名な摘示を引用しつつ、本件で仮に承継者の努力がなければ、労働者らはまさに失業していたかもしれず、衡平法上の権利（equities）は、Golden State Liability を課さないことによって最もうまくバランスされること、この結論は倒産した事業の再建を妨げうる場合に裁判所が承継者責任を課そうとしない他のケースによって

---

[44] 同様に、旧使用者が第 11 章手続申立後、第 7 章手続に移行され、新使用者がオークションで事業を譲り受けた事案においても倒産事件であることが考慮されずに承継者と判断され、承継者に対して組合の承認・交渉義務とバックペイが認められている。NLRB v. Advanced Stretchforming International, Inc., 233 F.3d 1176 (9th Cir. 2000).

[45] NLRB は、不当労働行為救済責任として、労働者の健康保険、傷病保険ならびに生命保険の回復、未払の年金基金保険料の支払、および不法な行為から生じた経費の回復等の各自連帯責任を命じた。Specialty Envelope Co., 321 N.L.R.B. 828, 833 (1996).

[46] Samuel L. Peters, Receiver v. NLRB, 153 F.3d 289 (6th Cir. 1998).

も支持されると述べている。

同様の考慮は，倒産手続中の会社の資産のリースの事案で承継者責任（ただし，FLSA 違反の事案）を否定した Steinbach 事件[47]においてもなされており，承継者責任を課すことによって，倒産した事業の再建や資産の移転が妨げられることが強調されている。

よって，使用者の倒産状況においても，Burns successor については承継者法理が全面的に適用されるが，Golden State seccessor に対しては適用が否定される傾向にある。

3 承継者法理に対する 363 条(f)の適用の可否

では，363 条 sale によって事業を譲り受けた新使用者は，連邦倒産法 363 条(f)によって承継者法理の適用排除を主張できないであろうか。この問題は，2 つの側面からアプローチが可能である。すなわち，そもそも連邦倒産法 363 条(f)に言う負担のない（free and clear）"権利（interest）"には承継者責任も含まれるのか，仮に含まれるとして，倒産裁判所が譲渡の許可にあたり労働法の承継者責任を含めて "free and clear" な権利の譲受けを認めることが許容されるのかという問題である。他方で，連邦倒産法 363 条(f)に基づき倒産裁判所が負担のない権利の譲渡を許可したとして，事業譲受人が承継者の要件を満たす場合は，後日，NLRB が承継者との判断を前提に事業譲受人に対して命令を発することができるのかという点である。詰まるところ，倒産手続における事業譲渡に関して，倒産裁判所と NLRB の判断のいずれが優先されるかが問われている。

(1) 363 条(f)の "権利（interest）" の意味と倒産裁判所の態度

連邦倒産法 363 条(f)は，「財物におけるいかなる権利（any interest in such property）からも負担のない」と規定しているが，その「権利」の概念を定義していないことから，その範囲をめぐり争いがある。

この点，363 条(f)の文言から（cf：§ 1141 (c)），当該財物における対物（in rem）の権利（例えば，担保権）に限定する裁判例[48]や学説[49]もある。しかし，

47　Steinbach v. Hubbard, 51 F.3d 843 (9th Cir. 1995).
48　In re Oyster Bay Cove, 196 B.R. 251 (E.D.N.Y. 1996)〔担保権のような財産（property）に対する権利を指すと解釈すべきである〕。この見解に対しては，事業譲渡前に生じたものですら，すべての権利から解放されないとする判断は，正当な倒産政策（sound bankruptcy policy）だけでなく，大多数の連邦倒産裁判所のアプローチと矛盾するように思われるとの批判がある。OESTERLE 2005, 289-90.

現在の倒産裁判所の判例の傾向は，対人（in personam）の権利（例えば，契約違反による無担保債権）を含めて，譲渡される財物から生ずるその他の債権も含むよう広く解しており，控訴裁判所もこれを支持している[50]。例えば，最近の判例でも度々引用される Leckie Smokeless Coal Co. 事件[51]は，買収予定者が譲渡の条件として 1992 年石炭産業退職健康手当法から生ずるすべての承継者責任の負担のない譲渡を求めたことから，倒産裁判所が石炭法の下で生ずる承継者責任を消滅させうるかどうかが問題となり，倒産裁判所は，その条件での譲渡を認めた。そのため，当該基金等から異議申立てがなされた。第 4 巡回区控訴裁判所は，連邦倒産法 363 条(f)の"interest"の意味を，単に金銭を要求する権利と捉えた地裁の判断は過度に広い解釈としながらも，対物の権利に限定する狭い解釈も否定した。そして，基金等が被申立人から保険料支払を徴収する権利は，被申立人が譲渡を望む，またはすでに譲渡された資産（the assets）における権利を構成し，それらの権利は，少なくとも部分的には，まさに当該資産が石炭鉱業目的のために使用されてきたという事実に基礎づけられていると判示し，倒産裁判所が 363 条(f)により石炭法に基づく承継者責任を消滅させうることを認めた。

多くの裁判所は，連邦倒産法 363 条の権利をこのように広く解釈し，コモン・ローによる承継者責任だけでなく，制定法の承継者責任からも負担のない譲渡を認めるという立場を採用している[52]。そして，特に近時の倒産裁判所は，363 条 sale を許可する決定において，買受人が NLRA の下での承継使用者とはみなされない旨も明記している[53]。

49　Coco, *supra* note 41, at 355-56. 363 条(f)適用否定説は，同条が債務者の財物における権利を対象とするところ，承継者責任は対人（in personam）の権利であるから適用されないとする。また，同様に，連邦倒産法 363 条(f)が "interests in property" からの解放のみを規定し，"claim" からの解放は規定していないことから，承継者責任は妨げられないと解釈すべきとする見解として，Kuney, *supra* note 18, at 263.

50　In re Chrysler LLC, 405 R.B. 84 (Bankr.S.D.N.Y. 2009), *aff'd*, 576 F.3d 108 (2d Cir. 2009). *See.* COLLIER, ¶363.06［1］. ただし，クライスラーの控訴裁判所の意見は，争訟性を喪失している（moot）として最高裁によって取り消されている。Ind. State Police Pension Trust v. Chrysler LLC, 130 S. Ct. 1015 (2009), *remanded*, 592 F.3d 370 (2d Cir. 2010).

51　United Mine Workers of America 1992 Benefit Plan v. Luckie Smokeless Coal Co., 99 F.3d 573 (4th Cir. 1996), *cert. denied*, 520 U.S. 1118 (1997).

52　Kuney, *supra* note 18, at 263.

53　In re Daufuskie Island Properties, LLC, 407 B.R. 463 (Bankr.D.S.C. 2010).

(2) Burns Successor と 363 条(f)の適用

では，NLRB および控訴裁判所は，負担のない譲渡を認める倒産裁判所の決定に対して，承継者法理をどのように適用しているのであろうか。

In re Carib-Inn of San Juan Corp. 事件[54]は，裁判所の許可を得て第 7 章手続の管財人からホテルを購入し，事業を継続した Horizons Hotel 社に対して，NLRB が，従前の経営者である Carib-Inn 社および管財人の承継者であると判断するとともに，自らも組合活動のために採用を拒否したこと等を理由に救済請求状を発布したところ，Horizons Hotel 社が倒産裁判所に対し，管財人自身の不当労働行為に関する限りでこれを禁ずるよう申立てをした事案である。倒産裁判所は，管轄を欠くとして却下し，第 1 巡回区控訴裁判所も，NLRB が不当労働行為を判断する排他的管轄権を有していること，特別の事情がない限り NLRB の手続が倒産裁判所によって禁じられるべきではないと述べて地裁の判断を支持した。なお，倒産裁判所の決定では，"当該譲渡はすべての担保権および負担がない（free and clear of all liens and encumbrances)" とされていたところ，不当労働行為の主張はこれに含まれない，曖昧さはないとも述べている[55]。

また，Burns Successor が問題となった近時の事件が Foodbasket Partners 事件[56]である。同事件では，Furr's Supermarket 社が第 11 章手続を申し立て，Fleming 社が倒産裁判所の許可を得て事業譲渡を受けたが（その後，Erica 社〔Food Basket〕が譲り受けた)，倒産裁判所が，その決定において，承継者責任や労働法を含めて買受人がいかなる責任にも服さないことを認めていたことから，承継者責任を負うか否かが問題となった。NLRB は，承継者の義務については NLRB に管轄権があること，倒産法は資産譲渡以前に発生した責任や義務を免責するよう規定されているが，買受けの結果として生ずるものはそのような責任に該当しないこと，Fall River 判決が説明したように承継者法理の適用は，相当程度，事業譲受人の手中にあると述べた上で，倒産裁判所の命令

---

54 In re Carib-Inn of San Juan Corp., 905 F.2d 561 (1st Cir. 1990).

55 これと同じ事案の不当労働行為事件が，NLRB v. Horizons Hotel Corporation D/B/A Carib Inn of San Juan, 49 F.3d 795 (1st Cir. 1995)である。第 1 巡回区控訴裁判所は，"free and clear of liens and encumbrances" の点について，Horizons 社が所有者の行為や責任のために単純に責任を負うと判断しているのではなく，代理人（管財人）を通じて行われた自らの行為のために責任を負うと判断しているのであるから無関係であると述べ，理由づけが変更されている。

56 Foodbasket Partners (Erica, Inc.) v. NLRB, 200 Fed. Appx. 344 (5th Cir. 2006), *enforcing* 344 N.L.R.B. 799 (2005).

がNLRAの下での承継者の要求を排斥しないとして，組合の承認・交渉義務を命じた。そして，第5巡回区控訴裁判所も，倒産裁判所が連邦労使関係法の下での承継者の義務を判断する管轄権を有しない，倒産裁判所の命令は倒産申立て前に生じた義務を免責しうるが，承継者の譲渡後の行為は新たな交渉義務を作出しうる，その結果，倒産裁判所の決定はNLRAの要求からFood-Basket社を保護しないと述べてNLRBの命令をエンフォースした。

NLRBは，近時のMammoth Coal Company事件[57]においても，Foodbasket Partners事件の判断を引用し，倒産裁判所の命令は，企業間の実質的同一性および雇用された労働者数に基づいて譲渡の後に引き起こされた承継者の交渉義務を排斥しないと述べている。

さらに，A & C Healthcare Service事件[58]では，"買受人は承継者ではない。債務者の施設を譲り受けた結果として承継者責任を負わない"との倒産裁判所の決定について，NLRBは，この用語は債務者の契約責任や不法行為責任を免除しようとするもので組合との関係を述べていない，Burns判決が述べたように被申立人の組合に対する関係は契約上の関係ではないと指摘し，倒産手続のオークションで施設を購入した企業に対する承継者責任を認めた行政法審判官の判断をそのまま採用している。

(3) Golden State Successor と 363条(f)の適用

International Technical Products Corp.事件[59]は，第11章手続を申し立てた譲渡会社から全資産を譲り受けたInternational Technical Products社が，Golden State successorとしてバックペイの責任を求められたため，倒産裁判所の決定により担保権等の負担のない資産を譲り受けたことを理由にバックペイの責任が否定されると反論した事案である。NLRBは，負担のない資産の購入を許可した倒産裁判所の決定によって，旧使用者の不当労働行為を知って債務者の事業を購入した承継者の不当労働行為責任は消滅しないと判断した。

しかし，その後のIn re Creative Restaurant Management, Inc.事件[60]でも，倒産裁判所が連邦倒産法363条(f)を根拠として，NLRBが主張する不当労働行為救済責任（バックペイおよび復職）の負担のない資産譲渡を認めうるかが問題となり，倒産裁判所は，明確にこれを肯定した。倒産裁判所は，債務者か

57　Mammoth Coal Co., 354 N.L.R.B. No. 83 (2009).
58　A & C Healthcare Service, 354 N.L.R.B. 1 (2009).
59　International Technical Products Corp., 249 N.L.R.B. 1301 (1980).
60　In re Creative Restaurant Management, Inc., 141 B.R. 173 (Bankr.W.D.Mo. 1992).

らの買受人に対して承継者責任を課すことが，譲渡に対する否定的または委縮効果を有することを度々指摘しており，全債権者に対する返済の最大化という目的を達することがより困難になると述べるとともに，363条(f)がその目的とNLRBのエンフォースメントの目的の両者を調整していると判示した。また，バックペイと復職を求める権利は，いずれも支払を受ける権利であると判断された[61]。

このようにNLRBと倒産裁判所との間で意見の相違がある中で起きた興味深い事件がIn re Pan American Hospital Corp.事件[62]である。この事件は，363条saleの最中にNLRBが不当労働行為申立係属中との告知を提出し，利害関係者に提供したことから，債権者委員会から当該告知の削除に関する緊急申立てがなされ，NLRBが連邦倒産法362条のオートマティック・スティ違反を問われたという異例の事件である。裁判所は，結論として，362条(b)(4)の例外は，政府機関が金銭上の権利を保全することを許容していないとして362条違反を認めたが[63]，その理由において，連邦倒産法363条と承継者法理との緊張関係に関する現在の倒産裁判所の考え方を，概要，以下のように示した。すなわち，まず裁判所は，NLRBの権限について，事業買収日以後，事業譲受人の活動に関連して労働関係の分野で完全かつ全体の独立した管轄権を有するが，譲渡前に生じた復職とバックペイのために，誠実な (bona fide) 363条の買受人に対して承継者責任を主張する権利はないとの判断を示した。そして，NLRBが承継者責任の主張の根拠としてGolden State判決を強調することは見当違いで，議会は，倒産裁判所に対して譲渡を許可する排他的管轄権を与えたものであること，Golden State判決は，1978年倒産法制定前，つまり363条制定前の判断であること，事業譲渡を奨励し，かつ，全債権者に対する按分配当を高めようとする際に最終的に承継者責任から保護されるという場合に買受人が司法の場 (judicial arena) に入ることができるから，連邦倒産法363条は債権者の権利回復の最大化につき倒産裁判所を手助けするものであること，連邦倒産法363条に基づき負担のない権利を受けることは事業が苦境にある状況では債権者の損害回復を高める基本原則の一つであること，したがって，

---

[61] ただし，この判決は，バックペイおよび復職以外の，選挙のやり直しやポスト・ノーティス等の命令については消滅しないと判断したが，後に争訟性を欠いたことから無効とされた。

[62] In re Pan American Hospital Corp., 364 B.R. 832 (Bankr.S.D.Fla. 2007).

[63] 倒産裁判所は，NLRBに対して告知を撤回しないことを条件に100万ドルの制裁金を命じたが，NLRBが撤回したため制裁金は課されなかった。

NLRBが，連邦倒産法 363 条が適用される倒産場面について，倒産外のバックペイおよび復職に関する承継者責任問題と同等にみなすことはできないと判示した。

また，同裁判所は，上述の Creative Restaurant Management 事件の判断が後に無効とされたにもかかわらず，バックペイの主張は支払に対する権利（right to payment）のための債権（claim）に還元されうる利益（権利）であるという同事件での理由づけを採用した。同様に，復職の主張についても，債務の不履行が支払を求める権利を発生させる場合にその債務不履行に対して衡平上の救済を受ける権利[64]であるから，債権に還元されうる利益であると判断した。その上で，倒産手続におけるバックペイの位置づけに関して NLRB が債権者であると示した最高裁の Nathanson 事件[65]に依拠し，NLRB の権利は，連邦倒産法の下で他の申立て前の無担保債権と同様に取り扱われるべきとも判示している。

このように倒産裁判所は，363 条の重要性を強調し，NLRB が追求する不当労働行為責任が 363 条(f)により消滅するとの判断を明確に示している。

(4) その他の雇用に関する責任の承継

裁判所は，雇用差別違反等に関する責任の承継についても，363 条(f)に基づき否定する判断を示している[66]。

例えば，Trans World Airlines 事件[67]は，Trans World Airlines 社（TWA）が第 11 章手続を申し立て，American Airlines 社が裁判所の許可を得て事業譲渡を受けたが，TWA には譲渡前に性差別を理由とするクラス・アクションの和解に基づく債務負担（フライトアテンダントに対する旅行券の提供）があり，さらにタイトルセブンを含む様々な雇用差別違反を理由に雇用機会均等委員会

---

[64] "債権（claim）"は，連邦倒産法 101 条(5)で定義されている。それによれば，債権には，条件付きかどうか，金額が確定しているか，期限が到来しているかどうかなどを問わず，支払を受ける権利（(5)(A)）および債務の不履行が支払を求める権利を発生させる場合にその債務不履行に対して衡平上の救済を受ける権利（(5)(B)）が含まれる。後者は，特定の履行や差止の権利が典型例で，「債権」のみが免責されることから免責の問題として重要となる。最も頻繁に問題となるのが環境問題であり，1985 年の Ohio v. Kovacs 事件（469 U.S. 274 (1985)）の最高裁判決が，個人の清掃義務について，免責されうる倒産法上の債権と判断したことが有名である。T_{ABB}, 86.

[65] Nathanson v. National Labor Relations Board, 344 U.S. 25 (1952). 倒産法は，バックペイを他の賃金債権と異なる取扱いとはしていないとも判示している。344 U.S. at 29.

[66] See In re New England Fish Company, 19 B.R. 323 (W.D.Wash. 1982).

[67] In re Trans World Airlines, Inc., 332 F.3d 283 (3d Cir. 2003).

(EEOC) から提訴されていたという事案である。問題となったのは，倒産裁判所が，363条(f)に基づき，かかる債務の承継者責任の負担のない譲渡を認めうるかどうかであり，倒産裁判所の譲渡を認める許可決定では，363条(f)に基づく負担のない資産の引渡しには，主張の有無，知・不知を問わず，すべての雇用に関連した債権，給与にかかる税金，雇用契約，売主に雇用されていた間に生じた先任権，および譲渡のクロージングの日までに生じた承継者責任を含むとされていた。この点，第3巡回区控訴裁判所は，倒産裁判所が承継者責任の負担のない譲渡を命ずる権限を有することを認めたが，その理由中，363条(f)の権利の意味について，Leckie Smokeless Coal Co. 事件および Folger Adam Security 事件[68]を検討し，EEOC らの権利が物的な権利ではないという意味では財物（property）における権利ではないが，譲渡される財物から生ずるという意味では 363条(f)に言う財物における権利であると指摘した。そして，EEOC らの権利が一般の無担保債権で低い優先権しか与えられておらず，他の債権者の引当てを譲渡代金に限定しながら，American 社に対する承継者責任を許容することは，倒産法が定める優先スキームと首尾一貫しないこと，そして，American 社に対する譲渡がなければ清算せざるを得ないとの強い見込みを前提とすれば，およそ2万人の雇用を保持するために，そして退職手当を含めた労働者関連の責任の資金供給のために，承継者責任を犠牲にした事業譲渡が必要であるという倒産裁判所に賛成すると判示している。

(5) 小　　括

　以上のように，連邦倒産法 363条(f)の適用の可否については，①承継者責任が "interest in property" に含まれるかという問題，②承継者を判断する倒産裁判所の管轄権の問題，③363条(f)は既存の権利の負担のない譲渡を認めるのに対して，承継者責任は譲渡後の買受人の行為により生ずるものであるから 363条(f)が適用されないのか，といった様々な問題点が混在し，多くの裁判例があるが，Burns Successor を除き，承継者責任についても負担のない譲渡を認める方向で収斂されてきている[69]。

68　Folger Adam Security, Inc., v. MacGregor, 209 F.3d 252 (3d Cir. 2000). Leckie Smokeless Coal Co. 事件の判旨に関し，363条の "いかなる権利" という用語について，譲渡される財物に関係している，または当該財物から生ずる義務を指す趣旨であると示唆しているようであると指摘した。

69　NLRB 作成の *Casehandling Manual Part 3 Compliance Proceesings*, 10670.3(f)においても，倒産事件の間に裁判所の負担付きでない許可を受けて DIP の事業が譲渡された場合，Golden State Liability が排除されうると記載されている。http://www.nlrb.gov/sites/default/files/documents/44/compliancemanual.pdf(accessed 2012-07-21)

倒産手続終了後に発生した製造物責任のように，倒産手続に参加できない将来の権利については，買受人に対して承継者責任を追及できるとする見解が有力であるが[70]，Golden State Successor については，譲渡後に実質的継続性の有無が明らかになるものの，その原因となる債権がすでに譲渡時に発生していることは明確であるため，将来の権利の問題とは異なる。しかも，これについてまで承継者責任を認めると，倒産法の重要規定である 363 条の目的と真っ向から矛盾してしまう。とりわけ，バックペイや復職を求める権利が倒産手続上無担保債権と扱われる以上，これを認めると倒産法の規定する優先順位を変更することにもなりかねない。それが倒産法の政策と矛盾するという点も重要である。

なお，上述の 363 条 sale の帰結は，本来のルートである再建計画の中で営業部門の事業譲渡が規定され，連邦倒産法 1129 条に基づき計画が認可された場合の効果（§ 1141 条(c)）についても同様に当てはまるものと思われる[71]。

4　363 条 sale の許可基準と労働者保護

では，このような承継者法理に基づく責任を制限しうる 363 条 sale に対する倒産裁判所の許可の際に，労働者保護は考慮されているのであろうか。裁判所の許可基準から検討する。

(1) 資産の全部または実質的に全部の譲渡と倒産裁判所の許可基準

近時の 363 条 sale においては，第 11 章手続の申立て後，実質的に全部の事業譲渡を行い，旧会社は清算計画を提出して譲渡代金を分配するという手法が行われている（例えば，近時のクライスラーの倒産事件）。計画案の中で事業譲渡と譲渡代金の配当を記載し，清算することも可能であるため（§ 1123 条(b)(4)），再建計画の立案前に，363 条 sale によって財産の全部または大部分を譲渡することは，実質的には計画案認可に必要な手続によらずに計画案を策定・実施してしまうことにもなりかねない。そこで，財団の全部または実質的に全部の譲渡が 363 条 sale により許容されるかが，倒産裁判所の許可の要件と関連して

70　COLLIER, ¶ 363.06 [1]; OESTERLE 2005, 280; TABB, 457.

71　なお，363 条(f)が，その財物における権利（interest in such property）からのみ負担がない（free and clear）と規定しているのに対して，第 11 章の再建計画に基づく売却の場合，倒産法 1141 条(c)が，計画によって"取り扱われた"いかなる財産も，債権者，持分権者等が有するすべての権利（all claims and interests）の負担がないと規定していることから，計画内事業譲渡の場合，権利の負担がなく譲渡できることに関して 363 条(f)の下で生じている解釈問題は生じないとの指摘がなされている。OESTERLE 2006, 121.

問題となる。

　この点，緊急性がある場合のみ許されるとする見解[72]もあるが，多くの裁判例はこのアプローチを否定している。リーディング・ケースとなったLionel Corp.事件[73]において，第2巡回区控訴裁判所は，363条の文言と相違するとして厳格な緊急性アプローチを否定し，ただし，363条(b)が裁判官に白紙委任しているわけではないとして，正当［健全］な事業理由（good [sound] business reason）または明確な事業上の正当理由（articulated business justification）の判断が必要であると判示した。そして，本件で譲渡を進める唯一の理由は債権者委員会が要請しているだけで，第11章手続の下で考慮されるべき持分権（the equity interests）を無視していると指摘し，正当な事業上の理由を否定した。もっとも，このLionel Corp.判決は，その後，債務者が継続企業としての事業を譲渡する権限を限定するためではなく，そのような譲渡を許容するために引用されるようになった。そして，多くの裁判所は，363条saleの許可のために，①健全な事業目的，②関係者への譲渡の通知，③譲渡価格（公正かつ合理的か），④誠実さ（in good faith）という4つの条件を必要とし，Lionel Corp.判決は，上記①のみを述べたものと理解されている[74]。

　また，裁判所が譲渡を許可するにあたり，もう一つの重要な考慮は，提案された譲渡が，秘密裏の再建計画（sub rosa plan）に該当するかどうかである。リーディング・ケースとなったBraniff Airways事件[75]において，買受人の旅行証券等と引換えに倒産会社Braniffの財産を移転する合意において，その証券が将来の再建計画でのみ利用でき，かつ，労働者，株主および一部の無担保債権者に対してのみ分配されることになっていたことに関して，第5巡回区控訴裁判所は，債務者と倒産裁判所が事業譲渡に関連して，秘密裏に（sub rosa）

---

[72] In re White Motor Credit Corp., 14 B.R.584 (Bankr.N.D.Ohio 1981).

[73] In re Lionel Corp., 722 F.2d 1063 (2d Cir. 1983). Lionel社が最も価値のあった上場子会社Daleの82%の株式を363条saleによってAcme-Cleveland社に売却することについて連邦倒産裁判所は認めたが，株主委員会は，第11章手続の中心である情報提供の上での投票を回避することになるとして，この命令に対して不服申立てをした。

[74] FRAZIER ET AL., 41-42. 例えば，General Motors Corp.事件（In re General Motors Corp., 407 B.R. 463 (Bankr.S.D.N.T. 2009)）は，健全な事業上の正当理由が必要であるとした上で，363条所定の要件のほか，ビジネス・ジャッジメント・ルールの適切な行使が行われたかどうかの調査を行い，①全債権者および利害関係人に対して通知されたか，②当該譲渡が公正かつ合理的な価格で実行されたか，および③買受人が誠意をもって手続を進めたかが充足されなければならないと判示している。

[75] In re Braniff Airways, Inc., 700 F.2d 935 (5th Cir. 1983).

計画条件を定めることにより，再建計画認可のための第 11 章手続の要件をショートカットできるとすべきでないと述べて，倒産裁判所の許可決定を破棄・差し戻した。かかる Braniff 判決から，財団の全部または実質的に全部の譲渡のためには，当該譲渡が単なる譲渡であって，秘密裏の再建計画でないことが必要とされている[76]。

このように，裁判所の許可基準において，労働者保護は検討項目に含まれていない。

(2) 倒産手続とコーポレート・ガバナンス

では，許可の申立てをする DIP に労働者保護を考慮すべき義務はないのであろうか。

この点，一般に，第 11 章手続の DIP は，労働者の利益を考慮するべき義務は負っておらず，債権者および株主に対して本質的に同一の信認義務を負い，しかも，倒産においては株主の利益が債権者の利益より下位の位置づけになると考えられている[77]。

また，会社を売却またはその支配権を移転する場合，一般に取締役にはレブロン義務を生ずるところ，倒産手続においても，原則としてレブロン義務と類似の義務が適用されると考えられる[78]。実際上も，上述のとおり，倒産裁判所が譲渡を許可する際の要件において，特に売買価格が重要な要件として挙げられ，DIP（または管財人）は，会社にとって最も高額かつ最良の申出を獲得する義務を負っている[79]。

ただし，とりわけ交渉の上，より低い入札を受諾することに正当な事業上の理由（sound business reasons）が認められる場合もある。例えば，支払条件がより好ましい，または申出額の高い入札者の資力が疑われる相当の理由がある

---

[76] See TABB, 459. 近時のクライスラーや GM の倒産事件でも同様の検討がされている。

[77] Commodity Futures Trading Commission v. Weintraub, 471 U.S. 343, 355 (1985); Athanas, *supra* note 10, at 606. *Also see* Myron M. Sheinfeld and Judy Harris Pippitt, *Fiduciary Duties of Directors of a Corporation in the Vicinity of Insolvency and After Initiation of a Bankruptcy Case*, 60 BUS LAW 79, 93 (2004).

[78] Athanas, *supra* note 10, at 608-09. *Also see* BAIRD, 227. レブロン判決以降，多くのケースで，最も高額かつ最良の入札者に資産を譲渡することによって価値を最大化させる Revlon-like duty が適用されていると指摘されている。また，一般に，レブロン義務は，倒産法やそのポリシーと直接衝突しないかぎり，または倒産法の下での会社の権利行使と直接抵触しない限り，適用されうるとの指摘もある。Dennis F. Dunne, *The Revlon Duties and the Sale of Companies in Chapter 11*, 52 BUS LAW 1333, 1334 (1997).

[79] OESTERLE 2005, 192.

場合である[80]。

(3) 裁判所の許可の際の労働者保護の考慮の可否

もっとも，倒産外の場合と同様，労働者保護を考慮する義務はないとしても，財団の利益を最大化するという363条の趣旨に反しない限りで，DIP が363条 sale の許可を求めるにあたり労働者保護を考慮することは可能である。そして，裁判所もその判断を尊重している。健全な事業理由のほか，誠実さ（good faith）または当該取引が公正かつ衡平（fair and equitable）かどうか[81]，さらには当該譲渡が財団の最も利益となるか（in the best interest of the estate）[82]等，倒産裁判所は，許可にあたり様々な表現をしているが，本質的には経営判断テスト（business judgement test）に相当する基準を一般に適用していると言われている[83]。

したがって，例えば，通常，買受人は，労働者の雇用を義務づけられることを好まず，雇用の判断に関する裁量を欲するが[84]，クロージングに際して必要な現金を減らすために，ある雇用関係の責任を引き受けることを検討する場合もある。なぜなら，労働者に対する責任の引受けは，倒産事件で支払を要する債務者の全体の責任を減らすことにも繋がるからである。よって，譲受会社が譲渡会社の労働者の雇用を維持し，その責任を引き受けることは，譲渡に関する倒産裁判所の許可を得ることの手助けともなる。すなわち，譲渡契約が公正かつ衡平であり，財団および債権者（労働者を含む）の最も利益に適う（in the best interests）こと等を立証する際に，債務者の労働者の継続雇用と倒産財団が負っている労働者関連の責任減少が説得力のある要素となる[85]。したがって，通常，売買価格を最大化することで財団の利益を図ることが考えられるが，より高い価格が必ずしも一番高額な入札になるとは限らず，責任の引受けや債務

---

[80] COLLIER, ¶363.02［4］.

[81] In re Phoenix Steel Corp., 82 B.R. 334 (Bankr.D.Del. 1987).

[82] WBQ Pship v. Commonwealth of Virginia Dept of Medical Assistance Servs., 34 C.B.C. 2d 674, 189 B.R. 97 (Bankr. E. D. Va. 1995).

[83] COLLIER, ¶363.02［4］. ここでの経営判断テストとは，裁判所が DIP（または管財人）の判断が合理的なものであったかどうかを独自に判断するために，DIP の経営判断を審査することである。なお，厳格な規定が充足された場合に認可となる第11章手続の計画案認可の場合と異なり，緩やかな経営判断テストの下で判断されることが363条 sale を実施するインセンティブを与えていると指摘されている。TABB, 457.

[84] FRAZIER ET AL., 122, 124 によると，60の事業譲渡契約のサンプルのうち，3分の2がクロージング後の雇用の保持に関する規定を含み，そのうち約半数は，雇用の判断を買受人の唯一の裁量に委ねるものであった。

[85] Id. at 121-22.

の減少等によって財団の利益に資することも考慮され[86]，その判断に合理性があるかぎり，その範囲で労働者保護も許容されうる。

また，例えば，Trans World Airlines 事件[87]では，Trans 社が買受人候補である American 社との交渉により，American 社が Trans 社の現役労働者だけでなく，退職労働者に対する手当を引き受ける譲歩を引き出し，その結果，同社が多額の追加責任を負う内容となったことから，譲渡を許可した決定に対する停止の申立てがなされた。倒産裁判所は，363 条 sale のみが唯一の企業価値を保持する選択肢であり，再建計画の認可まで事業継続できない見込みを重視して，停止申立てを認めなかった。また，判旨は，363 条 sale の目的が財団の利益最大化にあり，譲渡によって同様の状況にある債権者が別異に取り扱われる結果になったとしても，それは個々の債権者の負担となること，363 条(b)はすべての無担保債権者に対する按分の配当を必要としていないと述べ，譲受会社が労働者に対する責任を引き受けることにより不公平または市場価値より劣ることになるといった主張や証拠もないと判示した。

このように，裁判所は，債務者が再建計画を待って事業を売却する余裕がないことから，譲渡が許可されなければ清算価値しか残らず，債権者全体の利益が害されることを第一に考慮しており，財団の利益に反しないかぎりで DIP の判断を尊重し，その限りでは，労働者保護を積極的に奨励するという立場でもなければ，否定もしないという立場と考えられる。

Ⅳ　倒産手続と分身法理の適用

1　分身法理の原則適用

第 3 節 Ⅱ で述べた分身法理は，倒産手続においてもそのまま適用される。そして，DIP または管財人は，倒産法の下で債務者とは別個の法律上の人格とされているが，NLRB は，第 11 章手続における DIP または管財人を使用者（債務者）の分身と扱っている[88]。したがって，DIP または管財人は，原則と

---

[86] See id. at 44-45.
[87] In re Trans World Airlines, Inc., 2001 WL 1820326 (Bankr.D.Del 2001).
[88] San Bernardino Dental Group, 302 N.L.R.B. 135 (1991); Wheels Transportation Services, Inc., 340 N.L.R.B. 1085 (2003); Ivaco Steel Processing (New York) LLC, 341 N.L.R.B. 1 (2004); HIGGINS, 1215-16. なお，San Bernardino Dental Group 事件では，事業運営の権限のない第 7 章の管財人は，そもそも NLRA 2 条(2)項の「使用者」

して第11章手続申立て後も引き続き倒産会社が組合と締結した協約を遵守する義務を負う。また，不当労働行為手続の被申立人となった企業が倒産手続を申し立てた場合は，管財人等に対してバックペイが生ずることになる[89]。

しかし，倒産会社の資産がDIPまたは管財人から入札者に譲渡された場合，原則として，その入札者は，分身の要件[90]を充足しない限り分身とは認められない。したがって，たとえ入札者が同一場所で同一の運営を引き継いだとしても，所有もしくは経営の共通性がないことや偽装取引でないことが，分身を否定する事情となる[91]。

これに対して，企業所有者が同一である場合[92]や旧会社の所有者が新会社に対する財政支援等を通じて積極的に支配を及ぼしている場合[93]等には，その他のCrawford Door factorsの充足度も考慮して，分身と判断されうる。

分身と判断された場合，協約自体はその影響を受けずに存続し，分身法理の下で分身使用者は旧使用者が締結した協約に拘束される。分身使用者は，倒産手続に服していない以上，協約の履行拒絶を認める連邦倒産法365条やその他の規定の保護は受けられない。また，倒産手続で旧使用者が受けた保護を積極的抗弁として主張することにより，分身としての責任を回避することも許されない[94]。

ではないと判断された。

[89] ただし，バックペイの発生時期や金額によって，倒産手続上の優先権の有無・順位が異なる（§503(b)(1)(A), 507(a)(4)(A)）。See In re Palau Corp., 18 F.3d 746 (9th Cir. 1994)。

[90] 詳細は，本書360頁以下参照。

[91] Kanowsky Furniture, 314 N.L.R.B. 107 (1994) [倒産した家具製造会社の商号（trade name）といくつかの設備を購入して同じ場所で運営を始めたが，分身が否定された。旧会社の社長兼所有者が，新会社の最高財務役員（chief financial officer）となった事案]。

[92] NLRB v. Edward Cooper Painting, Inc., 804 F.2d 934 (6th Cir. 1986) [倒産会社は父のみの所有。父と息子がパートナーシップ形式で事業を始めた事案]；Metalsmith Recycling Co., 329 N.L.R.B. 124 (1999)。

[93] Lewis Canter d/b/a Century Printing Company, 242 N.L.R.B. 659 (1979), enforced, 661 F.2d 914 (3d Cir. 1981)。

[94] Metalsmith Recycling Co., 329 N.L.R.B. 124 (1999); HIGGINS, 1218-19. Also see In re James M. Goodman, 873 F.2d 598 (2d Cir. 1989) [不当労働行為の責任を有していたGoodmanらが設立した法人およびGoodman個人が第7章手続を申し立て，Goodman個人は免責を得たが，倒産手続終了前に，Goodmanが新たに会社を設立し，事業を行っていたことから，NLRBは，Goodman自身らを倒産法人の分身であるとして責任追及した。Goodmanが倒産裁判所に対して第7章の免責に違反すると主張して差止

2　「事業目的」と倒産時の買収の特殊性

　Crawford Door factors の一つである「事業目的」の実質的同一性は，通常のケースであれば，同一の製品またはサービスを扱っている場合は，事業目的も同一と認定される。しかし，この点に関連して事業目的が異なるとして分身が否定された特殊なケースが Newspaper Guild of New York 事件[95]である。この事件は，New York Post 社が連邦倒産法第 11 章手続の申立てをしたことから，同社の買収に関心があった News America 社が，Post 社を管理し，かつ，融資を提供するための子会社として Acquisition 社を設立した。同社は，倒産裁判所の許可を得て Post 社の管理を始め，全労働者が協約の労働条件の下で仕事を継続した。その後，News America 社は，Acquisition 社が債権者委員会を含む第三者に財務報告をする義務があったことから，そのような調査に服さない別の子会社である Holdings 社を設立し，裁判所の許可を得て Post 社を買収した。そこで，Holdings 社が Acquisition 社の分身かどうかが問題となった。

　NLRB は，暫定的かつ限定的な目的を有する Acquisition 社（事業運営を維持し，資産を保護するための運営マネージャー）と通常の商業目的を有する最終的な買収者である Holdings 社との役割の違いを重視し，事業目的が著しく異なること，反組合的意図によって設立された証拠もないとして分身を否定した。

　第 2 巡回区控訴裁判所も NLRB の判断を支持したが，その理由中で，仮に分身が認められると，News America 社が現在の協約条件を受け入れざるを得ず，入札の際，財政面で不利な立場となるが，そのような不利益が財政支援者に課されるとなれば，支援者がいなくなり，企業は労働者の仕事とともに存続しなくなると述べている。つまり，この判断は，倒産手続での買収という特殊事情が考慮されたものである。

　等を求めた事案］．

[95]　Newspaper Guild of New York v. NLRB, 261 F.3d 291 (2d Cir. 2001), *enforcing* NYP Acquisition Corp., 332 N.L.R.B. 1041 (2000).

第5節　アメリカ法の総括

　アメリカにおいても，事業譲渡は，移転する資産・負債を自由に選択し，原則として債務を承継する必要がないというメリットがあり，特に事業の一部門の買収手段として，平時においても幅広く利用されている。また，対象会社が倒産手続中である場合，通常，事業譲渡が利用されることはドイツや日本と同様である。

　しかし，アメリカにおいては，事業譲渡の場面を含めて労働法に関する規制がかなり乏しい。それがまさにアメリカ事業譲渡法制の顕著な特徴となっている。すなわち，まず，個別的労働関係上，アメリカでは随意的雇用原則が妥当しており，組合の組織率の低さ等から，現在でも全体の3分の2の労働者が解雇自由の原則の下にある。この場合，労働条件変更も事実上解雇を通じて可能となる。また，EU・ドイツのような，事業譲渡に際する個別的労働契約の変更・解消に対する規制もほとんどない。雇用差別禁止立法はあるが，事業譲渡等のM&A取引を契機として解雇が行われるのであれば，差別の要素が弱まり，解雇規制として十分に機能しない。したがって，個々の労働契約が合併，事業譲渡その他の企業の組織再編を阻害することはなく，事業の譲渡人または譲受人が労働者をもはや必要としなければ，随意的雇用原則によって労働者を望むままに解雇できる。アメリカでは，この随意的雇用原則が現在でも妥当しているため，事業再編を必要とする使用者が大きな柔軟性を与えられ，事業譲渡により譲受会社が全く同一の事業を行う場合であっても，原則として労働契約を承継する義務を負わない。

　一方，集団的労使関係については，排他的代表制の下で交渉代表組合が選出されると，使用者は，当該組合とのみ誠実団体交渉義務を負い，組合との交渉を経ずに労働条件を一方的に変更できなくなる。そして，団体交渉を通じて協約の締結がなされると，全般的な労働条件が定められ，これにより使用者による一方的な労働条件変更が制限される。使用者が団体交渉を拒否すれば，不当労働行為としてNLRBを通じた行政救済が図られる。このように，集団的労使関係については，個別的労働関係では享受できない保護が与えられ，労働者保護の重要な役割を担っている。そこで，かかる集団的労使関係が使用者の事業の移転により無に帰されることを防止するために，承継者法理や分身法理が

形成されている。

　もっとも，承継者法理において，一定の義務を承継するか否かは買受人に大きなイニシアティブが付与され，予見可能性も担保されている。また，分身法理の適用についても，所有者または支配の同一性があるか，不法な動機・目的がある場合など，脱法に近い場面や，そうでなくとも使用者側が義務を承継してもやむを得ないといえるような事情がある場合に限られている。

　その上，倒産手続においては，Golden State successor の責任が解釈によって否定される傾向にあり，また，負担のない権利の譲渡を認める連邦倒産法363条(f)の適用が肯定される。すなわち，判例は，財団の利益最大化を趣旨とする連邦倒産法363条を承継者責任（Golden State Liability）に優先させ，倒産の場面では承継者責任を犠牲にした事業譲渡が必要であると考えている。また，EU・ドイツと同様に，倒産手続における事業譲渡において譲受人に承継者責任を強制すれば，潜在的な買収者が事業を引き受けず，労働者も職場を失うということが，判決理由中において度々指摘されている。

　こうして，使用者側がその意思によらずに義務を負担する領域は，あくまで組合差別や協約上の義務回避目的による新会社設立等，大きな限定が付されている。したがって，アメリカの事業譲渡法制における労働者保護は，平時・倒産時を問わず，概ね事業譲渡を実施する企業側の自由や迅速な事業譲渡の要請が優先して考えられており，依然として使用者側が柔軟にM&Aを行いうる状況にある。

第 5 章

日本における事業譲渡と
労働関係に関する考察

第1節　日・EU独・米における事業譲渡法制の比較法的考察

　前章までで述べてきたように，ドイツでは労働契約の自動承継規定という個別法によるアプローチが中心であるのに対して，アメリカでは集団法のアプローチにより労働者保護を図っている。では，日本の事業譲渡法制に関する個別法・集団法の現状は，ドイツ法およびアメリカ法と対比すると，どのような違いがあるのだろうか。

I　事業譲渡法制と個別的労働関係

1　日独米の解雇・個別的労働条件変更規制

　まず，事業譲渡に伴う個別的労働関係の労働者保護については，その際の労働契約の帰趨，具体的には解雇や労働条件変更の問題として現われる。そこで，事業譲渡が生じていない通常の状況において，日独米の解雇・労働条件変更規制についてあらためて確認する。

(1)　日本の解雇・労働条件変更規制

　日本では，解雇が「客観的に合理的な理由を欠き，社会通念上相当であると認められない場合」は無効となる（労契法16条）。経営上の理由による解雇においては，整理解雇の4要素，すなわち，①人員削減の必要性，②解雇回避義務（希望退職者の募集等），③被解雇者選定の合理性，④従業員に対する整理解雇の必要性や具体的実施方法等の説明・協議が検討され，当該解雇の効力が判断される。解雇が無効となる場合，雇用関係が存続していたことになるため，その救済方法は原職復帰が認められる。

　次に，労働条件変更規制については，個別の労働条件変更合意によるほか，就業規則の不利益変更により，周知性と合理性を要件として使用者による変更が可能である（労契法10条本文）。

(2)　EU・ドイツの解雇・労働条件変更規制

　ドイツにおいても，解雇が社会的に不当である場合は無効となる（解雇制限法1条1項）。経営上の理由による解雇については，①緊急の経営上の必要性，②予測原則，③最終手段原則，④社会的選択が必要であり，解雇が無効となる

場合の救済は，原職復帰が原則である。この点で日本の解雇規制と類似している。ただし，原職復帰以外にも，労働者の補償金請求権（解雇制限法 1 a 条 1 項 1 文）や裁判所による解消判決と補償金の支払（解雇制限法 9 条 1 項 1 文）の制度が用意されている。なお，フランスをはじめ，EU の多くの国では違法解雇は損害賠償に帰着し，雇用関係の存続自体は強制されない[1]。

次に，労働条件変更規制については，①労務指揮権（指揮命令権）の行使，②撤回留保の合意，③変更契約のほか，④変更解約告知（解雇制限法 2 条）がある。しかし，これらは集団的合意（協約および事業所協定）による規制に服するほか，労務指揮権の行使は賃金等の重要な変更には及ばない。また，撤回留保の合意や変更契約もそのような合意が前提となるため限度がある。これに対して，変更解約告知は，労働者の同意が得られなくとも変更が可能となるが，非常に厳しい要件の下でのみ認められ，また，統一的な労働条件変更手段としては実際的ではないと考えられている。日本の就業規則不利益変更法理のように統一的に労働条件を変更する手段はない。

(3) アメリカの解雇・労働条件変更規制

以上に対して，アメリカにおいては随意的雇用原則が妥当し，差別立法等の個別的な規制に該当しない限り，原則として解雇が自由である。ただし，一定規模の労働者を雇用する企業が事業所閉鎖または大量レイオフを行う場合は，交渉代表組合等に対する 60 日前の予告義務が課せられている（WARN 法）。

次に，労働条件変更規制については，独自の法理や法的規制はない。随意的雇用原則の下では，使用者が労働条件変更を提示し，それに同意しない労働者を解雇し，その条件に同意する労働者のみを新規に雇用すればよい。

2　事業譲渡による個別的労働契約に対する影響

(1) 日本における労働契約への影響

日本では，事業譲渡の場合に労働契約が譲受会社に承継されるという規制は存しない。現在の判例・通説を前提とすると，労働者は，労働契約の承継を拒否できる反面（民法 625 条 1 項），譲受会社も，組合差別等がない限り，労働者を承継するか否かは原則として自由である。その結果，事業の一部譲渡の場合に譲受会社に承継されなかった労働者は，譲渡会社の他の事業部門への配転が検討され（解雇回避義務），配転の可能性もない場合は解雇の対象となり，整理解雇の 4 要素に基づいて解雇の効力が判断される。また，全部譲渡により譲渡

---

[1] 荒木 1998・109 頁。

日独米の制度比較

	日	独	米
解雇規制	解雇権濫用法理あり（労契法16条）。	社会的に不当な解雇は無効（解雇制限法1条1項）。	原則自由。
労働条件変更規制	就業規則の周知性と合理性必要（労契法10条本文）。	賃金等の労働条件は一方的に変更不可。	解雇を通じて可能[2]。
労働契約承継立法	会社分割についてのみ規定あり。	民法613a条	なし

　会社の労働者が全員解雇され，解散・清算される場合も，当該解雇について労契法16条により社会通念上相当か否かが検討されるものの[3]，通常，解雇は有効となる。この場合の労働者保護は，新旧企業間に同一性があれば，法人格否認の法理の適用が問題とされている。

　法人格否認の法理とは，法人格の独立性（法人の「分離原則」），すなわち，会社の対外的活動から生じた権利・義務は会社に帰属し，かつ，会社に対して効果を生ずる財産法上の行為は会社の機関が行う（株主は，直接それを行う権限を有しない）との原則を，当該事案限りで否認する法理である[4]。最高裁判決[5]によれば，法人格否認の法理の要件は，①法人格が形骸化している場合，または②法人格が濫用される場合であり，下級審裁判例も基本的にこれに依拠している。同法理は，権利濫用禁止（民法1条3項）の類推解釈または会社の法人性の規定（会社法3条）の解釈を根拠とし，正義・衡平の理念に基づく例外的な法理であることから，以下に述べるように，その要件は厳格である。

　すなわち，まず，法人格の形骸化とは，法人とは名ばかりであって，会社が実質的には株主の個人営業である状態，または子会社が親会社の営業の一部門

---

[2] 労働コストを削減するためには単純に余剰労働者を解雇すればよいから，そもそも雇用を維持した上で労働条件を不利益に変更する必要自体が小さい。荒木2003・33頁。

[3] グリン製菓事件・大阪地決平10・7・7労判747号50頁，三陸ハーネス事件・仙台地決平17・12・15労判915号152頁。企業が存続しつつ人員削減措置をとる整理解雇の場合とは異なるため，整理解雇の法理は適用されないが，解散会社であっても，解散のいきさつ，解雇せざるをえない事情，解雇の条件などは従業員に対し説明すべきであり，そのような手続的配慮を著しく欠いたまま解雇が行われた場合は，「社会通念上相当として是認」できない解雇として，例外的に解雇権濫用と判定されうる。菅野465頁参照。

[4] 江頭40頁。

[5] 最一小判昭44・2・27民集23巻2号511頁，判時551号80頁。

にすぎない状態をいう[6]。この点，法人格否認の法理を労働関係に適用したリーディング・ケースである川岸工業事件判決[7]は，親会社が子会社の業務財産を一般的に支配しうるに足る株式を所有し，親会社が子会社の企業活動を現実的・統一的に管理支配している場合は，子会社の受働的債権者（従業員）に対する関係では親会社がその債務を引き受けていると判示した。しかし，この判旨に対しては，法人格を否認するに足る形骸化を認めるためには，財産の混同，業務活動の混同の反復，収支区別の欠如，株主総会や取締役会の不開催等の付加的事情が必要であるとの強い批判があり，近時の裁判例は，法人格の形骸化を理由として法人格を否認すること（特に，雇用責任）に関して，極めて慎重な態度をとっている[8]。

一方，法人格の濫用とは，法人格が株主により意のままに道具として支配されていること（支配の要件）に加え，支配者に「違法または不法の目的」（目的の要件）がある場合をいう[9]。事業譲渡に関連して法人格否認が認められたケースは，偽装解散を前提とし，(ア)解散後，実質的同一性のある会社に事業が承継されたケース[10]のほか，(イ)親会社が子会社を解散させ，別の子会社に実質的同一の事業が承継されたケース[11]があり，後者はさらに親会社の雇用契約上の責任追及の可否および親会社の雇用責任と譲渡先企業の雇用責任との優先関係といった複雑な問題が生ずる。しかし，いずれのケースにおいても，事業を承継した譲渡先企業に対する雇用責任については，少なくとも譲渡会社等による支配の要件が必要であり，株式の保有関係や代表者・役員の重複がない場合は，支配の要件を認めることは難しい[12]。

---

6 江頭42頁。

7 仙台地判昭45・3・26労民集21巻2号330頁，判時588号38頁。

8 荒木2004・183頁。形骸化が否定された裁判例としては，大阪空港事業（関西航業）事件・大阪高判平15・1・30判時845号5頁，第一交通産業（佐野第一交通）仮処分保全抗告事件・大阪高決平17・3・30労判896号64頁などがある。

9 江頭41頁。

10 新関西通信システム事件・大阪地判平6・8・5労判668号48頁。

11 第一交通産業（佐野第一交通）事件・大阪地岸和田支決平15・9・10労判861号11頁，同仮処分保全抗告事件・大阪高決平17・3・30労判896号64頁，同事件・大阪地堺支判平18・5・31判タ1252号223頁など。なお，同事件・大阪高判平19・10・26労判975号50頁は，偽装解散の場合に親会社に対する雇用責任を認めている。

12 後藤勇「法人格否認の法理適用の具体的要件——旧会社の債務を新会社に請求する場合について」判タ699号15頁参照。また，支配の形態は様々であるが，会社の背後にある者がその会社を「道具」として利用しうる地位にあったという事実が認定されなければならず，例えば，新会社設立により取引上の債務を回避する場合であれば，営業目

この点，親子会社を念頭に，雇用関係については法人格否認の法理の要件を緩和すべきとする見解[13]もある。しかし，雇用責任が一回的債務ではなく，継続的契約に基づく債務が生ずることを考えると，むしろその要件はなお一層慎重な検討が必要である[14]。

このように厳格な要件が課されることからすると，事業譲渡スキームによるM&Aにおいては，経営主体の変更があり，株主や役員構成が異なる場合が通常であることから，仮に事業自体の同一性が認められる場合であっても，その要件を充足することは困難である。したがって，あとは事業譲渡当事会社間の労働契約の承継の意思を推認するなどして，個別に労働者の救済を図るほかない。しかし，これについても明確な労働契約の不承継特約がある場合は，労働者の救済は難しいと考えられている。

仮に譲受会社が労働者を雇用する場合は，(ア)労働条件を変更せず，労働契約自体をそのまま承継する方法（使用者の地位の譲渡）と，(イ)新規採用として新たな労働条件により採用する方法があるところ，いずれの方式を採用するかは譲受会社の自由である。前者の場合は，労働条件変更規制が機能するが，後者の場合は，新規採用であるから同規制は原則として及ばず，譲受会社が自由に定めた労働条件で採用可能となる。よって，実際には後者の選択がなされることが多い。

(2) EU・ドイツにおける労働契約への影響

これに対して，EU・ドイツでは，企業移転指令・民法典613a条に基づき，労働契約の自動承継に関する規制がある。それによれば，譲渡会社における経

的，営業場所，取締役，得意先，仕入先，従業員等の同一性のほか，両会社の株主の大部分が共通である必要があるとの指摘もある。奥山恒朗「いわゆる法人格否認の法理と実際」鈴木忠一＝三ヶ月章監修『実務民事訴訟講座5』170, 172頁（日本評論社，1969）。

13　西谷171頁。また，高橋英治「法人格の否認」家近正直編『現代裁判法体系⑰〔会社法〕』10頁（新日本法規，1999）も参照。

14　例えば，大阪空港事業（関西航業）事件・大阪高判平15・1・30労判845号5頁では，「取引行為等から生ずる単発的または定型的な法律関係とは異なり，本件のような雇用関係という継続的かつ一定程度包括的な法律関係の存在を法人格否認の法理を適用して背後にある法人との間で認める場合には，上記「支配の要件」における支配の程度は，上記法律関係の特質にかんがみ，強固のものでなければならず，双方の法人が実質的に全く同一であることまでは要しないとしても，背後にある法人が，雇用主と同視できる程度に従業員の雇用およびその基本的な労働条件等について具体的に決定できる支配力を有していたことを要する」と判示し，株式の保有関係や役員の重複がないことを指摘して支配の要件を否定している。

事業の実質的同一性を有する事業譲渡：EU・ドイツでは保護

```
       甲社                          乙社
┌─────────────────┐         ┌─────────────────┐
│  所有者　A      │         │  所有者　D      │
├─────────────────┤   ⇒    ├─────────────────┤
│  経営者　B      │         │  経営者　E      │
├─────────────────┤         ├─────────────────┤
│                 │         │                 │
│  事業　C        │         │  事業　C'       │
│                 │         │                 │
└─────────────────┘         └─────────────────┘
                     事業譲渡
```

済的統一体が同一性を保持しつつ移転する場合，移転の時点で現に存する労働関係が自動的に譲受会社へ移転する。かかる規制を担保するために，譲渡会社または譲受会社が事業譲渡を理由として解雇することも原則として無効となる。

"経済的統一体"の同一性は，欧州司法裁判所のSpijkers判決が示した判断要素，具体的には，①当該企業または事業の性質，②建物や動産のような有形資産の移転の有無，③移転時点における無形資産の価値，④労働者の多数（majority）が新所有者によって引き継がれたか否か，⑤顧客の移転の有無，⑥移転の前後に行われた活動の類似性の程度，および⑦活動の中断があるとすればその期間という7つの要素を基礎に，全体的評価がなされる。

そして，一般的な裁判所の判断傾向としては，経営資源に特徴付けられている事業とそうでない事業（本質的に労働力が重要な分野）に区別し，前者については，主要な経営資源の移転が重要となり，労働者の承継は重視されない。これに対して，後者については，人数および専門的知識の観点から労働者の主要部分の移転がある場合に経済的統一体の保持が認められる。

このように多様なファクターが考慮され，判断枠組みも精緻化されているが，企業の所有者や経営者の同一性は関係しない。上述のように，日本では，所有者（株主）や経営者が交替し，新旧企業間の事業の同一性があるにすぎない場合は，法人格否認の法理が適用されず，譲受会社に対する雇用責任の追及は難しいが，EU・ドイツでは，企業所有者または経営者の交替は重要ではなく，事業自体が同一性を維持しつつ移転する場合であれば労働契約が承継される。そもそも民法典613a条の趣旨は，事業または事業の一部の所有者が交替する場合に，労働者がその仕事を失うべきではないという価値判断の下で，解雇からの保護の欠缺があると捉え，事業所有者の交替の際に仕事の喪失から労働者を保護することにある。つまり，民法典613a条の自動承継規定は，通常の解雇規制および労働条件変更規制が事業移転の場合に機能しないことを前提として，立法により，事業レベルの同一性を理由として異なる法人格に対して雇用

契約の引継ぎを強制するものである。

指令および民法典613a条により労働契約が承継される場合，労働条件も変更されない。事業譲渡の結果，新使用者となった者の立場は旧使用者の立場と変わるところはない。つまり，民法典613a条は，事業移転の際にも通常の解雇・労働条件変更規制が機能するよう，その橋渡しの役割（だけ）を果たしている。よって，この場合の新使用者の労働条件の不利益変更手段としては，労働条件変更に対する労働者の同意や変更解約告知などがある。

ただし，企業移転指令および民法典613a条は，事業譲渡と関わりのない雇用に対する不利益までは保護の対象としていないため，事業譲渡とは別の理由による解雇が許容される。よって，経営が悪化し再建を図る場合，事業譲渡前に，事業の合理化等の見地から，譲渡会社が経営上の理由による解雇を行うことは，事業譲渡を理由としない解雇として許容されうる。その結果，日本では，譲受会社が労働契約を承継しない自由があるため，新規採用の形式をとり，採用人数を縮小し，かつ，同時に労働条件も変更できるのに対して，ドイツでは，譲渡会社の解雇によって労働者の規模を縮小した上で事業の譲受けが可能であるが，承継が原則であるため，引き継がれる労働者の労働条件は原則として同一のままである。

なお，フランス法では，原則として事業譲渡前に労働者を解雇できないが，ドイツでは，それを一歩進めて，再建や倒産の場面で譲渡会社の下での解雇を許容することにより，事業の譲受けを容易化している。これはドイツの違法解雇の効果が無効となり，労働契約の締結強制となることと無関係ではなかろう。

(3) アメリカにおける労働契約への影響

アメリカでも，日本と同様に，個別的雇用関係の自動承継に関する規制はない。労働者は，譲受会社への労働契約の承継を拒否できる反面，譲受会社も労働者を採用するか否かは，組合差別等がない限り，原則として自由である。譲渡会社は，随意的雇用原則により，全部譲渡・一部譲渡を問わず，譲受会社に採用されなかった労働者を自由に解雇できる。使用者は，配転等の解雇回避義務も負わない。

仮に譲受会社が譲渡会社の労働者を採用する場合は新規採用となり，その労働条件は譲受会社の自由である。

3 倒産時の事業譲渡と個別法への影響

(1) 日本における倒産時の影響

倒産手続における事業譲渡では，事業のほぼ全部または優良部門のみを譲渡

して，残った事業は売却代金を債権者に配当した後，清算されることが多い。この場合，譲受会社において労働者が雇用されるかは，平時と同様，原則として譲渡会社と譲受会社との合意如何による。仮に譲受会社が労働者を雇用する場合でも，新規採用が通常である。

なお，使用者が破産手続開始決定を受けた場合の解雇は，ほとんどの場合，社会通念上相当として有効となる。また，使用者が民事再生・会社更生手続中の解雇についても，労契法16条により直ちに有効となるとは限らないが，事業全体を譲渡していずれ清算される場合は，通常，その解雇は有効となる。

ただし，日本では，民事再生・会社更生における事業譲渡の裁判所の許可（民再法42条1項，会更法46条2項）の際に，事業譲渡が当該事業の再生（更生）のために必要か否かの要件において，労働者保護が考慮される余地が残されている（争いあり）。

(2) EU・ドイツにおける倒産時の影響

倒産手続における企業移転指令の適用については，1985年の欧州司法裁判所のAbels判決等の影響により，倒産の場面での指令の適用が企業のリストラクチャリングや再生を困難なものとし，結果的に労働者の雇用を奪うことになっているのではないかとの反省の機運が強まり，1998年改正により除外または緩和された。

もっとも，ドイツにおいては，倒産手続開始後の事業譲渡についても民法典613a条が原則的に適用される。その結果，新使用者は，倒産手続開始前に発生した債務については責任を負わないものの，雇用契約自体は，平時と同様に承継される。しかし，事業譲受人がより少ない人数の労働者しか受け入れないという場合は，譲受会社の再建構想に基づき，譲渡会社の下で経営上の理由による解雇が許容され，その上で譲受会社がその他の労働者を承継することになる（新使用者の再建計画を旧使用者が実施可能であったかは問わない）。つまり，ドイツ倒産法が民法典613a条の原則適用により労働者保護を図った結末は，民法典613a条4項1文に基づく解雇規制の緩和であり，労働者保護は貫徹されていない。倒産の場面で事業譲受人に対してすべての労働者の引継ぎを強制することが，かえって職場全体の喪失につながり，決して好ましい結果をもたらさないという価値判断が一般に受け入れられている。また，倒産法上の規定も，一定の手続を踏むことを条件に解雇が容易化されており（倒産法125条ないし128条），事業の引受けがなされやすい環境整備がされている。

よって，平時と同様，労働契約が承継されるものの，事業譲渡前の解雇によって使用者側の雇用の柔軟性が図られている。

(3) アメリカにおける倒産時の影響

アメリカの倒産時も，平時と同様であり，譲受会社は労働者を雇用する義務を負わず，譲渡会社においても解雇が自由である。その上，事業譲渡に関する連邦倒産法363条に基づく裁判所の許可に際して，裁判所やその申立てをするDIP（または管財人）は，労働者保護を考慮する義務を負わない。

II 事業譲渡法制と集団的労使関係

1 日独米の集団的労使関係制度

(1) 日本の労使関係制度

日本では，大多数の労働組合が企業別組合である。企業内に組合が複数ある場合もあり，たとえ少数組合であっても団体交渉権が認められ，協約の締結も可能である（複数組合交渉代表制）。そして，労働組合法が不当労働行為救済制度を定めており，組合員であることを理由とする不利益取扱いや正当な理由のない団交拒否などは不当労働行為となり（労組法7条），労働委員会による行政救済の対象となる。

(2) ドイツの労使関係制度

これに対して，ドイツでは，産別協約が一般である。日本のような不当労働行為制度がなく，争議権や団体交渉権を明文で保障する法律上の規定もない。争議権は，判例法によって組合のストライキと使用者団体のロックアウトが保障されているが，団体交渉については使用者団体が応じるか否かは自由であり（労働組合または使用者団体は，協約の相手方に対して協約交渉の開始および遂行の請求権を有しない），使用者が団体交渉を拒否した場合，労働組合は争議行為による圧力によって協約交渉を要求しうるにすぎない[15]。

また，ドイツの集団法における大きな特徴は，従業員代表の共同決定制度が認められている点にある。すなわち，ボードレベル（監査役会）での共同決定制度と事業所レベルでのそれ（事業所組織法上の事業所委員会の共同決定権）である[16]。ドイツの集団的合意は，労働協約のほか，事業所レベルでの事業所協定が併存する。

---

15 Löwisch, Rn. 251，荒木2003・125頁。交渉請求は，司法的コントロールをもたらすことになり，その内容コントロールが協約自治と相容れないと考えられている。

16 監査役会における共同決定制度の概要については，本書78頁参照。

(3) アメリカの労使関係制度

一方，アメリカは，排他的代表制度であり，交渉単位ごとに単位内労働者の過半数により選挙で選ばれるか，または会社の任意の承認等により初めて交渉代表としての地位が与えられる。利害の共通性を有する適切な交渉単位毎に組合が存することから，事業所レベルで交渉代表組合があり，その点で日本の企業別組合と類似する。また，日本と同様に，NLRA により不当労働行為制度が規定され，NLRB による行政救済が認められている。

2 事業譲渡による集団的労使関係に対する影響

(1) 日本における労使関係への影響

譲渡会社と組合との間で締結された労働協約は，譲渡会社，譲受会社および組合との合意がない限り，譲受会社へ承継されない。したがって，譲受会社は，原則として，旧協約に基づく労働条件を遵守する義務を負わない。

ただし，日本では，複数組合交渉代表制を採用しているため，譲受会社が譲渡会社の組合員を雇用した場合，たとえ譲受会社に既存の組合があったとしても，承継された当該組合員が譲受会社における組合として活動し，譲受会社に対して直ちに団交要求が可能である。

問題は，譲渡会社が事業譲渡の際に労働者全員を解雇して解散し，譲受会社が組合員以外の労働者を雇用した場合の譲受会社の不当労働行為責任である。この点，会社の所有または支配を含めた実質的同一性がある場合はもとより，仮に会社の所有または支配の実質的同一性を欠く場合であっても，従業員の承継を含む事業自体の実質的同一性の存在によって実質的に解雇とみられる場合は，実質的解雇の法理によって救済されている。すなわち，日本の集団法では，別個の法人格を有する譲受会社に対しても，法人格否認の法理を介さず，労組法7条の「使用者」の弾力的解釈を通じて不当労働行為責任を追及し，その要件のフォーカスを，所有・支配レベルの同一性ではなく，事業レベルの同一性に当てて救済を導くことが可能である。その上，企業解散と新会社設立のケースにおいて旧法人の事業が継続された場合は，新旧両当事者間に事業譲渡が明確に認定されなくとも救済が認められている（例えば，緑運送事件・本書46頁参照）。

なお，アメリカ法の Golden State successor のように，譲受会社が現れる以前に譲渡会社によって行われた不当労働行為責任（例えば，譲渡会社の組合差別を理由として解雇がなされ，復職およびバックペイが命じられていた場合）について，その後の事業譲渡により，当該責任を不当労働行為に関与していない譲受

会社が承継するか否かは，日本では議論されていない[17]。この点，不当労働行為に関与していない以上，その責任の承継は原則として否定されるものと解される。ただし，アメリカ法の承継者法理と同様に，当該責任を知った上で，実質的同一性のある事業を譲り受けた者に対して救済命令を発することにつき，労働委員会の裁量の範囲内か否かが問題となろう。

(2) ドイツにおける労使関係への影響

ドイツでは，産別協約が一般であり，使用者団体に属する一企業は労働協約の当事者ではない。したがって，使用者団体の構成員たる企業の事業譲渡によって産別組合の立場や産別協約自体に対する影響はない。そして，譲受会社が当該産別協約を締結した使用者団体の構成員であれば，そのまま協約が継続して適用されるのに対して，譲受会社が協約の適用を受ける構成員でない場合は，原則として協約の適用がない。ただし，後者の場合でも，民法典613a条1項2文に基づき協約が個別法に転換されて原則として1年間は当該労働条件が維持される。すなわち，日本では，譲渡会社・譲受会社および組合との合意により協約を引き継がない限り，譲受会社は協約上の労働条件を承継する義務を負わないのに対して，ドイツでは，法律上，少なくとも1年間は原則として協約の労働条件を遵守する義務を負う。

また，民法典613a条の趣旨は，事業所委員会の存続保護にもあり，事業が同一性を保持しつつ移転することによって事業所委員会の組織が保持され，事業所協定もそのまま効力を有する。仮に事業所協定が存続しない場合は，民法典613a条1項2文により，原則として個別法に転換されて1年間は事業所協定中の条件が維持される。

さらに，ドイツでは，事業譲渡の前後に解雇・労働条件変更を行う場合，事業所組織法による手続規制が加わり，事業所委員会の意見聴取，事業所変更に該当する場合は利益調整，社会計画の策定が求められる。そして，事業譲渡によって事業所が分割された場合でも，原則として，すべての関与権および共同決定権を引き続き行使することが保障される（過渡的委任。事業所組織法21a条3項・1項1文）。

このようにドイツでは，個別的労働契約の承継を中心とする民法典613a条を介して，集団的合意に基づく労働条件の一定期間の保護および事業所委員会

---

17 ただし，会社分割における不当労働行為責任の承継については，組合員の労働関係が新設会社に承継されたことから，分割会社の支配介入に関する不当労働行為責任を承継したと判断した裁判例として，国・中労委（モリタほか）事件・東京地判平20・2・27労判967号48頁がある。

の地位継続も間接的に図られている。なお、不当労働行為制度がないため、日本のように、雇用されなかった組合員に関して行政命令による原職復帰義務といった問題は生じない。

(3) アメリカにおける労使関係への影響

これに対して、アメリカでは、排他的代表制度であることから、事業譲渡によって企業所有者が交替となる場合、一旦認証または承認された組合の地位を保護する必要性が生ずる。そこで、事業譲渡の場合、まずは従業員代表の地位の確保が問題となり、承継者法理という独自の判例法理が形成されている。

この場合に出てくる重要な基本概念が「事業会社における同一性の実質的継続（雇用産業の実質的継続性）」である。そこで、組合の承認・交渉義務を承継する Burns successor については、承継者の労働力の過半数が旧使用者出身の労働者（承継者過半数）であることのほか、新旧企業の実質的継続性が要件となる。後者の判断要素としては、①両使用者の事業が本質的に同一か、②新会社の労働者が同一の監督者の下で同一の職場環境で同一の仕事をしているか、③新会社が同一の生産工程を有し、同一の製品を生産しているか、④基本的に同一の顧客集団を有しているか等であり、「新旧企業の実質的継続性」とは、新旧使用者の事業レベルの実質的同一性と読み替えることが可能である。ここでは所有・支配の同一性は関係しない。また、移転の方法も不問で（ただし、単純な株式譲渡を除く）、Burns successor については直接の契約関係すら不要である。その点で、要件論の大きな枠組みは、EU・ドイツの個別法のアプローチと類似している。

もっとも、新使用者が採用の自由を有する以上、承継者過半数が重視される Burns successor の適用の是非は、相当程度、新使用者の手中にある。また、不当労働行為責任を承継する Golden State successor は、事業譲受人が譲渡会社の当該責任を知って取得したことが要件となっている。その結果、EU・ドイツでは適用範囲が不明瞭となり、法定安定性の問題が生じているのに対して、承継者法理では予測可能性が担保されている。

なお、譲受会社が組合員であることを理由として不採用とした場合のほか、承継者法理を回避するために過半数に満たないよう採用行為を行った場合も不当労働行為となり、団体交渉命令や不採用者の原職復帰命令等の救済が認められる。

次に、労働協約自体の保護については、日本と同様に、原則として譲受会社は譲渡会社と組合が締結した協約の内容を引き継ぐ義務はなく（ただし、仲裁義務に関する Wiley successor）、原則として新たな労働条件を設定する自由が認

められる。1972年のBurns判決は、「潜在的な使用者は、企業構造、労働力の構成、場所、仕事の割当て、監督の性質を変更できる場合にだけ、停滞したビジネスを喜んで引き継ぐことができる。そのような使用者に対して旧協約の労働条件を負わせることは、これらの変更を不可能にし、資本の移転を妨げてしまう」と述べており、1972年のドイツ民法典613a条制定時や1985年の欧州司法裁判所のAbels事件での議論と同様の問題点が、旧協約への拘束の問題として指摘されている。ただし、譲受会社が譲渡会社の「分身」と認められた場合、譲受会社は旧協約の内容をそのまま引き継ぐ義務を有する。かかる分身の要件は、基本的には新旧企業が実質的同一性を有しているか否かが吟味され、これと使用者の不法な動機・目的が相関的に考慮されている。その新旧企業の実質的同一性を決するファクターとしては、所有者または支配の実質的同一性が最も重視されている。その点で、アメリカの分身法理は、日本の実質的同一性の法理（偽装解散の法理）や法人格否認の法理の適用場面と類似している。

3　倒産時の事業譲渡と集団法への影響

(1)　日本における倒産時の影響

　使用者が破産手続開始申立てをした場合でも、正当な理由がない限り、労働組合に対する団体交渉応諾義務を免れない[18]。破産の場合は、破産管財人が破産宣告前における使用者の地位を承継し、団体交渉応諾義務も負う[19]。そして、本来、労働協約に期間の定めがあればその満了により（期間は最大で3年。労組法15条1項・2項）、期間の定めがなければ解約のためには90日前の予告が必要であるが（同法15条3項・4項）、破産管財人には、労働協約について履行か解除かの選択権（破産法53条1項）が認められる[20]。一方、民事再生の場合は再生債務者、会社更生の場合は更生管財人が使用者の地位に立つ[21]が、履行か解除かの選択権および確答の催告に関する規律は労働協約には適用されない（民再法49条3項、会更法61条3項）。

　このように倒産法上、平時と異なる規制はあるが、破産管財人や再生債務者

---

[18]　大阪地労委（誠光社）事件・大阪地判平9・10・29労判727号18頁。

[19]　伊藤307頁、司法研修所編『救済命令等の取消訴訟の処理に関する研究（改訂版）』46頁（法曹会、2009）。池田電器事件・高松高判平3・3・29労判614号14頁参照。

[20]　伊藤308頁、谷口安平『倒産処理法〔第2版〕』194頁（筑摩書房、1980）。ただし、伊藤308頁は、協約の条項が円滑な管財事務遂行の妨げとならないことを労働組合が主張・立証すれば、解除権が否定されるとする。

[21]　谷口・前掲注(20)194頁、司法研修所編・前掲注(19)49頁参照。

等から事業が譲渡された場合の集団法上の規律については，基本的に平時と同様であり，事業譲渡当事者間の合意がないかぎり協約は承継されない。また，譲受人の労組法上の「使用者」性についても，平時と同じ枠組みで判断される。ただし，破産または民事再生（会社更生）手続における事業譲渡・解散のケースでは，不当労働行為意思の認定および実質的同一性が否定される（大阪地労委〔大阪ローリー運輸労組・双辰商会〕事件），または労組法7条の使用者性が否定される（日立精機事件）ことにより，譲受会社の責任が認められない可能性がある。

(2) ドイツにおける倒産時の影響

これに対して，ドイツでは，倒産時でも民法典613a条が原則として適用されるため，たとえ集団法の適用がない場合であっても，雇用契約が承継された労働者の労働条件は個別法へ転換されて1年間の保護が及ぶことに変わりはない。

ただし，事業所変更の際の事業所委員会との利益調整等の手続については，倒産法上，迅速性の見地から特別規定が置かれている（倒産法121条・122条）。その上，使用者がそれらの手続を踏むことにより，事業譲渡前後の解雇が認められやすくなっていることは，先述したとおりである。

(3) アメリカにおける倒産時の影響

一方，アメリカの承継者法理および分身法理は，Golden State successor を除き，倒産時でもそれらの適用が認められている。ただし，あくまで譲受会社の Burns successor の責任は，譲受会社が承継者過半数を採用した場合に適用されるものであり，再建すべき事業のコスト負担を考慮し，過半数の採用に至らなければ問題とならない。その際，組合差別による採用拒否や組合との交渉回避目的で過半数に満たないよう採用行為を行った場合には，平時と同様に不当労働行為が問題となるが，使用者から経営上の理由を主張されると，その立証は平時以上に困難を伴うことが予想される。

また，Golden State successor の責任については，363条 sale において，負担のない譲渡に関する倒産裁判所の許可を受けることにより法的にも免責される。

Ⅲ　日独米の法的状況の背景

以上のように，日本が，個別的労働関係について厳格な解雇規制・労働条件変更規制を採用している点はドイツと同様であるが，EU・ドイツと異なり，

第1節　日・EU独・米における事業譲渡法制の　比較法的考察　423

事業の実質的同一性があるにすぎない場合には雇用保障が及ばない（法人格否認の法理の適用もない）。その場合の事業譲渡・解散のケースにおける判断枠組みは，雇用契約の承継規定がないアメリカと類似し，黙示の労働契約の承継合意を推認する等の努力が行われているものの，明確な雇用契約の不承継特約があれば雇用契約の承継が認められず，結果として随意的雇用原則を採用するアメリカと類似した状況となる。

　他方で，集団的労使関係については，ドイツでは集団的合意の労働条件維持が民法典613a条により手当てされているのに対して，アメリカと日本では原則として従前の協約の労働条件維持は認められない。その代わり，アメリカではNLRBの承継者法理および分身法理を通じて，日本では労働委員会による不当労働行為救済制度を通じて，柔軟な救済が可能となる枠組みがある。そして，事業譲渡・解散のケースでは，不当労働行為意思が必要となるものの，従業員の承継を前提とした事業自体の実質的同一性がある場合にも，実質的解雇の法理により労働者保護が及び，しかも，新旧両当事者間に事業譲渡が明確に認められないケースでも救済が可能となっている。

　形式的に言えば，個別法については，雇用契約の自動承継を定める立法の有無によってEU・ドイツと日米に違いが生じている。とりわけ，譲渡会社が事業譲渡に伴い清算される場合，解雇無効を主張するべき相手方たる譲渡会社が消滅してしまうことから，日本の厳格な解雇規制が機能しない（EU・ドイツは，このような場合においても法人格の垣根を越えて，平時の解雇・労働条件変更規制が機能するよう立法によって手当てしたものである）。一方，集団法の差異は，ドイツでは集団的合意を個別法に転換する規定があるのに対して，日米ではかかる規定がないこと，その反面，日米では不当労働行為救済制度があるのに対して，ドイツではかかる制度がないことに基づく。

　では，何故，ドイツでは雇用契約等の承継規定があるのに対して，ドイツと同様に雇用保障に厚いと言われる日本ではかかる規定がなく，特に事業譲渡・解散ケースにおける個別的雇用関係について，雇用保障が薄いと言われるアメリカと同じような帰結となるのだろうか。その背景として，どのような違いが影響しているのであろうか。この点は，以下の点が指摘できよう。

1　EU・ドイツにおける雇用関係の特性

　第1に，EU・ドイツにおける雇用関係の特性，ひいては解雇の捉え方の差異である。すなわち，日本やアメリカの個別的労働関係の保護は，基本的に「使用者」に対する関係でのみ考えられ，したがって，「解雇」の概念も「使用

者」との雇用契約を解消するものとして，雇用契約の相手方である「使用者」に対して主張されるのみである。つまり，日本とアメリカの解雇の概念は，少なくとも個別法に限って言えば，法的・形式的な観点で捉えられているのみで，それ以上に，その実質的意義を深化させる議論はされていない。

　これに対して，ドイツでは，事業所有者の交替の場面を解雇保護の欠缺と捉え，民法典613a条が制定されている。1951年の解雇制限法により解雇が社会的に不当である場合に無効となることが定められたところ，支配的学説は，この立法によって労働者の「職場保持権」（Recht auf Beibehaltung des Arbeitsplatzes）が承認されたと述べていた[22]。現在の解雇制限法の目的も，存続保護が第一であり，労働者が一旦得た"Arbeitsplatz"が，通常，生活基盤であると同時に活動の中心であり，安定しうるものでなければならないと説明されている[23]。そして，民法典613a条の立法に大きな影響を与えたと思われるNikisch説も，労働者の雇用が引き受けられない場合は，"Arbeitsplatz"を失う労働者にとっては極めて苛酷で，それが解雇（からの）保護の根本思想と全く相容れないと述べていたところであり，また，近時においても，事業所有者の変更によって労働者が"Arbeitsplatz"を失うべきではなく，それは解雇保護の欠缺であると説明される。つまり，民法典613a条の保護も解雇制限法の趣旨も，"Arbeitsplatz"の保護がキーワードとなっている。「職場」と訳されるこの"Arbeitsplatz"の概念は，場所のみを指す言葉ではなく，文脈によっては，「仕事」または「雇用（就労）の機会」といった意味合いが最も近いと考えられるが[24]，いずれにせよ，労働者保護が「使用者」との関係のみならず，一旦獲得された"仕事"または"職場"と結び付けて考えられている。その結

---

[22] 村中1984(1)66頁。

[23] Löwisch, Rn. 1313.

[24] 橋本陽子「ドイツの解雇・有期雇用・派遣労働の法規制——社会国家の理念が反映された職業選択の自由に基づく司法的規制」ジュリスト1221号71頁（2002）。基本法12条1項の保護機能について論じた連邦憲法裁判所の1991年4月24日判決によれば，「基本法12条1項1文は職業（Beruf）の自由な選択のほかに労働ポスト（Arbeitsplatz）の自由な選択も保障する。職業の選択が，いかなる分野で職業上の活動を行うかという個人の決心の問題であるのに対し，労働ポストの選択は，いかなる場所で自己の選んだ職業を追求したいのかという問題である。労働ポストの選択は職業の選択の後に行われるものであり，それを具体化するものである。労働ポストの選択は，逆に，選択された労働ポストにおいて初めて行われる職業活動（Berufsausübung）に先立つものである。しかし，労働ポストの概念は，空間的にのみ理解されるべきではない。むしろ，労働ポストの選択は，具体的な活動の可能性又は特定の労働関係に対する決心の問題である。」と判示されている。

果，解雇の概念も対使用者との法的関係だけでなく，実質的に捉えられ，労働者が獲得した"Arbeitsplatz"（仕事または職場）の保護と捉えることにより，法的な雇用関係にない新しい事業所有者に対しても解雇規制が及ぼされているものと考えられる[25]。

もっとも，日本でも集団法に限って言えば，実質的解雇の法理が認められ，比較的ラフに「解雇」の概念を取り込んでいる。すなわち，不当労働行為の判断の際には，雇用契約当事者間の意思を中心とした「使用者」との間の厳密な法的契約関係が不要であることから，ドイツと同様に，解雇の意義の実質化が可能となる。そこで，事業レベルの実質的同一性があるにすぎない，経営主体が変更するだけの事業譲渡の場合において，多数の労働者が雇用された事実があるにもかかわらず，使用者の裁量で一部の労働者が選別された事実をもって「解雇」の概念に取り入れて考えられている。これに対して，アメリカでは，そもそも解雇が原則自由であるため「解雇」概念をそのように実質化して検討されることはない。その結果，同じ不当労働行為の場面でも，アメリカでは，実質的解雇の法理のような理論はなく，単純な組合員差別または承継者法理回避目的による不採用の場面で原職復帰命令が問題となる。

2 コーポレート・ガバナンスと労働者の位置づけ

第2に，「企業」と労働者との関係の違いである。これと関連する議論が広義のコーポレート・ガバナンスであり，アメリカでは，株主の利益が法的優位（株主利益最大化）にあると言われているのに対して，ヨーロッパでは，労働者，消費者，債権者の社会的・財政的利益も考慮することから，多元主義，すなわち，ステークホルダー・アプローチが優勢であると見られている[26]。近時は，

---

[25] この点の分析として，「EC法が企業の譲渡のみならず，事業，事業の一部の譲渡の際にも自動的移転を認めることの背景には，労働者のjobの観念が確立しており，そのjob自体が継続して行われる以上は使用者が交代しても当該労働者が引き続きその仕事を担当することが自然と考えられているという事情があるように思われる。これに対して，わが国ではjobの概念は曖昧かつ柔軟で，どの会社，どの使用者に対して働くかのほうがむしろ重要と考えられてきた。たとえば，欧州では一定の職務部門が閉鎖されればそこで働いていた労働者は解雇されるのが一般であるが，我が国では職種配転を伴う配転により雇用を維持するのが一般である」という指摘もある。荒木1998・109頁。この指摘は，本文に記載したことと同趣旨のことを現象面から述べられたものと推察される。

[26] Mathias M. Siems, Convergence in Shareholder Law 176 (Cambridge University Press, 2008).

アメリカでも株主以外のステーク・ホルダーの利益が考慮され，他方で，大陸系諸国でも株主利益が重視される傾向にあり，アメリカの実務はドイツの実務に，ドイツの実務はアメリカの実務により似てきているが[27]，伝統的なアメリカとドイツのモデルは，対極に位置するアプローチとして説明される。

　すなわち，アメリカの伝統的な会社法の考え方では，取締役は会社および株主に対してのみ信認義務を負い，その他のステーク・ホルダーの利益を考慮する義務まで負わない。他のステーク・ホルダーの利益を保護することは，"enlightened shareholder value（洗練された株主価値）"，すなわち，株主の富に対する長期的視点によって説明されえない限り，普通は逆効果と考えられている[28]。前述した信認義務修正法やUnocal判決により，現在ではほとんどの州で労働者等のステーク・ホルダーの利益も考慮できることにはなっている[29]が，それはあくまで将来のキャッシュフロー増加を通じた長期的な株主の利益の限度においてのみである。そのことが明確に現れるのは，会社が売却される場面で適用されるレブロン義務である。例えば，ある会社の株式を100％現金で買収しようとする2人の買収者のうち，Xは，買収価格は低いものの，買収後はステーク・ホルダーの利益を適切に考慮するため，長期的には企業価値を高めることができるとし，他方で，Yは，買収価格は高いものの，買収後はステーク・ホルダーの利益をあまり考慮しないため，長期的にはXよりも会社の企業価値を高めることができない場合，デラウェア州の下ではXに対する優遇的取扱いはレブロン義務違反として認められない[30]。

　これに対して，ドイツの1937年株式法は，ナチス・ドイツの指導者原理の具体化として，その70条1項に，「取締役は，自己の責任において，営業およびその従業員の福祉並びに国民および国家の共同の利益の要求するところに従い，会社を指揮することを要する」という規定を新設した。この規定は，1965年株式法により修正され，現行法76条1項は，単に「取締役は，自己の責任において会社を指揮しなければならない」と定めるのみである。しかし，1965年株式法改正の参事官草案71条1項では，1937年株式法に相当する規定とし

---

[27] *Ibid.* at 178.

[28] Martin Gelter, *The Dark Side of Shareholder Influence: Managerial Autonomy and Stakeholder Orientation in Comparative Corporate Governance*, 50 HARV. INT'L L. J. 129, 131 (2009).

[29] 本書375頁以下参照。

[30] 田中亘「企業価値研究会報告書の検討――デラウェアの影，そして影との戦い」商事法務1851号5頁（2008）。

て、「取締役は、自己の責任において、企業、被傭者及び株主の福祉並びに公共の福祉の要求するところに従って、会社を指揮しなければならない」という規定が入っていた。結果的にこの文言が削除された理由は、このように利害関係者を列挙すると、その順番から一種の価値づけの順位が出てきてしまうが、どういう順序で並べるのが妥当かについて意見が一致しなかったからであるとされ、実質的変更が意図されたものではなかった[31]。

かかる背景を前提として、現在でもドイツにおける最も有力な考え方は、企業利益（Unternehmensinteresse）という概念を軸に、取締役は経営に際して株主の利益のほか、労働者の利益および公共の福祉を同等に考慮し、株主の利益のみを顧慮しなければならない義務もなければ、そうする権限もないとする見解である（ただし、労働者の利益や公共の福祉を株主の利益に優先することは許されず、経営者はこれらの利益を衡量し、裁量により結論を下すべきであるとされている）[32]。

このように広義のコーポレート・ガバナンスの意義において従来から労働者を重視するドイツの考え方は、先述した2つのレベルでの労働者の経営参加制度が少なからず影響しているものと考えられる。特に事業所委員会の歴史は、企業内労使共同決定制の歴史であり、ドイツでは労働運動の歴史以上に古い。共同決定に対する労働者の要求は、すでに19世紀前半から現れているが、それが法律案という形で初めて公式に討議されたのは、3月革命後の1848-49年のフランクフルト国民議会においてである。その後、ドイツにおける労働運動の確立期とされる1860年代にも共同決定をめぐる議論が展開され、さらに80年代には使用者の任意による諮問機関として労働者委員会（Arbeiterausschuß）が設置された。1891年の営業法改正および1892年の鉱山法改正は、就業規則の制定・改正にあたり労働者に意見を述べる機会を与えること、福利施設に関

---

[31] 竹内昭夫「企業の社会的責任に関する商法の一般規定の是非」『会社法の理論Ⅰ』122, 129頁（有斐閣, 1984）; SIEMS, 176.

[32] 神作裕之「委員会等設置会社におけるガバナンスの法的枠組み」日本労働研究雑誌507号11頁（2002）, 正井章筰『ドイツのコーポレート・ガバナンス』247頁（弘文堂, 2003）。なお、ドイツのコーポレート・ガバナンス委員会は、コーポレート・ガバナンス規準（Corporate Governance Kodex）を策定している。取締役の義務を定める4.1.1によれば、「取締役は、自己の責任において、かつ、企業利益のために、したがって、株主、労働者およびその他の企業と結び付けられた集団（ステーク・ホルダー）の利害を考慮して、持続的な価値形成の目的をもって企業を経営する」と規定されている。Henrik-Michael Ringleb et al., Kommentar zum Deutschen Corporate Governance Kodex, 4. Aufl. (2010), S. 179.

する就業規則の定めは労働者委員会の同意を得ることを定めていた（ただし，ここにおける労働者委員会の設置は任意的なものであった）。その後，強制設立の労働者委員会制度を定める鉱業法改正（1905年），1916年の祖国勤労奉仕法（祖国奉仕労働法）の制定を経て，1920年の事業所委員会法（Betriebsrätegesetz）により，通例20人以上の労働者を雇用する事業所に事業所委員会の設置が強制されるとともに，社会的事項につき使用者と共同決定し，事業所協定を締結する権限が付与された[33]。ボードレベルと事業所レベルの共同決定制度は，別個の制度でありながら，互いに密接に結びついていると指摘されている[34]。

かかる共同決定制度により，労働者のコーポレート・ガバナンスへの関与を保障し，多元主義モデルを法律によって制度化している点がドイツ・モデルの特徴である[35]。また，こうした制度や歴史を前提として，ドイツでは，労働者が企業の重要な構成員であるとも指摘されている[36]。したがって，少なくとも，事業譲渡の際に移転する「企業」または「事業」と労働者との結び付きが，法的レベルにまで高められるほど，密接な関係にあると言える。

なお，フランス法でも，株主優越の見解に固執しておらず，企業の利益（interet social）を促進させることが取締役の義務であると一般に考えられている。これらは，通常，単なる株主の富よりも広い会社の目的を含むと理解されている[37]。フランスの考え方は，会社が，社会的目的に奉仕し，最も重要な，多種多様な利益をもった全体的な組織であることを含意している[38]。そして，雇用契約の自動承継を初めて規定した1928年フランス労働法典の規定は，労働関係についての伝統的な概念（労働関係は，個別労働者と個別使用者との間に結ばれた労働契約を基礎にして存在するという考え方）を覆し，労働関係は労働者を使用者個人に結び付けるものではなく，企業そのものに結びつけるという思想を具体化したものであると指摘されている[39]。

---

[33] 石川吉右衛門「ドイツの経営協議会」東京大学労働法研究会編『労働法研究第1輯』48頁以下（1948），藤内24頁以下。

[34] 藤内和公「ドイツにおける従業員代表の最近の実情」岡山大学法学会雑誌54巻3号76頁（2005）。

[35] 荒木2000a・247頁。

[36] テオドール・バウムス（訳：丸山秀平）「ドイツにおけるコーポレート・ガバナンス——制度と最近の展開」商事法務1363号74頁（1994）。

[37] Gelter, *supra* note 28, at 168.

[38] Siems, *supra* note 26, at 177.

[39] 山口俊夫「フランスにおける『企業 entreprise』概念の歴史的沿革」竹内昭夫編『現

一方，日本でも，会社法上，株主とステーク・ホルダーの位置づけについては明確な規定がないため[40]解釈の問題となるが，会社法の学説では，アメリカ法と同様，株主が会社の実質的所有者であること等を前提として，株主利益最大化が会社の目的であり，それこそが取締役の義務であると考える見解が有力である[41]。ただし，学説・裁判例[42]ともに株主の利益を重視する傾向にある中で，労働者の利益がどの程度考慮されうるか，また考慮される必要があるかは，いまだ定まっていない状況にある。そして，少なくとも，これまで日本では，法的レベルで，一般の労働者が「企業」の構成員とまでは捉えられてこなかった[43]。

以上のような「企業」における労働者の位置づけの違いがEU・ドイツの立

代商法学の課題(下)』1687頁（有斐閣，1975）。

[40] 会社法330条は，「株式会社と役員……との関係は，委任に関する規定に従う」としており，取締役は善管注意義務を負う（民法644条）。そして，会社法355条は，「取締役は，法令及び定款並びに株主総会の決議を遵守し，株式会社のため忠実にその職務を行わなければならない」と規定しているのみである。

[41] 落合誠一「企業法の目的――株主利益最大化原則の検討」落合誠一ほか『岩波講座・現代の法7 企業と法』23頁（岩波書店，1998），田中亘「ステークホルダーとコーポレート・ガバナンス――会社法の課題」神田秀樹＝財務省財務総合政策研究所編『企業統治の多様化と展望』18頁（金融財政事情研究会，2007），江頭20頁，405頁注1。これに対して，ステークホルダー・アプローチに賛成する学説として，中村一彦「コーポレート・ガバナンスの真の在り方を求めて――会社の社会的存在という視点からのアプローチ」判タ1158号63頁（2004）がある。

[42] ブルドックソース事件・最二小決平19・8・7民集61巻5号2215頁は，ファンドによる新株予約権無償割当ての差止仮処分申請を却下した事案であるが，「特定の株主による経営支配権の取得に伴い，会社の企業価値がき損され，会社の利益ひいては株主の共同の利益が害されることになるか否かについては，最終的には，会社の利益の帰属主体である株主自身により判断されるべきものである」と判断している。これに対して，原審である東京高裁決定（東京高決平成19・7・9金商1271号17頁）は，「株式会社は，理念的には企業価値を可能な限り最大化してそれを株主に分配するための営利組織であるが，同時にそのような株式会社も，単独で営利追求活動ができるわけではなく，1個の社会的存在であり，対内的には従業員を抱え，対外的には取引先，消費者等との経済的な活動を通じて利益を獲得している存在であることは明らかであるから，従業員，取引先など多種多様な利害関係人（ステーク・ホルダー）との不可分な関係を視野に入れた上で企業価値を高めていくべきものであり，企業価値について専ら株主利益のみを考慮すれば足りるという考え方には限界があり採用することができない」と判示していた。

[43] 奥島孝康「企業と従業員」竹内昭夫＝龍田節編『現代企業法講座第2巻　企業組織』225頁（東京大学出版会，1985）参照。

法に影響している可能性がある。少なくとも、日本やアメリカと異なり、EU・ドイツでは、「企業」または「事業」の移転に伴い、その構成員である労働者も自動的に承継されるという考え方を法律レベルに格上げする歴史的な基盤があったと考えられる[44]。

---

[44] ただし、日本においても、会社分割に関してはEU・ドイツ法と類似した承継法が立法されている。分割に伴って労働契約も承継されることから、その限りでは、労働者が当該「事業」の構成要素という理解が前提となっている。

第 2 節　事業譲渡と労働関係の承継に関する学説・裁判例の分析および検討

　では，日本の事業譲渡と労働者保護についてはどのように考えるべきであろうか。以下では，第 2 章第 1 節（本書 25 頁以下）で紹介した諸説の検討を行う。

I　当然承継説および営業の同一性当然承継説の問題点

　まず，事業譲渡は取引法上の行為であるから，契約自由の原則が働く。よって，譲受会社が「事業」の全部を承継する必要はなく，譲渡当事者間の特約で一部を除外することが可能である。しかも，この点は，当然承継説の論者が主張するように[45]，仮に労働契約が「事業」にとって不可欠であると解したとしても同様である。すなわち，法は，譲渡の対象が「事業」に該当する場合に株主総会の特別決議（会社法 467 条 1 項 1 号ないし 3 号）や譲渡会社の競業避止義務等を課してはいるが（同法 21 条 1 項），その反対に，譲渡当事者に対して「事業」に該当することを要求しているわけではない。よって，譲渡当事者としては，当該契約をあえて事業譲渡契約とする必要はないから（資産譲渡とすればよい），労働契約を特約で排除できないとすることは，契約自由の原則と相容れない。

　また，実際上の不都合として，企業の経営が危うい場面，さらには破綻に至ったときなど，譲渡企業の人員の削減が不可避である場合に労働者の引継ぎが強制されるとすれば，譲受企業としては人員にかかるコストを理由に買収自体を回避する可能性があり，工場・建物・商品等の企業の資産を個別に処分するほかなくなる。しかし，それでは倒産または経営危機に陥った事業の再出発を図るために利用されるという事業譲渡の役割を損なうばかりか，破産のみが残り，守られたはずの雇用さえ保護されなくなり，労働者にとっても不利益となるという懸念がある[46]。かかる反省から，EU の企業移転指令が 1998 年に大幅な改正を行ったことは重要な観点である。

---

[45]　本多淳亮『労働契約・就業規則論』138 頁（一粒社，1981）。
[46]　石井・基本問題 172 頁，荒木 2000b・19 頁。

II 原則承継説および原則非承継説の問題点

1 両説の評価

　原則承継説は，反対の特約がない限り労働契約が承継されるとするのに対し，原則非承継説は，当事者の合意がなければ労働契約が承継しないとするものである。すなわち，いずれの見解も，労働契約が譲受会社に移転する根拠を当事者の意思に求めている点で共通する。したがって，両説は，事業譲渡契約が，契約自由の原則が支配する一般の債権契約であることと整合し，理論的な難が少ないという点で優れている。

　なお，原則非承継説に拠ったとしても，合意が不明確な場合には労働契約の承継に関する黙示の合意を認定することは可能であることから，その点では両説に実質的な差異はみられない。しかし，当事者の意思が不明瞭な場合，原則非承継説であれば，労働契約の承継を主張する労働者側が立証責任を負うのに対し，原則承継説であれば，労働契約の承継を否定する譲受会社に事実上立証責任が転換されるため，その点で原則承継説には大きな意味があり，労働者保護に厚いと言える。ただし，事業譲渡といっても，多様な事業譲渡の形態がある中で，原則承継説のように反対の特約がない限り常に黙示の合意が推認されるとすることは妥当ではない。確かに，別段の定めがない場合は，少なくとも一定の営業目的により組織化された有機的一体としての機能的財産を（同一性を維持したまま）承継するときに限り，当該事業に属する一切の財産が移転される旨の合意があるとの推認が可能であり[47]，しかも，労働関係は原則として「事業」の構成要素と解される[48]。しかし，労働関係が存しない「事業」もありうる以上，そのような有機的一体性のある財産の移転に加えて，従業員の多くを事実上そのまま引き継いでいる等，労働契約の承継を推認可能な付加的事

---

[47] 大隅健一郎『商法総則〔新版〕』311頁，301頁以下（有斐閣，1978）。最一小判昭44・12・11判時581号71頁は，「営業譲渡契約は，客観的意義における営業をその同一性を維持しながら移転することを約するものであるから，特段の契約上の定めがないかぎり，営業に属する一切の財産は，譲受人に移転すべきものと推定すべきである」との一般論を述べている。

[48] 平成17年改正前商法の下での会社分割の「営業」の内容としてではあるが，原田晃治「会社分割法制の創設について㊥——平成12年改正商法の解説」商事法務1565号9頁（2000），神作裕之「会社分割における『営業』の意義」法学教室243号26頁（2000），江頭憲次郎『株式会社・有限会社法〔第3版〕』708頁（有斐閣，2004）参照。

情があるときにかぎり，労働関係も移転するとの合意を認定できると解する[49]。

2　原則非承継説の結論の妥当性

では，原則非承継説の結論で妥当性は図られるのであろうか。とりわけ，労働契約の不承継特約を定めた全員解雇・一部採用型において，一部の労働者が採用の自由を根拠に引継ぎを排除される場合が問題である。

(1)　法人格否認の法理の可否

この点，原則非承継説では，法人格否認の法理を併用することにより，労働者保護を図ることが考えられる。

しかし，前述のように法人格否認の法理の現状の要件を検討したところ，事業譲渡に伴い所有者および経営者が交替するケースでは，法人格否認の法理を適用することは非常に難しい（本書411頁以下参照）。また，法人格否認の法理は，法制度・理論が不備・不発達な様々な分野について不衡平を調整するための例外的法理であるから，他の法律規定や契約の解釈により解決しうる場合は，まずそれに拠るべきである。

したがって，解雇法理や労働条件変更法理という労働法特有の規範の遵守の是非が問題となっていることからして，まずはその規範の解釈を行うべきであり，譲受会社に対する雇用責任の追及において，法人格否認の法理の要件を緩和して用いるといった手法は解決方法として適さないと考える。

(2)　解雇法理との関係

労働契約の承継を排除できるとの結論に対しては，解雇権濫用法理の脱法であるとの批判もある。また，譲渡会社が清算されるという緊急事態に乗じて譲受会社が採用の自由を前面に押し出し，労働条件の不利益変更に同意する者しか採用しないとすれば，就業規則の不利益変更法理をはじめとする労働条件変更法理の潜脱を許すおそれがあるとの批判もある[50]。確かに，少なくとも倒産時以外の平時に限って言えば，合併や分割と同視できるような単なる企業所有者の変更によって，労働者が得た権利・地位が容易く奪われてよいものかとい

---

[49]　被承継会社の営業について実質的同一性を有する控訴人（使用者）が，それを事実上包括的に承継したことを前提に，労働条件に変更がなく，解雇通告や新契約の締結もないといった事情の下で，労働契約の承継に関する黙示の合意を認めた近時の裁判例として，Ａラーメン事件・仙台高判平成20・7・25労判968号29頁がある。

[50]　武井寛「営業譲渡と労働関係――労働法の視角から」日本労働法学会誌94号111頁以下（1999）。この点に関連して，勝英自動車事件第一審判決（横浜地判平15・12・16労判871号108頁）は，労働条件が相当下回ることに異議のある労働者を個別に排除する目的での合意を，民法90条を根拠として無効と判断した。

うEUと同じ問題意識が生じてこよう（ただし，譲渡会社の解雇および不承継特約が有効であれば，新規採用となり，労働条件変更規制が適用されないことから，労働条件不利益変更規制の脱法も問題とならない。よって，論理的には，まず解雇および不承継特約の脱法を問題とせざるを得ない）。

　この点，事業譲渡スキームは，偶発債務の回避など，企業の多様な要請があって選択されるが，それと同時に，事業譲渡の個別承継という法的性格を利用し，労働者の解雇・労働条件変更規制を回避するという動機を併せ有する場合も考えられる。したがって，ここでの問題は，事業譲渡により企業所有者が交替し，従前の使用者が事業経営から撤退しているにもかかわらず（したがって，法人格否認の法理が適用されない），EU・ドイツのように新旧企業間の事業自体の実質的同一性がある場合に，その故をもって，解雇・労働条件変更規制を回避する事業譲渡を脱法・濫用で許されるべきでないとして労働者保護を及ぼすべきかどうかにある。旧使用者は，真実，企業を廃止し，事業を譲渡せずに清算し，労働者全員を解雇することすらできるのである。それにもかかわらず，譲渡する方法で事業を清算する場合は，たまたま譲渡先（雇用先）が現れたために解雇有効とはならず，事業譲渡先に対する雇用承継の問題が生ずるのだろうか。譲受会社が譲渡会社の関連会社であるとか，少なくとも旧使用者の所有者または経営者の影響力が及ぶ事情があれば格別，何らの法的関係がなかった譲受会社に「解雇」の脱法・濫用の責任が生ずるのであろうか（しかも，健全な事業体の場合であれば労働関係をそのまま引き継ぐことが考えられ，組合差別以外に，譲渡会社において労働者全員を解雇して，譲受会社において一部の労働者を排除するというような例がどれほどあるのかという素朴な疑問もある）。

　この点は，アメリカ法の分身法理においても同様の問題意識があり，たとえ組合嫌悪があったとしても，真実，全事業を解散し，全労働者を解雇することは可能と解されている[51]ことから，分身法理の適用のためには譲渡会社と譲受会社との間に所有・支配の同一性を中心とした一定の関係が求められる。これは，企業所有者の法的責任の立場から見たアメリカ型アプローチであるとともに，日本の通説的見解でもある。

　他方で，労働者側，つまり職場から見ると，企業所有者や経営者の交替は重要とは映らない。職場は，企業所有者および経営者の交替前後で何ら本質的変化がないからである。特に，労働者の多数が譲受会社に雇用され，事業が実質的変更なく継続しているにもかかわらず，一部の労働者が使用者の専権によっ

51　*Darlington Mfg. Co.*, 380 U.S. 263.

て職場からの退出を求められれば，これを「解雇」と同様の事態と捉え，その責任を譲受会社に及ぼすべきと考える立場にも一理ある。この考え方を一歩進めて，譲受会社に対しても雇用の責任を及ぼすのがEU・ドイツ型アプローチであるとともに，日本の不当労働行為における実質的解雇の法理の考え方である。

このように，この問題は，企業所有者の立場から問題を観察するか，職場にいる労働者の立場から観察するかで文字どおり見方が180度異なってくる。したがって，この問題に対する価値判断の違いは，各々の拠って立つ立場の違いにも起因していると思われる。

思うに，「解雇」と捉えるだけでは雇用責任を譲受会社に直ちに帰責するまでの法的根拠とはならない。労働者と譲受企業との間に労働契約があるというためには，労働契約の成立を擬制するなどの立法措置がない限り，当該労働契約が合意により譲渡会社から譲受会社に移転しているか，または譲受会社が雇用の受入れを承諾することが必要である。よって，理論的にはアメリカ型アプローチが明快である。

しかし，合併や会社分割，さらには株式譲渡による買収が可能であるにもかかわらず，解雇法理や労働条件変更法理を回避するだけの目的で，労働者全員を解雇して事業譲渡を実施し，新規採用の形式を採ることによって自由に労働者を選別するとともに，譲受会社がより低い労働条件で採用するという極端な例があるとすれば，それは本来，新規採用で自由であるとしても，結果的には労働者のみに不利益が転嫁され，譲渡人および譲受人を過度に利することになる。企業が苦境にある状況以外では，事業譲渡当事者間では雇用問題に関するリスクを譲渡契約の価格に転嫁して分配可能である反面，労働者は失業のリスクを他へ転嫁できず，大きな不利益を被る。労働法自体が，使用者交替の際の解雇に十分対応できていないという面は確かにある。

このような関係当事者の利益状況等を考えると，本来，事業譲渡当事者間の雇用承継の合意を欠く以上，労働契約の承継を認めることは困難であるが，平時の合併や会社分割と類似した，ごく例外的な事業譲渡に限っては，事業譲渡当事者間に所有・支配の実質的同一性がなくとも，事業自体の同一性があることをもって例外的に解雇法理を類推し，譲受会社に対する雇用責任を追及する解釈論を検討しておくべきであると考える。

Ⅲ　解雇法理適用説の問題点

　解雇法理適用説は，原則非承継説や原則承継説に拠ると事業譲渡当事者間の合意によって労働契約の引継ぎが排除されてしまうという結論を回避するために，一定の場合に譲受会社の不採用等を解雇の問題として扱い，労働者の保護を図ろうとする。

　しかし，解雇法理を適用した結果，当該不採用（解雇）を無効としたとしても，無から有は生じない以上，労働者と譲受企業との間に労働契約が直ちに生ずることはない。したがって，何故に譲渡会社との労働契約が譲受会社に承継されるのか，理論的根拠の説明が十分になされていない。例えば，解雇法理適用説を採用した東京日新学園事件第一審判決[52]は，「労働力と一体として行なわれたと認められる事業全部の譲渡において，事業の譲受人が，当該事業譲渡時点において譲渡人と雇用関係にあり，かつ，譲受人との雇用関係のもとに引き続き当該事業に労働力を提供することを希望する労働者を，当該事業における労働力から排除しようとする場合には，解雇権濫用法理に準じ……それについて客観的に合理的な理由を要し，かかる理由のない場合には，解雇が無効である場合と同様，当該労働者と事業譲受人との間に，労働力承継の実態に照らして合理的と認められる内容の雇用契約が締結されたのと同様の法律関係が生じる」と判示した。しかしながら，譲受会社の採用拒否が合理的理由を欠き許されないと評価するとしても，その点をもって何故に譲受会社と労働者との間の雇用関係が発生するのかが明らかでなく，論理の飛躍がある。その法的根拠を捨象して解雇（不採用）が無効であるから労働契約が承継されるとすれば，結局のところ，単に解雇法理を介在させただけの当然承継説と同じである。

Ⅳ　事実上の合併説の問題点

　事実上の合併説においても，何故，合併と同様の効果が生じて労働契約の承継を認めるのか，その法的根拠が十分ではない。通常，事実上の合併のような手法がとられる場面は，赤字会社から事業譲渡を受ける場合等，多大な金銭債務を引き継ぐことができない故に，法的な合併手続が採り得ないのであって，労働契約の引継ぎを除外するためにあえて合併手続が回避されているわけでは

52　さいたま地判平16・12・22労判888号13頁。

ない。実際上も，平成17年商法改正前においては，債務超過会社を消滅会社とする合併は，資本充実の原則により，資産を評価替えし，のれんを計上してもなお債務超過である場合には認められないと解されていたのである[53]。

V 小　括

　以上の検討から，事業譲渡契約が一般の取引行為である以上，事業譲渡当事者間の意思を問題とせざるを得ず，基本的には原則非承継説が妥当である。ただし，事業譲渡当事者間で労働契約の不承継特約が合意された場合は，解雇法理の脱法・濫用と評価可能な，ごく例外的な事業譲渡の事案に限り，解雇法理適用説の理論的な難点を補充して，労働者を保護する解釈論が志向されるべきである。

　なお，原則非承継説の考え方からすると，労働協約も契約である以上，その承継には原則として事業譲渡当事者間の合意および組合の同意が必要と解さざるを得ない。しかし，事業譲渡の際のその他の集団法上の問題については，なお理論的な課題は残っているものの，前述のとおり，現状，労働委員会と裁判所による労組法の柔軟な解釈を通じて，適切に労働者保護を図りうる判断枠組みが既にあるといえよう。

---

[53] 鈴木竹雄＝竹内昭夫『会社法〔第3版〕』495頁（有斐閣，1994），今井宏ほか『会社の合併ハンドブック〔新訂第3版〕』20頁（商事法務研究会，2000）。

第3節　労働契約の不承継特約の効力と法律行為の解釈

　そこで，本節では，全員解雇・一部採用型において労働契約の不承継特約が合意された場合の労働契約の承継問題について私見を述べる。

I　労働契約の不承継特約の効力

1　譲渡会社の解雇・不承継特約と解雇法理の脱法

(1)　脱法の評価可能性

　契約自由の原則の下では，労働契約の不承継特約も原則として有効と解さざるを得ないが，全員解雇・一部採用型においては，譲受会社の不採用等を解雇と同様の事態と見て，解雇権濫用法理の脱法と評価できないだろうか。

　この点，解雇法理の脱法と評価される例として，雇止めに解雇法理を類推する処理を挙げることができる。すなわち，民法の契約理論によれば，雇用契約の期間が満了すれば，契約は当然に終了し，その更新は新たな契約の締結であるため，これを行うか否かは当事者の自由に委ねられる。しかし，期間2，3か月の短期労働契約で雇用された臨時工が，長期間にわたって契約を反復更新されて実際上常用化している場合には，実質的には期間の定めのない契約と変わりがないため，更新拒絶の意思表示は実質上解雇の意思表示に該当するとして，解雇法理が類推されている[54]。しかも，この法理は，有期契約が期間の定めのない労働契約と実質的に同視できない場合でも，雇用継続の期待利益に合理性があれば拡張して適用されている[55]。

　このような結論は，使用者が強行法規の適用を回避したいという「脱法」の意図，またはそのような明確な意図がなくとも自己の便宜のための措置が強行規定を回避した結果，「脱法」的行為であると評価されたからに他ならない[56]。

(2)　「解雇」とは何か

　では，別法人たる譲受会社の不採用行為についても「解雇」と同様の事態と

---

[54]　東芝柳町工場事件・最一小判昭49・7・22民集28巻5号927頁。
[55]　日立メディコ事件・最一小判昭61・12・4判時1221号134号。
[56]　大村敦志「『脱法行為』と強行規定の適用(上)」ジュリスト987号58頁 (1991)。

見て，解雇の脱法と評価することが可能であろうか。そもそも「解雇」とは何だろうか。

「解雇」とは，法的に見れば，使用者による労働契約の解約であり[57]，譲渡会社（使用者）と譲受会社が別個の法人格を有する以上，形式的には譲受会社の不採用を「解雇」と捉えることはできない。しかし，全員解雇・一部採用型の特殊性は，所有者（使用者）の交替があるものの，旧使用者の下にあった事業が基本的に同一のまま譲受人に移転し，職場（事業）としてはそのまま（通常，同じ場所で）存続している点にある。そのため，一般債権者による金銭債務の責任追及であれば，経営主体の同一性のみが重要となるが，社会的実態として解雇か否かは，経営主体の立場に限らず，労働者が組み込まれている営業組織（職場）の側から考察することが可能である。その上，「解雇」の意義については，法律上，定義規定が置かれていないが，その実質的意義は，使用者の恣意的選別により一部の労働者が職場から排除されることを防止することが重要である。そうだとすると，譲渡会社と譲受会社の事業が実質的に同一である場合において，多数の従業員が採用されている事実があるにもかかわらず，一部の労働者が譲受会社から採用拒否となれば，継続する同一の事業から労働者が使用者の裁量によって選別・排除されることになり，社会的実態としては譲受会社による解雇と同様の事象と見ることができる。

したがって，譲渡会社と譲受会社の事業が実質的に同一であり，経営主体が変更するにすぎない事業譲渡の場合においても，譲受会社が多数の労働者を承継しながら一部の労働者を排除することは，譲受会社の不採用を単体で見るのではなく，譲渡会社の解雇・不承継特約・譲受会社の不採用行為を一体のものとして捉えることにより，全体の行為を実質的には解雇と同視することが可能であると解する[58]。

(3) 法律行為の無効事由の存否

では，譲渡会社の解雇・不承継特約・譲受会社の不採用行為全体を解雇と捉えうるとして，具体的に法律行為の無効事由となるのであろうか。

この点，解雇権濫用法理を規定する労契法16条は強行法規であるところ，強行法規は，個人の意思によって左右することを許さないものであるから，法

---

[57] 荒木248頁，菅野476頁。
[58] この点，事案は異なるが，旧国鉄が採用候補者の選定・名簿の作成・提出を行い，設立委員が名簿の中から採用行為を行ったJR北海道・日本貨物鉄道事件・最一小判平15・12・22民集57巻11号2335頁（判時1847号8頁）を想起させるような構図がある。同事件における反対意見参照。

律行為の内容がこれに違反するときは，その法律行為は無効となる。そして，強行法規が禁じていることは，これを回避する手段を弄して免れること（脱法行為）も許されない[59]。形式的には強行法規に違反しないが，実質的には当該規定に抵触する内容を実現する法律行為を広義の脱法行為と呼び，このうち無効とすべきものを狭義の脱法行為と言う[60]。そこで，問題は，狭義の脱法行為と認められるか否かである。

思うに，脱法行為が行われるのは，社会の新たな事情に基づく経済的必要性と旧来の強行法規の有する理想が衝突する場面である。したがって，狭義の脱法行為の範囲は，旧来の強行法規の有する理想と新たな経済的必要性とを比較較量して判定するほかない[61]。

例えば，恩給法11条1項本文は，恩給を受ける権利を担保に供することを原則として禁じているが，かつて，恩給権者が恩給受領の権限を債権者に委任し，元利金を完済するまで委任を解除しないことを契約する方法で，実質的に恩給を担保に供することが行われていた。かかる不解除特約は，恩給受給権者＝経済的弱者の保護の観点から，恩給法11条を潜脱する脱法行為であり，無効と解されている[62]。一方で，動産譲渡担保契約は，所有権譲渡という形式によって担保の実を上げようとするものであり，物権法定主義や強行法規である質権の規定（民法345条，同法349条）に反しないかが問題となるが，経済的取引の必要性から有効と解されている[63]。

そこで，全員解雇・一部採用型についても，労契法16条が実現しようとする労働者保護の必要性と事業譲渡当事者間において労働契約の不承継特約を定めた経済的必要性（事業譲渡の責任限定機能）とを比較衡量して検討すべきと考える。そして，その比較衡量においては，事業譲渡に至った経緯，譲渡会社の経営悪化の有無・程度，譲受会社における採用試験の実施の有無・内容，譲受会社において雇用が継続された譲渡会社の従業員数の割合，当該事業における労働者の役割や重要性，事業譲渡契約の合併・会社分割との類似性，譲受会社での労働条件の内容，裁判所による監督の有無，譲受会社の脱法意図の有無等，諸般の事情を総合考慮し，不採用に至った過程を全体として考察すべきである。

---

59 我妻栄『新訂民法総則』262頁，267頁（岩波書店，1966）。
60 大村・前掲注(56)54頁，川島武宜＝平井宜雄編『新版注釈民法(3)総則(3)』225頁〔森田修〕（有斐閣，2003）。
61 我妻・前掲注(59)269頁。
62 大判昭7・3・25民集11巻464頁，我妻・前掲注(59)267頁。
63 大判大正3・11・2民録20輯865頁，大判大正8・7・9民録25輯1373頁。

なお，解雇権濫用法理の脱法が問題となる以上，実際には，譲受会社が譲渡会社の一定の人員を再雇用している場合が多いであろうから，判断要素のうち，譲受会社において雇用が継続された譲渡会社の従業員数の割合（従業員の多数が新使用者に雇用されているか）が重視されるべきであろう。この点，EU・ドイツにおいて予測可能性が担保されていないという痛烈な批判があることを考慮し，税制適格要件と平仄を合わせて全体の8割等の指標があることが望ましい[64]。

その上で，譲渡会社と譲受会社の行為全体が解雇権濫用法理の脱法と評価しうる場合は，公序良俗（民法90条）に違反するものとして無効になると解する。以上に述べた一般論を前提として，以下では，使用者の(ア)破産手続，(イ)民事再生・会社更生手続，(ウ)平時に分けて，譲渡会社の解雇と不承継特約の有効性について具体的に検討する。

2　破産手続における事業譲渡

譲渡会社が破産手続中に譲渡会社の全体または優良部門のみを事業譲渡する場合，脱法と評価して無効となるのであろうか。この点，倒産処理の実務では，譲渡会社において従業員を一旦全員解雇し，譲受会社の就業規則による労働条件で再雇用されるのが通常であることから[65]，かかる手法の是非が問題となる。

この点，破産手続の場合，破産法53条の特則である民法631条が適用され，譲渡会社の破産管財人は，労働契約に期間の定めがある場合であっても労働者を解雇することが可能である[66]。当該解雇にも労契法16条が適用されるが，ほとんどの場合，解雇には客観的に合理的な理由があり，社会通念上相当と認められる[67]。そのため，通常，従業員は全員解雇となり，最短で90日，最長

---

[64] 会社分割の税制適格要件として，分割法人と分割承継法人との間で，一方が他方の発行済株式の50％超，100％未満を保有する関係（支配関係）等にある分割においては，「分割の直前の分割事業に係る従業者のうち，その総数のおおむね100分の80以上に相当する数の者が当該分割後に当該分割承継法人の業務に従事することが見込まれていること」が要件とされているが（法人税法2条12の11ロ(2)），一つの目安となろう。

[65] 四宮ほか編439-440頁注14〔山本弘〕。

[66] 竹下守夫ほか編『大コンメンタール破産法』219頁〔松下淳一〕（青林書院，2007），伊藤302-303頁，東京地裁破産再生実務研究会『破産・民事再生の実務(上)破産編Ⅰ〔新版〕』278頁〔大野祐輔〕（金融財政事情研究会，2008）参照。

[67] 斎藤秀夫＝麻上正信『注解破産法〔第3版〕（上巻）』310頁〔吉永順作〕（青林書院，1992），長島良成「破産管財人の執務上の問題（Ⅰ）」園尾隆司ほか編『新・裁判実務大系第28巻　新版破産法』137-138頁（青林書院，2007）。なお，労働協約等で解雇制限条項または協議条項が定められていても解約権の行使は妨げられないとの考え方が有力

で360日（被保険者期間と解雇時の年齢により異なる。雇用保険法22条1項2項）の間は失業保険から賃金日額の45ないし80％が支給されるが（同法16条），それ以降の保証はない。したがって，破産会社の労働者には，原則として雇用が維持される法的利益もなければ，合理的期待も薄弱である。

他方で，倒産手続における事業譲渡は，一刻も早い売却が要請される[68]。労使問題のために契約がまとまらず売却が手遅れとなれば，破産宣告のネガティブな影響の大きさから資産価値が急速に劣化して事業としての売却が困難となり，個別の資産として売却せざるを得ない事態となる。破産管財人は，第一次的には破産債権者のために破産財団を適切に維持・増殖すべき義務を負うところ[69]，そのような事態は破産財団の増殖を阻害し，破産管財人の善管注意義務（破産法85条1項）に違反するおそれがあるのみならず，本来守られたはずの雇用も失いかねない。

したがって，破産手続における事業譲渡の場合は，労働者保護の要請よりも，迅速な事業譲渡の要請から事業譲渡の責任限定機能を優先させるべきであり，譲渡会社の解雇および不承継特約は脱法と評価できず，有効と解される。

3　民事再生・会社更生手続における事業譲渡

民事再生手続や会社更生手続においては，破産手続に関する民法631条のような規定はない。しかし，労働契約が双方未履行の双務契約である以上，再生債務者であれば民事再生法49条1項，更生管財人であれば会社更生法61条1項に基づき，労働契約に期間の定めがある場合でも解雇は可能である。ただし，ここでも労契法16条の規制が及び[70]，一般に再建型倒産手続においては一部の労働者に対してのみ解雇手続が採られることから，かかる場合の解雇が解雇権濫用法理（整理解雇）に照らして有効か否かがしばしば争われている[71]。

であることにつき，東京地裁研究会・前掲注(66)278頁〔大野祐輔〕参照。
[68] 本林徹「破産手続きにおける営業譲渡」自由と正義50巻10号120頁（1999）参照。
[69] 最一小判平18・12・21民集60巻10号3964頁。
[70] 東京地裁破産再生実務研究会『破産・民事再生の実務(下)民事再生・個人再生編〔新版〕』142頁〔小河原寧〕（金融財政事情研究会，2008），兼子一ほか『条解会社更生法(中)』313頁（弘文堂，1999），東京地裁会社更生実務研究会『会社更生の実務(上)』236頁〔佐々木宗啓〕（金融財政事情研究会，2005）。
[71] 山田紡績事件・名古屋地判平17・2・23労判892号42頁，同事件・名古屋高判平18・1・17労判909号5頁，イセキ開発工機（解雇）事件・東京地判平15・12・22労判870号28頁。近時，会社更生手続中の整理解雇に整理解雇法理の適用を認めた上で，解雇を有効と判断した裁判例として，日本航空運航乗務員解雇事件・東京地判平24・

第3節　労働契約の不承継特約の効力と法律行為の解釈　　443

　この点，民事再生や会社更生手続においても，その手続開始申立てにより，譲渡の対象となる事業は，得意先関係の喪失等によって急激に価値が劣化するのが通常である。経営悪化の程度が深刻であれば，事業価値もそれだけ低く，譲渡先の探索・選定にも苦慮する場合が多いため，迅速な事業譲渡が要請される。スポンサー企業に事業を売却できない場合は破産手続に移行せざるを得ないという緊急を要するケースも多々ある。したがって，早急な事業譲渡が要請される点は破産手続と何ら変わるところはない。かかる観点から，民事再生法42条1項後段は「当該再生債務者の事業の再生のために必要であると認める場合」，会社更生法46条2項後段は「更生会社の事業の再生のために必要であると認める場合」に，労働組合等の意見を聴取の上（民再法42条3項，会更法46条3項3号），裁判所が事業譲渡を許可できることを定め，裁判所の厳格な監督の下で，再生（更生）計画を待たずして事業譲渡を行うことが認められている。すなわち，法が裁判所の関与の下で迅速な事業譲渡の要請を正面から認めている。

　他方で，裁判所が民事再生法42条1項後段の必要性を判断するにあたって，従業員の利益をどれほど考慮すべきかは議論があるが[72]，同法後段は，事業譲渡により企業の清算解体が促進され，そこで働く従業員の権利・利益が不当に侵害されるのではないかという観点から，明文上，許可要件が規定されていなかった点が国会審議で問題となり，同法42条1項の許可が再生債務者の事業の再生という法律の目的に資する場合にのみ行われるべきことを明確にするた

　3・29労経速2144号3頁および日本航空客室乗務員解雇事件・東京地判平24・3・30労経速2143号3頁がある。

[72] この点，裁判所の許可要件を従業員の利益と関連づけた議論として，①「事業の再生のために必要」とは，再生債務者においても事業の再生は可能であるが，他へ譲渡したほうが再生がより確実であり，かつ，再生債権者や従業員のためにもより利益があることが明白な場合に再生債権者や労働組合等の意見をも踏まえて許可をすべきとする見解（伊藤眞ほか編『注釈民事再生法(上)〔新版〕』140頁〔松島英機〕〔金融財政事情研究会，2002〕，森・濱田松本法律事務所＝藤原総一郎編著『企業再生の法務』527頁〔金融財政事情研究会，2003〕），②自主再生が十分可能であるが特に事業譲渡の方法を選択し，その動機が従業員の雇用継続が可能な状態であるにもかかわらず意図的に従業員の解雇等を目的としていると認められる事例等を除き積極的に許可が認められるとする見解（宮川勝之「民事再生手続における営業譲渡」門口正人ほか編『新・裁判実務大系第21巻　会社更正法・民事再生法』447頁〔青林書院，2005〕），③事業譲渡が他のM&A事業継続手法に比べて従業員に不利であることに着目して，法が許可要件を限定したことに合理性を認め，事業譲渡以外の事業継続手法を選択する余地がないことを意味するとの見解（四宮ほか編436頁〔山本弘〕）などがある。

めに,「当該再生債務者の事業の再生のために必要であると認める場合」との文言が挿入されたという立法の経緯がある[73]。そうだとすれば,譲渡先において再生債務者の従業員の雇用・労働条件がある程度維持され,従業員にとっても有利であることが許可の考慮要素(入札の条件)となるべきである。長期的な視野で見れば,雇用・労働条件をある程度維持して労働者のモチベーションを保つことが債権者全体の利益にも資するため,通常は,従業員を重要な構成要素とする事業が同一性を保ちつつ譲受人の下で存続することが再生債務者の事業の再生に繋がると言える。また,会社更生法46条2項の必要性の判断は厳格に解されるべきところ[74],その中で従業員の利益も同様に考慮要素とされるべきである。かかる裁判所を通じた監督により,労働者保護が一定程度図られることが期待される[75]。

そこで,使用者が法的倒産手続をとっている場合は,一般に経営悪化の程度が深刻であること,脱法意図は弱いと考えられること,および公的機関の監督の下で手続が遂行され,一定の労働者保護が期待できることとの兼ね合いから,労働者保護よりも迅速な事業譲渡の要請から事業譲渡の責任限定機能を優先させるという判断が合理性を有するものと思われる。したがって,民事再生および会社更生手続における事業譲渡の場合も,譲渡会社の解雇と労働契約の不承継条項は脱法行為と評価できず,有効と解する[76]。

4 平時における事業譲渡

では,法的倒産手続に至っていない平時の場合はどうか。

この点,譲渡会社が法的な倒産手続に進んでいない場合であっても,民事再生や破産手続開始の申立てをしても不思議でないという程度に財務状況が悪化

---

[73] 深山卓也ほか『一問一答民事再生法』22頁(商事法務研究会,2000)。

[74] 田原睦夫「会社更生手続における営業譲渡」門口正人ほか編『新・裁判実務大系第21巻会社更正法 民事再生法』116頁(青林書院,2005)。

[75] なお,事業譲渡が再生計画または更生計画の中で行われる場合についても,裁判所が認可に際して同様の考慮をすべきであろう。この点,民事再生法1項後段の要件の趣旨が従業員の利益保護にあるとすれば,事業譲渡を内容とする再生計画についても同様にその要請は存在し,認可計画につき同旨の要件が欠けているのは一貫性を欠くとの指摘がある。四宮ほか編437頁〔山本弘〕参照。

[76] この点,会社更生手続中の事業譲渡契約における不承継特約の効力について,「営業譲渡の譲受当事者は,採用の自由を有しており,どの従業員と労働関係を持つかについて選択できる立場にある」ことを理由に有効と解した裁判例として,更生会社フットワーク物流ほか事件・大阪地判平18・9・20労判928号58頁がある。

第3節 労働契約の不承継特約の効力と法律行為の解釈　　445

している状況も多々ある。筆者の経験でも，実際は倒産状況に近いが，民事再生申立てをすれば主要顧客との取引ができなくなり，本当に破産しか手だてがなくなるという状況もある。したがって，事業譲受人に対して労働契約の引継ぎを強制すれば，事業の買受人が現れず破綻に至り，個別に資産を売却せざるを得なくなるという理由がここでも当てはまり，直ちに脱法行為とは評価できない。

　他方で，譲渡会社の経営状況が悪化しておらず，その必要性が薄弱であるにもかかわらず不承継特約を定めておき，譲渡の機会を捉えて労働者全員を解雇・新規採用の形式をとる場合は，労契法16条の要請との比較衡量からして問題がある場合もある。例えば，譲渡会社がオーナー企業で，後継ぎ不在のため，オーナーの引退により健全な優良企業を譲渡する場合などが考えられる。そのような場合，手続が簡易な株式譲渡が利用されることが多く，事業譲渡スキームが利用されることは少ない。つまり，あたかも健全なオーナー企業主の相続による承継の場面，または，後継ぎに健全な企業の経営をそのまま譲るような場面と同様の状況下で，労働関係以外の権利義務を基本的に承継しつつ，事業譲渡の機会に乗じて解雇や抜本的な労働条件変更を行うことにつき，経済的必要性が十分あるとは言えない。事業譲渡の実態が合併や会社分割に類似した状況で，法形式の違いのみから結論が余りに異なることには疑問も残る。

　このように，平時といっても経営状況は様々であるから，個々のケースごとに先述した諸事情を総合考慮し，不承継特約を定めた経済的必要性と労働者保護とを比較考量して脱法行為と認められるか否かを決するほかない。そして，労働者保護の利益が不承継特約を定めた必要性を上回る場合は，労契法16条の要請から必要な限りで，譲渡会社の解雇および不承継特約が無効になると考える。

II　解雇・不承継特約の無効と法律行為の解釈

　では，例外的に，譲渡会社の解雇および不承継特約が無効または一部無効とされた場合，当該無効部分を合理的な内容で補充・修正する解釈を行うことは可能であろうか。

　思うに，事業の運営は人材が命であり，事業を有機的一体的に構成している労働者が譲受会社に転籍しなければ，その事業の円滑な運営を達し得ない場合が多いことから，譲受会社には主要な人員を承継・確保したいという要求がある。すなわち，結局は人員を減らして承継したいと考えている。他方で，事業

私見のまとめ

	客観的要件	主観的要件
個別法	事業の実質的同一性 ＋αによる限定（経営悪化していないこと，従業員の多数の雇用等，脱法と評価しうるに足りる事情）	濫用・脱法の意図 ＋　雇用継続意思
集団法	事業の実質的同一性 （事業譲渡の認定も不要）	不当労働行為意思

　譲渡の場面で解雇の意義を実質化して捉え直し，別法人である譲受会社に労契法16条を及ぼす場合，その主たる趣旨は，新旧使用者による労働者の恣意的な選別禁止にある。

　そこで，法律行為の解釈にあたっては，人員削減の意思をストレートに認めつつ，労契法16条から要請される労働者の恣意的選別禁止の趣旨を達するべく，一定の労働契約を承継する旨の合意を認定すべきである。具体的には，事業譲渡の場合，譲渡会社の事業が同一性を維持したまま譲受会社に移転することから，少なくとも事業の同一性を維持するために必要な程度の労働関係を承継する旨の合理的意思があるとの修正的解釈が可能であると解する。このような法律行為の解釈により一定の労働契約の承継合意が認められるため，事業の同一性を維持するために必要か否かを判断するために，譲受会社の不採用について，整理解雇法理を適用することが可能となる。また，その結果，承継された労働契約の労働条件に関する不利益変更は，通常どおり就業規則の不利益変更法理等によることになる。

　なお，先述したように，不当労働行為による事業譲渡・解散ケースにおいては，すでに労働委員会において実質的解雇の法理が認められている。その場合も，解雇と同視しうる場合であるから，事業自体の実質的同一性が前提となると解される。そして，私見によれば，個別法においても解雇法理を適用することにより，個別法と集団法において要件論の枠組みを統一的に理解することができる。ただし，その適用の要件は，集団法に比して個別法がかなり限定されることになる。

第4節　労働契約承継立法の導入の是非

　平成12年研究会報告と平成14年研究会報告が，いずれも立法措置を不要と提言したことは前述のとおりである。これに対しては，労働契約の自動承継立法をすべきであるとの見解もある[77]。

　この点，EU・ドイツ法，アメリカ法および日本法を検討した結果，一定の場合に労働者保護が現行法上なされるべきではあるが，以下の理由から，結論としては，必ずしも労働契約の自動承継規定を立法する必要はないと考える。

　第1に，当該立法による企業倒産の増加の懸念である。これまで述べてきたように，事業譲渡といっても多種多様な形態があり，その中でも労働者保護が問題とされる場面は，基本的に全員解雇・一部採用型，つまり，実質的には解雇と同視できるにもかかわらず，採用の自由によって労働者の恣意的な選別がなされる場合であり，使用者交替により，別個の法人格が前面に押し出され，所有・支配も別個であるために法人格否認の法理の適用もできないという状況である。このように別の資本が入り，旧使用者と全く法的関係のない第三者が事業を譲り受け，旧使用者が撤退するというケースは，経営が悪化した再建の場面，ひいては倒産の場面が多い。しかし，このような場合に労働者全員の引継ぎを強制すれば，事業の譲受けがなされない可能性がある。これによる最悪の結末は，事業全体の破綻と労働者全員の解雇であり，そうなれば，取引先や地域経済を含め，社会に与えるマイナスの影響も大きい。ドイツにおいて，労働者保護のための民法典613a条がかえって労働者保護とならないと言われる

---

[77] 『労働契約法（試案）』（連合総研，2005），本久洋一「企業組織の変動と使用者概念」労働法律旬報1615号94頁以下（2006）。連合の試案第47条1項では，「事業の全部又は重要な部分が他の事業主に移転するときは，当該事業に従事する労働者の労働契約は，当該他の事業主に承継されるものとする。従前の事業主及び当該他の事業主は，事業の移転に際し，一部の労働者の労働契約の承継を排除してはならない」とされ，同条第3項第1文は「労働契約が承継された労働者の労働条件は，承継先に適用される労働協約によって規制される場合を除いて承継後1年間は不利益に変更してはならない」，同条5項では「従前の事業主が倒産時に第1項および第3項と異なる取扱いを行おうとする場合には，事業移転に際しての労働契約の承継の有無や承継後の労働条件等について，労働者代表と協議しなければならない。協議が整わないときは，第1項及び第3項が適用される」と提案されている。

のもこの場面である。再建，ひいては倒産の状況において，譲受会社に労働契約の承継を義務付けることが決して労働者の保護とならないことは，企業移転指令の改正の歴史やドイツの解雇の柔軟性への実務の傾向が物語っている。

　第2に，労働者を保護すべき場面は，例外的なケースに限られるということである。上述のように，少なくとも再建・倒産の場面で新しい譲受会社が事業を再生しようとする際に，純粋に新旧事業の同一性があることのみをもって，解雇法理や労働条件変更法理の脱法として譲受会社に法的に帰責するだけの合理的根拠があるかと言えばそうではない。それゆえ，私見で述べたように，解雇法理を及ぼすべき場面は，平時の例外的な場合と考えられる。ところが，健全な企業が平時に企業を譲渡する場面では，事業譲渡が利用されることはそう多くない。仮に事業譲渡スキームを採用するとしても，健全な企業であれば，労働契約はそのまま承継されることが多いであろう。反組合的意図をもった偽装解散の場面では，事業の同一性のみの場合でも不当労働行為によって行政救済が可能であり，しかも経営悪化の事実がなければ組合差別の立証もできよう。したがって，不当労働行為を除いた，労働者保護を問題とすべき場面（解雇法理の脱法）とは，ますます限定されてくる。そのような特殊なケースを想定して，立法措置を講ずるまでの必要性があるかは疑問がある。

　第3に，明確な要件・適用範囲を立法することの困難性である。EU・ドイツでは"経済的統一体の同一性保持"がある場合がその要件とされているが，その要件論を巡って従来から争いが絶えず，特にサービス業の分野においては，予測可能性が担保されていないという批判が根強くある。確かに，その争いの多くは，事業譲渡すらない場面（例えば，アウトソースの場合など）で問題となっているが，事業の一部譲渡でも争いとなっている。

　また，適用範囲の問題としても，倒産の場面を含めるか，また，法的倒産手続の場合を除外するとして，その事業譲渡ができなければ法的倒産手続に移行せざるを得ないという切迫した場合でも適用があるのか，直ちに倒産申立てはしなくてもよいが相当な経営難にある企業の事業譲渡の場合は適用されるのか，さらには債務超過の場合はどうか等の問題が生じる。つまり，立法を除外するべき経営難については明確な線引きが難しく，その企業の経済事情に応じて労働者保護の必要性も異なるため，一律の規制がなじまない。

　第4に，採用の自由との関係である。企業移転指令および民法典613a条は，その立法の効果として，新使用者が当該事業内のすべての労働者との雇用締結義務が課せられる。前述した予測可能性が低いことと相まって，使用者に対する法律効果の影響があまりにも大きい。例えば，譲受会社が譲渡会社の労働者

を一人も引き継がない意思をもって事業計画を立案し，外部から募集採用したにもかかわらず，後日，裁判所によって，当該経済的統一体にとっては有形資産が重要な要素で，それを承継したと判断されれば，雇用の意思にかかわらず，事業内労働者全員の雇用が義務づけられるという効果が生じてしまう（しかも，雇用契約の承継を前提とすることから，旧使用者での労働条件が前提となる）。したがって，そのような立法は，採用の自由に対する重大な制限として違憲の可能性があると考えられる。なお，ドイツでは，民法典613a条の立法時に事業移転を理由とする解雇禁止（民法典613a条4項1文）の規定はなかった。そこで，企業主の自由を制限することから違憲であるとの立法反対説に対して，立法肯定説は，譲渡会社または譲受会社による解雇が可能であるから違憲とは言えないと反論していたのである。しかし，日本の整理解雇の現状は，一般にそれほど簡単に許容されていない。

　第5に，立法することによりかえって紛争が増大するリスクである。EU・ドイツの状況をみると，民法典613a条を規定したことの波及効果は甚大である。前述の要件論の解釈の争いに加えて，事業譲渡前後の解雇の有効性の争い，さらには民法典613a条の強行法規性から民法典613a条を回避するための合意解約や労働条件変更の合意，既存の義務の免除等について脱法として無効か否かの問題が生じている。かかる状況を見る限り，法律として規定した結果，その要件・効果，その脱法の有無・範囲を巡り，むしろ多くの争いを生むことが懸念される。

　第6に，倒産以外にも労働者にとって付随的な不利益が生じうる点である。自動承継規定の要件・効果，その脱法の有無・範囲を巡る問題については，ドイツがそうであるように，判例法の積み重ねや学説の議論を通じて要件・効果等が明確化されていくことであろう。しかし，EU・ドイツでは，その要件明確化の努力の結果，当該事業にとって人的労働力が重要となる分野であれば，皮肉にも，実務上は，民法典613a条の適用を回避するために，労働者の雇用が断念されている。本来，雇用される可能性があった労働者でさえ，民法典613a条の適用回避のために，譲受会社が労働者を雇用しなくなるというのは，少なくとも雇用が望まれた労働者にとっては逆効果である。

　また，ドイツでは，民法典613a条の広い適用のために，再建時および倒産時の解雇規制の緩和に繋がっている。すなわち，民法典613a条4項1文の事業移転による解雇禁止はあくまで事業移転時のみ，それも事業移転を主たる理由とするときのみであって，それ以外の解雇については民法典613a条は関知していないとして許容されうる。日本でも，労働契約の自動承継規定を設けれ

ば，就業規則不利益変更法理（労契法10条）があるため，まずはその緩和へ波及し，さらには事業規模を縮小して譲り受けるとなれば，事業譲渡前後の整理解雇の要件が緩和されることが予想される。すなわち，譲受会社の意思と無関係に雇用契約の締結を強制するのであれば，その解除（解雇）もセットで考える必要が生ずるのである。この点でも，雇用契約の自動承継規定が必ずしも労働者全体に利益をもたらすとは限らない。

確かに，ドイツでは，労働条件の不利益変更に関する柔軟な制度がないことから，労働契約の自動承継規定が解雇の緩和に繋がった面がある。日本では柔軟な就業規則不利益変更法理があるため，直ちにそうならないとは理論的には言いうる。使用者側が不利益変更できる以上，むしろ自動承継ルールを採用して労働者保護を強化すべきとの立論もありえよう。しかし，実際問題として，倒産または倒産間際の企業では，同業他社よりも人件費率が高いというわけではない（倒産に至る前段階で切り下げられている）。むしろ一般には，それ以上，賃金水準を切り下げるとキー・パーソンが自主的に退職し，企業が運営できなくなるおそれも生じてくる。よって，法律上，就業規則の不利益変更ができるといっても，経営上は使用者がそれを現実に利用してさらに賃金を切り下げるわけにはいかないことが多いのであり，上記立論には賛成できない。

以上の検討から，労働契約の自動承継規定を導入することにより，むしろ使用者・労働者，さらには社会全体にとってマイナスの影響が生ずることが予想される。そうだとすれば，前述したように例外的なケースでのみ労働者保護が図られるべきこととの比較衡量からして，むしろ規制を導入せず，解雇法理の濫用・脱法と評価可能な例外的なケースに対して，個別に解釈論で対応したほうがベターであると解されるのである。

なお，付言するに，労働契約承継立法だけが労働者保護のための手段ではない。労働契約が自動的に承継されないことを前提としつつ，労働者保護のための知恵を絞ることの方がより現実的でもある。具体的には，事業譲渡に際して労使協議の場を設定する手続的アプローチと解雇の場合の金銭補償の立法化や，そのような労働関係の手続立法とプレ・ネゴシエイト型など法的再建手続前の私的整理の段階をも視野に入れた倒産法制との接合（手続的アプローチの倒産立法への組み入れ），さらには倒産手続中の事業譲渡の許可要件に関して労働者保護の視点を踏まえた規則またはガイドラインの策定等の検討が有用であると考える。

第5節　結びに代えて

　M&Aを柔軟に利用するための議論が加速する一方で，事業譲渡をとりまく労働者の環境は確かに脆弱である。事業譲渡を利用したM&Aにおいて，労働契約の不承継特約によって労働者の引継ぎが排除された場合，組合差別等がない限り，立法のないわが国では，民法90条の公序良俗違反を通じた意思解釈論等によって労働者保護を図らざるを得ず，労働者の雇用が確保される場面はかなり限定される。

　しかし，その一方で，企業の経営が悪化し，倒産またはそれに近い状況にある場合は，企業の存続が優先され，労働者の引継ぎが排除されることもやむを得ない。事業譲渡をとりまく労働者保護の脆弱性とは，ほかならぬ企業自体の脆弱性であり，企業の存続なくして雇用は生まれないという当たり前の現実を目の前に突きつけられる。企業が倒産すれば，その社会的影響も重大である。

　このように事業譲渡と労働関係の承継とその際の労働条件の問題は，労働者保護と企業（事業）の存続という相反する2つの要請がぶつかり合い，しかも，労働法と商法・会社法・倒産法との微妙な調整が必要となる難問である。事業の同一性のみをもって解雇法理の脱法と評価すべきか否かも，人によって価値判断が異なろう。

　しかし，不幸にして労使紛争に発展した場合，長期の裁判闘争になる可能性も否定できない。筆者の経験で言えば，それは誰の得にもならない。最終的には，使用者側の事業譲渡に関する労働者への真摯な説明・協議と，労働者側の使用者の経営判断，経営状況に対する理解のいずれもが求められよう。そのための方策として，労使協議の場を設定する手続的アプローチと解雇の場合の金銭補償の立法化等の検討が有用であることは前述したとおりである。今後の議論の発展に期待したい。

事項索引

あ 行

朝日火災海上保険（石堂・本訴）事件
　（最一判平 9・3・27 労判 713 号 27 頁）
　.. 53
朝日火災海上保険（高田）事件（最三判
　平 8・3・26 民集 50 巻 4 号 1008 頁）
　.. 56, 57
異議権（Widerspruchsrecht）⇒民法典
　613a 条による──
行詰り（impasse）............................. 289〜
一応の証明（a prima facie showing）... 328
一部譲渡..... 15, 72, 103, 114, 322, 330, 361,
　410, 415, 448
　──による分離（Severance）［アメリカ法］.. 330
一般承継　⇒包括承継
一般的拘束力（宣言）⇒労働協約の──
一般的労働条件（allgemeine Arbeits-
　bedingung）..................................... 102, 108〜
一般労働契約草案.................................... 137
一方的変更禁止の原則......................... 289〜
受戻権喪失（手続）（foreclosure）...... 271
営業譲渡　⇒事業譲渡
営業税（Betriebssteuer）......................... 84
営業の同一性当然承継説................. 26〜, 431
オートマティック・スティ（Automatic
　Stay）... 379, 394
大曲市農協事件（最三小判昭 63・2・16
　民集 42 巻 2 号 60 頁）........................... 55
親子会社... 412〜

か 行

解　雇
　──回避義務.......................... 409, 410, 415
　──権濫用法理............ 15, 28〜, 39〜, 411,
　　433, 436, 438〜, 441〜
　──予告.. 277
　経営上の理由による──............... 63, 91〜,

　100, 145〜, 156〜, 162, 236, 409, 415〜
解雇制限訴訟................ 97, 101, 104, 156, 242
解雇制限法（Kündigungsschutzgesetz）
　.... 92〜, 103, 110, 119, 151〜, 155, 157,
　159〜, 162, 235〜, 240, 244, 252, 409〜,
　424
解雇法理適用説........................ 28, 37, 436〜
会社分割.... 3, 4〜, 9〜, 16〜, 20, 55, 57, 59,
　71, 258, 411, 419, 430, 432, 435, 440〜, 445
　──に伴う労働契約の承継等に関する
　　法律（承継法）................ 11〜, 20, 430, 441
解消判決.. 101, 410
改正模範事業会社法................................ 259
外注化.............................. 166〜, 171, 174〜, 289
解約告知期間.... 91〜, 94, 96, 106, 108, 116,
　118, 149, 151, 162〜, 204, 236〜, 239,
　248〜
格付け（Eingruppierung）................. 109〜
　──変更（Umgruppierung）..... 103, 109〜
確定性の原則（Betimmtheitsgrundsatz）
　.. 73, 80〜
合　併.... 3〜, 9〜, 10, 14, 18, 20, 26, 29, 43,
　55〜, 59, 65〜, 74〜, 79, 84〜, 113〜,
　118〜, 142〜, 147, 165, 170, 174, 214, 251,
　258〜, 266〜, 272, 296, 298, 300, 302〜,
　305, 308, 320〜, 324, 329, 341, 354〜, 404,
　433, 435〜, 440, 445
合併検査役.. 66
合併分割（存続分割）（division by acqui-
　sition）.. 71
過渡的委任（Übergangsmandat）
　... 76, 153, 419
株式移転.. 3
株式買取請求権............ 4, 260, 265〜, 272〜
株式公開買付け.................... 64, 260, 376
　──指令... 64
株式交換.. 3, 260
株式譲渡.......... 3, 64, 85, 89〜, 171, 251, 300,
　323〜, 420, 435, 445

事項索引　　453

株主総会……6, 66〜, 73, 82〜, 87, 89〜, 97, 260〜, 264〜, 272, 274, 384, 412, 429
　　——の特別決議……3〜, 6, 73, 83, 87, 97, 431
仮倒産管財人（vorläufingen Insolvenzverwalter）……223〜, 227〜, 234〜, 238
管財人［アメリカ法］……275, 377〜, 382〜, 392, 399, 401〜, 417
観察期間（période d'observation）……117
監査役会（Aufsichtsrat）……77〜, 96, 223, 417
監督人（Sachwalter）……227, 238
管理職代表委員会（Sprecherausschuß）……224, 226
管理的職員（leitende Angestellte）……107, 138〜, 141
企業委員会（comité d'entreprise）……118
企業移転［譲渡］（雇用保護）規則（TUPE）……124
企業移転［譲渡］指令……21, 63, 112, 119〜, 122, 133, 142〜, 153, 156, 165, 413, 415〜, 431, 448
　　——による移転を理由とする解雇の禁止……131
　　——による擬制解雇……132
　　——による協議義務……126
　　——による雇用契約の自動承継……126
　　——による従業員代表の地位の存続……130
　　——による集団的合意の継続適用……129
　　——による情報提供義務……125
　　——の企業年金の原則除外……129
　　——の地理的適用範囲……125
　　——の「法的移転」（legal transfer）……121〜, 165〜, 171, 174, 177
企業協約（Firmentarifvertrag）……68〜, 250
企業組織再編に伴う労働関係上の諸問題に関する研究会報告（平成14年研究会報告）……16, 18, 447
企業組織変更に係る労働関係法制等研究会報告（平成12年研究会報告）……16, 447

企業年金
　　——改善法（Betriebsrentengesetz-BetrAVG）……68
　　——期待権（Anwartschaften der betrieblichen Altersversorgung）……162, 231, 234
　　——請求権（Betriebsrentenanspruch）……152, 235
　　失権しえない（unverfallbaren）——期待権……68, 152
企業利益（Unternehmensinteresse）……427
偽装解散……45〜, 49, 412, 448
基礎資本金（Grundkapital）……67, 73, 82, 87, 89
既得権指令……19, 119
機能承継（Funktionsnachfolge）……182〜, 186, 202〜, 210, 212〜
基本定款（article of incorporation）……260
義務的（団交）事項（mandatory subjects）……289, 290
キャピタル・ゲイン……70, 78, 270
救済請求状（complaint）……287, 392
救済命令（order for relief）［アメリカ法］……378〜, 385
吸収合併……9, 55, 66, 121, 123, 260〜, 298, 308〜, 354〜, 373
強行法規……148, 160, 164〜, 438〜, 449
行政法審判官（administrative law judge）……287, 301, 314, 331, 336, 338, 341, 360, 364, 370〜, 393
共同決定
　　——権……69, 77〜, 108〜, 111, 153, 417, 419
　　——法……78
　　強制的——事項……109
　　石炭鉄鋼——法……78
共同使用者（joint employers）……357
協約　⇒労働協約
協約違反訴訟……288, 292〜
協約障壁（contract bar）……323
緊急の経営上の必要性……93〜, 104〜, 152, 156, 159, 236, 238, 240, 242, 246, 409

苦情・仲裁手続……………… 291, 293～
組合差別意図（union animus）……… 328, 370, 372
クラム・ダウン（cram down）……… 226, 378, 380
繰越欠損金……………… 71, 79, 84～, 264, 271
経営者判断自由の原則〔企業主決定自由原則〕（Grundsatz der freien Unternehmerentscheidung）…………… 93, 110
経営判断テスト（ビジネス・ジャッジメント・ルール）……………… 398, 400
経済委員会（Wirtschaftausschuss）… 88, 215～
経済的統一体（wirtschaftlichen Einheit）の同一性…… 170, 172～, 180～, 184, 186, 191, 193, 195, 197, 200～, 203, 205～, 209～, 251, 448
形式（方式）自由の原則……………… 81
継続企業理論（continuity-of-enterprise theory）……………… 269
継続雇用請求権（Weiterbeschäftigungsanspruch）……………… 97
継続する要求（continuing demand）ルール（原則）……………… 315, 317
継続請求権（Fortsetzungsanspruch）……………… 162～, 248
減価償却……………… 85, 270
原職復帰命令……… 47, 295, 327, 359, 420, 425
原則承継説……………… 26～, 31～, 432, 436
原則非承継説……… 16, 18, 27～, 32～, 36, 38～, 41, 432～, 436～
合意解約…… 92, 155, 161, 163～, 247, 249, 252, 449
交渉代表組合……… 258, 282, 286, 289, 294, 296～, 300, 302, 304～, 307, 331, 404, 410, 418
交渉単位（bargaining unit）…… 285, 294, 301～, 305, 322, 329, 335, 337, 340～, 418
公証人……………… 80, 199
　　――の認証……………… 66, 73
公序良俗……… 29, 41, 102, 281, 441, 451

更生計画［日本法］……………… 444
公正代表義務（duty of fair representation）……………… 285～, 293
公正労働基準法（FLSA）…… 284～, 353, 390
公民権法第7編（タイトルセブン）……………… 280, 353, 395
個別承継（特定承継）…… 14, 16～, 20, 27, 79, 85～, 89～, 226, 251, 253, 258, 275, 434
コーポレート・ガバナンス……… 384, 399, 425, 427～
雇用機会均等委員会（EEOC）……… 395～
雇用訓練会社（Beschäftigungs-und Qualifizierungsgesellschaft）……… 247
雇用産業……… 297, 304～, 322, 324, 334, 339～, 345, 356
　　――の実質的継続性（substantial continuity of the employing industry）……………… 322, 324
雇用における年齢差別禁止法（ADEA）……………… 280～, 353

さ 行

再建計画（案）［アメリカ連邦倒産法］……… 271, 275, 377, 379～, 397～, 401
再建計画［ドイツ法］…… 104, 157, 159, 224, 246, 416
再建・継続計画（Sanierungs-, Fortführungsplan）［ドイツ法］……… 226
債権者委員会［日本法］……………… 6
債権者委員会（Gläubigerausschuß）［ドイツ法］……… 224, 226～, 229
債権者委員会［アメリカ法］……… 379, 394, 398, 403
債権者集会（Gläubigerversammlung）［ドイツ法］…… 220～, 224～, 229
債権者集会［アメリカ法］……………… 379
再雇用請求権（Wiedereinstellungsanspruch）……………… 162～, 248
財産管理人（custodian）……… 379
財産保全管理（receivership）……… 271
　　――人（receiver）……… 323, 389

事項索引

最終手段原則（Ultima-Ratio-Prinzip）
　………………………… 93〜, 409
再生計画［日本法］……………… 6, 444
裁判上の更生手続（redressement judiciaire）……………………… 115〜
裁判上の清算手続（liquidation judiciaire）
　………………………………… 115〜
裁判所に対する確認申立て……… 241〜
債務超過…… 5〜, 18, 220, 223, 275, 377〜,
　437, 448
債務の履行の見込み……………… 5, 14
債務法上の債務負担行為………… 80
債務免除益（課税）……………… 5, 8
差別的インパクト（disparate impact）の
　法理……………………………… 280
差別的取扱い（disparate treatment）の
　法理……………………………… 280
三角合併（forward triangular merger）
　…………………… 260, 262〜, 274
　逆——（reverse triangular merger）
　………………… 260, 262〜, 273〜
産業活力再生特別措置法（産活法）
　…………………………………… 3〜, 16
参事官草案……………… 219, 221, 426
暫定的差止命令（preliminary injunction）
　………………………………… 307, 387
363条 sale ……… 275〜, 381, 388, 390〜,
　394, 397〜, 400〜, 422
　——の概要…………………… 382〜
　——の売却手続……………… 383〜
三分の一参加法…………………… 78
事業移転…… 65, 68, 73, 77, 82, 84, 87, 93〜,
　113, 119, 122, 134, 136, 142〜, 155〜, 165,
　169〜, 180〜, 183〜, 190〜, 203〜, 209〜,
　233〜, 243, 245〜, 248, 252〜, 322, 414〜,
　447, 449
　——における立証責任の転換…… 243〜
　——の際の合意解約……………… 161
　——の際の労働者の評価………… 181〜
　——の際の労働条件変更合意と免除・
　　放棄の合意……………………… 162
　——を理由とする解雇…… 142, 155, 164,

　214, 246, 449
事業会社における同一性の実質的継続
　（substantial continuity of identity in
　the business enterprise） …… 297, 308〜,
　320,
　322, 336, 354〜, 420
事業救済手続（sauvegarde des entreprises）………………………… 115〜
事業所委員会［Betriebsrat］…… 66, 69, 73,
　75〜, 88, 94〜, 103, 108〜, 142〜, 146,
　153〜, 157, 214〜, 224, 226, 232, 234,
　238〜, 244, 246, 249, 417, 419, 422, 427〜
　——に対する通知・意見聴取義務…… 96,
　238
　——の異議申立権……………… 97, 109
　——の関与権……………… 109, 153, 419
　——の参加権…………… 78, 109, 153, 214
　——の同意拒否権………………… 109〜
　——の同意権……………………… 109
事業所委員会法（Betriebsrätegesetz）
　…………………………………… 100, 428
事業譲渡…… 3〜, 14, 25〜, 〜31〜, 38〜,
　42〜, 51, 57〜, 61, 63〜, 79, 80〜, 112,
　136, 153, 192, 208, 217, 227〜, 231〜, 235,
　242〜, 245〜, 251, 255, 257〜, 264,
　267〜, 282, 286, 288〜, 294, 300, 302,
　305, 308, 313, 321〜, 329, 340, 354, 356,
　358, 362〜, 373〜, 377, 380, 382, 384,
　387〜, 390, 392, 394〜, 404〜, 407, 409〜,
　412〜, 425, 428, 431〜, 439〜
　——の責任限定機能……… 7, 440, 442, 444
　計画内——……………………… 275〜, 397
事業所協定（Betriebsvereinbarung）
　…… 69, 73, 76, 78, 84, 87, 99, 101〜, 105,
　107〜, 153, 237〜, 249〜, 410, 417, 419,
　428
　——の規範的効力………………… 98, 107
　——の余後効……………………… 108, 250
事業所共同体論…………………… 137
事業所閉鎖… 93, 104, 282, 331, 372, 385, 410
事業所変更（Betriebsänderung）…… 77,
　88, 97〜, 109, 146, 214〜, 221〜, 239〜,

事項索引

252, 419, 422
事業譲受人（新使用者）の構想（Erwerberkonzept）に基づく旧使用者による解雇……………………158, 164, 245〜
事業用資産包括譲渡法………………267
資産譲渡[アメリカ法]……258, 264〜, 268, 270, 296, 322, 345, 382〜, 392
資産調整勘定………………………………5
事実上の合併[アメリカ法]……266〜, 271, 273, 275
事実上の合併説………………29〜, 436
自主管財（制度）（Eigenverwaltung）
……………………………………227, 238
事前備置書面……………………………5
失業労働者保護法（Displaced Workers Protection Act）………………374
実質的解雇の法理……47, 49, 418, 423, 425, 435, 446
実質的かつ典型的な定数（substantial and representative complement）ルール………………………………315〜, 326
実質的証拠法則………………………288
実質的同一性の法理………45〜, 49〜, 421
自動的停止　⇒オートマティック・スティ
支配介入…………………………50, 419
支払不能……117, 220, 223, 227, 314, 378〜
資本会社（Kapitalgesellschaft）……66〜, 74
資本（の）再構成（recapitalization）
……………………………………276, 386
事務総長（General Counsel）………287, 328〜, 366
締出合併（Cash-out[Freezu-out] merger）………………………………………260
社会計画（Sozialplan）……77, 99〜, 110, 121, 146, 157, 163, 215, 221〜, 234, 239, 244, 419
社会行動計画……………………119〜, 122
社会的選択（soziale Auswahl）……93〜, 99, 110, 151, 159〜, 163, 236, 241, 248, 409
就業規則……9, 12, 39, 51〜, 55〜, 111, 411, 427〜, 441

——の〔による〕不利益変更（法理）
……9, 51, 53〜, 57〜, 111, 409〜, 433, 446, 450
集団の解雇に関する加盟国の法制の接近に関する理事会指令（集団的解雇指令）
……………………………………………95, 119
集団的な有利性の比較（kollektiver Günstigkeitsvergleich）………………109
秋北バス事件（最大判昭 43・12・25 民集 22 巻 13 号 3459 頁）………………51, 55
主従事労働者……………………………11, 13
非——……………………………………11, 13
障害を持つアメリカ人法（American with Disabilities Act）………………280
承継拒否権………………………………13
承継されない不利益………10〜, 13, 15, 20
承継される不利益………………10〜, 13〜, 17
承継者（successor）
——3 部作（Susscessorship Trilogy）
……………………………………………298
——条項（Successorship clause）
……………………………………308, 318, 374, 387
——障壁（Successor bar）………286
——責任（Successor Liability）
……268〜, 273〜, 322, 324, 356, 381, 387〜, 405
——の当初労働条件設定権……306, 319, 345〜, 350〜
——法理（Successorship doctrine）
……257, 273, 286, 296〜, 303〜, 310, 316, 320〜, 326〜, 350, 353〜, 359, 361, 372, 387〜, 392, 394, 397, 404〜, 419〜, 422〜, 425
——法理回避目的による（労働者の）不採用…………………………327, 425
完全に明白な——（perfectly clear successor）………………………346〜, 389
組合の承認・交渉義務の——（Burns Successor）……321〜, 324〜, 352, 355, 388〜, 392, 396, 420, 422
仲裁付託義務の——（Wiley Successor）………………321, 324, 354, 357, 420

事項索引

不当労働行為責任の——（Golden State Successor）…… 313, 321, 324, 351～, 356, 393, 397, 405, 418, 420, 422
譲渡による再建（übertragende Sanierung）……… 88, 217, 219～, 225～, 229～, 243～, 251
障壁ルール……………………………286
職場保持権（Recht auf Beibehaltung des Arbeitsplatzes）……………… 100, 424
処分行為（Verfügungsgeschäft）………… 80
書面手続……………………………225
真実かつ重大な事由……………… 116～
新設合併…… 9, 66, 121, 123, 260～, 308, 373
新設分割……………………… 10～, 71
信認義務…………………… 375, 399, 426
——修正法（constituency statutes）
…………………………… 375～, 426
随意的雇用原則（employment at will）
……… 277～, 283～, 293, 295～, 320, 404, 410, 415, 423
スティール・ワーカーズ3部作…… 292, 299
ステーク・ホルダー…… 20, 22, 426～, 429
——アプローチ……………… 425, 429
ストーキング・ホース（stalking-horse）
……………………………………383～
スピン・オフ（spin-off）…… 258～, 271, 356
スプリット・アップ（split-up）……… 259
スプリット・オフ（split-off）………… 259
清算価値……………………………401
——保障原則………………………380
清算計画……………… 224, 226, 360～, 397
誠実（団体）交渉義務……………… 289, 404
製造物責任……………… 268～, 381, 397
製造ライン理論（product line theory）
……………………………………270
正当事由[アメリカ法]……… 278～, 281～, 293～, 307
税務終結貸借対照表（steuerlichen Schlussbilanz）………………………70
整理解雇…… 10, 15, 26, 28～, 34, 37～, 54, 131, 284, 409～, 442, 446, 449～

絶対優先原則…………………… 377～, 380
選挙
　——キャンペーン…………………371
　——申請……………………………286
　——命令……………………………286
　代表——………………………… 285～
選挙管理委員（Wahlvorstände）……153
先決裁定[先行判決]（手続）…… 123～, 172, 174, 177, 189, 209
全国労働関係局……………………284
　——の排他的管轄権…………… 288, 392
全国労働関係法……………………279
先占（preemption）……………… 288, 374
先任権…………… 284, 298, 307, 348, 396
　——制度…………………………283
占有を継続する債務者（debtor in possession：DIP）…… 275, 378～, 382～, 386, 396, 399～, 417
洗練された株主価値（enlightened shareholder value）……………………426
祖国勤労奉仕法（祖国奉仕労働法）……428
組織再編成（Reorganization）[アメリカ法]……… 262, 264, 270～, 273, 279
　A型——……………………… 262～
　C型——…………………………271
　D型——…………………… 271, 356
　G型——…………………………271
　取得型——………………………271
　分割型——………………………271
組織再編税制[日本法]…………… 5, 7
組織変更税法（Umwandlungssteuergesetz）……………… 70～, 78～, 85～

た　行

第3指令……………………… 65～, 123
第四銀行事件（最二判平9・2・28民集51巻2号705頁）………………… 51, 55
第10指令……………………………65～
第11章手続（チャプター・イレブン）
…… 225, 275, 344, 378～, 384～, 388～, 392～, 395, 397～
代替原則（Ablösungsprinzip）…… 106, 108

第二次法（secondary sources）………118
大量解雇………………95〜, 98, 119, 373
大量変更解約告知（Massänderungs-
　　kündigung）………………………105
大量レイオフ（mass layoff）……282, 385,
　　410
第6指令………………………………65, 71
多元主義モデル………………………428
タフト・ハートレー法………………285
　　──301条……………288, 292〜, 325
　　──301条訴訟……296, 298, 302, 306, 320
単一使用者（single employer）………357
団交拒否……………43〜, 49, 287, 301, 417
団体協約（Verbandstarifvertrag）……68,
　　76
団体交渉………12, 43, 58, 257, 279, 283, 285,
　　287, 289〜, 295, 299, 314〜, 345〜, 350,
　　356, 373〜, 404, 417
　　──（応諾）義務［日本法］………43, 421
　　──義務［アメリカ法］……287, 289〜,
　　296〜, 301, 306, 321, 323, 387
　　──権………………………………43, 417
　　──命令……………………………420
地方支局長（regional derector）……286〜,
　　333
チャンドラー法………………………377
中央事業所委員会……………………215
仲裁委員会（Einigungsstelle）……99, 108,
　　110, 216, 239〜
仲裁尊重の法理………………………292〜
仲裁人………………………291〜, 354〜, 357
仲裁付託義務……296, 298〜, 307, 321, 325,
　　354〜
調査期日………………………………225
通常解雇（ordentliche Kündigung）…91,
　　97, 141, 155, 236〜
通常定款（付属定款）（by-laws）……260
通常の所得（ordinary income）……270
定額損害賠償〔付加賠償金〕（liquidated
　　damages）……………………………281
ティン・パラシュート法……………374
撤回留保の合意（Widerrufsvorbehalt）

………………………101〜, 111, 410
鉄道労働法……………………279, 286, 374
デラウェア州一般会社法……………259〜
添加（Accretion）……………………330〜
ドイツ労働総同盟（DGB）……………142
統一商事法典（Uniform Commercial
　　Code）………………………………267
動機の競合……………………………328
倒産管財人［EU法・ドイツ法］……84, 88,
　　133, 135, 150, 170, 220, 224〜, 229,
　　234〜
倒産計画（Insolvenzplan）……88, 224〜,
　　230, 251
倒産指令（使用者の倒産の際の労働者の
　　権利の保護に係る加盟国の法制の接近
　　に関する理事会指令）…………120, 135
倒産手続簡素化法……………………228〜
倒産手続規則……………………135, 235
倒産法改正委員会［ドイツ法］………217
　　──の第一報告書……………218〜, 232
　　──の第二報告書…………………218
投資持分継続性（continuity of proprie-
　　tary or investment interest）…262〜, 272
当初労働条件設定権　⇒承継者の──
当然承継説………25, 27, 30〜, 39, 431, 436
同盟法理（ally doctrine）……………357
特定承継　⇒個別承継
独立事業単位（Teilbetrieb）………78〜, 89
独立当事者間取引………263〜, 361, 363, 365

な　行

内国歳入庁（Internal Revenue Service；
　　IRS）………………………………263, 271
内部化（インソース）………168, 171, 323
内部告発（whistle-blowing）…………278
二重課税………………………268, 270, 274
二段階合併（two-step merger）……260,
　　263
任意（の）承認（voluntary recognition）
　　……………………………………286, 418
　　──障壁（voluntary recognition bar）
　　……………………………………286, 332

事項索引　　459

――の撤回……………………332
認証（certification）［アメリカ法］…286,
　296～, 300, 302～, 315, 317, 319, 330～,
　347, 420
　　　　――障壁（certification bar）…286, 304
年　金　⇒企業年金
年金保障団体（Pensionssicherungsver-
　ein）……………………………235
年齢差別禁止法　⇒雇用における年齢差
　別禁止法
のれん……………………5, 316, 437

は　行

排他的（交渉）代表（制）………257～,
　284～, 289, 294～, 300, 332, 356, 404, 418,
　420
配置転換（Versetzung）［ドイツ法］
　………………………94, 103, 105, 109～
配置転換（配転）………10, 15, 19, 31, 208,
　284, 301, 331, 410, 415, 425
　　　　――命令………………………31
破毀院…………………………………114～
破産・和議における社会計画に関する法
　律………………………………221
パス・スルー課税……………………274
バックペイ……45, 47, 101, 280～, 311, 327,
　350, 352, 359, 367, 389, 393～, 397, 402,
　418
パブリック・ポリシー法理………278, 293
ハンドブックの法理…………………279
非常解雇（außerordentliche Kündigung）
　…………………………91, 97, 155, 237
秘密裏の再建計画（sub rosa plan）
　………………………………398～
平等取扱原則……………………84, 152
平等弁済原則（Grundsatz der gleich-
　mäßigen Gläubigerbefriedigung）……232
複数組合交渉代表制…………………417～
普通労働約款（allgemeine Arbeitsbe-
　dingung）………………………108
物権的合意（Einigung）………………80
不動産譲渡［移転］の（物権的）合意

（Auflassung）………………80～
不当労働行為
　　　　――意思………………39～, 422～, 446
　　　　――（救済）制度……42, 294～, 417～,
　　　　420, 423
　　　　――（救済）責任……42, 44～, 273, 296,
　　　　298, 312～, 320～, 351～, 356～, 389,
　　　　393, 395, 418～
　　　　――ストライキ………………………326
不文の総会事項（ungeschriebene Haupt-
　versammlungskompetenz）…………83
不利益調整（義務）……………………98～
不利益取扱い……………………47～, 50, 417
プレ・ネゴシエイト型（再建）手続
　……………………………381, 450
プレ・パッケージ型（再建）手続……8,
　381～
分割（Spaltung）［ドイツ法］……65, 70～,
　84～, 170, 251
　　消滅――（Aufspaltung）……72, 74, 78,
　　143, 147
　　存続――（Abspaltung）……72, 74, 76～
　　分離――（Ausgliederung）……72, 74, 76
分割自由（の）原則……………74～, 77, 251
分身法理（Alter ego doctrine）………257,
　296, 313, 357～, 362, 364～, 368, 372～,
　401～, 404～, 422～, 434
変更解約告知［日本法］………………53～, 57
変更解約告知（Änderungskündigung）
　［ドイツ法］……94, 101, 107, 111, 149,
　152, 154～, 160, 164, 248～, 410, 415
変更契約（Änderungsvertrag）…101～,
　111, 410
変更制限訴訟…………………………104
包括承継（一般承継）………4, 9～, 20, 30, 32,
　64, 67～, 71, 74, 76, 86～, 90, 113, 162,
　170, 251
　　部分的――………………………10, 74～
包括的環境対処補償責任法（CERCLA）
　……………………………269
報告期日………………220～, 224～, 229
法人格

――の形骸化……………………411～
――の濫用…………………37, 412
――否認の法理………16～, 28, 34, 37～,
　357, 411～, 418, 421, 423, 433～, 447
法律行為の解釈………………438, 445～
保管人（Sequester）……………219, 223
補償金………98～, 155, 162～, 222, 244, 410
――請求権………………………100, 410
ポスト・ノーティス（命令）……280, 287,
　394

ま 行

みなし解雇……………………………327
未履行契約（executory contract）…383,
　385～
民事再生法42条1項後段の必要性……443
民法典613a条
　――による異議権………………143, 145
　――による情報通知義務……………144～
　――による労働関係の自動承継……142,
　149
黙示的な誠実・公正義務条項（implied
　covenant of good faith and fair dealing）
　……………………………………279
モンタナ州不当解雇法…………………281

や 行

約因（consideration）………………294
有限責任会社（Limited Liability Company）……………………………274
有価証券取得買収法（有価証券取得および買収に関する法律）……………64, 89
有利原則…………………53, 106～, 285
予測原則（Prognoseprinzip）……93～, 409

ら 行

ランドラム・グリフィン法……………285
ランナウェイ・ショップ……………371～
利益調整（Interessenausgleich）……75,
　77, 97～, 110, 146, 157, 215, 222, 239～,
　242～, 246, 419, 422
利害の共通性（community of interest）

――………………………329～, 333, 418
リコール………283～, 326, 342, 345, 367
リストラ関連3指令……………………118
略式合併（short-form merger）………261
留保付き承諾……………………55, 103～
レイオフ……280, 282～, 294, 313, 326, 342,
　367, 385, 388
レブロン義務［判決］………376, 399, 426
連邦労働局長官…………………99, 239
労使関係法［アメリカ法］⇒タフト・ハートレー法
労使情報報告・公開法…………………285
労組法7条の「使用者」………42～, 45, 50,
　418, 422
労働関係に関する法律の草案［ドイツ法］
　……………………………………137
労働協約
　――の一般的拘束力…………68, 76, 106
　――の開放条項（Öffnungsklauseln）
　………………………………107, 111
　――の規範的効力…………53, 57, 105
　――の規範的効力の両面性……………53
　――の強行的効力………53, 105～, 154～
　――の遮断効………………99, 107
　――の終了・改訂のための手続［アメリカ法］………………………………291
　――の即時解約…………………250
　――の直律的効力………………105～, 154
　――の余後効…………76, 107, 250
労働協約保護法［アメリカ法］………373～
労働［雇用］契約
　――の自動承継規定……21～, 112, 165,
　252, 409, 414, 447, 449～
　――の不承継特約……15, 21, 26～, 39～,
　48～, 413, 423, 433～, 437～, 445, 451
労働契約法［日本法］……………………51～
労働者退職所得保障法（ERISA）………353
労働者調整・再訓練予告法（WARN法）
　………………282, 284, 385, 410
労働条件（の）不利益変更……12, 21, 51,
　55, 108, 111, 162, 165, 385, 415, 433～, 450
　――法理……………21, 55, 57, 59, 253

事項索引　461

労務指揮権（指揮命令権）……101～, 150, 248, 410

わ 行

ワグナー法……………………284～

A

Abels 事件〔判決〕……133～, 168, 416, 421
Abler 事件〔判決〕……187, 189, 200～, 214
Accretion………………………330
Alter ego doctrine……257, 296, 313, 357～, 362, 364～, 368, 372～, 401～, 404～, 422～, 434
Arbeitsplatz……………137, 143, 424～
Asset Deal……………64, 79, 88, 258
Automatic Stay………………379, 394
A 型組織再編成………………262～

B

Bezugnahmeklausel……………106, 151
Bildisco 事件〔判決〕………………386
Bork International 事件〔判決〕……131～, 166
Braniff Airways 事件………………398
Bulk sale（Bulk transfer）…………267
Burns 事件〔判決〕……298, 300, 304～, 312, 315, 317～, 324～, 327, 329, 334, 336, 339, 346～, 353～, 357, 386, 389, 393, 421
Burns Successor……321～, 324～, 352, 355, 388～, 392, 396, 420, 422

C

Collino 事件〔判決〕………………124, 168
Constituency Statutes………………375
Crawford Door Factors……361, 363, 366, 368～, 372～, 402～
Crawford Door Sales Co. 事件〔判決〕……360～
C 型組織再編成………………271

D

Daddy's Dance Hall 事件〔判決〕……127～, 166

Darlington 判決………………371～
DGB………………………………142
D 型組織再編成………………271, 356

E

EEOC………………………………395～
equity carve-out…………………258

F

Fall River 事件〔判決〕……313, 317～, 324～, 333～, 339, 343, 346, 352, 392
Fibreboard Corp. 事件………………289
First National Maintenance 事件………290
free and clear……381, 383, 387, 390, 392, 397

G

Golden State 事件〔判決〕……311～, 319, 351～, 389, 394
Golden State successor……313, 321, 324, 351～, 356, 393, 397, 405, 418, 420, 422
Güney-Görres 事件〔判決〕……172, 189～, 212～, 251
G 型組織再編成………………271

H

Hernández Vidal 判決………………168
H.K.Porter 事件………………301-302
Holzmüller 判決………………82～, 87
Howard Johnson 事件〔判決〕……298, 306～, 309～, 317～, 320～, 324～, 354～, 359, 368, 387

I

in-court sale………………………88

J

Jouini 事件〔判決〕……………169, 172, 194
JR 北海道・日本貨物事件〔国労〕事件（最一判平 15・12・22 判時 1847 号 8 頁）
…………………………………49

K

Klarenberg 事件［判決］............ 207〜, 251

L

Leckie Smokeless Coal Co. 事件 ... 391, 396
Lemgoer Modell 161, 247
Lincoln Mills 事件 292
Lionel Corp. 事件 398
LLC 274

M

Martin 事件 .... 128〜
MBO 170
Merckx 事件［判決］ ...... 134, 167, 177〜,
    183, 193, 201

N

Nathanson 事件 395
Ny Mølle Kro 判決 168

O

Overnite rule 306
Oy Liikenne 事件［判決］ 183, 187, 194,
    199, 214

P

Perma Vinyl 事件 .... 311〜

R

Rask 判決 127, 166, 174, 176
Rygarrd 事件［判決］ .... 175〜, 182

S

Sánchez Hidalgo 判決 167

Schmidt 事件［判決］ .... 173〜, 182〜, 188
Severance 330
Sophie Redmond 事件［判決］ 124, 134,
    165, 168〜
Southport Petroleum Co. 事件 .... 358〜
Spijkers 事件［判決］ .... 172〜, 175〜, 182,
    184, 212, 414
Spruce Up Announcement .... 348〜
Spruce Up Corp. 事件 .... 347〜
Sub rosa plan 398
Successorship doctrine 257, 273, 286,
    296〜, 303〜, 310, 316, 320〜, 326〜, 350,
    353〜, 359, 361, 372, 387〜, 392, 394, 397,
    404〜, 419, 422〜, 425
Süzen 事件［判決］ ..... 172, 177, 179〜, 186,
    188, 193〜, 210, 212〜

T

Teilbetrieb .... 78〜, 89
Temco 事件［判決］ .... 131〜, 167, 171
TOB 指令 64
Trans World Airlines 事件 395, 401
TUPE 124

U

Übergangsmandat 76, 153, 419
übertragende Sanierung .... 88, 217, 219〜,
    225〜, 229〜, 243〜, 251

W

WARN 法 282, 284, 385, 410
Wiley 事件［判決］ ...... 296〜, 305〜, 312〜,
    320, 322, 354〜, 357
Wiley Successor 321, 324, 354, 357, 420
Wright line 事件［テスト］ 328, 372

〈著者紹介〉

金久保 茂（かなくぼ・しげる）

　1993年　中央大学法学部卒業
　1998年　最高裁判所司法研修所修了，弁護士登録
　2008年　一橋大学大学院国際企業戦略研究科修士課程修了
　2011年　東京大学大学院法学政治学研究科博士課程修了
　現　在　弁護士・法学博士

〈主要論文〉

「会社分割に伴う労働契約の承継と事前協議・措置義務違反の効果」法学協会雑誌129巻2号400頁（2012）

企業買収と労働者保護法理
——日・EU独・米における事業譲渡法制の比較法的考察——

2012年（平成24年）9月20日　第1版第1刷発行
2715-4 P488 ¥12000E-012-050-010

　著　者　　金久保　　茂
　発行者　　今井 貴　渡辺左近
　発行所　　株式会社 信山社

〒113-0033 東京都文京区本郷6-2-9-102
Tel 03-3818-1019　Fax 03-3818-0344
henshu@shinzansha.co.jp
笠間才木支店　〒309-1611 茨城県笠間市笠間515-3
笠間来栖支店　〒309-1625 茨城県笠間市来栖2345-1
Tel. 0296-71-0215　Fax. 0296-72-5410
出版契約 2012-2715-4-01010　Printed in Japan

Ⓒ金久保茂，2012 印刷・製本／亜細亜印刷・日進堂
ISBN978-4-7972-2715-4 C3332　分類328.610-a015 労働法
2715-0101:012-050-010《禁無断複写》

JCOPY　〈(社)出版者著作権管理機構 委託出版物〉
本書の無断複写は著作権法上での例外を除き禁じられています。複写される場合は，そのつど事前に，(社)出版者著作権管理機構（電話 03-3513-6969，FAX03-3513-6979，e-mail:info@jcopy.or.jp）の許諾を得てください。

―――― 秋田成就・労働法著作集 ――――

雇傭関係法Ⅰ　　労働法研究（上）
　　　　　　　　　　　〈解題〉　土田道夫

雇傭関係法Ⅱ　　労働法研究（中）
　　　　　　　　　　　〈解題〉　土田道夫

労使関係法Ⅰ　　労働法研究（下）－1
　　　　　　　〈解題〉　山川隆一・石田信平

―――― 信山社 ――――

―――― 新刊・既刊 ――――

渡辺　章 著
労働法講義　上　総論・雇傭関係法Ⅰ

労働法講義　下　労使関係法・雇傭関係法Ⅱ

菅野和夫・中嶋士元也・野川忍・山川隆一 編
労働法が目指すべきもの　渡辺章先生古稀記念

―――― 信山社 ――――

―――――― 学術選書 ――――――

4 山口浩一郎 労災補償の諸問題〔増補版〕

26 新田秀樹 国民健康保険の保険者

45 道幸哲也 労働組合の変貌と労使関係法

46 伊奈川秀和 フランス社会保障法の権利構造

50 小宮文人 雇用終了の法理

61 大和田敢太 労働者代表制度と団結権保障

85 神吉知郁子 最低賃金と最低生活保障の法規制

―――――― 信山社 ――――――